MÉXICO ESCLAVIZADO

FRANCISCO
MARTÍN MORENO

MÉXICO ESCLAVIZADO

 Planeta

Diseño de portada: REVILOX / Oliver Barrón
Imágenes de portada: © Shutterstock y © Axylexu | Dreamstime.com
Fotografía del autor: © Blanca Charolet

© 2018, Francisco Martín Moreno

Derechos reservados

© 2018, Editorial Planeta Mexicana, S.A. de C.V.
Bajo el sello editorial PLANETA M.R.
Avenida Presidente Masarik núm. 111, Piso 2
Colonia Polanco V Sección
Delegación Miguel Hidalgo
C.P. 11560, Ciudad de México
www.planetadelibros.com.mx

Primera edición en formato epub: abril de 2018
ISBN: 978-607-07-4806-6

Primera edición impresa en México: abril de 2018
ISBN: 978-607-07-4838-7

Impreso en los talleres de Litográfica Ingramex, S.A. de C.V.
Centeno núm. 162, colonia Granjas Esmeralda, Ciudad de México
Impreso y hecho en México - *Printed and made in Mexico*

Dedico esta novela a mi maestro, Ulises Schmill, el gran constructor del criterio jurídico de sus alumnos. Al querido amigo con quien recorrí sorprendido las caudalosas páginas escritas para la historia de las letras de todos los tiempos por William Shakespeare, en mis años mozos, cuando me invitó a trabajar en la Secretaría de Hacienda y me llevó de la mano por el mundo complejo del Derecho Fiscal. Gracias, Uli querido, por las fantasías, miedos, pasiones y emociones vitales que me revelaste durante nuestras interminables sesiones de música clásica y por haberme demostrado otros ángulos relativos a la contemplación de las formas, de los espacios y de los colores del mundo plástico.

Gracias, hermosa y elocuente palabra, repetida a mi maestro de una y mil vidas. Gracias por el sentido del humor con el que disfrutas y contemplas la existencia. Gracias por haber sido el funcionario intachable, titular de un indestructible código de ética que nos transmitiste a todos quienes tuvimos el privilegio de acompañarte en la Función Pública. Gracias, hermano Ulises.

I

Un mexicano en Oxford

Lo sabía, lo sabía, sí, siempre lo supe: al abrir una puerta iba a cambiar para siempre mi existencia y sí, en efecto, así ocurrió. Cuando entré por primera vez al salón de clases en la Universidad de Oxford para escuchar la cátedra relativa a la Historia de las Doctrinas Económicas, de pronto, paralizado en el umbral, encontré a una mujer, tal vez eterna, como si me hubiera estado esperando toda la vida sentada en el pupitre: rubia, con el pelo ligeramente caído sobre los hombros, de perfil sereno, rostro afilado, piel blanca, muy blanca, a la que deseé murmurarle mis secretos y mostrarle, como decía el poeta, lo bella que es la vida. Vestida con una falda larga y saco color gris oscuro, de corte masculino, blusa clara rematada con una corbata verde mal anudada, las piernas cruzadas cubiertas con unas medias negras distinguibles a la altura del tobillo, distraída, ausente, según expresaba su mirada intensa extraviada en el vacío. No se percató de mi presencia. Pude observar antes de sentarme cómo su barbilla, casi ingrávida, se apoyaba sobre la palma de su mano derecha, cuyos delicados dedos extendidos acariciaban una parte de su mejilla. La imagen permaneció grabada en mi mente hasta escuchar un sonoro portazo asestado por el catedrático, al que, de dicha suerte, ya me acostumbraría con el paso del tiempo; anunciaba su arribo al aula para hacerse presente y acaparar la atención del alumnado.

¿Una mujer en la Universidad de Oxford, en 1900? ¿Habría obtenido una autorización especial de la reina Victoria? ¿Su presencia en el aula se debería al éxito de una demanda judicial promovida contra el gobierno? ¿Tendría un pariente legislador en la Cámara de los Comunes o un poderoso periodista de Londres la habría recomendado, como bien lo pudo haber hecho un destacado personaje de la Corte muy cercano al decano de Oxford?

Acto seguido y como parte, por lo visto, de una rutina, nuestro maestro, Hugh Perkins, arrojó ruidosamente un portafolio viejo de cuero café sobre el escritorio de madera desgastado. Se trataba de un conocido autor de un sinnúmero de libros dedicados al estudio de la historia de la esclavitud en el mundo entero. Después de un lacónico «*good morning, ladies and gentlemen*», empezó a hablar y a caminar de un lado al otro del recinto donde nos encontrábamos no más de veinte estudiantes, británicos y de otras nacionalidades. Yo era el único mexicano, según descubriría más tarde. Como corresponde a un personaje dedicado en cuerpo y alma a la investigación, al mundo de las ideas, a la búsqueda de explicaciones y a la construcción de fantasías, no le concedía la menor importancia a su aspecto físico ni a su indumentaria, lo que se podía comprobar al ver su barba cerrada, desaseada de cinco días, sus lentes de arillos pesados, su ropa de tallas muy superiores en relación con su cuerpo y su abundante cabellera despeinada, como si se hubiera levantado pocos instantes atrás.

Se advertía en sus palabras una urgencia por comunicar y transmitir conocimientos con una pasión contagiosa. En tanto se refería sin preámbulos a la conquista de la tierra iniciada siglos atrás y explicaba los móviles de los poderosos para privar de sus bienes a sus legítimos propietarios, por lo general, negros, mulatos o personajes humildes de piel cobriza, yo veía y volvía a ver a aquella misteriosa mujer con el propósito de descubrir el poderoso magnetismo que me impedía retirarle la mirada. Algún hechizo desconocido me obligaba a contemplarla constantemente...

Míster Perkins se refería a grandes territorios ubicados casi siempre en tierras ardientes, calentadas por un sol incandescente, en donde solo los insectos, ciertos animales y fieras, junto con seres humanos arcaicos, podían resistir los climas y los calores infernales de tierras ricas en oro, plata, petróleo, maderas preciosas; o terrenos dotados de una asombrosa fertilidad, propia para cultivar azúcar, café y tabaco, entre otros productos agrícolas imprescindibles y muy cotizados en Europa. Sepultados, como se encontraban, en una anacrónica resignación religiosa, víctimas de supersticiones inadmisibles, extraviados en una patética ignorancia y enceguecidos por un castrante analfabetismo, los paupérrimos pobladores de dichas comarcas eran incapaces de aquilatar y mucho menos de explotar la generosa herencia de la naturaleza. Desconocían la importancia de tener un libro en sus manos secas y encallecidas; carecían de acceso a la luz contenida en la tinta; ignoraban la existencia de leyes y tribunales para dirimir diferencias en el seno de las sociedades y se comunicaban con un número insignificante de palabras, en realidad, un lenguaje diminuto. ¡Ay, paradojas de la vida! Se encontraban postrados en una patética miseria, víctimas de precarias condiciones sanitarias, atenazados por un atraso milenario sin imaginar que la solución de sus problemas se encontraba materialmente a sus pies en la más amplia acepción de la palabra. Bien podrían estar parados, sin imaginarlo ni saberlo, sobre minas saturadas de metales, tesoros codiciados en buena parte del mundo, sobre inagotables manantiales de oro negro o simplemente sentados en tierras dotadas de poderosos nutrientes y condiciones ambientales únicas para cultivar bananas, caucho o frutas tropicales imposibles de cosechar en latitudes frías, en donde los avances del progreso y de la civilización despertaban envidias y asombro.

Los poderosos hombres de empresa, apoyados por sus gobiernos ávidos de ganancias, lucraban sin piedad con estas sociedades incapaces de aprovechar el ingenio humano, enterradas en un pavoroso olvido sin acceso alguno a formas superiores de convivencia social y política. Los aborígenes no parecían tener noción del tiempo. Carecían de registros del pasado, de contactos con el presente y de planes para el futuro. ¿Cuál futuro...? Era la nada. Engañar a esas personas, someterlas y controlarlas resultaba muy sencillo: bastaba con sobornar, amenazar o asustar al brujo de la tribu o inventar hechicerías para abusar de su mentalidad primitiva, pues temían la ira y el castigo de la divinidad manifestada, en ocasiones, por medio de un sonoro relámpago entendido como la orden de un dios. Lo demás consistía en robarles lo suyo sin rendirle cuentas a nadie. Cualquier brote de protesta «de esos subhumanos extraídos del Pleistoceno» era sofocado por fuerzas armadas bien adiestradas, propiedad de las potencias económicas y militares, preparadas para inmovilizar por medio de sus marinas y ejércitos a dichas naciones indefensas, sujetándolas firmemente por el cuello, mientras sus empresarios saqueaban sus riquezas, con las que se financiaban redes ferroviarias, puertos, flotas mercantes, hipódromos, edificios impresionantes, clubes para uso exclusivo de sus socios adinerados, como el Golden Key Club, academias y universidades de gran postín para preparar a las nuevas generaciones, así como grandes avenidas, restaurantes y comercios reservados para dueños de automóviles, el gran alarde de la tecnología de principios del siglo XX.

¿Cómo los españoles no iban a apoderarse a sangre y fuego del oro y de la plata de sus colonias si los aborígenes ignoraban los precios vigentes en Europa para esos metales? ¿Que los indígenas morirían unos tras otros en las minas y en sus cavernas al respirar aire putrefacto con el que contraían todo tipo de enfermedades? ¡Que traigan de donde sea mano de obra esclavizada, la más barata, no importa que sean niños o mujeres! ¿Que se estaban acabando, decían los despiadados conquistadores, en realidad unos invasores europeos en América en el siglo XVI, la mayoría de ellos analfabetos y extraídos de las cárceles españolas a la fuerza para formar parte de las tripulaciones? Pues entonces a importar negros de otras latitudes, a cazarlos con redes como a las bestias en el África meridional; pues a reponerlos, lo importante eran el oro, las especias, el dinero, vinieran de donde vinieran, al costo que fuera y como fuera.

¡Claro que los cuantiosos metales robados arteramente de las entrañas del Nuevo Mundo por los castellanos habían sido útiles para enriquecer al clero y construir conventos, monasterios, impresionantes catedrales, iglesias y parroquias, famosas universidades y centros de estudios para idiotizar a los alumnos adinerados y condicionar su salvación a la entrega puntual y encubierta de cuantiosas limosnas, y también para fundar bancos camuflados por los malvados ensotanados, en donde cobraban *intereses piadosos* a cambio de los préstamos, y para apoderarse de interminables latifundios conocidos como de *manos muertas* porque nadie trabajaba esas tierras desaprovechadas mientras la gente moría de hambre! Así fue, sí, pero que no se perdiera de vista que España había utilizado esas gigantescas riquezas no para industrializar el país y expandir su comercio, sino para importar brocados de Bruselas, vinos de Francia, vajillas alemanas, sedas chinas, obras de arte italianas, textiles ingleses y otros satisfactores epicúreos. Sin embargo, esos recursos no estaban destinados como un objetivo prioritario, al igual que en cualquier sociedad respetable, a la edificación de universidades y la construcción de templos del saber. Las fortunas americanas obtenidas de la despiadada explotación indígena fueron mal aprovechadas por España y la hundieron en el atraso, hasta que apenas hace un par de años perdió Cuba y Filipinas, por mencionar algunos, los últimos baluartes de un imperio en donde jamás se ponía el sol, según presumía Carlos V. ¡Una ruindad, una torpeza! ¿Por qué con tantos recursos mal habidos España no imitó a Inglaterra financiando una revolución industrial, en lugar de desperdiciarlos en el sostenimiento de una aristocracia integrada por débiles mentales, hemofílicos por contraer matrimonio entre familiares, víctimas del egoísmo y de la mezquindad? ¿Podía acabar de otra manera el tal Imperio español, esclavista por definición, si cedía sus cargamentos de plata a sus enemigos, los banqueros alemanes, en tanto Holanda se convertía en *el almacén del mundo* e Inglaterra en *el taller del mundo*? ¿Quién trabajaba entre una Corte, una aristocracia atestada de parásitos, además de los burócratas y el clero, un gran conjunto mayoritario de holgazanes? ¿Para eso murieron millones de indígenas en las minas americanas, dedicados a extraer miles de millones de libras tornesas de las entrañas de la tierra? España fue la gran perdedora a pesar del saqueo.

Míster Perkins, un severo crítico de las políticas imperialistas de la Corona, al mismo tiempo insistía en destacar el origen del éxito británico, fácilmente identificable al comparar los países angloparlantes con los hispanoparlantes, de donde se podían extraer sesudas y poderosas conclusiones a partir de las enormes diferencias existentes entre ambos. Los primeros promovían ideales políticos y sociales, como los valores democráticos, la libertad, la igualdad y la justicia, basados en el derecho, mientras que los reyes y virreyes españoles carecían de ideales políticos y sociales al impedir todo género de libertades y cancelar la aplicación de la justicia con arreglo a la ley, al gobernar de acuerdo con los estados de ánimo de los jerarcas en turno. ¿Cuál democracia en las colonias ibéricas en América? ¿Cuál igualdad entre los aristócratas gobernantes de la Nueva España y las masas hambrientas e ignorantes de indígenas impedidas de cualquier posibilidad de desarrollo? México y América Latina habrían de pagar muy caro el costo de la autocracia mucho más que padecida a través de los siglos, en lugar de practicar un autogobierno al estilo inglés.

¿Por qué el triunfo de Inglaterra y de los Estados Unidos? ¿No estaba a la vista? ¿España contaba con un Parlamento electo? ¡No! ¿Existía en la Península un *habeas corpus* para que un juez determinara la procedencia de un arresto? ¡No! ¿Existía una garantía ciudadana contra la autoridad? ¡No! ¿Todos los españoles, incluidos los soberanos, eran iguales ante la ley? ¡Claro que no, esta se negociaba y se enajenaba al mejor postor, la excepción era la regla, la corrupción y la impunidad y la descomposición social, algunas de las consecuencias! ¿En el Imperio español se podía practicar el libre mercado para estimular la competencia entre todos los concursantes? ¡Por supuesto que no, los monopolios españoles impidieron las libertades comerciales, provocaron los privilegios, incrementaron la concentración de la riqueza en pocas manos y, colateralmente, propiciaron el arribo de los piratas, ávidos de vender a precios atractivos los productos controlados desde Madrid! ¿Cuál libertad de prensa o libertad religiosa en los territorios en donde no se ponía el sol? De la misma manera en que nadie podía opinar en razón de la intolerancia española que se alzaba como titular de la verdad absoluta, muy pocos estaban informados de lo que realmente ocurría gracias a la existencia de una feroz censura, cuyos transgresores podían acabar sus días en los sótanos de la Santa Inquisición. ¡Ay de aquel a quien se le ocurriera practicar una religión distinta a la católica porque podría perecer incinerado en una pira pública después de haber escuchado una sentencia *sugerida* por un tribunal eclesiástico! ¿Y el hombre, qué pasaba con el hombre, su única y gran preocupación?

En aquel momento Perkins giró, se puso frente al pizarrón y, con un gis extraído de su bolsillo, a saber cuántas cosas más guardaba ahí, dibujó un cuadro a modo de resumen para dejar en claro sus argumentos. Todos los alumnos copiaban el texto mientras él lo redactaba a gran velocidad:

Protestantes	Católicos
Interés por las ciencias y el desarrollo de la razón. Pruebas empíricas.	La Inquisición incineraba vivos a los científicos y quemaba sus obras con ellos.
La mentira es castigada. La confianza es un pegamento para construir un país.	La mentira es perdonada después de una confesión y el pago de una limosna. ¿Cómo confiar en un político católico?
La propiedad privada es un derecho de todos los hombres.	La propiedad es un privilegio de la Corona, de la nobleza y de la Iglesia.
Con el trabajo ético se honra al Señor. El robo es un hecho muy grave.	El trabajo es un castigo de Dios. El robo no es un hecho muy grave.
El problema no es el dinero en sí, sino el amor al dinero.	La riqueza es un estigma y la pobreza un signo de humildad y sencillez.
Se apostó por la libertad, la democracia y la separación de poderes. Empezó la generación de riqueza.	En Iberoamérica las monarquías absolutas impidieron la separación de poderes. Aparecieron la pobreza y el atraso.
Los Estados Unidos nacieron como Estado laico. Se logró desde un principio la separación de Iglesia-Estado.	El clero católico financió guerras para evitar la separación de la Iglesia del Estado. Costó sangre la laicidad.
Siempre se buscó el imperio de la ley. Existió un eficiente Estado de derecho.	Nunca se aplicó la ley. Sin Estado de derecho. El rey dictaba la sentencia final.
Igualdad económica y menos posibilidad de golpes de Estado. Un círculo virtuoso.	La desigualdad económica provoca revoluciones y atraso. Un círculo infernal.
La voluntad popular es una fuente legítima del poder de los gobernantes.	Se ignora la voluntad popular. Los procesos electorales son fraudulentos.

El poder se delegaba en representantes a través de un sistema electivo.	El poder se eterniza en manos de tiranos. Sin representantes del pueblo.
La profesión es para servir a la comunidad y contribuir a su mejoría.	La profesión es para ganar dinero. Los demás nunca cuentan.
El propietario de todo es Dios y a Él se le rinden cuentas.	El propietario de todo es la persona y no se le rinden cuentas a nadie.
Los Parlamentos son elegidos.	Cortes nombradas por el rey.
Habeas corpus. Se aseguran los derechos básicos de las personas.	Sin respeto por los derechos de las personas.
Libre mercado.	Sin libre mercado. Monopolios de la Corona.
Libertad de prensa.	Sin libertad de prensa. Feroz censura.
Libertad de culto.	Sin libertad de culto. La religión católica es única y obligatoria.
Libertad de conciencia. Se puede pensar en todo.	Sin libertad de conciencia.
El Common Law es el derecho creado por decisiones de los tribunales.	El derecho de los ciudadanos depende de la voluntad del soberano.

—En resumen —agregó Perkins sin dejar de ver el pizarrón—: ¿a dónde van los países que incineraban a los científicos en la pira con sus obras, que no castigaban ni castigan la mentira ni el robo ni respetan la propiedad ni los derechos ciudadanos ni la voluntad popular? ¿A dónde va una nación que no se preocupa por los demás, una a la que no le importa la comunidad y donde no existen Parlamentos elegidos ni el libre mercado ni la libertad de prensa ni la de cultos ni la de conciencia y el clero católico financia revoluciones con las limosnas con tal de no perder sus privilegios ni su poder político? ¿A dónde van los países dirigidos por tiranos semianalfabetos, monarquías absolutas, en donde las desigualdades económicas producen envidias y corajes que terminan en revoluciones que solo complican el estado de las cosas? ¿Cuánto tiempo tardan en estallar las naciones pobres y marginadas que asisten al robo de su patrimonio a manos de los dictadores enemigos del Estado de derecho, la plataforma de la estabilidad y el progreso?

Si en la música existen los pianísimos para obsequiar descansos rítmicos a la audiencia después de tonalidades intensas, en las cátedras de míster Perkins los pianísimos simplemente no existían. Esa mañana escribió en el pizarrón que el protestantismo inglés había ayudado a garantizar históricamente la libertad de expresión, la de conciencia y el Parlamento libre, sin perder de vista que la Declaración de Independencia de los Estados Unidos se había nutrido del famoso *Bill of Rights* de la revolución de 1689. Escribió con letras mayúsculas que las leyes no eran consecuencia de los caprichos de los reyes o gobernantes, sino que consistían en derechos del pueblo que obligaban hasta a los reyes a someterse a sus súbditos. Todo el mundo debería conducirse por su propio *Common Law* fundado en la costumbre, en la experiencia, en la jurisprudencia, en casos de naturaleza parecida y no tanto en la ley.

¿A dónde iba un país sin justicia? ¡Al matadero!

—¿Cuándo un soberano español se sometió a ley alguna? —se preguntó en voz alta al girar sobre sus talones y encararnos...

Recordó cómo Carlos I de Inglaterra y Escocia había sido ejecutado, al igual que años más tarde lo sería Luis XVI de Francia. Se burló hasta las lágrimas de Carlos IV y de Fernando VII, ambos de España, un par de estúpidos que había cambiado el rostro del mundo y que deberían haber acabado sus días en la guillotina para el bien de España. ¿Quién decía que los reyes eran de sangre azul, descendientes de los dioses, después de presenciar una ejecución en un patíbulo y comprobar que era roja, como la de cualquier mortal? ¿Por qué entonces no someterlos a la ley y disminuir los márgenes de error y concluir con las arbitrariedades, caprichos y excesos? «Si no tienen pan que les den pasteles», y así acabó María Antonieta, decapitada.

Desde la Carta Magna de 1215 el pueblo inglés tenía el derecho de exigir o cuestionar al rey sobre su comportamiento: ahí radicaba el fundamento de su libertad, la anglosajona, que se explicaba a través de la supremacía del Parlamento, *the rule of law*, que controlaba a los soberanos y al gobierno y garantizaba las libertades individuales. En España y en sus colonias la ley jamás había contado, era letra muerta, y por ello, se podía localizar en este hecho el origen del atraso ibero y hemisférico...

—Por todas esas razones nuestros principios jurídicos y políticos deben ser adoptados por cualquier pueblo —concluyó míster Perkins su breve explicación, dejando en claro su perfil objetivo cuando se trataba de analizar la historia de Inglaterra.

Míster Perkins parecía una locomotora enloquecida cuando aclaró:

—Claro que tenía razón Augustin Louis Marie de Ximénès cuando, a finales del siglo XVIII, etiquetó a Inglaterra como la Pérfida Albión. Es falso que la expresión provenga de un Napoleón que tanto nos odiaba y a quien final y afortunadamente dominamos ya para siempre en Santa

Elena. El título peyorativo y hostil nos lo ganamos a pulso antes de la entronización del malvado enano francés.

El catedrático hizo una mueca de malestar cuando sonó una campana lejana anunciando el final de la clase. Mientras tomaba su portafolio –que nunca siquiera abrió– se despidió citando a Thomas Hobbes, quien había iluminado la propia Universidad de Oxford desde el siglo XVII: «Nunca se les olvide que "el hombre es el lobo del hombre", *homo homini lupus*».

Mientras míster Perkins comía una manzana ya mordida de una de las bolsas de su saco y se dirigía a la puerta para abandonar el aula en medio de una catarata de preguntas disparadas al unísono por varios de mis condiscípulos llenos de curiosidad, yo giré la cabeza en busca de ella, simplemente de ella. La encontré concentrada en la limpieza de su pluma estilográfica con un pañuelo manchado de tinta negra. Con gran lentitud guardó su cuaderno de notas sin sentirse observada, se puso de pie, se colgó en el hombro su bolsa y se dispuso a salir sin saludar a nadie, como si se tratara de un fantasma.

Jamás me llamaron la atención las mujeres más altas que yo: su tamaño destruía el encanto de la delicadeza propia del sexo débil, acababa con el hechizo, erosionaba el atractivo natural e impedía el feliz y no menos poderoso surgimiento de las fantasías. ¿Cómo abordar a una fémina con tan solo imaginar unas manos más grandes que las mías? ¿Cómo perder la sensación del macho al rodear firmemente a la hembra con el brazo izquierdo y tomar sus mejillas apretándolas con los dedos de la diestra para hacer sobresalir sus labios y devorarlos con besos apasionados, mientras ella se alzaba de puntitas para tratar de alcanzarme y corresponder a mi ternura? ¿Emplear toda mi fuerza para estrujar las nalgas de una gigante que finalmente no sentiría nada ni tendría con qué provocarla ni estimularla ni podría partirla en dos con gritos y súplicas del más allá? ¿Acaso los arrebatos carnales no eran sino expresiones maravillosas de la más exquisita naturaleza donde jugaban el aliento, la fortaleza, la delicadeza, los aromas, las insinuaciones con las yemas de los dedos para despertar hasta el último poro de la piel, sin olvidar las fantasías y la selección oportuna de palabras soeces? ¿La saliva del ser amado no es la máxima esencia del amor? Unas y otros estamos hechos para acoplarnos por medio de un enlace divino que solo Dios, Nuestro Señor, pudo haber creado con tanta sabiduría. ¿No hubiera sido un auténtico horror que la función reproductiva se llevara a cabo al colocar el pulgar derecho en la frente de la persona deseada? ¿Y ya? ¡Cuánta frustración! Quien inventó el juego entre ambos genitales solo pudo haber sido alguien dotado de una inteligencia superior...

Ella ostentaba, además, la estatura perfecta. Ambos estaríamos próximos a cumplir los veinte años de edad en aquel Oxford mágico. Pasó frente a mí como si mi persona fuera un pupitre más del salón de clases. No me obsequió ni una sola mirada. Yo no existía, es más, nadie existía. Ella era el Universo y se bastaba a sí misma. Nunca se despidió. Miraba sin ver o veía sin mirar, era igual, ¿qué más daba? ¡Qué personaje o personaja, como me corregiría ella tiempo después! ¡Cómo olía! A saber qué menjurje había confeccionado en las noches de luna llena al escuchar en lontananza el aullido de una loba en celo. Me embrujó. ¿Habría preparado la infusión en una sesión secreta de un aquelarre medieval en el corazón de Escocia? La seguí, guardando una discreta distancia. ¿Se dirigiría a la cafetería de la universidad? Con toda mi prisa no tendría otro remedio que esperar, salvo sorprenderme de pronto con la caída de su pañuelo perfumado, como acontecía en los pasajes del Romanticismo francés, aun cuando fuera aquel, lleno de manchas de tinta. Un pretexto, necesitaba un pretexto para abordarla. Ignoro por qué en ese momento pensé en Ricardo III cuando sentenció esa frase inmortal, «Mi reino por un caballo», antes de morir penetrado por las lanzas de sus adversarios. Yo también estaba dispuesto a lo que fuera con tal de pasar un largo rato con ella y escuchar su voz, escrutar su mirada, contemplar de cerca sus facciones y sus manos y embriagarme con su aliento.

La seguí a buen paso, lento diría yo. No parecía dirigirse a ningún lugar en concreto. Me preocupaba que de pronto entrara a otro salón en cualquiera de los diferentes *colleges*. Cuando pasó por el Magdalen College y pude contemplar por primera vez su torre, que solo conocía por fotografías de pésima calidad, a lo lejos escuché algo así como un coro que interpretaba cantos gregorianos. ¿Estaría soñando mientras perseguía perturbado los aromas de esa mujer? Me sentí perdido cuando me encontré con una placa conmemorativa en donde había estudiado Oscar Wilde. ¿Ni ese hallazgo me conmovía? ¿Ni el recuerdo de su tristísima carta *De profundis*, escrita en la cárcel, acusado de sodomía? No, pero algo me decía: «Volverás, Olegario, volverás con ella, volverás». ¡Ya! ¿Estudiaría Letras Inglesas?, me pregunté en silencio, pero no, por lo visto me equivocaba porque cruzamos el Magdalen Bridge y sus antiguas balaustradas, desde donde saltaban los jóvenes al río Cherwell en los primeros días del otoño cuando los árboles empezaban a cambiar lentamente de color. ¿Cómo se llamaría? ¿Sería inglesa? Estaba intrigado. ¿A dónde iría? ¡Claro que la seguiría hasta el mismísimo Infierno! De pronto aparecieron los botes, los famosos *punts*, atracados en el embarcadero, de los que tanto me habían contado, hasta llegar al jardín botánico, en donde ella se sentó en una banca frente a un estanque rodeado de árboles muy frondosos, llenos de hojas de todas las tonalidades, desde el verde hasta llegar al amarillo y al anaranjado, antes de caer al suelo con la llegada inminente del invierno.

Estaba sentada de espaldas al camino de tierra por donde habíamos llegado. Alguien había cortado el césped, ¿a mano?, y lo había humedecido milimétricamente con un cuidado tan profesional como amoroso. ¿Qué hacer? ¿Cómo abordarla? ¿Qué decirle? ¿Cómo presentarme? Parecía ser la primera vez que me encontraba con una mujer. Recordaba a mi madre, hermosa yucateca, cuando a mis ocho años me jalaba de la muñeca en dirección de las niñas para obligarme a bailar cuando acabábamos de cantar la letanía en los días de las posadas... El terror de enfrentarme a ellas equivalía a encontrarme en un callejón sin salida con un enorme monstruo de cinco cabezas y siete hileras de colmillos afilados.

«La ocasión la pintan calva», decía mi madre con su chispa yucateca. Ahí la tenía yo, sola para mí. Era el momento, lo sabía. Imposible desperdiciar la ocasión por timidez. Me acercaría sin meditar la estrategia. Ya se me ocurriría algo sobre la marcha en lugar de quedarme paralizado. Decidí pasar a un lado de ella en dirección al río, como si fuera el adiestrador de los patos que nadaban con la debida indolencia ajenos a mis titubeos. De regreso me encontraría con ella sentada en la banca y apartada de este mundo como siempre parecía estarlo. ¿Y si mientras yo revisaba el plumaje de los estúpidos pajarracos ella desaparecía y se perdía entre la multitud? Avancé entonces a su lado en dirección del estanque, en busca tal vez de alguien y, viéndola de reojo, de pronto me detuve como si hubiera olvidado un objeto. Al girar daría con ella. En esa coyuntura ya no me importaban los *colleges* de la Universidad de Oxford, las academias, los libros, los ensayos de John Locke y Thomas Hobbes, ni las obras de teatro de Wilde, ni los sabios que cruzaron el campus, los que son, fueron y serán: todos podían irse al diablo...

Me acerqué lentamente después de haber recogido, a modo de amuleto, una varita del piso para jugar con ella golpeándome el pantalón. A saber por qué me daba confianza. Mi hermosa condiscípula tomaba notas apresuradas en un cuaderno. No me importó interrumpirla, al menos un momento. Al verme me devolvió un cálido *hello*. Parecía conocerme de toda la vida. Fue generosa conmigo al dejar de escribir y obsequiarme unos instantes de su atención. Nadie podría creer lo que mis oídos escucharon a continuación. ¿Estaría soñando? Lo juro: yo nunca había masticado peyote ni lo había tomado en té aunque me lo habían ofrecido amigos y compañeros en Mérida. ¿Estaría frente a una bruja? Solo así entendería el origen del hechizo...

Me ofreció asiento a su lado con gran naturalidad. Accedí, sorprendido, sin retirar la mirada de su rostro. Solo le faltaba llamarme por mi nombre. Ahí estaba vestida con su falda y saco gris Oxford, su corbata verde y sus medias negras, solo que ahora no estaba distraída, ni ausente, me miraba con la alegría de quien vuelve a encontrarse con un viejo amigo después de mucho tiempo y distancia.

—Compartimos la cátedra de míster Perkins —le hice saber candorosamente.

Ella lo admitió risueña y no solo eso: confesó haberme visto cuando entré al salón de clases vestido con mi suéter azul marino y rombos rojos al frente, camisa blanca y corbata gris oscura. A pregunta mía supo a la perfección que me había sentado dos filas atrás, a su derecha y, por si fuera poco, también percibió cómo había volteado a verla insistentemente. ¡Caray! Mi mirada pesaba, agregó...

—¿Tienes ojos en la nuca? —le dije bromeando, como si fuera una extraterrestre.

—Las mujeres —me dijo sonriente con unos ojos azules cristalinos, chispas cargadas de entusiasmo y vigor— hemos vivido acosadas por los hombres desde la aparición misma del *Homo sapiens* y por ello hemos desarrollado un poderoso instinto de supervivencia para distinguir el peligro. Tenemos habilidades innatas para hacer una composición de lugar y medir los riesgos, algo inaccesible para ustedes. Esta aptitud ha sido indispensable para impedir la desaparición del género humano. Ustedes habrían acabado con las mujeres si nosotras hubiéramos sido incapaces de adelantarnos a sus intenciones.

Me quedé pasmado.

—Entonces, ¿viste dónde me senté?

—Te vi entrar, vi dónde te sentaste, vi cuando me descubriste, vi cómo me mirabas constantemente, vi tu interés en la cátedra, vi tu ropa inadecuada para los fríos ingleses, en fin, todo vi, todo...

—Pero ¿cómo? —respondí intrigado—. Jamás cruzamos miradas ni volteaste a verme ni mostraste interés por nada ni por nadie, salvo en las palabras del profesor.

—Ahí radica algo de nuestros poderes femeninos... Si ustedes pudieran leer nuestros pensamientos, perderíamos todas las partidas. La primera parte del juego consiste en ignorarlos aunque nos hayamos dado cuenta de que tienen sueltas las agujetas de los zapatos. Cuando ustedes van, nosotras ya venimos de regreso después de haberlos revisado de arriba abajo y sin que se percataran de nada.

Cuando yo me disponía a argumentar, de golpe me preguntó mi nombre.

—Creí que lo sabías todo —aduje ocultando una sonrisa sardónica.

—Sé más de ti de lo que siquiera te imaginas.

—Olegario Montemayor —respondí inquieto. ¿Sería una espía enviada por mi padre o por Porfirio Díaz? Ambos sabían hasta cuando una hoja caía fuera de lugar. ¿Cómo que sabía más de mí de lo que yo ni siquiera podría imaginar? ¿Qué era eso?

Entonces me extendió la mano cálidamente:

—Yo soy Marion Scott —repuso en su inglés nativo, con un acento escocés imposible de confundir.

—¿Naciste en Londres?

—¿No te acuerdas de mí? —interrumpió la conversación con una mueca de sorpresa festiva.

—¿Cómo podría acordarme? —cuestioné intrigado.

—Ya lo sabrás —concluyó lacónicamente en tanto giraba la cabeza en dirección del estanque de patos—. No, no nací en Londres, sino en Edimburgo. ¿Y tú? Por tu acento, debes ser latinoamericano... mexicano ¿tal vez?

—Yucateco —aduje en voz baja sin ocultar la sorpresa que me provocaba la conversación.

—¿Yucateco? ¿Qué país es ese? ¿Uno nuevo?

—No, claro que no —agregué soltando la carcajada—. Soy mexicano renegado. Los yucatecos nunca hemos querido formar parte de México y por eso jugamos con el gentilicio.

Intrigado y sonriente le pregunté por qué decía conocerme más de lo que yo imaginaba.

—No sé si estás listo para conocer nuestra historia o te la cuento otro día... ¿Sabías, disculpa la digresión, que precisamente esta banca en la que estamos sentados también la ocupó Charles Lutwidge Dodgson, mejor conocido como Lewis Carroll, el autor de *Las aventuras de Alicia en el país de las maravillas*, quien también fue lógico, matemático, fotógrafo, novelista y finalmente diácono británico? ¿Lo sabías?

No oculté mi confusión. ¿Qué tenía que ver un personaje tan complejo en la conversación? Sin permitir distracción alguna, de inmediato pregunté:

—¿Nuestra historia? ¿Ya nos conocíamos?

—Bueno, bien, ven, te cuento —respondió con una sonrisa pícara mientras colocaba su mano helada sobre mi rodilla...

De repente guardó silencio. Meditaba sus ideas. Dudaba. Sus ojos parecían los de una chiquilla traviesa. ¿Qué me podría decir esa mujer recién conocida?

—¿Prometes no burlarte? —me preguntó con un dejo de malicia.

—Lo prometo —repuse con alegre solemnidad.

—¿Lo juras?

—¡Lo juro! —hice como si trazara una cruz encima de mi corazón de acuerdo a la tradición inglesa. *Cross my heart and hope to die...*

Pues bien, bajó sus cartas y las abrió para no ocultar nada en su sorprendente relato:

—Nos conocimos en Wittenberg, Alemania, durante una marcha histórica encabezada por Martín Lutero en 1520, no recuerdo la fecha exacta, pero fue un día a finales de octubre, cuando ese maravilloso sacerdote agustino explicó una vez más, en las puertas de la iglesia de Todos los Santos sus noventa y cinco tesis, las que se conocen como «Cuestionamiento al poder y eficacia de las indulgencias». ¿Te acuerdas?

—¿De las tesis?

—No, sonso, de cuando nos conocimos.

—La verdad, no, Marion, no lo recuerdo —dije a punto de soltar la carcajada, pero me contuve para respetar mi promesa. No me burlaría... ¡Cómo disfruté que me llamara sonso! Adoré el acercamiento. Recordaba, eso sí, que Shakespeare decía que «la memoria es el centinela del cerebro», pero no era el momento de interrumpirla. ¿Que yo la había conocido hace cuatrocientos años en Alemania en una marcha protestante? ¡Caray! Poco viviría quien no acabara de escuchar la historia...

Marion continuó la charla con sobriedad, pero con una mirada cargada de emoción, la de quien espera que otra persona abra una caja con un espléndido regalo:

—Yo te encontré durante la marcha, te descubrí y me encantaste, sobre todo cuando protestabas conmigo a gritos por la cínica venta de indulgencias, con la que la Iglesia de Roma supuestamente se haría de recursos para construir la Basílica de San Pedro. ¡Bastardos malnacidos! ¿Cómo se atrevían a vender el perdón para hacerse de dinero? Por eso Jesús largó del templo a los fariseos llamándolos raza de víboras. ¡Canallas!

¡Cuánta pasión y conocimiento en las palabras de esa mujer...!

—Entonces, ¿tú y yo caminábamos por las calles de Wittenberg hace cuatrocientos años y condenábamos al clero católico a gritos? —insistí fascinado, sin poder creer semejante conversación.

—No solo eso, Olegario, *dear*, unos momentos después yo ya te llevaba de la mano porque me había identificado contigo. Eras una mujer muy apasionada y yo jamás entendí la vida sin pasión.

—¿Cómo que mujer apasionada? ¡Hombre apasionado!

—¡Mujer apasionada, dije!

—¡Ah!, ¿ahora resulta que yo era mujer en el siglo XVI?

—Por supuesto que lo eras, y además de arrebatada, eras muy hermosa, deslumbrantemente hermosa...

—O sea que además era lesbiana, ¿no?

—Eso sí no.

—Ahora sí, yo ya no entiendo nada...

—Lo vas a comprender si te cuento que yo en aquellos años era hombre.

—¿Tú, hombre? ¿Qué, qué has dicho? ¿Estoy perdiendo la cordura?

—No, no la pierdas.

—¿Y qué más pasaba? —cuestioné con las ansias de saberlo todo para empezar a redactar una novela. ¡Ay, si yo fuera escritor!

—Pues una vez explicada por el propio Martín Lutero su protesta en las puertas de la iglesia, te invité a tomar una *Altbier*, a ti te gustaba la Weihenstephan y esa misma pedimos para escapar un momento del frío que calaba los huesos. Nos habíamos acabado dos botellas cada uno cuando yo me atreví a poner una mano encima de tu pierna, como acabo de hacer, y tú te dejabas. Acto seguido, te tomaba la mano y tú me cubrías con las tuyas porque decías que las mías estaban heladas, tal y como las tengo ahora mismo. Sin darnos cuenta ya nos estábamos besando en la cervecería, con sus ventanas oscuras de vidrio, las velas de cera lloradoras y, momentos después, yo pedía una habitación en la posada que contaba con cuatro cuartos para rentar. Ya te sabía mía...

—Entonces, ¿yo era una facilota que me iba a la cama con cualquiera, una casquivana?

—¡Claro que no, qué barbaridad! Las almas viejas nos identificamos de inmediato. En tu interior sabías que solo te movía el amor sin complejos y que yo, como tu galán, era un privilegiado receptor de tus caricias. No había prejuicios ni maldad en ninguno de los dos.

—Pues, de cualquier manera, me sedujiste muy rápido...

—Ni rápido ni fácil, hubo al principio cierta resistencia.

—¿Y entonces abusabas de mí?

—No, eso jamás, siempre fui muy respetuoso de los sentimientos ajenos. Subimos entre carcajadas por la escalera intercambiando beso tras beso y acariciándonos sin piedad ni pudor.

—Entonces, insisto, ¿yo era una loca?

—¡Qué loca ni qué loca! Como te decía, solo amabas la vida y eras muy abierta y espontánea, no parecías tener complejo alguno, siempre decías: «Toma de la vida lo que te da, cuando te lo da y como te lo da. No compongas nada. Sé natural».

—¿Y...?

–En la habitación nos arrancamos la ropa y nos desvestimos rápidamente. Desnudos nos revolcamos en el piso porque yo me había caído al quitarme los pantalones. Reíamos como corresponde a dos jóvenes, tú tendrías unos veintidós años y yo, acaso unos treinta, pero qué manera de divertirnos y de gozarla. Tu cuerpo me enloqueció, tus senos estaban repletos, exuberantes, casi intocados; tus pezones rosas, como los de las princesas de los cuentos; tenías escasos vellos en el pubis y tu piel estaba ávida de aprender lo que era la vida. ¡Cómo respondías a mis caricias! Las perlas de sudor que aparecían por todos lados eran un homenaje a mi virilidad, me hacías sentir como un hombre poderoso y hábil que podía transformar con mi aliento a una mujer como tú, con esa belleza con la que podrías conquistar a media humanidad.

¿Hablar? ¿Interrumpir la crónica en ese momento? ¡Qué va!

–Los alaridos de placer que lanzabas cuando te penetré sin haber podido siquiera llegar a la cama...

No pude más, me levanté, me tallé los ojos, me ajusté los pantalones, fruncí el ceño, estiré la espalda, me pasé una y otra vez la mano por el pelo, me imagino que hice todo tipo de muecas en silencio, entorné los ojos, después puse mis brazos en jarra y le clavé la mirada bajando la cabeza como para enfocar mejor:

–Nunca había escuchado algo igual, Marion, ¿cómo pudo suceder? ¿Cómo te acuerdas? ¿Cómo sabes? –pregunté jocoso.

Marion me veía cautivada. Le fascinaba mi actitud.

–Soy hombre y muy feliz, por cierto, en esta vida –afirmé sonriente y orgulloso–, solo que no puedo imaginar ser mujer, cambiar de sexo y menos, mucho menos, que tú hayas sido hombre y me penetraras y que, además, me encantara... ¿Qué? ¿Estoy soñando? –Reía sin parar con el debido cuidado para que no se entendiera como burla, sino como un gran festejo–. Sí que tienes imaginación –confesé fascinado.

–No es imaginación, es la realidad, te lo cuento tal y como ocurrió.

–Y ¿por qué no me acuerdo de nada?

–Porque no haces regresiones y yo las practico a diario. Ya te enseñaré para que puedas ir para atrás en tu existencia. Recordarás tus vidas como yo lo hago. Acuérdate que, como decía el poeta, la memoria es el único paraíso del que no podemos ser expulsados...

–¿Y qué pasó después? –agregué sin hacer comentario alguno a la frase poética. No había tiempo para eso...

–Nos subimos a la cama, nos cubrimos con las sábanas porque el frío era tremendo. Hasta el amanecer nos dimos cuenta de que nuestra habitación tenía vista al río Elba. Pasamos mucho tiempo abrazados, besándonos, teniéndonos, riéndonos, disfrutándonos. El momento había resultado inolvidable. No podía haber sido de otra manera para quienes habían sido amigos y amantes después de muchas vidas. Nos juramos lealtad y compañía para siempre. Nos prometimos transparencia. Juramos no tener hijos; antes que nada estaba nuestra misión protestante de ayudar a la causa luterana y evitar que más personas fueran atracadas por el clero católico, invariable enemigo del progreso y de la evolución cultural del mundo. Los sacerdotes eran los agentes perversos del atraso y de la descomposición ética de las personas y de las sociedades. Habría que instalar hogueras para quemarlos vivos, tal como habían calcinado a miles de talentos llamados *herejes* en las piras de la Santa Inquisición, la institución favorita del diablo. ¿Por qué Newton pudo desarrollarse en la Gran Bretaña y no en la España inquisitorial y cavernícola?

Si ella fantaseaba o no era lo de menos, yo solo soñaba con materializar en ese momento las fantasías, regresiones o lo que fuera de la tal Marion. No dejaba de contemplar sus labios, de disfrutar su mirada, de imaginar su cuerpo escondido detrás del saco y la blusa. Sus palabras e imaginación me transportaban a otro mundo.

—Pero hay más —insistía Marion—. Recordamos entre besos y besos, arrumaco y arrumaco, caricia tras caricia, muchos más momentos de nuestras vidas pasadas y, a continuación, abrazados, trenzados, firmemente atados, pasamos lista a la vida de Lutero y analizamos los motivos por los que seguimos a ese gran reformador, gran revolucionario, que cambió el mundo con una estructuración ética que nutrió los códigos civiles para garantizar una convivencia civilizada y respetuosa. ¡Claro que Roma lo exhibió como al peor hereje, encarnación de Lucifer a pesar de haber sido el máximo genio religioso de la historia! Por supuesto que a los papas les disgustó la denuncia de la corrupción existente entre los católicos cuando se vendían al mejor postor los puestos eclesiásticos y los sacerdotes eran adúlteros, briagos y desconocían las escrituras. El clero católico es el peor ejemplo porque corrompe a la sociedad. ¿Cómo se atrevían a vender indulgencias cuando, como decía Lutero, «la gracia y la misericordia de Dios son gratuitas?». Los curas predican que tan pronto suena la moneda que se echa en la caja, el alma sale volando del purgatorio. Solo es lucro y avaricia. ¿Por qué el papa —recordaba Marion detalles de la conversación—, cuya fortuna era más abundante que la de los más opulentos ricos, no construye la basílica con su propio dinero, en lugar de hacerlo con el de los pobres creyentes? Imposible aceptar que las bulas papales absolvieran pecados a cambio de dinero: una inmundicia. Por ello se requería fundar una nueva relación con Dios con libertad de creencias y pensamientos. *Sapere laude*, «ten el valor de usar tu propia razón, no dependas de tutelas ni censuras papales», decía Lutero.

Yo escuchaba boquiabierto los comentarios cargados de sabiduría de esa belleza inglesa, cuya memoria y conocimientos resultaban sorprendentes. ¡Qué mujer!

—No perdamos de vista que si la Reforma de Lutero fue el antecedente de la Ilustración y la puerta de ingreso a una feliz modernidad, la Contrarreforma sepultó a España en el atraso al cerrar las puertas a la evolución. Acuérdate de cómo los inquisidores reprimieron con brutalidad a los protestantes durante el reinado de Felipe II para impedir su expansión en la península, porque iban a arrebatarles el mercado espiritual, y quemaron a los herejes en las piras con lujo de salvajismo. Comparemos a países atenazados por la Inquisición con otros que no hayan padecido este flagelo.

»Con el tiempo visitamos el monasterio de los agustinos, en donde vivió Lutero con su esposa y sus seis hijos. Jamás le importó que el papa León X lo excomulgara por medio de la bula. Ya te acordarás cuando en público quemó el decreto que establecía su excomunión y criticó furioso la disipación moral de la Iglesia romana, rechazó la autoridad del papado, negó la validez de los concilios y produjo el peor cisma del cristianismo. Tenía toda la razón cuando señaló que la venta de indulgencias había sido un mero tráfico mercantil fundado en chantajes para la salvación del alma».

Yo escuchaba encantado los recuerdos, las fantasías, los sueños, las mentiras o los delirios de aquella fascinante mujer. ¿Se trataba de una insinuación, si nos acabábamos de conocer? ¿Era una invitación velada al amor, así, el primer día? «¡Cuidado! Una interpretación errónea, una conducta indebida, una petición inadecuada podían conducir al desastre», me decía mientras me encontraba sentado en la banca y contemplaba en silencio la torre del Magdalen College que sobresalía entre los árboles teñidos de colores que Dios habría pintado cuando creó la naturaleza. Yo había sido educado en la religión católica. Las haciendas henequeneras de mi familia parecían haber sido propiedad de sacerdotes, al extremo que varios miembros del clan de los Montemayor se habían ordenado en los seminarios yucatecos o españoles para ser curas. La alianza corporativa y clerical no podía ser más eficiente ni evidente. Yo mismo había sido bautizado con las debidas bendiciones papales y había participado en el ritual de la eucaristía, durante mi primera comunión, en donde recibí el cuerpo y la sangre de Cristo después de haber confesado mis pecados, hasta llegar a la confirmación a los ocho años de edad. ¿Por qué razón los católicos nacemos culpables? ¡Cuánta obsesión por la sexualidad! En razón de la costumbre familiar religiosa asistí a misa casi todos los días durante mi infancia y juventud. Respetaba los días de guardar y cumplía con la liturgia. Con el paso del tiempo fui descubriendo la cara oculta del clero, un ángulo imposible de captar a simple vista durante mis primeros años de vida.

La confesión, coincidía ahora con Marion como estudiante universitario, y la consecuente absolución otorgada por un sacerdote después de cumplir con unos rezos y depositar en las urnas de las iglesias una cierta cantidad de dinero, medible en términos del tamaño del pecado, habían convertido a los católicos en unos individuos cínicos porque podían comprar el perdón como si se tratara de la venta de una pequeña indulgencia, que les permitía volver a pecar sin consecuencia alguna al día siguiente y así hasta el infinito. La mayoría de los católicos, sostenía Marion, carecía de responsabilidad individual y, por lo tanto, los países hispanoparlantes no evolucionaban y vivían devorados por la corrupción y la descomposición social. ¡Claro que no existía el famoso Purgatorio, una estrategia chantajista para manipular a los creyentes por medio de la culpa, como también resultaba una canallada la obligación de los curas de permanecer célibes o impedir a las monjas la posibilidad de cantar la misa! ¡Cuántas coincidencias con míster Perkins! Desde buen tiempo atrás yo ya no creía en Dios ni en las vírgenes, santos ni beatos, ni aceptaba la confesión como un acto de purificación personal ni veía a los curas como representantes de Dios en la Tierra, es más, los despreciaba por carecer de principios éticos a pesar de haber sido educado por ellos y de haber crecido convencido de la importancia de la fe.

—¿Te gusta el budín inglés con pasitas y chispas de chocolate? —preguntó Marion poniéndose de pie y haciéndose un nudo muy delicado alrededor del cuello con su bufanda Burberrys of London festoneada a cuadros grises. Sin esperar más, se echó a andar a sabiendas de que la seguiría.

Si ya habíamos sido amantes, ¿me podía tomar la libertad de tomarla de la mano? Está bien, habían transcurrido más de cuatro siglos, pero habíamos compartido una intimidad inolvidable. ¿Se valía? ¿Podíamos acaso caminar abrazados y reanudar de inmediato los arrebatadores intercambios carnales que habíamos disfrutado tiempo atrás? ¿Cómo acercarme a ella? ¿Cómo proponérselo sin herirla ni pasar como un sujeto abusivo y vulgar que ahora pretendía lucrar con una historia digna de una novela? Se trataba de otras personas, de otros sexos, de otros momentos, de otras condiciones, de otras edades, de otra coyuntura, de otros lenguajes, de otras costumbres, de otras civilizaciones, de otras culturas, de otros principios religiosos y éticos: todo era diferente. Era imprescindible andar con mucha precaución para no destruir una relación que tanto podía aportar a mi vida.

Mientras paseábamos por un jardín enmarcado por árboles tal vez milenarios, coronados por copas frondosas de un extraordinario verdor, como si fuera su último aliento antes de concluir el otoño, nos encontramos con jugadores de cricket vestidos con pantalones blancos, gorras y suéteres amarillos como si no les importara el frío vespertino. ¡Cuánta propiedad y elegancia de los ingleses hasta en los juegos sociales como el backgammon, las charadas y los deportes de campo, como el rugby, el tenis y el futbol!

—¿En Yucatán juegan al cricket? —pregunté.

—Con arreglo a nuestra emocionante historia, ¿me permites, Marion, que te tome la mano? No creo que sea mucho pedir después de lo que hemos vivido —evité la respuesta con relación al cricket con el ánimo de acercarme lo más rápido posible a mi antigua amante, cuya belleza no dejaba de sorprenderme. ¡Qué magnífico perfil el de Marion, bien podría haber sido hija de un Médici en la Florencia del Renacimiento!

Su primera reacción consistió en ver hacia adelante, guardar silencio sin expresar emoción alguna, salvo una sonrisa esquiva, y cruzar los brazos para no dejar duda de su respuesta. Siguió caminando en silencio para intrigarme:

—Acuérdate, Olegario, que cuando yo era hombre y tú, mujer —repuso con voz apenas audible—, nunca me precipité; te seduje con mucha ternura, midiendo cada palabra para acercarme. Te gustó mi estilo, te encantó mi estrategia de abordaje y muy pronto nos hicimos el uno para el otro. A ti te toca ahora demostrarme tus habilidades, sobre todo cuando estamos con los terrenos cambiados. De modo que, querido yucatequito, a ti te corresponde convencerme y a mí decidir si te acepto en esta nueva vida: no todo debe repetirse como un péndulo aburrido…

Marion se desplazaba muy despacio en tanto jugaba arrastrando los zapatos sobre las pequeñas piedras del camino. Mantenía los brazos cruzados sobre el pecho, mientras yo caminaba cabizbajo y los entrelazaba en la espalda como para contener cualquier impulso.

—En mi tierra, en Yucatán, no jugamos al cricket, sin embargo, disfrutamos un juego de pelota, el *pok ta pok*, que ya se practicaba hace catorce siglos antes de Cristo y fue prohibido por Tomás de Torquemada, un maldito inquisidor, obviamente católico, que mandó quemar a más de diez mil personas y condenó al doble a penas deshonrosas; ya ni hablar de las decenas de miles de hombres que torturó y mutiló…

—¿El qué? —contestó Marion soltando la carcajada sin detenerse a cuestionar algo en relación con Torquemada. En ese momento preguntó en un impecable castellano cómo se pronunciaba esa palabra jamás escuchada—. ¿*Pok ta*… qué?

No podía salir de mi asombro:

—¿Cómo es posible que hables español? ¿Por qué no me dijiste nada? Eres una caja de sorpresas. ¿Dónde lo aprendiste? ¿Ahora vas a decirme que en otra de tus vidas fuiste Miguel de Cervantes Saavedra o Dulcinea del Toboso? ¿Quién eres? ¡Cuéntame, por favor! ¿De dónde saliste? ¿Estoy viviendo un sueño o es una pesadilla? Me estás enloqueciendo. Hubiéramos hablado desde un principio en castellano y hubiera sido más fácil y natural. ¿Quién te enseñó a hablar así?

Marion no dejaba de reír. Se detuvo, jocosa, de espaldas al camino. Deseaba devorarla a besos. La veía como a una niña traviesa dueña de una risa fresca, contagiosa y magnética.

—Mi madre es española y mi padre, inglés; mi apellido materno es Fortuny.

—¿Por qué razón me torturaste sin confesarme que hablabas tan bien el español?

—Si lo hubiera hecho habría desperdiciado muchas cartas nuevas y no nos habríamos divertido como lo estamos haciendo ahora. ¿Entendido? Si a los hombres les das todo de golpe se aburren de inmediato, por eso una mujer debe ser una cajita musical llena de sorpresas que nunca se acaben de descubrir. Ese es el gran atractivo.

—Y entonces, ¿cuánto desconozco de ti? ¿Qué más me tienes reservado?

—¿Te parece que la respuesta la dejemos en manos del gran sabio que todo lo puede y todo lo sabe?

—¿Quién es el gran sabio?

—El tiempo...

Dicho lo anterior, Marion emprendió de nueva cuenta la marcha ajustándose la bufanda sin dejar de sonreír. «¿Cómo caminar a su lado sin abrazarla? ¿Cómo controlar el impulso natural? ¡Cuánto esfuerzo!», pensé.

—Nos quedamos en el *pok ta pok*, ¿no?

Expliqué en pocas palabras que el juego de pelota entre los mayas se practicaba tanto en la vida cotidiana como en las fiestas religiosas del Yuk'al-Tan mayab precolombino. Esperaba un día poder invitarla a mi tierra para mostrarle los lugares, hoy casi en ruinas, en donde se llevaba a cabo ese deporte ritual.

—¿Toda tu familia es yucateca?

—Yucateca al cien por ciento, por todas las vertientes.

Expuse cómo mi padre, Olegario Montemayor, un hombre muy acaudalado en la península, había comenzado de cero hasta construir una gran fortuna a lo largo de la dictadura de Porfirio Díaz.

—¿Cuánto lleva en el poder el tal Díaz?

—Va por veintiséis años, y lo que antes fue admiración, por los comentarios familiares, hoy es desprecio. No puedo con las imposiciones políticas ni con las paternas, cualquier tipo de intransigencia me subleva, no puedo con ella, sale lo peor de mí. Tal vez ahí radica una de las razones por las que salí de México, en donde escasamente podía espejar mis ideas con terceros.

—¿Huyes de tu realidad?

—No, busco fórmulas y explicaciones para volver a mi tierra y cambiarla, huir es una cobardía.

Marion sonrió complacida mientras introducía otra bala en la cartuchera.

—¿Y cuándo volverás a Yucatán?

—Cuando me haya hecho de razones, de argumentos, de respuestas y de herramientas para ayudar. Esta palabra es la que rige mi existencia: ayudar; es una obligación para quienes tenemos dos dedos de información y acceso a un templo del saber como Oxford.

—Hablas como misionero. ¿Eres muy católico?

—¿Por qué?

—Hablas de ayudar, de templos, como si tuvieras una misión en esta vida. ¿Quién te la encargó?

—No, claro que no, no soy religioso, si bien en mi familia encuentras sacerdotes y monjas, tíos y hermanos, por todos lados. ¿Ves cómo es imposible tener interlocutores liberales, amantes del progreso? ¿Me vas entendiendo? México ha vivido y vive atenazado por el clero. Cuando despertaba en Mérida siempre me preguntaba: ¿qué mierdas hago aquí? Disculparás mi léxico, pero eso sentía... Intentas ser fuerte hasta que ya no lo eres, sin darte cuenta de que la adversidad te hace crecer y entender; los contratiempos te convierten en un guerrero, solo puedes ayudar si cambias y para cambiar vale la pena mudar de cielos, de ambientes, de comodidades, ver tu vida a la distancia, con otros filtros. Mientras no te veas bien para adentro, no podrás ver para afuera ni hacer nada por los demás —exclamé escrutando en detalle el rostro de Marion, Ixchel, la diosa del amor, de la luna, de la medicina, ante quien me sorprendía porque confesaba puntos de vista que requerían una relación mucho más madura o al menos un par de *whiskies on the rocks*...

—No debe de ser fácil vivir en un país regido por un tirano, caprichoso como todos los tiranos, y además en un círculo familiar tan conservador, ¿no? Más aún cuando tú estás en la búsqueda de ideas progresistas, prohibidas...

—Tienes razón: Díaz es un tirano y, aun cuando mi padre también lo es, se distingue por ser un hombre lúcido, humanitario y talentoso que pronto estará cumpliendo sesenta años de edad.

Le conté que mi padre había fundado escuelas cuando era muy joven; después se había graduado como ingeniero topógrafo, enemigo en un principio de Maximiliano, abogado, ingeniero, además de dos veces diputado, fiscal del tribunal, banquero, ferrocarrilero, amante de la cultura francesa, de la ciencia y de la tecnología, filántropo, protector de los indios y un próspero empresario del henequén, cultivo muy exitoso con el que había comenzado desde 1880. Dicha fibra constituía el producto agrícola más importante de la economía nacional y exportaba la mitad de su producción a los Estados Unidos. Un motivo de orgullo por donde se viera.

Ki, en maya, el oro verde, se trabajaba en Yucatán desde la época prehispánica, al igual que el sisal, el henequén blanco, con el que los antiguos mayas manufacturaban sogas y cordeles, hoy en día muy codiciado por los gringos y por los mercados europeos. Un negociazo. El henequén requiere forzosamente ser cortado a mano por personas, por seres humanos y no por medio de máquinas. La agricultura gringa utiliza cientos de miles de toneladas o miles de kilómetros de nuestros cordeles, de nuestras cuerdas y mecates para empacar el heno, la comida del ganado, una maravilla. No pueden prescindir de nosotros. ¿No es fantástico tener a los yanquis en la palma de la mano? Parece mentira, pero dependen de Yucatán los agricultores multimillonarios de los Estados Unidos.

—Imagínate, Marion —aduje—. Las crecientes exportaciones de sisal requieren más territorios para sembrar y conectar los centros de producción con los puertos. Se necesitan entonces ferrocarriles, una flota de carga y un sistema bancario para financiar todo el proceso y todo ello es el patrimonio de mi padre. Sus empresas son la envidia de la región. No hay quien no lo conozca y lo respete. Desde políticos, socios, periodistas, catedráticos, el pueblo en general.

—¿Y volverás a Yucatán para dirigir los negocios de tu familia? Entonces, ¿por qué estudias Ciencias Políticas?

—No, yo quiero regresar, pero para ayudar a los olvidados y honrar sus talentos y sorprender a propios y extraños con sus capacidades, despreciadas por su pobreza y el color de su piel; pero no son inútiles, no, no lo son, yo sé que no lo son y lo he de probar. Los mayas llegaron primero a esas tierras y construyeron imperios, son sus propietarios naturales, por lo que debemos respetarlos y concederles la oportunidad de demostrar de nueva cuenta sus alcances. Trabajemos en alianza con ellos, no les robemos lo suyo, ni mucho menos los matemos ni los expulsemos de lo que les pertenece, ni seamos abusivos con quienes no se pueden defender.

»Se dice que son razas inferiores y, de ser cierto semejante argumento con el que pretenden justificar los latrocinios, entonces ¿los *superiores* tienen derecho a asesinarlos, a arrebatarles lo suyo, a perseguirlos, a torturarlos, robarles y destruirlos? ¿Esa es la maldita superioridad? Caray, Marion, caray…».

—Me encanta tu defensa de los indígenas, Olegario, ya oímos los comentarios de míster Perkins en relación con los productores de caucho o de guano o de azúcar. Después de escuchar cómo te expresas de tu padre, me reconcilio con los empresarios agrícolas, sobre todo cuando acabamos de conocer la suerte de los pobres negros en el Congo Belga, a los que les cortaban las manos si no alcanzaban a producir ciertos kilos de caucho: me fascina saber que tu padre es una excepción al ser protector de los indios.

—Sí, sí, es un gran protector de los aborígenes y digo aborígenes porque la palabra indios me parece despectiva, un término horrible, tal vez heredado de Colón cuando creía haber llegado a las Indias…

—Se ve que heredaste de tu padre el amor por esa gente.

—Sí, al igual que mi madre me enseñó a amarlos y a respetarlos, pero quien en realidad me acercó a ellos fue Oasis, Oasis Bacab, un muchacho maya que trabaja en la Hacienda Chunchucmil, municipio de Maxcanú. Él es un mocito de una inmensa nobleza que limpia las botas y el calzado de la familia. En vacaciones de verano corríamos a que Juan May nos hiciese unas alpargatas de cuero tosco y cordeles de henequén para así olvidar los calcetines y los zapatos. Jugábamos a las canicas, al trompo, a la coja raya, a atrapar pájaros y al chuca mache y, después de zambullirnos en un estanque, empinábamos el papayo. Un día Oasis y yo llegamos a casa de mis primos, otros ricachos, cuando entre todos trataban de violar a una muchacha maya, una pobre sirvienta. Acabamos a golpes y patadas, una tremenda pelea, pero la pudimos salvar; ella logró huir, solo que nunca volví a verlos, salvo en las reuniones familiares. Jamás nos volvimos siquiera a saludar. El rompimiento fue total. Hubieras visto cómo nos dejaron a Oasis y a mí, porque ellos nos duplicaban en número, en tamaño y en edad.

—Pues eran unos hijos de puta tus primitos, ¿no? —disparó Marion sonriente.

—Pues sí, sí lo son hasta la fecha, ya nunca dejarán de serlo —repuse al comentario repentino de la inglesita—, pero debes saber que a Oasis jamás me lo encontré de mal humor ni agresivo ni deprimido ni violento. Gracias a él pude asomarme a su mundo, entender su concepción de la vida desvinculada de cualquier interés material, disfrutar su sensibilidad, su calidez hasta compadecerme de su histórico dolor cuando después de la conquista arrebataron a los aborígenes sus nombres, sus apellidos, sus costumbres, su religión y hasta su indumentaria. La supresión fue absoluta, una mutilación total que los sepultó bajo siete capas de tierra en una resignación, por lo visto, irreversible.

Decidí emplearme a fondo al percatarme de la atención que Marion concedía a la historia:

—¿Qué hubieras sentido como hijo de cualquier familia maya si antes de la invasión española hubieras sido conocido por tu familia y amigos como Zamná y después fueras identificado como Fernando Pérez, una vez bautizado contra tu voluntad? ¿Qué tal que te hubieran prohibido usar tu *patí* o tu *huipil* para cubrirte el cuerpo, según ordenaba la costumbre entre los tuyos y de pronto tuvieras que vestirte con ropajes europeos que no tenían que ver nada contigo? ¿Y si la escuela de tu *kaaj* ya hubiera desaparecido, se te impidiera estudiar y en lugar de ella existiera ahora una iglesia presidida por un dios que no conoces y tu padre fuera esclavo en la encomienda, otra organización agraria creada por los españoles? ¿Y si supieras que tu madre fue violada por los llamados conquistadores, desapareciera para ir a trabajar a su lado y después llegaran a tu casa medios hermanos, hijos de los españoles, que tú, justificadamente, desprecias? Fácil no debió haber sido, ¿verdad?

El tono, el fondo de mis palabras y la severidad de su rostro impactaron a Marion, quien se deleitaba al escucharme convencido del traumatismo generacional de la conquista, un capítulo de la historia europea lleno de embustes para exonerar a los españoles, a saber por qué...

—En resumen —agregué, para no cansar a mi condiscípula—: te quitan tu nombre, te quitan tus dioses, te quitan tu casa, te quitan tu ropa, te sacan de la escuela, te queman los códices donde aprendías, te quitan a tus maestros, te quitan a tus padres y a tus hermanos, te mandan a trabajar como esclavo, te enseñan otro idioma, te imponen con gran brutalidad otros dioses, mientras tu familia se desintegra y no queda nada de tu pasado. ¿Qué aceptación se le concedió al mestizo, al hijo de indígena con español? ¿Fue fácil la asimilación? ¿En qué lugar quedaron los aborígenes? ¿Quién se apropió del país? Si aceptaras que en los mexicanos existe mucho rencor, ¿hay quien trabaja para erradicarlo y curarnos?

»Soluciones las hay; ahora bien: ¿quién invierte su tiempo y sus conocimientos para desahogarnos y aliviarnos de nuestros males? Yo te contesto que la información histórica debería ser la mejor medicina para superar el pasado y, sin embargo, al ocultar la verdad nos hundimos todavía más en una pavorosa confusión».

Descubrir el otro lado de la moneda simplemente podía fascinarla y sí que le fascinaba conocer la cara oculta de los hechos. Marion no era de las mujeres amables que concedían por conceder: en su caso pelearía cualquier argumento que no la dejara convencida hasta agotar el último razonamiento extraído del fondo de un pozo de información. ¡Claro que era una guerrera intelectual! Míster Perkins no tardaría en descubrirlo.

—Esos grandes constructores de la cultura maya, los creadores de ese colosal imperio —continué con un dejo de tristeza y coraje, sin percatarme de que cerraba los puños—, esos deslumbrantes astrónomos inventores de un calendario más preciso que el gregoriano, extraordinarios matemáticos que ya utilizaban el concepto del cero, esos ingenieros, doctores, guerreros y poetas hoy están convertidos en esclavos, salvo en las fincas de mi padre; por lo demás, los invasores españoles mutilaron el talento de una civilización poderosa que impresionó al mundo con sus asombrosos niveles de evolución cultural.

—A ver, a ver, Olegario —interrumpió Marion la apasionada explicación—. ¿Cuándo los conquistadores o los invasores, llámalos como quieras, fueron piadosos y generosos con los conquistados?

—¿Te parecen bien los ejemplos de Grecia y Roma? —repuse al pasar frente a la Torre Carfax, la más alta de Oxford, en Cornmarket Street y Queen Street—. Ahí se dieron muchos casos de tolerancia ante los vencidos, la misma que obsequiaron los árabes a los españoles cuando invadieron la península Ibérica durante ocho siglos. Imagínate: la catedral de Sevilla, dedicada al culto católico, se empezó a construir cuando los árabes eran los amos y señores de España, lo cual te demuestra el respeto civilizado concedido a las costumbres y creencias de los invadidos, respeto que no dispensaron los españoles a los aztecas cuando destruyeron el Templo Mayor, una majestuosa obra de arquitectura, a cañonazos y a marrazos asestados con profundo dolor y pánico de los aborígenes, temerosos de una venganza divina al saber que provocaban la ira de sus dioses —afirmé tomándola del brazo y deteniendo el paso para evitar la menor distracción—. Y claro está: ¿por qué no iban a derrumbar la cultura mexica si ellos mismos habían quemado la biblioteca árabe en Granada que guardaba miles de incunables, auténticos tesoros, que hoy nos reportarían valiosísimas explicaciones de esa notable civilización?

—Tú mismo, Ole, *dear* —lanzó Marion un dardo dirigido al corazón en busca de un mayor acercamiento—, escuchaste las salvajadas cometidas por los holandeses, los belgas y los propios ingleses en África, en América y en Asia, en el mundo entero; si quieres, los españoles no son la excepción.

—No, no lo son, pero con la peste casi extinguen a los aborígenes —repuse tratando de esconder una sonrisa furtiva, sin acusar mayor satisfacción por el Ole, *dear*. No en ese momento. ¡Qué difícil convencer a esa mujer!

—Pero fue sin querer, no llevaron los virus ni las bacterias a propósito ni para acabar con el Imperio inca ni con el azteca, en tanto los belgas depredaron y mataron por el caucho a millones de congoleños...

—¿Ah, sí? ¿Y crees que la masacre indígena en las minas donde rascaban las entrañas de la tierra en busca de su cochino oro no fue intencional? ¿Por qué crees que importaron negros a falta de aborígenes? Porque estos habían muerto con los pulmones destrozados por respirar veneno.

Marion se detuvo y clavó la mirada en mi rostro. Como yo habría de saberlo, ella adoraba la pasión con la que defendía mis argumentos, misma que volcaría también en la cama, en donde habría de actuar con la fiereza de un tigre. ¡Qué horror padecer en el lecho a un hombre desabrido, insensible ante la belleza femenina, incapaz de disfrutar de la suprema majestuosidad del sexo! Bien intuía ella el deseo de gritar mis puntos de vista sacudiéndola, tal vez, por los hombros. Sin embargo, la profundidad de mis razonamientos, mi voz pausada, mi lentitud al pronunciar cada palabra, el movimiento elocuente de mis manos, los esfuerzos para no perder el control y extraviarme en el infierno de las emociones, le hablaban del hombre prudente y educado, acostumbrado a las discusiones de fondo sin ofender a quienes lo refutaban. Yo concluía las discusiones con aquello de que quien recurre a los insultos carece de argumentos, destruye el diálogo e impide el crecimiento intelectual.

Yo rechazaba a las mujeres más altas, a Marion Scott le resultaba imposible salir siquiera, ya no se diga enamorarse, de un hombre con una estatura menor a la de ella, ¿un enano?, ¡ni muerta! Pero yo, su condiscípulo, su amante centenario, la superaba por una cabeza, reunía uno de sus ideales como mujer, y deseaba saber más, mucho más; por esa y otras razones, mis deseos por ampliar horizontes justificaban mi estancia en Oxford.

Yo parecía una locomotora lanzada a toda velocidad cuesta abajo:

—Metámonos en la piel de la gente, ¿te parece? —de inmediato insistí en lo que hubieran sentido los mexicas al quitarles a sus dioses, su casa, su ropa, su escuela, sus códices, sus maestros, sus padres, les enseñaran otro idioma, les impusieran un dios crucificado y sangrante de modo que no quedara nada de su pasado—. ¿Cómo no vamos a ser un país resentido? A ver si un día no se incendia todo México, las heridas no cicatrizan, están abiertas y sangrantes...

Se produjo entonces un silencio que rompí al momento:

—Tal vez sí tengo una misión, Marion, misión que yo me impuse porque muy bien pude y puedo volver a los jugosos negocios familiares, pero escogí el camino de los libros, de las letras, de las explicaciones y de la experiencia, en lugar de dedicarme al acaparamiento de dinero. ¿Has oído algo más superficial y estúpido que eso? ¿Pasar tu vida juntando dinero a cualquier precio?

Cuando Marion aceleró el paso al tener su propia agenda, caí en cuenta de mi equivocación. ¿Qué le pasaría? ¿La habría desesperado? Las mujeres inglesas se caracterizan por su sentido de la independencia, me habían comentado: detestan a los machos intolerantes... Tal vez no había creído ni una palabra de lo dicho. ¿Iría a una clase en otro *college*? Con el ánimo de lucirme, ahora ignoraba todo o casi todo de ella. Había cometido una patética descortesía. ¡Cuánta torpeza consecuencia de la ansiedad! La había atropellado y había desperdiciado una brillante oportunidad. Ella avanzaba sin voltear hasta detenerse en Broad Street, en donde colocó su mano en mi antebrazo. ¿Se despediría ahí mismo, así y ya?

—Aquí, en este lugar *tu* Santa Inquisición quemó vivo en 1556 al arzobispo Thomas Cranmer, un mártir del protestantismo, el obispo de Canterbury, que defendió la iglesia nacional, declaró nulo el matrimonio entre Catalina y Enrique VIII y cinco días después aceptó como válido el enlace del rey con Ana Bolena, quien, como sabes, también murió decapitada por órdenes del mismo soberano, todo un caso... Ahí enfrente —señaló sin verme a la cara— existió otra pira, en la cual habían perecido, también incinerados, los prelados Nicholas Ridley y Hugh Latimer. Como verás, aun cuando muy breve en el tiempo y sin causar tanto daño, los reptiles del Santo Oficio también cruzaron el canal de la Mancha.

Yo la escuchaba y no dejaba de verla, pero sin atreverme a poner mi mano sobre la de ella.

—¿Te puedo invitar el budín con pasitas y chispas de chocolate? ¡Cuéntame de ti...!

—¿De mí? —repuso gesticulando como si su existencia fuera aburrida y careciera de atractivos—. ¿Qué te cuento? —aclaró mientras pensaba en la respuesta y arrugaba su espléndida frente luminosa, amplia y deslumbrante—. ¿Te gustan las sorpresas? —agregó jocosa mostrando una sonrisa traviesa al tiempo que me abrazaba y emprendía la marcha en dirección a un lugar indefinido. A saber a dónde se dirigía.

—Me fascinan —aclaré temeroso—. En ocasiones siento que vas a sacar mil conejos de una chistera...

—¿Estás listo?

—¡Dispara!

—Pues tengo una tía en México, mi tía Lilia Fortuny, viuda de un mexicano, que deseaba controlar sus pasos, su mente, sus decisiones y sus dichos. ¿Ponerle un pie o siquiera un dedo encima a mi tía Lilly?

Un intento de coartarla o dominarla equivalía a despertar a una pantera herida. Tu paisano se equivocó con ella, nunca entendió con quién se metía...

Otra vez sorprendido, pregunté:

—¿Y qué fue de tu tía Lilly, regresó a Inglaterra?

—¿Regresar? ¿Lilly, regresar? ¡Qué va! Ella dedicó su nueva soltería a provocar la dicha entre los hombres. Se fascinó con México, me ha invitado mil veces. Nunca volverá a Europa, aun cuando puedo equivocarme...

—¿Es monja? ¿Se retiró a un convento? ¿Es médico?

—¡Qué va! —respondió otra vez Marion estallando en una interminable carcajada. Imposible dejar de reír. Me abrazaba, se enjugaba las lágrimas, sacaba un pañuelo y limpiaba su nariz. ¡Cuánta felicidad escondida en una sola mujer, una sola persona, mágica! ¿Y si la devoraba a besos?

—Pero ¿qué dije que fuera tan gracioso?

—¿Qué? Es que mi querida tía Lilly reunió a mujeres muy hermosas de la capital, las más bellas de tu país, según ella, tal vez veinte o treinta o cuarenta, ya perdí la cuenta, y asiste a reuniones acompañada y despierta ilusiones, produce placeres y anima a los hombres, haciéndolos felices a un nivel ni siquiera imaginado.

Silencio. Por cautela elemental, yo guardaba silencio con los ojos del tamaño de un plato.

Marion continuó sin poder controlar un nuevo ataque de hilaridad:

—A las personas las critican por hacer el mal, por la perversidad de sus actos, por malditas, egoístas, celosas, estafadoras, devoradoras o hasta asesinas, y ahora resulta que a una mujer que produce sonrisas y felicidad, crea paz y reconciliación entre los mortales la catalogan como perdida o puta o casquivana o cualquier otro calificativo despreciable: mi tía Lilly se define como «embajadora de la felicidad» y por ello la condenan. El mundo no tiene remedio: si haces, porque haces, y si no haces, porque no haces...

—Pues sí que es un personaje —dije sonriendo con timidez, sin atreverme a criticar ni a calificar ni a indagar nada más de la querida tía Lilly.

—Personaja, por favor... adora el femenino.

—Bueno, personaja, entonces —agregué condescendiente—. Vivirá cómodamente, ¿no?

Marion no dejaba de sonreír. Por lo visto le encantaba contar esa historia.

—Sí, le va bien, muy bien, el negocio deja buena plata, pero nada comparable con el dinero que se gana con la venta de información.

—¿Es espía al servicio de la Corona?

—¡Qué va! Ella vende información confidencial a tu gobierno porque sabe a ciencia cierta lo que acontece en cada cama de México, de la misma manera que el clero católico le filtra datos de los confesionarios a Díaz, a tu eterno presidente, a cambio de canonjías económicas. Los curas siempre estarán del lado del poderoso. Ahí no se escapa nadie...

—Pero a ver, Marion, ¿ella administra un prostíbulo? Ya no me decores su profesión.

—Usas palabras muy agresivas y dolorosas...

—Pero, es la verdad, ¿no?

—Si lo pones así, pues sí, eso hace...

—¿Y cómo una inglesa de refinadísima educación pudo precipitarse en ese abismo? —pregunté sopesando cada palabra.

—Ella se enamoró de un mexicano, así tan horrible como tú —dijo, bromista como siempre—; fue a vivir a tu país al lado de un hombre acaudalado que siempre ocultó su verdadera profesión. Para todo efecto, él era abogado y trabajaba en un despacho de su propiedad.

—¿Y entonces?

—Entonces un buen día amaneció muerto porque padecía de apnea y, según ella, olvidó respirar mientras dormía. Después del entierro fue convocada por un notario para leer el testamento de su marido. Al concluir la lectura, junto con otros herederos, ella fue informada de la existencia de un legado a su favor consistente en dos enormes casas en la zona de Santa María la Ribera, en la Ciudad de México.

—¿Y fue a conocer sus nuevas propiedades...?

—Así fue, sí: Lilly descubrió que su marido se había enriquecido con esos servicios femeninos y que su despacho era una tapadera para ocultar su verdadera profesión. ¡Claro que a él le daba vergüenza!, ¿no te daría a ti?

—¿Y por qué no vendió las casas e invirtió en otro lado?

—Según nos confesó ella, las chicas se negaron y le pidieron tiempo, le suplicaron piedad, mientras le llenaban a Lilly la bolsa con dinero en efectivo, antes que largarlas a la calle a morir de hambre. Cuando comenzó a conocer secretos de la sociedad mexicana, de los políticos y del clero, empezó a gustarle el asunto y entre que vendía y no vendía y empezaba a ganar dinero como loca, se quedó ahí hasta convertirse en embajadora de la felicidad. Un día escribirá un libro.

Yo negaba en silencio con la cabeza hasta soltar la carcajada... ¡Qué tía, era un primor...!

En un afortunado impulso a la voz de la vida de «Tu tía merece un buen budín, con pasitas o sin ellas», la tomé de la mano y entramos a una antigua cafetería en el centro de Oxford conocida como The Sweet

Lawyer. Nos llamó la atención la presencia de la repostera, una anciana de baja estatura y gran corpulencia, quien con la cabeza cubierta por un pañuelo viejo de colores atado atrás de las orejas se encontraba de espaldas a un sinnúmero de botellas de whisky, en tanto confeccionaba con harina algunos panes que colocaba a buen ritmo sobre un recipiente antes de introducirlos al horno.

–Dime algo en maya –exigió Marion feliz.

Encantado de volver con la imaginación a mis raíces, dije:

–Cuando «vas al baño» se dice voy a *wiixar*. A míster Perkins, una «eminencia», le diríamos *ka'anal*; «edificio» se dice *nojoch naj menta'an yéetel pak*.

–¿Qué? Es irrepetible. A ver otra...

–«Embuste» es *tuus*; «belleza», como tú, Marion, es *ki' ichpanil, jats'utsil*.

–*Kichpanilyatsuxil* lo serás tú, Olegario, a mí déjame en paz, quién sabe qué me estás diciendo...

–En maya *peel a na'* significa «chinga tu madre».

–¿Qué quiere decir «chinga tu madre»? Ni en castellano me lo sé.

Respondí entre carcajadas:

–Si un día vas a México, no tardarás en descubrirlo.

Entre risa y risa, nos vimos forzados, horas más tarde, a abandonar el local cuando ya cerraban las puertas y todos los parroquianos habían desaparecido del salón. ¡Por supuesto que olvidamos pedir el budín con pasitas y chispas de chocolate! Pero ¿qué importaba el *bloody pudding*?

En una de sus cátedras, el fogoso Perkins describió algunos aspectos de la injerencia de Europa en América. El tema le apasionaba y nos apasionaba. Y más aún cuando, sentado al lado de Marion, yo trataba de hacer contacto con sus piernas en un exquisito coqueteo. ¿Qué diría míster Perkins del Imperio inglés? ¿Sería autocrítico? Esperaría su comentario con la debida atención sin dejar de remojar mi plumilla en el tintero ubicado en el centro de mi pupitre. ¿Con qué criterio analizaría lo ocurrido en la Mancomunidad Británica de Naciones durante tantos siglos? Lo veríamos, lo escucharíamos ella y yo. ¡Qué hermosa era! Verdad de Dios que se trataba de una aparición...

–¿Ustedes creen que Colón llegó solo a la isla llamada La Española? –preguntó el maestro ajustándose bien las gafas a punto de escurrirse a lo largo de la nariz–. ¡No, claro que no! Colón llevó consigo diferentes gérmenes, virus, animales enfermos como las ratas, insectos, plantas y bacterias desconocidas en América, en donde aparecieron gradualmente la viruela, la tuberculosis, la difteria, el cólera, el tifus, la escarlatina y la meningitis, la gripe, la hepatitis, el sarampión, la encefalitis y la neumonía viral, que, en su conjunto siniestro, produjeron pavorosas epidemias que acabaron con la vida de cuatro quintas partes de los habitantes de los territorios descubiertos, el peor desastre demográfico en la historia de la humanidad. ¡Cuántos corajes, furia y desesperación habrían padecido los españoles en América cuando los aborígenes morían por millones, víctimas de la peste importada de España, como la viruela, enfermedades mortales que acababan con la mano de obra y con ella, la posibilidad de enriquecerse en el corto plazo! ¿Quién iba a extraer los tesoros de la tierra sino sus propietarios originales, los indígenas, que perdían la vida al respirar el aire envenenado de las minas o presas de fiebres y dolores agónicos producidos por la viruela que comenzaba con una fiebre seguida por erupciones en la piel a lo largo del cuerpo, abultamientos que se convertían en pústulas y estas en llagas, hasta llegar a la muerte entre dolores de verdadero horror y fiebres infernales? Así lo quiso Dios, alegaban a título de disculpa los sacerdotes para tratar de tranquilizar a los indígenas cuando la malaria los mataba en Virginia en los inmensos sembradíos de tabaco o la fiebre amarilla acababa con ellos en las plantaciones azucareras del Caribe...

En ese momento el catedrático se quedó clavado en el piso y me fulminó con una mirada inquisitiva, como si me hiciera responsable o pretendiera acusarme de sus frustraciones e impotencia:

—Usted, jovencito, sí, usted, ¿podría hablar de justicia en el caso antes expuesto? Los famosos conquistadores que diezmaron a los indígenas americanos, o los llamados colonizadores que llegaron en el *Mayflower* a las costas de Terranova y que extinguieron con el paso del tiempo a los apaches y comanches y navajos, entre otros aborígenes más, ¿son inocentes? En el caso de ser culpables, ¿quién va a aplicar la justicia? ¿Quién va a castigar a los malhechores que asesinaron en el nombre de sus dioses y vírgenes, sean los que hubieran sido? ¿La justicia inmanente? ¿Quien la hace la paga? Ah, sí, ¿y quién la pagó salvo esos hombres y mujeres inocentes? —contestó él solo, sin permitirme responder—. Y lo peor: hoy en día acontece lo mismo y no hay poder humano ni divino ni nada de nada que detenga a estos rufianes, miserables bribones que abusan sin contención alguna de la ignorancia, abandono y condición inhumana de sus víctimas. La historia se repite y aquí estamos todos, cómodamente sentados, sin saber el precio que pagan los hombres para que podamos fumar tabaco, endulzar nuestras bebidas con azúcar, vestirnos con prendas de algodón, arrancar los automóviles con el petróleo importado o, mejor dicho, robado de países que carecen de elementales controles administrativos. Los dueños originales del oro negro son tan ignorantes que solo lo usan para curar infecciones del ganado, los forúnculos de las vacas, de la misma manera que desconocen el precio de las maderas preciosas utilizadas por la burguesía para decorar sus comedores y despachos londinenses, sin suponer siquiera los castigos inenarrables impuestos a las personas obligadas a cortar cierta cantidad de toneladas de leña al día... ¿Alguno de ustedes imagina todo lo que ocurrió para que los aristócratas europeos pudieran colocar su ropa en un perchero de madera?

Desde luego que míster Perkins no me dejó responder aun cuando su actitud me obligó a ponerme en alerta antes de conocer siquiera la pregunta. La sola advertencia me arrinconó y me dejó paralizado. ¿Qué habría visto en mí? Sentí una gran sensación de alivio cuando continuó su explicación sin volver a tomarme en cuenta. Por lo visto, estaba decidido a resumir un curso de un año de duración de las Doctrinas Económicas en una sola sesión intensiva. Me encantó conocer a un hombre de sólidas convicciones ideológicas y me fascinó, todavía más, su fogosa pasión para comunicarlas. Acto seguido, y a modo de resumen para concluir la cátedra de ese día, nos hizo saber la suerte de miles de esclavos chinos, presos, obligados a extraer guano, de las Islas Chincha del Perú, un valioso fertilizante utilizado para estimular la agricultura europea, a costa del esfuerzo y de la vida de hombres, esta vez provenientes de Asia, a quienes se les denominaba *zhuzai*, o sea, cerditos, dedicados a reunir el excremento de las aves. Quienes decidieran huir del archipiélago, al no poder cumplir con su cuota diaria de cinco toneladas de guano, eran torturados por los capataces, se suicidaban, se lanzaban desde los acantilados o eran asesinados a balazos como escarmiento para los demás. De la diáspora china, calculada en doscientas cincuenta mil personas, al menos cien mil acabaron en dichas islas y otros tantos trabajaron en condiciones de horror en las plantaciones de azúcar y algodón o dedicados, con sueldos infamantes, cuando se les pagaba, a la construcción de vías férreas. Otro infierno en la Tierra.

Un curioso sentimiento de culpa me estremeció cuando el profesor me clavó la mirada como si intentara responsabilizarme de algo. ¿De qué podría culparme o acusarme, si yo era un supuesto desconocido en la comunidad universitaria? En realidad no estaba justificada la ansiedad que me produjo su conducta. ¿Tendría el profesor Perkins alguna información relativa a mi familia? ¿Sabría que mi padre, Olegario Montemayor, era un hombre de una inmensa fortuna, gracias a la cual podía financiar mi envidiable estancia en Oxford? Mi deseo consistía en pasar como incógnito y evitar, en lo posible, ser descubierto como integrante de un clan multimillonario que casi monopolizaba la explotación del henequén en México, en particular en el estado de Yucatán y, sobre todo, hubiera luchado con todo para impedir la divulgación de nuestros nexos con la futura International Harvester, un monstruo acaparador de fibras, granos y maquinaria en los Estados Unidos, con gran influencia en la Casa Blanca durante la Presidencia de William McKinley. ¿Por qué ocultarlo? Porque no había que darles alas a los alacranes... Por razones obvias, pretendía pasar inadvertido el tiempo posible y, por lo mismo, me intrigaba la postura del catedrático, a quien solo le faltó señalarme con su dedo flamígero. En fin, por el momento no le concedería importancia al desplante del maestro y me abstendría de personalizar su postura. A cualquiera de mis colegas le hubiera podido ocurrir. Ya veríamos... Sí, pero, además, ¿cuál culpa?, me decía en silencio, si mi padre había respetado a los peones de su Hacienda de Chunchucmil, la más digna de todas, y se trataba de un gran católico, un feroz enemigo de la esclavitud, según me lo había demostrado hasta el cansancio. Cualquiera podía ir a Yucatán y comprobarlo por sí mismo. En realidad, era injustificado abrigar el menor malestar en relación con la fortuna de mi familia. Imposible olvidar que nuestros empleados, nada de esclavos, y sus hijos, se dirigían a mi padre llamándolo *papá*. ¿Más pruebas? ¿Entonces? A estar tranquilo y a no dejarme invadir por fantasmas. Nuestra inocencia y respeto por el ser humano y sus principios y valores eran mucho más que evidentes.

Padecí una sensación de asco, una inducción al vómito cuando mi maestro hizo alusión directa e incontestable a los castigos impuestos a los esclavos antes del estallido de la guerra civil, la de Secesión en los Estados Unidos en 1861. Primero les robaron sus tierras a comanches, apaches, navajos, sioux, entre otros más; luego los extinguieron y siglos más tarde importaron negros y los explotaron hasta la muerte para construir una patria digna, ¿no? ¡Jamás imaginé semejante nivel de salvajismo en una sociedad supuestamente civilizada, establecida en el marco rígido de una constitución política de vanguardia! ¿Qué tal el preámbulo de dicha carta con la que sorprendieron al mundo? ¿No es una vergüenza?: «Nosotros, el Pueblo de los Estados Unidos, a fin de formar una Unión más perfecta, establecer justicia, afirmar la tranquilidad interior, proveer la defensa común, promover el bienestar general y asegurar para nosotros mismos y para nuestros descendientes los beneficios de la libertad, ordenamos y establecemos esta Constitución...». ¿Cuál Unión perfecta? ¿Cuál justicia? ¿Cuál tranquilidad interior? ¿Cuál bienestar general? ¿Cuáles beneficios de la libertad? ¡Falso, todo era falso! Si, como decía Perkins, «en las plantaciones en el sur de los Estados Unidos obligaban a los esclavos negros a trabajar jornadas de dieciocho horas, de lo contrario recibían azotes continuos o los marcaban cual ganado o los mutilaban o se les azotaba o se les encarcelaba en el almacén, donde era secado el tabaco, por lo que morían muchos de asfixia, o se les ataba, se les azotaba y se les ponía manteca de cerdo en la cabeza, con el propósito de aumentar sus sufrimientos cuando esta se derretía y penetraba en sus llagas. Después se les dejaba colgados con el propósito de que las moscas amarillas, los mosquitos o las avispas los picaran hasta alcanzar la muerte».

A quienes se acusaba de asesinato, violación, robo y asalto a personas blancas se les condenaba a muerte; en el mejor de los casos, se les ataba a los árboles y se les prendía fuego. Quienes intentaban escapar eran cazados por enormes perros adiestrados que los devoraban en vida donde se les encontrara, o eran encadenados a caballos que los jalaban por el campo hasta quedar destrozados, o bien se recompensaba generosamente la captura o muerte de los esclavos fugitivos. ¿Esos eran los Derechos Universales del Hombre derivados de la Revolución francesa? ¡Horror!

Los esclavos no tenían derechos sobre su propia familia ni se les permitía alfabetizarse, para que no leyeran la Biblia ni la Constitución. No tenían acceso a la educación ni podían votar ni poseer libros ni plumas ni tinta ni papel para impedirles cualquier tipo de comunicación con el exterior, ni se les permitía casarse sin el permiso del amo, ni asistir a las iglesias de blancos, ni portar armas, por supuesto que no. Si alguna persona blanca ayudaba a los esclavos fugitivos era encarcelada por seis meses y se le imponía una multa de mil dólares, igual suerte corría quien instruyera a niños negros. ¿Más?

Si los habitantes de un pueblo se enteraban de la existencia de una escuela clandestina, les era permitido quemarla. El intento de aborto era castigado con un collar de hierro colocado alrededor del cuello hasta que naciera la criatura.

El catedrático consultaba nerviosamente, una y otra vez, un reloj antiguo sujeto por una leontina manufacturada con cualquier metal barato, que llevaba escondido en una de las bolsas del chaleco mal abotonado. Estábamos frente a un hombre desaliñado que tenía la atención puesta en la historia, en la dignidad y en el sentido del honor de las personas, pero en ningún caso en la vida diaria: las pruebas estaban a la vista. En sus evidentes estados ansiosos se percibía una clara angustia por el tiempo. Se resistía, en apariencia, a concluir la sesión por ese día sin transmitir más y más conocimientos, como si fuera un compromiso existencial a muerte. Fue entonces cuando, en un sorprendente ejercicio de autocrítica, nos dejó boquiabiertos al hacernos saber, en medio de una catarata de argumentos, el comportamiento universal de sus paisanos, los titulares del Imperio británico.

—¿Ustedes piensan que los ingleses somos inocentes en lo referente a la esclavitud? —preguntó y guardó silencio para escrutar nuestros rostros enmudecidos. Yo busqué infructuosamente la mirada de mi bella sílfide. Ella esperaba atenta la respuesta.

»Pues escuchen –agregó dirigiéndose al pizarrón de modo que todos pudiéramos verlo–: Si bien es cierto que el comercio de esclavos fue abolido en Inglaterra a partir de 1807, también lo es que de 1562 a esa fecha, en doscientos cincuenta años, se realizaron más de diez mil viajes a África y otros mil ciento cincuenta a otros territorios del Imperio británico. ¿Saben que en ese periodo, los barcos ingleses transportaron a más de tres millones cuatrocientos mil esclavos africanos a América? ¿Saben que los portugueses continuaron con el tráfico de personas, la compraventa vergonzosa de seres humanos y comerciaron con más de cinco millones de personas? ¿Saben que según las bitácoras de viaje encontradas en los archivos de puertos aduanales y de aseguradoras marítimas, se contabilizaron doce millones de esclavos africanos transportados por comerciantes europeos? ¿No es una canallada? ¿Saben –agregó hundiendo sus manos en las bolsas de su saco en donde tal vez guardaba una fruta para el *lunch*– que para 1760 Inglaterra era el máximo proveedor de esclavos transportados a América, destinados principalmente al cultivo de azúcar en Barbados? ¿Sabían que las ganancias obtenidas de la *esclavitud de propiedad* ayudaron a financiar la Revolución industrial convirtiendo a las islas caribeñas en el punto de encuentro del Imperio británico? ¿Lo sabían? ¿Eh? ¿Sabían que para finales del siglo XVIII se recaudaron cuatro millones de libras esterlinas de las plantaciones de las Indias Occidentales, en comparación con el millón generado por el resto del mundo? Gran negocio el comercio y explotación de los hombres, ¿no? Y a ningún inglés le da vergüenza el origen nefasto de nuestra fortuna y de nuestro poder marítimo… Ahí les dejo un dato más para masticarlo detenidamente: entre 1750 y 1780, el 80% del ingreso del gobierno provenía de los impuestos de bienes recaudados en las colonias. Los que habían hecho sus fortunas con el comercio de esclavos pudieron construir grandes mansiones, fundar nuevas industrias y establecer bancos, como el Bank of England. ¿Sabían que el Bank of England se financió en buena parte gracias al comercio y explotación de personas en América? No se confundan y, por favor, entiendan el origen del bienestar inglés…».

Ni Marion ni yo creímos lo que sucedería a continuación al escuchar la voz de un condiscípulo texano, un tal Lyndon Polk, de unos veinticuatro años de edad, obeso, muy obeso, con el rostro saturado de pecas, pelirrojo, de baja estatura y voz chillona, quien había permanecido callado durante una buena parte de las clases. El tema abordado por míster Perkins, por lo visto, lo había sacado de su centro:

—Yo estoy de acuerdo con la esclavitud y comparto la trayectoria británica en ese sentido. ¿Por qué? —se preguntó él mismo—, pues porque, como bien decía Thomas Carlyle, los negros son subhumanos, se trata de ganado bípedo, necesitan de nuestra tutela, la de los blancos, «poseedores de una fusta benéfica para contribuir al bien de la sociedad». Es más, nuestro querido y afamado Charles Dickens compartía sus puntos de vista, acertadísimos, por cierto.

Perkins guardó silencio. Cruzó los brazos en espera del capítulo de conclusiones. Marion y yo nos vimos sorprendidos a la cara a sabiendas de que empezaría un duelo intelectual sin precedentes.

Polk, odioso y altanero, continuó con una posición arrogante:

—Aquí en Inglaterra está reunida y concentrada la máxima inteligencia de todos los tiempos —exclamó con sobrado orgullo—, saben que el Señor nos dotó de sabiduría, en tanto que a los negros solo les concedió fortaleza física, pero les negó el talento y, por supuesto, el conocimiento. Somos superiores ética, moral, intelectual y políticamente, y solo por esa razón se da un fenómeno innegable de subordinación, les guste o no. Dios sabía lo que hacía cuando hizo a los negros dependientes de nosotros. Por supuesto que estoy de acuerdo con el uso del látigo para obligar a trabajar a los negros. ¡Cuánta razón tenía Carlyle cuando sostenía aquello de que «están ahí sentados con sus hermosos hocicos atiborrados de calabaza, con mandíbulas de caballo, vagos y borrachos, mientras los blancos padecíamos apuros en el Caribe y en Europa!».

La cátedra se suspendió en ese momento en el aula de la Universidad de Oxford. Se hubiera podido escuchar el ruido producido por la caída de un alfiler. Lyndon se puso de pie y continuó:

—Además, no nos hagamos, la esclavitud ha existido durante miles de años y continuará existiendo de una manera u otra, porque en un bosque es imposible que todos los árboles sean iguales y entre los humanos también son de reconocerse lógicas diferencias que los filósofos puritanos, ciertamente excéntricos, se niegan a aceptar, pero los hechos son tercos, al igual que la evidencia, misma que no requiere prueba alguna. ¿En que han beneficiado los negros a la humanidad? ¿Inventaron acaso el telar o una locomotora o un barco de carbón o de vapor o alguna vacuna para salvar la vida de los niños o algún sistema bancario? ¿Qué, qué aportaron durante los años mágicos de la Revolución inglesa a principios del siglo XIX? ¿Fundaron acaso esta universidad u otras del Reino Unido o de Europa o de los Estados Unidos? No, no lo piensen: nada, no han hecho nada por la sociedad ni por la comunidad, más que el trabajo sucio y degradante que no haríamos ninguno de los que estamos aquí ni nuestras familias, salvo que alguien se levante ahora y me confirme su disposición a lavar los escusados y desinfectarlos todos los días, en lugar de estar sentados aquí.

Las fosas nasales de Perkins se dilataban como las de un toro a punto de embestir. Pude todavía sujetar a Marion, quien deseaba lanzarse al cuello del tal Polk. Valía la pena dejarlo hablar. Una universidad es un mundo de ideas y nadie debería ser censurado por expresar sus puntos de vista. No éramos inquisidores.

—Los esclavos no se pueden valer por sí mismos, exigen la tutela de un amo, porque entre ellos se matarían o morirían de hambre. Son incapaces de conseguir su propio alimento o de curarse en el caso de alguna enfermedad, son tan dependientes de nosotros como cualquier mascota doméstica —adujo el texano satisfecho como quien asesta un manotazo en la mesa al sentirse invencible—. Dejarlos en libertad equivale a establecer un presupuesto enorme para la construcción de cárceles, su destino ante las políticas abolicionistas, si nos abstenemos de controlarlos. El mejor ejemplo lo tenemos en la Guerra de Secesión en los Estados Unidos: no se pudo acabar con la esclavitud formalmente sin padecer un espantoso baño de sangre y todavía quiero ver hasta qué punto se respeta la nueva legislación… Hoy en día tenemos a los esclavos camuflados, alimentados, vestidos decorosamente, sanos y hasta entretenidos, así y solo así todos seremos felices… La igualdad es imposible.

—En primer lugar, estás equivocado con Dickens —comenzó Perkins su diatriba en voz baja—, él siempre defendió el derecho de las personas, estuvo del lado de los desfavorecidos y se opuso a la pena de muerte. Dickens rechazó, no lo olvides, las tesis esclavistas y racistas en torno a la esclavitud en los Estados Unidos. De alguna forma él mismo padeció esos excesos en su infancia, cuando trabajaba en una fábrica de betún para calzado. Dickens siempre arguyó a favor de los esclavos en sus novelas, foros y publicaciones. —Después de una breve pausa y de inhalar lentamente para recuperar la respiración, Perkins continuó—: Carlyle sí fue un desastre en ese sentido cuando alegó que los africanos no pertenecían a la misma especie que los europeos y justificó la esclavitud. Él merece todo mi desprecio, pero, en segundo lugar…

—En segundo lugar… —Se puso Marion de pie—, disculpe, profesor Perkins, que le arrebate la palabra, no existe excusa o pretexto alguno para justificar la esclavitud… Me resulta inadmisible que tú, un hombre joven que viene a ilustrarse a esta universidad, sostenga ideas cavernícolas para ensuciar esta aula. ¿Cómo te atreves a comparar a los seres humanos con los animales? Los negros no son subhumanos ni se trata de ganado bípedo ni necesitan de nuestra tutela ni de un látigo para contribuir al bien de la sociedad. Eres, antes que nada, un gran ignorante y, en tu caso particular, se nota a simple vista que tú sí eres un subhumano, integras un ganado bípedo y no necesitamos de sujetos como tú para contribuir al bien de la sociedad. Me avergüenza que formes parte de nuestra generación —replicó la inglesita imitando el discurso de su colega.

Perkins trató de mediar de modo que no se desbordara la discusión. Los insultos acaban con el diálogo y él estaba para favorecerlo, no para destruirlo. En todo caso se trataba de enseñar y sacar del error a sus alumnos.

—¿De verdad piensas que existen personas no humanas? ¿Animales bípedos? —volvió a arremeter Marion, fuera de sí—. ¿Bromeas cuando te dices propietario de individuos, eres dueño de tus semejantes y puedes hacer con ellos lo que te venga en gana?

Cuando Lyndon iba a contestar, me puse de pie y disparé:

—La cultura africana era abundante y diversa mucho antes de que aparecieran trágicamente los salvajes esclavistas europeos para cazarlos como animales en sus propias poblaciones. Me resulta imposible justificar tus apreciaciones disculpándolas con tu ignorancia. África es el origen de la vida, la cuna de la humanidad, es el sol en toda su fuerza. Como dijo Heródoto, es el lugar de estirpe divina, de rostro quemado y profunda sabiduría, como lo demuestra la cueva de Klasies con objetos grabados hace más de cien mil años. Desconoces sus estructuras políticas, sus avances en medicina, matemáticas y astronomía, así como las formas de organización social que se desarrollan de manera lenta, pero persistente. Les llevamos una gran ventaja cultural, pero Europa en algún momento, dentro de su proceso evolutivo, estuvo en las mismas circunstancias siglos atrás.

—Este no es problema de ignorancia. Los insultos son producto de la impotencia de ustedes dos, solo falta que me ataquen físicamente en lugar de echar mano de razones. La esclavitud es un tema utilitario, nos sirve, nos es útil, aprovechamos una fuerza de trabajo desperdiciada. Económicamente es un buen negocio —adujo Polk sin disminuirse.

—No solo es un problema de ignorancia, también lo es de sensibilidad. Imagina que eres un agricultor, un orfebre o un músico en África, rodeado de los tuyos, y que al caminar por la sabana de repente te caiga una red, te envuelvan en ella y te conduzcan impotente, contra tu voluntad, a un barco; es una expresión de brutalidad espantosa cometida contra una civilización pobre e incipiente. Tampoco te imaginas —agregué de manera prudente— lo que debe ser cruzar el Atlántico con grilletes en las piernas, de pie, sin un lugar siquiera para agacharte, para ya ni siquiera hablar de acostarte y, además, víctima de disentería, de hambre, sed y de mareos insufribles, sin saber ni a dónde vas ni qué será de tu familia y cuál es tu futuro, lo anterior siempre y cuando no te acompañen tus hijos, porque, si fuera el caso, el sufrimiento sería mil veces peor.

Lyndon golpeaba con sus dedos el pupitre al sentirse rodeado de enemigos. Muchos de los alumnos, la inmensa mayoría, habían levantado la mano solicitando el uso de la palabra. Las miradas de odio lanzadas al texano tranquilizaban a Perkins. Se trataba al fin y al cabo de un grupo de liberales y para ellos todos los hombres nacían iguales.

—Cruzar el Atlántico en una bodega con el aire fétido producto del vómito de los esclavos, descargas diarreicas y orines, sin ventilación ni luz ni aire y además inmovilizado no podía ser más que una invitación a la rebelión. Con qué gusto hubiera arrojado al mar a toda la tripulación de esclavistas —concluí—, y eso que no hablamos de cuando te subastaran con otro nombre y fueras a dar a una plantación de café o algodón, en el caso que sobrevivieras y, claro está, sin olvidar que jamás volverías a ver a los tuyos.

—Estás equivocado, *Oligarreo,* o como sea que te llames, esos nombres son imposibles de pronunciar, y estás equivocado porque te comparas con animales que no sienten como humanos —intentó defenderse el texano—. Tú sí sufrirías lo que dices porque se supone, solo se supone, que tienes sentimientos e inteligencia, pero un perro no sentiría lo mismo. Tus puntos de partida están equivocados. Si partes de un supuesto falso, la conclusión será falsa.

Nadie podía imaginarse lo que sucedió a continuación. El profesor Perkins, maestro querido y respetado de varias generaciones de universitarios hoy exitosos, un líder intelectual complaciente, amable, comunicativo y paciente, ávido por transmitir conocimientos y hacer crecer intelectualmente a sus alumnos, de repente perdió el control y se fue encima de Lyndon Polk, lo tomó por la corbata y lo jaló como a un perro rabioso, sin pronunciar una sola palabra, en dirección de la puerta de salida. Quienes presenciamos la escena pensamos que ese capítulo concluiría con un portazo; sin embargo, el distinguido catedrático condujo al texano hasta el decano de Oxford y pidió su inmediata expulsión por no ser digno de estudiar en una universidad, la que fuera… Pasarían muchos años antes de que se olvidara ese espectáculo. Los jóvenes estudiantes lo festejarían a carcajadas.

Marion y Olegario, la feliz pareja de casi cuatrocientos años de antigüedad, recorrían todo Oxford, iban juntos a clases, no se perdían el inevitable momento vespertino del *tea time,* visitaban distintos cafés, gozaban el teatro, conocían casi todos los *pubs,* donde cenaban y pasaban lista a sus respectivas historias familiares.

Wilbert Scott, el padre de Marion, resultó un fanático contestatario. Nada le parecía, contra todo protestaba, nunca dejaba de alegar; menos, mucho menos, si tenía dos buenos tragos de *real good Scotch* en el cuerpo. Cuando la vida le sonreía, buscaba siempre una razón, una justificación o un pretexto para amargarse el rato o la existencia misma.

«Puedes tenerlo todo en la vida, pero nada más». Su pesimismo podía ser muy contagioso, de ahí que se hubiera divorciado dos veces, la primera de la madre de Marion, Catalina Fortuny. A partir de ese momento ninguna mujer pudo resistir la convivencia a su lado, acusándolo de impresentable, intratable, o bien porque no había manera de darle satisfacción en nada. «Eres la encarnación de la amargura». Además de todo, y por si fuera poco, se trataba de un hombre sensible, al extremo de sentirse herido o lastimado por una expresión intrascendente o por un simple tono de voz percibido como agresivo. A partir de ese momento se enconchaba, se hundía en un mutismo críptico y no volvía a dirigirle la palabra a nadie, aunque, justo es decirlo, mantenía los ojos abiertos en su fuga del entorno. Marion, quien lo visitaba de manera recurrente una vez colocado un filtro mental para no salir de su casa arrastrando los zapatos, recordaba las formas para burlarse de él y lograr, al menos, hacerlo sonreír sobre todo cuando míster Scott se colocaba frente al espejo y discutía con él mismo, comenzando con un lacónico «¿qué me ves?».

Scott no estaba de acuerdo con que la Iglesia y la aristocracia acapararan la riqueza y la tierra y, además, no pagaran impuestos en Inglaterra, cuando eran los más ricos y solo representaban el 2% de la población. Argüía que la familia real británica, encabezada por la reina Victoria, quien, por lo visto, jamás moriría, estaba integrada por parásitos, buenos para nada. ¿Por qué solo la nobleza tenía derecho a gobernar? ¿Por qué? Si eran ingleses, todos tenían derecho a gobernar en igualdad de condiciones. ¿Por qué las diferencias? ¡Al diablo con los privilegios y con los fueros! La clase media, integrada por ingenieros, hombres de negocios, profesionales de diferentes especialidades, además de banqueros, comerciantes y empresarios, deseaba pertenecer a la clase alta, de la misma manera que la baja quería escalar a una categoría superior. La permanente insatisfacción y las envidias tal vez podrían, con el paso del tiempo, provocar un movimiento social de imprevisibles consecuencias. La clase trabajadora se resistía a soportar las mayores cargas laborales y a pagar elevados impuestos destinados a mantener a los *piojos*, esos holgazanes vestidos con trajes de seda que viajaban con sus odiosas pelucas blancas en ostentosas berlinas tiradas por ocho corceles decorados con plumajes de diversos colores y sus cocheros uniformados sentados sobre el pescante, desde donde latigueaban a las bestias con voces y tronidos de horror. A donde volteara se encontraba con una mecha encendida que arrojaba pequeñas chispas en su paso apresurado y jocoso rumbo a un barril lleno de pólvora.

Si bien Wilbert Scott discrepaba, por lo general, de cuanto se discutía, salvo en lo relativo al tema de las prostitutas y del alcohol, nunca había estado tan entusiasmado, resignado y tranquilo como cuando, por primera vez, tuvo contacto con el opio, un gran negocio entre los mercaderes ingleses. Al descubrir que la propia reina Victoria lo consumía preparado con goma de mascar y un dejo de cocaína, él decidió ensayar ese camino de reconciliación con la existencia. Los integrantes de la Corte podían adquirir con toda libertad el opio en la Botica real.

El Imperio británico les había ganado a los chinos en la Guerra del Opio y se había apropiado de Hong Kong, en buena parte para asegurar el abasto en el archipiélago inglés: el comercio estaba garantizado. ¡Nunca le faltaría el opio! Cuando Marion lo encontraba proyectado a una euforia incontrolable bien sabía que había fumado la goma mezclada con hachís. El olor en la casa era inconfundible. Si de esa forma su padre escapaba de la realidad, bienvenidas las pipas de opio...

Cuando Wilbert Scott, inspirado por un repentino entusiasmo decidió, tal vez debido al aumento progresivo e incontrolable en el consumo de opio, participar en las guerras de los bóeres y se trasladó a África en un barco de la Marina inglesa el día en que cumplió treinta años, jamás imaginó que esa disputa por unos yacimientos de oro y diamantes cambiaría su vida para siempre. Cada año la Gran Bretaña se encontraba inmersa en diversos conflictos armados para consolidar su creciente y poderoso imperio, de ahí que en un arranque patriótico decidiera ir a luchar por los intereses de su país. En el primer combate recibió un tiro en los testículos, en el depósito mismo de sus ilusiones para seguir viviendo. Su arma mágica quedó mellada hasta el último de sus días. Sin las prostitutas su existencia careció de golpe de sentido. ¿Por qué la vida castigaba a los mortales donde más les dolía? La pérdida del placer lo sepultó en un sillón, en una inmensa poltrona, heredada de su abuelo, fumando opio, claro está, a título de fuga, hasta que una noche, harto de tanta inmovilidad y frustración, entre trago y trago de whisky barato, decidió escribir un libro inmortal: *El verdadero encanto del pesimismo*.

Sin imaginárselo, y gracias a una de sus prostitutas, una que realmente lo había comprendido y consolado años atrás, decidió entregar el manuscrito a un cliente de ella, dueño de una empresa editorial. Scott jamás había conocido el éxito ni mucho menos la escandalosa catarata de libras esterlinas caídas del cielo con el nombre de regalías. Cuando se disponía a redactar el segundo tomo intitulado: *Solo los pesimistas conocemos la verdad*, lo encontraron muerto con la cabeza encima del escritorio y la plumilla manchada con tinta negra sostenida entre sus dedos. Si hubiera sido posible despertarlo, como si saliera de un sueño, no se habría dado cuenta de que había muerto. Solo Marion le había enseñado una faceta muy hermosa del amor, un sentimiento desconocido para él y, por ello, como si presintiera su partida al eterno viaje sin retorno, había decidido heredarle a ella todos sus bienes, en particular los derechos derivados de su único libro que el año siguiente sería presentado en una triunfal *première* en un teatro de Piccadilly. Apenas llegó a descubrir el exquisito sabor del éxito...

Para Marion la vida era búsqueda, búsqueda y encuentro, lucha interna para descubrir el papel a desarrollar dentro de la brevedad de la existencia. Localizaba las claves para ejecutar, sin tardanza, un audaz proyecto personal de acuerdo con sus facultades. ¿Para qué naciste? ¿Por qué estás aquí? ¿De qué se trata esto de vivir? ¿Para qué vivir? ¿Qué viniste a hacer en este mundo? No pierdas tiempo. No seas un don nadie con éxito. Encuentra tu camino y síguelo con coraje y audacia. Huye de las zonas de confort. Los tapetes hechos con pétalos de rosas conducen al infierno. No te canses, jamás te canses. Los ojos los tienes en la frente y no en la nuca. La adversidad te hará crecer, no te rindas, no, no te rindas. Haz, siempre, haz, te arrepentirás mucho más de lo que no hiciste por cobarde. Prueba, escucha tus voces internas y respétalas. El arrepentimiento es veneno en la sangre, más aún cuando ya no tiene remedio. Actúa, surge, desea, sueña, todo comenzó con un sueño, materializa tus sueños, ten ideales y justifica tus minutos y tus horas antes del arribo irreversible del invierno de tus días. Duerme lo menos posible, en la producción está la felicidad, produce, crea, imagina. Ya cuando mueras tendrás la oportunidad de descansar...

Marion había buscado el encuentro con ella misma a través de las leyes, pero abandonó la carrera porque deseaba más, mucho más. Impartir justicia en términos individuales no era lo suyo, tendría alcances muy limitados, requería de un espectro mayor, mucho mayor. ¿La política? No, no estaba dispuesta a traicionarse ni a comprometer sus ideales en aras de los intereses creados. Su madre, pariente nada más y nada menos que de Mariano Fortuny, el gran pintor español, cuyo hijo, otro gran artista, Mariano Fortuny y Madrazo, era su primo lejano, dedicaba las mañanas a dibujar. Era muy difícil verla sin un carbón en la mano. Ella, Catherine Fortuny, le había enseñado a su hija la ejecución de algunos trazos en hojas de papel blanco, pero Marion, a pesar de gozar de un talento incuestionable para la pintura, desistió del intento, para entonces llegar al piano, donde demostró también una gran capacidad durante las clases; sin embargo, ni la satisfacción ni el placer esperado y anhelado hacían acto de presencia en el mundo de sus emociones. La vida es emoción, la vida es pasión: pobre de aquel que camina rutinariamente en busca de la nada. ¿La fotografía? Sí, la fotografía sí, pero no, tampoco... Dedicaría su vida a la investigación histórica, a encontrar la verdad o lo más cercano a la verdad. ¿Por qué razones el hombre era el lobo del hombre, como decía míster Perkins? Trataría de explicar el comportamiento humano a través de la envidia o de los celos o de la avaricia. ¿Estudiaría Sociología? ¿Pasaría el resto de su existencia en los archivos hurgando entre los expedientes o entre los libros, para redactar ensayos saturados de aclaraciones con el fin de cambiar la conducta entre semejantes, sociedades y naciones? Algo le decía en su interior que el camino hacia la conquista de las estrellas lo encontraría en la novela, la herramienta imprescindible para traducir los temas más complejos en párrafos llenos de conclusiones, accesibles no solo para los estudiosos, sino para el público en general. La novela era un tapete mágico con el que podría surcar los aires, jugar con los espacios, revolotear como una golondrina encantada y contar, apartada de las rígidas técnicas científicas, todo lo que sus ojos pudieran ver desde las alturas. ¿La novela? Bueno, ¿por qué no la novela, que da más respuestas que la historia…?

Si en cualquier conversación intensa los interlocutores se arrebatan las palabras, el caso de *dear* Ole y Marioncita no podía ser la excepción. Cuando ella hacía ciertas pausas entre sonrisas y gestos adustos de acuerdo con la ocasión, o colocaba su mano helada sobre el antebrazo de su condiscípulo, o peinaba con sus dedos su cabellera rubia, auténticos rayos del sol con los que ella jugueteaba sin percatarse del encanto producido en el *poor innocent lad,* Olegario aprovechaba la oportunidad, entre whisky y whisky, con poco hielo, para contar algo de su vida en Yucatán. Se trataba de conocerse y compartir con la debida autenticidad sus vidas, ¿no? ¿Secretos entre ellos después de haberse conocido durante siglos? ¡Imposible! Se abriría como un libro viejo ante una amiga vieja, muy vieja, antigua, antiquísima…

Un día se reunían en el parque, sentados en su banca disfrutando los colores del lago y la presencia apacible de los patos, o tomaban el *lunch* en cualquier *pub* o visitaban algún café en la universidad o fuera de ella. El tiempo, los días y las noches transcurrían en interminables conversaciones o contando anécdotas personales o familiares o discutiendo las ideas de un autor o criticando cualquiera de las clases dictadas por míster Perkins. En una de tantas ocasiones, Olegario Montemayor contó cómo había nacido en sábanas de seda con mucamas, enfermeras, mayordomos, cocineras, ayudantes de todo tipo, cocheros de carruajes en medio de una gran riqueza. Un grupo selecto de institutrices mexicanas y extranjeras lo habían educado a él, a sus hermanos y primos, en una ostentosa casa palacio en Mérida, en el Paseo de Montejo, sin contacto con otros niños de las escuelas de la ciudad. Se atrevió a confesar que, si bien Mérida era conocida como la Ciudad Blanca, el título, según algunos, no se originaba por una supuesta higiene pública, sino por un asqueroso racismo: solo los blancos y su servidumbre podían vivir ahí, el ingreso estaba restringido; según otros, el nombre se debía a la piedra caliza con la que construían las casas de la región. Las personas de piel cobriza independientes no tenían cabida en el lugar. Mérida, Ciudad Blanca, era únicamente para los blancos, ya ni hablar de los mayas que llegaran movidos por el hambre y la desesperación en busca de pan y empleo.

Durante sus años de niño regalaba sus zapatos, su ropa, sus juguetes a los hijos de los sirvientes, con quienes jugaba y descubría otras realidades. Su madre siempre había puesto especial atención en educar a sus hijos apartados de las actitudes despóticas en relación con el personal de servicio. «Saluden con respeto a las chicas que ayudan en las tareas domésticas, quiéranlas, respétenlas, son como de nuestra familia». Insistía en la generosidad y en la caridad con la gente humilde: «Las personas que no tienen y son ignorantes y viven atemorizadas merecen bienes, conocimientos, ayuda y consuelo. Ustedes tienen, son privilegiados y están obligados a dar lo que les sobra». La madre inculcó a sus hijos valores y virtudes para amar y ver por los desposeídos. En cambio, el padre los veía con reticencia y los mandaba fuera de Yucatán, a las *boarding schools* de los Estados Unidos.

A Olegario le había parecido lo más natural del mundo que su padre lo hubiera mandado a estudiar la *high school* a los Estados Unidos, sobre la base de prepararlo para la vida magna y trascendente. Más tarde conocería las verdaderas intenciones paternas. «Los negocios son para gigantes y no para enanos ignorantes de las estrategias necesarias para alcanzar, magnífica palabra, las verdaderas oportunidades lucrativas, enfrentar los auténticos retos, el salto al infinito para administrar, duplicar o triplicar el inmenso patrimonio de la familia. Se trata de lograr la excelencia sin perderse en el anonimato. La vida es un pleito a muerte contra la mediocridad. Los grandes desafíos son para los grandes hombres y tú, Olegario, estás llamado a ser un magnate, pero nunca lo lograrás sin conocimientos, sin temple, sin visión comercial y política, y sin una gran escuela en la que yo sea tu mentor. Te llamas Olegario, te llamas como yo y serás como yo, un triunfador, solo deja que te lleve de la mano. Por lo pronto estudiarás en las academias en donde se forjan los empresarios del siglo XX, jóvenes deseosos de conquistar el futuro».

En la Universidad de Oxford, Olegario descubriría otro universo no solo a través de los libros y de las enseñanzas de sus maestros. Viviría en la biblioteca hasta casi llegar a la ceguera, quemarse las pestañas y deformarse la espalda por las horas interminables que pasaría sentado revisando texto tras texto, sobre todo los de David Ricardo, el fervoroso liberal que criticó hasta la saciedad a los terratenientes. Desde la primera cátedra, la de Perkins, había sentido el placer del conocimiento, del saber, la gran aventura de la vida. Había acertado en el maestro y en la materia a estudiar. Entendería la economía política del mundo, confirmaría su visión al descubrir otras formas relativas a la explotación de los hombres por parte de las empresas y de los gobiernos. Algún día el mundo *civilizado* pagaría estos abusos. Los explotados invadirían por hambre los países sojuzgados e inmovilizados por los cañones extranjeros. Sería como una marea lenta e imperceptible que ahogaría con el paso del tiempo a los tiranos extorsionadores. El robo no podría quedar impune. Le producían asco y coraje el tráfico de hombres y la esclavitud. Las enseñanzas de su madre contrastaban con la salvaje compraventa de hombres negros que habían sido atrapados con redes, como se cazaba a las fieras salvajes, por sicarios, comerciantes y piratas al servicio del Imperio británico.

Si el comercio de hombres lo horrorizaba, más lo indignaba conocer las condiciones de trabajo en los lugares de destino de dichos seres humanos que morían como moscas en la travesía insoportable de África a América. Tarde o temprano dedicaría su vida a rescatar a los seres indefensos y publicaría sus investigaciones, saturadas de denuncias en los boletines universitarios, en textos académicos y cualquier periódico del mundo que se atreviera a difundir sus ideas y conclusiones. ¡Claro que difundiría lo acontecido con Leopoldo II en el Congo Belga, los sufrimientos de los cultivadores de algodón en los Estados Unidos, los de azúcar en Cuba o los campesinos mexicanos obligados a talar árboles en Chiapas, so pena de sufrir castigos de horror, sin olvidar a los peones productores de caucho para fabricar el chicle vendido en los Estados Unidos o la pavorosa explotación de los indígenas mexicanos a la llegada de los españoles, cuando morían al trabajar en las minas para sacar oro y plata, entre otros tantos ejemplos más! Había escuchado lo que ocurría en las plantaciones de henequén, en Yucatán, propiedad de los competidores de su padre, pero no tenía pruebas de trapacerías cometidas en los negocios familiares.

En otros encuentros, rodeados de más amigos y condiscípulos, las relaciones académicas se ensanchaban junto con las inquietudes intelectuales. Según pasaba el tiempo, aumentaban los conocimientos y las conversaciones se hacían más íntimas y profundas; Olegario le externó a Marion, después de un par de cervezas amargas, cómo había abandonado Yucatán cuando comenzaba su adolescencia, pero ello no le había impedido saber a través de Oasis, el muchacho maya, el bolero de la familia, que su padre pasaba sospechosamente varias noches en la Hacienda de Xcumpich, propiedad de su hermano Audomaro Montemayor, acompañado de doncellas mayas que iban a contraer matrimonio. ¿Cómo iba a imaginar el derecho paterno a desflorar a las muchachas casaderas como si la costumbre, bárbara entre los bárbaros, fuera similar a la impartición de una bendición? ¿Conocer el universo de las haciendas henequeneras sería una tarea para el futuro, si es que había algo que descubrir? Por lo pronto sería cauteloso en sus afirmaciones hasta llegar a tierra firme y fértil sin comprometerse con algo o alguien. Ya habría tiempo para discutir si los sacerdotes estaban o no ocupados en la divulgación del Evangelio.

En una de tantas ocasiones, al terminar de cenar en The Sweet Lawyer, Olegario acompañó a Marion al edificio universitario reservado solo para mujeres. Se despidieron, como siempre, con un breve y esquivo *good-night kiss*. El yucatequito no se decidía, no se atrevía ni daba el paso necesario al frente. Los únicos momentos en los que la tocaba era al tomarla del brazo para cruzar las calles, la obligación elemental de un caballero. Sí, sí, pero Marion percibía un fondo muy profundo en las afirmaciones de Olegario. Ella amaba la investigación, era una abogada frustrada y adoraba la búsqueda de la verdad oculta. ¿El padre de Olegario es un carmelita descalzo o integrante de la orden religiosa de la vela perpetua? Si así era el caso, debería comunicárselo tanto al propio Olegario como al profesor Perkins, como una excepción de la regla. Dar con un empresario agrícola mexicano respetuoso de los derechos universales del hombre, impulsor de la creación de sindicatos y defensor de la libertad de expresión, que pagaba los salarios justos y honraba con prestaciones desconocidas para los peones en los mercados extranjeros, equivalía a encontrar una aguja en un pajar. Al llegar a su dormitorio y encontrar dormida a su *roommate*, decidió escribirle una carta a su querida tía Lilly: ella sabía lo que ocurría en México a través de los secretos de alcoba...

Muy querida tía Lilly:

Antes que nada espero que tu querido negocio vaya viento en popa y que tu capacidad de ahorro se haya multiplicado muchísimo de acuerdo con nuestra última conversación. Estás en un mercado exclusivo en donde es muy difícil perder. Algunos empresarios aducen la importancia de vender todo aquello de lo que el consumidor no puede prescindir y los hombres, claro está, no pueden prescindir de tus servicios. El éxito está garantizado. Mientras más pasa el tiempo, más merecido entiendo tu nombramiento como Embajadora de la Felicidad. Ningún título diplomático más merecido que el tuyo, ¿no?

Si todo sale de acuerdo con lo que me he propuesto, es muy factible que pueda viajar a México en el corto plazo. Te tendré informada... Nada deseo más que tú misma me presentes a tu colosal equipo de trabajo y que me enseñes ese maravilloso país que ya conoces mejor que la palma de tu mano.

En otro orden de ideas, debo confesarte que conocí a un muchacho yucateco sensacional. Es un hombre muy noble y generoso, pero de alguna manera cándido, hasta donde me he podido percatar.

El objetivo de la presente carta, además de saludarte y felicitarte, consiste en suplicar tu eficaz intervención para averiguar la realidad de la familia a la que él pertenece. El nombre de su padre es Olegario Montemayor. Parece que dicha familia yucateca es muy rica y poderosa gracias a la explotación del henequén; sin embargo, todo parece indicar que el jerarca de la familia, el tal Montemayor, es un personaje singular que tiene una gran preocupación por los peones de sus haciendas, quienes, a título de agradecimiento, se dirigen a él como *papá*, lo cual me produce una gran fascinación. He estudiado la explotación del hombre en el mundo, en particular en el sector minero y en el agrícola, en donde me he encontrado a los peores esclavistas de la historia. Me interesa mucho saber si Montemayor es una excepción o es un perro esclavista más, auténtica vergüenza del ser humano. Tú, que estás tan informada, querida tía Lilly, hazme saber lo que puedas en torno a los cultivadores del henequén en Yucatán. Segura estoy de que la investigación será muy rápida y efectiva, de la misma manera en que para mí será de gran utilidad.

Suerte en tu *chamba*, como tú le dices, hermosa palabra mexicana.

Te quiere,
tu sobrina MARION.

P. D. *Mum* está muy bien y pinta todo el día feliz de contenta.

Míster Perkins se había ganado, día tras día, cátedra tras cátedra, café tras café, entre clase y clase, el afecto y la consideración de sus alumnos, con quienes, además, convivía en reuniones esporádicas en su pequeño departamento en las afueras de Oxford, a donde los invitaba con el ánimo de desahogar sus dudas en un ambiente de camaradería, apartado de la solemnidad de los pupitres. Era un maestro de punta a punta. Su estudio estaba inundado por un mar de papeles, expedientes abiertos, libros en diferentes idiomas con lápices separando las páginas o pequeñas tiras de periódico intercaladas entre las hojas para encontrar un dato específico. Su perro, conocido como *Frederic Rochester Williams The First*, acostumbraba echarse en uno de los sillones del diminuto espacio. Recibía más atenciones y cuidados que la propia reina de Inglaterra. El profesor Perkins no permitía que nadie retirara al mejor amigo del hombre de su trono, para eso estaban los bancos de su desayunador o hasta el piso. Lo importante era hablar, ¿no? Como los anaqueles eran insuficientes, se veían libros colocados unos encima de los otros, en un pavoroso desorden que solo él entendía. Llamaba la atención la presencia de un letrero con el siguiente lema: «Las mentes geniales rara vez son ordenadas». Encima de su escritorio se encontraba una piedra plana utilizada a modo de pisapapeles con una inscripción grabada: «Yo sé cómo». ¿Cenar? No, no había comida. ¿Whisky? No, no existían esas bebidas embrutecedoras. ¿Té? Bueno, sí, podrían encontrarse algunas tazas con té frío. ¿Agua? Sí, también, pero de la llave, siempre y cuando quien deseara ingerirla lavara el vaso sucio del fregadero. ¿Cuándo lavaría su ropa? ¿Cuándo se bañaría el distinguido catedrático? A saber, lo que sí resultaba evidente era la ausencia de una mujer en casa: míster Perkins, según decía en confianza, no tenía tiempo para el amor ni para ninguna de esas frivolidades.

En una de dichas reuniones, el maestro analizó las Guerras del Opio, de mediados del siglo XIX. Los conflictos armados habían empezado a fraguarse cuando los chinos, allá por 1750, cobraban a los ingleses, en plata pura, sus exportaciones de seda, porcelana y té. El negocio era redondo para los asiáticos, no así para los ingleses, quienes se dolían del comercio deficitario con China, de la pesada obligación de pago con ese carísimo metal precioso, por lo que buscaban desesperadas alternativas. La solución para nivelar el comercio la encontraron en la India británica, al estimular el cultivo del opio para vendérselo en cantidades crecientes a sus clientes asiáticos. Nada nuevo: el Imperio mongol ya había comenzado a vender opio a los chinos siglos atrás, hasta que la Compañía Británica de las Indias Orientales monopolizó el mercado desde la India, siguiendo el ejemplo de la Compañía Neerlandesa de las Indias Orientales, que había obtenido enormes ganancias con el tráfico del enervante.

La dinastía Qing se oponía a la importación de opio, a pesar de cobrar un impuesto indirecto a los consumidores nacionales, y, por otro lado, valoraba y defendía las exportaciones de su té al Reino Unido. Cuando los ingleses comenzaron a venderle a los chinos grandes toneladas de la goma proveniente de la India Británica, el emperador se alarmó por el desplome de la recaudación en sus arcas y por el considerable aumento del consumo entre sus súbditos. Las finanzas chinas no solo se vieron afectadas desde 1820, al pagar las compras de la famosa adormidera obviamente en plata a los ingleses, sino porque el té chino fue sustituido por el producido en las colonias indias y africanas, propiedad de la Gran Bretaña. El daño fue doble. La dinastía Qing contempló, escandalizada, la falta de ingresos en su tesorería urgida de recursos económicos para suprimir las revueltas populares contra el emperador. ¿Resultado? Cuando el gobierno Qing intentó justificadamente suspender el comercio del opio, se encontró no solo con el incontrolable contrabando inglés, sino con la feroz resistencia de los comerciantes chinos, reacios a aceptar cualquier atentado contra una fuente inagotable de dinero que les permitía enriquecerse en un mercado cautivo, ávido del narcótico cuyos compradores lo adquirían a precios desorbitados.

En 1839, el emperador Daoguang movió la torre de su ajedrez bélico y ordenó a Lin Zexu, gobernador de Cantón, incautar el opio existente en la ciudad y, a continuación, mandó a destruir la droga: unos veinte mil baúles que contenían cincuenta y cinco kilos de opio cada uno. A los comerciantes extranjeros se les prohibió, en lo sucesivo, vender opio, bajo la amenaza de ser sometidos a la pena máxima. Muchos obreros chinos gastaban hasta dos terceras partes de sus menguados ingresos en la compra de láudano.

–¡Un horror! –subrayaba míster Perkins–. ¿Y los ingleses, mis paisanos, los legendarios piratas insaciables de la Pérfida Albión, se iban a quedar con los brazos cruzados, queridos alumnos, mientras les cancelaban un abundante manantial de libras esterlinas proveniente del narcotráfico? Si los chinos se embrutecían, ese era su problema y no el de la reina Victoria ni el de su pandilla.

¡Claro que Marion estaba ahí y tomaba apuntes, escribía y redactaba mecánicamente sin girar la cabeza, ni siquiera levantarla, para mirar de cerca o a breve distancia al querido maestro! No parecía reaccionar ni conmoverse ni entender ni sentir. ¿Un bulto? Sí, su presencia respondía a la de una secretaria que tomaba notas apresuradas en un cuaderno. ¿Otra metáfora? Bien, la del sepulturero que desliza el ataúd con diversas cuerdas a varios metros de profundidad, lo cubre con pesadas losas y empieza a arrojar paletadas de tierra, ajeno al dolor de los deudos, al doloroso llanto de los familiares que asisten al sepelio de uno de los suyos que se extravió para siempre en la nada. ¿Esa era Marion, un ser apático e indiferente? ¡No! Las aguas mansas son profundas.

Olegario no dejaba de observar a aquella mujer, un carbón encendido, cuando de pronto, sin pedir la palabra ni alzar la mano, víctima de un arrebato, Marion adujo sin levantar la voz que era una canallada obligar a las personas, chinas o quienes fueran, qué más daba, a consumir opio y destruirlas física y espiritualmente, a embrutecerlas, sí, a embrutecerlas, como bien había dicho míster Perkins, a cambio de llenarse las manos con dinero, manchárselas con el excremento del diablo. Agregó que la Armada de la reina Victoria había sido construida en astilleros con el dinero de los contribuyentes ingleses y que, por lo tanto, no solo la soberana era responsable de la intoxicación de aquella pobre gente, sino también cada ciudadano que con sus impuestos financiaba a los piratas de los tiempos modernos. No existían las culpas absolutas: quien hubiera pagado impuestos habría cooperado indirectamente en la construcción de un acorazado de Su Majestad o en la adquisición de un cañón con sus respectivos proyectiles. ¿Pagaste impuestos? Eres culpable, sí, sí, lo eres...

—No, Marion, no fue en mi tiempo. Esto pasó hace más de medio siglo, yo no había nacido —intentó defenderse el catedrático.

—¿Inglaterra ahora ya es buena y caritativa y los ingleses somos inocentes de lo que ocurre en el Imperio Británico? ¿Usted lo cree? ¿De verdad lo cree? —repuso ella poniéndose de pie—. ¿Hoy en día todo es diferente? ¿Los descendientes ingleses de Francis Drake, Walter Raleigh, Henry Morgan o Jack Rackham, entre otros tantos incontables bandoleros, hoy son franciscanos que elevan sus plegarias por el bien de la humanidad o continúan destazando a los pobres, a los ignorantes, a los indefensos y a los pueblos atrasados, ricos en su patrimonio obsequiado por la naturaleza y pobres técnica, científica e intelectualmente? ¡Nadie con dos dedos de frente aceptaría semejante argumento! No lo culpo a usted, profesor, por supuesto que no, pero todos somos culpables por omisión, por dejar hacer a nuestro gobierno, por comodidad, por acceder a mayores niveles de bienestar material al precio que sea. ¿Quién se pone a pensar en el precio pagado en vidas humanas, en el sufrimiento y el dolor de hombres, mujeres y familias enteras, para poder disfrutar la cucharada de azúcar con la que endulzamos nuestro té o café? ¿Quién? ¿Quién sabe todo lo que tuvo que suceder para que pudiéramos masticar un simple chicle o fumar el tabaco contenido en una pipa de espuma de mar? Lo mismo acontece hoy en día con el algodón en los Estados Unidos, a pesar de la Guerra de Secesión, o con el petróleo o con el caucho africano o americano. Nuestra ropa de algodón está llena de tragedia humana. ¡Nadie es inocente!

—¿Todos a la cárcel, Marion, por no pagar impuestos? —cuestionó un Perkins sorprendido.

—Pues sí, maestro, todos...

—¿Tú, tus padres, familiares y amigos, también? ¿Todos tras las rejas?

—Pues sí, sería un gran ideal —concluyó altiva y sin dejarse intimidar—. No cabríamos todos. Inglaterra o Francia o los Estados Unidos se convertirían en cárceles, no habría ciudadanos inocentes en las calles y quien caminara por las ciudades y pagara impuestos sería cómplice, habría perdido el derecho a quejarse: quien pague impuestos para comprar cañones no puede llamarse inocente. Mi padre fue víctima del opio, de la yerba maldita de la que usted nos cuenta y pocos, muy pocos, saben su origen.

—¿De verdad crees, Marion, que si la gente supiera de la criminalidad existente en la explotación de nuestros semejantes de piel oscura en cada cucharada de azúcar o en cada sorbo de café, en cada biblioteca de lujo de cualquier duque o conde, o en cada prenda de algodón, de verdad crees que dejaría de tomar azúcar, té y pondría sus libros en el piso y dejaría de vestirse con sedas y algodón? ¿Lo crees? Di, te escuchamos atentos...

Marion volvió a sentarse, tomó su lápiz, le sacó otra vez punta como si no lo hubiera hecho varias veces, y se dedicó a escribir con gran rapidez, como si deseara impedir que se escaparan las ideas y las conclusiones de la misma manera que huyen las palomas de una plaza al escuchar la detonación de una escopeta. Olegario la contemplaba extasiado. «¡Qué mujer!», se repetía en silencio, concediéndole la razón al maestro. ¡Pero claro que se tragarían el azúcar viniera de donde viniera, igual que el té, y claro que también seguirían construyendo muebles con madera, tropical o no, y usarían ropa de algodón y sedas, y consumirían opio con la misma indiferencia con que se evade a un pordiosero muerto de hambre en las calles de Londres o del mundo! En el fondo, todos quisieran despedir a los vagabundos a la voz de no me molestes, apártate, desaparécete, marrano asqueroso, apestas...

Míster Perkins solo la vio con la mirada desorbitada percatándose, una vez más, de la presencia de una alumna singular en su clase. Marion estaba llamada a escribir sesudos ensayos relativos a la explotación del hombre, la primera parte del curso que el catedrático impartía.

–¿Cuál podría ser el siguiente movimiento del gobierno inglés cuando los chinos habían destruido el opio y prohibido las importaciones en su territorio? –continuó Perkins sin retirar la mirada de su atractiva y no menos talentosa alumna–. El opio era veneno y para impedir su internación en China se necesitaba una fuerza militar y naval de la que el emperador carecía. Quien tuviera más bombas resultaría el vencedor. Se imponía la ley del más fuerte, como en la época de las cavernas. Ya no se trataba de marros para golpear, sino de cañones, acorazados y de ejércitos bien armados. La única diferencia eran las armas, el ser humano era el mismo o peor, solo que ahora ya no se vestían con las pieles de los animales que cazaban, sino que usaban uniformes de gala y se colgaban del pecho inmensidad de medallas, honores rendidos a la capacidad de aniquilar en masa a quien opusiera resistencia a los designios del Imperio. En resumen, no cuentan los argumentos ni la superioridad física, sino la militar. Las súplicas relativas al respeto de las personas resultaban irrelevantes, al igual que la invocación a los derechos universales del hombre. ¿Cuál derecho? ¿Cuál respeto? ¿Cuál razón? Todo se reducía de una u otra forma al dinero y al poder, los grandes móviles de los tiempos modernos.

Olegario pensó en pedir la palabra al recordar que «el respeto al derecho ajeno es la paz», la histórica sentencia de Benito Juárez, el humilde indígena zapoteco que había llegado a ser presidente de México, pero prefirió permanecer callado al recordar los regaños paternos escuchados durante la infancia, cuando surgía en la sobremesa, por cualquier razón, el nombre del «indio apestoso», impronunciable en su casa y en la escuela, por más que hubiera sido reconocido como el Benemérito de las Américas.

—El primer ministro, Henry J. Temple, vizconde de Palmerston —continuó míster Perkins—, conocía el atraso tecnológico de China en relación con Occidente, lo había estudiado tiempo atrás, dominaba el tema. Tenía información privilegiada respecto a la ineficiente flota mercantil y militar de los chinos. Sabía de la pésima calidad de su armamento y de la escasa capacitación de sus soldados. Por lo tanto, decidió buscar más pretextos para declararle la guerra a China por haberse atrevido a requisar y quemar impunemente el opio propiedad de los ingleses, *hecho indignante* con el que se había dañado la economía británica. De no repararse el perjuicio causado y abrirse de nueva cuenta el mercado, el conflicto comercial se resolvería por medio de las armas y en ningún caso a través de una indemnización. El problema no se solucionaría por medio de un pago, ¡qué va! El fondo del asunto consistía en garantizar la apertura de los puertos chinos, por donde se introduciría la adormidera sin poner obstáculo alguno. Los asiáticos serían obligados a aceptar la introducción del opio en su territorio, tanto si estaban de acuerdo como si no... Los poderosos cañones de Su Majestad, la reina Victoria, tendrían la última palabra, y sí que la tuvieron...

»En un ambiente explosivo rodeado de pólvora seca, saturado de chispas juguetonas llamadas provocaciones, el 7 de julio de 1839, seis marinos ingleses, borrachos, después de haber ingerido varias botellas de licor de arroz, mataron a un ciudadano chino en su país; sí, en territorio chino, cuando destruían un templo en Kowloon.

»¿Cuál no sería la sorpresa del emperador cuando pretendió hacer valer su derecho de juzgar en territorio chino a los criminales extranjeros y la Gran Bretaña se opuso, alegando que en China los acusados serían torturados, mientras que en su país serían procesados, condenados y castigados en términos de las leyes inglesas? Atropellar a un país débil e indefenso para imponerle por la fuerza leyes que le son ajenas, bajo la amenaza de ser bombardeado y destruido por la Marina inglesa, ¿no es un atentado contra el más elemental principio de la civilización?

»El gobernador de Cantón, Lin Zexu, envió una carta a la reina Victoria alegando que "el opio, una mercancía envenenada, fabricada por personas diabólicas, causa adicción y daños en la salud; vuelve inútiles a los individuos y además perniciosos para la sociedad y, por lo tanto, debe prohibirse". También, agregó que "si un extranjero fuera a Inglaterra a hacer comercio allá tendría que obedecer las leyes inglesas; por lo tanto, si un inglés viene a China y quiere hacer comercio aquí tiene que sujetarse a las leyes chinas, que, entre otras cosas, prohíben el comercio del opio". ¿Resultado? La carta, *curiosamente*, nunca llegó a Londres, al Palacio de Buckingham... La soberana no se dio por aludida. En cambio, el puerto de Cantón fue bloqueado por los ingleses, quienes obstruyeron la desembocadura del río Perla.

»El emperador desplazó entonces a la reina en su tablero de ajedrez, confeccionado con piezas talladas de marfil por sus artesanos, y canceló las ventas de té y de arroz, entre otros tantos productos chinos. Mandó a contaminar los pozos de agua limpia para impedir la recarga del líquido en la flota de Su Majestad; prohibió la venta de alimentos a extranjeros y amenazó veladamente con la confiscación de propiedades inglesas en Macao, para obligarlos a retirarse a Hong Kong.

»La primera guerra estalló en 1839 y concluyó en 1842 con la rendición del emperador chino, quien pidió la paz con la debida prudencia, antes de que los ingleses lo corrieran a patadas de la Ciudad Prohibida, la sede ceremonial y política, el hogar de los emperadores chinos durante casi quinientos años.

»Cuando se suscribió el primer tratado de paz en Nankín, porque después se firmarían otros mucho peores, el emperador de China se obligó a indemnizar con veintiún millones de dólares a la Corona británica por los daños causados y los malos ratos sufridos. Increíble, ¿no? Se vio forzado a abrir cinco puertos más al comercio inglés, ¡faltaba más!; a ceder a Inglaterra la isla de Hong Kong nada menos que por ciento cincuenta años, ¿está claro?; a reconocer la extraterritorialidad para los súbditos ingleses en China, o sea un permiso para actuar como se les viniera en gana, en las islas que se les diera la gana; y a permitir, sin sanción alguna, la importación de opio. Los ciudadanos chinos encarcelados por haber servido de cualquier manera a la Corona británica serían liberados en ese mismo acto. Esa era la voz imperial de los cañones, los que escupen fuego lleno de razones y argumentos convincentes. ¿Ese es el respeto a la ley prevaleciente en nuestro archipiélago? ¿Es o no un imperio, es decir, un perro rabioso con dientes afilados? —concluyó el catedrático y, mientras mordía con los colmillos una barra de chocolate negro, amargo, alcanzó a agregar—: El mal nunca viene solo, jóvenes. Después de 1850, el gobierno chino no podía sofocar las rebeliones populares originadas casi siempre por la hambruna, ni lograba impedir el gigantesco contrabando de opio organizado por los bárbaros británicos y, para rematar, las inundaciones desquiciaron aún más la economía imperial. Claro está, la sublevación no tardó en estallar en 1850, con la muerte de sesenta millones de chinos».

Olegario levantó la mano para hacer algunas precisiones. Marion se mostraba encantada cuando él intervenía:

—Los chinos no fueron las únicas víctimas de los imperios, por más que se encontraran del otro lado del mundo. Nosotros, los mexicanos, tenemos a los yanquis como vecinos y, desde luego, no tienen que recorrer miles de millas para dar con nosotros. Los estadounidenses, unos guerreros naturales, ladrones profesionales que se mueven solo por el dinero que husmean como perros adiestrados, nos robaron hace más de cincuenta años la mitad del territorio nacional cuando buscaban, al igual que la reina Victoria, un pretexto para apoderarse de lo ajeno. Hubo una insignificante escaramuza militar entre las tropas gringas y las mexicanas en territorio nacional de México y el presidente James K. Polk engañó al Congreso de su país alegando que «sangre norteamericana se había derramado en territorio norteamericano». El resultado fue una invasión armada masiva y la terrible mutilación de México. Perdimos la Alta California, Nuevo México, Texas... más de dos millones de kilómetros cuadrados, por más que Texas ya se había anexionado a los Estados Unidos. Nos robaron algo así como veinte veces el tamaño de Inglaterra, para que todos ustedes se den una idea aproximada del tamaño del botín. Pobres chinos que los obligaron a consumir opio, ¿y dónde quedamos los mexicanos ante el peor latrocinio de la historia política mundial? Marion tiene razón, fue una canallada y, lo que es peor, si ahora el presidente Theodore Roosevelt quisiera venir por el saldo, México no tendría manera de defenderse ni de impedir nuestra desaparición como país: ni los mexicanos ni nadie aprende de la historia. No nos hemos vuelto potencia militar desde entonces, ni logramos educar a nuestra gente: no es lo mismo, es mucho peor. Para colmo de colmos, los quince millones de pesos que nos pagaron los asquerosos gringos a modo de indemnización se perdieron en medio de una patética corrupción sin que hubiéramos obtenido el menor provecho. ¿Y si hubiéramos construido treinta universidades con ese dinero? Donde hay canallas también hay inútiles, no hay los unos sin los otros... Los chinos tienen a los ingleses; los mexicanos y, en general los latinoamericanos, a los yanquis; los franceses a los alemanes; los españoles tenían a los árabes; los romanos a los bárbaros; los rusos, entre otros, tuvieron a las tropas napoleónicas, por no cansarlos más...

—¿Cuándo acabará esto, Olegario? —preguntó míster Perkins.

—Nunca —repuso Olegario sin meditar su respuesta que tenía amartillada en el revólver—. Siempre habrá fuertes y débiles, inteligentes y tontos, audaces y tímidos, voraces y resignados, adinerados y pobres, cultos e ignorantes. No hay manera de cambiar la condición humana ni las patéticas diferencias entre todos nosotros. Siempre lo he dicho y lo repito hoy: en un bosque todos los árboles son diferentes, la igualdad no existe y siempre alguien se aprovechará del otro...

Cuando míster Perkins aplaudió la respuesta, Marion contemplaba a Olegario como si un gigante emergiera de las aguas del océano causando un inmenso oleaje. ¿Sería Neptuno coronado?

–Pero, claro está, la Segunda Guerra del Opio estalló porque lo tenía que hacer en 1856, cuando los chinos secuestraron un barco pirata inglés frente a las costas de Cantón por invadir el territorio chino. Un tribunal mundial hubiera fusilado a los ingleses invasores y ladrones, pero ¿dónde estaba ese tribunal y quién sería el juez supremo con el poder militar suficiente para imponer su voluntad con las armas en las manos? Los chinos volvieron a ser derrotados, mejor dicho, aplastados, cuando constataron con horror cómo los extranjeros destruían entre carcajadas monumentos históricos como el Palacio de Verano, un orgullo de la cultura china, además de haber incinerado miles de libros de una de las más antiguas civilizaciones. El emperador aterrorizado fue obligado a firmar tratado tras tratado de paz, cada uno más ventajoso que el anterior, hasta llegar al de Pekín, el 18 de octubre de 1860, por medio del cual se robaban la península de Kowloon y se volvía a legalizar, entre otras indignas y alevosas concesiones, el tráfico de opio, el verdadero origen del conflicto armado: envenenar a los chinos a cambio de dinero para depositarlo en las tesorerías de las empresas británicas y, en consecuencia, en las arcas de la reina Victoria –el catedrático, víctima del agotamiento al igual que lo estaría el emperador chino, gritó furioso–: *fucking hell!* Me avergüenza ser inglés. ¿Acaso, como bien sentenció Marion, muchachos –exclamó míster Perkins tratando de halagar a su alumna–, los reyes británicos no elevaban a los piratas al rango de *lord* del Imperio, como a *sir* Walter Raleigh, *sir* Francis Drake o Thomas Cavendish, un corsario que capturó la nao de la China en 1587, entre otras naves, aun cuando no llegó a ser ungido caballero? ¿Ese es el orden legal y la ética protestante que pregonamos en el exterior? ¿Cómo puedo ser súbdito de un país que encumbra a los piratas al nivel de la nobleza, a título de agradecimiento, por haber robado y matado por todo el mundo para enriquecer a la Corona? *Fucking hell!* –tronó míster Perkins buscando comprensión en la mirada de Marion, quien no ocultaba su admiración por la valentía y los conocimientos de su maestro, sin dejar de reconocer la impotencia que dominaba a uno y a otra por la inclemente arbitrariedad imperial.

¿El camino para igualar las fuerzas internacionales se encontraba en la educación, para evitar desequilibrios culturales y materiales, inequidades técnicas e intelectuales? ¿Cuál era la herramienta para adquirir poder económico hasta convertirse en potencia militar? Sí, la educación podría ser una posible solución a futuro, solo que el tiempo constituía el gran enemigo a vencer. Educar a una nación no era posible en un fin de semana, sin olvidar que, cuando un país pobre y marginado finalmente evolucionaba más allá de las expectativas y los límites impuestos por los extranjeros dueños de su economía, entonces se producía un golpe de Estado, para instalar en el poder a un gorila al servicio de los intereses foráneos para mantenerlos con la cabeza aplastada contra el piso con la bota militar. «¿Dónde estaba entonces la solución?», se preguntó Marion al volver a leer el letrero de Perkins en las repisas: «¡Yo sé cómo!».

¿Los romanos no destruyeron Cartago al final de la Tercera Guerra Púnica? ¿Los mongoles no despedazaron Bagdad en 1258? ¿Los cruzados no saquearon y destrozaron Constantinopla en 1204? ¿Los españoles no hicieron añicos los palacios aztecas? ¿Qué invasor había sido diferente? Olegario no dejaba de pensar en el año de 1847, cuando los yanquis le robaron a México la mitad del territorio también con la pistola colocada en las sienes de los mexicanos...

—El dinero —repitió Olegario sin ocultar su disgusto— es el excremento del diablo... Come hombres y defeca dinero...

China, la cultura madre de Oriente aprendió con sangre la lección, ubicó bien el perfil de los occidentales y continuó su marcha azarosa con el rostro endurecido por la fuerza de los vientos. Jamás se desintegraría, eso sí, pero resultaría obligada: opio o desaparecer de la faz de la Tierra convertida en una colonia más del Imperio inglés.

Míster Perkins no hubiera podido imaginar las notas consignadas al volapié en el cuaderno de Olegario:

¿Cómo fue posible que en la misma sociedad victoriana, rapaz, cruel y degradada por los comerciantes ingleses apoyados por la Corona, hubiera podido convivir el progreso científico de un Darwin y sus trabajos relativos al origen de las especies? La Royal Society de Londres, la academia científica más antigua de Inglaterra, la de Newton y Faraday, entre otros tantos más, ¿fue fundada solo para provocar la expansión del Imperio inglés y estimular la presencia de piratas? Menuda barbaridad... ¿Cómo fue posible que Oscar Wilde, Rudyard Kipling, los poetas, los pintores, los escritores, escultores y economistas ingleses como David Ricardo, Marshall, John Locke, Lord Byron, la colosal inteligencia británica, hubiera podido crecer y desarrollarse en un ambiente de voracidad económica sin el menor respeto al ser humano? ¡Qué contradicción...!

¿Por esa razón la Inglaterra victoriana difundió el Evangelio cristiano? ¿Deseaban *civilizar* a los pueblos de diferentes culturas o, mejor dicho, explotarlos basándose en que «el comercio seguía a la cruz, o la cruz seguía al comercio y la insignia británica seguía a ambos»?

Tantos pensadores lúcidos insertos en una sociedad movida por el lucro a cualquier costo, sí, pero finalmente con dinero se financian universidades como Oxford, se contratan grandes maestros para forjar a grandes generaciones de alumnos privilegiados. Con dinero se construyen carreteras, puentes, ferrocarriles, hospitales, clínicas, bibliotecas, salas de teatro y de música. Con dinero se fundan editoriales para producir libros y papel con pentagramas dedicados a componer gloriosas sinfonías y magníficas óperas. Con dinero se fabrican pianos, violines, cinceles. Con dinero se extrae el mármol de las entrañas de la tierra, se deslumbra al mundo con esculturas eternas. Con dinero se fabrican microscopios, matraces, equipos de laboratorios y telescopios. Sí, pero el cochino dinero también sirve para construir barcos de guerra, cañones, municiones, armas y bombas para matar. Me reconcilio con el dinero cuando se utiliza para el bien común, pero lo desprecio cuando se utiliza para devastar al hombre.

Mientras existan ambiciones materiales desbridadas, en tanto la envidia se apodere de la mente de las personas y estas se dejen conducir por pasiones perversas apartadas de la ética y de la razón, serán imprescindibles los armamentos para el ataque o la defensa, una deplorable regresión al hombre primitivo. Si la envidia es inherente a la condición humana, resignémonos para disfrutar lo mejor de nosotros compartido con las excrecencias también de todos nosotros...

El dormitorio de Marion se encontraba a quince minutos de camino del estudio de míster Perkins. Olegario propuso hacer el recorrido a pie para analizar algunos hechos históricos descubiertos a lo largo de la novedosa exposición del catedrático y, desde luego, para gozar más tiempo a su condiscípula. Ambos deseaban volver a repasar los detalles de las guerras del Opio y llegar a sus propias conclusiones después de agotar el tema, como siempre, entre apasionados alegatos. Olegario había disfrutado no solo las posiciones asumidas por Marion en la sala de Perkins, improvisada como salón de clases, sino también el insistente cruce de miradas cómplices entre ambos, que ya no requerían de ninguna confesión adicional. La picardía y el interés recíproco se percibían a simple vista, más aún cuando ella, aprovechando que el maestro buscaba un libro en los anaqueles, le lanzó un papel arrugado con un mensaje: «Eres un bobo y no entiendes nada, luego te explico». La travesura podía haber revelado la existencia de una relación sentimental entre ellos, y si no, ahí estaba la gran sonrisa de oreja a oreja de Olegario, cuando leyó el pequeñísimo texto y volteó a verla con ojos desafiantes a punto de soltar una carcajada. El comportamiento de la feliz pareja se resumía en una frase escrita por Olegario alrededor del portavasos de cartón, sobre el que depositaban el tarro frío de cerveza en los *pubs* de Londres: «Si tú me miras y yo te miro, los dos bajamos la mirada y no nos decimos nada y nos lo decimos todo». Olegario, ya en la calle, esperó a despedirse del resto de sus compañeros de clase y, al estar finalmente solos, emprendieron, paso a paso, la marcha de regreso en la noche fría de Oxford.

—Si me pongo en el lugar de los chinos, Ole, no puedo suponer siquiera que una potencia militar pueda obligarnos a los ingleses a consumir opio y, ante nuestra resistencia para no embrutecernos, que Inglaterra fuera engullida junto con nuestras Fuerzas Armadas, convirtiéndonos en una colonia consumidora de enervantes, *bloody hell!*, o, mejor dicho, *fucking hell!* —empezó Marion por echarse la carabina al hombro y apuntar a la cabeza del yucateco—. ¿Quién puede imaginar que miles de soldados extranjeros invadan Inglaterra, tomen por la fuerza y destruyan las Casas del Parlamento, dinamiten la Abadía de Westminster o la catedral de San Pablo, derriben la Torre del Big Ben, fusilen al primer ministro y a los parlamentarios y hagan huir a la reina Victoria a la Europa Continental para salvar su vida? ¿Qué tal que todos estos execrables invasores se robaran el patrimonio del Museo Británico, de la Galería Nacional o el acervo de cualquiera de nuestros grandes museos? Podemos imaginarnos la impotencia padecida por el emperador chino, su gabinete y sus escasas Fuerzas Armadas, pero no nos entra en la cabeza admitir la posibilidad de que nos lo hicieran a nosotros y luego contemplar el haber cultural inglés expuesto en vitrinas de otros países... Que nos invadieran, nos robaran todo y, ¡además!, nos dejaran fumando opio, porque es un buen negocio. ¡Muero de la impotencia!, ¿no? Si fuera el caso, mataría a cuanto atracador me encontrara en las calles de Londres...

—Bueno, mira, querida Marion —exclamó Olegario abrazando a su colega en dirección a la universidad—, si vas al British Museum, encontrarás verdaderos tesoros de los caldeos, de los fenicios, de los egipcios, de los griegos y de los romanos, y si no todo es robado como consecuencia de las guerras y de las invasiones inglesas en otros territorios, tal y como sucede con el patrimonio del Louvre, el origen de la mayoría de esos bienes es el despojo, el hurto, el precio del triunfo impuesto por los vencedores, por más que aleguen lo contrario los famosos amigos y benefactores de los museos. De modo que, como decimos en Yucatán, ladrón que roba a ladrón tiene cien años de perdón.

—O sea, ¿somos ladrones?

—¿No quedamos en que tu reina y tus reyes hacían caballeros a los piratas?

—Bueno, sí, pero de ahí a que todo sea robado.

–Tal vez no todo –repuso suavizando la conversación–, pero sería interesante hacer una investigación para descubrir cuánto del patrimonio cultural del British Museum o del Louvre –insistió en aras de una mayor objetividad– fue pagado o subastado y cuántos de las momias, catafalcos, bustos, esculturas, templos, reliquias, bajorrelieves, altares, joyas, retratos o cuadros en general fueron adquiridos por los respectivos patronatos... Con estos ojos con los que te veo –adujo colocándose el dedo índice y el medio encima de sus mejillas– vi en el mismísimo British Museum nuestra serpiente de dos cabezas, obra maestra del arte mexica. Ahí mismo tienen la máscara de Tezcatlipoca, hecha en turquesa, así como la de Quetzalcóatl, además del Códice Nuttall y varios manuscritos prehispánicos que ningún mexicano se los pudo regalar –para no cargar con demasiadas culpas a la inglesa, todavía remató–: ¿O tú crees que cuando Napoleón invadió media Europa y África del Norte no se robó todo lo que pudo para terminar llenando las salas del Louvre?

«Sí, de nuevo, sí», iba a agregar algo Marion ya aliviada al escuchar el nombre de Napoleón, otro ladrón, y cuando se disponía a replicar lo que fuera y como fuera, imposible permanecer callada, parecía abogada postulante, de repente, en plena calle, a la luz de un farol, y sin enviar aviso ni solicitar permiso alguno, Olegario se detuvo, guardó silencio, la vio cara a cara y, sin poderse contener, rodeó sus mejillas con sus manos, la atrajo y la besó sin que ella, al salir de la sorpresa, opusiera la menor resistencia. No solo eso, dejó caer su bolsa al piso, junto con su portafolio, para abrazarlo y estrecharlo en apasionada correspondencia, según había esperado durante largo tiempo, mientras el galán no se decidía. Ella se sentía impedida a tomar la iniciativa. Ya habían transcurrido días, semanas, meses desde su primer encuentro y, sin embargo, Olegario hablaba con los ojos, pero no con las manos, si bien solo utilizaba los labios para comunicar sus reflexiones sin tratar de morder los suyos... ¿Qué sucedía? ¿Tenía miedo a un compromiso como la mayoría de los hombres? Al elegirla a ella como mujer tenía que ignorar a las demás. ¿Ese era su temor? ¿Seleccionar es renunciar a todo el espectro femenino? ¿Por eso se detenía?

La abrazó, la estrechó con firmeza, mientras trataba de abrir, suspiro tras suspiro, sus labios con la lengua. En innumerables ocasiones había deseado hundirse en ella hasta la perdición total. Al momento de devorarla, besó su cuello repetidamente, despidiendo el aliento de una fiera hambrienta. Marion echaba la cabeza para atrás. Se dejaba hacer, se entregaba a la fuerza de los vientos, a la respiración de ambos. Olegario se apartó por un instante, volteó a verla a los ojos, en tanto desabotonaba el abrigo de gruesa lana escocesa y hacía lo propio con el suyo. «Odio abrazar un costal de papas».

No podía contenerse y, por otro lado, tampoco le interesaba lograrlo. ¿Por qué? ¿A título de qué? ¿No había soñado despierto en la posibilidad de tenerla rendida en sus brazos, tenerla así, atenazada, enervándose al inhalar sus aromas de mujer y al tocar sus reductos más íntimos? Pues ahí estaba ella, dócil, a su alcance, accesible a sus antojos y dispuesta a materializar sus fantasías, aquellas que invaden nuestra mente antes de precipitarnos en el sueño, con una sutil e imperceptible sonrisa en el rostro. ¡Qué cuentos ni historias de vidas pasadas! ¿Qué importaban Martín Lutero, la venta de indulgencias y la Reforma protestante? Ella significaba la puerta al Paraíso. La tenía ahí, entregada, era suya, podía disponer de ella, gozarla en esta vida, en esta precisa e inolvidable coyuntura y en su papel de hombre. Era el hoy, el ahora, el presente, la mismísima actualidad imposible de desperdiciar. El macho y la hembra, sí, la magia de la naturaleza, la pareja, lo mejor de la existencia.

Con la mano derecha la apretó por debajo del abrigo, mientras subía la izquierda hasta alcanzar su cuello, su nuca delicada, que atrapó para acercar su cabeza a su boca y fundirse juntos en el frío de Oxford. ¡Qué delgada era, qué cuerpo tan fino, frágil y quebradizo como una espiga de trigo!, pensó Olegario, al lograr rodearla con su brazo y tocar su abdomen con los dedos. La tenía atrapada e inmóvil, sin despegar sus labios de los de ella, cuando percibió la presencia de los dedos de Marion sujetándole las nalgas. Deseaba tenerlo dentro de ella y a la brevedad posible, en la calle misma, en un parque, en una esquina, recargada contra un automóvil, en el césped de las aceras, donde fuera y como fuera:

—Ven, amor de mi vida, de mis vidas, amor de la eternidad, del presente y del futuro; ven, ven, ven, mi Poseidón, mi Heracles, mi Dionisio, mi Zeus, mi Osiris... Ven —le susurró Marion al oído.

—¿Qué dices?

—¡Calla, calla, tú sigue, amor!

Ahí estaba esa mujer que conoció al abrir la puerta del salón de clases en la Universidad de Oxford y que, al verla por primera vez, le hizo entender que cambiaría su vida para siempre. Ahí estaba esa mujer, como la diosa Ixchel, con el pelo ligeramente caído sobre sus hombros, de perfil sereno, rostro afilado, piel blanca, muy blanca, a la que de pronto deseó murmurarle sus secretos. Ahí estaba esa mujer vestida con una falda larga y saco, ambos de color gris oscuro, de corte masculino, blusa clara rematada con una corbata verde mal anudada, las piernas cruzadas, cubiertas con unas medias negras distinguibles a la altura del tobillo, distraída, ausente. Ahí estaba esa mujer inmortal que lo había estado esperando sentada en el pupitre por un espacio de casi cuatrocientos años y que ahora era suya.

Olegario se apartó como si hubiera escuchado un ruido extraño, una voz de ultratumba, ¿la de Lutero? ¿Una convocatoria espiritual? ¿Un relámpago premonitorio lo había asustado? ¿Algo le reclamaban sus ancestros yucatecos al estar violando las reglas más elementales de su religión? ¿Era acaso la voz lejana de su confesor en la catedral de Mérida? ¡Por supuesto que no estaba casado con ella y se encontraba a punto de cometer un pecado mortal! ¿Una aparición divina lo regresaba por el camino correcto de la ética y de la moral? ¡No, no, qué va!, buscaba un taxi para dirigirse al centro de Oxford, algún vehículo que los transportara de inmediato a algún lugar, en donde pudieran saciar la sed que los consumía. ¡Nada, solo se escuchaba el helado silencio de la noche en medio de un cielo estrellado! ¿Qué hacer? Los autobuses de transporte público apenas circulaban a falta de pasajeros nocturnos. El viento soplaba y ni así enfriaba los cuerpos ardientes de Olegario y Marion. Echaron a andar deteniendo a cada paso la caminata, entre besos, abrazos y caricias, palabras cariñosas e invitaciones al amor, confesiones tras confesiones y fantasías tras fantasías, hasta distinguir al fondo de una calle una luz azul parpadeante. ¿Sorpresa? Sí, sorpresas te da la vida: dieron con un *pub* todavía abierto, solo porque un reducido grupo de jóvenes bebedores de cerveza, bachilleres entusiasmados, ajenos a los problemas de la vida, continuaba cantando *London Bridge is Falling Down*. Cuando entraron al reducido vestíbulo, ante la presencia de los desconocidos, aquellos dejaron de cantar, de chocar sus tarros y de reír de superficialidades. Guardaron un prudente silencio sin dejar de clavar la mirada en la belleza de Marion. Ante la densa coyuntura y el cruce de miradas impertinentes, apareció el tabernero atrás de la barra, secándose las manos con el delantal. Habitaciones en la taberna, sí tenían, dos ocupadas y dos vacías, el problema eran las libras esterlinas. Entre los dos, por falta de una obvia previsión, solo contaban con catorce libras y la cuenta se elevaba a veinte. Ningún obstáculo impediría a Olegario pasar la noche con Marion, aun cuando tuviera que empeñarle el alma a Mefistófeles mismo. Tomó del brazo al posadero y, después de varias palabras suspirantes y suplicantes al oído, recibió la llave que les abrió de par en par las ventanas del mundo.

–Los conflictos se hicieron para resolverlos –exclamó Olegario abrazando por detrás a Marion, mientras subían por la escalera oscura que rechinaba a su paso como si pisaran los huesos de Shakespeare. Solo faltaba que Marion también hubiera tenido relaciones con el Bardo de Avon, allá por 1600. ¿Qué más daba?, en otra vida tal vez él había sido mujer, pero, no, nada le impediría disfrutar el momento más feliz de su existencia. Cuando introdujo la llave y crujió la cerradura, se abrió ante sus ojos un espacio infinito: a eso se reducía una pequeñísima habitación, el lecho, un tapete mágico que volaría mucho más allá del más allá. No, nada de eso, el feliz arribo al infinito se dio cuando la hizo girar al tomarla de los hombros, la enfrentó mientras ella pronunciaba palabras apenas audibles para disfrazar su emoción, la empezó a jalar con breves tironcitos de la bufanda de lana, mientras con el pie derecho empujó el postigo que los condujo a otro mundo, en donde solo cabían dos. Eso y solo eso era la llamada inmensidad del firmamento. Un privilegio. El feliz sonido del pestillo al clausurar la entrada al recinto nupcial anunció el nacimiento de una nueva era histórica en la vida de la pareja.

Estalló el combate por la conquista del amor. Se trataba de producir la máxima sensación de placer entre el uno y la otra. El premio para el triunfador sería una sonrisa acompañada de un alud de besos agradecidos, de gratificantes arrumacos, de susurros húmedos, de palabras y apodos amorosos pronunciados al oído, de las últimas caricias antes de la rendición por fatiga, de repetidos mimos con las manos en el rostro del otro guerrero, para retirar la gotas postreras de sudor, todo coronado por un abrazo eterno en el que ambos perderían la vida para entrar al mundo de los sueños, débilmente acabados, enlazados y abandonados, en tanto el cansancio posterior a la batalla se apoderaría de ellos. El silencio y la respiración suelta y extraviada serían las últimas notas de un pianísimo muy lejano que anunciaría el final de la jornada.

¿Y cómo no iba a acontecer lo anterior si, cuando el pestillo anunció el inicio de la función, ambos dieron rienda a sus pasiones, fantasías y deseos contenidos, tal vez desde siglos atrás? Olegario apuró el paso al desprender a Marion de su abrigo, que arrojó como un trapo viejo e inútil sobre la cama, con la mirada lasciva de un fauno deseoso de devorar a su ninfa favorita. Había soñado desde el primer día de clases con la posibilidad de hacerla suya. Ella, por su parte, dejándose hacer por el sátiro gozoso, respondía apartándose de su origen divino, devolvía las caricias y privaba a su amante de la ropa sin arrancarla ni romperla. Deseaba desprenderlo de todas sus prendas, desabotonar cada una, paso a paso, hasta dar con el hombre puesto en guardia, de pie, despierto, rígido y atento, lúcido, presto para el combate con inflexibilidad militar. Sí, pero Marion lo sabía e intentaba desesperarlo, exacerbarlo, estimular su apetito, provocarlo al doblar delicadamente la camisa sobre una silla mecedora, nada de arrojarla arrugada al piso, ¿prisa, qué era la prisa...? ¿Cuál urgencia, qué era eso? En tanto él, a petición de ella, no podía tocarla para no atropellarla, pero se llenaba los ojos con su belleza, imaginaba sus piernas torneadas, su piel blanca, sus pechos rebosantes y plenos con los que deseaba llenarse las manos y recorrer muy despacio los pezones con su barba. ¿Los tendría así? Ella, en su exquisita discreción, nunca había dejado siquiera que se expresaran, se delinearan, se marcaran... ¿Estaría soñando? ¡Claro que no se acordaba cuando la había poseído la primera vez durante los días promisorios de la Reforma luterana! Cuando Marion volvió a ver la mirada suplicante de Olegario, como si se encontrara condenado a una muerte lenta, le sujetó las dos muñecas con el ánimo de tranquilizarlo e indicarle al oído, en un susurro venenoso apenas audible, que los tiempos los llevaría ella.

—Ole, *dear, don't move...*

La ninfa dejó entonces al descubierto el torso de Olegario. No cabía duda de lo dicho por alguien en su misma condición: las pasiones son las voces del cuerpo. A continuación, lo invitó a sentarse, se lo insinuó en silencio y con la mirada pícara, por medio de delicados jalones de sus manos. El condiscípulo accedió con la debida docilidad, ignorando las intenciones de su amada. ¿Sentarse, ahora? En ese momento ella lo desprendió de sus botas. Por supuesto, una tras otra, sin prisa ni noción de urgencia. Tenían mil vidas por delante, en tanto el galán enloquecido, consciente del momento y del tiempo, solo buscaba consuelo. Terminada la tarea, colocado el calzado en su lugar, ella odiaba el desorden, lo puso de pie y le quitó los pantalones de lana gruesa para colocarlos doblados encima de una repisa, eso sí, la primera que estuvo a su alcance. Ahí estaba Olegario expuesto solo con sus largos calzoncillos, en tanto ella se arrodillaba para bajarlos y tiraba de ellos pausadamente con los dedos índice y cordial de ambas manos. Ella prefirió verlo a la cara mientras ejecutaba la faena propia del primer acto. La presencia erguida del varón la obligó a estirar hacia ella los boxers para hacerlos descender hacia los tobillos y caer encima de los pies. En ese momento, epopéyico, y por cierta pudicia propia del primer encuentro, había tiempo para todo sin precipitaciones y, una vez contempladas las virtuosas posibilidades amorosas del hombre, se levantó muy despacio rozando con su cuerpo las piernas de Olegario y, como una gata perezosa, lo abrazó entregándose a los caprichos de su centenario personaje extraído de una novela.

Era el turno del joven yucateco. Para su sorpresa, Marion llevaba, debajo del abrigo, un vestido largo sin botones, anudado por la cintura con una banda roja gruesa a modo de cinturón. ¿Romperla? ¡Ni hablar! ¿Cómo zafarla sin exhibir su inexperiencia en el campo del amor? En él todo era impulso y, al mismo tiempo, ausencia de conocimiento. Ella se percató sonriente de la falta de imaginación de su amante y sacó de su espalda el extremo del listón que rodeaba su cintura de doncella. Colocó una punta en manos de Olegario, quien no salía de su azoro. En ese momento ella empezó a girar, en realidad se desenvolvía como una delicada bailarina, mientras se agotaba la cinta después de dar varias vueltas. Olegario presenciaba una aparición. ¿Cleopatra saliendo de una alfombra enrollada ante los ojos de César? Sí, las vírgenes de las que le hablaba el arzobispo Martín Tritschler en Mérida existían, sí que existían. La continuaba viendo con la mirada candorosa de un niño frente al mago que saca palomas de la chistera. ¿Nunca acabaría de sorprenderlo? Solo quedaba entonces el vestido entreabierto en el que no distinguía la presencia de botones. Ella permanecía inmóvil en su lugar, distante a unos pasos, como una actriz en espera de un aplauso del público. El galán se acercó, metió sus manos debajo de la prenda para tomar a Marion por los hombros y desprenderla del genial atavío, el cual cayó al suelo como un pesado telón. El suceso inesperado volvió a dejar inmóvil al querido condiscípulo. Marion Scott no usaba lencería ni ningún tipo de ropa interior: ni sostén, bragas, fondo, corsé, *chemisette* ni *undershirt* para los fríos ingleses, ni siquiera liguero, nada era nada. Al caer el vestido al suelo, ahí la tuvo Olegario, expuesta como la ninfa de los cuentos con su pelo rubio, la sílfide con la que siempre soñó...

—Pero ¿no usas ropa interior? —preguntó Olegario mientras elevaba los brazos de Marion para verla mejor y la hacía girar sobre sus talones como si interpretaran un *minuet*, dándose cuenta de que no le cabía en sus ojos. La luz del dormitorio no le permitía disfrutar en toda su intensidad del cuerpo de aquella mujer inigualable.

—Desde que supe que Isadora Duncan no usa ropa interior ni en la calle, y menos cuando baila, decidí imitarla, rey, mi rey —dijo mientras abrazaba a Olegario y lo empujaba delicadamente al lecho.

Una vez ahí los arrebatos fueron incontenibles. Apenas era perceptible su rostro rojizo ante el débil parpadeo de las velas. Olegario no entendía la nueva estrategia, el silencio era total. Marion decidió entonces colocarse encima de él. Se acomodó viéndolo con los ojos extraviados, en tanto ella los cerraba de cuando en cuando como quien inhala un perfume, disfruta una esencia divina y vaporosa, tibia, enervante. Una vez colocada, ella se acercó a las mejillas de Olegario tomándolo de las manos y empezó a subir y a bajar, empezando a recorrer los peldaños de la escalera que conduce al Cielo. De golpe se erguía, se soltaba, levitaba, mientras Olegario acariciaba sus senos y se sujetaba de sus muslos apretando agónicamente los párpados. Las gotas de sudor caían sobre el pecho del guerrero mientras ella aceleraba el paso, corría, se preparaba para el gran salto. Su cuerpo húmedo, poblado de perlas, su respiración desacompasada, sus invocaciones al más allá, su resollar acompañado de suspiros y expresiones inentendibles, concluyeron cuando ella se tensó, apretó las piernas, gritó, golpeó el pecho empapado de Olegario, suplicó, lloró, se cimbró, parecía desintegrase, se zangoloteó y, al final, se desplomó. Mientras Olegario se estremecía, se sacudía entre convulsiones y gruñidos roncos, rogaba, imploraba, casi oraba hasta la conmoción final suplicando la boca de Marion, hasta perderse en espasmos de muerte, en calambres próximos a la rigidez, antes de extraviarse en un beso interminable, mientras se precipitaban en el vacío entre contagiosas carcajadas, las mismas que profirieron aquella noche feliz en la humilde posada de Wittenberg, la tarde en que conocieron a Lutero.

El tiempo transcurría lentamente a principios de 1901 en Oxford y en la vida de Marion y Olegario, quienes se habían hecho clientes asiduos de The Sweet Lawyer. Ella bebía siempre té de canela muy cargado, *if you please*, en tanto él se aficionaba más al whisky escocés. De sorbito en sorbito, del vaso de Olegario, decorado con un escudo y las iniciales grabadas del café-bar, de probada en probada de ese elixir servido con un solo hielo, Marion no solo se entusiasmó por esa bebida, no; de repente, de trago en trago y de broma en broma, adquirió una personalidad condescendiente y graciosa. Ya no era la contestataria aguerrida y fogosa, ni exigía puntualidad y precisión matemática en cada afirmación para refutarla de inmediato como «un ejercicio dialéctico». De pronto se convertía en una mujer cálida, receptiva, amable, con su ya conocido negro sentido del humor. Se burlaba de míster Perkins, de su indumentaria, de su temblor en el labio superior cuando algo lo irritaba en exceso; se mofaba también del catedrático cuando fumaba compulsivamente en clase succionando el humo del cigarrillo colocado entre los dedos índice y cordial de la mano derecha, con la que se cubría medio rostro, como si fuera la última inhalación de oxígeno de su vida.

Olegario celebraba y reía hasta cuando ella lo imitaba al guiñar su ojo derecho ante cualquier contratiempo, sin saber si confesaba una verdad o estaba mintiendo.

—¿No te das cuenta, Ole, *dear*, que cuando estás nervioso a ti no te tiembla el labio, pero empiezas a guiñar el ojo derecho como un foco parpadeante antes de fundirse?

El primer día que se atrevió a comentarle a Olegario su defecto físico, estalló en una carcajada, compartida por él, que resonó en todo The Sweet Lawyer. El whisky hacía de ella una persona divertida y gozosa. Resultaba imposible no contagiarse con su risa, la de quien se sabe amada; cuando Olegario emulaba el rostro de su amada, ponía los ojos de plato, arrugaba la frente y la nariz, expandía las fosas nasales, fruncía el ceño que antecedía al rugido de una fiera próxima al ataque, y se rascaba la cabeza dando varias vueltas en círculo, al estilo de los primates, cuando Marion no entendía una explicación o no aceptaba la validez de un argumento. Con el whisky Olegario obtendría lo mejor de ella y de sus cualidades sin entablar una guerra de trincheras.

—Hay personas que sacan lo mejor de ti y otras lo peor —alegaba Marion.

—¿Y yo, qué saco de ti? —preguntó un Olegario candoroso.

—Tú, cállate, *my love*. Luego te explico...

En enero de 1901, había fallecido la reina Victoria de Inglaterra, después de sesenta y tres años, siete meses y dos días de reinado, el más largo de la historia de la Gran Bretaña. Había sido coronada como soberana en 1837, siendo una chiquilla de apenas dieciocho años. Instaló la política imperialista junto con Disraeli, su perspicaz ministro. Si bien Olegario había estudiado la interminable trayectoria de Su Majestad, Marion también conocía el tema con los elementos necesarios para confeccionar una jugosa discusión.

Cuando estaban tomados de la mano en la Plaza de Trafalgar empezó a desfilar el extenso cortejo fúnebre, que el público presenciaba con obligada y genuina solemnidad. A pocos pasos de distancia de pronto apareció ante ellos el ataúd cubierto con la bandera de la Gran Bretaña colocado sobre una cureña remolcada por oficiales de la Armada Real en dirección de Westminster Hall, donde la reina sería velada por tres días, para continuar en un servicio religioso de cuerpo presente en la Abadía de Westminster. Soldados y marinos de todos los rangos vestidos con uniformes de gala, unos a pie y otros a caballo, acompañados de cientos de funcionarios del gobierno, se desplazaban al ritmo de las notas lastimosas, nostálgicas, del *Réquiem* de Mozart, interpretadas por la banda de la Marina de Guerra.

—Imagínate —exclamó Marion en términos presuntuosos, al fin y al cabo no podía dejar de ser súbdita inglesa—, el día del jubileo de la reina, a los cincuenta años de su ascenso al trono, asistieron cincuenta reyes y príncipes al banquete; eso te puede dar una idea del poder de Victoria.

—Pues sí, pero también trataron de asesinarla ese mismo día —agregó un Olegario provocador.

—Nunca falta un pesimista en la fiesta —repuso soltando discretamente la mano de su amante yucateco—. Lo envidiable fue la relación matrimonial con Alberto, su marido, con quien procreó nueve hijos, una gran prueba de su amor: se quedó viuda en 1861 y pasó el resto de su vida vestida de negro y sin volver a relacionarse con hombre alguno. Eso se llama ejemplo, ¿no?

—Ajá —atacó de nuevo Olegario—, lo planteas como un cuento de niños, ¿por qué no cuentas que no era bonita, sino baja de estatura y regordeta, y odiaba estar embarazada porque se sentía como una coneja, odiaba la lactancia al considerarla una obligación maternal asquerosa, repugnante, propia de los animales, en particular de las vacas, y educaba a sus hijos con una severidad militar? Ninguno hablaba bien de ella y jamás pudieron escapar de su control. Era una tirana, una calca del temperamento alemán de su madre, otra copia de Bismarck; además, tu tal Alberto, también alemán, era su primo y le heredó la hemofilia a toda la familia solo por intereses políticos.

—Pensé que sabías muy poco de la familia real...

—Igual que a veces tú defiendes temas en los que no crees para probar tu capacidad discursiva, yo me hago el tonto para que mis interlocutores se confíen y volteen sorprendidos a verme a la cara con un *for heaven's sake*, ¿quién es este tipo?

—Me sorprendes...

—Y tú a mí también, ¿acaso no dices que ahí radica el encanto de la pareja para no aburrirse? Además, ese cuentito de la fidelidad después de cuarenta años de viudez que te lo crea tu tía Lilly...

—¿Por qué?

—Pues porque tu reinita tuvo una relación amorosa con John Brown, su criado, y hasta parece que se casaron en secreto. En México se dice que cuando el río suena agua lleva; de ahí que su ejemplo de moralidad y castidad sea muy cuestionable.

—Es una canallada lo de tu frasecita del agua, una manera de desprestigiar a las personas. Tú rumorea, dicen los malvados, que algo queda, aun cuando sea mentira —repuso disgustada—. Si yo hago correr la voz de que eres homosexual, a ver cómo te desprendes de la etiquetita. Vas a recibir muchas invitaciones amorosas y no te va a gustar.

—A ver, abogadita de los demonios —adujo Olegario sonriente—, ¿entonces tú crees que si ella se quedó viuda en 1861 y murió en 1901 no volvió a tener relaciones amorosas en cuarenta años? ¿Lo crees?

—Mira con qué solemnidad desfilan los *bobbies*, en Londres los adoramos, son un factor de seguridad cuando te los encuentras en las calles. Son policías con un alto sentido del honor, auténticos profesionales...

—Me estás cambiando el tema.

Por toda respuesta Marion lo abrazó y lo besó, despeinándolo como una chiquilla juguetona. Olegario se rindió de inmediato, una inobjetable rendición incondicional.

Entendido el mensaje y después de una sesión de caricias en el rostro para aliviar el frío londinense en aquel enero de 1901, seguidas de un intercambio de miradas sugerentes, echaron a andar por Whitehall rumbo a Westminster, entre una muchedumbre respetuosa y sollozante. Los hombres se descubrían la cabeza, en tanto grupos aislados interpretaban el himno inglés al paso lento del féretro.

—Este es Londres —acotó Olegario—: el de la doble moral, el de la solemnidad y el cinismo. ¿Ya se te olvidó cuando Perkins nos decía que Victoria, tu reina, mandaba a alargar los manteles de Buckingham para cubrir en su totalidad las patas de las mesas para evitar que los hombres recordaran las piernas las mujeres, mientras que las prostitutas se adueñan de las calles de Whitechapel? Ahí están los burdeles *prohibidos*, los bares con espectáculos eróticos representados por menores de edad y en donde también se pueden contratar servicios homosexuales. Ve, ve, hazme caso –insistía Olegario para burlarse de su novia–. ¡Ah, pero eso sí, era enemiga de los homosexuales, se oponía a los divorcios y criticaba los amasiatos!

Marion sonreía y escuchaba los divertidos pormenores de su tierra, pero Olegario no estaba dispuesto a suspender su narración.

–Aquí en Londres, acuérdate, se supo hace unos años de Jack el Destripador, aparecieron el Hombre elefante y los zoológicos humanos, los niños microcefálicos como si fueran monos, ¿a eso llamas civilización, *darling*? –preguntó Olegario con una sonrisa sarcástica.

Olegario y Marion se arrebataban la palabra, el jaloneo intelectual era fascinante. Recordaron cómo Victoria había presionado a sus hijos para que contrajeran matrimonio con las familias dinásticas de Europa. A tal extremo había llegado en su afán por controlar que, cuando falleció, la mayoría de los reyes del Viejo Continente eran sobrinos, primos o hasta nietos, por lo que era llamada la «abuela de Europa», «mi querida abuelita», según se dirigía a ella su nieto mayor, el káiser Guillermo II de Alemania, en cuyos brazos murió a los ochenta y un años. Ella era la abuela de casi todas las cabezas coronadas de Europa, desde Madrid hasta San Petersburgo.

¿El poderío inglés durante la época victoriana? Sí, claro, la mitad de la población del planeta había llegado a ser gobernada por Su Majestad. Heredaba un imperio imponente. Después de los pesos plata mexicanos, la libra esterlina había llegado a ser la moneda para los intercambios comerciales mundiales. Ahí estaban los poderosos centros bancarios de la *City*, el brazo financiero con el que el imperio sujetaba firmemente la tráquea, el cuello, del universo; el otro brazo era la Marina Mercante y de Guerra, que movía las mercancías a través de los siete mares con todas las garantías. Al ser coronada, la reina Victoria había recibido un archipiélago británico agrario y rural, que había convertido en un país industrializado y conectado por medio de una red ferroviaria. Medio mundo trataba de imitar el ejemplo inglés, el mágico efecto de su Revolución industrial, de su monarquía constitucional, de su sistema doméstico, solo doméstico, de impartición de justicia, de su prensa libre, de sus escritores y pintores, de su estructura democrática, de su capacidad para generar riqueza proveniente de sus colonias en África, Medio Oriente, Asia, Canadá, Australia, así como de decenas de islas repartidas en los cinco continentes.

Jugar siempre fue una feliz costumbre de Marion. De vez en vez se hacía la perdediza o se escondía atrás de un poste para, acto seguido, aparecer risueña. ¿Jugar? ¡Juguemos! Se trataba de desconcertar siempre a Olegario. Cuando llegaron al Westminster Bridge, entre miles de *pardon, please,* se apoyaron sobre los barandales para contemplar el paso lento e interminable del río Támesis.

Olegario parecía haber pertenecido a la escuela peripatética. Disfrutaba conversar e intercambiar puntos de vista, entender y discutir mientras caminaba y paseaba. Esa tarde, la de la ceremonia fúnebre de la reina Victoria, mientras veían al fondo las Casas del Parlamento, Marion resumió de un plumazo sus primeras conversaciones con el deseo de tirar de la lengua de Olegario. Lo había intentado en varias ocasiones, sin obtener la respuesta deseada, misma que ella intuía. No desperdiciaría esa emocionante tarde whiskera y se emplearía a fondo provocándolo para hacerlo reventar.

—Ya me dijiste que naciste en sábanas de seda, rodeado de lujos, criados, institutrices y cocheros, como niño consentido; que respetabas y amabas a la gente humilde por influencia de tu madre, que regalabas tus zapatos y juguetes a los chamacos mayas; que los indígenas llamaban *papá* a tu padre; que te enviaron a estudiar a los Estados Unidos y que estás llamado a dirigir el imperio familiar al volver de Europa; que desean casarte con una mujer yucateca de la plutocracia henequenera porque, claro, les resulta imposible conocer mi existencia —agregó con jocosa picardía a la que Olegario contestó haciéndole una pequeña caricia en la mejilla—. Que Oxford te cambió la concepción del mundo y de la vida —continuó el recuento sin que pareciera burla—; que pretendías luchar a favor de los desposeídos, que habías tenido un feroz enfrentamiento con el autor de tus días cuando deseaba que estudiaras Contabilidad y Administración y tú te opusiste porque tu vocación era la Política, la Sociología y el destino del ser humano; que no serías sacerdote católico, como casi te lo habían sugerido antes de viajar a Europa; que escribirás libros, que serás catedrático, como míster Perkins, que dedicarás tu vida a la investigación y al magisterio, suceda lo que suceda. Sí, claro, sí, pero te niegas a hablar de Porfirio Díaz y a criticarlo como dictador por más que ya lleva veinticinco años en el poder y no me dices nada de lo que ocurre en los cultivos del henequén en toda la península yucateca. Te resistes, lo omites, Ole, *dear,* y no entiendo por qué no enfrentas la realidad —expuso Marion en voz baja, frunciendo el ceño y colocando la mano derecha sobre el hombro de su amado. Casi no hablas de tu país ni de la sociedad mexicana en general, ¿por qué rehúyes el tema?

Olegario permaneció con la mirada clavada en el Támesis, la miró de reojo. No contestaba. Se arreglaba las solapas del abrigo, se alineaba el cabello, meditaba, casi se escuchaba la estampida de caballos que cruzaban de un lado al otro en su mente. Tenía el rostro desencajado, según se percibía, mientras agonizaba la tarde en aquel corto día de invierno. En el fondo, Marion deseaba pinchar un absceso lleno de pus, liberarlo de una carga, que hablara, que contara lo que tenía atorado en el estómago, en la garganta, sin haberlo podido expulsar durante años.

De repente Olegario giró sobre sus zapatos y encaró a Marion para dispararle a quemarropa lo que nunca había comentado en su vida porque la violencia paterna ante las críticas relativas a Díaz podía inmovilizar a cualquiera de sus hermanos. Los gritos, las amenazas y los insultos podrían escucharse desde el golfo de México hasta las costas del mar Caribe. Era preferible guardar un prudente silencio antes que despertar la ira del jefe de los Montemayor, el constructor del imperio. Olegario se convirtió de golpe en un fuego artificial como los que se incendiaban en Mérida para las celebraciones de la virgen de Guadalupe:

—Escucha bien, Marion, bonita, Díaz es un asqueroso golpista que derrocó a un presidente constitucional: Sebastián Lerdo de Tejada, para convertirse en dictador con la bandera de la no reelección, y este miserable se ha estado reeligiendo desde 1884. Ya lleva, en realidad, veinticinco años instalado como un perverso tirano que se adueñó de la presidencia mediante las armas, tras fracasar en los procesos electorales. Cínico, descarado, hipócrita, hijo de puta, acabó con la República y la democracia que nos había costado tanto trabajo conquistar después del Imperio de Maximiliano. ¡Me encantaría sacarle los ojos con los pulgares! ¡Mamarracho!

—*Now we are talking!* —exclamó Marion, quien experimentó la misma sensación de los mineros cuando asestan un golpe en una caverna y descubren una riquísima veta de oro. ¡Ella lo sabía, lo había estudiado, era *vox populi* la tiranía de Porfirio Díaz! ¡Olegario lo tenía atorado como un enorme hueso en el cuello, pero no entendía su negativa a confesarlo! Sonreía y asentía con la cabeza sin pronunciar una palabra en espera de un mayor desahogo—. Pero ¿por qué te negabas a hablar de él? ¿Por qué la negación permanente?

Sin responder a la pregunta, Olegario prefirió continuar con la expulsión de un vómito retenido a lo largo de su historia:

—Díaz falsificó las elecciones, restauró la esclavitud, una de las supuestas conquistas de nuestra Independencia, y, además, como gobierno lucró y lucra con este negocio. No vende hombres, pero permite que los exploten hasta la muerte. Díaz ha sepultado al país en el analfabetismo, una tragedia, *dear* Marion: solo dos personas de cada diez saben leer y escribir. ¿A dónde vamos con un país de ignorantes tan fáciles de manipular como animalitos que metes o sacas de un corral con una sola voz, ya ni digamos con un disparo al aire? Se creen lo que les digas y se tragan cualquier argumento porque no saben nada de nada; son como animales superiores incapaces de aportar nada al bienestar social, cultural y económico. Debemos rescatarlos de la postración para orientarlos a la producción y Díaz solo desea resignados para controlarlos mejor.

—Pero ¿y la sociedad mexicana por qué razón no tomó en sus manos la educación? Esa es una de sus primeras obligaciones.

—De la misma manera que la nobleza británica está para ser servida y atendida; son unos gusanos, unos parásitos privilegiados. La burguesía mexicana desconoce las obligaciones, las leyes y se encuentra rodeada de criados, en realidad esclavos, para cumplirle sus caprichos más vergonzosos… No veo a un duque construyendo escuelas y contratando maestros, pero tampoco veo a los Guggenheim ni a los escasos empresarios mexicanos, a los Limantour ni a los Macedo, convertidos en filántropos dedicados a fundar universidades y colegios. Son unos mezquinos que, además de no pagar impuestos, se roban los recursos naturales para invertir sus ganancias en residencias, ropajes y viajes, pero no devuelven nada a la sociedad ni a sus empleados por más que gracias a ellos construyeron su fortuna. No te engañes, son egoístas por naturaleza y se saben amparados, honrados e intocables gracias al tirano. ¡A la mierda con las academias!, dirían en silencio. ¿Qué dinero podrían sacar de ahí? Es mejor lucrar con los muertos de hambre.

Esa noche Olegario no estaba dispuesto a callar. Deseaba gritar su verdad, la que había ocultado durante tantos años de intolerancia paterna. En Mérida se veía obligado a guardar las formas, pero ¿en Londres y con Marion? Era la hora del desahogo. El sistema de alumbrado del puente de Westminster le dio un toque espectacular. ¡Qué belleza!

—Díaz es un patético acomplejado que se blanquea las manos prietas con tal de parecerse a sus socios yanquis o europeos, a quienes desea impresionar al aparecer con el pecho lleno de medallas y cruzado por bandas repletas de condecoraciones y, claro, hace todo lo que puede por ayudar a los magnates mundiales a enriquecerse explotando los recursos naturales de nuestro país, sin que a la gente le llegue la riqueza —adujo con el coraje reflejado en el rostro un Olegario incontenible—. México es un país en donde se concentra la riqueza en forma infamante, y como prueba te digo que Díaz restableció latifundios de tipo virreinal, como los de Terrazas, Creel y Limantour, en Chihuahua, entre otros, que son más grandes que varios países europeos. Nuestro campo es otra tragedia; el hambre es feroz y por eso siempre me acuerdo de Séneca, ese filósofo y genial orador romano, cuando se preguntaba qué hace un pueblo antes de morir de hambre. Un día la gente desesperada va a asaltar las haciendas, las va a quemar, va a colgar a sus dueños y a sus familias de los árboles y se va a apropiar de las tierras que históricamente le pertenecen. México va a explotar y a convertirse en astillas gracias a este miserable que solo piensa en las condecoraciones, en los honores y en el dinero, pero no en la gente, o la habría educado, habría creado empleos y generado y repartido riqueza para todos. Benito Juárez lo hubiera pasado por las armas varias veces...

—Pero es lógico, Ole, donde se concentra la educación en pocas personas, estas acaparan el ingreso; a más conocimientos en poder de más gente, más distribución de la riqueza y a la inversa... Se trata de educar a las masas para que tengan múltiples formas de ganarse la vida e ir rompiendo, sin violencia, de forma civilizada, con la dependencia, la explotación y las estructuras feudales en el siglo XX.

—Sí, sí, solo que las masas están domadas y la realidad se les oculta a través de una terrible censura para que nadie sepa nada, por eso Díaz manda matar periodistas o los encierra en cárceles malignas hasta que mueren de diversas enfermedades. No te imaginas lo que es la cárcel veracruzana de San Juan de Ulúa, en donde meten a treinta o cuarenta presos políticos o periodistas indeseables en galeras subterráneas sin ventilación ni baños ni literas hasta que perecen por terribles infecciones gástricas o pulmonares. Te mueres envenenado al comer algo putrefacto o mordido por una de las miles de ratas que atacan a los presos o por cualquiera de las fiebres que consumen en horas a las personas que solo defienden sus ideas. Cuando esporádicamente abren las celdas muchos de los reclusos ya no salen a respirar aire porque están muertos, tirados en charcos de mierda. Ese es el malvado tirano, por más que en mi familia quieran ocultar y negar lo que acontece. Y, sin embargo, quien hable mal de Díaz en la mesa de mi casa se gana una espantosa reprimenda o hasta un golpe en el hocico, y quien lo haga en público simplemente desaparece.

—¿Cómo aguantan, cómo aguantaste?

—Todo tiene un límite, Marion, *dear*, la paciencia nacional también... Tú perdonarás la comparación, pero si una mula es golpeada todos los días con un palo por su dueño, en algún momento la bestia va a responder con una o varias coces en donde menos se lo imagina el propietario —adujo con una sonrisa sardónica—. Veo muy cercano el día en que los malhechores integrantes de la pandilla gobernante serán pasados por las armas en paredones improvisados para hacer justicia con las balas, con las manos o con lo que se pueda. Ese pueblo apático, adormilado y resignado no tardará en despertar y en fusilar a quienes aplastan con la bota el rostro de la nación contra el piso.

Olegario expulsó todo aquel veneno mezclado con antiguas sustancias tóxicas retenidas durante muchos años. Su comentario parecía ser vertido extrañamente por una víctima del porfirismo, de la pavorosa dictadura, y no por un beneficiado del sistema. El joven yucateco jamás había sido perseguido por los malvados rurales del tirano, ni había trabajado, para su infinita desgracia, en las zonas madereras, ni había sido castigado por no cortar el suficiente henequén, ni había pasado una sola noche en las galeras de San Juan de Ulúa, ni había sufrido los horrores de la miseria, nada. ¿Qué tal las sábanas de seda entre las cuales había dormido toda su vida? Y, sin embargo, en su actitud encarnaba un odio histórico, un resentimiento que deseaba saciar y vengar como si hubiera padecido personalmente las penas impuestas por los hacendados o por la policía secreta del dictador. ¿Representaba, sin saberlo, a algunos personajes de la historia, tal y como Marion lo había conocido siglos atrás en la catedral de Wittenberg? ¿Por qué no disfrutar a placer de la inmensa fortuna de la familia, en lugar de desear en silencio inconfesable la posibilidad de echarse una carabina al hombro para matar *perfumaditos*, entre los cuales había nacido, crecido y evolucionado, atrapado por un rencor inexplicable contra ellos, que solo se extinguiría con la muerte?

Marion escuchaba deleitada, más aún cuando Olegario continuó describiendo los orígenes de la idiosincrasia nacional:

—En México cambiamos la piedra de los sacrificios, en donde les extraían el corazón a las personas todavía en vida, por la pira de la Inquisición, en donde durante trescientos años quemaron vivos a los herejes en público. Quinientos años de salvajismo mutilan a la gente, la castran, le amputan la razón y el valor; hasta que se hartan, protestan, se matan entre sí para volver a lo mismo, un perverso círculo infernal. El recurso de los gises y de los libros era más útil y provechoso a la larga, sí, pero el tiempo apremiaba, el fuego ya quemaba e iba quedando claro que el lenguaje a utilizarse era el de las carabinas... La historia había demostrado hasta la saciedad que la única forma de abrir el puño de los terratenientes privilegiados era a través de la violencia promovida por millones de personas analfabetas y hambrientas que no estaban dispuestas a tolerar más abusos ni sumisiones. De acuerdo, pero ¿qué harían esos muertos de hambre al hacerse del poder? En México quien protesta se muere o desaparece... Y una sociedad que no protesta es una sociedad enferma, difícil de curar. La protesta es salud, liberación y progreso y quien intente suprimirla, cuando todavía es pacífica, debe ser conducido, atado de pies y manos, al patíbulo.

Olegario no tenía la menor intención de detenerse, por ello siguió describiendo en detalle todo cuanto había callado a sabiendas de que publicar en México esos razonamientos podría ocasionarle un sinfín de persecuciones, además de represalias contra el patrimonio familiar. Nada mejor que la libertad y la expulsión de la ponzoña que amargaban la existencia. En Londres no tenía delirios de persecución ni tenía por qué quedar bien con nadie. Díaz era un tirano y en ningún caso se deberían menospreciar los alcances de su intolerancia ante un pueblo pasivo y resignado. Por todas esas razones mandaba arrasar aldeas de pueblos nativos, como los mayas, los yaquis, los huicholes, entre muchos otros, con el inhumano fin de reducirlos a la esclavitud. Díaz elegía a los integrantes del Congreso, nombraba jueces, magistrados y gobernadores, no había separación de poderes porque la Cámara de Diputados y los tribunales y hasta la Corte misma eran controlados férreamente por el dictador. ¿Cuál libertad de expresión? ¿Cuáles garantías individuales? ¿Cuál lealtad a las instituciones nacionales? ¿Acaso Porfirio Díaz no había abjurado de la Constitución de 1857 poco antes de terminar el primer tramo de la dictadura, para salvar del infierno a Delfina, su mujer, su sobrina, hija de su hermana Manuela, con quien había procreado cinco hijos sin estar casados por la ley de Dios? Ella estaba condenada a fallecer en unas horas víctima de la fiebre puerperal, pero resultaba imposible contraer nupcias con el tirano golpista, un excomulgado que había jurado aplicar la máxima ley de los mexicanos. ¿Qué hacer para que Delfina no pasara la eternidad en las galeras recalcitrantes del averno? Muy sencillo: casarla y levantar la excomunión, objetivo que solo podría alcanzarse si Díaz juraba no aplicar la Constitución, es decir, ignorar la historia liberal de México.

–¿Lo hizo? –preguntó Marion con alguna cautela.

–¡Claro que lo hizo, claro que abjuró y claro también que México entero se fue al infierno y la tal Delfina se inmortalizó en el infinito rodeada de ángeles y arcángeles! –repuso Olegario negando con la cabeza y levantando los hombros–. Díaz redujo a la nada la obra de los enormes reformistas de 1856 y 1857 y enterró el liberalismo mexicano del siglo pasado, construido a sangre y fuego por la mejor generación de la historia de México...

–Es muy frustrante constatar el daño que puede hacer un solo hombre a un país... ¡Si por lo menos fueran déspotas ilustrados! –agregó Marion, fascinada al incursionar en la historia de México.

–Este tipejo vino a traicionar una carísima tradición liberal y, desde que derrocó al gobierno de Lerdo de Tejada en Tuxtepec, México se fue al garete como un niño huérfano abandonado a su suerte en la calle. Un golpista, Marion, un golpista de mierda, un gran traidor de los intereses y la apuesta republicana con que conquistaríamos un mejor futuro. Sí, pero el gran daño es el que padece la gente, sobre todo por el exterminio de los aborígenes, en medio de la catástrofe porfirista. ¿Cuál déspota ilustrado? Díaz es un cavernícola ignorante...

—Es un horror saber que todos esos indígenas son esclavizados —exclamó Marion recordando la lejana primera clase de míster Perkins—. En el fondo debe despertar mucha furia saber que cerca de ti existen todavía los esclavos, en tu país, en este momento, que no es historia.

—Sí, pobre gente, se sabe que los esclavizan en los centros madereros y los someten a pavorosos castigos, los más crueles imaginables, si no cortan la cuota de árboles obligatoria.

—¿Por ejemplo?

—Por ejemplo, los cuelgan de pies y manos de los árboles, los cubren de miel y otras sustancias atractivas para insectos y alacranes y perecen víctimas de los piquetes y mordeduras o de hambre.

—¡Qué horror, Ole!, pero en Yucatán eso es imposible, al menos en las haciendas de ustedes, ¿no?

—Así es, amor, pero vámonos —aclaró al sentir que había llegado a su límite. Se llenaba de asco. En el fondo de su ser sentía que, al criticar a su familia, a su país o los negocios paternos estaba cometiendo una especie de traición. Por ese día había sido suficiente—. ¿Un Macallan? —Dicho lo anterior, la abrazó y así caminaron lentamente hasta perderse en la muchedumbre.

Marion de pronto le preguntó:

—Ole, *dear*, pero ¿el clero católico no ve por los desamparados, no los defiende? ¿Quién ve finalmente por ellos si la policía, los jueces, los legisladores están con el tirano? ¡Pobres de los pobres! —agregó con un discreto encanto provocativo a sabiendas de que podía anticipar la respuesta.

—Otro día te cuento, Marioncita, hoy, por lo pronto, quiero flotar, volar, me siento muy libre —adujo evadiendo el tema mientras pasaban frente al imponente edificio de la alcaldía de Londres. El hartazgo es el hartazgo.

El encuentro concluyó con un beso de Olegario en la punta de la nariz de Marion, por cierto, muy fría.

Cuando Marion llegó a su habitación encontró en el buzón un sobre con un sello postal de México. No cabía la menor duda: era una carta de su querida tía Lilly, el color rosa era inconfundible y más aún lo eran las florecitas dibujadas por ella misma en lugar de escribir el nombre del remitente; hasta en dichos detalles era extremadamente cuidadosa. Marion agradeció la ausencia de su *roommate*. Acomodó las almohadas contra el respaldo de la cama y se sentó a leer como quien se coloca la servilleta para disfrutar un suculento banquete largamente esperado:

Marion, *my love, my dearest girl*:

Perdón por tardarme tanto en contestar tu carta, pero husmear en el trasero de terceros no es fácil y menos en este país, en donde la gente tiene dos o tres o más caras, y peor aún en Yucatán, la hermana República, según me dicen, porque allá los cabezones cuidan las formas y salen a la calle vestidos de domingo con sus familias perfectas. Es el baile de las mil máscaras. Ahí ves a esta bola de cabrones mustios rezando en misa, comulgando con la cabeza gacha y confesándose como buenos hijos de Dios o de quién sabe quién, para regresar felices entre semana a este sagrado hogar mío, a emborracharse y a disfrutar de mis chicas, una vez comprada la paz eterna, una mercancía barata, que adquieren al depositar dinero fresquito en las iglesias, pesos muy sabrosos que afortunadamente dan la vuelta hasta llegar a mi santa caja sin que los obispos y arzobispos, que juegan a disfrazarse de mil maneras muy divertidas con mis muchachas, se imaginen a dónde van a dar sus limosnas. Nadie sabe para quién trabaja, ¿verdad, *darling*? A los curas de mucho postín les mando la diversión a una enorme residencia aquí cerca, en la misma colonia Santa María La Ribera. Por supuesto que se pasan por los huevitos sus votos de castidad y de pobreza porque me pagan, a veces, mucho más que los Científicos si les mando material joven, chamaquitas recién estrenadas en la labor.

México está destruido éticamente, mijita. Los católicos cometen pecados sin arrepentirse, qué pinche flojera esa de arrepentirse, no hay tiempo para eso y basta con que se arrodillen ante los curas con rostros hipócritas de remordimiento para que los perdonen. A la cárcel, Marion, *my love*, solo van los pendejos y los pobres. ¿Ya sabes lo que es un pendejo? Uno que no sabe que el otro es un pendejo. *Sorry, sweetie*, ya me contagié de lo mexicano. Si eres pendejo o pobre cuídate, ya te chingaste, porque no solo corres el peligro de ir a dar al Infierno, sino que puedes ir a dar al bote (*jail*). Regla número uno para vivir en México: debes tener harta lana o te lleva la chingada. ¿Sabes lo que es la chingada? No vayas a ir ni invitada porque es un lugar muy feo. A cada rato me mandan y no te lo recomiendo, *you would not like it*...

Todo en México se subasta al mejor postor. Si tienes lana (*money*), podrás comprar a medio gobierno o a todo el gobierno (todo se vende menos Carmelita, la esposa de *Porfis*), a los jueces y a los gobernadores y, claro está, si te alcanza también podrás comprar un espacio en el Paraíso. Gran negocio ese de vender terrenos en el más allá, ¿no? Cínicos de mierda.

Bueno, pero volviendo a nuestro tema, no sabes cómo he estado ocupada con la clientela. Los llamados Científicos, unos pinches rotitos con caras de santitos, a veces pagan más de propina que el costo del servicio y por eso se los pelean mis niñas; son muy generosos con la lana del pueblo, pero mientras el billete me lo quede yo, me vale madres (*I don't care, I mean*).

Ellos vienen conmigo al desmadre (*disorder*) y mis hijas, porque son mis queridas hijas, y yo aprovechamos para empujarles botellas de Hennessy y de champaña al triple de su valor y ni revisan las cuentas ni reclaman nada...

Ninguna de sus esposas se imagina con quién vive. Si esas pobres viejas supieran cómo hablan sus mariditos borrachos y las perversiones que les exigen a mis chicas, nomás no se lo creerían. ¿Quiénes son en la intimidad estos asquerosos marranos? Nunca sabes qué esperar de los políticos mexicanos; lo que sí sabes es que todos, dije todos, son una mierda. A veces sueño con la posibilidad de encerrarme en un confesionario disfrazada de cura, escuchar sus pecados y salir de repente para sorprenderlos en sus embustes y decirles: Yo soy Lilly, la madrota, cabrón, no seas embustero aquí frente a tu Dios... Me verían como si se les hubiera aparecido el diablo en plena catedral. Oye, mijita, tú que todo lo sabes, ¿y si me ayudaras a escribir un libro con la santa historia de mi vida y lo publicaras a mi muerte, porque antes me acuchillarían en este país? ¿Te parece? Lo peor que podría pasarme es morir de una puñalada trapera...

Estos burócratas, en realidad, la mayoría de ellos unos bandidos, como el *gran* José Yves Limantour, *ilustre* secretario de Hacienda, un latifundista en Chihuahua, me fueron trayendo a socios y amigos, como terratenientes, comerciantes y hasta intelectuales, reinita mía. En fin, lo más selecto y granado de esta asquerosa dictadura con la que me enriquezco a diario. Todos tienen guardado un cadáver en el clóset. Todos somos hipócritas. Yo soy hipócrita, tú eres hipócrita, él es hipócrita, todos lo somos y los Científicos y el dictador también lo son. Solo que hay hipócritas a secas e hipócritas cabrones, mijita: tú y yo somos de las primeras. A ver quién tira la primera piedra, como dice el ilustrísimo señor don Próspero Alarcón y Sánchez de la Barquera, nuestro querido arzobispo metropolitano, que Dios, Su Señor, lo bendiga mucho, aunque no acepta niñas mayores de dieciocho años en la sacristía...

Bueno, pero no te escribo para hacerte un retrato de la sociedad mexicana, sino para contarte de Olegario Montemayor, tal vez tu futuro suegro, y a darte datos de este esclavista, como lo son la mayoría de sus competidores y colegas.

En México la dictadura impone censura a los periódicos, por lo que es difícil conocer la verdad dondequiera que la busques. La esclavitud, supuestamente prohibida, al menos en las leyes, es una barbaridad en la práctica. Cuando gracias a tu carta descubrí lo que pasaba en Yucatán, en Chiapas y en Oaxaca, me apresuré a sacarle las tripas a los hacendados, unos truhanes que caen en mis camas. ¿Ellos explotan a la gente? Pues yo también los exploto con nalgas, perfumes, alcoholes y harto sexo. Todo se vale.

Aquí voy:

Olegario Montemayor es uno de los hombres más ricos de México y, por lo tanto, de Yucatán, aunque tuerto, pues perdió desde niño el ojo izquierdo; quizá por eso no era capaz de ver el mundo indígena.

Hoy es un poderoso henequenero, el rey del henequén, dueño de seis millones de hectáreas, el amo del campo, de la banca, de las finanzas, de la política y de la industria en Yucatán. Él es Yucatán, Marion, pa'que mejor me entiendas. Los gringos también comen de su mano, es cabrón, cabrón, cabrón con cara de yo no fui.

Montemayor y su clan, conocido como los Cincuenta reyes del henequén, tienen sujeto de la garganta al estado de Yucatán en la vida política, social, religiosa y educativa, económica, financiera y ferroviaria. Cada yucateco y muchos gringos consumidores de henequén, les guste o no, depositan a diario unos pesos y muchos dólares en el bolsillo de estos explotadores de los jodidos.

Olegario y su clan, aliado con el clero y el gobierno, controlan y dominan a los mayas en las haciendas como animalitos en un corral. El trabajo empieza antes del amanecer y termina mucho después de meterse el sol. Se les paga con fichas o con productos de la hacienda, pero nunca con dinero. ¿Qué puedes comprar con una de esas fichas fuera de la hacienda? Nada, *my love*, nada, carecen de todo valor... A quien no le parezca se encontrará con *papá* Montemayor y con sus salvajes mayocoles, los tremendos capataces que imponen el *orden* a latigazos en las haciendas.

Si llegara yo a descubrir a uno de esos bárbaros en mi casa, invitaría a una de mis chicas infectadas de sífilis para darles la lección de su vida.

Para terminar, según me dicen, si un esclavo desesperado decidiera huir, los cazadores de hombres empezarían una persecución y, si llegaran a dar con el prófugo, lo encarcelarían en una celda, en donde no se podría poner de pie y pasaría mucho tiempo en la oscuridad a pan y agua. No, hija mía, no los matan, porque los desalmados hacendados no se pueden dar el lujo de perder mano de obra.

¿Qué quieres que te diga de tu *suegrito*, el tal Montemayor, que desflora a las mujeres campesinas que van a casarse? ¿Te imaginas cómo dejará a las pobres inditas? Cuidado con tu Olegarito, Marion de mi vida: hijo de tigre, pintito. Aguas, como dicen por aquí...

Otro día te cuento más. Cuídate mucho de las malas compañías. Acuérdate de que la clave de la felicidad es aprender a decir no. Dile a mi hermana que pinte mucho y que yo le montaré una exposición en México, en donde venderá toda su obra antes de la inauguración. Besitos, reina mía, escucha las voces de la razón antes que los impulsos del corazón. No le abras la puerta a nadie porque se te mete un hijo de la chingada.

Te quiere,
tu tía Lilly

«Lo sabía, lo sabía», se dijo Marion en silencio con la mirada crispada. «O bien Olegario ha sido engañado o ahora él me quiere engañar a mí». Algo le decía, sin embargo, que él estaba hecho de un tejido noble y generoso. ¿Primera prueba de fuego? Le haría saber los puntos de vista de la querida tía Lilly mañana mismo para conocer su reacción después de la clase de míster Perkins. En la cafetería sabría de qué estaba hecho el tal Ole *dear,* y decidiría si estaba dispuesta a seguir saliendo con él e inclusive viajar juntos a México, casarse, tal vez en Londres por la ley civil y el rito protestante, o simplemente dejar que se perdiera en la noche de los tiempos como una aventura más en su existencia. Faltaban seis horas para el nuevo amanecer de su vida… Muy pronto sabría si las interminables discusiones en torno a los derechos universales del hombre eran simples poses hipócritas del yucateco. ¿Estaría de acuerdo Olegario con la creación de sindicatos para hacer valer los derechos de los trabajadores, otro tema inagotable al igual que la libertad de expresión? ¿Hasta dónde era cierto que amaba las ideas liberales europeas, en la inteligencia de que chocaban frontalmente con su reaccionaria formación yucateca, extraída del Pleistoceno? ¿Qué pensaba en realidad del clero mexicano y del mundial, una inmensa pandilla de mercenarios multimillonarios que, como bien decía la tía Lilly, vendían espacios en el Paraíso? ¿Era cierta la pasión con la que Olegario devoraba libros, discutía con maestros, escribía documentos, publicaba en la prensa de la universidad, conversaba con sus colegas, pasaba horas en la biblioteca y dedicaba los fines de semana a la búsqueda de nuevos autores? ¿Otro hipócrita? No podía ser, en ese caso ella era una pésima lectora de hombres y el instinto femenino del que tanto presumía se había extraviado en cualquier parque de Oxford. ¿No que las mujeres habían desarrollado un poderoso instinto de supervivencia para distinguir la presencia del peligro? ¿No le había dicho eso mismo a Olegario el día en que se conocieron? ¿Y sus habilidades para medir los riesgos? ¿Dónde quedó aquello de que los hombres habrían acabado con las mujeres si no hubieran sido capaces de adelantarse a sus intenciones? Pruebas de la vida, ¿no, Marion bonita?

Todo comenzó con un murmullo cuando Hugh Perkins notificó, como siempre, su entrada triunfal al salón de clases al azotar la puerta, pero esta vez con más violencia de la acostumbrada. Una vez arrojado su portafolio sobre el escritorio, la rutina de todos los días, y cuando se disponía a dirigirse a su reducida audiencia, una de las dos amigas de Marion advirtió una peculiaridad en el traje de *tweed* color café claro del profesor, esa lana áspera escocesa, muy resistente, heredada, tal vez, de su bisabuelo por el nivel de desgaste y la forma de la prenda, nunca sometida al rigor de una plancha. Hugh, con las prisas de siempre, había olvidado abotonarse la bragueta. Las risas discretas impidieron la disertación hasta que el catedrático descubrió la omisión y reparó el entuerto con las mejillas sonrojadas, las de un chiquillo descubierto al hacer una travesura.

Míster Perkins había abordado, en su momento, lo acontecido en China durante las Guerras del Opio, así como analizado diversos y no menos intensos pasajes relativos a los abusos cometidos por algunas potencias militares y empresas privadas en diversas naciones y zonas geográficas del mundo. Ese día, ¡ay, casualidades de la existencia!, precisamente cuando Marion había decidido revelarle a Olegario el contenido de la carta de la tía Lilly, el querido catedrático plantearía hechos desconocidos relativos a la explotación del hombre a partir de la inserción de una Iberoamérica, liberada de España en los años posteriores a su Independencia, en pleno siglo XIX. ¿Con qué podían iniciar estos países su crecimiento comercial si no era con las riquezas del suelo a falta de una Revolución industrial como la inglesa, el avance más importante en la historia de la humanidad desde la Era del Fuego? El escandaloso analfabetismo heredado a lo largo de los siglos de dominio español obligaba a recurrir a sus materias primas y a los frutos obsequiados por la naturaleza, como el café, las bananas, el azúcar, el henequén, el cobre y otros productos obviamente no manufacturados, un comercio primitivo. Dichos pueblos, jóvenes e inexpertos, sin tutela política, ignorantes de punta a punta, con regímenes legales endebles y corruptos, democracias embrionarias, en realidad tiranías camufladas con supuestos órganos de representación popular, naves a la deriva, víctimas del autoritarismo ibérico, solo podían ser presididos por dictadores sustitutos de los antiguos virreyes. Las antiguas colonias jamás gozaron de un autogobierno como el concedido por la Corona inglesa a sus súbditos de ultramar. De ahí que los países de habla inglesa, una vez independizados, no hubieran padecido los trastornos ni el pavoroso caos sufrido en América Latina, deseosa de construir un orden productivo en el marco de una ansiada estabilidad que, por lo visto, nunca lograría. Los habitantes del hemisferio sur parecían estar extraviados en un laberinto con miles de puertas, unas más falsas que las otras. ¡Claro que esos países latinos parecían perros sin dueño o, si se quiere, niños expósitos, cachorros abandonados por sus progenitores, presas suculentas para las aves de rapiña como, sin duda, lo eran las grandes empresas generadoras de inmensas cantidades de dólares o de libras esterlinas, apoyadas por sus respectivas cañoneras y poderosas armadas! Que no se perdiera de vista que las exportaciones de Argentina, Brasil, Chile, Cuba y México representaban el ochenta por ciento de las ventas de América Latina a los mercados principalmente europeos.

Cuba se convirtió en el principal exportador de azúcar; Brasil, de café, producto también muy cotizado con el que dominó el mercado mundial en el siglo XIX. Chile vendía exitosamente cobre, trigo y nitratos; en tanto que Argentina y Uruguay llenaban sus arcas con la triunfal colocación de carne, lana y trigo. ¿Las crecientes exportaciones iberoamericanas beneficiaron a sus respectivas naciones? ¡Qué va!, si acaso favorecieron a grupos muy reducidos que acapararon dichas riquezas sin compartirlas con los históricos marginados de siempre, gigantescos grupos de resentidos e ignorantes, que se triplicaban por doquier. Porfirio Díaz, a título de ejemplo, había consentido, estimulado o hasta impulsado la creación de inmensos latifundios, sin perder de vista que quien concentraba la tierra también acaparaba el dinero, la educación y el poder con todas las consecuencias.

¿Quién podía afirmar que los exitosos cultivos del henequén en Yucatán o la impresionante explotación del caucho amazónico se habían traducido en bienestar para sus trabajadores, para sus familiares o hasta para sus pueblos? Atrás de toda esa impresionante riqueza estaban los devoradores de dólares, de pesos o de libras esterlinas, auténticos traganíqueles, tragachelines o tragacentavos, lo que fuera, con tal que oliera y supiera a dinero, extorsionadores de todos los tiempos y de todos los momentos, los bárbaros de nuestros días, los explotadores de personas ávidos de dinero a cualquier precio, según aclaró el catedrático. Cuando míster Perkins se refirió al henequén y volvió a pronunciar la palabra Yucatán, Olegario se acomodó en el pupitre, frunció el ceño, cruzó las piernas, se preparó para recibir el golpe y volteó a ver instintivamente a Marion en busca, tal vez, de apoyo o de comprensión. ¿Su familia era inocente y podría probarlo? En el mejor de los casos su mirada correspondía a la de un acusado impotente de refutar los cargos del fiscal. Había excepciones, ¿no? ¿Míster Perkins era sabio, titular, acaso, de la verdad absoluta? ¿Pruebas? Ahí estaba Xcumpich, propiedad de la familia, que él había visitado una y mil veces. En todo caso, invitaría a

Yucatán a su maestro para que él mismo constatara la realidad con sus propios ojos. Imposible aceptar una generalización.

—La historia se repite: mucho dinero en muy pocas manos sin beneficios para la colectividad ni para los gobiernos. Los ingleses son los amos en ferrocarriles, metales, hule y petróleo, entre otras inversiones. La explotación del henequén y la del caucho son las mejores pruebas y están ahí, a simple vista, como demostraré a continuación —continuaba afirmando el maestro.

Olegario ignoraba el tema de la cátedra de aquel día. ¡Cómo adivinar la rudeza o suavidad con que se abordaría la historia del henequén en su estado natal, si bien suponía la voluminosa catarata que se le vendría encima! El futuro irrumpía sin anuncios previos, así, sin más, ¡zas!, como cuando la muerte sorprende a una persona, ajena a su suerte, en medio de un juego de cricket. Así, sin que el joven yucateco pudiera suponerlo ni imaginarlo, esa mañana de marzo de 1901, muy fría por cierto, sabría de hechos desconocidos que se habían dado en su propia tierra y que se le habían ocultado.

Con una sonrisa condescendiente en el rostro, Hugh, como algunos alumnos lo empezaban a identificar por su calidez, candor y accesibilidad, se llevó el máuser al hombro, lo sujetó firmemente, apuntó y, después de unos segundos, disparó, disparó y disparó. Las balas penetraban, una a una, a lo largo y ancho del cuerpo de Olegario sacudiéndolo, mientras recibía los impactos con los párpados crispados.

Hugh hizo saber que, si bien era cierto que los mayas habían practicado la esclavitud siglos antes de la llegada de los españoles, y los esclavos eran conocidos como los *pentacoob*, integrantes del último escalón de la pirámide social, no era menos válido afirmar que esas bárbaras prácticas de vasallaje se habían perpetuado hasta nuestros días y todavía existían en el México de hoy, sobre todo en Yucatán y en Oaxaca. Porfirio Díaz, el dictador, en contubernio con un reducido círculo de políticos y empresarios nacionales y extranjeros, no solo toleraba la existencia de ese pavoroso flagelo, sino que lo impulsaba al interpretar, al modo de sus consejeros eclesiásticos, la proclama del papa Alejandro VI, cuando en 1502 hizo saber que «los infieles no podían ser poseedores de ninguna parte de la tierra». El dictador había recibido la bendición papal para decretar el adiós a los pueblos de indios y extender la bienvenida al hambre, a la represión y al atraso. Menudo dios vengativo que instalaba en la miseria a quien no aceptara sus divinos designios, según eran interpretados por mortales: gracias, maldito clero de todos los demonios, gracias... ¿Por qué sorprenderse de que entre los siglos XVI y XVIII los indígenas hubieran preferido suicidarse antes que someterse al yugo español?

Pobres de los pueblos mayas, habían sido aplastados por los españoles, esquilmados por el clero y ahora sometidos por los hacendados, los malvados herederos de los conquistadores y no otra cosa.

—O sea —exclamó míster Perkins cruzándose de brazos en espera de la intervención de algún alumno—, las personas en aquellos tiempos y hoy mismo, al inicio del siglo XX, solo son cosas, objetos, bestias de carga, animales de los que se puede disponer sin más límite que los deseos del amo, del patrón, del gran señor, dueño de bienes y de vidas —adujo mientras veía de reojo a Olegario, a quien su sospechosa mirada le parecía, al menos, torva.

Los papeles se cambiaron de golpe. Si bien Marion siempre había ignorado, en apariencia, las insistentes miradas de Olegario como parte de una astuta estrategia femenina, aun cuando las percibía y las disfrutaba en silencio en la nuca, en la frente, en la espalda, en los pechos, en los labios, en las piernas, por más cubiertas que las tuviera por la falda, en todo su ser, ahora ella volteaba una y otra vez a verlo para escrutar su rostro e interpretar su ánimo, las expresiones de su ceño, el brillo de sus ojos, las señales inequívocas de su rictus, los movimientos de sus manos, el lenguaje de su cuerpo; en fin, deseaba bascular el efecto de las palabras pronunciadas por míster Perkins. En esa ocasión, Olegario parecía un *chac mool*, se mostraba impertérrito, inconmovible, impasible. Tal vez solo esperaba el momento adecuado para intervenir.

—Hay ocasiones en que abordo temas con un ojo sonriente y el otro húmedo, congestionado por las lágrimas y este es precisamente el caso: en uno de los peores conflictos de la historia de Yucatán, después de la invasión española del siglo XVI, la mal llamada conquista de México, en 1847 estalló la también mal denominada Guerra de Castas. En esta, no faltaba más, intervinieron mis paisanos ingleses, quienes, de la misma manera en que impusieron el consumo del opio en China, en México apoyaron a los mayas contra los criollos y los mestizos, sus nuevos amos. En este hecho, mi ojo izquierdo sonreía al constatar cómo luchaban en apariencia por su libertad y superación; pero el otro lloraba al descubrir que armaban con rifles a los indígenas, sí, pero a cambio de la explotación de las selvas yucatecas o de permisos para robar productos minerales, cuya utilización en los talleres británicos era desconocida por los aborígenes. No existe nada desinteresado en este mundo, ¿verdad?, por esa razón sostengo que el dinero es el dueño de los hombres…

En ese momento míster Perkins parecía haber vivido toda su vida en Yucatán, como si hubiera sido un maya más víctima de la pavorosa esclavitud; como si hubiera dedicado su vida al estudio del feroz sometimiento de los poderosos contra los indefensos productores de henequén; como si hubiera sido un espía enemigo de la dictadura porfirista; como si hubiera husmeado el papel del clero en la involución de México; como si él mismo hubiera sufrido los ultrajes cometidos contra los humildes ciudadanos de piel oscura, porque eran ciudadanos. ¿O no lo eran por el hecho de ser analfabetas y usar huaraches llenos de costras de lodo y tener las manos agrietadas y secas de tanto trabajar la tierra y vestir ropa de manta y no saber expresarse en castellano? ¿No eran ciudadanos? ¿No? ¿Entonces, eran animales de granja un tanto más sofisticados, como se refería a ellos Díaz, el tirano?

A Olegario le hubiera fascinado desnudarse políticamente en ese reducido escenario del salón de clases. El catedrático había abierto fuego hasta cansarse, al extremo de verse obligado a aventar el arma cuando el dedo índice, adolorido por la hinchazón de tanto disparo, le impedía volver a apretar el gatillo.

—¿Qué fue la mal llamada Guerra de Castas, una guerra autodefensiva que estalló en Yucatán, cuando México era invadido por las tropas obscenas y arbitrarias del presidente Polk, Polk el Mendaz, según era conocido en los círculos políticos de Washington, ante su manifiesta incapacidad de conducirse con arreglo a la verdad? Este conflicto armado se presentó cuando los mayas, uno de los grupos de aborígenes más sobresalientes de la historia de México, decidieron levantarse en armas en 1847, hartos de tanta explotación, subyugación y menosprecio, pero, sobre todo porque los hacendados yucatecos requerían más tierras, muchas más, para sembrar el agave de henequén, esa fibra mágica conocida como el oro verde, con la que se producían toneladas de cordeles con múltiples usos, imprescindibles en la agricultura estadounidense para atar pacas de trigo. Los finqueros empezaron a apropiarse de las tierras comunales de los mayas hasta arrinconarlos y no dejarles otro recurso salvo el de las armas. Esa justificada detonación social fue asfixiada apenas el año pasado, después de más de medio siglo de violencia armada y de registrar la pérdida de doscientas cincuenta mil vidas humanas y luchas fratricidas, hijos de la misma tierra, pero beligerantes de diferente color de piel y abismales desigualdades educativas y culturales. Porfirio Díaz pudo extinguir el año pasado, claro que a balazos, la injusticia a cargo de quienes solo reclamaban lo suyo. ¿Guerra de Castas? —insistió el catedrático—: ¿cuál Guerra de Castas si en Yucatán no existían las castas, si bien la palabra casta proviene del latín y significa «pureza», o sea, la guerra de *los puros*, de los ricos, de los hacendados, de los criollos, de los mestizos y de algunos mulatos contra los marginados, los auténticos dueños de la tierra, quienes nacieron en ella, los llamados inútiles, bárbaros, salvajes, los herederos de un grandioso imperio, un legado histórico y patrimonial que no estaban dispuestos a perder?

En ese momento míster Perkins desenrolló un enorme mapa mundial, colgado del pizarrón, para dejar en claro dónde estaba geográficamente México y ubicar Yucatán debajo de la península de Florida, al sur de los Estados Unidos. Era importante precisar los escenarios de la violencia.

–El coraje, el resentimiento histórico, el justificado apetito de venganza después del brutal sometimiento a la Corona española, continuado por medio de los criollos, sus herederos, igualmente salvajes, ¿cuál independencia? No respetó a mujeres, niños, ancianos ni a personas, las que fueran, de tez blanca: de nada les sirvieron a los adinerados perfumados sus guardias blancas ni sus despensas llenas de víveres ni su colosal patrimonio ante las turbas indígenas enloquecidas que mataban, destazaban, descuartizaban, además de que destruían vorazmente, como un fuego incontrolable, lo que encontraran a su paso. Los mayas cargaban rencores de siglos y por ello asesinaban, violaban, saqueaban y se burlaban de la muerte, se reían de Xibalbá y de los Doce señores del lugar de los muertos.

»Como decían los cronistas de la época, hasta los caníbales encontrados por Cristóbal Colón en La Española se hubieran estremecido al contemplar semejantes escenas de horror. Era evidente que se habían agotado la paciencia y el tiempo de los aborígenes y, ante la ausencia de tribunales, ante la inexistencia de una autoridad, del incipiente Estado de derecho que aplicara la ley y dirimiera civilizadamente las diferencias, ante la más absoluta impotencia, ante la injusticia tantas veces centenaria, ante la imposibilidad de discutir sus argumentos con un tirano que gobernaba al país de acuerdo con sus estados de ánimo y que privilegiaba a los inversionistas cualquiera que fuera su origen, estalló la guerra como la última expresión de la razón.

»¿Y cómo iba a producirse un enfrentamiento armado, una guerra civil que arrojó doscientos cincuenta mil muertos, si los mayas eran los legítimos propietarios de sus tierras, heredadas de generación en generación de sus antepasados? A los indígenas se les había sometido religiosa, cultural y físicamente durante los trescientos años del Virreinato y sobrevivían en terribles condiciones de pobreza y desigualdad social. Exigían la abolición de impuestos personales, el respeto a su patrimonio y a sus costumbres, la reducción de las tarifas religiosas, que se pagaran solamente tres reales por bautizo, diez reales por casamiento y nada por el entierro, ¿era mucho pedir? Y que se garantizara el uso y goce del usufructo libre de sus tierras, impidiéndose que pasaran a manos de propietarios privados, como los caciques y *bataob* de cada comunidad, o los ladinos, criollos, blancos o *ts'uulo'ob*, evitando las guerras intestinas. ¿Se iban a quedar con los brazos cruzados? Por cada diez mayas existía un criollo de tez blanca, por lo que la población no indígena corría el riesgo de desaparecer. Todo se reducía finalmente, como siempre, a un problema de ambición y de dinero. Yo quiero lo tuyo, o me lo das o te lo quito…».

El desprecio y el despojo padecidos por los dueños del *Ma'ya'ab* detonaron una insurrección armada de terribles proporciones, al extremo de llegar a ser una guerra civil en Yucatán, uno de los levantamientos indígenas más catastróficos y sangrientos del siglo XIX en el continente americano. ¿Quién había oído hablar de la Guerra de Castas de medio siglo de duración y que casi borra a Yucatán de la faz de la Tierra? Por lo que el profesor aclaró, nadie. Mientras, Olegario se disponía a contestar, pero prefirió quedarse callado en espera de la exposición del catedrático.

Era menester recurrir a las manos, a las armas, sin importar que se regresara a la época de las cavernas, en donde se aplicaba la ley del más fuerte. Quien golpeara con más fortaleza y efectividad con el marro y resistiera más trancazos impondría su voluntad. Si la violencia era la última alternativa, pues a la violencia, al costo que fuera y en las condiciones que fueran, sí, pero los mayas ya no serían ciudadanos de segunda, ni almas en pena, ni bestias para arar los campos de los patrones, ni esclavos ni sujetos resignados a los deseos de los gobiernos, de los caciques, caudillos o hacendados. ¿Que no se les había permitido tener acceso a las escuelas para instruirse y lograr su incorporación a la modernidad? ¿Que resultaba inútil educarlos, dinero tirado a la calle, porque eran incapaces de aprender, ya no se diga de un libro, sino de las más elementales faenas agrícolas? ¿Todo era desprecio? Según la prensa de la capital de la República de aquellos años, los indígenas eran unos traidores, unos rebeldes, porque la patria estaba invadida por las tropas de los Estados Unidos a finales de 1847 y era el momento de la unión y no de la discordia. ¿Por qué Yucatán pedía ayuda para aplacar a los *bárbaros*, cuando de alguna manera se había escindido de la República Mexicana? Que se jodan, que desaparezcan los indígenas, carne de cañón para las guerras, animales de carga, ¿verdad? Lo máximo que se podría hacer por ellos era expulsarlos de México, ¿sí? No hay mejor indio que el indio muerto o, si se quiere, desaparecido. Nos veríamos con los fusiles, los machetes o los mecates en la mano. Faltarían árboles para colgar a los *rotitos* o tierra para enterrarlos… Era el final y estaba muy próximo.

La guerra era la guerra: «Ni las mujeres, los niños, los ancianos ni los enfermos de la raza blanca eran perdonados. Los hombres eran empalados, desollados vivos, se les arrancaban sus miembros uno a uno. Los niños eran recibidos con las puntas de las bayonetas y de los sables, después de haber sido arrojados por lo alto».

La avalancha ya no podía detenerse. La crueldad era recíproca entre aborígenes y blancos. Se decía que todas las personas sensatas deberían «aceptar la desaparición de la raza indígena, la más atrasada por desgracia en la carrera de la civilización». La reconciliación era imposible: unos pretendían respeto y educación y los otros pretendían su eliminación física. Hugh hizo saber que Santiago Méndez Ibarra había organizado un levantamiento militar para llegar a la gubernatura y declarar la neutralidad de Yucatán en la guerra de 1846 a 1848. Miguel Barbachano, gobernador en cinco ocasiones, sucesor de Méndez, también partidario de la separación de Yucatán de México, creador en dos ocasiones de la República de Yucatán, buscaba, sin embargo, negociaciones para lograr la paz.

Imposible dejar fuera de la cátedra el momento en que, en octubre de 1841, la Cámara de Diputados local aprobó el Acta de Independencia de la Península, estableciendo que «el pueblo de Yucatán, en el pleno uso de su soberanía, se erigía en república libre e independiente de la nación mexicana».

–En aquel momento Yucatán abarcaba toda la península. Difícil de creer, ¿verdad? –preguntó Hugh para sopesar el interés de sus alumnos–. Es más, ondeó en el estado la bandera de la República de Yucatán y circuló dinero de la nueva entidad. Antonio López de Santa Anna, entonces presidente, firmó el 5 de diciembre de 1843 los convenios que otorgaban a Yucatán autonomía plena, con la condición de que se reintegrara a México. ¿Cuánto duró el acuerdo? –cuestionó Hugh– Poco, tres años, pues en enero de 1846 Yucatán declaró de nueva cuenta su independencia del territorio mexicano hasta que estalló la Guerra de Castas, lo cual obligó a los gobernantes a pedir ayuda militar al gobierno mexicano a cambio de la reincorporación. Dos años después, en 1848, Miguel Barbachano decretó la reincorporación de Yucatán a la federación mexicana, cerrando definitivamente este capítulo separatista. Pero ¿ustedes creen que los yucatecos apoyaron a México durante la invasión estadounidense de 1846? ¡No, claro que no!, ¿qué pasaba con los yucatecos y su sentido del patriotismo?

»La continuación de las hostilidades obligó al gobierno yucateco a reanudar sus peticiones de ayuda a los países extranjeros. Hasta entonces había contado con la orden del gobierno guatemalteco, del 30 de noviembre de 1847, de repeler a los rebeldes que intentaran refugiarse en su territorio… Justo Sierra O'Reilly pidió, el 7 de marzo de 1848, ayuda a los Estados Unidos. Por su parte Méndez, desesperado ante el avance de los indios, ofreció el 25 de ese mes el dominio y soberanía de Yucatán a los Estados Unidos, España e Inglaterra, para que salvaran a la raza blanca de la ferocidad de la aborigen, pero desistió de esa petición el 18 de abril de ese año, después de que fracasó su intento de interesar a Inglaterra mediante la oferta de que aumentara su territorio en la bahía de Honduras y de que adquiriera los puertos de la Ascensión y del Espíritu Santo. En rigor, Méndez era partidario de la unión con México y hostil a la anexión a los Estados Unidos, pero en caso de que no fuera posible reintegrarse a la República (según Ramón Lozano, ministro español en México) era partidario de que Yucatán se incorporara a España, porque de ese modo los indios volverían a estar sujetos al país de sus tradiciones y simpatías, y sería más fácil su pacificación.

»Fue precisamente España quien proporcionó la ayuda más rápida a los criollos yucatecos: les enviaron armamento con valor de 23 123 pesos. Los primeros pagos se hicieron vendiendo en La Habana las alhajas de los templos yucatecos. Después el gobierno federal pagó el resto. Pese a esta ayuda, a fines de mayo de 1848 los rebeldes ocupaban las cuatro quintas partes de la península, y solo les quedaban a los blancos Mérida, Campeche, algunos pueblos de sus cercanías y los situados en el camino real que unía ambas ciudades. La situación era tan angustiosa que el gobernador se preparaba para huir a Campeche y el obispo a La Habana. Se dispuso la desocupación de Mérida, pero este decreto no circuló por falta de papel… Pero los sitiados en vano esperaron el ataque de los indios… No fueron los indios quienes atacaron Mérida, sino asoladoras epidemias de "fiebre maligna" y disentería, producidas por el apiñamiento de más de 80 000 refugiados en Mérida.

»¿Quiénes eran finalmente los traidores, los políticos ávidos de poder que declaraban su imparcialidad cuando México estaba invadido por los cuatro costados, o los indígenas que se levantaban en armas ante la histórica opresión y el despojo avieso de lo suyo? ¿Qué era la patria para ellos? ¿Qué tenían que agradecerle esos muertos de hambre postrados en la miseria? ¿Qué había hecho la tal patria por los mayas? ¿Qué razón existía para reconocerle algo, al menos algo, y defenderla? ¿Por qué defenderla? ¿Razones? ¿Cuáles razones, si el propio Méndez decretó la pena de muerte a los rebeldes que no depusieran las armas? ¡Cuánta generosidad!

»El propio Méndez, aunque pareciera increíble semejante felonía, había enviado a Washington en septiembre de 1847 a Justo Sierra O'Reilly, su yerno, a negociar el envío de tropas, de recursos económicos y armas a Yucatán para aplastar a los indios, unos salvajes, cuando México ya se había rendido ante el ejército encabezado por Winfield Scott y este despachaba como gobernador militar en Palacio Nacional, en donde ya ondeaba la bandera de las barras y de las estrellas. ¿Antonio López de Santa Anna, el presidente? ¡Ah, ese miserable cobarde ya había huido para salvarse el cuero! Méndez le ofreció al presidente

Polk, en la Casa Blanca, el mismísimo territorio yucateco, su soberanía, otra parte fundamental del México próximo a la mutilación irreversible, para sofocar el levantamiento indígena. ¿Quién era más bárbaro? Yucatán no solo se había declarado neutral en la defensa de México, país al que por lo visto no tenía tampoco por qué guardarle ninguna lealtad, sino que, además, solicitó la anexión a los Estados Unidos con tal de acabar con la rebeldía de los aborígenes, esas bestezuelas que solo luchaban por su patrimonio, por sus tierras y costumbres heredadas de generación en generación».

Olegario Montemayor sintió vergüenza ajena cuando míster Perkins leyó en voz alta el comunicado enviado por el gobernador Méndez al secretario de Estado norteamericano, por medio del cual entregaba la península de Yucatán a los yanquis. ¿Quiénes eran los yucatecos, sus parientes, sus familiares, sus amigos, sus paisanos? ¡Un horror! Menuda historia, escucharla lo apenaba:

—Los bárbaros han destruido por medio de las llamas cuatro pueblos y más de cincuenta aldeas; han arrasado como doscientas haciendas y muchas plantaciones de algodón y azúcar; han saqueado inmensos campos de cereales; han matado cientos de familias blancas y, por último, son dueños de toda la parte oriental y casi toda la occidental de Yucatán... Obras que la civilización de trescientos años y los esfuerzos de nuestros abuelos levantaron han desaparecido dondequiera que ha posado su sacrílego pie la raza maldita que hoy paga con fuego y sangre los inmensos beneficios que ha recibido el pueblo de Yucatán [...]. Las hordas numerosas de aquella raza caen sobre poblaciones indefensas, dejándolas reducidas a cenizas y después se ocultan en los montes impenetrables, burlándose de nuestras tropas, [...] entregándolas a la desesperación [...]. Lo limitado de las necesidades de esta raza, la facilidad con que soporta toda clase de privaciones, la extraordinaria rapidez de sus movimientos son circunstancias que le han dado una superioridad casi irresistible [...]. Me dirijo por medio de vuestra excelencia al gobierno de los Estados Unidos y solicito ayuda eficaz, pronta, potente y calculada para llenar su objeto. Esta nación [Yucatán] puede apreciar lo que vale servicio tan importante; y en su nombre ofrezco a vuestra nación, para tal caso, el dominio y la soberanía de esta península, usando la facultad que para hacerlo me concede el decreto [...]. Yucatán no tiene más esperanza de salvación que la determinación de una potencia extranjera...

La guerra continuó con una violencia inesperada. El Congreso de los Estados Unidos rechazó la petición formal de Méndez, por más que a Polk le había agradado hasta las lágrimas dicha propuesta. No en balde había suscrito su *Yucatan Bill* que, afortunadamente, fue rechazado por su Congreso. Los ingleses, otra vez los ingleses, abastecían, en este caso, con armas y municiones a los mayas rebeldes, no porque desearan ayudarlos a conquistar su libertad, movidos por sorprendentes causas humanitarias, ¡qué va!, sino para garantizarse el abasto de maderas preciosas, una de las grandes riquezas naturales del estado, muy cotizadas en Europa. ¡El dinero, el dinero, el dinero! Sin las armas británicas, sin un ejército indígena bien pertrechado y buena pólvora enviada desde Belice, los mayas hubieran sucumbido en el primer enfrentamiento. Se trató de llegar a un acuerdo dividiendo el estado de Yucatán, de modo que los blancos residieran dentro de cierto territorio, en la inteligencia de que los indígenas se quedarían con la parte oriental con su propio autogobierno. La inadmisible propuesta presentada por los muertos de hambre, apoyados aviesamente por la Corona inglesa, no solamente implicaba perder el control político de los aborígenes, sino también enfrentar la catastrófica carencia de su mano de obra, de la que dependían sus ganancias y su expansión económica. ¿A dónde iban los dueños del dinero sin esos indios mugrosos, seres repulsivos que con su trabajo les llenaban sus chequeras, financiaban sus imperios, construían sus palacetes en Mérida y pagaban sus voluminosos gastos de viajes veraniegos por Europa? ¿Adiós a la fuerza del trabajo en las plantaciones de caña de azúcar y henequén? ¿Quién sembraría y cosecharía? Maldita basura humana, pero dependían de ella...

En Washington se padecía una explicable sordera después de la guerra en la que los Estados Unidos casi habían duplicado su territorio a costa de su vecino del sur. Parecía una gigantesca marejada que amenazaba con destruir todo a su paso, como un furioso huracán caribeño contra el cual era imposible oponer la menor resistencia. ¿Huracán no? ¿Otra metáfora? Entonces era una devastadora marea humana, una marabunta asesina que devoraba cualquier ser vivo u objeto de cualquier naturaleza en su marcha incontenible hacia la venganza. Nada ni nadie podía con ellos. El propio obispo José Canuto Vela entregó el oro de la catedral, joyas de las parroquias e iglesias, para comprar armas y utilizarlas contra los mayas. Bien sabía él lo que le sucedería si su *amado* rebaño llegaba a ocupar Mérida y se hacía de todo el estado. Las manos eran las manos, nada de leyecitas:

Yo, José Canuto Vela, [...] estoy en la ciudad de Tekax, [...] amados míos: el señor obispo siente las cosas que suceden entre vosotros y quiere, con el mayor deseo de su corazón, que tengan final las matanzas, para que caiga sobre vosotros la bendición de Dios [...]. He ofrecido el Santo Oficio de la misa por vosotros... [pero] por más que yo quiera regarles con la preciosa sangre de Jesucristo, ningún efecto producirá hasta en tanto no os convirtáis para dar oído a su santo precepto [...] [de] no matarás, porque esto es pecado mortal muy grave; también lo son la discordia, el odio, el robo y el incendio [...].

«Pero bien que nos matan a nosotros», parecían responder a coro los indígenas, «y usted todavía los bendice. Ya lo vimos dar misa a los hacendados que nos mandan matar». La respuesta por escrito no se hizo esperar:

Estoy muy contento de haber recibido la carta y también el venerable papel de mi señor el Santo Obispo. Una sola cosa digo a ustedes y a los venerables santos curas. ¿Por qué no se pusieron alertas cuando nos empezó a matar el señor gobernador? ¿Por qué no se levantaron en nuestro favor cuando nos mataban los blancos? ¿Por qué no lo hicieron cuando un tal padre Herrera hizo cuanto quiso a los pobres indios? Este padre puso la silla de su caballo a un pobre indio y, montado sobre él, empezó a azotarle... ¿Y ahora se acuerdan que hay un dios verdadero? Veinticuatro horas os damos para que nos entreguéis las armas. Si estáis prontos a entregarlas no se os hará daño, ni a vuestras casas, porque serán quemadas todas las casas y haciendas de todos los blancos que no entreguen las armas, y además de esto serán matados, porque ellos así nos lo han enseñado.

El propio Barbachano, cabeza de las fuerzas políticas, además de un inmenso número de hacendados, sacerdotes y empresarios, había decidido huir por el puerto de Sisal rumbo a Cuba o a donde fuera, junto con la alta jerarquía católica. Sabían las que debían. Todos aquellos que habían abusado de los indígenas al estafarlos con embustes; extorsionarlos con sus menguados dineros; chantajearlos con limosnas depositadas fervientemente en las urnas cuando estos últimos ahorros eran requeridos para comer; o bien, quienes habían lucrado con su indefensión al esclavizarlos y explotarlos ahora estaban contra la pared y se encontraban al alcance de un gatillo o del filo de sus machetes y contemplaban aterrorizados a los *despreciables* indios con los mecates de henequén en las manos y una sonrisa sardónica en sus rostros. Y, sin embargo, por alguna razón desconocida, o tal vez porque era la temporada de lluvias, aquellos se vieron obligados a ir a sembrar para garantizar el abasto de alimentos al año siguiente. El hecho es que, por la razón que se desee, el pueblo maya abandonó repentinamente el frente militar ya conquistado cuando tan solo le faltaba dar el último paso para materializar todos sus deseos: o ellos o nosotros. Y se retiraron ante la sorpresa inaudita de sus enemigos.

¿Consecuencias? Después de un mes, como si el Señor hubiera escuchado las plegarias de los yucatecos burgueses y del clero podrido, las ayudas llegaron como por arte de magia: el gobierno federal envió ciento cincuenta mil pesos, pólvora, rifles y cien mil balas, adquiridas con los dólares obtenidos de la *venta* obligatoria del territorio nacional al ladrón de Polk. Posteriormente, en julio de ese mismo 1849, arribaron a la península novecientos treinta y ocho soldados a sueldo contratados en los Estados Unidos por Justo Sierra O'Reilly, el malvado y decrépito yernito. Llegaron dos mil rifles y provisiones de Cuba, en tanto que de Veracruz y Nueva Orleans *aparecieron* dinero y decenas de toneladas de maíz, gracias a que el clero católico vendió una parte de sus alhajas para comprar las armas y utilizarlas, en el nombre de Dios, contra los indígenas. De acuerdo, pero ni así lograron derrotar a los mayas que luchaban contra todo buen Dios con lo que tenían a su alcance. ¿Qué hacer? Una nueva estrategia: a partir de ese momento se secuestrarían indígenas en donde se encontraran, se les cazaría como en África, con redes o con lo que fuera, se les colocarían grilletes y cadenas, se les inmovilizaría y, así, atados, enjaulados, se les enviaría en secreto a Cuba para empezar a desmantelar cualquier asomo de resistencia. Se trataba de diezmarlos, sí, pero no a título gratuito: se les enajenaría a un precio conveniente sin regalar nada. Se trataba de matar dos pájaros de un tiro: deshacerse de los mayas y ganar dinero sumándose al tráfico de esclavos. ¿Entendido? ¿A dónde iba un país con ciudadanos así? Por un lado les robaban a los indígenas lo suyo. Ante la oposición armada de los miserables, respondían con fuego abierto criticando a los ingleses por apoyarlos. Como los aborígenes no cedían, entonces ofrecieron la anexión de Yucatán a los yanquis a cambio de pertrechos de guerra, mismos que recibieron pagando por adelantado a soldados mercenarios, pero no en la cantidad suficiente ni en el momento adecuado ni con fuerzas armadas del gobierno estadounidense. Cuando nada les resultó, recurrieron al plagio, al rapto de personas, de seres humanos para venderlos en las Antillas. ¿Y los curas? Bendiciendo los barcos llenos de esclavos mayas para que llegaran a salvo a Cuba o para que se ahogaran en el Caribe. Nunca nadie pudo escuchar de viva voz el sagrado contenido de sus plegarias. Los curas, responsables en buena parte de la Guerra de Castas, eran peores que los hacendados...

Y en Cuba, ¿se había respetado la más elemental dignidad de los mayas deportados? El desprecio antillano por el ser humano era similar a los castigos impuestos por los mayordomos, los temibles mayocoles, que disfrutaban del dolor ajeno al latiguear o colocar los cepos en los esclavos mexicanos. Los mayocoles tenían facultades para arrestar a quienes cometieran algún *delito* o *falta*. Al convertirse por disposición de la ley en autoridad, podían imponer penas y multas a los fugitivos que intentaran escapar de las haciendas, azotar con el látigo a los acusados o proceder a la privación de su libertad en las cárceles privadas de las fincas.

Al concluir la descripción de la Guerra de Castas, el catedrático se preguntó: «¿Qué habrían cometido estos humildes seres humanos para ser castigados de por vida y de generación en generación con tanta severidad? ¿Pagarían culpas de terceros de otras épocas, de existencias pasadas? ¿Quién creía en semejantes tesis, una más ridícula que la otra? ¡Pobre gente, encontraron el Infierno en la Tierra!».

¿Quién había tratado de acabar con este infame estado de cosas? Curiosamente, otro indígena, un oaxaqueño, de esos que nacen cada mil años, conocido como Benito Juárez. En sus históricas misivas durante la Guerra de Reforma, dirigidas al gobernador de Yucatán, ordenaba:

> Elija V. E. otros medios de pacificación de la península, porque como no es cierto, nadie le creerá que el único remedio posible es el de matar y vender la mayor parte de su población. Considere por último V. E. que una noble raza que prefiere la muerte a la esclavitud merece sin duda más respeto que el que le muestran los blancos de Yucatán.

Al término de la Guerra de Reforma, en 1861, Benito Juárez decretó lo siguiente contra la trata de seres humanos, en particular, de los mayas de Yucatán y Campeche que eran exportados como carne de res a Cuba:

> Se prohíbe la extracción para el extranjero de los indígenas de Yucatán, bajo cualquier título o denominación que sea [...]. Quienes conduzcan indígenas al extranjero [...] serán condenados a la pena de muerte, decomisándose las embarcaciones y demás vehículos de que se sirvan para aquel objeto.

—Pero fíjense bien —insistió con el ánimo de estimular el coraje y acaparar la atención de su reducida audiencia—, los evangelizadores, esos santos padres piadosos, llegaban a sancionar las herejías de los rebeldes con dobles ahorcamientos al colgar de los árboles a mujeres de cuyos pies, a su vez, pendían sus propios hijos, igualmente asfixiados con cuerdas. ¿Cuándo y por qué acabó la guerra, queridos jóvenes? —preguntó Hugh Perkins cuando una sonora campana anunció el final de la cátedra. En ese momento el profesor levantó ambos brazos para exigir un momento más de reflexión y de información.

»Allá por 1884, en Belice, se suscribió un acuerdo mediante el cual los mayas condicionaban el reconocimiento del gobierno mexicano a que este aceptara como gobernador de los mayas a la autoridad principal de Chan Santa Cruz, en donde había nacido un nuevo culto a la Santa Cruz, que resultó ser una religión cristiana separada de la de los colonizadores. Se trataba de adorar a la gran cruz mágica, milagrosa y parlante de Chan, caída del cielo a principios de la guerra para auxiliar a los indios, que ordenaba en voz alta castigar a los blancos por los daños causados. "Los mayas deben alzarse y vengar la sangre derramada. Ha llegado la hora en que pondrán el gavilán en las alturas de las torres de la catedral de T'ho"».

Chan Santa Cruz se convirtió en un centro de peregrinación maya desde cualquier parte de la península. El clero católico enfurecía por la herejía y por la pérdida del mercado espiritual, un atentado inadmisible. Todos cooperaban para financiar la guerra.

El final del conflicto armado empezó a perfilarse en 1893, después de casi cincuenta años, cuando se firmó el Tratado de Límites. Porfirio Díaz entendió que, mientras no reconociera la soberanía del Reino Unido sobre Belice, los ingleses seguirían vendiendo armamento a los mayas, quienes después de atacar a los blancos se escondían en el espesor de la selva beliceña. El tirano accedió: se canceló de inmediato el suministro de armas a los mayas sin que los ingleses vieran restringido derecho alguno para seguir explotando los bosques del Sureste mexicano, por lo que se frotaban encantados las manos; en tanto Díaz le ordenaba a Ignacio, don Nacho, Bravo *peinar* la península y acabar con cuanto *piojo* de origen maya encontrara en su camino. Los bosques de Balancán y Tenosique, en la frontera entre Tabasco y Chiapas, serían víctimas de las salvajes hachas británicas. Muebles y armarios manufacturados con maderas preciosas mexicanas se venderían en los mercados norteamericanos y europeos a precios inimaginables. Los taladores encargados de derribar árboles milenarios, prodigios de la naturaleza, a su vez integrarían otro segmento de esclavos secuestrados por los enganchadores que, por órdenes de los ingleses, serían encadenados a las famosas monterías, de las que Hugh se encargaría más tarde.

El último reducto indígena, después de una pavorosa masacre, se rindió apenas en ese 1901, trágico para la vida indígena de México. Los militares destacados por el tirano para extinguir con lo que fuera a los indios bárbaros buscaron atrás de cada árbol de caoba, en troncos tirados de ceibas; sacudieron las ramas de los hules; zarandearon los follajes de cacao; arrancaron las guanábanas que encontraron a su paso; se abanicaron con palmas de tepejilote; y pasaron de largo como si no hubieran visto los platanillos, ni las guacamayas, ni las coloridas mariposas, ni los colibríes, ni las águilas solitarias, ni los coatíes, ni los osos hormigueros, ni las nutrias, ni los micos dorados, nada; ellos iban a matar a los verdaderos hijos de la selva, dentro de la cual habían construido sorprendentes civilizaciones.

La campaña criminal ejecutada puntualmente por el general Bravo, amigo íntimo de Porfirio Díaz, jefe político y militar de la región, arrojó un saldo de más de doce mil cadáveres mayas indefensos a falta de parque inglés. Al concluir la guerra, cuando cayó la ciudad sagrada Noj Ka Santa Cruz, la población indígena se había reducido a la mitad, de cuarenta mil personas a tan solo veinte mil sobrevivientes. La mayoría de los hombres habían sido eliminados para *pacificar* y *civilizar* el estado. ¡Adiós, Chan Santa Cruz! ¡Adiós a la cruz parlante y sus milagros! ¡Claro está, antes, a lo largo de cincuenta años de guerra habían sido asesinados, uno a uno, los líderes mayas, los malvados cabecillas, los perdedores, en la inteligencia de que, de haber ganado los aborígenes, hubieran pasado a la historia como los héroes de la patria chica, próceres, adalides de la tierra mágica provinciana, donde moran el faisán y el venado en gratificante armonía! ¿Quién se iba a acordar de Manuel Antonio Ay, Cecilio Chi, Isidro Cituk, Jacinto Pat, José Venancio Pec, Florentino Chan o de Marcelino Pat, entre otros líderes mayas? ¿Quién? Sus últimas palabras fueron estremecedoras: «Moriremos aquí, en la península de Yucatán, en donde nuestro Señor Dios quiso que naciéramos para amarnos con igualdad».

Antes de pasar por las armas a los últimos jefes mayas, el general Ignacio Bravo escuchó pacientemente su última gracia:

Pedimos la cancelación de los impuestos personales; la reducción de las limosnas a las iglesias; la devolución de las armas capturadas; el derecho a compartir las riquezas de su tierra; el reconocimiento de un jefe supremo entre todos los indígenas de la península; la creación de un gobierno independiente con su propio territorio y sus fronteras limitadas, tirándose una línea desde Bacalar hacia el norte hasta el golfo de México, o que el gobernador de Belice fuese igualmente gobernador de ellos; la autorización para que los mayas pudieran sembrar maíz en las tierras baldías, sin pago alguno.

Por toda respuesta, el general Bravo abrió la boca en tres ocasiones: una, para soltar tremendas carcajadas ante las peticiones de los *desnalgados*; dos, cuando afirmó a gritos: «¡Aquí no hay más gobernador que Porfirio Díaz, cabrones, olvídense de Belice!»; y tres, al llamar al pelotón de fusilamiento para que asesinaran a esos pinches apestosos.

La reina Victoria nunca conocería el agradecimiento profesado por los mayas desde que, gracias a ella, habían tenido suficientes armas y municiones abastecidas desde la Honduras Británica. ¿Cómo hacérselo saber? Ya era demasiado tarde. La Guerra de Castas había terminado. Los mayas seguirían siendo esclavos. La sangre se había derramado inútilmente. Nada tenía remedio, ni siquiera el cuarto de millón de muertos, según se puede comprobar con patética realidad.

El general Bravo organizó la explotación de maderas, gomas y resinas a favor de nacionales y extranjeros y convirtió un territorio muy fértil, poblado de jabalíes, tigres, monos y caimanes en un infierno verde, en una colonia penal, donde serían recluidos los oponentes al régimen, sometidos a trabajos forzados de por vida, si es que no morían a causa del paludismo o la disentería.

—En la próxima ocasión tocaremos el tema de la explotación del henequén con los mayas sobrevivientes a la debacle porfirista.

Dicho lo anterior y después de mirar de reojo a Olegario, quien no se sintió aludido, pues míster Perkins no se había referido a su familia, abandonó el aula seguido como siempre por sus alumnos, ávidos de respuestas a temas incomprendidos. En la próxima clase saldría el tema y más le valía a Olegario intervenir y defender sus puntos de vista. Sí, en efecto, pero con lo que no contaba era con la conversación de Marion, que lo esperaba con el dedo colocado en el gatillo.

II
Una inglesa en México

Inglaterra florecía como un enorme jardín después de un crudo invierno, cuando en mayo de 1902 Olegario conoció en Londres a Catherine, Catalina Fortuny, la madre de Marion, a unos pasos de Regent's Park, con más precisión en Alpha Road. Cathy vivía con relativa modestia en un estudio de grandes ventanales, desde donde contemplaba el cielo, el tema pictórico que la atrapaba, el más apasionante lenguaje de la naturaleza, la luz del infinito, la luminosidad terrenal tan escasa en un Londres sepultado en la neblina o casi siempre cubierto por la lluvia, sí. Pero en su imaginación se fincaba el mayor desafío: pintar y dejar constancia en cada uno de sus lienzos de aquello inalcanzable a su mirada. Si Julio Verne había escrito una gran cantidad de novelas sin salir de su casa de París, ¿por qué razón ella, a falta de transparencia atmosférica, no podía imaginar escenas, existentes o no, y consignarlas en sus telas con formas, colores y texturas narradas a través de sus pinceles mágicos?

Catherine era una mujer delgada, de escasos cincuenta años, distinguida, rubia, de cabello hirsuto, tieso, seco, que enmarcaba su rostro afilado, blanco, muy blanco, casi diríase pálido, al no recurrir a maquillaje alguno; de trato amable siempre y cuando el entorno le favoreciera; de estatura media, mirada penetrante, aguda, ágil de movimientos, tan ágil como amarga, ácida y frustrada, al igual que su difunto marido; de voz cálida y pausada, propia de quien existe en otro mundo. Vivía como ermitaña en la ciudad, aislada, encerrada herméticamente en su estudio, dedicada a atrapar colores e imágenes, técnicas y volúmenes, apartada, en la medida de lo posible de las personas, de la gente, su interminable fuente de conflictos.

Al principio contempló a Olegario como a un bicho extraño por ser un hombre alto, corpulento, de ojos verdes intensos, pero de piel oscura y pelo muy negro y abundante. Era uno de los pocos mexicanos que había conocido en su existencia y, muy a pesar de las descripciones de su hija en torno al físico y a la personalidad del yucateco, su imaginación indomable proyectaba retratos desvinculados con la realidad. ¿No se trataba de un indio enano, apestoso y de pómulos salientes, lleno de huellas de viruela o de cualquier otra enfermedad tropical? ¡No! Los prejuicios desaparecieron, en principio, cuando ambos se estrecharon la mano por elemental educación, y se produjo un intercambio de sospechosas miradas de reconocimiento, algo parecido a los perros cuando se contemplan y, acto seguido, se huelen: mera conducta animal.

A continuación, la plática se desenvolvió con gran fluidez y cortesía, más aún después de un taza de té acompañada de unas galletas de jengibre, las preferidas de la pintora.

Cuando Olegario confesó su amor por el arte, Cathy sonrió sarcásticamente al sentir el placer de tenerlo en su terreno. De ahí no saldría con vida. Lo arrinconaría hasta demostrarle su ignorancia. Ella comenzó a frotarse las manos y a externarle su pasión por las obras de Mariano Fortuny, su tío lejano. Sin mayores protocolos y sin preguntar la razón de la visita de la feliz pareja, la sorpresa sería tan inminente como enorme. Cathy, protegida por un delantal manchado con pintura de mil siglos y manos sucias, mugre honrada, según se adelantaba a las críticas por la falta de higiene, mostró alegría al dar con una persona que, en principio, compartía su pasión por las artes plásticas, ya se veía…

Marion conocía las intenciones de su madre: podía anticipar cada movimiento, cada palabra, cada argumento para exhibir a sus interlocutores y poder desahogar un antiguo resentimiento, un rencor escondido bajo siete capas de su personalidad imposible de identificar y de extraer para encontrar la paz y la reconciliación con la existencia. Por esa razón, cruzada de brazos y viendo al techo como para hacerse de paciencia, tal vez buscando inspiración y tolerancia en un dios inexistente para ella, escuchó, como en innumerables ocasiones. Sí, Olegario había visto la *Fantasía árabe en Tánger,* pintada por Fortuny. Ella esperaría el momento adecuado para intervenir y desviar la conversación. No permitiría que despedazara a su novio.

—¿Fortuny no le parece un maestro de la luz y del color incomparable con el pobre diablo de Goya, quien solo se salvó por su pintura negra? —cuestionó Cathy. Lo de Fortuny, para ella, adujo con el ánimo de impresionar al yucateco, era un dibujo limpio, de pinceladas seguras, rápidas y certeras con las que describía la indumentaria de épocas remotas, figuras muy bien logradas, como la de *El mercader de tapices,* toda una maestría de volumen y profundidad espacial; ya ni hablar de *La odalisca,* una audaz incursión en la temática oriental planteada a través de una esclava en un harem turco, en donde desnuda disfrutaba de una música lejana interpretada por un eunuco ubicado en la oscuridad de la habitación. Solo él y John Singer Sargent podrían haber pintado algo tan excepcional.

Cuando Olegario iba a preguntar su opinión en torno a Anders Zorn, o a Joaquín Sorolla, grandes maestros de la luz, Cathy impidió cualquier interrupción. Como si fuera una gran coleccionista de las obras de su tío, se refirió a *La batalla de Tetuán*, el *Jefe árabe*, *La vicaria*, en donde retrató a las clases bajas, los difíciles reflejos de los metales, los bordados de los vestidos, un alarde de minuciosidad. Cuando se iba a lanzar a explicar el *Viejo desnudo al sol*, la *Corrida de toros*, la *Linterna mágica*, pasando por el retrato de Cecilia Madrazo, la esposa del pintor, Marion, conocedora del acaloramiento de su madre al describir con lujo y exceso de calificativos, y contar una y otra vez la vida y obra de su tío, maestro, genio luminoso, artista insuperable, virtuoso del color, de las sombras y de los claroscuros, de los espacios y de las composiciones, el nuevo Leonardo, en fin, para ella, el padre de la pintura europea de todos los tiempos, interrumpió el interminable monólogo de su madre para afirmar con una sonrisa esquiva:

–*Mum*, nada me gustaría más que en un par de años, al terminar la carrera, pueda viajar a México, un país exótico que casi nadie conoce, lleno de riqueza cultural. ¿No te parece una maravillosa aventura?

«¿No me digas que vas a cruzar el Atlántico con este sujeto de apariencia humana?», pensó Cathy en silencio. «¿Todo el tiempo y el dinero invertido en tu educación…», continuó en sus reflexiones sin dejar de revisar el rostro, las facciones y el pelo negro de Olegario, «para que terminaras rendida ante un antropoide, en lugar de pasar el resto de tus días con un aristócrata? ¿Qué hubiera dicho la reina Victoria o el rey Eduardo VII y su esposa Alejandra si una de sus herederas, qué tal Maud, quisiera casarse con alguien carente de alta estirpe y rancio linaje? Mi querida hija, esta idiota, una auténtica imbécil, ignora lo que vale; en esta triste hora desconoce su belleza, su talento, su cultura, su simpatía, con los que podría enamorar a cualquier hombre y no desperdiciar sus atributos con este pobre imbécil, que sería contemplado en la Corte en Buckingham con la misma curiosidad con la que Isabel la Católica vio a los primeros aborígenes importados a España después del primer viaje de Colón. ¡Horror!».

–El tema es muy delicado –repuso Cathy sin salir de su asombro ni ocultar su malestar.

«Si será tonta mi hija, que ni siquiera se da cuenta de que está manchando su historial, su currículum y que se está descalificando en una carrera matrimonial por la excelencia en los altos círculos ingleses.

106

"¿Qué hacías antes de conocerme, Marion?", podría preguntarle un *lord* o un conde, a lo que ella estaría obligada a confesar que se había enredado con un yucateco... ¿Un qué? Menuda imbecilidad. *For God's sake!*».

—Habíamos pensado viajar antes porque al padre de Olegario lo eligieron gobernador de Yucatán, pero preferimos quedarnos en Oxford hasta terminar nuestras carreras, ¿verdad, Ole, *dear*?

La pareja de universitarios había discutido durante muy buen tiempo la carta enviada por la tía Lilly. Marion no solo se negaba a ir a México, sino que había insinuado un rompimiento amoroso. El yucateco había concedido la existencia de plantadores salvajes de henequén que practicaban un tipo de esclavitud, podía ser cierto, en efecto, pero no en las fincas de los Montemayor. Ahí solo encontraría agricultura progresista, moderna, respeto al ser humano, por algo los mayas llamaban *papá* a su padre. La querida tía Lilly estaba mal informada. Marion podría comprobarlo con sus propios ojos, en el terreno, en Yucatán, en el mismo lugar de los hechos. ¿Por qué dar por buena la palabra de desconocidos? Lo mejor era asistir, ver y verificar para formarse una opinión personal. Hasta a los condenados a muerte se les concedía una última gracia, ¿no? Entonces, ¿por qué no investigar la realidad *in situ*? Okey, *dear* Marion? Ella había accedido. El viaje estaba en marcha...

—¡Claro, Marion, claro que iremos en verano a mi tierra! —repuso Olegario sin retirar la mirada de su futura suegra. Deseaba anticiparse a sus respuestas y medir cómo había recibido la noticia. Escrutaba su rostro...

—¿Hace cuánto tiempo que se conocen, Marion? De hecho es la primera vez que veo a este jovencito. ¿No se están precipitando, *love*? —cuestionó la pintora con la boca retorcida sin dirigirse siquiera a Olegario, imaginándose el lugar nauseabundo en donde gobernaría el padre del pretendiente de su hija.

—Llevamos más de un año saliendo y nos conocemos lo suficiente, *mum*.

«Yo conviví con tu padre muchos años y nunca supe quién era», pensó la pintora. «Siempre fue un extraño para mí». Catalina pensaba compulsivamente en la gran apuesta de su vida, su hija Marion, llamada a conquistar la gloria y a quien ahora le parecía fantasioso o hasta pintoresco coleccionar indígenas exóticos como un sello progresista. Menuda decepción...

—El tiempo cuenta poco, madre, lo importante es conocer la cara oculta de las personas, y nosotros ya nos las hemos descubierto y hasta confesado.

—¿Y qué hay en Yucatán? —preguntó en perfecto castellano, como buena española.

—Yucatán es la capital del Imperio maya, madre, una civilización que sorprende y sorprenderá al mundo entero —adujo Marion mientras Olegario sorbía más del té de la India—. Además de ser gobernador, su padre es productor de henequén, la fibra del futuro, el famoso «oro verde» que exporta su familia con mucho éxito —concluyó señalando con la mano a Olegario, quien guardaba un prudente silencio.

Cathy no había oído hablar de Yucatán ni del hoy gobernador Olegario Montemayor ni del henequén ni del «oro verde», y, si alguna vez había escuchado esos nombres tan extraños, se negaba a recordarlos. ¿Qué podía importarle la historia del Imperio maya? En el fondo deseaba volver a la brevedad a sus pinceles y que cada quien se arreglara la vida como mejor pudiera... Sí, en efecto, la familia era un gran saco de mierda, dicho fuera con el debido respeto. Solo malas noticias y golpes por la espalda. El odio y el asco a la gente y a los suyos estaban justificados; mejor, mucho mejor, encerrarse ahora y para siempre en su estudio con sus telas, sus motivos y sus fantasías, un refugio a prueba de personas, donde solo cabía ella, únicamente ella.

—A Marion la atenderemos como se merece en Yucatán, *ma'am*; mi familia y yo cuidaremos de ella. Nunca creí encontrar una mujer como su hija en mi vida.

«Por supuesto que nunca creíste encontrar a una mujer así, indio apestoso», le hubiera encantado responder a la pintora, «y menos aún si de vez en cuando te vieras frente a un espejo... ¡Pero claro que no te mereces un premio así!». Para Cathy cualquiera que no fuera un príncipe rubio de la Corte estaba descalificado para pretender a Marion.

—Ella se cuida sola —repuso mordiéndose un labio—. Para eso la capacité toda su vida, de modo que no dependiera nunca de nada ni de nadie. Mi hermana Lilly se casó con un mexicano, lo conocí bien, era una buena persona, pero no tenía idea de lo que era una mujer inglesa incontrolable, libre como un pájaro, inasible.

—Voy a conocer otra cultura, madre. Nunca he ido a las Américas y muero por descubrir algo nuevo, otros sabores, otros paisajes, otra gente, otra manera de contemplar la vida, otras costumbres, otro idioma, otra comida, otra historia, otra lucha por ser —interrumpió Marion a su madre cuando percibió el ingreso directo a una zona de peligro.

—Lo mismo podrías haber hecho si viajaras a Nueva York. Pero, en fin, ni puedo ni debo intervenir en tus decisiones, no es conveniente. Yo no soy dueña de la verdad y cada quien debe disfrutar o padecer las consecuencias de sus actos, y yo deseo que los disfrutes, querida Marion. ¿Qué vas a hacer en Yucatán? —cuestionó Cathy con el ánimo de suavizar la conversación sin concluirla con un mal sabor de boca.

—Voy a aprender y a narrar lo que vea, no con pinceles como tú, sino con mi pluma, todo para mí será una aventura llena de colores. Recibirás mis cartas con las reseñas que publicaré en los boletines de la universidad y después en *The Times*, lo verás –comentó al tomar la mano de Olegario.

–Aprenderemos juntas –alegó Cathy con la intención de dar por terminada la visita, aun cuando Olegario contaba todavía con media taza de té–. Lo que sí haré es pedirle a Lilly que se convierta en tu sombra.

–*Mum*, ni lo intentes...

–Yo conozco a los hombres mejor que tú y sé que cuando ya abusaron de ti, ya te tuvieron, te desechan como la colilla de un cigarrillo a media calle...

–Ole no es así –respondió Marion, herida, mandándole a su novio una señal con la mano para detenerlo y pedirle prudencia. Ella sabría cómo resolver el entuerto. De sobra conocía a la autora de sus días.

–No, eso se le ve –respondió viendo de reojo al joven yucateco y tratando de cuidar en lo posible su léxico espurio y las expresiones de su rostro, para calificarlo–. Ten cuidado, hija mía, no todo lo que brilla es oro, más aún si consultaste con Lilly. Ella está cerca del clero, del gobierno, de la prensa, de los empresarios y de los sectores más influyentes de México. Hasta donde sé, pocas veces se equivoca, porque su información es de primera mano.

Cuando Olegario empezó a guiñar compulsivamente el ojo, ese tic que le causaba tanta risa a Marion, como si la invitara a hacer travesuras o a decir mentiras, ella se puso de pie muy a su estilo, besó a su madre en la frente y se despidió seguida del yucateco rumbo a la puerta de salida, no sin antes decir:

–Te sentirás muy orgullosa de mis trabajos, seré la reportera estrella. *Good luck, mum.*

Después de una breve caravana, Olegario humilló la cabeza para besar la mano de la señora Fortuny, ocultando los repetidos guiños, de modo que no pareciera una burla. De inmediato salió con una sonrisa fingida con el propósito de esconder su malestar por el encuentro. «Pinche vieja, es una impresentable», se dijo en silencio...

En la calle, Olegario comentó:

–Me habías dicho que tu madre era complicada, pero no enfatizaste lo suficiente. Es bastante más difícil de lo que yo supuse. –Marion repuso con una carcajada y abrazó a Olegario para encaminarse entre carcajadas a Victoria Station...

Tiempo atrás, don Olegario había depositado su confianza en las manos de Avelino Montero, su yerno español, casado con María Montemayor, su hija, con quien ya había procreado cuatro hijos. Avelino continuaría operando las haciendas, administrando recursos multimillonarios y sería nombrado consejero del Banco Yucateco, representante de su familia política en el Consejo de los Ferrocarriles de Yucatán, presidente del Sindicato de Henequeneros de Yucatán. En tanto, don Olegario dedicaría su tiempo a la función pública, bajo la supervisión de Porfirio Díaz.

El señor gobernador constitucional del Estado Libre y Soberano de Yucatán llegaba a su despacho antes de las siete de la mañana todos los días, incluidos sábados y domingos, para desahogar los asuntos más urgentes. Esperaba en la puerta a los empleados y funcionarios que llegaran tarde a trabajar, al estilo de un antiguo capataz. Recién entrado al gobierno, hacía planes: diseñaría el proyecto del nuevo Yucatán, la nueva Mérida. Muy pronto empezaría las obras de pavimentación de calles en Mérida y de otras ciudades y pueblos del estado; a falta de drenajes, perforaría pozos absorbentes en las calles para desahogar el agua de las lluvias y evitar inundaciones; modernizaría el trazo vial de la capital y concluiría el Paseo de Montejo; edificaría hospitales, escuelas, casas o palacios municipales. Colocaría la primera piedra de la Facultad de Medicina y del Hospital General Agustín O'Horán; fundaría en el papel el observatorio meteorológico para estudiar los fenómenos climáticos que afectaban la producción agrícola y la actividad pesquera; crearía el catastro de la propiedad urbana y rural y expediría un nuevo código civil y otro penal y reformaría la Constitución Política del Estado. Impuso un gravamen a la producción henequenera, negocio que dominaba a la perfección, dentro de un entorno transparente y preciso en la administración de los fondos públicos. Su popularidad se dispararía al infinito.

Cuando Porfirio Díaz ordenó la segunda escisión del territorio de la península de Yucatán al crear el territorio de Quintana Roo, segmentación que implicaba la pérdida de la mitad del estado, para controlar a los indígenas mayas sublevados durante la Guerra de Castas, Montemayor se apropió de inmensas superficies de terrenos llenas de árboles con maderas preciosas. Ahí tendría localizados y ubicados a los *salvajes*, para cercarlos gradualmente hasta lograr su sometimiento indefinido o su extinción total. La primera mutilación sufrida por los yucatecos se había llevado a cabo cuando Campeche se convirtió en estado federado independiente durante los gobiernos juaristas. ¡Pobre Yucatán!

En realidad se trataba de una genuina plutocracia integrada por políticos-plantadores yucatecos que se turnaban el Palacio de Gobierno con la bendición política de Díaz. Montemayor y sus partidarios se hicieron de miles de terrenos baldíos en Yucatán y multiplicaron el número de las haciendas controladas por el clan de hacendados, los verdaderos jefes políticos del estado, quienes además se vieron beneficiados con una nueva estructura fiscal en la entidad al disminuir sus cargas tributarias, que recayeron sobre la pequeña clase media urbana y rural.

Basta con decir que en los años del porfiriato las haciendas en México alcanzaron su máxima extensión en la historia del país: más del 95% de las aldeas comunales había perdido sus tierras. ¿Este terrible despojo se iba a quedar así?

¿Cuáles elecciones legales? ¿Cuál democracia? Díaz había escogido, en esa ocasión, a don Olegario Montemayor como gobernador porque este había construido el ferrocarril Mérida-Puerto Progreso para facilitar las exportaciones yucatecas; porque coincidían en la necesidad de exterminar a los mayas y a sus líderes, por «haraganes e inútiles», eso sí, cuidando, en lo posible, el abasto de mano de obra esclava. Porfirio Díaz nombró a Montemayor porque ambos eran proclericales y se oponían a la aplicación de las Leyes de Reforma, mientras que Juárez y los liberales patearían furiosos las tablas de sus respectivos ataúdes. Montemayor era el hombre ideal porque controlaba Yucatán a través de la industria henequenera y sus hermanos controlaban los ferrocarriles, controlaban la banca, controlaban la prensa por medio de periódicos católicos y controlaban a la sociedad mediante la infiltración de sacerdotes y monjas de la familia, íntimamente ligados a la alta jerarquía clerical. ¿Qué no controlaban? Construían iglesias, parroquias y conventos como los templos de Espita, Calakmul, Peto, Cholul, Muna, Tizimín y el templo parroquial de San Sebastián en Mérida. La familia perfecta, sugería Carmelita Romero Rubio, la esposa del tirano, mientras este imponía controles, controles y más controles, la palabra imprescindible de cualquier dictadura o monopolio.

Díaz aplaudía la disolución gradual de la propiedad comunal. Si Luis Terrazas, candidato a la gubernatura de Chihuahua, estado que él reclamaba como de su propiedad, era dueño de enormes latifundios, socio de la Casa de Moneda de Chihuahua, contaba con el monopolio de impresión y emisión de billetes y monedas, era socio o principal accionista de diferentes empresas comerciales, industriales y bancarias; si encabezaba los bancos mineros de Chihuahua, el refaccionario y la Caja de Ahorros de la República Mexicana; si en Chiapas, Aguascalientes, San Luis Potosí, Sonora, el Bajío y otras partes de la República existían enormes latifundios; si las compañías deslindadoras porfiristas se habían sumado al desastre agrícola de México concentrando la tierra en muy pocas manos, con los consecuentes daños sociales y económicos, ¿por qué no propiciar el mismo esquema de concentración de la riqueza en Yucatán? Nadie mejor que Olegario Montemayor para lograrlo.

Todo fue una conjura contra los pobres. Los hacendados, al igual que los terratenientes de Morelos, productores de azúcar y de piña, entre otros, recibieron carta blanca para hacer crecer sus dominios territoriales sin adquirirlos de acuerdo a la ley, reduciendo gradualmente a su mínima expresión, las aldeas comunitarias propiedad de los campesinos, quienes a falta de sus tierras enfrentaban dos nefastas alternativas: o morir de hambre o emigrar con sus familias, o sin ellas, al noroeste de la península para emplearse como jornaleros, es decir, esclavos de los plantadores de henequén. Cualquier resistencia u oposición a las leyes dictadas por los poderes soberanos del estado, es decir, la renuencia de los indígenas a aceptar la pérdida *legal* de su patrimonio a manos de los henequeneros, sería suprimida a balazos, el lenguaje más eficiente para convencer a los muertos de hambre.

Las leyes implacables de la economía se impusieron en términos inapelables en la suerte de los plantadores. A medida que acrecentaban sus dominios, requerían de más mano de obra para sembrar y cosechar. Solo que los mayas, ya diezmados y con sus familias destruidas, no reunían la fuerza de trabajo indispensable para alcanzar los volúmenes de fibra de henequén exigidos por el mercado internacional. ¿Qué hacer a falta de hombres del campo yucatecos? *Don* Porfirio, siempre creativo, no solo arrancó y desenraizó por la fuerza a los yaquis de los valles de Sonora, de su histórica propiedad, detentada de generación en generación, sino que, aliado con los hacendados, traficaron con coreanos, chinos, puertorriqueños y algunos europeos, hasta perfeccionar una sociedad esclavista.

«Los indios agitadores, perturbadores del orden público, los revoltosos y sediciosos reacios a perder los fértiles valles humedecidos por los ríos Yaqui y Mayo» fueron transportados a punta de bayonetas a Yucatán para producir el oro verde en los ardientes campos de la península, para encontrar una muerte segura en los campos henequeneros o fueron barridos por las tropas del tirano en el año de 1900, para entregar sus tierras a quienes sí sabrían cómo aprovecharlas y extraerles sus frutos en «beneficio de la comunidad». Esas eran las alternativas en un país en donde la ley era la voluntad del tirano.

Días después de la visita a Catherine, Olegario le escribió a Marion unos párrafos que demostraban las preocupaciones sociales y justificaban su estancia en Oxford para hacerse de más información y respuestas orientadas a encontrar alternativas de ayuda para los suyos:

¿Qué hacer, amor de mi vida, con los menesterosos, los muertos de hambre, los que nunca han salido de su municipio ni tal vez de su humilde jacal y visten trajes de manta, no hablan castellano, si bien se comunican con la lengua maya y sus variables inentendibles, creen en los favores de Dios cuando el cura los exonera de sus pecados a cambio de un dinero que no tienen? ¿Hoy en día son un lastre quienes construyeron un magnífico imperio? ¿Mejor ignorar o tal vez extinguir a los creadores del tamal, de las pirámides orientadas a recibir cada año el homenaje del equinoccio, el feliz momento en que el Sol, el dios rey, pasa por uno de los ciclos más lejanos del ecuador cuando los días son más largos? Esos hombres ya lo sabían hace, al menos, ocho siglos. ¿Cómo atentar contra quienes no saben ni leer ni escribir; creen en la generosidad de Dios y de sus virgencitas; sobreviven cultivando maíz, matando, de vez en vez, a los animales de sus pequeñas granjas; y se resignan ante cualquier catástrofe porque el Señor, en su infinita sabiduría, así lo dispuso, siempre buscando su bien? ¿Cuál bien? ¿Ya olvidaron su deslumbrante información astronómica, sus avances en materia de medicina, de ingeniería, de matemáticas y herbolaria, gracias a la cual pudieron sobrevivir los invasores españoles? ¿Ya no recuerdan sus escrituras, ni sus códices, con los que transmitían conocimientos a las futuras generaciones? ¿Y sus habilidades políticas? ¿Y el arte de la guerra? ¿Y el juego de pelota? ¿Y el Templo de las Inscripciones en Palenque? ¿Y el de Kukulkán? ¿Y sus pinturas murales, sus dinteles, sus glifos, sus estelas y sus relieves para explicar quiénes eran esos gigantes? ¿Ya desaparecieron para siempre? ¿Así es? ¿Es posible ignorar los alcances de esa magnífica civilización? ¿Y el *Mural del pescador* en donde consta cómo pescaban sumergidos en el agua, rodeados de cocodrilos sin ser atacados?

¿Qué hacer con su talento extinguido, su resignación y su ausencia de memoria? ¿Qué hacer con quienes, hoy en día, no aportan nada al mejoramiento del género humano, utilizan huaraches llenos de lodo, sus descendientes fallecen víctimas del mal del viento o porque Dios así lo quiso, procrean hijos y más hijos, los que Dios les mande, para ayudarlos a trabajar las milpas, menuda venganza irracional, sin entender que esos innumerables vástagos, enviados a saber por quién ni por qué, los hundirán aún más en la miseria y para soportarla tendrán que creer en una inteligencia superior, tan inexistente como inexplicable, que los confundirá mucho más para poder ser manipulados por sus nuevos amos? ¿Sus amos? ¡Cuánto talento desperdiciado! ¡Cuánto pasado traicionado!

Ya no serán en nuestros días los conquistadores de cuatro siglos atrás, no, pero lo serán muchos de los actuales hacendados y los curas y quienes continúen en la ruta histórica de la explotación abusando de su ignorancia. ¿Quién sigue? ¿Cómo se llama el próximo explotador? ¿Cuándo despertarán los mayas que deslumbraron al mundo hace cientos y cientos de años? ¿Despertarán? ¿Por qué se durmieron? ¿Qué les pasó? ¿Cómo sacudirlos o zarandearlos de los hombros para hacerlos reaccionar y construir con ellos el México del futuro? ¿Todo está perdido? ¿Cómo hacer algo por ellos? ¡Ya verás, cuando vayamos a Yucatán, cómo acabaron esos grandes guerreros, ingenieros, médicos y artistas!

Ya me dirás qué sugieres para ayudarlos, algo se nos ocurrirá cuando pises mi tierra y conozcas lo que te cuento en estas líneas. Esos colosos de antaño no se merecen estar sepultados en la miseria. Soluciones tiene que haberlas: *parla!*

Muero por volver a verte vestida con tu falda escocesa y tus medias negras, Marion, querida, mi fuente de inspiración.

¡Tu Ole!

Más rápido de lo que imaginaban llegaron los exámenes finales del curso en el verano de 1904. Las calles de Oxford se mostraban vacías, al igual que sus cafés, sus bares, sus *pubs*, sus tiendas y sus parques: parecía una ciudad fantasma desprovista de su tradicional alegría juvenil, en tanto los estudiantes, en busca de explicaciones y de aportaciones, saturaban las bibliotecas de todas las especialidades. Resultaba muy complicado encontrar una silla y un espacio para leer en cualquiera de las mesas de trabajo de la universidad. Marion y Olegario no podían ser una excepción, aunque al salir del encierro estrictamente académico buscaban un sitio donde pudieran continuar intercambiando puntos de vista en voz alta. Ambos habían logrado una estrecha amistad con la dueña de The Sweet Lawyer que había resultado ser, para su sorpresa, la repostera, la anciana panadera, aquella mujer humilde, *Mrs.* Jane Wells, que invariablemente aparecía con la cabeza cubierta por un pañuelo viejo de colores, atado atrás de las orejas. Ella les permitía pasar horas enteras tomados de la mano o riendo o leyendo libros o conversando o redactando notas para las diferentes cátedras que, día a día, demandaban más atención y esfuerzo de parte de los alumnos, sin exigirles mayores consumos que, por lo general, no excedían de un par de whiskies, o unas tazas de café acompañadas del histórico *bloody pudding...*

En una ocasión, cuando terminaron de repasar algunos aspectos de la Revolución francesa de 1789 y recordaron el trágico final en la guillotina de Luis XVI y María Antonieta, su esposa, hija de la reina Teresa de Austria, con quien el rey francés había contraído nupcias a la edad de catorce años, una chiquilla, solo para trabar una alianza entre históricos enemigos, de repente Marion se exaltó al escuchar el nombre de Napoleón Bonaparte. Olegario relataba entusiasmado cómo el pueblo y la Corte francesa odiaban a su reina llamándola Madame Déficit o la Loba Austriaca, por la facilidad con que contaba para convencer al soberano de sus caprichos e inclinar la balanza a favor de su familia en Austria. Imposible olvidar sus palabras cuando fue informada de la Toma de la

Bastilla por un pueblo francés hambriento y desesperado: «Si no tienen pan que coman pasteles». ¿No estaba justificado el odio? Marion no escuchó los detalles de las vidas de Georges-Jacques Danton, ni de Honoré Gabriel Riquetti, conde de Mirabeaum, ni sus ideas de la monarquía constitucional; ni prestó atención a los jacobinos encabezados por Maximilien Robespierre y Jean-Paul Marat; y menos discutió, contra su costumbre, las etapas siguientes del Directorio, dirigido por Charles-Maurice de Talleyrand-Périgord y Joseph Fouché. Nada: estaba abstraída. Reaccionó febrilmente cuando Olegario repasó el 18 Brumario que convirtió a Napoleón en primer cónsul, gracias a la intervención de Luciano, su hermano. Donde Marion ya no pudo más fue cuando llegó la consumación del poder del gran corso y fue ungido como emperador de Francia en 1804 y proclamado rey de Italia en 1805. Nadie había eternizado con singular maestría el momento de la coronación como David, Jacques Louis David, el genial pintor francés. Recordar el tema la angustiaba. Muy extraño, ¿no? Se alaciaba una y otra vez el cabello, se pintaba los labios, los apretaba, se contemplaba el rostro en el espejo de su polvera, tamborileaba impaciente con sus dedos la pequeña mesa de madera de la cafetería, tomaba del whisky de su amante después de haber agotado el suyo, mientras su mirada reflejaba una clara ausencia en The Sweet Lawyer. Taconeaba el piso sin poder controlar un repentino nerviosismo. A saber dónde se encontraba Marion cuando quedó claro que después de una década Napoleón I ya era el amo de casi toda Europa...

Marion no pudo más, sobre todo después de repetir las palabras Napoleón, primer cónsul, emperador de Francia, amo de Europa. Olegario suspendió el recuento histórico; ella lo tomó por sorpresa de la mano, se la apretó con fuerza, le encajó las uñas y le susurró como enloquecida al oído:

—O hacemos el amor ahora mismo o fallezco. Hazme tuya aquí, en el café, en una plaza, bésame, tócame, me muero... Estoy empapada, malvado bribón, abusa de mí, haz conmigo lo que quieras, no lo pienses, no paguemos, larguémonos, busquemos un lugar, respeta este último instante en que todavía soy dueña de mi razón, Ole, Ole, *dear, in the holy name of God, fuck me now...*

Olegario creyó estar soñando:

—¿Te has vuelto loca?

—No estoy para explicaciones. Luego te cuento... O salimos en este momento o me monto aquí mismo encima de ti, escoge —agregó limpiándose con el dorso de la mano el sudor de su frente.

Olegario se puso de pie, recogió los libros, cerró los cuadernos, guardó las plumas, los tinteros y los lápices en un acelerado desorden en su portafolio, retiró su saco de lino y la chamarra de Marion de los respaldos de las sillas, dejó unas libras sobre la mesa, la tomó de la mano y salieron apresuradamente sin despedirse de la señora Wells, su madre adoptiva, según la llamaban... ¿Qué tenía que ver Napoleón en todo esto?

Nunca nadie se había besado tan apasionadamente en las calles de Oxford al anochecer. Todo rodó por el piso: portafolio, tintero, libros, cuadernos, plumas, lápices, saco y chamarra. El abrazo eterno los hizo levitar. Sí, pero ¿a dónde ir sin papeles que los acreditaran como marido y mujer? Olegario había leído en algún lado aquello de que no se puede ser feliz sin ser valiente, de modo que los cobardes no tenían acceso a la felicidad. Recordó que su *roommate* estaba con sus padres en Manchester y que era la dorada oportunidad para hechizar su habitación, de tener a Marion en esas cuatro paredes, que serían mágicas a partir de entonces, una oportunidad con la que llevaba soñando mucho tiempo. Sí, habían estado en varias posadas con anterioridad en los suburbios de Oxford, pero no en el cuarto de Olegario. ¿Que corrían riesgos? La vida era un riesgo, nada valioso se podría disfrutar sin correr peligros, por eso los conservadores, siempre cautos y respetuosos escrupulosos de las reglas, eran patéticamente aburridos.

Después de permanecer unos instantes inmóviles y pensativos, Olegario adujo sonriente:

—Ya sé, Dolly —nombre con el que se dirigía a Marion en los últimos tiempos—, yo entraré por la puerta principal, como todas las noches. Correré a mi habitación, te abriré la ventana para que trepes por ahí...

—Sí, cómo no, ¿crees que soy tu bruta o cirquera?

—Vivo en el primer piso, algo así como en un *mezzanine*, casi al ras del piso. No tendrás problema.

—No eres precisamente la Rapunzel de los cuentos para que escale agarrándome de tu trenza, Olegario...

Después de recoger entre carcajadas sus bienes del piso, emprendieron la carrera hacia los dormitorios de varones. Ella se cubrió la cabeza con su chamarra y caminando a hurtadillas se colocó en el lugar preciso en espera de que se abriera la ventana.

—¿Y la falda? Todos se darán cuenta de que soy mujer...

—De lejos y a oscuras parecerás escocés, aquí hay muchos —exclamó el yucateco mientras desaparecía en la oscuridad de la noche.

¡Cómo tardaba! ¡Parecía una eternidad! De pronto se encendió una luz, se abrió la ventana y el gran Ole *dear* le pidió colocarse de espaldas y levantar los brazos para tomarla por las axilas y jalarla con más facilidad al interior. Ya habían intentado un salto y resultó imposible, al igual que lo fue tratar de escalar sujetándose del alféizar. Fracaso total, más aún porque ella no podía con la risa ni con la travesura y perdía toda la fuerza hasta caer deshilvanada al suelo. Finalmente funcionó el último intento; ambos, ya en la habitación, perdieron el equilibrio y cayeron al piso conteniendo la risa y colocándose los dedos índices en la boca para tratar de guardar silencio en la más absoluta inmovilidad. Pasados unos instantes, Olegario se puso de pie, caminó de puntitas para apagar la luz que había encendido al entrar y cerró la ventana. Ambos imploraban no haber sido vistos, porque la expulsión hubiera sido definitiva. Todavía se imponía el rigor victoriano por más que la reina había muerto y el rey Eduardo VII parecía adoptar hábitos éticos y morales mucho más relajados.

No había tiempo que perder. Lo anterior era tan cierto que tampoco lo tenían para desvestirse, acariciarse y besarse, para encaminarse hacia el desenlace. No, en ese momento prescindirían de los exquisitos rituales propios de una magnífica rutina amorosa para empezar al revés y consumirse a la brevedad posible. Ambos entendieron a la perfección ese lenguaje silencioso que despertó en Olegario una repentina violencia, la furia de un cavernícola con la que arrojó a su Dolly sobre la cama, le levantó sin más la falda. Confirmó que, como siempre, su amada no llevaba ropa interior y se hundió en ella, en sus carnes, cubriéndole la boca para que se abstuviera de invocar a gritos a los santos existentes y por existir, y para evitar que de sus labios, acostumbrados a pronunciar sesudas conclusiones filosóficas, saliera una catarata agradecida de insultos y maldiciones. Quitarse los pantalones hubiera significado un desperdicio imperdonable de tiempo, no había espacio para ello. Bastó con hacerlos descender hasta las rodillas porque de otra manera hubiera tenido que desprenderse de los calcetines y de los zapatos. ¿A qué hora? ¿Cómo? Nadie resistía semejante presión. Era el aquí mismo, en este preciso instante, el ya, sin diferimiento ni tardanza.

Mientras Olegario arremetía gozoso una y otra vez con su cara de fauno para enloquecer a Marion, no dejaba de repetirle al oído:

—Esto querías, ¿verdad, vieja bruja? Ten, ten, esto es lo que te mereces. ¿Es lo que me pedías y suplicabas, verdad, reinita? ¿Eh? Pues toma, toma, toma, te voy a partir en dos para que nunca te olvides de mí —insistía sin retirar la mano de la boca de Marion, quien agitaba la cabeza de un lado al otro tratando de mordérsela o zafarse, en apariencia—. Querías que abusara de ti, ¿no, nenita hermosa?, pues aquí voy, aguántate, hazte mujer...

Gracias, Dios mío, al haber creado en tu infinita sabiduría este inolvidable juego, el de los amantes que se extravían con el deseo. Gracias por el deseo, gracias, Señor, ¿qué haríamos los humildes mortales sin el deseo? La vida sería desangelada, insípida, aburrida, incolora y, finalmente, inútil.

Olegario atacaba, iba a la carga como si deseara cobrar viejas deudas, ejecutaba una antigua venganza, cumplía con su palabra, acometía sin piedad, embestía como un toro, sudaba, murmuraba, denunciaba. Se había convertido en un animal, un salvaje, un macho audaz, entrón, indomable en presencia de la hembra en celo, receptiva, deseosa y mordelona. La pareja perfecta que acataba las palabras divinas: «Amaos los unos a los otros».

Momentos después, Marion, Dolly, Olegario, Ole *dear*, permanecían exhaustos, mientras intentaban recuperar la respiración extraviada, desacompasada, un fiel reflejo de la pasión que los consumía. Yacían uno al lado de la otra; una viendo al techo y el otro, con los ojos cerrados, ambos inmóviles, pero vaporosos, ingrávidos. Amar sin acaloramiento, sin fuego, sin un feroz apetito, sin un ardor volcánico, equivalía a una simple masturbación. ¿Cómo reducir el amor a esa triste condición? Pobre de aquel que en su vida no ha conocido el delirio de un arrebato fogoso e implacable. Se besaban tenuemente, el lenguaje recíproco del agradecimiento, se acariciaban el pelo mientras Marion recorría con su dedo índice los labios de su amado, como si ellos fueran los principales detonadores del placer. La noche avanzaba en una exquisita indolencia, mientras la luna risueña navegaba perezosa y atenta por el infinito, como alegre testigo de los hechos.

Transcurridos unos momentos, sin soltarse las manos entrelazadas en comunión absoluta, acostados boca arriba, se produjo la pregunta obligatoria:

—Dolly, vida mía, ¿qué te pasó? Me fascinó la invitación, pero ¿qué te sucedió, me explicas? Nunca pensé en tener algo que agradecerle a Napoleón. ¿Estoy equivocado?

La respuesta no se dio de inmediato. Marion escondía una sonrisa perversa. Analizaba la mejor manera de explicar lo acontecido, sin parecer una mujer que había extraviado repentinamente la cordura. Buscaba la mejor manera de volver a engañar a Olegario. Avanzaría en el relato, contaría la historia con el rostro adusto, como lo había hecho en el caso Martín Lutero en la catedral de Wittenberg, hasta saberse descubierta por Olegario, momento en el que soltaría la carcajada.

—¿Prometes no burlarte? ¿Lo prometes? ¿Me lo aseguras? Es algo que debes saber y jamás te lo había comentado.

—No me vayas a salir ahora con que eres la abuelita de Napoleón o de Robespierre o de Talleyrand, porque te alteraste como nunca te había visto.

Ante semejante respuesta, Marion intentó ponerse de pie sin esconder su molestia. La representación teatral marchaba a la perfección. Era su consumación como actriz.

—¿Qué te pasa, qué sucede, qué dije de manera inconveniente? No entiendo nada —adujo extrañado Olegario.

—No me respetas...

—Claro que sí —respondió Olegario jalándola del brazo, recostándola otra vez y tratando de montarla de nueva cuenta—. Dime, soy solo oídos para ti.

—Bueno, pues ya es hora, apréndetelo: yo fui en otra vida Marie Josèphe Rose Tascher de la Pagerie...

—¿Quién? —saltó ahora Olegario colocándose al lado de ella sin retirarle la vista—. ¿Quién, me explicas?

—Fui —deletreó Marion—: Marie Josèphe Rose Tascher de la Pagerie, mejor conocida como Josefina, la primera esposa del gran corso, Napoleón I y, por lo tanto, fui la primera emperatriz de Francia.

Olegario frunció el ceño. Guardó silencio, prefirió ser prudente.

—A ver, ¿nos conocimos en Wittenberg en el siglo XVI, durante la marcha de Martín Lutero, y ahora sucede que también fuiste la esposa de Napoleón? ¿Qué más has sido, cuándo acabarás de contarme tus vidas y yo por qué no me acuerdo de ninguna mía?

—No te rías —adelantó ella— porque si estamos hoy aquí, en esta habitación, es porque antes aceptaste mi antigua identidad como hombre en el siglo XVI y reconociste que tú habías sido mujer, ¿no? ¿Me mentiste, me engañaste, me diste por mi lado solo para convertirnos en amantes?

—No, amor, claro que no —precisó un Olegario conciliador, convencido de la importancia de no caer en contradicciones. No era momento de bromas ni de burlas. Lo mismo acontecería si su amada le anunciaba algún día, sorpresas te da la vida, que ella había sido Aristóteles, Julio César o Cleopatra. Difícil de deglutir, ¿no? Imposible mofarse de ella, pero la nueva revelación exigía una apertura mental de la que él carecía. Por dichas razones permaneció serio y adusto, sin poder ocultar, eso sí, una sonrisa traviesa.

—¿Y cómo lo supiste? ¿Desde cuándo descubriste que en tu otra vida fuiste Josefina, la esposa de Napoleón?

¿Acaso Olegario estaba enloqueciendo o Marion le tomaba el pelo como le daba la gana? La primera ocasión la había pasado por alto, pero este nuevo cuento ya parecía *a little too much*... Bueno, sí, la dejaría pasar porque, al menos, aprendería algo más de la historia de Francia. ¿Cómo hacer semejante pregunta con seriedad sin soltar la carcajada? La dejaría hablar...

—Lo descubrí hace como cinco años en una visita al Louvre, cuando el guía, después de recorrer varias salas, nos explicó a un grupo de estudiantes el significado de un cuadro enorme conocido como *Le Sacre de Napoléon, La Consagración o La coronación de Napoleón,* en Notre Dame, en diciembre de 1804; es más, en la mañana del 2 de diciembre de 1804. Cuando escuché el nombre de Jacques Louis David, el poderoso pintor de esa obra maestra, un intensísimo estremecimiento despertó hasta el último poro de mi piel. Estallé en un tremendo llanto, para sorpresa de mis compañeras, cuando nos hicieron saber que la mujer arrodillada, próxima a ser coronada por el emperador y no por el papa, la que se veía con la cabeza humillada y se mostraba con ambas manos juntas como si estuviera elevando una plegaria, era la propia Josefina... En ese instante supe a la perfección que esa mujer, la emperatriz, había sido yo, sí, Ole, mi vida, mi amor, era yo, Marion, tu Marion, ¿lo puedes creer? –exclamó convencida de su papel como si estuviera en el teatro de la Comedia Francesa–. ¿Yo, la esposa de Napoleón y emperatriz de todas las Francias? ¿Yo? Salí huyendo del museo en busca de mí misma; corrí enloquecida por el jardín de Las Tullerías, hasta sentarme sobre unas sillas colocadas alrededor de una fuente para iniciar una búsqueda frenética de aquella identidad olvidada. Al llegar al hotel, me encerré en mi habitación y continué practicando una de mis regresiones, un recorrido por la vida de Josefina, para confirmar mis suposiciones. Todo lo vi con meridiana claridad.

–¿Qué viste? ¿Qué recordaste? –cuestionó Olegario intrigado. La reseña solo podía ser falsa, pero cómo lo gratificaba escucharla.

–Napoleón no quiso posar para David en ese momento, para ese cuadro, ya lo había hecho con anterioridad. Pero yo recuerdo perfectamente la voz del autor, su delicadeza al colocarme de cara a la mejor luz de la habitación, sus manos blancas, muy blancas, su estatura, un tanto más alto que mi marido, su mirada intensa, llena de furia, la de un revolucionario. Te confieso que me fascinó ese hombre que retrató esa escena histórica como nunca nadie lo podía haber hecho.

–Cuenta, cuenta más... ¿Te acostaste con David?

–Ganas, lo confieso, no me faltaron, pero en ese momento mi condición de emperatriz me impedía cualquier acercamiento; me sentía expuesta en todo tiempo como en una gigantesca vitrina, pero después sí que me las arreglé, Ole, *my love* –dijo Marion con un dejo de picardía–. Debes saber, eso sí, que todos los hermanos de Napoleón, hermanas incluidas, me odiaban, me despreciaban, me llamaban arribista, interesada, ambiciosa, por no profesar respeto ni amor por el emperador, porque según ellos, solo me movía mi propio interés político y económico. Pero escúchame bien, las pasiones se desataron a tal extremo que la madre de Napoleón, María Letizia Ramolino, se negó a asistir a la ceremonia de coronación de su hijo porque no me consideraba digna de ser su esposa ni, mucho menos, emperatriz de Francia. A sus ojos yo era una indigna arribista. Sin embargo, mi esposo le ordenó a David que la pintara, aunque ella no hubiera estado presente en Notre Dame: la maldita vieja endemoniada, una italiana irascible que se manejaba por prontos y caprichos, que nunca imaginó ni pasó por su cabeza enloquecida que su vástago llegara a esas alturas, decidió, dentro de su rabieta, no llegar y no llegó a la ceremonia.

—¿Y qué más sucedió? —preguntó Olegario lleno de curiosidad, como si hablara con una persona que realmente hubiera asistido a la ceremonia. Ahí estaba la gran novelista, pensó, a sabiendas de que Marion le estaba contando un cuento de hadas con una imaginación portentosa. Esta vez seguiría su juego, le daría cuerda, toda la cuerda, hasta concluir el relato. ¿Cómo interrumpirla?

—Me acuerdo que el papa Pío VII se limitó a bendecir la coronación. Napoleón se colocó él solo la corona confeccionada con hojas de roble y laureles de oro, como las de los césares romanos, sin la ayuda de nadie, para no conceder la menor autoridad al clero católico. Es falso que el emperador se la hubiera arrebatado en el último momento al sumo pontífice. Yo estuve presente en la negociación. En la pintura, el vicario de Cristo se encuentra sentado atrás, apenas se distingue porque no llevaba ni la mitra ni la tiara, sino solo el *pallium* colocado sobre sus hombros.

—¿Y qué más? —preguntó Olegario con el ánimo de incitarla a inventar más, mucho más en espera del momento en que el histórico recuento se derrumbara como un castillo de naipes.

—No te puedes imaginar cuando salimos de la catedral de Notre Dame, oyendo un coro celestial integrado por miles, cientos de miles de ángeles, arcángeles y querubines, que interpretaban una música celestial a un volumen jamás oído. Algo así se debe escuchar cuando llegas al Cielo y san Pedro anuncia con fanfarrias tu feliz arribo al eterno Paraíso. Yo flotaba sobre ese tapete verde viendo los candelabros con todas las velas encendidas y las inmensas columnas decoradas con flores de diferentes colores, mientras recibíamos los aplausos y las miradas congestionadas de admiración de la alta sociedad francesa y de las autoridades revolucionarias de los niveles más importantes. Hubieras visto el lujo, la cantidad de banderas y estandartes, la indumentaria de seda de las mujeres, sus pelucas, sus collares, sus anillos, sus escotes tan pronunciados, sus abanicos de marfil; sin olvidar los trajes de los hombres, sus zapatos con hebillas bien lustradas, sus olanes, sus sombreros inclinados, sus espadas refulgentes y sus empuñaduras de oro, concha nácar y piedras preciosas, en fin, ninguna ocasión superior para mostrar todas sus galas. En ese momento, imposible olvidarlo, Ole, *dear*, recordé mi origen, mi nacimiento en el Caribe, en América. Como mujer no podía llegar más lejos ni más pronto.

—¡Qué historia, Dolly, mi amor! ¡Ah, claro, ahora recuerdo, Josefina, o sea, tú, habías nacido en la Martinica! ¿No? —intervino el yucateco para tirarle de la lengua como si se tragara la trama, tal y como había acontecido con lo de Wittenberg.

—Sí, amor, sí: fui registrada como María Josefina Rosa, tres nombres y, si pasé a la historia como Josefina, solo fue porque Napoleón siempre prefirió llamarme así, detestaba el Rosa por insípido —añadió Marion creciéndose al percibir cómo en apariencia Olegario caía en el engaño como un chiquillo—. En Martinica, la flor del Caribe, producíamos añil, cacao, tabaco y algodón, y ahí fui libre y muy feliz. Mi madre, Rose Claire des Vergers de Sannois, era descendiente de los primeros colonos de las Antillas Menores, en tanto mi padre, Joseph Gaspard Tascher de la Pagerie, era propietario de una enorme finca productora de azúcar. Yo creo que de ahí viene mi delirio contra la esclavitud porque en ese momento conocí y padecí de cerca la vida horrible de los esclavos. ¿O tú crees que esta debilidad que tú y yo tenemos por las personas desvalidas, miserables y explotadas es solo porque sí?

—Pero cuenta —insistió Olegario con la mirada de un chiquillo ávido por conocer los mínimos detalles y poder entrever el desenlace del cuento—, ¿qué viviste, qué viste, cómo influyó en tu infancia ese momento, en pleno trópico?

—Solo te explico —insistió la inglesa candorosamente, sin percatarse que ahora ella era la engañada— que me inscribieron en un colegio de monjas porque me consideraban una pequeña salvaje, ¿y esas mujeres salvajes eran las llamadas a quitarme el salvajismo? No, amor, no soy anticlerical porque sí; no, todo tiene un origen y una razón de ser, y ellas me llenaron de rencor al privarme de muchos momentos felices de mi infancia; al prohibirme juegos elementales de niños; al infundirme estúpidas supersticiones, unas más irracionales que las otras; al imponerme castigos desmesurados carentes del menor sentido. Las odié, Ole, las odié. Fue mi primer contacto con el odio, con la protesta y con el salvajismo que deseaban extirpar. A mí me aterrorizaba irme al infierno Las monjas me enseñaron a sentirme culpable. Ya sabes por qué odio a los esclavistas y al clero.

—¿Monjas? ¿Tú, Marion Scott, la atea, la incrédula y agnóstica? ¡Cuánto sufrimiento!, ¿no? Marion Scott encerrada en un convento, eso sí es de novela...

—No era Marion, bobo, era Josefina, no yo...

—¡Ah, perdón!, cierto, ¿y qué más? Quiero saberlo todo, amor.

Marion desgranaba la narración como si lo hubiera vivido, es más, el lujo de las descripciones hubiera impresionado hasta al más sólido de los conocedores del imperio napoleónico. La historia era magnética, intrigante y apasionada. Cualquier persona que escuchara el pasaje se habría deleitado, pero quien insistiera en haber sido protagonista de los hechos habría pasado por loco, dipsómano, embustero profesional o un buen cuentacuentos...

—Pero escucha —continuó Marion narrando lo acontecido sin ocultar un rictus de dolor—, en la Martinica, como en casi todo el Caribe y América Latina, el cultivo de la caña de azúcar traía de la mano la fiebre amarilla, traída de África, una auténtica pesadilla para los esclavos y para los patrones que se quedaban de un día a otro sin mano de obra. Fue entonces cuando comenzó la importación masiva de negros de África, solo para producir la amarga dulzura —agregó con el rostro endurecido, como si lo estuviera viviendo en ese momento—. Piensa que a mis doce o trece años yo ya conversaba a escondidas con nuestros campesinos que trabajaban jornadas extenuantes sin salario alguno, cortaban al día algo así como doce toneladas de caña, caminaban ocho kilómetros en pleno sol calcinante, podaban a diestra y siniestra y, cuando caían de rodillas por el agotamiento, solo les daban agua para recuperar sus fuerzas. —En ese momento se detuvo a escrutar la mirada de su novio. ¿Lo estaría convenciendo?—. ¿Quién podía trabajar de sol a sol en esas condiciones, Ole, quién lo resistiría? —se cuestionó apasionadamente, como correspondía a una testigo de los hechos a la que le hirviera la sangre—. Más aún si muchos enfermaban por la rudeza del trabajo y todavía les imponían terribles castigos si no cumplían las cuotas de caña establecidas. ¿Qué hacer? Pues a contratar jóvenes de quince a veinte años de edad, quienes, machete en mano, soportaban las agotadoras faenas, sin que pudieran imaginar cómo verían reducidos sus años de vida ni conocerían las inmensas ventajas de pasar por una escuela y tener, al menos, un libro en sus manos encallecidas para conocer la luz de las ideas. ¿Ideas? ¿Qué era una idea? La producción de los ingenios azucareros dependía del número de esclavos y de la extensión de caña sembrada, por lo que, para sobrevivir y obtener ganancias era imprescindible traficar y comprar más y más negros, un horror...

—De ahí, de tu vida josefinesca —cuestionó Olegario sin que su pregunta pareciera el inicio del pitorreo—, debe venir tu odio por la esclavitud, ¿no, amor? Sobre todo porque tu familia habría ganado mucho dinero...

—No, Ole. Una mañana mi padre vio en el horizonte del mar Caribe una sospechosa mancha negra, que dos días después se convirtió en un pavoroso huracán que destruyó absolutamente todo. Mató a los animales, arrasó con las cañas de azúcar, derribó nuestra casa, inundó los campos, desbordó los ríos, envenenó los pozos de agua, creó una espantosa miseria, desaparecieron trabajadores, despedazó sus jacales, produjo terribles enfermedades e impidió que pudiéramos pagarles los créditos a los bancos. Lo perdimos casi todo, una catástrofe sin igual.

—¡Qué barbaridad, qué catástrofe, tantos años de trabajo y de esfuerzo y todo se lo llevó el viento! ¿Y entonces se fueron quebrados a Francia?

—No, *my love*, la vida es algo así como una rueda de la fortuna. Después de los momentos de miseria que pasamos en la Martinica, mi hermana iba a contraer nupcias con Alejandro de Beauharnais, un adinerado vizconde de París, pero, no sé si para mi desgracia o mi suerte, él murió antes de la boda y mi tía Rose, una distinguida parisina, le sugirió entonces al tal Alejandro que se casara conmigo y él aceptó la propuesta. Yo iba a cumplir dieciséis años cuando me casé con él en una pequeña iglesia de París.

—¿Dieciséis años?

—¡Dieciséis años! Tuvimos dos hijos, Eugène y Hortense, mi querida niña que nació prematuramente —aduje con un dejo de tristeza para luego interrogar a Olegario—: ¿Qué dirías si te cuento que la amante de mi marido, sí, oíste bien, su amante, un auténtico gusano, intrigó hasta convencerlo de que Hortense era producto de mi amasiato con otro hombre, porque mi hija había nacido antes de tiempo y durante los nueve meses Alejandro estuvo de viaje por Europa, así que no pudo haberme embarazado, por lo que era imposible que él fuera el padre de mi hija?

—¿Y él se la creyó?

—Tan se la creyó que me largó de su casa y tuvimos que ir a refugiarnos, mis hijos y yo, a una abadía verdaderamente espantosa.

—¿Y cómo te las arreglaste?

—Visité las casas de diferentes parientes que me ayudaron hasta que estalló la Revolución y entonces me volví a encontrar con Alejandro, pero en la cárcel.

—¿En la cárcel?

—Sí, acusados de actos contrarrevolucionarios. A mí me liberaron porque me enamoré de un general llamado Lazare Hoche y, después de unos intercambios amorosos inolvidables, no sabes cómo me poseía cuando me apretaba la cintura, me liberaron. En tanto que a mi marido lo guillotinaron en 1794 por intrigas de los revolucionarios. El terror era el terror...

—¿Le cortaron la cabeza?

—Creo que si lo guillotinan, quiere decir eso, ¿no?

—¡Ay, tu humor ácido, malvada! Bueno, ya, entendido, pero ¿te dolió saber que lo habían decapitado?

—No, yo ya no sentía sino desprecio por él, por su falta de lealtad y por habernos abandonado a nuestra suerte. Solo levanté los hombros y me dediqué a pensar en mi general. Se enloquecía con mis senos...

–Por favor no me cuentes detalles de lo que hacías con el generalito Hoche... Muero de los celos, aunque haya pasado casi un siglo.

–Pero si eso fue hace muchos años y yo era otra mujer, Ole, si ya en este momento ni siquiera soportas conocer detalles de mis amantes, ya no podré contarte lo que sucedió después... ¿Te das cuenta de que no era yo, tu mujer en Oxford, ni tú eras tú, ni ayer era hoy, toda una coyuntura distinta?

¿Qué hacer ante semejante pregunta? Olegario la contestó con un beso interminable...

Entendida la respuesta, Marion continuó describiendo los pasajes amorosos con el general Hoche, su salvador. En algunos momentos hizo hincapié en detalles íntimos, apenas confesables, para provocar a Olegario, quien solo cerraba los ojos y crispaba los párpados, negándose a escuchar y aparentaba tragar el veneno en pequeñas gotas. El juego era delicioso. En la cárcel, según contó Marion, creyendo tener enganchado de nueva cuenta a Olegario, había conocido a Teresa Cabarrús, esposa de Jean-Lambert Tallien, presidente de la Convención, el libertador de ambas. A partir de entonces, Teresa había invitado a Josefina a fiestas y reuniones en su residencia en París y se había acercado a los altos círculos del poder, en donde ambas se intercambiaban amantes a placer. En uno de esos ambigús, explicó gozosa la inglesita, Josefina, ya educada de acuerdo con la etiqueta aristocrática, conoció a Napoleón Bonaparte: un destacado militar de veintiséis años, mal vestido, con la levita desgastada, taciturno, serio, de mirada penetrante, seis años menor que ella, de estatura media, un hombre delgado, sorprendentemente delgado, parco al hablar, atento a cualquier comentario; sabía escuchar lo que fuera, sí, pero difícilmente podía llamar la atención de una mujer tan hermosa como Josefina, quien veía algo atractivo en esa personalidad extraña e indefinible. Un Napoleón caído a sus pies decidió acosarla, buscarla, perseguirla, suplicarle, exigirle, solicitarle, sin poder olvidarla ni mucho menos resignarse a perderla. No le concedería tregua alguna y la acorralaría; insistiría sin cansarse, echando mano del humor, de la sorpresa, de atenciones inimaginables, sin ceder ni un palmo y no solo eso: la rodeó, la sitió, la cercó como un estratega militar hasta provocar su rendición ante el juez para contraer nupcias, con cierta desgana por parte de ella, en marzo de 1796. Días después, Bonaparte la abandonaría al salir de misión con las Fuerzas Armadas, en tanto ella invertiría su tiempo, ya casada, claro está, en dejarse seducir y disfrutar los lechos más famosos de París.

Después de una carrera política meteórica y de intercambios epistolares entre ambos, cartas saturadas de una pasión adolescente por parte de Napoleón, quien había hecho de Josefina un admirable objeto de adoración, llegó el feliz momento del encumbramiento de aquel desgarbado y deshilachado militar convertido en emperador de Francia, a tan solo ocho años de su matrimonio.

—Ser la esposa del emperador de Francia no era poca cosa —arguyó Olegario—; me imagino que te contemplaban con envidia al ser, en realidad, una emperatriz criolla...

—Sí, así fue. Las envidias se daban todos los días por doquier, amor, pero Napoleón sabía poner el orden con un manotazo o un espadazo, de modo que todos entendieran. Pero el problema no era eso, no —interrumpió de golpe la reseña histórica.

—¿No? ¿Cuál era entonces?

—La mayor parte de la gente pensaba que Napoleón y yo sosteníamos una relación propia de un cuento de hadas. Nuestro amor se nutría, de cara a la sociedad, con una pasión pocas veces vista entre los mortales, sí, pero la realidad era muy distinta.

—¿Por qué?

—La verdad nunca pensé que ese militarcito tan mal vestido e insignificante pudiera llegar a esas alturas. Yo nunca estuve dispuesta a acompañarlo a sus incómodas campañas militares, prefería quedarme en París y disfrutar la compañía de amantes jóvenes, con ellos podía pasar horas y horas en la cama sin que se cansaran hasta dejarme exhausta. No te puedes imaginar la cantidad de excusas que inventé para evitar nuestros encuentros en lo que él llamaba «el campo del honor», para mí, el campo del horror. La popularidad de mi marido hacía que el pueblo me llamara Nuestra Señora de la Victoria, pero yo prefería acordarme de mis amantes como Barras, quien al mismo tiempo lo era de mi amiga Teresa; de Murat, ese hombre de musculatura de acero en todo lo que puedas imaginarte, y de...

—Marion, Dolly, ya basta...

—Y de Hipólito Charles, un galán simpático, gozador como pocos del sexo —continuó Marion sonriente— y del buen vestir, con quien reía todo el tiempo por sus ocurrencias bufonescas y que no me dejaba ni a sol ni a sombra ante una sociedad escandalizada por mis desvaríos. No sabes cómo me divertía cuando imitaba a los gangosos, a los borrachos o a los lambiscones que se acercaban a Napoleón. ¡Pobre de aquella mujer que no muere de la risa con las sandeces de su pareja! Cuidado que no dije marido. Y también pobre de aquella que no lo soporta, como era mi caso, porque las cartas insistentes de Napoleón llamándome de mil maneras amorosas, tiernas y cariñosas, no lograban sino hartarme y provocar mi silencio. ¡Cómo contestarle si no sentía nada y todo cuanto deseaba era que no me escribiera más! ¡Qué pereza responderle!

—¿El tal Hipólito era la personificación del dios Eros, como yo? —cuestionó Olegario sin que Marion percibiera el tono burlón de su novio.

—¿Qué? —repuso Marion sobresaltada—. Cúbrete los oídos con las dos manos —agregó sonriente—. Ese hombre me enloquecía en la cama como ningún otro lo había hecho. Él sí sabía tocarme y hundir su abundante cabellera entre mis piernas hasta hacerme delirar, me besaba, me recorría, me susurraba al oído las palabras más soeces, me hacía reír o me ruborizaba; me hacía girar con cierta brusquedad que me fascinaba, para colocarme de nalgas o para recibirlo viéndolo a la cara con su mirada depravada que me hacía desvariar. No, ninguno como él, Ole, amor mío, ninguno... Me morí con una sonrisa en el rostro al recordar cómo nos bañábamos juntos en la tina y jugábamos a enjabonarnos mientras mis mucamas, que todo lo sabían, nos traían agua caliente con un aplauso y otra botella de champaña si dábamos dos palmadas. Nos pasábamos las burbujas heladas de boca a boca, a veces tosiendo, pero sin dejar de reír ni un momento. ¡Qué años aquellos, mi vida! Si una mujer se divierte con su pareja y es feliz en la cama, tiene más de la mitad del camino recorrido —concluyó Marion sonrojada, viendo a través de la ventana de la habitación, ya hechizada, de Olegario, como si fuera a encontrar el rostro ardiente de Hipólito.

—Pues sí que fue toda una experiencia —arguyó Olegario carcomido por la envidia para preguntar de inmediato—: ¿Y quién era Hipólito? ¿Cómo lo conociste?

—Hipólito era un teniente de los húsares, nueve años menor que yo. Me fascinaban los hombres jóvenes, como te he dicho, y por esa razón usé mi influencia para hacerlo rico, para que abandonara las filas de la Armada y que me dedicara, sin pretextos, su vida, su tiempo, su existencia, su aliento, sus primeros y últimos pensamientos, sus delirios. Todo él debía ser mío y lo fue. Yo tenía su inmovilidad garantizada. Sí, sí, lo admito, tuve la audacia de llevármelo a Italia cuando Napoleón reclamó mi presencia en plena campaña militar. Sobra decirte que su familia, sobre todo su hermano Luciano, se enfureció al verme acompañada por mi amante, según se rumoraba en todo París, pero logré dominar la situación. —Marion jugaba con el tiempo, con los escenarios y los personajes describiendo escenas como si las hubiera pintado David a la perfección.

»Cuando en 1798 Napoleón se encontraba en Egipto, los malvados chismosos de su familia lo sepultaron con cartas que le anunciaban mi infidelidad y al regresar a París no solo me pidió el divorcio a gritos, sino que me insultó con todas las groserías imaginables».

—Tenía razón tu marido, ¿no, Marion? Yo también te hubiera dicho hasta de qué te ibas a morir, pero de divorcio nada, porque todavía te hizo emperatriz, ¿cierto?

—Así fue, Ole, tienes un tanto: yo lo esperaba en nuestra casa. Llegaría en cualquier momento, tenía información confidencial de cada uno de mis movimientos. Pude ver por la ventana cuando su carruaje se detuvo enfrente de la puerta, así que corrí para ponerme una bata de seda que él me había regalado, en compañía de una carta ridículamente cursi y empalagosa, que se me cayó de las manos.

—Ya me imagino para qué la bata si nunca has usado ropa interior, al menos en los últimos mil siglos. ¡Pobre Napoleoncito!

—¿Te imaginas tener que cargar ropa interior que llegaba a pesar doce kilos? ¿Por qué no la usas tú en mi lugar? Bien decía Napoleón que el corsé era el peor enemigo de la raza humana.

—Pretextos, ¿no? —respondió Olegario burlándose.

—¡Calladito, rey, yo soy la que cuenta! Me hice la sorprendida, la que no sabía nada, la víctima inocente, porque las mujeres, de la misma manera que podemos fingir un orgasmo, también sabemos chantajearlos con un supuesto dolor para debilitarlos y enternecerlos. En el fondo son muy inocentes y tontos y no se imaginan la maldad femenina... Cuando acabaron los improperios y las agresiones verbales, porque eso sí, Napoleón nunca me golpeó, en esa coyuntura que ya se desarrolló en nuestra habitación, al concluir la catilinaria, simplemente me abrí la bata como si nada, un descuido, ¿sabes?, para que cayera al piso.

—Malvada, conocías al dedillo las debilidades de Napoleón.

—¿Y qué mujer no conoce las de su marido o pareja y las explota? Solo una bruta no las aprovecha, *love*.

—Malvada, dije y lo repito, malvada. ¿Y qué pasó después? —preguntó Olegario, metido en la historia de Josefina como parte de un reducido público hechizado.

—¿Qué? Pues ahí lo vi de pie, inmóvil, admirándome de cuerpo completo, como a él le gustaba. Al ver que no me atacaba con más palabrejas soeces y que contemplaba fascinado mis gracias y atributos, me acerqué sin impresionarme por su atuendo militar de gala ni por su espada ni por su sombrero, su famoso bicornio. En realidad, a pesar de ese espectacular uniforme, lo miraba como a un ser insignificante. Nada me importaba. Lo desvestí, paso a paso, como a un niño malcriado, sin que me devolviera caricia alguna, parecía de palo. Estaba furioso, pero se dejaba hacer. A continuación, empecé a besarlo a pesar de que, como siempre, me agredía su aliento pestilente. Supe que era mío y que había ganado la partida cuando, al abrazarlo, tomé sus manos, las coloqué encima de mis nalgas y lo obligué a estrujarme. No había nada más de qué hablar. El resto se resolvería en la cama...

—Pues sí que eras mañosa, reinita...

—Y sí que ustedes los hombres son al menos candorosos, a falta de otros adjetivos.

Mientras que Olegario le daba un cariñoso jaloncito a su cabellera ensortijada, sentenció sonriente:

—Las grandes batallas en el matrimonio, según dicen, se ganan en la cama, ¿verdad?

—Sí, pero no sabes qué trabajo —confesó con expresión de hastío—. Lo que más me agredía eran sus formas en la cama, más aún cuando yo ya había adquirido experiencia con una gran cantidad de hombres, muchos de ellos muy experimentados en las magníficas artes amatorias. Napoleón no sabía tener a una mujer. Ignoraba sus puntos más sensibles y delicados, desconocía cómo conducirnos al éxtasis, cómo tocarnos, cómo hablarnos, cómo sugerirnos, cómo inducirnos, cómo prepararnos, cómo provocarnos, cómo llegarnos, cómo tenernos y despertar el deseo hasta llegar al arrebato. El emperador y extraordinario militar dominaba, eso sí, el lenguaje de las armas, el de los cañones, el de la pólvora, las formaciones, los planes, el espionaje del enemigo, las estrategias organizadas con rigidez castrense. Pero en la cama era un desastre, más aún, como ya te conté, por el pésimo aliento que tenía, un espanto.

—El tufo de tu pareja puede acabar con el amor...

—¿Puede? No, no puede, lo extingue, lo anula y, peor aún, si cuando te tocan como mujer te estremeces, pero no de placer, sino de horror. En un instante te secas, dejas de humedecerte para recibir al hombre, te nulificas, te invalidas. Cómo se ve que no sabes lo que es un beso, una caricia no deseada, Ole, *dear*...

—¿Y él qué hacía?

—En el fondo, de alguna manera dejó de buscarme con la intensidad inicial. Mis dientes, creo yo, también jugaron un papel importante en su desencanto.

—¿Tus dientes?

—Sí, yo había comido muchas cañas de azúcar en Martinica durante mi infancia y mi dentadura se estropeó por las caries, por esa razón me reía tan poco, como tú entenderás...

—Caray, qué combinación: mal aliento, dientes cariados y malas formas, un inepto en la cama, ¿cómo iban a tener un hijo, heredero del trono, según deseaba tu marido?

—Era prácticamente imposible la concepción con él, por más que yo ya era madre de dos vástagos. Hicimos el intento en muchas ocasiones, bueno, no tantas, porque cuando Napoleón volvía a París lo hacía con un gran rencor y sin el menor control de sus celos. Yo nunca pude darle el heredero con el que él soñaba, pero, eso sí, ya me había regalado el Palacio de Malmaison, en las afueras de París, en donde yo pasaría hasta el último de mis días. Para mí no fue ninguna sorpresa cuando me pidió el divorcio, no solo porque yo no le facilitaba la descendencia deseada, sino porque tampoco resistiría mi presencia ni los lujos que yo necesitaba para vivir. Finalmente él se casó con María Luisa de Austria para trabar una alianza política y militar.

–Y así hasta llegar a Santa Elena, ¿no?

–No, Ole, yo morí el 29 de mayo de 1814 y él fue derrotado en Waterloo el 18 de junio de 1815. Todo lo que ocurrió después ya lo investigué en esta vida, como cuando los ingleses enviaron preso a Napoleón a la isla de Santa Elena, en donde murió el 5 de mayo de 1821, víctima, según se supo años más tarde, de un cáncer de estómago, por eso le apestaba tanto la boca. Tardaron los franceses casi veinte años, hasta 1840, en trasladar sus restos al Hospital de Los Inválidos, al lado del río Sena que tanto amó. Cualquier asunto relativo a Napoleón siempre fue muy delicado y había que tratarlo con pinzas...

–Y cuando te moriste, como tú dices, ¿nunca nos encontramos en el Paraíso? –preguntó Olegario próximo a la confesión final.

–Eres un perverso, jamás te volveré a contar nada de mis vidas anteriores...

–No, por favor –suplicaba risueño Olegario.

–Pues mira, para rematar nuestro linaje te cuento que mi hija Hortense se casó con Luciano, el hermano de Napoleón, el del 18 Brumario, y tuvieron un hijo, mi nieto, que con el tiempo se convertiría en Napoleón III, el mismo que apoyó a Maximiliano para fundar el Segundo Imperio Mexicano. Solo yo puedo decir que fui esposa y abuela de dos emperadores franceses. ¿Qué tal, mi rey?

–Nunca acabarás, Marion, amor, serás eterna e infinitamente mentirosa –arguyó Olegario saltando encima de ella, sentándose en su vientre, sujetándole los brazos con sus manos para inmovilizarla.

–¡Déjame, salvaje mexicano, suéltame, maldito! –se defendió Marion girando la cabeza enloquecida de un lado al otro–. Te voy a morder, desgraciado.

El yucateco la besó en el cuello sin hacer caso de su resistencia. Subió las rodillas, se acomodó sobre su pecho y la sujetó por las orejas:

–La primera vez caí entre tus garras en Wittenberg, pero ahora te dejé hablar y hablar solo para descubrir que ya te quiero más...

–¿Por qué me quieres más? –preguntó Marion llena de curiosidad, dejando de jugar por un momento. Ese tema la atrapaba.

–Hoy confirmé que serás una gran novelista. ¡Qué manera de pasearme por el imperio napoleónico, de llenarme de imágenes, sabores, colores, sonidos y hechos históricos que deberías escribir! En Inglaterra serías la gran sensación literaria, malvada bruja de todos los demonios...

Marion se sintió descubierta:

—¿Entonces, no crees que yo fui Marie Josèphe Rose Tascher de la Pagerie y después Josefina Bonaparte?

—No te creí ni una sola palabra, pero me encantó tu historia, aprendí mucho y me sorprendiste más. Ya verás la cara que va a poner Hugh Perkins cuando le contemos...

—No, no lo harás, te lo prohíbo, lo vas a decepcionar —replicó riéndose como una niña traviesa al haber sido descubierta.

Era el momento de besarla y así lo entendió Olegario. La escena concluyó cuando Olegario se acostó a su lado y le susurró al oído:

—Señora emperatriz de todas las Francias, ¿me permite usted que me introduzca en su cuerpo una y mil veces más?

—Sírvase, por favor, señor yucateco, estoy a sus órdenes, soy su esclava.

Dicho lo anterior, Josefina abrió las piernas para volver a vivir el delirio de los justos...

Olegario adquirió dos boletos en un vapor que zarparía de Southampton, en septiembre de 1904, rumbo al puerto de Veracruz, solo que antes los alumnos de míster Perkins serían sometidos a exámenes escritos y orales a la altura exigida por la Universidad de Oxford. Una vez aprobados, Marion y Olegario viajarían con sonrisas en el rostro y títulos de excelencia académica a México. La prueba de fuego estaba por llegar y llegó abruptamente en forma de carta enviada por la señora María Dolores Figueroa de Montemayor, madre de Olegario:

Hijo de mi vida, adorado fruto de mis entrañas que nasistes bendito por el Señor, a quien yo le devo todo cuanto soy y cuanto somos con la mano isquierda sostengo tu carta que estoy leyendo y con la derecha te escribo la respuesta que te mereses porque bien saves que eres el sol de mi ecsistencia la lus que ilumina mi camino al lado de Dios la esperansa de nuestra familia para ayudar a tu padre en los negosios ahora que es gobernador. Hace cuatro años que no te beo y no saves lo que me duele tu ausencia pero al mismo tiempo me llena de orgullo que allas acabado tu carrera en esa universidad que tiene nombre de grasa de sapatos. Mientras tanto como sabes Avelino tu cuñado mi llerno, no es quién para dirigir nuestras aciendas porque ni siquiera tiene nuestra sangre y si lo ase es porque se casó con tu ermana y me temo que fue por el dinero el cochino dinero pero que tampoco se puede vivir sin él. Dios lo ampare si es que se casó con tu ermana solo por interés económico. Solo espero que el castigo que tal ves algún día resiba de parte de Jesús que todo lo sabe y nada ignora no nos afecte a nosotros. Las cosas están de tal manera que todo lo que le pase a él también nos pasará a nosotros. ¿Quién se va a quedar con todo esto que tu papá a logrado con tanto trabajo? Cuando ya no estemos aquí y estemos en el cielo con todas bendisiones papales todo esto va ser de ustedes y de nadie más porque nosotros no nos llevaremos ni lo que tengamos puesto el día del entierro y ya estemos enfrentando el juisio final sueño con que Dios te ilumine para dirigir estas aciendas y cuides de nuestra gente.

Pero a ver dueño de mis ilusiones, por quien reso todos los días después de comulgar con el señor arsobispo Trishler ¿cómo es eso que vas a venir a Yucatán con una amiga inglesa sin aberte casado en nuestra catedral de acuerdo con la ley de Dios? ¿Quién es ella? Ni me digas que no es católica porque ni a ti ni a nadie le combiene probocar la ira del Señor. ¿Con qué cara quieres que comulgue o valla diario a misa o visite a mis amigas, me confiese y cumpla con todos los mandamientos si mi propio hijo está por cometer un pecado mortal con el cual te podrías ir al infierno sin que yo pueda ebitarlo por más que creo ser la consentida del hijo de Dios? Persínate mientras lees mi carta hijito de mi vida no me hagas sufrir, te lo imploro de rodiyas y júrame por los clabos de Cristo y por su sagrada túnica que no tienes nada que ver con ella que no es protestante ni ninguna de esas religiones raras que ecsisten en Europa y que solo es tu amiga y solo tu amiga, aunque bien sabes que esas costumbres tan raras en esos países en donde estudias están proibidas por nuestro catesismo y por el evangelio. ¿Ya te persinastes? Dime que sí.

¿Cuando llegues a Mérida adónde va a dormir ella? ¿Cuántos años tiene? ¿Cómo es? Por favor dime que no es guapa ni es joven ni te llama la atención como mujer. ¿Te llama la atención? ¿Qué le vamos a decir a tus ermanas y a tus ermanos? ¡Nos vamos a condenar todos! ¿Qué va a desir el arsobispo Trishler y tu confesor que te conose desde niño? ¿Qué le vas a desir a tu padre? ¿Cómo explicarlo? Estoy muy atormentada. Hoy mismo en la tarde me voy ir a confesar y espero que el Señor me comprenda y te perdone. ¿Cómo va a pisar esta santa casa esa muchacha de la que no sabemos nada? ¿Cómo la dejan benir sus padres sola con un hombre hasta acá?

Eso que me dijistes en tu carta que ella es una estudiosa que quiere conocer Yucatán nuestras costumbres, nuestra comida, nuestras cansiones, nuestra troba, nuestra cultura y nuestra historia me parece un cuento chino con el que esa mujer te habrá envaucado. Para eso están esos canijos libros que tanto te gustaba leer desde niño. Si de verdad quiere ecsplicaciones ahí las tendrá todas. Yo ya soy una mujer mayor y conozco a las de mi sexo al derecho y al revés. Me basta con mirarlas una vez para saber si son unas bulgares trepadoras, mañosas lagartonas, Dios me perdone. Dime que tu tal María no es una trepadora por lo que más quieras. Dime cómo quieres que maneje esto en la familia porque yo misma no sé ni cómo comensar.

Nada deceo más en mi vida que volverte a ver, luz de mi vida, amor de mis amores, dueño de mis ilusiones, esperansa de mis esperansas. Nada deseo más que abrazarte, jalarte las orejas y los cachetes, sentarte en mis piernas, aunque ya estás retegrandote, y hacerte tu sopa de lima que tanto te gustaba. Te voy a preparar unos papadzules maravillosos que te van a recordar tu infancia. Te quiere con locura tu mamasita que todavía te quiere más.

Escríbeme rápido para saber qué hacer y ven solo, sin esa mujer. Dios Nuestro Señor te lo va agradeser no hagas sufrir a tu madre no me lo meresco. Te quiero mucho, lo juro ante la santísima virgen que no me dejará mentir.

Tu mamá

—Señorita Scott —dijo míster Perkins con voz severa, sentado atrás de un escritorio, frente a ella, puesta de pie, en el aula magna, un auditorio para doscientos estudiantes, incluidos los curiosos expertos en otras materias invitados a presenciar el examen final oral de Marion, como el de otros tantos alumnos de la universidad—. ¿Qué le impresionó más de la llamada Guerra de Secesión en los Estados Unidos?

Como si Marion hubiera estado esperando la pregunta, contestó con el siguiente argumento y un gran aplomo:

—Si me permite, profesor, me gustaría dar marcha atrás a las manecillas del tiempo para hacer constar tres momentos que pintan de cuerpo completo a ese país, que lamentablemente también se comunica en inglés. Uno, los antiguos padres fundadores masacraron a balazos a los indios sioux, a los comanches, a los apaches, a los navajos, a los cheyenes, a los cheroquis, entre otros y, claro está, también exterminaron ciento treinta y cinco lenguas nativas, con sus usos y costumbres. Dos —anotó con su conocida firmeza—, los herederos de dichos padres le robaron a México dos millones de kilómetros cuadrados en una invasión armada, injusta y deplorable, incluyendo Texas y su amañada anexión para concluir con el despojo violento de Nuevo México, California, parte de Utah y de Colorado. O sea que, además de asesinos, luego fueron ladrones. Y tres, por si todo lo anterior fuera insuficiente, todavía se desató una guerra, a la que usted se refiere entre norte-sur, porque los estados esclavistas deseaban separarse de los Estados Unidos para seguir explotando a los africanos, trabajadores de los campos algodoneros, que padecían una de las peores calamidades de los tiempos modernos. ¿Resumen de los Estados Unidos de Norteamérica, profesor Perkins? Se trata de un país asesino, ladrón y racista.

Ante una acusación tan severa se produjo un silencio pocas veces escuchado. Marion lo aprovechó para exhibir los niveles de crueldad a los que llegaron los esclavistas del sur a cambio de ganar dinero, mucho dinero, durante la cosecha del algodón:

–¿Por qué no se grita de modo que lo escuche todo el mundo –se preguntó como una gran actriz de Piccadilly– que a los esclavos negros, negros, casi todos negros, los torturaban de mil maneras, o les cortaban las orejas, o los quemaban con hierros candentes como a las reses, o los azotaban a veces hasta la muerte con tal de aumentar la producción? ¿Hasta dónde pueden llegar los seres humanos para acumular riquezas que no se llevarán al otro mundo, y aunque se las llevaran, no tendrán tiempo para gastarlas, y aunque lo tuvieran, es una calamidad, un asco de nuestros semejantes que jamás fueron castigados y todavía defendieron con las armas ese terrible estado de las cosas? ¿Cómo no acabar a balazos con los *amos*, los supuestos *propietarios* de personas, extinguirlos, si violaban a las mujeres de los esclavos que, por su color de piel, según ellos, les provocaban repulsión? ¡Claro que jamás reconocían a los hijos nacidos como consecuencia de esa canallada, sino que se felicitaban por engordar su legión de esclavos heredados a la futura generación de salvajes que continuarían con las mismas prácticas inhumanas!

La audiencia estaba encantada con la exposición de esa brillante inglesa que no tenía empacho en revelar su verdad sin recato alguno.

–He tenido en mi mano –continuó como un fiscal bien informado del caso– fotografías de los instrumentos de tortura que se vendían al público en las tiendas de Nueva Orleans: herramientas de carpintería, cadenas, prensas de algodón, plumas del cuello, sierras de mano, mangos de azada, hierros para la marca de ganado, clavos, atizadores, alisadores, romanas y pinzas, algo muy parecido a los aparatos inventados por el clero católico, por la tal Santa Inquisición, para martirizar a los fieles. ¿A dónde hemos llegado? ¿O se castiga a cambio de dólares o de poder, o de ambos objetivos juntos? –En ese momento volteó a ver a los presentes para cuestionarlos como si fueran parte de un jurado–: Pero ¿quién podía comprar ese algodón tan barato producido por esclavos en condiciones de horror? Los empresarios del norte de los Estados Unidos, los titulares de los capitales que aceleraban los procesos de industrialización y exportaban sus productos para reunir los suficientes recursos para fundar bancos y financieras y expandir así la economía norteña. ¿Eran o no cómplices? Su obligación hubiera consistido en adquirir esa fibra mágica a productores no esclavistas. ¿Los había en ese mundo salvaje? Pero ¿quién era el primer comprador del algodón cosechado y esclavizado en el sur de los Estados Unidos? El Reino Unido, la Gran Bretaña, nosotros, para nuestra gran vergüenza, este país de libertades que financiaba indirectamente la esclavitud...

»¿Sabrían acaso los compradores de la fibra que el cultivo y sobre todo la pizca son agotadores, porque la planta mide entre 20 y 45 centímetros, por lo que se debe recoger casi de rodillas? ¿Quieren explicarse la asombrosa expansión norteamericana en el segundo tercio del siglo XIX? Busquemos las respuestas en el cultivo del algodón a costa de cientos de miles de negros arrancados contra su voluntad de África años atrás. ¿Cómo hubiera sido la Revolución industrial sin el algodón obtenido en el terrible contexto que acabo de narrar? No perdamos de vista que en junio de 1850 Inglaterra importó de los Estados Unidos más del 77% del algodón que consumía».

El catedrático no podía sorprenderse ante las razones expuestas por su alumna, él mismo siempre se había mostrado radical durante sus exposiciones en las clases. Sin embargo, sintió cierta incomodidad ante la probable presencia, en el auditorio, de estudiantes norteamericanos. De cualquier manera coincidía con los argumentos de Marion, más aún cuando los vertía con ejemplar seguridad. No era tiempo para que míster Perkins diera marcha atrás, ni la daría.

−Bueno, bien, pero hablemos de la guerra, concretamente de la Guerra de Secesión, ese es nuestro tema, señorita Scott.

Marion contó que Lincoln había llegado a la Casa Blanca el 4 de marzo de 1861 cuando siete estados esclavistas −Alabama, Florida, Georgia, Luisiana, Carolina del Sur, Misisipi y Texas− ya habían manifestado su decisión de no formar parte de la Unión, sino de los nuevos Estados Confederados de América, cuyo presidente era Jefferson Davis. El momento, según ella, no podría ser más comprometido para Lincoln, quien aseguró que el mantenimiento de la Unión era su principal obligación, su misión prioritaria. No permitiría que su país se deshiciera como papel mojado ni sometería la histórica decisión a la voluntad ciudadana mediante una votación. Al igual que Benito Juárez en México −datos proporcionados por Olegario−, defendería la validez de la Constitución por medio de las armas.

Marion Scott hizo saber que Lincoln estaba contra la esclavitud, que la consideraba una institución deleznable, y para vencer contaba con diecinueve millones de habitantes en el norte, una industria, un comercio y una banca poderosa; mientras que en el sur existían cinco millones y medio de blancos y casi cuatro millones de negros muertos de hambre y seguros aliados de la causa abolicionista. Lincoln se había opuesto, quince años atrás, a la guerra contra México. En ese momento, los estados conquistados alevosamente por medio de las armas amenazaban con romper el equilibrio de fuerzas en el Congreso escasamente controlado por los abolicionistas. El conflicto armado empezó a resolverse a favor del norte, según Marion, cuando: uno, el Congreso autorizó la emisión de novecientos millones de dólares en papel moneda para financiar el conflicto armado; dos, se convocó a quinientos mil voluntarios a defender a la patria; tres, se declaró la abolición de la esclavitud en los diez estados opuestos a la Unión; y cuatro, Lincoln fue reelecto arrolladoramente en las elecciones de 1864. ¡Claro que Lincoln tenía asegurado un monumento en Washington después de la Batalla de Gettysburg, donde lucharon ciento cincuenta mil soldados, sí, ciento cincuenta mil combatientes, algo nunca visto antes en guerra alguna! Jamás debería olvidarse que Lincoln promulgó uno de los documentos más duraderos de libertad de los Estados Unidos. «El gobierno del pueblo, por el pueblo y para el pueblo no desaparecerá de la tierra». El éxito quedó garantizado cuando los esclavos, perversamente explotados, huyeron de sus campos y se sumaron a las fuerzas liberadoras del norte, cuya industria creció al recibir enormes cantidades de recursos y, al contar con mano de obra asalariada y bien pagada, que no estaba dispuesta a abandonar sus puestos de trabajo.

Para los esclavistas resultaba más conveniente importar negros de África porque se trataba de una práctica comercial establecida, sencilla y de bajo costo. Por si fuera poco, los africanos ya estaban adaptados a la fiebre amarilla y acostumbrados a la agresividad de los climas tropicales, en tanto personas de otros continentes y menos aptas y fuertes morían como moscas, afectando el costo de producción del algodón. La guerra había acabado, desde un punto de vista legal, con la esclavitud, según lo dispuesto por la enmienda Décimo Tercera de la Constitución de los Estados Unidos. Sí, en efecto, aducía una Marion lanzada en un tobogán, la enmienda Décimo Cuarta también decretaba el derecho a la nacionalidad y a la protección de la ley con independencia de la raza, sí, pero en la práctica pasaría mucho tiempo para que la sociedad sureña se sometiera a lo dispuesto por las nuevas leyes. Para los blancos era más sencillo obtener un trabajo mejor remunerado que para un negro, porque estos carecían de talentos, eran más flojos, apáticos e indolentes y desinteresados de su aspecto y de su higiene personal, según alegaban los racistas. ¿Por qué no se tomaban en cuenta las dificultades, o hasta la imposibilidad para las personas de color de asistir a las universidades o a las escuelas? Ahí empezaban los desequilibrios sociales, en los impedimentos para acceder a la educación. ¿Por qué después de la guerra no existía igualdad entre todos los ciudadanos? ¿Por qué los negros no podían votar ni comprar en comercios para blancos ni se les permitía el ingreso en hoteles y restaurantes y se les obligaba a vivir en suburbios de nula categoría, fuera de los ostentosos centros urbanos? ¿Por qué se les excluía de la academia para condenarlos a la exclusión y al hambre? ¿Por qué se les segregaba? ¿La guerra no había acabado? ¿Cuándo terminaría?

–Para concluir –exclamó Marion satisfecha–, Lincoln ganó la guerra, preservó la Unión, según sus objetivos y deseos y, como premio del pueblo norteamericano, fue el primer presidente asesinado. Le dispararon el 14 de abril de 1865 y murió al día siguiente. Sin embargo, dejó anotado para la historia aquello de «si la esclavitud no es errónea, entonces nada es erróneo».

Se produjo un breve aplauso entre los asistentes y cuando míster Perkins iba a formular la siguiente pregunta, Marion preguntó si podía hacer un pequeño agregado más. El catedrático, sorprendido, le concedió la palabra. ¿Por qué impedírselo a una estudiante sobresaliente?

De espaldas a la audiencia aclaró que el estado de Virginia, la capital de la Confederación, ofreció una disculpa por los espantosos abusos de los blancos, promotores de la esclavitud. Algunas legislaturas declararon su «profundo pesar» por «la más horrenda de todas las depredaciones de los derechos humanos y de las violaciones de los ideales fundacionales de la historia de nuestra nación», comentó en tono sarcástico para continuar con otra cita memorizada: «Las normas morales de la libertad y la igualdad han sido transgredidas durante gran parte de la historia de Virginia y de los Estados Unidos»; ha sido inadmisible «la explotación de millones de estadounidenses».

Llegado el momento de utilizar hasta su último argumento, al poner los brazos en jarra, disparó:

–¿Esta explotación era la que deseaban los padres de la República, los padres fundadores? ¿Esos fueron los principios de la Guerra de Independencia perseguidos por esos ilustres patriotas de finales del siglo XVIII? ¿Esa era su concepción de la justicia, unas leyes para los hombres libres y otras terribles para los esclavos? Un esclavo no podía demandar ni defenderse de alguna acusación injusta ni traer testigos a un juicio ni tenía acceso a los tribunales desde donde se construye un país. ¿Cómo entender la existencia de las grandes universidades de los Estados Unidos y la presencia simultánea de la esclavitud en el siglo pasado? ¿Cómo es posible refutar el hecho, intentarlo siquiera, de que el ser humano tiene un derecho natural a la libertad? ¿Quién se atreve a sostener sin sonrojarse que los negros son bestias de trabajo que no tienen razón para ser libres, que no se les debe pagar por su trabajo, que se les debe torturar si no cumplen con sus obligaciones, que deben permanecer encerrados de por vida en las fincas, que se les debe cazar si tratan de huir, que se les puede comprar y vender en las subastas de personas y matarlos de hambre a modo de castigo, privándolos de cualquier posibilidad de realización en cualquier orden de la vida? ¿Dónde estaba la Iglesia, impulsora del cristianismo durante este terrible desastre? ¿Dónde? La historia de los Estados Unidos ha quedado manchada con una sangre imborrable por los siglos y los siglos por venir.

Silencio, otra vez silencio: Marion era la dueña de los escenarios.

–Sí, muchas disculpas, las que ustedes quieran –agregó en plan desafiante para preguntar–, ¿qué siguió a la abolición de la esclavitud? ¿Acaso se respetaron los derechos de los negros africanos al ser liberados de los campos algodoneros? ¡Claro que no! Después de la esclavitud se dio la discriminación racial, la exclusión social solo por el color de la piel, la segregación obligada, la separación de la sociedad por asco, por desprecio, al no considerar a los negros iguales a cualquier ser humano.

»¿Sabían ustedes –se dirigió al público para enervarlo– que cientos de miles de esclavos, una vez libres después de la guerra, fallecieron por enfermedades como la viruela y el cólera o simplemente de hambre en las calles o en los surcos, sin recibir ayuda humanitaria? Les quitaron las cadenas y los grilletes, pero ni los vencedores ni los vencidos les proporcionaron alimentos ni medicinas, si bien les dieron disculpas.

»¿Por qué no abordar el tema en este recinto, en esta universidad? ¿Por qué no denunciar que esas personas perdieron la vida en los corrales de esclavos y continuaron como prisioneras en las mismas condiciones anteriores a la guerra, condenadas a una agonía lenta? Al día de hoy, a casi cuarenta años del final del conflicto armado, todavía no se puede aplicar la ley en diferentes estados de la Unión Americana, ni se ha elevado a los negros al nivel mínimo exigido por la más elemental dignidad humana. Por lo pronto, los cadáveres de los negros son enterrados en fosas comunes, sin derecho a ataúdes, es decir, como perros. Pero que nadie se confunda –agregó sin que míster Perkins ocultara su admiración por su alumna más distinguida–, la libertad tiene un costo, por lo que no quisiera que pensaran que la guerra no sirvió para nada, porque fue un suceso realmente significativo para el mundo moderno que, además, aceleró el desarrollo de la economía norteamericana como nunca se había visto, pero erradicar el racismo metido en la médula yanqui jamás sería una tarea sencilla en el largo plazo. ¿Ustedes creen que ya acabó la persecución contra los negros? Recordemos entonces a los antiguos oficiales confederados, todos ellos blancos esclavistas, en Tennessee, vestidos con sus túnicas y capirotes blancos de pies a cabeza, una espantosa indumentaria con la que aterrorizaron a la población al colocar enormes cruces incendiadas cerca de sus casas para exhibir su supuesta superioridad racial. Me refiero al Ku Klux Klan, surgido por la vergüenza de los Estados Unidos y del ser humano en 1865. Nunca acabará el desprecio del hombre contra el hombre fundado en el color de la piel».

Míster Perkins se levantó de su asiento, se dirigió a Marion, le extendió su mano, le sonrió y aclaró, como si fuera el defensor en un juicio público:

—No hay más preguntas por mi parte. Marion, estás aprobada con todos los honores. Te mereces el *summa cum laude.*

Acto seguido, la tomó por la muñeca y levantó su brazo mientras sus colegas aplaudían a rabiar. Olegario jamás olvidaría ese momento.

Días después, cuando agonizaba el verano, Marion y Olegario invitaron a sus condiscípulos y, obviamente, al profesor Perkins, a un convivio de despedida del final de curso en The Sweet Lawyer. *Mrs.* Jane Wells se sumó al festejo de sus clientes consentidos, cuyo amor había nacido en esa clásica cafetería. Con gran alegría preparó sopa de pera con queso gorgonzola, el clásico *fish and chips*, un *shepherd's pie*, para quienes no disfrutaran el pescado, sin faltar el budín, inevitable dentro del regio banquete. Brindaron una y otra vez con la Guinness *beer*, el presupuesto no alcanzaba para el Macallan. Degustaron los platillos para terminar con sonoras porras destinadas a la humilde repostera, que se tallaba una y otra vez las manos en el delantal. Con los cafés y los tés míster Perkins se puso de pie en tanto golpeaba con su cuchara el tarro de cerveza con el propósito de llamar la atención y convocar al silencio. Por más extraño que pareciera, en esa ocasión muy especial, el querido catedrático, conciencia política y social de todos, había ido, contra su costumbre, a que lo afeitaran a una barbería de Oxford. Su aspecto había cambiado de manera definitiva, casi parecía otra persona. Se encontraba risueño como nunca, cuando advirtió:

—Marion y Olegario, como todos ustedes saben, irán a México, a visitar las fincas henequeneras del padre de Olegario, según nos dicen, un ejemplo de lo que debe ser un centro de producción agrícola, en el que se respeta la dignidad de los trabajadores como en muy pocos lugares del mundo.

En ese momento empezó un murmullo denso entre los estudiantes. Perkins guardó silencio y observó.

—¿Dije algo incorrecto? —preguntó preocupado.

—No, profesor, lo que pasa es que yo no dejaría a mi hermana ir a México ni a ningún país acompañada de un hombre si no se han casado por la ley.

Cuando Marion iba a intervenir, Perkins la detuvo con un movimiento de la mano derecha.

—Gracias por la confianza y la valentía de decir lo que no te parece, George, pero debo apuntar dos razones —repuso tajante el catedrático—. En primer lugar, ellos van a un viaje de investigación en torno a las relaciones laborales en el campo mexicano, y en segundo, no todas las mujeres son iguales, ni mucho menos los calificativos falaces pueden recaer en una compañera de vanguardia como ella. ¿Acaso debemos permanecer inmóviles, según las reglas y leyes del pasado? ¿No hay evolución, no hay progreso? A ustedes los jóvenes les corresponde el cambio, la ruptura de moldes y principios para construir un mundo mejor, mucho más libre. Ahora bien, el hecho de que viajen juntos no significa que ya sean pareja, ni siquiera que lo vayan a ser, de modo que no adelantemos juicios ni seamos víctimas de los prejuicios de nuestros bisabuelos.

Hablaba el catedrático, el filósofo apartado de la mala fe, un hombre, en el fondo candoroso, que no había conocido en la práctica los horrores de la esclavitud. Sus profundos conocimientos provenían de los incontables libros leídos y de sus trabajos publicados. Realmente ni siquiera podía imaginar asistir al corazón del Congo Belga y presenciar el momento de la mutilación de la mano de un joven negro, enfermo, acusado de no haber podido cumplir con la cuota de caucho asignada.

—En Yucatán, según me dice Olegario, aunque confiesa ciertas excepciones, no ocurre lo mismo que en otras haciendas productoras de café o de caucho o de azúcar o de caoba, ni tampoco se da la salvaje explotación de las personas, como sucede en la mayoría de las minas de oro y plata o en las monterías, en los aserraderos de todo el orbe, según lo comprobamos a lo largo del año. No quiero distraerlos con un discurso interminable como si estuviéramos en la Cámara de los Comunes, pero sí es mi deseo desearle mucha suerte a esta pareja comprometida a fondo con el bienestar social.

Por supuesto que, por elemental afecto y respeto, no quiso exhibir a Olegario ni confesar la enorme cantidad de dudas que tenía respecto a la esclavitud existente en Yucatán. Sus colegas en los Estados Unidos contaban con buena información al respecto.

—Solo les pido un aplauso para ellos con la fundada esperanza de que los reportajes que envíen desde México nos demuestren que, cuando hay voluntad de cambio y consideración genuina hacia nuestros semejantes, la evolución social es el gran objetivo de todo buen empresario y de un gran país.

Cuando se levantaba la reunión entre abrazos, besos y felicitaciones, míster Perkins volvió a llamar la atención para externar un último deseo:

—¡Vean, pregunten y escriban, solo eso les pido! Esperaremos con ansias sus comunicaciones para publicarlas en el periódico de la universidad.

Días antes de tomar un tren en Victoria Station, rumbo al puerto de Southampton, para abordar el *RMS Campania*, en dirección a La Coruña, Cuba y, al final de la travesía, Veracruz, Marion contó ruborizada una información aparecida en el *National Geographic Society* que no se atrevía a revelar por elemental pudor.

—¿Qué es, amor? ¿De qué se trata? —cuestionó Olegario intrigado—. Háblame claro...

En lugar de explicar, le mostró la nota publicada por una empresa ferrocarrilera inglesa, concesionaria de la dictadura de Díaz. El yucateco leyó con detenimiento:

El puerto de Veracruz es la tumba de los españoles, quien viaje a ese lugar debe tomar en cuenta el peligro de contraer vómito negro, la fiebre amarilla. La administración de Porfirio Díaz y su gabinete no han podido erradicar las enfermedades epidémicas y endémicas principalmente en los puertos del golfo de México, en donde las fiebres intermitentes y la caquexia palustre (paludismo y malaria), especialmente virulentas, son las causas de la mortalidad de los habitantes de la costa veracruzana hasta llegar a Tamaulipas.

Si bien Veracruz ya no es una fuente de enfermedades, sobre todo de la fiebre amarilla, como en los años de la llamada Conquista de México, y se puede vivir con cierta seguridad para evitar contagios mortales, se deben tomar las debidas precauciones en aras de la salud familiar y personal.

En relación con Puerto Progreso, no se deben tener expectativas en materia de comodidades dada su ineficiente infraestructura, ya que los navíos se ven obligados a anclar al menos a dos kilómetros de distancia de un muelle muy primitivo. Debe aclararse que la fiebre amarilla, el paludismo o la malaria no han sido erradicados de Yucatán hasta la fecha. Las precauciones también son obligatorias, porque todavía es fácil encontrar en las calles aves de rapiña, zopilotes, devorando la carroña a falta de un servicio puntual de saneamiento de la ciudad.

Olegario soltó la carcajada. La abrazó, la cargó en vilo, la besó y le dijo:

—Amor, querida güerita, Veracruz es un puerto con avenidas pavimentadas, dotadas de drenajes, cuenta con agua potable, existe el servicio eléctrico de buen tiempo atrás. Puedes viajar en trenes urbanos y además ahí viven más de cuarenta mil personas que ni se las comen vi-

vas tus aves de rapiña ni son caníbales que nos vayan a devorar a nosotros, por más que yo sí te devoraría a ti de dos mordidas...

–¿Y los bichos que pican?

–Tengo una estrategia para matar a los dípteros y a los coleópteros
–adujo Olegario a punto de soltar la carcajada. ¡Cómo le gustaba esa
mujer!

–¿Cuál? –preguntó una Marion preocupada y candorosa...

–Los atrapo, les aprieto la quijada con las uñas y al abrir la boca les
pongo polvo de ladrillo hasta que se mueren de la asfixia...

Para Olegario Montemayor resultaba inimaginable la posibilidad de viajar de regreso a su patria acompañado, nada más y nada menos, que
por Marion, la mujer de sus sueños, que había conocido apenas hacía
cuatro años en una de las aulas de la Universidad de Oxford. Lo supo,
siempre lo supo, que al abrir la puerta cambiaría su vida y, en ese momento, cuando las poderosas sirenas del *RMS Campania* anunciaban
la salida hacia España, la emoción se le agolpaba en la garganta. Todo
comenzó con una pequeña vibración, en tanto las hélices revolvían las
aguas heladas del mar del Norte y el barco se apartaba del muelle para
encaminarse al océano Atlántico. Los meseros aparecieron sosteniendo charolas llenas con copas de champaña. La tarde agonizaba perezosamente. Southampton se iba perdiendo en lontananza. ¿La misma
sensación de desafío habrían experimentado los Padres Peregrinos, fundadores de los Estados Unidos, cuando zarparon de ese mismo puerto a
bordo del *Mayflower*, rumbo a las costas de Nueva Inglaterra, en 1620?

¿Quién no brindaría por una travesía feliz? La brisa del mar agitaba
la cabellera de Marion y descubría su rostro tallado, según el buen Olegario, por un orfebre de la Hélade. ¿Acaso un hombre puede recibir un
premio mejor en su existencia que convivir con la mujer soñada? Con
tan solo verla se embelesaba. Al hablar con ella se emocionaba y se obligaba a echar mano de todos sus recursos intelectuales para estar a su
altura. ¿Cómo decepcionarla? Cuando se sentía atrapado, sorprendido
en medio de una catarata de datos duros, durísimos, recurría al sentido
del humor para desarmarla y desviar la conversación. Marion era una
aparición. ¿Cuántas mañanas al amanecer, en medio del Atlántico, tendría la oportunidad de apoyar su codo contra las almohadas y soportar
su cabeza en la palma de su mano, para esperar el momento preciso en
que ella despertara desnuda a su lado? Era suya, solo suya, absolutamente suya: en esos días de travesía trasatlántica entendió por primera
vez el exquisito placer de la contemplación, que apenas competía con
el delirio del tacto. Ningún vecino los molestaría, no tendrían inconve-

nientes para ingresar en alguna posada ni sería obligatorio identificar-
se ni abstenerse de hacer ruido: en el mar se acaban las reglas, todas
las reglas, la única regla válida sería el amor. ¿No era poca cosa, o sí?
¿La gran aventura concluiría al llegar a tierras mexicanas? ¿Ahí acabaría el desvarío? ¡No, qué va!, ahí comenzaría, porque el yucateco le
mostraría a la inglesa la magia y la grandeza de su país y eso, solo eso,
implicaba la posibilidad de dar con una voluminosa fuente de ilusiones
y de novedosas experiencias, agua fresca y cantarina que compartirían
juntos, conclusiones y enseñanzas que comunicarían tanto al profesor
Perkins como a los lectores del periódico de la universidad. ¡Ah y, claro,
a la querida tía Lilly, a la primera que visitarían en la Ciudad de México después de conocer a la familia de Olegario en Yucatán! A ver qué
recepción le daban sus padres ultraconservadores y extremadamente
católicos en Mérida, más aún después de haber leído la carta congestionada de prejuicios de su madre.

Olegario se había cansado de contar una anécdota relativa al obispo
de Oaxaca, Eugenio Gillow, uno de los grandes consentidos de Porfirio
Díaz, cuando trató de instalar un teléfono y las beatas casi lo crucifica-
ron por introducir «esos inventos diabólicos». La modernidad resultó
incompatible con sus pretensiones de ocupar la sede del arzobispado en
esa ciudad. Fácil no era. Ya veríamos...

Una tarde, después de la comida, antes de la siesta amorosa, re-
costados en cubierta sobre unas sillas apoltronadas, mientras tomaban
moca o té en unas pequeñas tazas de porcelana acompañado de unas
galletas de jengibre, sin olvidar una copa de *sherry*, Olegario le mostró
a Marion un par de hojas escritas a mano, en donde constaba su examen presentado ante el profesor Perkins. Él no había tenido la suerte
de poder explicarse oralmente y explayarse mejor, pero, de cualquier
forma, ahí quedaban las evidencias de sus conclusiones; ahí constaban
sus puntos de vista en relación con los trabajadores africanos y brasileños explotados durante los años aciagos del descubrimiento del caucho
para usos industriales en Europa a finales del siglo XIX. Marion tomó
las hojas con fruición y se dedicó a leer, a devorar el texto y descubrir
algo nuevo, una nueva faceta de su amante y amigo, ahí encontraría
nuevos motivos de enamoramiento. ¡Cuánta pasión por el conocimiento! ¡En su caso, el amor entraba a su cuerpo por medio de las letras!

Las hojas en blanco entregadas a Olegario durante su examen final
contenían una sola propuesta en el breve encabezado: «Desarrolle usted el tema relativo al descubrimiento y la explotación del caucho en el
mundo».

La vida lo premiaba al poder describir lo ocurrido en el Congo Belga durante el reinado de Leopoldo II, rey de Bélgica, y en Brasil y Perú,

a finales del siglo pasado. En ese momento remojó su manguillo en el tintero y empezó a redactar febrilmente, como si conociera la historia de memoria:

Si vamos a hablar de atrocidades reveladoras de los alcances indignos del ser humano, debo recalcar en este breve recuento los salvajismos cometidos contra el hombre por el hombre, en particular por los belgas en el corazón del África Negra. Cuando en febrero de 1885 catorce naciones le obsequiaron el Congo a Leopoldo II, sin la presencia de un solo congoleño, un gigantesco territorio ochenta veces el tamaño de Bélgica, para «civilizar la selva», abrirla al comercio, abolir la esclavitud y cristianizar a los «salvajes», en el fondo de estos supuestos objetivos filantrópicos, el rey de Bélgica cometió atrocidades como el despojo violento de tierras, las despiadadas mutilaciones y el genocidio más cruel y escandaloso conocido en los tiempos modernos.

¿Cuál fue el primer crimen que cometería el rey Leopoldo II antes de fundar el Estado Libre del Congo y que sacudiría con el tiempo a Europa? El soberano belga ordenó la decapitación del rey Kananga y exigió que su cabeza fuera exhibida en un poste. Si los belgas fueron a «civilizar la selva», tendrían que haber impuesto en África el Estado de derecho, el mismo existente en su patria, en lugar de masacrar a millones de negros acusados del terrible delito de no producir suficientes kilos de caucho al día, una cuota fatal exigida por el soberano de Bélgica, que entendía al Congo como una inmensa hacienda de su propiedad, en donde no había más ley que su voracidad económica. La producción de caucho costó millones de vidas no solo en el Congo, sino en Brasil, en Indonesia, en Laos, en China y en Borneo, entre otros países. «Civilizar la selva» tenía que haberse entendido como la posibilidad de llevar la civilización europea a un mundo *atrasado*, en lugar de llegar a cortar gargantas, manos y cabezas a quienes no produjeran suficiente caucho. «Civilizar la selva» jamás podía haber significado el secuestro violento de niños congoleños, apartándolos de sus padres por la vía de la violencia para ser obsequiados a los amos de otras rancherías como si fueran objetos, cosas o animales. «Civilizar la selva» tendría que haber tenido por objeto conducir a los salvajes esclavistas a los elegantes tribunales europeos, en donde los jueces administraban la justicia con sofisticadas pelucas y togas solemnes. «Civilizar la selva» consistía en hacer entender a los verdugos de hombres que los árboles y los esclavos no valían lo mismo, que entre las plantas y los seres humanos existían diferencias abismales y, si los capataces y sus amos no entendían dicha realidad, se les debería castigar después de haber sido oídos y vencidos en un juicio, como correspondía a la Europa culta.

¿Cuándo y por qué empezó esta salvaje explotación de seres humanos tan ignorantes como indefensos, a raíz del descubrimiento del caucho? La demanda escandalosa de esta materia prima estalló con la invención del neumático utilizado, en principio, para bicicletas, y después para automóviles hace casi veinte años. Charles Goodyear, John Boyd Dunlop y Thomas Hancock, en su momento, descubrieron el procedimiento de vulcanización del caucho para crear el negocio del siglo. Leopoldo II, otro gran bárbaro de la aristocracia europea, advirtió una magnífica oportunidad para abastecer un multimillonario mercado en espectacular efervescencia y reclutó con inaudita brutalidad gigantescas cantidades de esclavos en las zonas boscosas ecuatoriales; acordonó las áreas para impedir la fuga de esos desgraciados; impuso cuotas de producción a través de feroces capataces encargados de azotar, torturar, encarcelar, hasta llegar al extremo de mutilar las manos o de asesinar, una medida de castigo severísima, para quienes empezaban a trabajar antes de la salida del sol y terminaban la agotadora jornada mucho tiempo después de que este se pusiera. ¡Cuántos huyeron de sus casas y pueblos antes de ser atrapados para ir a morir a esos campos de concentración, sin imaginar que sus casas serían quemadas en represalia y sus familias condenadas al hambre y a la enfermedad!

¿Cómo Leopoldo II no se iba a convertir en uno de los reyes europeos más ricos del continente, si en 1890, solo del Congo Belga, una ranchería de su propiedad, exportó cien toneladas de caucho y, diez años después, la cifra se elevaría a seis mil toneladas, o sea, sesenta veces más, y a precios insospechados, increíbles, tan increíbles como la expansión de la industria automotriz y de la aviación, que, claro estaba, no podía utilizar ruedas de madera? ¿Ruedas de madera? ¡Imposible! El crecimiento de la producción de caucho fue espectacular. Sí, en efecto, así fue, un gran negocio pero que el Congo Belga tuvo que financiar con vidas humanas, con diez millones de muertos, la mitad de su población.

Si fuera cierto aquello de que quien la hace la paga, entonces el rey Leopoldo II tendría que haber sido juzgado por un alto tribunal europeo y colgado o decapitado en público en la Grand-Place de Bruselas, ante sus compatriotas belgas, y no solo por asesino, torturador, cruel verdugo mutilador de millones de personas, sino también como un auténtico traidor, timador, estafador y mendaz; un asco de persona que no merecerá morir en la cama, como seguramente será el caso cuando fallezca, con todas las bendiciones y un crucifijo entre sus manos criminales, después de haber sido un gran católico que asiste diario a misa, comulga, se confiesa, reza el rosario y eleva sus plegarias, pidiendo perdón por las masacres. (Disculpe, profesor Perkins, estos exabruptos, tal vez impropios en un examen, pero me vence el coraje y no puedo dejar de calificar a este malviviente soberano belga reduciendo mi examen a una mera exposición de los hechos. ¿Qué haríamos sin pasión?).

Leopoldo II, hermano de Carlota, la que en su momento fue la emperatriz de México, mi patria, creó y encabezó la Asociación Internacional Africana para promocionar, supuestamente, la paz en el Congo: abrir las puertas a la civilización, estimular la educación y el progreso científico; y, sobre todo, erradicar la esclavitud y la trata de esclavos. Leopoldo II condenaba la brutalidad, sí, pero reduciría a la cautividad a las personas, sometiéndolas a trabajos forzados, por lo que él se erigiría como el padre protector de los negros africanos, por cuya integridad física, desarrollo personal y superación educativa y cultural, emplearía todo el poder de Bélgica y de las instituciones europeas.

¿Y la realidad, míster Perkins, la realidad escondida por este intocable y miserable bribón? Ante la inequívoca presencia de un *filántropo* de semejantes dimensiones, el Viejo Continente le entregó a Leopoldo II en legítima propiedad el Congo Belga, para que, de esta suerte, impidiera los abusos históricos cometidos contra seres humanos. ¡Gran equivocación!

Y claro que era una repugnante rapiña ante la inexistencia de cualquier derecho o autoridad, en el entendido de que cuando esta se hacía presente, la supuesta justicia, ¡ay, la justicia!, se encontraría coludida con los patrones que golpeaban con látigos o violaban a las mujeres también esclavas o a familiares de los *empleados*. Ahí estaban las apuestas entre capataces para saber cuál tortura era la más eficiente.

Con un mercado tan floreciente, Brasil y Perú, dueños de las selvas ecuatoriales, se convirtieron en los grandes proveedores de caucho, cuando ya había estallado la guerra de las semillas, de donde surgieron nuevos y no menos poderosos productores asiáticos, además de los de la Alta Amazonia y Ucayali, en busca de una riqueza inmediata. Pero como dijo Rousseau: «El hombre es bueno por naturaleza, es la sociedad la que lo descompone porque todas las amenazas que enfrentamos provienen de otros seres humanos». Y, como siempre se dijo en clase, el hombre es el lobo del hombre, y en estas gigantescas extensiones se *contrató* mano de obra indígena, claro está, ahora americana en su mayoría, en condiciones de horror, porque muchos cientos de miles murieron por las epidemias, el paludismo, el beriberi o la tuberculosis, las mismas espantosas fiebres contraídas en los pantanos del Seringal o en los recodos entre el Luapula y el Khishivali, afluentes del río Congo.

Por supuesto que, al viejo estilo medieval, se mantenía al esclavo endeudado. Cualquier gestión incrementaba la deuda, que resultaba impagable. No se podía abandonar el centro de trabajo, mejor dicho, el centro de explotación, en donde trabajaba de por vida. ¡Cuidado con la persona, indígena o negro, que intentara huir porque podía perder la vida víctima de los fusiles de los aguaciles de los patrones o bien, si se sufría la terrible desgracia de ser aprehendido, además de someterlo a espantosas torturas, todavía tenía que agregar a su deuda los voluminosos honorarios devengados por sus captores! El cuento de nunca acabar. Las deudas aumentaban con el hecho de proporcionarles los instrumentos de trabajo, como los tazones, los machetes y los cuchillos para tajar las cortezas de los árboles. Las deudas aumentaban al entregar los escasos alimentos, una vergüenza, a los trabajadores y a sus familias, cuando era una obligación elemental a cargo del patrón. Las deudas aumentaban al facilitarles agua o aguardiente. Las deudas aumentaban cuando se alteraban ilícitamente los libros de la contabilidad al gusto de los administradores. Las deudas aumentaban con el menor pretexto y la esclavitud, camuflada o no, se eternizaba por cualquier razón.

¿Nunca nadie iba a detener a Leopoldo II, un sádico asesino y explotador de personas, acusado también de exterminar a los elefantes a mansalva, con tal de arrancarles los colmillos? ¿Europa nunca descubrirá que estaba siendo engañada por este *soberano* criminal, disfrazado de generoso filántropo que aparecía consagrado por los grandes pintores de la época, enfundado en su traje de gala con el pecho lleno de condecoraciones? Los mercados jugaron entonces su incontestable papel, cuando los grandes productores de caucho se mudaron a Brasil y a Perú en lugar del Congo Belga. ¿Cuándo, a su vez, perdieron el liderazgo los sembradíos de las selvas amazónicas? En el momento en que los ingleses invadieron comercialmente al mundo con el caucho de Malasia y, a diferencia de los brasileños, los británicos sí lucraron con la financiación, la comercialización, la industrialización y la distribución.

A modo de conclusión, yo propondría la creación de un tribunal internacional, un gran verdugo mundial, un justiciero que tuviera potestad para castigar a los sujetos parecidos o similares a Leopoldo II, que lamentablemente existen en el mundo. Leopoldo nunca puso un pie en África, pero la tiñó de rojo.

Este tribunal deberá contar con una fuerza militar supranacional para poder imponer coactivamente sus resoluciones. ¡Con qué placer, querido profesor Perkins, asistiría yo al feliz momento en que fuera decapitado un monstruo de estos, deshumanizado, perverso, explotador de gente inocente, en lugar de saber que morirá en la cama, reconfortado con todos los perdones divinos comprados con dinero, el excremento del diablo, y sin haber padecido jamás miedo alguno a la ley ni haber sido mutilado ni torturado ni perseguido ni encarcelado, es más, ni siquiera una condena social!

OLEGARIO MONTEMAYOR

Al pie del examen, se encontraba este texto escrito con el puño y letra de míster Perkins: «¡Bravo, Olegario, bravo, ahora más que nunca estoy convencido de que he puesto mi granito de arena en la construcción de un gran líder político y social! ¡México, por lo pronto, tu patria, te espera! ¡Un gigantesco hurra!».

El viaje trasatlántico duró tan solo tres semanas, en el entendido que dos o tres décadas atrás cruzar el océano implicaba, en el mejor de los casos, invertir al menos un par de meses. Lo que fuera, sí, pero, como decía don Olegario Montemayor, «antes podíamos estar inmersos en nosotros mismos, escuchar nuestras voces internas, en lugar de vivir a toda velocidad sin buscar el rostro del Señor para reconciliarnos con la vida. ¿Cuál era la prisa?».

A desayunar bajaron en muy escasas ocasiones: el yucateco se había aprendido de memoria los menús de los tres tiempos del restaurante al que tenían acceso. «¿Desayuno?, ¡Marion! ¿Mermelada?, ¡Marion! ¿Café?, ¡Marion! ¿Aperitivo?, ¡Marion! ¿Sopa?, ¡Marion! ¿Ensalada?, ¡Marion! ¿Carne, pasta o pescado?, ¡Marion! ¿Postre?, ni hablar: ¡Marion! ¿Cena?, ¡Marion! ¿Vino?, ¡Marion! ¡Marion! ¡Marion! ¡Todo Marion!» ¡Cuánta diversión! ¿Qué bienes materiales se requieren para amar a una persona? Lo mejor de la vida no cuesta dinero. ¡Cuánta confusión la de esos días! ¿Se puede comprar el cariño genuino? No, ¿verdad? Pues entonces la riqueza no servía para nada. Era un desperdicio dedicar la existencia al acaparamiento de bienes con los que no se podía adquirir lo verdaderamente valioso e importante. ¡Una tontería mayúscula! ¡Pobre de aquella persona que solo tenía dinero!

La llegada a La Habana a media mañana del 14 octubre de 1904 no pudo ser más emocionante ni menos breve. Les concedieron escasas seis horas para visitar la capital de Cuba, el tiempo necesario para recibir pasajeros, cargar combustible y continuar la navegación hacia el puerto de Veracruz. Tan pronto colocaron la escalinata, pudieron descender del barco y volvieron a tocar tierra firme, Marion y Olegario se echaron a andar como si hubieran sido cubanos de mil vidas. Patearon, como decía Dolly, una parte del malecón habanero empapándose la cara y la ropa cuando las furiosas olas del mar se estrellaban contra las enormes rocas con las que se pretendía detener la marejada. Disfrutaron la brisa sentados, abrazados y mojados como si en cualquier momento fueran a ver en lontananza el arribo de un barco pirata del siglo XVII, con las velas desplegadas. Se impresionaron con las majestuosas construcciones edificadas durante el Virreinato. Para su alegría vieron ondear varias banderas de la Cuba libre, ya independizada de la Corona española y del dominio yanqui. Se respiraba, por primera vez en la historia de la isla mayor de las Antillas, un refrescante ambiente de libertad, un sentimiento democrático desconocido. Caminaron por el paseo del Prado, llegaron a la Alameda de Paula y remataron con un par de mojitos antes de llegar a La Zaragozana para devorar, a toda prisa, una paella de mariscos, acompañada de una botella de vino sin etiqueta, de la casa. Acto seguido apresuraron el regreso para llegar al puerto y abordar el *RMS Campania* rumbo a México. ¿Increíble, no? Pues sí, rumbo a México, junto con dos compañeros de viaje alemanes, los Schnapp, dueños de enormes propiedades cafetaleras en el Soconusco, Chiapas, a quienes trataron de evitar desde la salida de España, tan pronto supieron que a sus empleados les pagaban su salario con granos de café para que ellos lo revendieran en los mercados. ¿Para qué conversar con gente así? Otro desperdicio...

Cuando las sirenas del barco anunciaron la llegada a Veracruz y Olegario y Marion contemplaban a la distancia, desde la cubierta, la fortaleza de San Juan de Ulúa, construida en el siglo XVI para resistir los ataques, los robos y los secuestros de corsarios y piratas, el yucateco experimentó un intenso calosfrío que le recorrió el cuerpo de arriba abajo. El baluarte ya no se destinaba a repeler agresiones armadas, sino que Porfirio Díaz, después de veintiocho años de dictadura, todavía lo utilizaba, como ya le había contado a Marion, para encerrar a los presos políticos con la esperanza de que perdieran la vida, víctimas de enfermedades por falta de higiene o por el piquete de animales ponzoñosos.

–Ahí como la ves, en este momento, en esa cárcel maldita hay seres humanos hacinados y moribundos, acusados de decir o publicar lo que piensan, ¿lo puedes creer, Marion, amor mío? –remató Olegario al empezar a violentarse con sus recuerdos y conocimientos.

Sí, pero ese momento no era el adecuado para envenenarse la sangre. Ya en otra ocasión abordaría el tema de la llegada de Cortés a lo que sería conocido como la Villa Rica de la Veracruz; rescataría los encuentros militares librados ahí mismo para largar definitivamente a los españoles de México, casi trescientos años después de la traumática conquista; le contaría cómo se había originado la Guerra de los Pasteles contra Francia en 1838; describiría los despiadados bombardeos norteamericanos en 1847, que facilitarían el robo de la mitad del territorio mexicano; analizaría el arribo de Maximiliano para fundar el Segundo Imperio y plantearía las razones de las batallas libradas en el puerto, tantas veces heroico, de Veracruz durante la Guerra de Reforma, donde Juárez instaló su gobierno constitucional. «La historia moderna de México se había empezado a escribir en Veracruz, siempre en Veracruz, todo había comenzado en Veracruz, por cierto, Marion, el estado más simpático de mi país.

¿Para qué hablar de historia y de catástrofes? No, se trataba de llegar lo más rápido posible al Hotel Diligencias, a un lado del Palacio Municipal, en la Plaza de Armas, hacer una visita obligada a la catedral de Nuestra Señora de la Asunción y salir rumbo al Gran Café de La Parroquia. Ahí comerían chilpachole de jaiba, frijoles negros con plátano, unas picadas y pescado a la veracruzana; aunque no amanecieran vivos al día siguiente, mismo en el que abordarían el vapor español *City of Merida* rumbo a Progreso, esa habría sido una gran comida. La última escala del viaje sería a la Ciudad de México para visitar a la querida tía Lilly al menos un par de días, porque no regresarían a Oxford sin hacerlo.

Marion sonrió como una chiquilla traviesa cuando golpeó con su cuchara el vaso de vidrio grueso para pedir, como cualquier parroquiana, un café lechero. Le llamó la atención no solo el constante tintineo en el interior de la cafetería, sino el alboroto, el escándalo mágico del trópico, la presencia de tres marimbas, instrumentos musicales desconocidos para ella, que sonaban al mismo tiempo. No se encontraban mesas vacías, en tanto, los clientes esperaban de pie sin mostrar prisa alguna y los tríos de músicos iban de mesa en mesa cantando; sin faltar vendedores de diferentes objetos, gitanas que leían la suerte, boleros para lustrar el calzado y todo ese feliz momento a media mañana, sí, algo increíble entre semana, en plena jornada de labores, cuando en Inglaterra los locales similares están vacíos, porque los ingleses solo podían estar trabajando a esas horas. Había que ganarse la vida. ¿Y los veracruzanos no se la ganaban a su modo? ¡Qué concepción de la existencia! ¿Quién tenía la razón? Gran discusión. México la atrapaba.

Olegario no podía estar más satisfecho como cuando escuchó en la voz emocionada de Marion la siguiente expresión pronunciada con ese acento escocés inconfundible al salir de La Parroquia. A saber por qué no se había expresado en español:

—*I love your country*, Ole, *I love your people, I love your food and your music, wow...*

Lo único que le faltó decir fue un «*I love you, too*».

El trayecto rumbo a Puerto Progreso, a través del golfo de México, no fue escoltado por alegrías, esperanzas y ensoñaciones; la realidad se impuso con un severo manotazo asestado contra las ilusiones de la pareja. Todo lo que el día anterior había sido fiesta y regocijo, risas, marimbas, cantos y requintos, a la mañana siguiente se había transformado en vientos feroces a bordo del *City of Merida*. Ni Marion ni Olegario supieron leer el lenguaje de los pájaros, excelentes meteorólogos, que huyen cuando soplan las primeras ráfagas y se protegen de las devastaciones propias de los nortes, y ya ni hablar de los huracanes. Todas las aves que hacen sus nidos en los árboles de la Plaza de Armas, por ejemplo, habían desaparecido repentinamente en la mañana, como si respondieran a un inexplicable conjuro. Imposible poner atención en temas irrelevantes, sobre todo cuando ambos vivían encantados con la gran aventura llamada Yucatán. De cualquier forma las autoridades portuarias autorizaron la salida del *City of Merida* porque la intensidad del viento no era suficiente para suspender la navegación. El viaje trasatlántico había transcurrido como si flotaran en el agua de una tina, pero el oleaje bravísimo del breve trayecto rumbo a Puerto Progreso, para un par de *marineros* inexpertos, se había convertido en una pesadilla. Olegario interpretaba los rostros de la tripulación cuando la proa del vapor parecía hundirse en el corazón del golfo de México para resurgir y dejarse caer con lujo de violencia sobre las aguas, a título de venganza. La naturaleza le declaraba la guerra al ingenio del hombre. Mientras el yucateco no viera preocupados a los grumetes ni a los camareros —estos trabajaban rutinariamente—, él no tendría mayores motivos de alarma. Eso sí, a la menor señal de ansiedad tendría que luchar contra dos adversarios: uno, Marion, que podría desesperar en cualquier momento y, dos, él mismo. La primera opción quedó descartada de inmediato cuando encontró a su mujer tirada boca abajo, acostada sobre la cama con el brazo y la pierna izquierda haciendo contacto con el suelo, en la pequeña cabina que despedía un olor nauseabundo. Marion tenía una palidez cadavérica, los ojos inundados, salidos de sus órbitas, el pelo empapado por el sudor helado sobre su frente, en tanto respiraba y gemía como si se fuera a despedir de este mundo. La fruta maravillosa del trópico mexicano, la que había sorprendido a Hernán Cortés y dejado constancia en sus Cartas de Relación dirigidas al rey español, los famosos huevos tirados a la veracruzana, confeccionados con frijoles negros machacados, acompañados con plátanos machos fritos y algunos totopos, y para concluir, el famoso lechero, imperdonable, esta vez acompañado de pan dulce, una concha blanca de vainilla servida con nata fresca, ese singular banquete había ido a dar, casi todo, al escusado, el resto, la pavorosa vomitada, la constancia de un terrible mareo —agonía, como le decía Catalina Fortuny, Cathy, la *amorosa* madre de Marion—, se encontraba en el piso. Si un «norte» ocasionaba estos daños, ¿qué sería encontrarse con un huracán en medio del Atlántico?

Olegario ya venía tocado de muerte cuando entró a la cabina y, sin saberlo, muy pronto acompañaría en su dolor a Marion, pero al verla se apresuró a sentarse a su lado para acariciarle la cabeza y tranquilizarla, diciéndole que ya había pasado lo peor y que muy pronto podría verse la costa yucateca. Mientras Olegario ordenaba cariñosamente la cabellera de Marion y la reconfortaba susurrándole palabras gratificantes al oído, apareció el llamado Fuego de San Telmo, el patrón de los marineros, que pintaba mástiles, cuerdas y chimeneas con un color blanco azulado, al tiempo que empezaron a amansarse las aguas, a serenarse la marea, a dejar de soplar el viento que antes azotaba las puertas y derribaba vajillas y vasos, para navegar plácidamente. Cualquier religioso hubiera pensado en la existencia de un milagro, pero no, solo se trataba de una descarga eléctrica que, en ocasiones como esa, advertía el final de la tormenta.

Horas después, hicieron descender las anclas del *City of Merida*. Dado el tonelaje del barco, resultaba imposible atracar en el puerto. La inglesita no podía con la pena ni con la pérdida de su feminidad, pero eso sí, se veía obligada a soportar el humor negro del yucateco. Las burlas eran interminables a pesar del color macilento de Marion. Su rostro todavía mostraba una palidez de muerte. Unas barcazas de la familia Montemayor los transportaron con todo y baúles a Puerto Progreso, propiedad de la familia, donde los esperaba una calesa, también de la familia, que los conduciría a la estación de ferrocarril, propiedad también de la familia; en donde abordarían un tren propiedad de la familia Montemayor, en la inteligencia de que los rieles de acero, también propiedad de la familia eran un proyecto financiado por el Banco de Yucatán, obviamente, también propiedad de la familia; como también lo eran los interminables sembradíos de henequén, hasta llegar a una imponente residencia en el corazón de Mérida, desde luego que también era propiedad de la familia. En fin, todo era propiedad de la familia.

Al llegar a Mérida, Olegario contrató una calesa para mostrarle a Marion, así fuera de pasada, las bellezas de la capital de Yucatán. Se mostraba orgulloso y vital. Sin apearse le enseñó el Paseo de Montejo, sus impresionantes residencias, monumentales palacetes de estilo europeo, propiedad de los henequeneros más destacados, así como parques, fuentes y jardines, edificios públicos, teatros, clubes sociales, museos, hospitales, calles empedradas de escrupulosa limpieza y un par de cafés al aire libre. No tardó en recordarle, sobre la marcha, el origen de la expresión «La Blanca Mérida», que de ninguna manera respondía a un concepto de higiene, sino a la exclusión de los indígenas de la ciudad, reservada únicamente para los blancos hasta el estallido de la Guerra de Castas en 1847. ¿Racismo? Tal vez, explicaría en voz baja Olegario, pero no se debería perder de vista el miedo de los blancos cuando salieron despavoridos de la ciudad en busca de refugio ante los ataques rabiosos de los mayas. El resultado no fue otro que la creación de un cónclave blanco capitalino para protegerse de los ataques de los conquistados por el uso de la fuerza. De modo que la Blanca Mérida por la limpieza, ni hablar, era una farsa...

Olegario ya había recabado la autorización de su padre para que Marion, su amiga, pernoctara, contra la voluntad de su madre, en las habitaciones de sus hermanas, sin tener que alojarse en una casa de huéspedes. La mirada fotográfica de Marion captaba imagen tras imagen; las archivaba en su cabeza y las vaciaba en su cuaderno de notas en la primera oportunidad. Comenzaba la gran aventura.

Un par de días después de su llegada de Veracruz, don Olegario Montemayor, gobernador de Yucatán desde hacía dos años, y su esposa, doña María Dolores Figueroa, organizaron una cena de bienvenida para Olegario, quien venía a pasar unos días acompañado de una colega o maestra de la Universidad de Oxford, o algo por el estilo... Por supuesto que Ole le volvió a advertir a Dolly, ya recuperada de la agonía marítima, los extremos en donde se movía su familia.

—Te recuerdo que son muy conservadores, muy cuidadosos de las formas, de la etiqueta, viven en el pasado, no estudian, están encerrados en sus viejas concepciones reaccionarias, como si el tiempo se hubiera detenido en el año de 1700, a mediados del Virreinato. Todo les escandaliza y jamás critican abiertamente sino que te obsequien sonrisas y halagos. Son hipócritas, sí, sí lo son, desconfía, forman parte de una sociedad anacrónica y cerrada. No debes creerles, pero sí jugar su mismo juego. Están convencidos de que, si provocan la ira de Dios, este los perseguirá para quemarlos en una gigantesca pira después del Juicio Final, solo porque me acompañaste a Yucatán sin habernos casado. Luego quemarán juntas nuestras cenizas para que no quede huella de nuestros espíritus. Claro que no creen que seamos amigos, solo amigos, pero, por mí, que piensen lo que quieran, al fin y al cabo no pueden demostrar lo contrario.

Marion se sorprendió en la mañana, cuando conoció la señora residencia de los Montemayor, rodeada por un inmenso jardín tropical, ubicada en una esquina de la Plaza de la Mejorada, en el centro de Mérida, muy próxima al palacete del obispo Tritschler. En su vida jamás había conocido semejantes lujos ni la exhibición de tanta riqueza. En la noche, antes de la cena, al admirar la existencia de los enormes candiles con cientos de focos encendidos, tal vez diamantes, obras de arte, cuadros, esculturas, gobelinos antiguos y tapetes, además de la clásica indumentaria del personal de servicio, creyó estar bajando la escalera en forma de caracol que conducía al salón central de recepciones oficiales en el Palacio de Buckingham. ¿Así serían las reuniones de etiqueta presididas por el rey Eduardo VII?

Cuando Marion llegó del brazo de Olegario padre, proclive a respetar las formas, al inmenso salón comedor con su traje largo color rosa, ciertamente muy elegante, sin exhibir joya alguna en las muñecas ni en los dedos ni en el cuello ni en las orejas, a diferencia de las otras mujeres de la familia que la revisaban con admiración y recelo, sintió que estaba soñando; más aún cuando vio a Olegario vestido también de chaqué, con ambas manos recargadas en el respaldo de una silla indicándole, con un breve asentimiento de cabeza, el lugar que le correspondía al centro de la mesa, de modo que todos pudieran verla y escucharla. Si Olegario le había encantado cuando lo conoció por primera vez al entrar al salón de clases, vestido como un estudiante más, en esa ocasión, decorado como un aristócrata del siglo XIX, en lugar de percibir una sensación de rechazo, le fascinó la dignidad de su prestancia; a sus ojos parecía un príncipe maya. Si no se sorprendió al escuchar al fondo un trío que interpretaba canciones yucatecas, sí le llamó la atención un intenso olor a incienso.

A la mesa se encontraban los cinco hermanos de Olegario con sus respectivas parejas: María, casada con Avelino Montero, originario de la provincia de Santander, España, el hombre de las confianzas de don Olegario, operador exitoso del patrimonio familiar, en lugar del hijo primogénito, destacado estudiante en la Universidad de Oxford; Dolores y su marido, Manuel Suárez, proveniente de La Coruña; Teresa y su esposo, Carlos Casasús; Augusto y su mujer, Cristina Millet; y, para concluir, María del Carmen, su hermana consentida, consentidísima, y su cónyuge, Luis Carranza. La familia en pleno, sin faltar, desde luego, el obispo Martín Tritschler y Córdova, de aspecto austriaco, europeo, por el fino contorno de su rostro, ya repuesto de la fiebre amarilla que lo había tenido el año anterior a un paso de la muerte.

Las mujeres de la familia Montemayor presumían collares decorados con brillantes, aretes de zafiros, anillos y broches de rubíes de extraordinario brillo, faldas de muselina, de seda blanca, de alguna manera ajustadas a su cuerpo. Algunas, a pesar del pavoroso calor, lucían pieles, como la de breitschwanz, de astracán, de hasta quinientos pesos, más caras que el precio de un esclavo en el mercado libre. Las más jóvenes presentaban franjas deshilachadas de crespón de china, zapatillas de dril negro bordadas, con las puntas ligeramente achatadas, las llamadas *chancletas de vieja*. Los varones usaban sacos negros de paño, camisas con botones de perlas o de esmeraldas rodeadas de brillantes, fistoles de piedras preciosas, pequeños chalecos; calzaban zapatos de castor aplomados, cordones de cáñamo con puntas de metal. De los presentes ninguno había comprado el calzado en El Botín Azul, porque preferían mandarlos a hacer sobre medida a los artesanos yucatecos. ¡Con cuánta alegría Olegario abrazó a su hermana menor, Maricarmen!

El convivio se desarrolló con absoluta normalidad. De la puerta de la cocina salieron cuatro meseros elegantemente vestidos que sirvieron papadzules en sendas charolas de plata pura, con sus respectivas salsas, a modo de entremés. La cena estaba dedicada a Olegario, según constaba en las elegantes tarjetas colocadas enfrente de cada lugar. Dichas tarjetas ostentaban el escudo de la familia en la parte superior, antes de la descripción detallada del menú, donde el nombre de Marion no aparecía por ningún lado. Los platillos se habían estado preparando con cinco días de antelación, de modo que cada ingrediente se presentara armónicamente con el resto del platillo. Se trataba de una auténtica explosión de gustos y sabores.

Circuló el ceviche Izamal, confeccionado con mero marinado con limón, guarnecido con tomate, cebolla, cilantro, mango y aderezo de tamarindo; la sopa de lima para quien la deseara; el *tzic* de venado aderezado con chile habanero. Obsequiaron al paladar de los comensales con el *mukbil* de pollo, rodeado de una masa hecha de maíz, después de haber sido enterrado para su cocción lenta, envuelto en hojas de plátano.

Al terminar el primer servicio, empezaron a servir la cochinita pibil marinada en achiote, una joya de la cocina yucateca. Marion había visto en La Parroquia, por primera vez, las tortillas de maíz, pero nunca se había preparado un taco y, menos aún, con cebolla morada y salsa de chile habanero, de la que prescindió, ya advertida de la existencia de catorce tipos de chile yucatecos muy bravos, por lo que prefirió mojar apenas con su cucharita la carne de cerdo. Los asistentes clavaron la mirada en la inglesa para advertir cualquier emoción en su rostro. Al masticar observaba el imponente candil del comedor sin hacer mueca alguna.

–Esto es una maravilla –exclamó de pronto aplaudiendo–. La comida de la India es muy popular en Inglaterra, pero este manjar es superior a todo. En Londres habría balazos por comer tacos de cochinita, ¡lo juro!, ni se lo imaginan, no saben lo que se pierden. ¡Qué feliz estoy de poder acompañarlos en este día! Gracias, muchas gracias –se expresó en español, lo que agradeció buena parte de los comensales.

Para beber en copas de cristal cortado de Bohemia había horchata de arroz o de almendras; agua de limón con chía; aguas de ciruela, melón, guanábana, tamarindo, tuna o zapote, o bien, los vinos tintos de Burdeos o los blancos secos de la Borgoña. Como postre colocaron en el centro de la mesa varios platones con buñuelos, alegrías, ates, arroz con leche, biznagas, torrejas, huevos reales, gaznates, frutas cubiertas, pepitorias, palanquetas, polvorones y trompadas...

Ole esbozaba una leve sonrisa sin confesar su satisfacción. Su mujer, nada de colega, se comportaba como una gran diplomática. Conocía de sobra a su familia y sabía que, tarde o temprano, se produciría alguna agresión, disimulada o no. Él ya lo había anticipado desde que durante la cena empezaron a llamar María a Marion. ¿Cómo que María cuando Olegario había repetido hasta el cansancio el nombre correcto?

—No, mamá, no es María como tú. Ella es Marion, en inglés, Marion Scott —precisó Olegario con gran suavidad.

Sin embargo, sus deseos no fueron respetados. El rompimiento de hostilidades se dio de inmediato. Doña María Dolores Figueroa se echó la carabina al hombro y disparó sin más:

—Oye, María —se dirigió a la inglesa ignorando la aclaración de su hijo—, a mí en lo personal, y no sé lo que piense el señor obispo —quien asintió gozoso con la cabeza—, me llaman la atención las costumbres morales europeas y digo que me llaman la atención porque no entiendo cómo las mujeres inglesas, tan jóvenes y hermosas como tú —lo dijo para suavizar la agresión—, pueden viajar por el mundo solas sin la compañía de un chaperón, ¿qué opinan tus padres y tus confesores?

Cuando Olegario iba a intervenir, Marion colocó delicadamente su mano encima de su antebrazo para indicarle que podía defenderse sola. Para eso la había educado Catherine, su madre, ¿no?

—Perdón, señora mía —repuso Marion sin cambiar en nada su actitud—, antes que nada dígame usted, por favor, ¿qué es un chaperón?

—¿No sabes lo que es un chaperón? —preguntó la dueña de la casa sin referirse a Marion como su hija, título que le confería a sus nueras y a cualquier otra mujer joven.

—No, señora mía, no sé. Tenga la amabilidad explicarme.

—Chaperón es una persona adulta que acompaña a los jóvenes para que no se manoseen, ni se besen ni tomen alcohol. El chaperón, María, no se separa de las parejas para evitar conductas indecentes y pecados mortales que las puedan condenar.

—Entiendo, doña María pero, al respecto debo decirle que cuando yo nací, mis padres ya se habían divorciado y, en un principio, viví al lado de mi madre, quien estaba destruida por la separación y por la miseria en que quedamos sepultadas. No teníamos a dónde ir, no teníamos ni una libra para pagar el gas, moríamos de frío en Londres y, a pesar de ello, el casero nos echó de la buhardilla en la que vivíamos. A ninguno de ustedes se lo deseo, pero es difícil imaginar el tiempo que pasé buscando qué comer en los botes de la basura de nuestro suburbio —contó Marion sin ocultar su acento español, el de una Fortuny.

—¿Y qué hicieron? ¿Cómo se las arreglaron?, ¡Qué horror, hija mía! —agregó doña María arrepentida por su conducta. ¿De dónde iban a sacar dinero para pagar una sirvienta que los acompañara si ni siquiera tenían dónde vivir ni un pariente que hiciera las veces de chaperón en esa espantosa soledad? Se sintió conmovida.

—En la vida, señora mía, siempre nos encontramos con un ángel salvador y, en mi caso, ese ángel precioso, ese ángel guardián, fue mi querida tía Lilly, una mujer generosa, cálida y muy emotiva que me recogió para darme todo su cariño. Ella y solo ella me armó éticamente, con gran dureza y fortaleza, de cara al futuro.

—¿Y tu tía Lilly, hija mía, está casada? ¿Vive? ¿Dónde vive? ¿Qué es de ella?

—Ella, doña María —en ese momento sintió una patada de Olegario por debajo de la mesa, que bien sabía el *modus vivendi* de Lilly. Sin embargo, Marion nunca estuvo dispuesta a callarse ni lo estaría jamás—, mi querida tía Lilly es una mujer grandiosa, conocida como la Embajadora de la Felicidad, porque dedica su vida entera a proporcionar felicidad a los humildes mortales. Lilly es la gran filántropa de todos los tiempos. Algún día se le hará justicia y habrá plazas y calles con su nombre...

—Pero ¿de qué vive, de dónde saca el dinero para su obra?

Olegario ya no sabía dónde meter la cabeza. Marion continuó sin inmutarse:

—La Iglesia admira tanto su dedicación al trabajo que hasta ayudan a esa mujer de Dios, al compartir sus limosnas, igual que el gobierno y los empresarios colaboran con donativos desinteresadamente para preservar por muchos años su sagrada organización. Todos aquilatan su labor orientada a la superación del ser humano.

—¡Santa hija del Cielo! Tú sí que te encontraste a tu ángel de la guarda. ¿Ella fue la que te educó? —preguntó doña María vivamente interesada en la conversación.

—Ella fue, en efecto. Ella fue la que me armó, la que me llenó de coraje, la que me enseñó los riesgos que yo corría al ser una niña indefensa, huérfana de padre y casi de madre; ella me estructuró éticamente y me llenó de amor para adquirir seguridad y crecer sin resentimientos ni rencores sociales. Ella me dijo que los hombres malvados usaban a las mujeres y, cuando se aburrían de ellas, las tiraban a la calle como si fueran unas colillas apestosas de cigarro. Ella me hizo jurar que solo me dejaría tocar por el hombre con el que yo ya me hubiera casado, ninguno más y de ninguna manera antes. Y ese juramento lo voy a cumplir pase lo que pase y suceda lo que suceda. Yo soy mi propio chaperón, doña María, y pobre de aquel que no entienda mis reglas porque irá muy lejos por la respuesta. Afortunadamente Olegario es un caballero educado con grandes principios católicos, y me cuida mucho más que si fuéramos hermanos. ¡Cuánto hubiera dado —concluyó con un dejo de tristeza— yo en mi vida por tener una familia como esta y haber podido contar con chaperones para apartarme de todas las tentaciones que tuve que vencer y venzo sola, sí, pero nunca tuve ese privilegio y tuve que aprender a defenderme por mí misma!

Olegario aplaudía en silencio debajo de la mesa cuando el obispo Tritschler iba a hacer uso de la palabra, pero fue interrumpido por la inglesa:

—Señora mía, ¿podría pedirle un señaladísimo favor?

—Lo que tú digas, hija mía —repuso sorprendida la señora Montemayor exhibiendo una gran piedad cristiana...

—Pues quiero aclararle que mi nombre es Marion, pero me halaga que me llame María, porque me hace feliz sentirme cerca de usted. Por favor, usted nunca me llame Marion.

—A mí me fascina el nombre de Marion —agregó sonriente María del Carmen, sin dejar de ver a su hermano Olegario, quien no dejaba de guiñar nervioso su ojo derecho—. Me hubiera encantado que me llamaran así —soltó, felicitándose por la delicadeza diplomática de la inglesa.

Don Olegario, agudo conocedor de las intenciones y de las dobleces de su mujer, simplemente torció para arriba su mostacho blanco, muy poblado, con sus dedos índices y pulgares, y aceptó con suaves movimientos de cabeza el talento y delicadeza de su invitada. Era claro que había utilizado bigoteras, esos listones pegados al bigote y a la nuca para que este amaneciera planchado, de la misma manera que las mujeres usaban bonetes, pañuelos que cubrían la cabeza, atados por debajo de la quijada, para que el cabello amaneciera aplacado. «Pobre de Olegario si se enreda con esta pinche vieja, le va a sacar canas azules», se dijo en silencio el jefe de la familia.

—Hija mía, ¿y dónde tiene su obra tu querida tía Lilly? —preguntó el sucesor de los apóstoles, mientras acariciaba una enorme cruz pectoral de oro, cubierta con rubíes, brillantes y esmeraldas, los colores de la bandera mexicana. La pieza, producto de la exquisita orfebrería veneciana, hacía juego con su anillo pastoral, también cargado con idénticas piedras preciosas, pero de menor tamaño.

—En Hackney, en las afueras de Londres, en la zona más pobre, su excelencia.

—En mi próxima peregrinación, *ad limina*, para visitar los umbrales de los apóstoles e informar al santo Padre del estado de mi diócesis, me encantaría poder visitar a tu tía Lilly, hija mía —adelantó el arzobispo.

—Nada le dará más gusto, su excelencia. Verá usted mismo cómo ella le va a contagiar su felicidad, es una virtuosa, créame...

Don Olegario se felicitó por los avances académicos de su hijo e hizo votos por la feliz terminación de sus estudios en Oxford. Le deseó a Marion una feliz estancia en la tierra del faisán y del venado. A continuación, se refirió a su obra como gobernador, a sus planes para darle al estado la vuelta como a un calcetín. Él no desaprovecharía la oportunidad de cambiar la faz de Yucatán y una de las herramientas más eficientes para lograrlo no solo era una correcta administración, sino también la construcción de escuelas para las nuevas generaciones de ilustres yucatecos, con la ayuda, claro estaba, del clero católico. Estaba forjando un puño de acero para que Yucatán fuera el estado más próspero de México.

—Salud por ustedes —exclamó poniéndose de pie y sosteniendo una flauta de champaña en su mano derecha—; salud por México y que mañana, hijos míos, Olegario y Marion lleven a cabo una feliz visita a la Hacienda de Xcumpich, el gran orgullo de la industria henequenera, y salud por nuestro querido general Porfirio Díaz, ciudadano padre de la patria, que Dios Nuestro Señor lo ampare por el bien de todos.

La reunión se desvanecía mientras Olegario y Marion acaparaban la atención de la familia y respondían a las inquietudes de todos. Ambos eran la noticia, el foco de atracción. Cada uno tenía al menos una pregunta después de tanto tiempo transcurrido. Londres, Oxford, la vida, las costumbres, la ropa, los viajes, la comida, Europa en general, en fin... En tanto esto sucedía, don Olegario tomó del brazo a su eminencia, el señor obispo Martín Tritschler, y discretamente lo condujo a la biblioteca. Tenía un par de párrafos pendientes con él dignos de ser remojados con un coñac Courvoisier & Curlier, embotellado en 1789, el año del estallido de la Revolución francesa. Una joya para un paladar experimentado como el del alto prelado católico. Sentado en una cómoda poltrona capitoneada con cuero inglés y una vez colocado un banquillo para colocar sus pies, la máxima autoridad clerical de Yucatán prefirió no calentar el licor con un mechero de plata; en su lugar decidió subir la temperatura con el calor de sus manos, según rezaban los viejos cánones aprendidos durante su larga estancia en Roma.

—Se ve brava, bravísima la inglesita, ¿no, Olegario? A tu hijo le tocó una vaquilla peligrosa. Al primer descuido te da la revolcada y la cornada de tu vida... ¡Caray con la criaturita del Señor!

El señor gobernador estaba de espaldas encendiendo el mechero para calentar su coñac y se limitó a negar con la cabeza en silencio. «Al arzobispo no se le va ni una», pensó mientras regresaba a su asiento.

—Es cierto, no tolero a las mujeres que abandonan su papel de amas de casa y asumen papeles propios de nosotros, los varones. Las viejas deben estar siempre en un rincón y cargadas. Si no se dedican a la lactancia, a cambiar los pañales de los críos y a hacer la comida, se convierten en un problema. Ningún hombre puede con una mujer sabionda que de todo sepa, de todo critique y opine, y se atreva a contradecir al jefe de la familia en público y en privado. Ellas están para obedecer y callar, para eso y solo para eso...

—De acuerdo con mi experiencia en los confesionarios, todavía no he conocido a una mujer inteligente que sea feliz. Los hombres las prefieren dóciles, tontitas, sometidas e ignorantes. La que se sale de la norma pasará su vida en la soltería o abandonada por el marido; ese es el destino de las contestatarias, jamás tendrán acceso a la tierra prometida, la del amor y la comprensión de su pareja. En realidad, todavía no puedo opinar a fondo de la güerita, si se maneja por clichés o no, porque *quod natura non dat, Salmantica non præstat.*

Don Olegario volteó a ver a su excelencia en busca de una explicación.

—Sí, hombre, los latinos decían que ni la inteligencia, ni la memoria, ni la capacidad de aprendizaje se pueden obtener en una universidad, de modo que ya veremos. De cualquier modo tu hijo mayor está en un predicamento porque las mujeres así engullen a un hombre con el paso del tiempo hasta tragárselo con todo y huaraches. De ellos luego no queda ni rastro, perecen dominados por esas endiabladas féminas.

—Bueno, bien, estarás contento con este, mi gobierno, ¿no, mi querida señoría? —preguntó don Olegario cambiando el tema—. Ahí tienes a tu disposición el cobro del diezmo, a sabiendas de que Valentín Gómez Farías y Benito Juárez estarán pateando las tablas de sus respectivos ataúdes.

—Y te lo reconozco. ¿Por qué cambiar lo que funciona y sobre todo si funcionó durante los trescientos años del Virreinato? La Iglesia, nuestra Santa Madre Iglesia, debe estar pegada al gobierno como guía espiritual de los políticos, de otra manera correrían riesgo de extraviarse. Si algo te agradecemos los fieles de mi rebaño y todos los pastores de mi diócesis es el proceso de *recristianización* de la península, ese es tu camino a la beatificación, así como tu esfuerzo y dedicación para que la educación que se imparta en el estado sea únicamente católica... Un día serás santo, aparecerá tu santa imagen en los altares y harás desde el más allá muchos más milagros de los que logras aquí, en la Tierra, pero por toda la eternidad, la conquista espiritual de México te deberá mucho a ti...

—Soy un político pragmático que reconoce la realidad religiosa de Yucatán. También soy, y lo sabes, un liberal camuflado al estilo de Porfirio Díaz que entiende las ventajas de la colaboración entre el Estado y la Iglesia para impulsar el bienestar en esta tierra mágica. Creo en un proyecto conservador dentro de un nuevo proceso de colonización en Yucatán, no inventamos nada, todo ha fluido muy bien hasta nuestros días.

—Gracias a Dios, Olegario, querido, y gracias a tu fe y a tu generoso patrocinio económico, ahora mismo te lo informo —agregó con gran entusiasmo–: edificaré nuevos templos y reconstruiré los demolidos durante la Guerra de Castas hasta duplicarlos o más, en comparación con los existentes a la fecha –exclamó con gran satisfacción–. Llegaremos a más de cien, te lo prometo. Invirtamos juntos en los de Samahil, Muna, Xanabá, Oxkutzcab, Motul, la parroquia de Acanceh y la de Peto –continuó eufórico acariciando su copa globera de cristal hecha en Praga–. Acabaremos los trabajos de la iglesia de Kinchil y la de las monjas de Mérida; consagraremos la iglesia de Lourdes, la de Piste, la de la Candelaria de Mérida y las de Chicxulub y la de Calotmul, sin olvidar los centros de enseñanza, instituciones cristianas, para meter rígidamente al redil a este sagrado rebaño que el Señor me ha encomendado. Gracias, Dios mío, por haber puesto a Olegario Montemayor en mi camino, gracias –dicho lo anterior tomó un sorbo del coñac, inhaló lentamente para disfrutar el buqué antes de deglutirlo y suspirar invocando al Cielo con la mirada clavada en el techo...

–El montemayorismo jamás debe ser visto como una alianza con la Iglesia –aclaró el señor gobernador del estado–. Ustedes guíen la conciencia social de los yucatecos, dentro de un contexto liberal, siempre de acuerdo, aunque sea en apariencia, con la Constitución del 57 y las Leyes de Reforma. Eso nos conviene con el presidente de la República y con los puritanos gringos, para preservar, digámoslo así, el *equilibrio social*. A todos nos conviene una imagen de moralidad, respeto a la justicia y amor a la patria que juntos construiremos en nuestro beneficio.

–Nunca nada mejor dicho, mi *gober*, el clero católico será el gendarme espiritual en tu gobierno.

Olegario sonrió, bien sabía él que si a Tritschler le daba un dedo, se tomaría la mano y, si le daba la mano, se tomaría el cuerpo completo. Por eso la Iglesia católica llevaba tantos siglos en el poder.

–No esperes que te acompañe a ninguna inauguración de templos, iglesias, monasterios, conventos o parroquias porque se vería muy mal. Tenemos que respetar la separación Iglesia-Estado aunque sea de mentiritas. La exhibición de fuerza que mostramos el año pasado en Puerto Progreso solo era parte de mi campaña electoral, pero, hasta ahí, ¿verdad? –Antes que el obispo pudiera contestar, don Olegario concluyó–: ¿Quieres adquirir el antiguo Colegio de San Ildefonso para dedicarlo al seminario? ¡Adquiérelo! ¿Quieres fundar cuarenta y dos escuelas y llegar a contar con seis mil quinientos niños educados por los padres maristas y las religiosas de Jesús María, ¡hazlo, edúcalos! Pero yo seré padrino a la distancia, de la misma manera que me haré el disimulado cuando subas las cuotas por los servicios religiosos, se enoje o no la gente, o cuando crees más órdenes y congregaciones religiosas, archicofradías, cofradías, archihermandades, hermandades, pías uniones y sociedades piadosas. Me da igual, de milagro me sé esos nombres, pero nos veremos aquí en mi casa y pocas veces, las menos posibles, en público.

—Está bien, pero a todos nos conviene. Tu gobierno no puede educar a tanto chamaco, ni puede ni debe cristianizar a campesinos ni a sectores populares. Todo eso nos corresponde a nosotros para construir una sociedad católica moderna con principios y valores éticos y familiares.

—Pues sí, Martín, para eso cuentas con el diezmo impuesto a los henequeneros, para llevar a cabo la obra de Dios —añadió don Olegario para cobrarle el favor.

—Sí, es cierto, pero tú también cuentas con Carmelita, la esposa del presidente Díaz, que es nuestra, lo que es nuestra, y le habla al oído todas las noches para que no se salga del huacal. ¡Cuidado con que alguien se acueste a diario a tu lado y te cante el mismo salmo!, ¿no? —argumentó su excelencia para hacerle saber al gobernador que contaba con una influyente oreja en Palacio Nacional. En fin, que no estaba solo...

—La unión hace la fuerza, querido Obispo —repuso don Olegario sin acusar el golpe. Tenía enfrente a un enemigo-amigo de cuidado. Acto seguido inhaló el coñac, acercó su copa y brindó con una forzada sonrisa con el obispo—. Mientras tú seas la autoridad clerical, Yucatán disfrutará de bienestar, paz social y equilibrio en todos los órdenes de nuestra convivencia.

Martín Tritschler pensó en su respuesta, chocó su copa y, viendo a la cara del gobernador, se atrevió a aducir:

—Yo brindo por la dictadura montemayorista: la única manera de conducir a un pueblo analfabeto e ignorante, al que no se puede permitir decidir en términos de su libre albedrío, porque no sabría qué hacer ni cómo proceder, necesita férreas guías, espiritual y política. Yo me ocuparé de la primera y tú serás el gran artífice de la segunda.

—Yo brindo en voz baja. Si alguien se enterara de tus deseos nos arrojarían atados de pies y manos en el primer cenote.

El choque de los finos cristales dio por cancelada la reunión. Era la hora de descansar.

Al final de la velada, Olegario y Marion no pudieron comentar los detalles de la cena. Se despidieron con una breve reverencia y un saludo muy fraternal a la distancia. A la inglesa no dejó de llamarle la atención que Ole y sus hermanos besaran la mano de su padre al retirarse a dormir. ¿Cómo no iban a hacerlo, si sus peones le llamaban *papá*? También le consternó que todos se dirigieran a él de usted, al jefe de la familia, como si fueran unos desconocidos. Extrañas las costumbres mexicanas y, sobre todo, las yucatecas.

A la mañana siguiente, a primera hora, salieron en dirección a la Hacienda de Xcumpich a bordo de la calesa. Tampoco pudieron hablar porque iban acompañados de los cocheros y de los ayudantes, espías colocados estratégicamente por doña María, quien de manera frecuente escuchaba escondida atrás de las puertas o miraba por los ojos de las cerraduras. Imposible correr el riesgo de hablar en inglés. Cuando se apearon del carruaje y se encontraron, de momento a solas, muy pronto serían recibidos por el jefe de los mayocoles, las carcajadas se hubieran podido escuchar hasta la Ciudad de México.

—¡Cómo fuiste a decir tantas mentiras! ¡Claro que sabías lo que significa chaperón, lo platicamos muchas veces! Fuiste una malvada, mañosa, cuando les explicaste lo de tu miseria y de tu soledad y del hambre y del divorcio de tus padres, ¿de dónde te lo sacaste? Eres una tramposa, pero te funcionó el jueguito —exclamó Ole muerto de la risa golpeándose las piernas con las palmas—. Fuiste una gran cínica, una perversa cínica, cuando hablaste del ángel protector y del ángel salvador... ¡Ah, bárbara! ¡Quién te hubiera oído en Oxford! Ya estoy viendo la cara de Perkins. Pero cuando no supe dónde esconderme —continuó con su contagiosa hilaridad, girando a ambos lados para confirmar que estaban solos— fue cuando dijiste que tu tía Lilly vivía gracias a las limosnas de la Iglesia y a los donativos del gobierno: ¡méndiga vieja caradura, eso es lo que eres! ¿Por qué no les contaste que nos conocimos en una marcha junto con Martín Lutero en 1520 en la catedral de Wittenberg? —provocó a Marion, quien no dejaba de reír. Se secaba las lágrimas con la manga de su blusa—. Si les hubieras dicho que fuiste esposa de Napoleón, emperatriz de Francia, y que te acostaste con media Armada imperial te habrían guardado en un manicomio... ¿Cómo no ibas a imaginar mil salidas? —adujo eufórico el yucateco—. Sí, cómo no, tu tía Lilly te estructuró éticamente y te preparó para enfrentarte a los hombres. Sí, claro que sí, *Shakespearita*, sí, cómo no —agregó Olegario, estallando en carcajadas.

Marion sujetó a su novio de los hombros para decirle:

—Cuando tu padre pidió que brindáramos por que el Señor amparara a Porfirio Díaz, casi vomito la cochinita...

¡Qué manera de disfrutar a su mujer! Olegario no cabía en sí mismo. Luego remató con una pregunta:

—¿Que harás cuando Tritschler quiera ir a visitar a tu tía Lilly en Londres?

—Cuando nos avise que va a ir, igual acabamos de enterrarla en cualquier panteón de Escocia, pero mientras tu excelencia, no la mía, no vaya a Europa, ¿para qué me preocupo? ¡Es un hijo de la chingada, como aquí llaman a los malditos, amor!

En la puerta de la Hacienda de Xcumpich los esperaba, solemne y sonriente, puesto de pie, enfundado en una guayabera blanca y pantalones del mismo color, Athziri Balam, el capataz que había conocido a Olegario desde el inicio mismo del año de la bugambilia. Ayudó a Marion a descender de la calesa con excesiva cortesía, que rayaba en el servilismo.

—Tantos años sin verlo, joven Olegario —inició Athziri la conversación—. Yo lo dejé de ver de niño, pero ahora, usted disculpará, de pronto me encuentro con un hombre. Mis respetos, patrón.

—He estado viviendo fuera del país por muchísimo tiempo —contestó abrazándolo y estrechando ambas manos con gran efusividad—. Pero mira, te presento a una colega inglesa interesada en conocer el funcionamiento de una hacienda henequenera, la señorita Marion Scott, habla español mejor que tú y yo, estás advertido...

—¿Cuál es su nombre? ¿Me lo repite, por favor? —cuestionó Marion llena de curiosidad.

—Athziri Balam, señorita...

Después de deletrearlo, ella insistió:

—¿Es cierto que tienen diferentes significados?

—Sí —adujo encantado por la pregunta—: Mi nombre quiere decir «gran victoria», y mi apellido «jaguar»; «jaguar de la gran victoria».

Olegario tomó del brazo al capataz y se encaminó hacia el interior de la hacienda, mientras Marion, sonriente, escribía datos a toda prisa en su libreta.

Entre una explicación y otra, caminaron a lo largo de una gran explanada rodeada de árboles centenarios y frondosos hasta llegar a la residencia principal. Visitaron la sala de máquinas con su enorme chacuaco, la iglesia con sus respectivas bancas, reclinatorios, confesionarios y el altar al fondo, hasta ingresar en la casa del cura, quien también los saludó cordialmente y les obsequió una bendición. Marion se sacudió instintivamente el vestido con las manos, como si le hubiera caído una maldición. Entraron a la vivienda del propio Athziri, conocido como el mayordomo; también a la del profesor de la pequeña escuela, a la del médico, a los talleres, a los depósitos de agua de lluvia; vieron los estanques, las norias, los pozos, las tiendas de raya espléndidamente bien surtidas con artículos que envidiarían en los comercios de comestibles de la Ciudad de México. No existían registros contables de la raya porque se pagaba a los peones en efectivo, no con fichas, ni menos en especie, con víveres. Algo nunca visto, una maravilla, un ejemplo a seguir en la región, porque no se lucraba con las deudas, inventadas o no, de los campesinos. Permanecieron un buen rato en la cocina, llena de productos de las huertas yucatecas, como orégano, cebolla morada, verdolagas y pepinos silvestres. Admiraron los platones de cerámica mexicana colgados en las paredes, a los lados del fogón, y les ofrecieron agua de chaya, mientras miraban cómo se cocinaba la carne de cerdo para la comida. Estaban preparando poc chuc y papadzules, tacos de huevo duro, pepitas de calabaza molidas y salsa de jitomate con cebolla.

«¡Cuánta dulzura en el hablar de las mujeres mayas!», apuntó Marion en su cuaderno, sin dejar de saborear la singular bebida. Pasaron al comedor ubicado a un lado del patio principal, observando los retratos de los ancestros de la familia Montemayor-Figueroa, y uno al óleo, soberbio, de Porfirio Díaz, de cuerpo entero y con la banda presidencial cruzada en el pecho. Vieron el gran sillón dorado en la cabecera, tapizado con terciopelo verde, reservado para uso exclusivo de don Olegario, y las veinticuatro sillas colocadas alrededor de la mesa. Les mostraron los alambiques y tinacales llenos de tequila y pulque. La organización era perfecta. Preparaban el balché, el vino sagrado.

Si algo llamó la atención de Marion fue conocer las habitaciones, sobre todo la de los padres de Olegario, parecida a la que hubiera sido de Luis XVI. Contaba con balaustradas de marfil para rodear la cama, rematada por un enorme Cristo de alabastro colgado en la cabecera, como si flotara en el vacío. A los lados había un gobelino, cuadros del Renacimiento italiano que representaban torturas a diversos santos, tapetes persas tejidos a mano y un monumental candil con doscientas luces, un lujo que ella ni siquiera hubiera podido imaginar. La estudiante de Oxford se sintió extrañada al descubrir una hamaca blanca de henequén anclada en las paredes del fondo, un curioso contraste con el lujo europeo de la recámara, en la que descansaba doña María, ante la imposibilidad de compartir el lecho con su marido ni con nadie. Desde pequeñita se había acostumbrado a dormir sola, suspendida en el vacío, como si se meciera en un columpio que, además, la ayudaba a soportar los asfixiantes calores yucatecos. Anotó las explicaciones relativas a ese singular columpio, en el que no pudo acomodarse por más que lo intentó. Describió la indumentaria de los criados, todos debidamente calzados con zapatos lustrados, nada de huaraches: vestidos con guayaberas de lino blanco, puño doble para usarlo con mancuernillas de plata en camisas decoradas con botonaduras también de plata. En tanto, las mujeres del servicio, las domésticas, presumían bordados muy floridos en su indumentaria; en sus trenzas recogidas se veían flores frescas y listones de diversos colores. ¡Cuántos londinenses se hubieran fascinado de haber podido estar en el lugar de Marion, admirando tanta belleza!

–¿Cuánto gana una doméstica al mes, como usted les dice, Athziri? –preguntó Marion con notable candor.

–Ellas no cobran, señorita, porque son consideradas parte de la familia. Aquí viven, aquí duermen, aquí se les cura cuando enferman, aquí hacen su vida... Mucha gente de los pueblos trabaja en las haciendas de acuerdo con la época del año. De abril a junio llegan a la siembra, y de septiembre a diciembre se les encarga el chapeo y la tumba.

–¿Qué? ¿Y cuando quieren comprar algo o hacer una vida independiente? –preguntó de repente incendiada.

–Se les da –repuso turbado el mayordomo, sin saber qué contestar, momento que aprovechó Olegario para tomar a su novia del brazo y continuar el recorrido, sin contestar siquiera las miradas inquisitivas lanzadas por la inglesa.

Ingresaron a la escuela cuando los niños mayas, uniformados y calzados, entonaban una canción de su tierra que emocionó hasta al propio Olegario, porque él la cantaba con Oasis, su viejo amigo, hijo de un caballerango. Imposible olvidar a Oasis ni las canciones enseñadas por su madre en la cocina de la hacienda o en el pequeño jacal donde vivían. Por cierto, ¿dónde andaría el canijo ese? Habían pasado al menos doce años, desde que jugaban juntos a las canicas, a los trompos, a la coja raya, para nadar, después del almuerzo, en el estanque, sin que existieran diferencias de ninguna clase entre ellos...

Para concluir la visita, antes de caminar por el campo sembrado de agave, todavía visitaron los dormitorios de los campesinos, en donde encontraron una serie de hamacas, tal vez cien debidamente espaciadas. Estas eran utilizadas casi siempre por solteros o trabajadores cíclicos, según la temporada. Los casados, residentes permanentes de la hacienda, tenían sus propios jacales dignamente amueblados para el disfrute de sus familias. Al fondo se encontraba un amplio comedor con largas mesas y bancos colocados a ambos lados para el servicio de los muchachos, aclaró Athziri sonriente y gentil como siempre, pero muy confundido y extrañado, sin imaginar la pregunta que saldría disparada de la boca ingenua de Marion:

–Señor capataz, ¿y dónde está la cárcel?

–¿La cárcel? –repuso impávido volteando a ver a Olegario para saber si se trataba de una broma o sugerirle entrar en su defensa, pero él se mantuvo callado y distante–. Aquí no hay cárceles, ¿por qué habría de haberlas? El patrón Montemayor jamás lo permitiría...

–¡Ay, por favor, señor Balam, es por todos conocido que quien no corta las suficientes hojas de henequén, su cuota diaria, es castigado a latigazos y si reincide lo encierran en una cárcel, entre otros salvajismos!

166

El rostro de Athziri se ensombreció, se le congeló la sonrisa artificial y de golpe apareció otra personalidad mucho más ruda y severa.

—Eso que usted dice puede pasar en otras haciendas, a saber, pero, aquí en Xcumpich jamás ha existido ni existe ni existirá, y si no me cree, pregúntele al niño Olegario aquí presente.

Cuando Marion iba a dirigirse a Ole, de repente, como por arte de magia, apareció Oasis, quien había estado escuchando los últimos momentos de la conversación, atrás de su viejo amigo.

—Oasis, Oasis, hermano, ¿dónde estabas? ¿Qué ha sido de ti? —preguntó Olegario abrazándolo como si no lo hubiera visto en mil vidas. Lo sacudía por los hombros, le retiró el sombrero, lo arrojó al aire, lo despeinó y estrechó sus manos con una gran alegría, de alguna manera extraviada desde su llegada a Yucatán. Para Oasis era imposible ocultar un negro presentimiento, una especie de vacío, como si se le hubiera muerto un pariente cercano—. ¿Y tu padre, tu familia, cómo están todos? Cuenta, no sé nada de ti —exigió eufórico Olegario Montemayor, momento que aprovechó el mayordomo para disculparse y retirarse, huyendo de las preguntas de Marion, de quien no se despidió; sin embargo, se alejó viéndola como a un bicho raro—. ¿Te acuerdas cuando cantábamos las canciones de Cirilo Baqueiro y Fermín Pastrana, conocidos como *Chan-Cil* y *H'uay Kuk*? ¿Te animarías a volver a cantar? Eras buenísimo…

Oasis agachó la cabeza, recogió su sombrero y se negó a contestar. Tomó del brazo a Olegario y lo condujo a la salida de la escuela sin pronunciar palabra. Marion los seguía a corta distancia hasta que llegaron a los enormes sembradíos de agave, a campo abierto, donde nadie podía escucharlos ni espiarlos. Athziri Balam se había retirado a buen paso, ya sin girar la cabeza. Caminaron a lo largo de los surcos entre las plantas de agave. Olegario no dejaba de voltear para advertirle a Marion del peligro de las espinas en las largas y afiladas hojas. Llegado a un punto seguro, Oasis se detuvo, pero permaneció mudo al constatar la llegada de la inglesa.

—Puedes hablar con toda confianza delante de ella. Es casi mi conciencia, de modo que no te preocupes —afirmó Olegario con el rostro adusto. Los negros presentimientos de Ole, la desagradable sensación de duelo, se materializaron de golpe, como cuando se levanta el telón en la ópera y el escenario queda expuesto con meridiana claridad para todo el público.

Sin más, Oasis confesó sin levantar la cabeza, con la mirada clavada en el piso pedregoso de tierra caliza ardiente, que su padre había envejecido y enfermado, que a su edad y sin fuerza ya no podía cortar la cantidad de hojas obligatorias ni cumplir con la cuota fijada por el mayocol;

que había recibido palizas y latigazos y que hasta lo habían encarcelado dándole de comer tortillas duras y agua puerca; que su jefecito se había venido apagando hasta perder las ganas de vivir. Una mañana ya no había querido despertar y se había dormido para siempre.

Olegario y Marion se vieron a la cara al comprobar sus sospechas. Ambos lo sabían, en el fondo, claro que lo sabían, horror, como también lo suponía el profesor Perkins. Solo que Oasis no estaba dispuesto a callar ni a resignarse. Había pasado mucho tiempo desde que Olegario había viajado a los Estados Unidos a estudiar, cuando le empezaba a cambiar la voz, pero nunca lo había olvidado. La confianza estaba presente como cuando jugaban de niños a la kinbomba o se divertían como flautistas al soplar en la ocarina. Los amigos de la infancia no se improvisan, son para toda la vida; más aún si apostaban al balero y se lo arrebataban cuando cualquiera de los dos perdía después de tres intentos. El coraje rebasaba al joven maya, le envenenaba sus días, le privaba del sueño y del hambre. Por algún lado tenía que desahogarse antes de pelarse al monte, después de robar una de las carabinas de los patrones para estallar una revolución, solo o acompañado de más campesinos. Y más incluso cuando él mismo había vivido tantos años en la casa de Mérida, propiedad de los Montemayor; había conocido de cerca los lujos y envidiado la comida tan abundante como sabrosa, incomparable con la masa asquerosa que les daban para comer antes de la fajina, y ya ni hablar de los cochinos jacales en que metían a los peones, en donde muchos de ellos amanecían muertos, como su *apacito*.

Marion no estaba para consolar a nadie. Su objetivo prioritario consistía en obtener información a como diera lugar. Decidió pasar por candorosa ante Oasis para lograr sus objetivos.

—¿Entonces, todas las haciendas henequeneras de Yucatán no son como Xcumpich? —preguntó como si se dejara caer de una nube y provocar al mismo tiempo al joven maya.

—No, señorita Mariana, ¿cómo va a ser?

—Marion —aclaró Olegario…

—Bueno, Marion, asté disculpará… Xcumpich es una hacienda pa' recibir turistas, a los amigos del patrón, a las familias, a periodistas que vienen a cada rato, solo pa' engañarlos. Todo esto que vieron, que les mostró el mayocol Balam, son puras mentiras, hartas cabronadas, con el perdón de ustedes, pero tengo toda la confianza, aquí con mi patroncito Olegario, igual que Dios, sabe que no miento.

—¿Nos puedes llevar entonces a una hacienda que no sea para turistas y donde podamos ver la realidad con nuestros ojos, saber lo que pasa con tu gente? —preguntó Marion, en plan desafiante, mientras su novio había supuesto lo que a continuación verían, pero que nunca había comprobado. Por alguna razón, en ese momento clara, lo habían largado, junto con sus hermanos, fuera de Yucatán, fuera de México, para ocultarle una siniestra realidad que en ese día la vida le restregaría en pleno rostro en términos contundentes.

Olegario arrugó el semblante. No podía creer lo que estaba escuchando. Era cierto: había pasado su vida víctima de embuste tras embuste, y en ese momento temía conocer la verdad y, al mismo tiempo, deseaba no saberla. ¡Qué contradicción! Para Marion se trataba de un ejercicio académico, una mera práctica sociológica más, una investigación de campo que haría constar en periódicos y revistas y hasta en un libro publicado por la Universidad de Oxford. Sí, ese era el objetivo de ella, solo que, en su caso, el descubrimiento de la realidad implicaba una decepción familiar irreparable, además de un rompimiento frontal con su padre, quien lo había mantenido en el engaño desde su nacimiento. ¿Sus hermanos sabían lo que acontecía y no protestaban? ¿Eran unos cínicos en espera de los dineros de la herencia? ¿Eran cómplices por un interés inconfesable? ¿Quién era finalmente don Olegario Montemayor? ¿Eran familia o pandilla? ¿El hombre probo, el destacado ingeniero, el gran abogado, el constructor de escuelas, el devoto católico incapaz de cometer pecado alguno, el gobernador dedicado a cambiar la faz del estado de Yucatán? ¿Era, en la práctica, un explotador de seres humanos atenazados de por vida en la miseria, un cobarde extorsionador, un farsante, como los tantos malvados empresarios dueños de fincas cafetaleras, azucareras, chicleras o bananeras, que había estudiado en clase o en los libros? ¿Su padre era uno de esos salvajes negociantes dedicados a acaparar el dinero que tanto despreciaba? ¿Se trataba de un esclavista camuflado? ¿Lo era? ¿Una copia diminuta, a escala, de Porfirio Díaz?

Marion y Oasis permanecieron callados mientras esperaban la respuesta de Olegario. No se movía, como si hubiera estado clavado como una estaca en el piso. Parecía haber envejecido en un segundo. Apretaba la quijada, frunció el ceño, su rostro juvenil se pobló de innumerables arrugas. Sus párpados, casi cerrados, de quien se esfuerza por leer algo a la distancia, revelaban su viaje a otro mundo. Inmóvil y paralizado, entonces era él quien, sin darse cuenta, clavaba la mirada ya no en los surcos ni en las hojas alargadas de los agaves llenas de espinas, sino en los huaraches cubiertos de costras de lodo del joven maya, quien le enrostraba la realidad con una violencia inesperada. Ni siquiera fue capaz de percatarse de que la falda de Marion estaba manchada de sangre.

—Ole, *my dear*, ¿estás bien? —preguntó la inglesa tomándolo de la mano, en el momento en que pasaban unos mayas descalzos, con el pecho desnudo arreando cerdos y gallinas y cargando tal vez pulpa del agave para alimentar a los animales del corral. Los volteaban a ver con curiosidad, pero sin mostrar ningún resentimiento en sus miradas.

Olegario pensó en beber un poco de agua, buscar un pozo, sentarse un momento a la sombra de una ceiba, algo, lo que fuera, con tal de escapar de la realidad. Bien sabía él que después de conocer una hacienda esclavista, propiedad de su padre, su vida jamás volvería a ser la misma. ¡Adiós a la familia! ¡Adiós a la imagen paterna convertida en astillas en un par de segundos! Arrancarle la máscara al autor de sus días no resultaba una tarea sencilla, menos aún si durante su infancia escuchar su voz le producía una diarrea incontenible. El miedo, un eficiente recurso paterno para controlar, lo paralizaba. Cuántas veces había intentado enfrentarse a él y había fracasado, porque quien lo confrontaba no era un hombre de veinte años o más, sino un pequeñito de cinco años, indefenso y asustado ante una autoridad invencible e implacable. No, el choque jamás había sido adulto contra adulto, sino un gigante contra un enano estancado en la infancia, incapaz de evolucionar...

De golpe salió Olegario de sus reflexiones. Contempló fijamente a Oasis, su mirada noble y generosa, sus ojos negros como la obsidiana, su estatura baja, muy baja, su piel oscura, sus facciones finas, la elegancia de su raza, sus pantalones de manta muy barata recogidos hasta las rodillas, su sombrero de palma desgastado por el sol, sus huaraches, tal vez heredados de sus ancestros, quienes habían padecido los terribles momentos cuando se detuvieron las manecillas de la historia de Yucatán. Él, Oasis, parecía resumir a todas las generaciones de mayas desde la conquista a la Guerra de Castas, hasta llegar a nuestros días. Se mordió el labio y agregó:

—¡Vamos, hermano, vamos a esa cita con la vida! ¿A dónde nos llevarás? ¿Qué sugieres?

—Vamos a la Hacienda El Paraíso, se encuentra a dos horas de aquí, llegaremos después del almuerzo —acotó Oasis.

Marion guardó un prudente silencio en espera de la contestación de Olegario, quien respondió con un lacónico:

—¡Vamos! Es la hora —agregó dándose cuenta, por primera vez, de la falda ensangrentada de la inglesa—. ¿Qué te pasó, Dolly? ¿Qué es eso?

—Es mi bienvenida al Mayab, amor, una espina de agave me cortó la mano, como si me estuviera advirtiendo que todo el pasado de esta tierra está escrito con sangre y no debo olvidarlo...

Cuando Olegario intentó ver la herida, solo escuchó en voz de Marion:

—Oasis, estamos listos, andemos...

A bordo de la calesa llegaron antes del tiempo esperado. El joven maya, de unos veintiocho años de edad, conocía al mayocol y al resto de los capataces menores. Antes de ingresar a la hacienda, Oasis prefirió adelantarse unos pasos a lo largo de los sembradíos de agave para advertir la amenaza de las espinas y evitar nuevas heridas. Ahí, en pleno campo, bajo el ardiente sol, sin una sola nube en el infinito que anunciara una gratificante sombra, ya ni hablar de un chaparrón, en pleno escenario henequenero, el joven yucateco empezó a contar cómo se desarrollaban los trabajos en las fincas productoras de miles de toneladas de oro verde, que se convertirían en millones de dólares, inimaginables para los peones, solo dueños de su miseria y de su ignorancia.

–Mire –dijo Oasis dirigiéndose a Marion, quien tomaba notas a toda prisa para no dejar nada a la memoria. Olegario observaba estoico la escena–. Los buenos capataces se reconocen cuando logran harta producción a bajo costo pa' los patrones. No vea asté los latigazos que nos dan cuando no entregamos las hojas de agave que nos impusieron. Como a los mayocoles les descuentan muchos pesos si no llegan a la cuota fijada, entonces, los cabrones nos culpan a nosotros y nos golpean pa' que no les fallemos al otro día. Una vez vino un pinche gringo, aquí a El Paraíso –contó Oasis con una mirada congestionada por la furia– y escuché a los patrones cuando le explicaban que nosotros, los indios, éramos unos huevones que solo oíamos y entendíamos por las nalgas, por eso era necesario azotarnos o no haríamos nada… Escúcheme bien, seño –aclaró el peón decidido a expulsar todo el veneno–, si no alcanzamos a cortar la cuota, o sea tres mil hojas al día, nos azotan; si no recortamos bien las orillas de las hojas, nos azotan; si llegamos tarde, nos azotan; si algún miserable mayocol sospecha que hicimos o planeamos hacer algo indebido, también nos azotan… Le juro, señorita, que los jefes, los educados, nos tratan como animales, verdá de Dios, nomás imagine asté cómo nos dejan las nalgas los malvados mayocoles sin podernos sentar en meses y ya ni le cuento de los dolores en la espalda cuando tratamos de dormir en la hamaca boca arriba… –exclamó enseñando la espalda. Las huellas del látigo eran patéticas.

«¿Cómo era posible que la esclavitud prevaleciente desde la época colonial continuara vigente, en ese mismo momento, durante la dictadura de Díaz?», pensó Olegario en silencio. «México se había quedado anclado en el tiempo durante siglos, ¿por qué? ¿Por qué, por qué? ¿La tlapisquera, las galeras destinadas a prisión de los peones en las haciendas, existirían a la fecha? –La duda lo estremecía–. ¿Cárceles en las mismas fincas? ¿Todavía quemarían con hierros candentes a los trabajadores chinos, según había escuchado años atrás por una indiscreción?».

Mientras Marion recorría las cicatrices con las yemas de los dedos, solo alcanzó a decir: *Holy shit!* Olegario volteaba inquieto a diestra y siniestra, como si esperara un rescate para no seguir escuchando el espantoso anecdotario. ¡Claro que los latigazos los había recibido Oasis cuando él ya estudiaba la primaria en los Estados Unidos! Imposible saberlo y menos defenderlo. No podían salir de su azoro cuando el joven maya les mostró sus manos partidas, del color y textura de la tierra mojada; las plantas de los pies encallecidas y ennegrecidas; y sus pantorrillas y brazos cruzados por múltiples heridas causadas por los cortes de las espinas después de años de trabajos en los surcos henequeneros. Las huellas estaban ahí; el hartazgo, también, acompañado por un evidente apetito de venganza.

En esos momentos del mediodía, la temperatura era tan elevada que todos los animales buscaban una sombra protectora, es más, ni los pájaros volaban como al amanecer o al anochecer. La naturaleza era muy sabia. Instintivamente Marion se ajustó el sombrero obsequiado por Olegario antes de salir en la calesa.

Marion conocía la historia de la esclavitud en los Estados Unidos, la había estudiado a fondo, pero esto que descubría aquí también era verdaderamente atroz. En nada se distinguía un hombre esclavizado del ganado, pero la grosera diferencia brincaba al conocer los palacios del Paseo de Montejo y compararlos con las inmundas casuchas de los peones. ¿Cómo se las arreglarían para sobrevivir con la miseria que ganaban, víctimas de enfermedades y de muertes tempranas sumidos en la ignorancia? ¿Por qué no se rebelaban y mataban a palos a sus secuestradores si en las fincas eran cien campesinos contra diez guardianes o mayocoles? ¿Por qué la subordinación y la resignación? ¿Cómo podían masticar la inmundicia que les daban de comer sin vomitarla con tan solo olerla? ¿Por esa razón los calificaban como animales? ¡Qué canallada!

Ahí mismo, a Marion se le informó que los yaquis y los cahítas, traídos a la fuerza de Sonora, morían hacinados como moscas y los niños eran enterrados con las miserables prendas de las madres, a falta de recursos para comprar un ataúd medianamente digno. Los mayas fallecían víctimas del mal de la rosa, la terrible pelagra que comenzaba con un pequeño dolor en la boca, además de la fiebre amarilla, el vómito prieto y el paludismo. Los médicos para asistir a las mujeres en los partos eran insuficientes; si bien unas parteras, que no contaban con los mínimos requisitos sanitarios, ayudaban en dichos menesteres los resultados eran terribles, por más que a los hacendados les interesaban los embarazos y los alumbramientos para captar más mano de obra esclava. Olegario recordó en ese momento las palabras de monseñor Tritschler, repetidas hasta el cansancio: «La verdad es que los yucatecos se mueren por dos razones: o porque no comen o porque comen demasiado».

Oasis contó cómo, por más que los patrones les llamaran obreros, peones o campesinos, en realidad eran esclavos, que no se hicieran pendejos, se levantaban al sonar la campana del mayocol, antes de las cuatro de la madrugada y terminaban el trabajo en el campo al anochecer, cuando ya no se podía ver nada; dentro de los talleres seguían trabajando hasta muy altas horas de la noche, iluminados con velas o quinqués. En la hacienda de *papá*, las labores iniciaban a las tres, mucho antes de salir el sol. Empezaba la hora de la fajina, un trabajo no remunerado de dos horas, dedicado a limpiar la planta, quitar el polvo de las desfibradoras, asear las zonas de trabajo, así como las calles de la finca y entonces, y solo entonces, salían al campo a cumplir con la tumba, el chapeo y el bacuché, coa en mano, a impedir que la hierba se reprodujera por segundos y detuviera el crecimiento de la planta del henequén. Otras obligaciones no menos agotadoras eran la quema, cada veinticinco años, del agave, para que la ceniza y los minerales penetraran en la tierra y la fertilizaran cuando se cayera el cielo por los aguaceros torrenciales.

—¿Cómo que la casa de *papá*? —interrumpió Marion sorprendida—. ¿A todos los finqueros se les llama *papá* o solo a don Olegario?

—No, seño, a todos los plantadores les llamamos *papá* desde endenantes...

Marion escrutó el rostro de Olegario porque le había vendido una imagen equivocada del jefe de la familia, cuando se trataba de una costumbre arraigada, de tiempo atrás, entre los mayas. Olegario se encontraba tan apesadumbrado que ni siquiera entendió la mirada demandante de la inglesa. «¿*Papá*, cómo que *papá*?».

—La chinga, Olegario, es enorme, no te la imaginas. No dejes que te cuenten ni que te engañen —advirtió Oasis sin prestar atención al comentario de Marion. Sin ánimo de ocultar nada, explicó que comenzaban, machete en mano, muy temprano para aprovechar las bajas temperaturas del amanecer. Desmontaban el suelo y sembraban el agave hasta media mañana cuando la camisa y los pantalones, llenos de sudor, se pegaban al cuerpo cubierto de granos por el sarpullido, según se conocía la erupción por acá. Explicó la terrible ansiedad, cuando los zancudos picaban hambrientos y sin piedad durante la época de lluvias, impidiéndoles preparar siquiera su pozol.

Nadie podría imaginar los millones de moscos achicharrados que caían al piso sobre los huaraches al prender un cigarro o un cerillo, un infierno; sin olvidar la existencia de víboras de cascabel, los coralillos y las nauyacas escondidos en las plantas, que, cuando picaban, podrían matar a la víctima si esta corría, pues eso haría que el veneno circulara más rápido en la sangre; y si, por el contrario, caminaba despacio, tal vez ni llegaría a un puesto de socorro, en donde, de cualquier modo, ni siquiera tendrían medicinas para atenderlo.

—Entonces, si te pica una culebra, ¿te dejan morir? —preguntó Marion, lápiz en mano.

—Eso sí se lo garantizo —repuso Oasis impaciente, como si se le acabara el tiempo y no soportara interrupciones—. Debe saber asté, seño, que los doctores son tan escasos como los maestros. En Yucatán, he venido sabiendo, hay como unos cien mil esclavos que no saben leer ni escribir, como sus familias y, de la misma manera que no hay escuelas, pos tampoco hay hospitales.

—Lo que sí debe haber son cantinas e iglesias —agregó Marion ante un Olegario presente físicamente, pero ausente de la conversación.

—¡Ay, señorita Marion! ¿Se imagina que nos quitaran el trago y a la virgen? Sin la chaya y el kabax estaríamos muertos. Entonces sí, al campo y a matar. ¿Qué más tendríamos que perder si nuestra familia nació jodida, vive jodida y morirá jodida? ¿O cree asté, con el perdón de mi patroncito Olegario, aquí presente, que alguno de nosotros, ni en sueños, llegará a tener ni una parte de lo que tiene el más pobre de los cincuenta reyes del henequén que viven en sus palazotes en Mérida? Ni a nosotros ni a los chinos ni a los coreanos ni a los yaquis, a naidien, aquí en las haciendas, nos alcanzarán nunca los centavos pa' pagar nada, ni una cristiana sepultura. Es más, la gente amanece muerta en las hamacas de los galerones, como le pasó a mi apacito, sin recibir la última bendición porque los curas no cumplen con las leyes de Dios si no hay limosna. Todo es una cabronada seño, verdá de Dios que lo es, créame. Todo está contra nosotros y nos quitan a Diosito santo y nos dejan sin trago pa' aliviar las cargas, pos mejor vámonos todos al infierno, chingao. ¿Pa' qué vivir, no?

Oasis soltaba datos ya asimilados por él al paso del tiempo y no se percataba del efecto causado en quienes ignoraban la presente realidad yucateca. ¿Quiénes eran los cincuenta reyes del henequén? ¿Cómo que cien mil esclavos? La cifra era una locura. Marion llegaría a saber el número preciso. ¿Y si realmente eran cien mil esclavos en pleno siglo XX? «¿Qué diría míster Perkins?», pensó la destacada estudiante de Oxford, mientras se secaba las gotas de sudor del rostro con la manga derecha de su blusa, de la misma manera empapada y adherida a la espalda, en tanto los implacables rayos del sol parecían calcinarla. El calor era sofocante. Ella jamás había imaginado los extremos de vivir en una de las galeras del infierno, no, por supuesto que no. Pero menos cabía en su cabeza la posibilidad de trabajar, machete en mano, en un horno, presa, sin poder huir, sin agua a la mano, rodeada de bichos venenosos y advertida de los castigos que recibiría si no cortaba las hojas de henequén a las que estaba obligada. De turista a esclava existía una diferencia abismal...

Marion, intrigada, preguntó:

—¿Y por qué traen trabajadores de otras nacionalidades, hasta asiáticos?

—¿Esclavos extranjeros dirá asté?

—Sí, ¿por qué?

—Pues porque unos hablan chino, otros coreano, de español, ni hablemos, ninguno habla maya. Y entonces es imposible organizar una huelga o una protesta cuando no podemos comunicarnos ni unirnos entre nosotros. No solo se trata de conseguir mano de obra barata, como asté podrá ver, tan barata que en lugar de pagarnos con dinero, nos pagan con maíz o chile, frijol, sal, cobijas o con fichas, que no sirven para un carajo fuera de la hacienda. A los destajistas les pagaban a veces veinticinco centavos diarios que solo les ayudaban a bien morir. Los obreros extranjeros sirven para controlarnos más e impedir riesgos, seño... ¿Cómo planear algo si es imposible entenderse?

—¿Se puede decir que es algo así como una moneda feudal mexicana? —preguntó Marion, entornando la mirada como si quisiera ver muy lejos.

—Pues sí, amor —respondió Olegario—. Muchas veces estas haciendas son auténticos feudos.

Lo que fuera, sí, pero Oasis no solo tenía respuestas para todo, sino que deseaba denunciar, gritar por qué los esclavos morían tan jóvenes. No acaban de nacer cuando ya se empiezan a morir después de tanto esfuerzo, sin llegar a ser padres y, ya ni se diga, abuelos. ¿Eso es vivir? ¿Cómo aceptar que a un chamaco de doce años ya se le considerara apto para el trabajo y se le asignaran cuotas de corte, cuando debería estar en la escuela para construir un futuro? ¿Quién aguantaba trabajar sin descanso en ese calor sofocante, descalzo, en la tierra reseca y rocosa, rodeado de espinas que tarde o temprano te hacían sangrar, como le había pasado a la seño Marion?, y si además no cumplía con las órdenes del mayocol, la malvada cuota diaria, este lo golpeaba con el látigo mojado frente a todos, para que hasta los niños de ocho a diez años y las esposas fueran a cortar dos mil hojas con grandes dificultades para que no torturaran a golpes al jefe de la familia, quien al otro día, descarnado y agotado, menos aún podría cumplir con la faena y menos, mucho menos, podría cargar sobre sus espaldas deshechas el agave cortado en los surcos para llevarlo a la línea del tranvía y de ahí a la desfibradora que rasparía las hojas con sus enormes dientes afilados para convertirlas en largas fibras, el oro verde, el henequén mismo que, después de ser transportado en ferrocarril a Puerto Progreso, sería exportado a los Estados Unidos.

—¿Y por qué la gente no huye, se fuga, desaparece? —cuestionó Marion, enardecida.

—No, seño, no sabe lo que dice: siempre nos pescan, nos atrapan debajo de las piedras o nos arresta la policía del estado o los rurales de Díaz o los enganchadores. Y no vea asté la madriza, los castigos, los azotes, las señoras golpizas y cómo se infla nuestra deuda con el patrón, que jamás acabaremos de pagar, porque el que nos atrapa también cobra por hacerlo. Afuera no encuentra nada. Además en esta tierra caliza yucateca, donde de milagro viven las víboras, no hay nada qué comer, ni frutas para resistir durante la fuga ni agua pa' beber porque no hay forma de hacer un hoyo en la tierra, ni manera de demostrar con papeles que somos libres. Es más, ni siquiera podemos probar quiénes somos, el color de nuestra piel nos delata, seño. A un güerito no lo andarían cazando en los pueblos ni en los campos... Solo porque somos prietitos y chaparros nos chingan. Ese es nuestro pecado.

—¿Pero...? —iba a intervenir Marion.

—No va asté a creer, pero los mayas somos absurdamente honrados y no podemos desconocer nuestras deudas, ese es otro obstáculo para fugarnos. A pesar de que sabemos que nos engañan, también sabemos que debemos y, para no quedar mal, pos nos quedamos.

—¿Todo Yucatán es un corral lleno de seres humanos? ¿Cuál es la diferencia entre ustedes y unos caballos, Oasis? ¿Los indios son como ganado y pertenecen al amo como un caballo a un agricultor inglés? —preguntó la inglesa intuyendo, sin conocer, el significado de la palabra *madriza* y el de *nos chingan*. Ya tendría tiempo de memorizar las palabrejas mexicanas, además de las aprendidas con Olegario, quien escuchaba con atención sin dejar de hacer muecas y movimientos extraños, como si cada palabra pronunciada por Oasis fuera una bofetada asestada sin poderse defender, ni mucho menos devolver los golpes. ¿Qué podía argumentar? Imposible justificar la situación ni hacer callar al joven maya, quien hablaba mecánicamente y expulsaba los venenos retenidos desde que la historia era historia, a partir del año de la golondrina. Nunca había padecido un sentimiento de vergüenza tan doloroso, del que resultaba imposible escapar. ¿Acaso podía despedir al mocito e invitar a su novia a beber un agua de horchata en semejante coyuntura? Todo le molestaba al yucateco. No había nada que no lo agrediera, como cuando las moscas se acercaban zumbando y deseaban posarse en su frente o en su cuello, empapados por el sudor. Él mismo se golpeaba en la cara o en la cabeza, no tanto para matar los insectos, sino, tal vez, en su desesperación, para castigarse por su conducta extraña y, al mismo tiempo, entendible.

—¿Cuál es la diferencia, señorita Marion? ¿Cuál?

—¡La comida!

—Sí, a nosotros nos dan un cacho de pescado podrido que lo vomita uno durante mucho tiempo sin poder evitarlo. El caballo es sabio y prefiere morir de hambre. Pero uno se lo traga. El olor asqueroso lo persigue a uno como una sombra y se pega a la nariz como si siguieras respirando esa cochinada. A veces nos dan tortillas con frijoles hervidos sin chile ni cebolla ni sal ni nada.

—Es un asco —exclamó Marion como si inhalara ese hedor mefítico—. ¿Y qué cenan después de trabajar jornadas interminables bajo el sol?

—¿Cena? Bueno, si se puede llamar cena. Te dan en la cocina, siempre y cuando haya, dos puños de la masa cruda con la que hacen las tortillas, medio fermentada, hecha bola con las manos y un jarro con agua que huele a madres y más te vale que te la pases o te mueres de hambre...

—¿Y por qué te dejaron salir de la hacienda? —preguntó finalmente Olegario, sin poder ocultar su malestar—. ¿Cómo te dejan entrar aquí, a El Paraíso?

—No se te olvide, Olegario, que hoy es domingo, por eso no vistes gente trabajando entre los surcos cortando las hojas, porque los días como hoy, los pasamos trabajando en nuestros pequeños huertos o conociendo a las muchachas para casarnos con ellas, siempre y cuando sean de la misma finca porque si no nuestros amos o propietarios, como quieras llamarlos, tendrían que comprar a la mujer o al marido y ya no les sale el negocito...

—¿Y de cuándo acá te dejan salir los domingos, si eres esclavo?

—Saben que trabajo más tiempo en Mérida con tu familia en el Paseo de Montejo que aquí en el campo; y me dejan entrar a todos lados porque me conocen y saben que soy hombre de confianza de ustedes. Además, algunos plantadores te dejan salir a visitar haciendas cercanas pa' saludar a parientes, pero ¡ay de ti si no vuelves!

El intercambio de miradas entre Marion y Olegario era elocuente. ¿Hablar? ¿Para qué?

—Algunos domingos también nos juntan pa' darnos frijoles, maíz, azúcar, jabón y cada seis meses te regalan una muda de ropa porque ya te imaginarás a qué huele la vieja...

—¿Y cómo se llegan a casar? —preguntó Marion intrigada sin abandonar su papel de mujer curiosa.

—Un buen día, cuando el amo dispone que ya llegó la hora de casarte, entonces juntan varias muchachas y te permiten escoger la que más te guste. Ellas no pueden decidir, solo inclinan la cabeza. En el momento de tu casamiento, te entregan cien pesos, una fortuna pa' nosotros, llamada dote, que aumenta tu deuda y se suma a la asquerosa *nohoch-cuenta*, que nunca acabarás de pagar. Astedes no saben lo que se siente —aclaró Oasis con la cara congestionada por el asco y la furia— cuando el patrón, *papá*, se lleva a tu novia un día antes de la boda para estrenarla y te la regresan llorando como loca. Todo comienza torcido en esta pinche vida, verdá de Dios...

—Carajo —exclamó torturado Olegario sin saber qué hacer ni qué contestar—. Ya no digas más, me humillas, me clavas agujas en los ojos, me crucificas, hermano...

—¿Vamos, entonces, a la hacienda, pa' comprobar que todo lo que te dijeron en Xcumpich son mentiras y mentiras? —invitó un Oasis indiferente a cualquier súplica, encaminando a la pareja rumbo al casco. Marion giró la cabeza para conocer la respuesta de su amante, quien la tomó de la mano y adelantó el paso.

—Vayamos, pues —aceptó en el entendido de que estaba viviendo, enmudecido, el peor momento de su vida. Mientras avanzaba alcanzó a decirle a Marion en voz baja:

—Siento como si me metieran la cabeza a la fuerza en un barril lleno de mierda. No sabes el trabajo de enfrentarme a la realidad y de respirar. En el fondo me apena vivir este terrible momento a tu lado.

—Para eso soy tu mujer y no solo estoy para las buenas, amor. Juntos habremos de cambiar esta espantosa realidad. Empecemos por denunciarlo ante el mundo. Tú y yo debemos saber todo de la una y del otro: los ocultamientos solo originan confusiones, malas decisiones y decepciones.

Olegario se encontraba abrumado, descompuesto. Su sentido del honor se había erosionado. En condiciones normales hubiera criticado eso de saber todo la una del otro, sin la debida reciprocidad, de modo que él también supiera todo de ella.

Según se iban acercando al casco de la hacienda percibieron la presencia de guardias armados, unos a caballo y otros a pie. Rodeaban la finca desplazándose de un lado al otro para evitar fugas. A un lado de la entrada fueron sorprendidos por un grupo de personas, vestidas con andrajos, la mayoría descalzas, sujetas por una cuerda entre sí. No todos parecían ser mayas, unos, tal vez haraganes, vagos o raterillos, habían sido secuestrados en diversas ciudades del país; otros, con rasgos indígenas, muy probablemente los habían adquirido los mayocoles de El Paraíso, por no más de cuatrocientos pesos, un precio muy bajo, porque el año anterior costaban más del doble. Ninguno hablaba ni se quejaba ni maldecía, ni siquiera los que llevaban, curiosamente, saco y corbata, que tal vez podrían ser periodistas castigados por el régimen porfirista. Caminaban lentamente con la cabeza gacha, flanqueados por vigilantes con la carabina al hombro, arrastrando los pies como si ya se hubieran resignado a ingresar al Infierno y estuvieran listos para padecer los horrores de su destino. «Dios así lo quiso», pensarían durante la marcha, salvo los eternos liberales incapaces de ceder a la rendición. «¿Para qué oponernos a sus órdenes?», diría la mayoría.

Oasis explicó que atrapaban a la gente por medio de deudas. Se trataba de prestarles un dinero que tal vez gastarían en alcohol o en salvar a un hijo enfermo, a sabiendas de que nunca podrían devolverlo porque, si llegaba a darse ese momento, la cantidad original se habría multiplicado por el cargo de monstruosos intereses, además de otros conceptos inventados. Los enganchadores, los negreros y agiotistas, a sueldo de los hacendados, buscaban en las cantinas, en las calles o en los hospitales a personas necesitadas para ofrecerles recursos fáciles, sin compromiso, para salir de cualquier apremio. Al aceptar el crédito y reconocer en el corto plazo la imposibilidad de pagarlo, cualquier resistencia sería inútil. En esa instancia serían arrestados, amarrados, atados de manos y cuello, enganchados o secuestrados para liquidar con su trabajo en los campos henequeneros el empréstito recibido, objetivo que jamás se respetaría porque este crecería en cada oportunidad, sin contar con la posibilidad de protestar por las trampas y los abusos. ¿Quejarse con el patrón? ¿Cómo protestar, si nunca llegarían a conocerlo y resultaba inútil siquiera tratar de acercarse a él porque vivían o en Mérida, o en La Habana, o en la Ciudad de México o en Europa? ¿Denunciar el atraco ante la autoridad? ¡Imposible! Las autoridades dependían de los hacendados, comían de las palmas de sus manos, al igual que la policía. El poder político lo heredaban de finquero a finquero. Además, ¿cómo salir de la propiedad sin un permiso que nunca obtendrían y, de lograrlo, cómo presentar la denuncia si no sabían leer ni escribir y, si podían redactar, no tendrían fondos para contratar a un abogado y de poder acercarse a uno, en ese caso, este los ignoraría por ser dependiente del gobierno? ¿Huir? Ya se sabía de sobra lo que sucedía si alguien intentaba la fuga y llegaba a caer en manos de las guardias blancas o de los cazadores de hombres. Se arrepentiría de sus pecados hasta el último día de su lastimosa existencia, sin olvidar la suerte que correrían sus hijos, igualmente esclavizados, ante el abandono del padre. La palabra de *papá* valía más que la de todos los mayas juntos, era equivalente a la de Dios, imposible refutarla. Ni la libertad, ni la cultura ni los conocimientos existían para los indígenas, razas humanas inferiores que no sabían apreciar los valores propios de *las civilizaciones avanzadas*.

Oasis se detuvo un momento en lo que el grupo de hombres terminaba de entrar al casco. Clavado en el piso, señaló a un personaje sombrío, montado sobre un caballo tordillo, el más exitoso enganchador de

Yucatán. Él podía vender lotes de hombres y mujeres de todas las edades en cantidades de más de quinientos esclavos, si se le concedía el tiempo necesario, de modo que los dueños podrían disponer de ellos en la forma y términos que quisieran. El precio dependería del número de esclavos. ¿Matarlos por inútiles, llegado el caso? ¡Sí, matarlos, porque al fin y al cabo eran de su propiedad, de la misma forma en que lo eran las yuntas de bueyes para abrir zanjas y sembrar maíz y los perros guardianes para evitar la entrada de intrusos en las haciendas! ¿Cuál era la diferencia?

Oasis los condujo a lo largo de la explanada cubierta de un césped recién podado y rodeada de enormes ceibas, cuyas ramas permiten la apertura de los trece cielos y en sus raíces se inicia el Xibalbá, la morada de los muertos, además de las palmas reales, gigantescos ciricotes, bojones, guayacanes, zapotes y sikil'tés, una parte de la riqueza forestal del espléndido trópico yucateco para establecer la colindancia de la propiedad.

En el centro se encontraba el brocal de un pozo de agua octagonal cincelado por orfebres mayas del siglo XVIII, una obra maestra. Avanzaron entonces a lo largo de unas arcadas hasta llegar a la esquina en dirección al patio, en donde un pequeño *truc*, un tren de carga improvisado de vía estrecha que recorría la plantación, acarreaba las hojas de henequén recién cortadas, antes de procesarlas bajo un cobertizo para protegerlas de la lluvia. Por supuesto que Oasis había engañado al mayocol al anunciar la visita del joven patrón, un amo desconocido, para no ser molestados, sobre la base que Olegario no solo estaba informado de lo que acontecía en la hacienda, sino que promovía la explotación de los mayas en su propio beneficio, como lo hacía su familia.

Ante la pregunta de Marion sobre su funcionamiento, Olegario explicó que la veleta se movía como un rehilete accionado por el viento, como un sifón para sacar agua del pozo y conducirla a unos tanques, según lo habían visto en la otra hacienda.

Muy pronto llegaron, sin ser molestados, pero tampoco sin ser recibidos por los capataces, a la casa de máquinas que albergaba una desfibradora de vapor, mejor conocida como el tren de raspa, por donde pasaban las hojas del agave, en medio de un tremendo ruido, para ser desintegradas hasta convertirse en fibra, en el preciado oro verde, y en una rica pulpa utilizada como fertilizante o alimento de ganado, que caía en un recipiente para ser transportado a depósitos especiales. La fibra se transportaba después a un tendedero, en donde se extendía sobre alambres para su secado. A continuación el pelo del agave era peinado en repetidas ocasiones y, acto seguido, se concentraba en grandes pacas de diferente peso en unas enormes bodegas o se hacían cuerdas de distinto grosor por medio de la corchadora o se producían, en pequeña escala, algunos costales, hamacas, tapetes, morrales, ceñidores, redes de pesca y cordeles requeridos en el mercado, así como cepillos, escobas y canastas, sin olvidar el jugo del maguey para producir pulque, la bebida ritual por excelencia.

En ese momento, Marion y Olegario se quedaron paralizados al escuchar un pavoroso grito de dolor que no pareció impresionar a Oasis, quien prosiguió la marcha, ajeno a esa terrorífica expresión de sufrimiento humano. La pareja se vio sorprendida a los ojos. El intercambio de miradas congestionadas de angustia y de horror estaba justificado. Habían leído un sinnúmero de libros y escuchado cátedras y hasta contemplado fotografías, sí, pero jamás habían presenciado la tortura de una persona. Al avanzar sin pisar apenas, como si desearan ser invisibles o huir del lugar sin ser vistos, de pronto contemplaron a un indígena maya desnudo de la cintura para arriba. Se encontraba colgado de las muñecas, con sus humildes pantalones de manta, en tanto sus compañeros de trabajo lo rodeaban formando un semicírculo para hacer espacio y facilitar el trabajo del capataz. El encargado de impartir justicia golpeaba con furia a la víctima con un enorme látigo, que producía terribles chasquidos al estrellarse contra las carnes ensangrentadas de la víctima, quien solo había logrado entregar mil quinientas hojas de agave y, todavía peor, sin haber retirado las espinas con el machete. Cada que la soga vaquera empapada zumbaba una y otra vez en el aire, hasta tronar contra la espalda del reo, el resto de los peones parecía disfrutar el castigo impuesto a uno de los suyos. Nadie protestaba ni se movía ni se dolía por la víctima.

—¿Qué hizo, por qué lo castigan así? —preguntó Marion, negando en silencio con la cabeza y tapándose la boca presa de horror.

La inglesa no tardaría en conocer la razón en voz del verdugo.

—La libertad no es para gente como tú, cabrón —repetía el capataz en tanto ejecutaba con gran placer la orden encomendada—. ¿A dónde vas fuera de esta hacienda si no sabes leer ni escribir ni sabes hacer otra cosa que cortar hojas de henequén? ¿A ver, para qué te sirve siquiera rezar ahorita...? La próxima vez te cuelgo de un pinche palo, pendejo, en lugar de ensuciarme las manos con tu cochina sangre.

Nadie hacía nada por defenderlo ni se organizaba por las noches para atacar todos juntos a los mayocoles, sin perder de vista que eran por lo menos cincuenta o más mayas contra cada capataz y, por lo mismo, bien podrían haberlos colgado de las ceibas y les hubieran sobrado bastantes ramas. Los esclavos miraban morbosamente la escena sin oponerse ni protestar ni tratar de defender a uno de los suyos, terriblemente torturado.

Marion huyó de la escena muy alterada. Negaba con la cabeza. No tomaba notas, ¿cómo hacerlo? Solo deseaba desaparecer tapándose los oídos para que los gritos de dolor no continuaran torturándola. Su único interés consistía en dejar de escuchar esa voz surgida del centro del Infierno y olvidar lo que había visto. Se apartó de prisa, sin voltear a ver a Olegario, quien se mantenía impertérrito, de pie, cerrando acaso los ojos con cada latigazo. En esa coyuntura no veía al desgraciado indígena maya, no, solo se repetía en su mente el rostro de su padre. Lo recordaba cuando se persignaba en la capilla de su residencia en Mérida. Lo tenía presente en sus discursos moralistas destinados a recuperar la dignidad del pueblo maya. Hurgaba en su memoria para dar con más cursos de ética y respeto al género humano. No olvidaba las interminables reuniones con obispos amigos, sus tíos y tías religiosas, que lo habían educado en la fe católica y que compartían la riqueza familiar obtenida a latigazos. ¿Dónde estaban Dios y los santos, beatos, vírgenes, querubines y demás en esos trágicos años?

Olegario salió repentinamente de su inmovilidad. Su mutismo se convirtió en una furia explosiva. Se dirigió sin más al verdugo. Le arrebató el látigo y con el mango lo golpeó en la cara. El torturador se vio indefenso y confundido. Le arrancó un paliacate con el que se cubría medio rostro y el sombrero hundido a media cabeza, de modo que todos conocieran su identidad. Sin duda sería un mayocol o un capataz de tercera, obviamente de origen maya, uno de los peones venido a más. Al ver la figura del joven yucateco, el color de su piel, su indumentaria y su estatura, desistió de llevar a cabo cualquier respuesta defensiva. Sin duda se trataría de uno de los patrones. De la misma manera en que los conquistados humillaban la cabeza ante los conquistadores y se sometían sin réplica ante la voz del amo, el martirizador se encogió de hombros, desapareció su fiereza, dejó de gritar los terribles improperios lanzados durante el castigo para convertirse en un sujeto arrepentido devorado por la culpa. Solo miraba al piso sin pronunciar palabra alguna ni justificar su conducta ni mucho menos intentar explicarla. Guardó un prudente silencio en espera de un castigo o una reprimenda del señor.

Al descubrir su rostro, Olegario lo increpó mostrando al sujeto ante los presentes como un trofeo de cacería al tomarlo violentamente de los cabellos y zarandearle el cráneo.

−¿Eres maya?

−Sí, señor…

−¿Yucateco? ¿Naciste en esta tierra?

−Sí, señor, sí…

−¿No te da pena golpear así a tu propia gente? −cuestionó Olegario sosteniendo el látigo por el mango, blandiéndolo como un arma, como si deseara utilizarlo con el menor pretexto.

Silencio.

—¡Contesta, salvaje, mira a la cara a los tuyos y muéstrales de qué eres capaz!

—Perdón, patrón, perdón, solo cumplía órdenes...

—Sí, claro, es lo que los criminales aducen para justificar sus fechorías, pero bien que disfrutaste latiguear y sangrar a los tuyos, ¿verdad? ¿Ahora pides perdón como un cobarde? ¡Siéntate en el piso, ahora vas a sentir lo que se siente que te haga pedazos la espalda con el látigo mojado! ¡Quítate la camisa, miserable!

—No, patrón, por lo que más quiera, no lo haga. Bastante pena tengo cuando ya me descubrió asté y ahora todos me conocen. Jamás podré vivir aquí en el pueblo, me podrían venadear. Ese es mi peor castigo. Ni mi familia sabía quién era yo. Estoy perdido. Ya no me lastime más.

—¿Alguna vez respetaste las súplicas de quienes torturabas, grandísimo criminal?

Silencio.

—¡Contesta!

—No, patrón, no...

—Entonces, ¿yo por qué debo perdonarte si tú nunca lo hiciste? ¿Te imaginas si nadie del pueblo se hubiera prestado a ser el verdugo? Pero siempre hay un cabrón, ¿no? Y ese fuiste tú... ¡Tírate al piso! Verás lo que se siente.

—No, patrón, no...

—Bueno —repuso Olegario con la mirada crispada ante un público atento y callado, sorprendido porque jamás había visto a un patrón que los defendiera—. Vamos a cambiar el látigo por una cuerda y te colgaremos de las patas para que en la noche te devoren los bichos y los animales salvajes acaben contigo a mordidas. Te perdonamos el látigo, ¿verdad? —expuso el caso ante el gran jurado maya integrado por peones muertos de hambre.

Ninguno habló ni se pronunció ni acató la moción. Nadie quería ejercer la venganza, por miedo a una represalia todavía peor cuando se fuera el patrón o porque estaban rotos por dentro después de tantos siglos de vasallaje y dependencia de los amos o porque la histórica violencia ejercida en su contra los había convencido de las ventajas de la humillación y el sometimiento.

—Lárgate de aquí, asqueroso maleante: si te vuelvo a ver por aquí te colgaré de la primera rama que me encuentre. ¡Largo! Desaparece antes de que me arrepienta...

A un lado se encontraba un grupo de mujeres arrodilladas y resignadas a ser azotadas, en tanto los capataces dejaban de picarlas o de golpearlas con un bastón, adelantándose al escarmiento, y se abstenían de ofender su feminidad con palabras soeces o subiéndoles las faldas. Ninguno se expuso a una reprimenda de un Olegario que había roto con todas las reglas y estaba dispuesto a enfrentar a quien se interpusiera en su camino. Oasis aprovechó el momento para hacerle saber a su viejo amigo y patrón que a los esclavos incapaces o necios los colgaban de los dedos de las manos y de los pies o se les encerraba en pequeñas cajas de madera sin poderse levantar ni respirar para obligarlos a cumplir con las cuotas establecidas de hojas de agave. Los gritos de horror y las súplicas invocando piedad eran inconfundibles durante las noches.

¿Su madre conocería estos espectáculos macabros? ¿Sabría doña María Dolores Figueroa quién era su marido, el gran don Olegario, el distinguido mecenas yucateco? ¿Qué haría ahora como gobernador para impedir este salvajismo? ¿Y Porfirio Díaz, el cómplice de estas terribles calamidades? ¿Y si intentara matarlo? Sí, ¿por qué no matarlo? ¿No era cierto que muerto el perro se acaba la rabia? ¿Y si Limantour salía peor? ¿Lo asesinaría también? ¿Y cómo darle una lección a los cincuenta reyes del henequén de modo que se cancelara ese atropello para siempre? ¿Qué hacer en México para que se aplicara la ley? No podía olvidar que, según había hecho constar en un *paper* ante míster Perkins, la Constitución mexicana de 1857 establecía que en la República todos los hombres nacían libres y los esclavos que pisaran el territorio nacional recobrarían su libertad y serían protegidos por las leyes. ¿No? ¿No decía también que las personas eran libres para abrazar la profesión que les acomodare, siempre y cuando no ofendieran a la sociedad? ¿Dónde había quedado aquello de que nadie podía ser apresado por deudas de carácter civil y que la aplicación de las penas era competencia de la autoridad judicial y que quedaban prohibidas para siempre las penas de mutilación y los azotes?

¿Y Marion? ¿Dónde estaba Marion? Caminó a lo largo del patio sin vocearla, hasta que encontró a Oasis en la puerta de una barraca. Ahí la vio con los ojos anegados y el rostro enrojecido. Se limpiaba la nariz con la manga de su blusa, a falta de un pañuelo. Ella había corrido a refugiarse a donde fuera y de casualidad había entrado en el dormitorio de El Paraíso. Se dirigió a abrazarla y a decirle al oído que había sido suficiente por ese día, que se retiraran. La inglesa se negó, más aún cuando vio cerca de quinientas hamacas unidas las unas con las otras. Se trataba del dormitorio de los hombres, similar al de las mujeres. Apestaba a orines. Carecía de ventilación, la oscuridad en plena tarde era patética a falta de ventanas. Ninguno de los cientos de esclavos se encontraba ahí por el momento y, sin embargo, ambos se asfixiaban. El piso de arena, en realidad tierra caliza, la misma del campo, daba la apariencia de una cárcel paupérrima. No pudieron más y, camino a la salida, todavía Oasis les señaló la cárcel, a la que ya no quisieron entrar y menos aún oler; podían imaginar sin ningún esfuerzo su contenido y sus condiciones. Vieron de reojo el comedor y pasaron frente al hospital, si es que se le podía llamar así, equipado con tablas en lugar de camas, en donde no encontraron a ningún médico, enfermera, medicamentos, ni las mínimas condiciones de higiene.

Cuando abordaron la calesa en dirección a la Hacienda de Xcumpich, Marion descansó como quien abandona una prisión. Ante la imposibilidad de escribir por el movimiento del carruaje, la inglesa trataba de memorizar cada uno de los pasajes para vaciarlos en limpio tan pronto llegara a Mérida. Redactados a modo de un reportaje, se los haría llegar al profesor Perkins para publicarlos en la revista de la Universidad de Oxford. Necesitaba divulgar lo que acontecía en México, en el terreno laboral durante la tiranía de Porfirio Díaz. Olegario permanecía mudo, con el rostro descompuesto, los brazos cruzados, sin voltear a ver a nadie. Miraba el paisaje poblado de agaves a través de la ventana, una línea interminable de oro verde que se perdía en la inmensidad del horizonte yucateco. La fractura era profunda e irreversible, similar a la pavorosa decepción que llevaba encajada como una estaca en el corazón. Para él comenzaba una nueva etapa de su vida. Bien lo sabía. El enfrentamiento con su padre y Avelino, su cuñado, el operador de los negocios familiares, era inevitable. Volver a Oxford constituía un sueño imposible. Nunca podría regresar a las aulas a continuar con sus estudios superiores. ¿Cómo pagar las colegiaturas y los viáticos con el dinero del autor de sus días, recursos extraídos de las costillas, de la piel, de la sangre y de la vida de los esclavos? A la mierda con su futuro académico. Ahí, en El Paraíso, se había acabado su formación universitaria, pero se abrían muchas otras oportunidades, invisibles cuando se es revolcado por unas enormes olas que impiden salir a la superficie y respirar.

Oasis lo miraba fijamente a la cara con cierto arrepentimiento, la culpa lo atenazaba. Su furia histórica se había desbordado, sí, tal vez se había excedido en sus comentarios, pero ¿acaso no era la hora de la verdad? ¿Cuándo regresaría Olegario otra vez de Inglaterra para continuar la conversación? Era ahora o nunca. Se trataba de agotar las balas de la cartuchera de una vez y para siempre. Para cuando ya no quedara ningún proyectil en la recámara, golpearía con la cacha del rifle sujetándolo por el cañón, y de fallar este recurso, entonces patearía, mordería y arañaría. Lo que fuera con tal de expulsar la ponzoña y disfrutar el exquisito sabor de la venganza. Estaba obligado a aprovechar la oportunidad. En él no quedaría. ¿Olegario, el hijo del patrón, deseaba saberlo todo? Pues ahí estaban los hechos, que se los tragara como pudiera, que los viera y los sufriera, se los restregaría en el rostro, pero él no se callaría ni en ese momento ni nunca más. Si las palabras no producían efecto alguno, si las quejas tenían como consecuencia una palmada consoladora y falsa en la espalda o un puntapié en las nalgas, si nada ablandaba a los patrones y los curas invitaban a la resignación, si cualquier protesta era inútil y él estaba condenado a morir como su abuelo, su papá, él mismo, sus futuros hijos, nietos y bisnietos, entonces alguien tendría que romper ese malvado círculo infernal y algo le indicaba que a él le correspondía esa tarea.

Al llegar a Xcumpich, Oasis descendió de la calesa. Olegario le extendió la mano, mientras con la izquierda le acariciaba el hombro:

—Hermano querido, la vida habrá de juntarnos muy pronto, antes de lo que te imaginas para cumplir con una misión que nos corresponde. Ya entendí cuál es tu papel y cuál es el mío. Tenemos que ponernos a trabajar.

Oasis entendió la insinuación sin poder ocultar su sorpresa. Con el dedo índice le dio un pequeño golpe en el ala de su sombrero:

—Te estaré esperando, querido Olegario, en realidad, llevo muchos años esperando. Es más, muchos de los nuestros ya te esperábamos dendenantes, cuando todavía no habías ni nacido...

Al arrancar la calesa rumbo a Mérida, la pareja todavía guardaba silencio. El conductor era de cuidado, uno de los mismos espías que los había llevado, de modo que a callar. Olegario pidió al cochero que se detuviera al llegar a la casa de Francisco de Montejo, el conquistador de Yucatán, en la Plaza Grande, a un lado de la catedral. Ambos se apearon, decidieron caminar antes de llegar a la residencia de los Montemayor. Había tanto que platicar...

Al poner un pie en el suelo, Marion advirtió la presencia de otro hombre, una persona distinta a su novio de Oxford, al estudiante sereno y analítico de Sociología, Economía e Historia, al amante de la investigación histórica, extraviado entre las páginas de los libros de la biblioteca. Al bajarse del carruaje se había convertido en un guerrero, en un individuo distinto, violento, irascible que pateaba el suelo o lo que se encontrara en su camino, agitaba los brazos, gesticulaba, manoteaba como cuando la policía intenta arrestar con exceso de fuerza a un ciudadano inocente y este se defiende, golpea, eleva la voz y amenaza a sus captores:

—Todo es mentira, Marion, todo en mi vida, en esta sociedad castrada e hipócrita ha sido mentira —gritó rabioso el mayor de los Montemayor, al sentir cómo quedaba atrapado en un callejón sin salida, encuerado, a la vista de su mujer sin posibilidad alguna de ocultar sus vergüenzas ni sus verdades. Después de la visita a El Paraíso no había escapatoria posible.

Se enfrentaba a un público cautivo deseoso de escuchar la interpretación del aria más compleja de su vida, sin el apoyo de un coro ni de una orquesta. Él, Olegario Montemayor, el tenor, el solista, solo en el escenario, en medio de un gran silencio, acaparaba la luz de los reflectores y expresaría a capela su versión de la realidad, con el poder de su voz:

–¿Ves esta casa, este palacete? Pues es de Francisco de Montejo, el conquistador de Yucatán, un salvaje carnicero, el primero en esclavizar a los mayas, el primero en vender, siglos atrás, a los nuestros en Cuba, el primero en iniciar la compraventa de personas para empezar a financiar su sanguinaria conquista. –Inhaló a su máxima capacidad y gritó a todo pulmón–: Montejo fue el primero en agarrotar a los indios, en tirarlos al lago, atados de pies y manos; el primero en arrojarlos a los perros para que los devoraran; el primero en cortarles manos, narices, orejas y senos a las mujeres; el primero también en quemarlos vivos; el primero en decapitarlos para aterrorizar a la comunidad maya con ejemplos de horror –enumeró colérico hasta agotar el último aliento–. ¿Y cómo demonios crees que se llama la calle principal de Mérida? No lo pienses mucho: ¡Francisco de Montejo! ¿Lo puedes creer? En México nadie protesta y por eso somos un país de jodidos, jodidísimos... En mi país nadie reclama ni nadie objeta nada, pero, eso sí, humillan la cabeza ante el hombre fuerte y, por si fueran poca cosa la mezquindad y la cobardía, todavía eternizamos los nombres de nuestros verdugos en nuestras calles y honramos con monumentos a quienes nos destrozaron y nos hicieron polvo. ¿Eh? ¿Cómo entender que alguien bese reverencialmente las manos de quienes mataron a los suyos y les digan patroncitos a sus torturadores? ¿Cómo? ¿Has oído semejante indignidad? Y no empecemos, por favor, con que son ignorantes, porque ya acordamos que la ignorancia jamás podrá ser una disculpa...

Olegario se llevó las manos a la cintura. Giraba la cabeza ansiosamente, de un lado al otro, como si no supiera a dónde dirigirse. ¿Qué hacer? Continuar:

–¿Puedes creer que Diego de Landa, el obispo, el supuesto evangelizador de los indios, el mensajero de Jesús, fue el destructor de la cultura maya? Él mandó quemar a los indígenas que idolatraban a sus dioses; él, el hijo de puta, ordenó la incineración de códices con explicaciones vitales de nuestra historia –continuó enervado, sin detenerse a considerar la presencia de varios yucatecos atraídos por el supuesto pleito entre la pareja–. Pues bien, este criminal católico –agregó sin importarle un pito y dos flautas quién lo rodeaba o no, ya no había nada que perder– tiene su monumento en Yucatán. Este asesino tiene una estatua, ¿lo puedes creer? ¡Diego de Landa también tiene una estatua! –como nada parecía ser suficiente, se preguntó–: El nombre del río Grijalva, ¿no honra la memoria de otro conquistador? ¿Y el mar de Cortés, por qué Cortés, carajo? Siempre nos mintieron, Marion, como me mintieron a mí, solo que yo sí voy a protestar y a expulsar la ponzoña que me envenena el alma —reflexionó y corrigió—: que me envenena la sangre.

¿Cuál alma? ¿Qué era eso? Menudo invento...

Marion lo veía extasiada. Lejos de atemorizarse por el repentino cambio de su colega y amante, se sintió muy halagada y reconfortada. Ese es el Olegario con el que siempre había soñado, el estudioso, metódico y tranquilo que se transforma en fuego a la menor provocación.

Olegario soltó como nunca, uno a uno, los secretos guardados en su pecho, a saber después de cuánto tiempo:

—Mi abuelo fue un liberal defensor de la Constitución de Cádiz de 1812; mi padre, lo creas o no, estuvo contra la Intervención francesa; luchó, cuando era joven, contra Maximiliano y ahora, el cochino dinero, el puerco dinero, ha acabado con nuestros principios, con nuestros valores, con nuestras estructuras éticas y políticas y ha podrido a la sociedad enriquecida. En nuestra familia hay intereses, pero el amor y la autenticidad parecen haber desaparecido para siempre —agregó en voz baja con un dejo de tristeza—. Se dan pasos bien pensados en la intimidad matrimonial, a cambio de monedas; se celebran jocosamente los comentarios de mi padre pensando en la herencia porque las cuentas de banco voluminosas te conviertes en el más simpático, en el más ocurrente, en el más generoso y creativo, y hasta en el más guapo, ¿te das cuenta? —se preguntó para saber hasta qué punto Marion lo acompañaba y coincidía con sus afirmaciones—. Se llega al extremo de aceptar la humillación con la idea de recibir más cupones o más acciones para cobrar más dividendos. Todo se ha convertido en un asqueroso negocio, ¿lo ves claro? Las intrigas entre mis hermanos siempre se han medido en términos de billetes. Se ha perdido la naturalidad, el honor y la dignidad por un puñado de pesos, con los que jamás, por muchos que sean, nadie podrá adquirir la felicidad. ¿Quién dijo que con los depósitos en los bancos podías comprar un kilo de dicha, como quien adquiere una piedra preciosa? ¿Ese es el cariño? ¿Denme un kilo de cariño? ¡Claro que no! Tú y yo lo sabemos de sobra.

Ambos echaron a caminar hasta instalarse en el centro de la Plaza Grande desde la que contemplaban la catedral de Mérida en su máxima expresión.

Los curiosos se mantenían a corta distancia sin perder detalle de la obra de teatro escenificada en la plaza, sin la obligación de comprar boletos.

—¿Cómo aceptar que a cien años de la cancelación de la esclavitud en México, al día de hoy, los malvados cincuenta reyes del henequén, uno más podrido que el otro, mantengan todavía esclavizados a más de cien mil seres humanos, con tal de ganar más dinero?

En esta ocasión era Marion quien guardaba silencio.

—¿Lo ven, lo saben, han oído algo de esto? ¿Nunca habían escuchado que en Yucatán, aquí en nuestra tierra, existe la esclavitud prohibida por nuestras leyes? —preguntó de modo que los parroquianos pudieran oírlo mientras lo contemplaban boquiabiertos como si estuviera enloqueciendo—. ¿Lo sabían o no? —los cuestionaba viendo sus huaraches, sus sombreros de paja y su humilde indumentaria—. Si desaparecen sus hijos búsquenlos en las haciendas —se desgañitó sin obtener la menor respuesta, mientras parecía largarlos a todos con un movimiento despectivo del dedo índice—. ¡Despierten, carajo!

Ante la patética indolencia, la inmovilidad y la resignación de su reducida audiencia, prefirió dirigirse de nueva cuenta a Marion, quien permanecía de pie con los brazos caídos y los dedos entrecruzados sin prestar atención al dolor de su mano ni a las manchas de sangre en su falda:

—Los abuelos o los padres de estos supuestos cincuenta reyes de cagada lograron la escisión de Yucatán de México durante la invasión norteamericana de 1846. Una traición sin nombre cuando el país estaba invadido: en lugar de haber enviado hombres, armas y dinero para el rescate de la patria. Menudo patriotismo. Mis paisanos —exclamó moviendo los brazos como si blandiera un par de espadas— han peleado para convertirnos en una república yucateca independiente de México o soñaron o tal vez sueñan con llegar a ser un estado más de la Unión Americana. Por eso tuvimos nuestra propia bandera antimexicana, cuando nació mi padre, y Campeche y Quintana Roo formaban parte de Yucatán, ¿puedes creerlo? La misma familia yucateca rechazó y rechaza hasta hoy —continuó frustrado— las Leyes de Reforma, las juaristas, las que le dieron sentido y rumbo a México y, hoy en día, suscriben descaradas alianzas con la dictadura porfirista a cambio de dinero, siempre de dinero, el dueño de los hombres, porque no hay quien no se arrodille con fervor ante su presencia, como si se tratara de un dios. Bendito dios de mierda.

Marion entendía esa catilinaria como un claro preámbulo de la depuración final. La presentía, la veía venir, algo así como cuando empieza a temblar el piso antes de la imponente erupción de un volcán.

—Yo lo sabía, tú lo sabías, el profesor Perkins también lo sabía, todos lo sabíamos, Marion, pero yo me resistía a abrir los ojos, a ver la verdad porque era muy dolorosa, ¡puta madre que si es dolorosa! Espero que me entiendas —continuó ahora con el puño cerrado—. Vivir en la mentira es fácil, el ocultamiento también es muy sencillo, solo que en la vida se tienen que pagar precios y esos precios, a partir de hoy, no estoy dispuesto a pagarlos porque mi existencia está en juego. Estoy intoxicado, emponzoñado, o tomo acciones o me muero, amor, no puedo continuar con esto.

A continuación vino el desenlace de la ópera con el elenco completo en el escenario:

—¡Claro que Xcumpich era una hacienda para engañar a turistas, inversionistas y políticos! ¡Claro que mi familia es una pandilla que forma parte de los cincuenta reyes del henequén, uno más miserable que el otro! ¿Te imaginas lo que significa para mí que el hombre probo, el gran católico apostólico y romano de mi padre, en realidad, es un maldito esclavista de los tantos que hemos descubierto y estudiado en Oxford, solo que en el presente? Ponte en mi lugar. Si a alguien he despreciado y abominado en mi vida, y tú mejor que nadie lo sabes, es a los esclavistas, empresarios asquerosos que explotan y destruyen a los seres humanos a cambio de dinero y ahora sucede que el gran Olegario Montemayor es uno de ellos. ¡Compra hombres a cuatrocientos pesos! ¡Mi padre vende seres humanos! Es un horror, Marion, mi amor, Dolly, no sabes cuánto duele confirmar una verdad que nunca quise ver. Era más cómodo vivir en el engaño y gozar mi vida a tu lado en Inglaterra y gastar unas libras esterlinas en The Sweet Lawyer, pero todo se acabó, de un plumazo y sin advertencia alguna. ¡Zas! Sí, a la chingada, sí, sí, a la mismísima chingada.

Olegario se retiraba, fijaba la vista en alguien del público, se ausentaba en la soledad del escenario. Él era el dueño, el actor principal, el intérprete del leitmotiv y nadie podía arrebatarle la palabra:

—¿Qué tipo de persona debes ser en la práctica cuando te atreves a mandar golpear con el látigo a tu gente porque no cumplió con la cuota de hojas cortadas? ¿Castigas con latigazos a quienes no te llenaron los bolsillos con muchos pesos? ¿Eso eres? ¿Cuelgas de las muñecas, de los tobillos o de los dedos a los empleados que no te enriquecieron como tú querías? ¿Los mandas encarcelar? ¿Los matas de hambre y de sed? ¿Los encierras en tu hacienda y recompensas a tus guardias blancas, a tus escuadrones de la muerte o a los cazadores de hombres, cuando atrapan a uno de tus esclavos que huía en busca de la libertad? ¿Alteras los registros de sus deudas, de modo que esos hombres sigan siendo presos por el resto de sus días y por las generaciones por venir? ¿Les pagas con fichas en lugar de dinero y les cobras intereses impagables a esos desgraciados? ¿Y decides quién se casa con quién, pero un día antes de la boda abusas de la novia en tu elegante recámara decorada con muebles europeos? ¿Ese es el *papá* del que me contaron de pequeño y el mismo que yo te describí a ti? ¿Verdad que el libro de la tienda de raya, el famoso «Libro de papá», vale más que la palabra de un mugroso indio?

Marion empezó a preocuparse cuando comprobó cómo crecía el público, que parecía haber estado escondido atrás de los árboles de la plaza. Ella había sido advertida de que detrás de cada ciudadano podía haber un espía al servicio del tirano. ¿Y si arrestaban a Olegario o lo denunciaban olvidando que era hijo del señor gobernador?

—¿Qué diría Perkins —continuó Olegario haciendo caso omiso de las gesticulaciones de su mujer— si le dijéramos que los empleados de mi padre solo entienden por las nalgas y por esa razón los azotan, para que aprendan y que él puede hasta matarlos porque son de su propiedad? ¿Eres dueño de seres humanos? ¿Te imaginas trabajar catorce o quince horas diarias en condiciones de horror hasta que te mueres sin haber podido evolucionar en ningún sentido durante tu existencia? Ese es el Infierno. No te imagines otra cosa, Marion. ¿Cómo se atreven a secuestrar personas, como estas que están aquí, en la calle, muertas de hambre o enfermas, ofreciéndoles dinero a sabiendas de que jamás lo podrán devolver y, entonces, se les amarra con unas cuerdas y se los llevan presos como animales a sus feudos, a los corrales, en donde manda el mayocol mayor, o sea, el mayor hijo de puta? ¿Crees que no vi tu cara cuando recorrías con el dedo las cicatrices en la espalda de Oasis y veías con horror sus manos agrietadas y las heridas que nos mostró en las plantas de los pies, en las piernas y brazos? Ese muchacho me mató cuando confesó que su vida carecería de sentido sin la virgen y sin el alcohol. ¿Te imaginas que su presente y su futuro dependan de un par de rezos y unos tragos de licor cuando no hay maestros, doctores ni jueces, ni leyes ni libros. ¿Te imaginas resignarte a comer masa fermentada y pescado podrido?

Marion se acercó, lo tomó del brazo y lo encaminó fuera de la plaza. Olegario no se inmutaba, pero se dejaba conducir.

—¿Qué sentirías —siguió alegando mientras se alejaba del quiosco— si yo te dijera que tienes una deuda eterna que ni tus hijos ni tus nietos acabarán de pagar, y que no hay Dios, ni patrón, ni juez ni gobernador, ni nadie que te ayude y te rescate? ¿Los malvados curas, ávidos de limosnas, no invitan a los jodidos a la resignación para formar una pinza macabra con los empresarios? En ese caso Dios es el cómplice de estos hijos de puta, como lo son Porfirio Díaz y el gobierno. No, Marion, no —dijo mientras se detenía para ordenar sus pensamientos—, no me puedo vengar de Dios, ¿cómo? Pero sí puedo matar al dictador y a Limantour, a sus perversos Científicos y a los cincuenta reyes del henequén. Eso sí puedo, sí, pero antes que resistan cincuenta latigazos por no cumplir con la cuota en El Paraíso, que aguanten el encarcelamiento sin agua, sin baño, sin luz y sin cama, como mulas en un establo. Y, después de trabajar al sol por más de diez horas, que traguen pescado podrido, que no haya doctor que los cure de una enfermedad, ni siquiera de un dolor de muelas, que el patrón viole a sus hijas, que no se puedan escapar, que sus hijos sean enganchados por no pagar sus deudas y que no los vuelvan a ver. Y, cuando padezcan el calvario completo, los colgamos de las ceibas para que las aves de rapiña devoren la carroña. Finalmente solo sirven para eso, para festín de los buitres. ¿Cuánto tiempo resistiría el dictador acostumbrado a vivir en los lujos del Castillo de Chapultepec, gozando sus sábanas de seda, sus vinos franceses, sus ostentosos banquetes, sus lociones, su recámara imperial, sus uniformes de gala y su ejército de sirvientes?

El público perdió de vista a la pareja, según se alejaba de la catedral.

—¿Dónde venden un whisky aquí en Mérida, amor? Es hora de un buen *Scotch*, ven, tomémoslo juntos, como en Oxford. Hagamos un paréntesis, ¿okey? —arguyó Marion, en busca de un espacio de paz.

Marion caminaba tomándolo del brazo con la mano izquierda, en tanto lo abrazaba con la derecha colocada encima de su hombro. Olegario se tranquilizaba al sentirse arropado por ella. No había nada que agregar, ni era necesario repetir ni insistir en el tema; se trataba de dejar reposar las expresiones y los exabruptos, bajar la intensidad del arrebato y buscar la paz para dar el siguiente paso, el más severo, el más rudo. Cuando el yucateco deseaba volver a la carga, ella apretaba sutilmente sus carnes con los dedos, una señal amorosa para empezar a serenarse. Descubrir que su padre era un esclavista no era un problema menor, ni mucho menos, por lo que decidió ir retirando, uno a uno, los troncos incendiados del fogón.

De tiempo atrás, Marion había venido perfeccionando ese complejo instrumento musical llamado Olegario. Nadie como ella para extraer los mejores ritmos, las más exquisitas cadencias, los tonos irrepetibles en clave de sol, fa, la o en mi bemol mayor, o en lo que fuera. La inglesa contaba con una habilidad muy peculiar para producir sonidos sublimes, notas jamás escuchadas, extraídas de ese instrumento humano que solo ella empezaba a dominar. Le bastaba con acariciar su pelo mirándolo fijamente a la cara y expresando una leve sonrisa, para que su querido colega se rindiera. Si esta estrategia era insuficiente, manejaba otros recursos para alcanzar sus objetivos. ¡Cuántas veces, sentados en la mesa de The Sweet Lawyer, al momento de concluir una discusión acalorada, Marion se abría discretamente un botón o dos de su blusa, haciéndose la distraída, para recordarle a su galán las inmarcesibles riquezas que él tanto disfrutaba! ¿Verdad que la vida no se reducía a la Sociología? ¿Y cuando en el verano, en el mismo salón de clases, la preciosa inglesita golpeaba suavemente con su rodilla la de Olegario y producía una breve vibración en el pupitre, seguida de un guiño, y a continuación tomaba la mano del joven Montemayor para colocársela entre sus piernas cubiertas por su falda escocesa y unas breves calcetas? ¿Quién era capaz de resistir semejantes provocaciones y, más aún, cuando resultaba imposible contraatacar? ¿Más? Marion pegaba diferentes recaditos en lugares estratégicos, a donde Olegario estaba obligado a llegar de una forma o de la otra. Una de las noches a bordo del *RMS Campania,* dejó adherido al espejo del baño un papelito: «No se te ocurra meterte en la cama con la piyama puesta, angelito». Esa mujer mágica se deleitaba al insuflar whisky en la boca de su humilde mancebo amaestrado. Olegario era su juguete, sí, tal vez, pero cómo gozaba sus diabluras y su risa traviesa. Imposible olvidar la cantidad de veces que ella lo confundió al traducirle mal, desde luego intencionalmente, palabras complicadas en inglés, que, al pronunciarlas en público, aquel caía en espantosos ridículos. Fueron muchas las ocasiones en que la persiguió por las calles de Oxford para asfixiarla entre abrazos, carcajadas, besos y cariños, a la voz de *malvada bruja.* De eso se trataba la vida.

¿Whisky? No, no, no había whisky en la cantina más próxima que encontraron ni en la siguiente ni en la más famosa: no habían llegado los pedidos de contrabando desde Chetumal, ni había vuelto con mercancía el barco *Emancipación* que importaba ilegalmente ropa, cigarros y alcohol de Nueva Orleans. Pero sí había varias clases de rones en Los Amores de Kukulkán, un bar propiedad de Bartolomé Silvestre, el Bárbaro de la canción, mejor conocido como el Boxito, un cubano muy ocurrente y gracioso. Por su color, parecía haber sido de los primeros africanos en llegar a Cuba. Su sentido del humor los invitaba a reír buena parte del tiempo. Al hablar cantaba. Según dijo, tan pronto se sentaron debajo de un ventilador de madera de varias aspas, él había interpretado la ópera *Aída* en el Nuovo Regio Ducal Teatro alla Scala de Milán, junto con Enrico Caruso, pero cuando se le acabó la voz lo despidieron. Empezó a cantar en restaurantes, luego había dado clases, hasta llegar a convertirse en cantinero para poder ganarse la vida, pero el ánimo nunca había decaído. Su risa era contagiosa.

—Nunca se les olvide, chicos, que el ron blanco es para los negros y el ron negro es para ustedes, los blancos...

Con el estómago vacío después de padecer una jornada demoledora, empezaron a beber un ron tras otro, y otro más para el camino, y la última ronda, por favor, señor Boxito... Y así, ¿ya nos vamos, Dolly?. La terrible realidad adquirió una distinta proporción un poco más gratificante. Los problemas ya no se presentaron en términos asfixiantes, sino que se contemplaron a la distancia, lejos, muy lejos, en otra dimensión mucho más pequeña. Mientras desaparecía la palidez del rostro del yucateco, surgían, en cambio, sonrisas esquivas en un principio. Ya no existían los rostros sombríos, ahora la frente y el ceño proyectaban un lenguaje distinto ante la ausencia de arrugas. Los labios ya no estaban secos ni la lengua pastosa, en tanto la mirada endurecida empezaba a lucir candorosa, amable y tolerante, como si volviera a emerger la figura del eterno niño escondido en cada hombre.

Momentos después, al salir con el Boxito, decidieron volver a pie a la residencia de los Montemayor.

–Hoy mismo hablaré con mi padre y pondré las cosas en orden. Aun cuando ya estoy más tranquilo, el rompimiento será irreversible, ferozmente irreversible. Es un horror reconocer que mi propio padre, junto con los curas, también se ha dedicado a hundir a los mayas en el reino de las tinieblas; han construido conjuntamente un infierno en la Tierra, a cambio de un paraíso inexistente. ¿Cómo debo sentirme si mi primer contacto con la verdadera maldad fue a través de mi padre?

–Acuérdate de que muy pronto se irán a Europa –repuso Marion después de una breve pausa–; eso nos dijeron, de hecho no se fueron antes por esperarnos, y creo que estarás en una mejor posición para enfrentarlo, sin copas, cuando vuelvan de viaje y tú tengas la cabeza mucho más fría y te hayas hecho de más argumentos de los que careces ahora.

–Tengo suficientes argumentos, ¿qué dices?

–Tienes muchos, claro, suficientes, pero no sabes los que puedes adquirir en un par de meses más aprovechando su ausencia. *Take it easy, my love*, ármate hasta los dientes. Tu padre es un hombre poderoso, abogado, ingenioso y creativo para urdir mil salidas; no aceptará tus reclamos sentado cómodamente en su poltrona, y a su lado y para colmo, el arzobispo. Pensemos, tenemos tiempo y, por lo tanto, ventajas de nuestro lado.

–Es una cobardía no encararlo aquí y ahora –razonaba Olegario mejor, según pasaba el efecto del alcohol.

–No, Ole, no. Cobardía sería negarte a confrontarlo, pero ese no es tu caso, porque tú sí lo harás y lo harás bien, solo que a su debido tiempo. Y, por favor, no me malinterpretes, yo misma te aliento a hacerlo, pero sin arranques emocionales ni arrebatos sentimentales. Tu timbre de voz, cuando hables con él, debe ser el mismo que tienes ahora. No será el chiquillo decepcionado que grite, sino el hombre armado de verdades el que denuncie.

Al llegar al portal de la residencia, dejaron la conversación en punto y coma, como decía Olegario, porque al cruzar el jardín encontraron estacionado el carruaje del obispo Tritschler: una exquisita obra de arte, chapada en oro con incrustaciones de piedras preciosas, manufacturada por un orfebre parisino imitando la carroza que regalara el zar al papa León XIII, una de las pruebas más evidentes del progreso yucateco. El señor representante de Dios en la Tierra esperaba a Marion para una breve entrevista, a sugerencia de la señora Montemayor.

Olegario los dejó conversando después de un breve saludo; no deseaba encontrarse con nadie, por lo que continuó su marcha hasta entrar a la casa y subir por la escalera para llegar a su habitación. Sin embargo, al cruzar el vestíbulo escuchó parte de una conversación muy delicada entre su padre y Avelino, su cuñado, el director de las empresas familiares, en la que hablaban de Olegario, el *junior*, también de los negocios henequeneros, del presente y del futuro y, claro está, de la política. No era su costumbre oír atrás de las puertas, como siempre lo hacía su madre, pero la coyuntura le era favorable, más aún cuando se percató de que ambos arrastraban las palabras después de haber ingerido algunas botellas de vino. Las carcajadas eran inconfundibles…

—Desde muy joven decidí no perder la menor oportunidad de hacer dinero y hacerlo a cualquier precio —contaba don Olegario Montemayor—. Y para esos efectos, entendí la importancia de trabar alianzas con quien tuviera el capital o con quienes pudieran ayudarme a obtenerlo y, debido a ello, me acerqué como una sombra a los curas, a los políticos, a los inversionistas nacionales o extranjeros, a los militares, a los legisladores y a la policía. Ellos tenían el dinero o podrían ayudarme a tenerlo y a convertirme en el empresario más rico del Universo. Se trataba de ser un pillo rico o un pinche pobre. ¿Entendido? Pues a ser un pillo rico, riquísimo, y sabes, muchacho, si el día de mañana los resentidos, cuídate siempre de ellos, van a ir al panteón a escupir sobre mi tumba porque, según ellos, solo fui un pobre millonario, me tendrá sin cuidado porque yo ya estaré muerto, bien muerto. Además, al maldecirme, se estarán equivocando, porque fui multimillonario…

«¡Cuánta razón tenía Marion al señalar la conveniencia de esperar un tiempo antes de hablar con su padre y llegar armado con un buen número de cartuchos de dinamita!», pensaba Olegario mientras escuchaba, ahora escondido atrás de un biombo chino esmaltado en negro, con inscripciones de oro y concha nácar del siglo VIII, que había sido propiedad de una de las grandes dinastías de China.

Avelino festejó, claro, el comentario de su suegro, pero a él le llamaban la atención el origen y el tamaño de la fortuna. Lo del pillo rico lo tenía sin cuidado, ni siquiera abundaría en el tema:

—Su carrera ha sido meteórica, don Olegario, cuando usted comenzó, ¿llegó a imaginar su éxito? —preguntó Avelino Montero en plan de lisonja, a sabiendas de que su suegro era especialmente sensible al halago.

—A ti sí te confío mis secretos, porque si ya te entregué la administración de mis empresas y a una de mis hijas —se cuidó mucho de recordar que él había impuesto como condición que fuera María la cortejada, porque tenía una tara física y veía difícil su futuro matrimonial—, y has demostrado ser un hombre confiable, ¿cómo no te voy a confesar mis estrategias? —aclaró después de otro largo trago de vino tinto—. Como sabes, yo comencé vendiendo hierbas, muchacho, es decir agave. Manuel Cecilio Villamor y don José Esteban Solís, dos yucatecos notables, nada de que hubieran sido los gringos, inventaron la primera máquina desfibradora, la famosa máquina Solís, allá por 1854, durante la última dictadura de Santa Anna. A partir de entonces, ya fue posible empezar a colocar la fibra, y no solo las hojas, en el mercado estadounidense.

»Comenzamos por producir quinientos kilos en diez horas de trabajo y hoy estamos en más de cinco mil en jornadas de ocho horas. Es la genialidad yucateca. ¡Claro está que necesitábamos más y más hectáreas de terreno para plantar y cosechar más y más fibra y ganar más y más dólares…! Cuando en 1862 llegaron las primeras máquinas de vapor, la detonación agrícola e industrial fue bruta. Unas máquinas alteraron el paisaje yucateco y las composiciones sociales, financieras y económicas del estado… En ese año ya contábamos con catorce corchaderos, en donde se torcía la fibra para hacer sogas y cordeles. El mundo entero pedía nuestras sogas y nuestros cordeles. Husmeábamos la riqueza. Para 1876 teníamos instaladas, por lo menos, seiscientas desfibradoras de origen inglés, de las cuales cuatrocientas trabajaban a vapor. Era una lluvia de billetes verdes…».

—Así fue, una simple máquina cambió la economía de Yucatán, modificó la vida y el futuro de muchas personas, fue una revolución agrícola que recompuso el rostro del estado —comentó Avelino, embriagado por las posibilidades de crecimiento de las empresas a ser dirigidas por él mismo en su totalidad, ¡qué manera de ganar dinero!

—Lo mismo hizo Cyrus McCormick en los Estados Unidos —continuó don Olegario—. Ese hombre genial, al igual que nuestro Manuel Cecilio, inventó una máquina trilladora que con sus aspas podía segar cientos de hectáreas de trigo y superar con mucho la mano de obra de los campesinos. Sí, pero ¿cómo atar fardos o gavillas para transportar las varas cortadas de trigo y el grano mismo en fardos? —se preguntó con una mirada congestionada de picardía—. Con nuestro henequén, Avelino, hijo, con nuestro henequén hizo los cordeles para amarrar el producto en lugar de hacerlo con alambres que mataban al ganado cuando se lo tragaban junto con el heno. Eso sí –agregó torciendo la boca–, las máquinas de McCormick, vendidas en el mundo entero, solo funcionan, como sabes, con un hilo hecho con nuestro sisal y otra fibra de su invención. Quien quisiera comprar su trilladora a fuerza tendría que usar sus cordeles para atar las espigas de trigo, como si fabricaras un automóvil que solo trabajara con una gasolina producida por ti... Él se convirtió en el gran comprador de miles de millas de nuestros mecates a buenos precios y por eso hicimos una fortuna a partir de 1880.

»¡Qué manera de ganar dinero! ¡Así fue, cierto, ciertísimo! –aseveró eufórico Don Olegario, que se enervaba al hablar del henequén, el eje de su vida–. Las desfibradoras, sobre todo las de vapor, cambiaron el suelo yucateco. Sextuplicamos la superficie de cultivo en tan solo nueve años. En los últimos cinco años exportamos más de setenta y tres millones de pesos de la fibra, de los que casi veintitrés corresponden al último ciclo. Somos el estado más rico de México. Hay más millonarios en Yucatán que en toda la República Mexicana junta, Avelino. ¿Dónde encuentras en el país fortunas de millones de dólares como las yucatecas? ¿Dónde, a ver, en dónde? Busca conjuntos de mansiones, una tras otra, como las del Paseo de Montejo y verás que no miento. La mecanización del campo en los Estados Unidos reportó muchos beneficios porque se produjo más trigo que nunca y el precio del pan se desplomó, al igual que el de la carne y la leche, al abaratarse los forrajes –concluyó don Olegario con la sonrisa de un catedrático satisfecho por las respuestas de su alumno–. La mecanización del campo detona la producción agrícola, crea empleos al aumentar las superficies cultivadas, abarata los precios al consumidor, genera divisas al exportar sus productos, dispara el pago de impuestos, estimula al sector financiero al contratar millones de créditos y surgen por todos lados campesinos millonarios con gran capacidad de gasto y de compra. ¿A dónde hubiéramos ido los yucatecos sin la máquina desfibradora? ¿A vender las hojas del henequén? Gracias a don Cecilio revolucionamos Yucatán y creamos mucha riqueza. El campo y todo Yucatán son distintos gracias a él».

Don Olegario cumpliría el año entrante sesenta y dos años. «Es un anciano y se expresa con la fortaleza e ilusión de un chaval», pensaba Avelino. Él lo miraba con envidia sin dejar de soñar, si también podría llegar a la senectud cargado de tanta energía...

–Imagínate, de exportar cien mil pacas en 1880, el año pasado rebasamos las quinientas mil. Y, claro está, necesitábamos tierras y más tierras para sembrar agave y más agave, porque las extensiones de nuestras haciendas eran insuficientes, así que tuvimos que apropiarnos de las de los indios, en donde, con suerte, tenían un corralito y una pinche milpa y todo lo demás desperdiciado y excluido del progreso.

–Hay veces que a la gente se le debe obligar a evolucionar contra su voluntad –coincidió Avelino con su suegro–. Los indios son unos zánganos y solo entienden con patadas en las nalgas...

Don Olegario soltó una carcajada, levantó su copa, la chocó sonriente con la de Avelino y volvió a brindar por el hecho de haberlo conocido y que hoy fueran familia.

–Espera, hijo –volvió don Olegario al asunto de la mecanización de la agricultura–. Lo mismo pasó en Morelos, cuando los dueños de ingenios azucareros importaron sofisticados molinos de Europa para procesar la caña, y lo que antes les llevaba un mes o más podían lograrlo en una semana escasa. Les sucedió lo mismo que a nosotros: las hectáreas propiedad de los hacendados morelenses resultaron insuficientes para alimentar las nuevas maquinarias con materia prima. Se requerían de cuatro a cinco veces más de toneladas de caña, por lo que tuvieron que mover sus bardas en las noches hasta alcanzar las cercas de las gallinas de los campesinos, otros muertos de hambre. A eso se le llamó bardas movientes, ¿no te parece gracioso? –comentó don Olegario soltando otra incontenible risotada.

–O sea, que una mañana se despertaban y la barda se había movido hasta sus narizotas...

–Sí, así era –continuaba el magnate riendo sin parar.

–¿Y qué hacían? –preguntaba incrédulo el yerno.

–Pues a joderse. Las leyes se cambiaban de un día a otro para violarse, según nos enseñaron tus paisanos, porque muchos gobernadores eran propietarios de los ingenios o tenían acciones en la industria, y los diputados y jueces comían de la mano de los hacendados, igual que aquí, Avelino, hijo. ¿A qué hora iban a demandar esos zánganos de Morelos si tampoco saben ni leer ni escribir ni tenían pienso para darle de comer a la mula que los llevaría a Cuernavaca a ver a quién sabe quién, en la inteligencia de que quién sabe quién jamás les abriría la puerta de quién sabe dónde? –Reía sin contención.

Mientras tanto, Olegario se mordía instintivamente los labios y apretaba los puños.

«Ese es el verdadero camino para tener todos los billetes del mundo», pensó Avelino. Tiene razón este viejo cabrón, toda una escuela para garantizar el éxito. En los negocios quien tiene piedad está más muerto... No se pueden tener escrúpulos a la hora de sacarles las tripas a los clientes con tal de venderles la mercancía, ni en el momento de patear en las nalgas a los mayas para que, por lo menos, trabajen algo menos que una mula...

Ya repuesto de la jocosa celebración, don Olegario continuó su perorata:

—Ganaba yo muy buenos centavos con mi pequeña empresa exportadora. El henequén era el principal producto de exportación agrícola en el país, imagínate. Pero luego, en 1886, empecé con el gobierno a construir carreteras, a ampliar las líneas ferrocarrileras y a realizar obras en Puerto Progreso. Ahí sí se destapó la riqueza, como cuando descorchas una botella de champaña; la lana me llegaba a borbotones por diferentes fuentes, una más abundante que la otra, sin olvidar que el mejor de los vientos para navegar solo es útil si sabes a dónde vas y el hecho de haber estudiado varias carreras universitarias puso en mis manos muchos instrumentos para llegar a donde yo deseaba —El viejo disfrutaba contar su historia, que sus hijos desconocían por temor a acomplejarlos, aunque un párrafo aparte sí que lo merecía su hijo Olegario, un joven despierto y noble, pero carente del menor criterio comercial y de cualquier ambición económica o política.

»No lo pierdas de vista, Avelino querido. Mi hijo mayor está destinado a ser una rata de biblioteca y yo, a financiarle sus investigaciones académicas. Pero, en el fondo, no lo quiero en mis empresas. Si por mi primogénito fuera él regalaba las haciendas a los indios y pasaría su vida en cuclillas, comiendo panuchos y explicándoles el origen de su atraso. Olegario todavía cree que, con su ayuda, los mayas constructores de Chichén Itzá volverán a sorprender al mundo para construir el México del futuro. Es imposible hablar con él ni pedirle que negocie la venta de cordeles con la International Harvester en los Estados Unidos, porque acabaría regalándoles el sisal, como cuando era pequeñito y obsequiaba sus zapatos nuevos a los niños mayas que veía descalzos. No le puedo pedir peras al olmo...».

—Olegario es inteligente, señor...

—Eso no se lo quita nadie, pero de comerciante nada de nada. Un día, todavía lo recuerdo —exclamó mientras contemplaba extasiado el enorme candil de la sala—, le dije que los indígenas eran unos buenos para nada, que se trataba de una tribu de salvajes y que si el mundo fuera como ellos no existiría el progreso ni evolucionarían las civilizaciones y que solo servían para trabajar el henequén.

—¿Y qué le contestó él?

Don Olegario se acomodó en su sillón apoltronado como si le hubiera disgustado la pregunta:

—«Tú dirás lo que quieras», repuso mi hijo, «pero quien inventó la máquina desfibradora fue un maya; quienes siembran el agave son mayas; quienes recolectan el henequén son mayas; quienes procesan la fibra son mayas; quienes la llevan hasta los puertos de embarque también son mayas; y para concluir, todo se produce en territorio maya, de modo que sin los mayas, por más que los desprecies y te burles de ellos, no tendríamos ni siquiera para un taco de cochinita pibil...».

Olegario jamás había tenido esa conversación con su padre ni se acordaba habérsele enfrentado por miedo. Su padre mentía, pero, al mismo tiempo, se había abierto una nueva posibilidad: la confrontación era factible. ¿Por qué habría puesto en su boca verdades de ese tamaño, que don Olegario nunca aceptaba en sus conversaciones privadas? En el fondo el autor de sus días era un hipócrita que aceptaba ante terceros la validez de sus argumentos, sin concederle jamás a él la razón.

—Estaba en lo correcto, ¿no?

—¿Estás de su lado? —cuestionó con sequedad don Olegario para medir la valentía de su yerno.

—No, don Olegario, no es que yo esté o no de acuerdo con su hijo, pero la realidad, nos guste o no, de la misma manera en que los Estados Unidos necesitan de nuestros costales, nosotros no podemos prescindir de los mayas, ni los mayas de la tierra. Es como una cadena...

—Cierto, contestó el magnate, sí lo es —agregó bajando la guardia—. Solo que la situación es comparable con los grandes pintores: puedes tener las mejores pinturas y pinceles, pero si no sabes dibujar, entonces estás perdido, ¿no crees? Tienes también el caso de un maravilloso elenco de actores, pero que no pueden actuar ni mostrar sus talentos, hasta no contar con una buena obra de teatro. Pero yo soy el gran artista que sabe combinar colores o el director que sabe cómo aprovechar esa mano de obra y cuidarla para que los obreros estén lo más sanos posible y al menor costo, porque los muertos no pueden cortar las hojas del agave. ¿Ya entiendes por qué insisto en la repatriación de los mayas de Cuba y en la importación de chinos o coreanos o yaquis? Necesitamos tener siempre una buena plantilla de hombres jóvenes y sanos a nuestras órdenes, porque muchas veces curarlos de sus malditas enfermedades me sale más caro que comprar uno nuevo. Yo soy el gran pintor, el gran director de teatro o de orquesta, el gran guionista: nada se haría sin mí...

—En cualquier proyecto siempre hace falta un líder y aquí la historia habrá de honrar su papel como el gran constructor del estado de Yucatán. Muy pronto habrá calles y monumentos con su nombre y su figura —exclamó Avelino notablemente satisfecho—. A propósito, don Olegario, el otro día —agregó el yerno deseoso de apoderarse de todo el imperio henequenero— hicimos la cuenta para construir un pequeño hospital, equiparlo, contratar enfermeras y médicos de planta las veinticuatro horas del día, más las medicinas, los equipos, los instrumentos y luego hasta los gastos funerarios, porque se niegan a que echemos los cadáveres en fosas comunes, y salía en una locura, carísimo. Claro que a veces nos conviene más comprar obreros que curarlos. En ocasiones sueño con recolectar las hojas del henequén con tractores de vapor como cosechan el trigo en los Estados Unidos. Los tractores no se embarazan, ni se cansan ni piden días festivos, pueden trabajar veinticuatro horas al día y no tienen que ir al baño, ni se enferman ni hay que enterrarlos. Pero aquí necesitamos al hombre a como dé lugar.

«Este es de los míos», pensó don Olegario, mientras le revelaba sus planes para acometer muchas obras públicas en Yucatán, en el entendido de que se repartirían el pastel en familia.

—Voy a pavimentar —prometió el gobernador— hasta esta sala en la que estamos sentados. Estoy convencido —agregó golpeándose una rodilla— de que es mucho mejor ser chingón que no ser chingón —dicho lo anterior soltó otra sonora carcajada acompañada por otra de Avelino—. ¿No lo crees? ¿Tú eres chingón?

«No es fácil sostener una conversación seria con semejantes preguntas», pensó Avelino. Sin embargo, repuso sonriente:

—Chingón sí soy, aunque esa palabra no se conoce en España, mi tierra, pero la verdad es que en ese sentido yo no le llego a usted ni a las suelas —exclamó Montero como si se mexicanizara en la conversación, pero sin poder ocultar la pronunciación extranjera de la «c» y la «z» que a su suegro no le molestaba.

—¿En cuál sí me llegas a las suelas?

Avelino se quedó desconcertado. ¿Qué contestar, caray?

—Tal vez igualarlo en el coraje que tengo por duplicar o triplicar o cuadruplicar estas empresas exitosas que usted me ha confiado. Mi esperanza es poder superarlo y créame que lucharé por lograrlo...

—Ya somos dos los que compartimos la misma esperanza —advirtió el gobernador—. A mí me hubiera encantado tener hijos chingones, pero debes saber que si te escogí a ti es porque ninguno de ellos tiene fibra ni luces de empresario —continuó don Olegario con un aire melancólico—. Hay muchas ocasiones, te lo confieso, en que pienso que ellos lo único que buscan en mí es mi dinero y que solo esperan mi muerte para entrarle con todo a la herencia. Cuando me saludan y me preguntan cómo estoy, los veo ansiosos por escuchar que algo me duele para acercarme a la tumba. No sabes qué difícil es tener dinero porque te despersonaliza y sientes que quienes te rodean se acercan por lo que tienes, no por lo que eres. Y entonces llegas a preguntarte: ¿y yo como ser humano, cargado de afectos y emociones, no valgo más allá de un carajo? Como padre, Avelino, les importo una mierda, no debo confundirme ni hacerme falsas ilusiones. Solo me ven como un generoso proveedor de sus caprichos y de sus gustos. Fíjate bien —comentó apesadumbrado en el marco de una conversación histórica que jamás volvería a repetirse—, lo único que he logrado construir y con mucho éxito, eso sí, es un gigantesco abismo llamado patrimonio, que me separa de los míos. Ellos no saben quién soy, ni yo sé quiénes son ellos, porque cuando eran pequeñitos y ahora mismo solo he tenido tiempo para mis negocios y no para mi familia. Te confieso, para mí son unos desconocidos a los que yo, cariñosamente, llamo hijos —concluyó abriéndose como un libro—, pero no, no creas que ahí acaba la cosa, porque el resto de mis familiares y amigos también se me acerca como buenos farsantes, con el supuesto propósito de saber de mí, y yo los espero a sabiendas de que, en cualquier momento, me pedirán dinero. No les interesa mi compañía, solo dinero, me buscan por mi dinero, pero no por lo que yo soy. ¿Acaso seré una basura como persona, una máquina impresora de billetes? ¿Quién realmente me quiere en esta vida? Las mujeres se me acercan solo para ver qué sacan y por supuesto que las rechazo y las rehúyo. Nadie busca algo más en mi interior en tanto me vean con cara de cheque en blanco.

Avelino se encontró de repente con otro hombre, al que nunca había conocido. Nunca creyó poder llegar con él a semejante grado de intimidad, si bien lo soñó en repetidas ocasiones. El monstruo, después de todo, tenía corazón. Él, Avelino, como operador del grupo agrícola, del bancario y del ferrocarrilero, estaba proyectado a padecer los mismos sentimientos en un futuro muy cercano. Se dio cuenta de que había seguido al pie de la letra la conducta de su suegro y que, por lo tanto, no podría esperar resultados distintos. Se percató de que se estaba perdiendo lo mejor de la vida por dedicar su tiempo a los negocios familiares, que no eran todavía de su propiedad, por lo que tendría que hacer su mejor esfuerzo para que el patrimonio de los Montemayor pasara a su poder. Invertiría su atención en alcanzar esos objetivos nada deleznables.

Al escuchar la conversación de su padre, Olegario se lamía las heridas escondido tras el muro. ¡Qué día! Recordaba una expresión de su abuelo materno: «Bienvenido el mal si viene solo». Estaba obligado a resistir los disparos para conocer la verdad y hacerse de más información, solo que en ese instante descubrió la llegada de Marion, quien lo sorprendió *in fraganti*. Al tiempo que se cruzaba con el dedo índice los labios para pedir silencio, escuchó pasos que descendían de la escalera, desde donde se podía distinguir su escondite. Sin pensarlo más, salió de la parte trasera del biombo al encuentro de la inglesita, creyendo haber escuchado el final de la conversación. ¡Qué equivocado estaba!

Don Olegario, susceptible a las adulaciones, agregó que su yerno tenía la vida por delante para demostrar su valía.

—Pero déjame te cuento —exclamó con el rostro enrojecido por el vino, en tanto su enorme bigote blanco lucía a su máxima intensidad—.

Cuando me di cuenta de que al usar los sacos de henequén, en lugar de los de algodón, el café, el trigo, el cacao, algunas frutas y hortalizas, y otros productos ya no llegaban podridos a su destino por falta de oxigenación y exceso de humedad, entendí el negocio henequenero con la misma claridad con la que te veo ahora sentado frente a mí. Ese era el camino y no habría otro −concluyó ufano para recomendarle una clave que le había ayudado a conquistar el éxito−. Entra, hijo mío, a negocios en los que produzcas algo de lo que la gente no pueda prescindir, como en este caso. Nadie puede acostumbrarse a dejar de comer, imposible, ¿no? Para transportar los granos o las hortalizas necesitas costales y, para producir los costales en enormes cantidades y a bajos precios, nada mejor que el henequén y nadie mejor que nosotros para producirlo en cantidades gigantescas, ganar mucho dinero y apoderarnos del mercado. De nada te sirve tener llenos tus graneros porque fuiste un agricultor genial y eficiente, si no puedes colocar el trigo, en buenas condiciones, en los centros de consumo. Nos necesitan los gringos, dependen de nosotros, por más que me amenacen con cultivar el agave en Florida o en Filipinas, porque el yucateco es insuperable y lo saben muy bien, de modo que los temidos carapálidas comen aquí, en mi mano −adujo satisfecho mostrando eufórico su palma derecha, golpeándose suavemente con la izquierda.

Avelino disfrutaba cada palabra pronunciada por don Olegario. Coincidía en sus afirmaciones, en sus planes y objetivos, en su concepción del futuro, en el papel de los mayas para cumplir con los proyectos y en su inutilidad práctica. «¡Claro que hombres como yo formamos parte de los nuevos conquistadores españoles del siglo XX que volvemos por nuestros fueros cuatrocientos años después, solo para comprobar que los mexicanos siguen sin entender de qué se trata la vida, ni cómo explotar sus riquísimos territorios, sin encontrar todavía la manera de lucrar con su poderoso vecino del norte, ni aprovechar su situación geográfica al estar comunicados con ambos océanos. Solo que aquí estoy para hincharme de pesos o de dólares, para vestirme de dinero como lo hicieron mis antepasados con los mismos indios mierdas de siempre!», pensó.

En ese momento, don Olegario se puso pesadamente de pie y se dirigió a la cava en busca de más vino. Al poco tiempo regresó con dos copas nuevas y otra botella cubierta de polvo que limpiaba con un trapo.

−Hoy te invité aquí, a mi casa, y no te convoqué a la oficina, para evitar orejas indiscretas, ya ves que las paredes oyen, porque tengo que informarte de un asunto sumamente importante que nos puede reportar ganancias insospechadas. Lo que te voy a contar no puede trascender de ninguna manera, debes prometerlo, porque con la mínima indiscreción nuestros amigos de la competencia nos pueden sacar los ojos. Tienes que conocer la negociación que llevé a cabo en Cuba, con los representantes de la International Harvester.

Cuando Avelino escuchó la palabra ganancias, un término mágico porque cambiaba realidades con un chasquido de dedos, se enderezó en el sillón e irguió la espalda en noventa grados a la espera de la gran revelación. Sorbió un poco de vino, brindó con su querido suegro, invocó a Jesús y a toda su corte celestial, regresó la copa a la pequeña mesa que los separaba y guardó silencio.

—Como bien sabes —comenzó don Olegario su explicación—, hace muchos años que hacemos negocios con Cyrus McCormick. Pues bien, la semana pasada suscribí con ellos un convenio ultrasecreto, mediante el cual me comprometí a bajar el precio de venta de la fibra a nuestros competidores, aquí en Yucatán, a cambio de que la International Harvester, un monstruo agrícola recién fundado, adquiera toda su producción.

—¿Y nosotros qué ganaremos con esta operación? —preguntó incrédulo Avelino, como si se estuviera descubriendo el agua tibia.

—Nosotros lo que ganaremos es una comisión muy jugosa por cada libra que la International compre a precios inferiores a los del mercado —aclaró con la urgencia de ser reconocido por su gran negociación—. De lo que se trata, muchacho, es de convencer a nuestros competidores que vendan barato, al precio que les imponga la International, que amplíen sus campos para producir más henequén y a nosotros nos pagarán, por fuera, un muy buen dinero por cada libra que los gringos compren por debajo del valor que acordaremos con ellos. ¡El mejor negocio en la historia económica del mundo!

—O sea que mientras más barato compren los gringos, más ganaremos nosotros, más comisiones nos darán.

—Sí. Por esa razón, si se llega a conocer este acuerdo, nos colgarán de una ceiba, pero de los huevos —espetó ceremonioso y consciente del peligro que corrían—. Nos coserían las nalgas a latigazos.

Traicionar a los suyos no era una tarea sencilla. Se trataba de vencer los principios, pasar por encima de ellos; desconocer los valores recibidos en la educación; ignorar los mandamientos, cometer infinidad de pecados sin temer la ira de Dios ni el desprecio social y familiar de llegarse a saber lo ocurrido. ¿En qué posición quedaría él como representante de la moral y de la ética entre los suyos si, al fin y al cabo, resultaba ser un bribón en la realidad? Sí, lo que fuera, pero resultaba imposible seguir adelante sin comunicar el acuerdo secreto al director general de las empresas, su admirado yerno.

—Por mí no se preocupe, don Olegario —murmuró Avelino en voz baja, como si alguien pudiera estar escuchando la conversación—. Usted y yo estamos en el mismo barco, y lo que le pase a usted me pasa a mí. De modo que nos llevaremos el secreto a nuestras respectivas tumbas. Pero dígame −cuestionó el director con la debida precaución y en voz apenas audible−, ¿qué sucedería si nuestros competidores yucatecos no le venden a la International porque no les conviene el precio y le venden el sisal a Peabody, que se lo puede comprar mucho más caro? En ese caso estaremos fuera de la jugada.

−Buen punto, Avelino −aplaudió don Olegario la respuesta−. Acuérdate que hace cinco años, cuando se desplomaron los precios del henequén, nos reunimos veinticinco empresarios para fundar La Industrial y fabricar mecates y cordeles, en lugar de vender la fibra como tal. Ese valor añadido nos iba dando mucha lana hasta que estalló la Guerra hispano-estadounidense, durante la Independencia de Cuba, y se volvió muy rentable el sisal crudo, además de que a Cyrus McCormick no le hacía la menor gracia que le hiciéramos la competencia con productos terminados y fue hasta ahora que llegamos a este feliz acuerdo, con el que nos quitamos la tentación de industrializar el henequén y nos compensan económicamente con unas buenas comisiones.

−Guarde muy bien la copia del contrato, don Olegario, hay personas más cerca de nuestro secreto de lo que creemos.

−Es cierto. No me puedo ni imaginar que nuestros competidores leyeran el artículo 1º, en donde se cuente que «Montemayor y Compañía se comprometen a llevar a cabo sus mejores esfuerzos para deprimir el precio del sisal». En otra de las cláusulas se establece que nosotros nos obligamos a inducir a don Eusebio Escalante, nuestro feroz competidor que tú tan bien conoces, a que acepte las condiciones impuestas por la International.

−Entiendo, pero ¿cómo haremos para que don Eusebio y otros tantos más no le vendan a Peabody? Se nos caería el teatrito...

−Bien, te cuento, hijo: existe un contrato de crédito por doscientos mil dólares, una locura de dinero, suscrito entre Cyrus McCormick y Henry Peabody, el mayor accionista de Peabody and Company, mediante el cual este último queda sujeto de sus partes nobles para no comprar ni una libra de henequén en Yucatán a precios superiores a los fijados por nosotros. Nuestros competidores solo podrán venderle a la International porque es la única que va a pagar 9.48 centavos oro por libra o lo que decidamos nosotros.

−¿9.48 centavos oro por libra? −preguntó alarmado Avelino−. Pero ¿cuántos resistirán esa sangría? Van a quebrar en cadena, don Olegario...

−Y más van a quebrar porque, como te dije, nuestro negocio consiste en bajar los precios cada vez que podamos con distintos pretextos, por lo que 9.48 centavos oro solo es el comienzo, ¿entiendes?

–Entiendo con toda claridad, entiendo –respondió el español sin imaginar lo que escucharía a continuación...

–Pero todavía no te he contado lo mejor: mientras más deprimamos el precio del sisal, nuestros competidores tendrán que hipotecar sus haciendas para poder sobrevivir y cuando ya no puedan pagar sus créditos y tengan que rematar sus haciendas o entregárselas a los bancos, entonces nosotros compraremos sus tierras a un precio verdaderamente regalado. Nos haremos cargo de sus deudas y en ese momento, empezaremos a escalar los precios para llenarnos de billetes por todos lados –Don Olegario Montemayor agitaba las manos para festejar la hazaña–. Aventaremos los dólares al techo de la oficina, llenaremos los bolsillos de nuestros sacos, abarrotaremos las cajas fuertes en la casa y podremos comer con dólares, empujaremos la comida con dólares y beberemos dólares, quemaremos dólares para prender nuestros habanos y nos bañaremos en dólares en nuestras tinas, ¿qué tal el socio que tienes? No te lo mereces, ¿verdad?

–No, claro que no me merezco un señor socio como usted, querido suegro, pero ellos, los gringos, tampoco se lo merecen, porque además de comprarnos la fibra cada vez más barata, la Harvester no tiene que distraer recursos para comprar grandes extensiones de tierra, a lo que sí están obligados, por el contrario, la American Sugar Refining Company y la United Fruit Company para poder producir azúcar y bananas. Sus socios deben estar felices de contentos al tener lo mejor de los mundos –adujo Montero en tono ceremonioso–. Gozan de seguridad política y jurídica, de garantías de abasto de henequén a precios inmejorables, invierten en la fabricación de maquinaria y equipo para venderlos en el mundo entero, en lugar de enterrar sus capitales en latifundios... ¡Claro que lo adoran, querido suegro, por supuesto que lo adoran, yo también lo adoraría, es más, le construiría un monumento en el corazón mismo de Wall Street! –agregó eufórico el feliz yerno, salivando como una fiera antes del ataque a su presa.

–Te agradezco mucho, Avelino, la historia me hará justicia –exclamó satisfecho como si un pavorreal presumiera su impresionante abanico de plumas multicolores–, pero nunca pierdas de vista nuestras ventajas mundiales –adujo mientras contaba con los dedos de la mano, empezando con el pulgar–: número uno, en ninguna parte del mundo se produce la calidad de nuestra fibra resistente a prueba de todo; y dos –al mostrar el índice como si fuera una pistola concluyó ufano–: no tenemos costo de la mano de obra mientras paguemos con fichas. ¿Quién nos puede ganar en esas circunstancias? Así pues, ampliemos las superficies de cultivo y mandemos a hacer muchas fichas, una moneda de cambio sin precedentes en los mercados...

Don Olegario continuó explicando dentro de un monólogo interminable que, como bien decía Porfirio Díaz, «los débiles, los no preparados, esos que carecen de herramientas para emerger victoriosos contra la evolución, deben perecer y dejar la lucha a los más poderosos». Y los hacendados eran los poderosos, los elegidos por el Señor para triunfar, porque Dios no era tonto, seleccionaba a los más aptos y mejores para desempeñar los trabajos. Don Olegario adujo que en el género humano siempre había niveles superiores e inferiores, patrones y empleados, jefes y subordinados, conquistados y conquistadores, mayocoles y peones, inteligentes y tontos, cultos e ignorantes, y era imperativo aprovechar esas diferencias de origen y sabiduría. Él, por disposición celestial, sabía dirigir una empresa y gobernar un estado, pero un campesino solo sabía cortar a machetazos las hojas del henequén. ¿No estaba claro? Dios así lo había dispuesto en beneficio de la sociedad. Cada quien había sido dotado para desarrollar una labor en específico. ¿Qué haría esa gente incapaz e inútil sin los hacendados? Sería una crueldad abandonarlos a su suerte, no rescatarlos y ayudarlos cuando estaban destinados a perecer de hambre y enfermedades. La gente libre se comportaba peor que la esclava; quien intentara abolir la esclavitud provocaría un baño de sangre como en los Estados Unidos; los hombres liberados se dedicarían a robar y a violar, causarían desórdenes sociales a falta de una ocupación, solo un político confundido y extraviado podría intentar semejante suicidio y arruinar prósperos negocios. En esta vida, como decía monseñor Tritschler, Dios había dispuesto ciertos grados de injusticia para medir a los hombres y probar su fe, pero para eso se había creado el paraíso, para premiar por toda la eternidad a los afectados...

La repentina llegada de doña María obligó a cancelar la reunión. De cualquier manera ya se había agotado el tema. Ambos guardaron de inmediato un sospechoso silencio. La señora Montemayor se sorprendió, los miró de reojo sin pronunciar palabra. Revisaba los rostros de uno a otro como si los hubiera encontrado tramando una travesura. Tableteaba el zapato contra el tapete persa de mil nudos, en tanto negaba con la cabeza convenciéndose de que los había sorprendido en plena conjura. En ese momento dijo con su conocido sentido del humor:

—¿Nunca les habían dicho que están como los conejos viejos?

—¿Cómo? —cuestionó Avelino.

—Misteriosos y pendejos...

Después de unas sonrisas picarescas, cruzaron las tres copas y brindaron con mucha efusividad, que doña María celebró sin alcanzar a comprender...

Momentos después, paseando por el jardín, en la noche, Olegario y Marion compartieron sus puntos de vista de lo sucedido durante el día. Fue un intercambio muy rico en impresiones. Olegario esperaría a que sus padres volvieran de Europa para ajustar cuentas, mientras tanto seguirían investigando hasta por debajo de las piedras. Muy pronto seguro que descubrirían más y más verdades. Marion comentó que había sido invitada por el obispo a unas clases de catecismo, para poder ser bautizada. Ya habría tiempo para la confesión arrodillada ante monseñor Tritschler. Ahora tocaba el turno de ellos para reír, al menos un momento. Olegario resumió la oferta con unas palabras inéditas en él:

—Es un viejo pendejo, no le hagas caso.

—No, no le haré caso; pero sí, el carruaje que usa lo envidiaría el mismísimo papa. Si lo vendiera se podrían construir cien escuelas y se daría de comer a miles de chiquillos.

La mejor parte de la charla estuvo a cargo de la tía Lilly. La Embajadora de la Felicidad había anunciado en una carta un acontecimiento maravilloso inesperado, una invitación digna de una novela, porque anunciaba su visita a Mérida tan pronto le fuera posible. ¿Cuándo? A saber: no era fácil desprenderse del negocio, sobre todo con tanto manejo de dinero en efectivo y de contado, sin ninguna clase de crédito. Como bien decía Lilly: «cayendo el muerto y soltando el llanto». Por instrucciones de Cathy, su hermana, deseaba conocer a la familia Montemayor y no iría sola, desde luego que no... «Pronto habré de llegar, sobrinita de mi vida», concluía la misiva de la tía adorada.

III

Los traficantes de la miseria

Víctima de la sórdida avaricia de los propietarios, de la brutalidad de los gobiernos y de la implacable codicia de los clérigos, la población indígena está, en efecto, sumida en la miseria, sin cultura y explotada en todos sentidos. México debe volver los ojos hacia la raza indígena, antes de que esta, con la fuerza y con justicia, reivindique el puesto que le corresponde en la vida nacional.

EL MONITOR CONSTITUCIONAL

La tierra ardiente, en donde moran el faisán y el venado, recibió a Marion con los brazos abiertos. Todo parecía indicar que la historia de Yucatán exigía la presencia de una apasionada interlocutora que supiera y pudiera narrar. ¿Cómo que narrar? Narrar, ¡no!, en todo caso gritar, vociferar y denunciar a voz en cuello en foros, auditorios, salas de congresos o de redacción periodística, lo acontecido a los mayas desde la noche aquella cuando la luna ya no pudo volver a cerrar los ojos. La apasionada estudiante contaba con un aliado no menos poderoso y acalorado, como lo era Olegario Montemayor, el gran Ole, un heredero renegado, un estudioso de las ciencias sociales, un feroz guerrero defensor de las causas humanitarias.

En noviembre de 1904, la pareja aprovechaba la ausencia de los padres de Olegario y viajaba de un lado al otro por la península de Yucatán, un horno jamás imaginado por la inglesita, quien vivía los mejores momentos de su vida sin quejarse aun cuando se calcinaba con la blusa sudada pegada al cuerpo a cualquier hora del día, antes siquiera de la salida del sol. En Inglaterra no imaginó los extremos de las temperaturas asfixiantes del trópico por más que hubiera sabido de su existencia. ¡Cómo agradecía el relente yucateco cuando el rocío vespertino la dejaba respirar y se desvanecía encantada en una hamaca! Se felicitaba por la invención de ese columpio, la verdadera cuna de los dioses, manufacturado con henequén, la fibra divina, que le reportaba frescura y descanso sin dejarla expuesta a los animales reptantes, mientras se mecía debajo de un ventilador o se refrescaba con un abanico hecho con las fibras endurecidas del agave. La ropa empapada despertaba justificados apetitos lascivos en Olegario, macho insaciable, siempre al acecho de oportunidades para abrazarla, tocarla, mimarla, atenderla, sentirla, besarla, acariciar su pelo, secar el sudor con su paliacate o simplemente verla. Marion despabilaba a la fiera apática que vivía en su interior, que lo obligaba a emplearse a fondo, que lo animaba a la conquista de objetivos impensables, que lo sacudía y lo hacía sentirse vivo, audaz, atrevido y aventurero. Sí, claro que sí, los libros, la investigación, la búsqueda de respuestas y explicaciones encerrado en la biblioteca de la universidad, la transmisión de conocimientos y de conclusiones llenaban una parte vital de su existencia, pero nada comparable con una hembra volcánica e ilustrada como Marion. La existencia de Olegario se dividía en dos claros momentos: antes y después de ella.

Los dos jóvenes investigadores, casi siempre acompañados por Oasis, recorrían de arriba abajo los enormes sembradíos de agave del estado. La lluvia había pintado el horizonte maya del color del oro verde, construido con incontables surcos de riqueza que se perdían en el infinito. Visitaban haciendas, siempre y cuando se les permitiera el acceso, comunicadas gracias a las líneas ferrocarrileras construidas por Díaz, uno de los éxitos de la dictadura, o utilizaban calesas alquiladas o burros o se echaban a andar a falta de transporte de cualquier naturaleza, hasta llegar a dormir en humildes chozas, en pequeñas casas de huéspedes, en bancas de las plazas municipales o donde fueran bien recibidos por la conocida generosidad de los indígenas cuando se precipitaba la noche. Ella se cuidaba sola, según se había convencido doña María Figueroa con el paso del tiempo. Comían en los mercados, en las posadas o en tendajones improvisados. Se informaban de viva voz con las escasas personas de los pueblos que se atrevían a hablar con ellos, porque la mayoría mostraba recelo, desconfianza y se resistía siquiera a terminar de escuchar las preguntas de extraños por miedo a una consecuencia imprevisible, por más que Oasis se expresaba en términos impecables en lengua maya.

–Los obstáculos existen para vencerlos –aducía Olegario–. ¡Qué aburrida sería la vida sin desafíos, sin enfrentar la adversidad y sin descubrir a cada paso de qué estamos hechos!

Marion se sentaba junto con Olegario en el piso, alrededor de cuatro piedras ahumadas, sobre las que se colocaba un comal tiznado y deforme para calentar tortillas y, de ser posible, unos jarros de barro con café endulzado, pero sin leche, ante la dificultad de encontrarla en Yucatán, debido a que el pienso era muy seco y poco sustancioso para las vacas. Alimentarlas era un problema. ¡Qué diferencia con las enormes extensiones sembradas de alfalfa en el Bajío!

En una ocasión, a la hora del almuerzo se sorprendieron cuando la esposa de un campesino les invitó una suculenta cochinita pibil y unos frijoles negros, que la inglesa debía comer con un chile habanero para congraciarse como una auténtica mujer maya. Marion vio a Olegario a la cara para suplicar auxilio. Este entró sonriente al rescate, indicándole que no lo rebanara con una navaja, como era su intención:

–Si lo cortas lo harás mil veces más picante, te incendiarás y empezarás a llorar enloquecida como una chiquilla y no habrá manera aquí, en este mundo, de apagarte el fuego. –Soltó el yucateco una sonora carcajada–. A ver, amor, apréndete la maña. Primero te preparas un taco con cochinita, le pones suficiente cebolla morada y lo empapas con la salsa. Al mismo tiempo que lo estés masticando, muerdes tan solo un cachito del habanero, así, de ladito, como yo lo hago, porque si te llevas las semillitas se te incendiará la boca y ni tragándote toda el agua del Atlántico te quitarás el ardor –Reprodujo Olegario la mecánica para evitar errores y horrores–. Nunca partas en pedazos un habanero, porque morirás...

Para Marion todo era aventura, placer y aprendizaje. Tendría tanto que contar al profesor Perkins de regreso en Inglaterra... Moría de la ilusión de ver publicados sus textos en su patria. Su ánimo siempre contagioso motivaba a su novio a la búsqueda de más datos, más información, más hechos desconocidos y, claro está, más diversión. Deseaban producir documentos académicos y periodísticos muy bien vertebrados y fundados que, en realidad, serían un grito de denuncia que exhibiría una parte de los horrores de la tiranía porfirista ante los ojos del mundo.

En Mérida se habían dado el tiempo de recorrer a pie el Paseo de Montejo. Marion se había sorprendido con las ostentosas residencias afrancesadas de los hacendados, así como con las casas construidas durante el Virreinato. Claro que habían paseado a bordo de una calandria por el centro de la ciudad hasta llegar a la Plaza Grande, sin entrar, eso sí, a la catedral de San Ildefonso, ¿y si llegaran a encontrarse, Dios no lo quisiera, con el arzobispo Tritschler?; ni pretendieron tampoco entrar a la casa de Francisco de Montejo, el cruel conquistador. Se apearon para comer una marquesita de crema de cacahuate, unos salbutes y unos panuchos que, sin duda alguna, formarían parte de la crónica yucateca, al igual que cuando ella probó el xtabentún y experimentó una euforia repentina, seguida de una suave indolencia.

—Quiero más, mucho más, Ole, *dear*, me llevaré a Inglaterra muchos barriles de este anís...

—¿A que no sabes por qué te gusta tanto, maldita bruja? Más te encantará cuando sepas la historia...

—Cuenta, cuenta —exigió ella mientras se acomodaban en una banca de la plaza y comía las semillas con las que preparaban el mágico brebaje. No se percataba de que iniciaba un viaje maravilloso al infinito.

—Dice la leyenda —comenzó Olegario a narrarla con auténtico orgullo yucateco— que hace muchos siglos existían dos mujeres, una llamada Xtabay, conocida como Xkeban, o sea, una prostituta arrebatada y apasionada que se acostaba con cuanto hombre se lo propusiera. Imagínate a una mujer así hace siglos... La otra era conocida como Utz-Colel, una dama digna, honrada y decente.

—Pero Xtabay, o como se diga, se la pasaba bien, ¿no? —repuso Marion sin confesar que pensaba en los inicios de la carrera profesional de su querida tía Lilly.

—Sí, claro, se la pasaba bien, muy bien, pero además debes saber que se gastaba su dinero en ayudar a la gente pobre: si no tenían para vestirse, ella los vestía; si no tenían para hierbas curativas, ella abastecía los medicamentos; si no les alcanzaba para comer, ahí estaba ella, auxiliando siempre a los indigentes con total desinterés. Sin embargo, muy a pesar de su generosidad, el pueblo la despreciaba y la humillaba cuando la encontraba en las calles. Los niños tenían prohibido acercarse a ella, como si estuviera enferma de algo contagioso. Pero eso sí —aclaró Olegario con la seriedad de Marion cuando contaba sus experiencias con Martín Lutero o con Napoleón Bonaparte—, ella jamás les reclamaba nada ni a los padres ni a las mujeres y se dejaba insultar públicamente sin contestar una sola agresión.

De repente Olegario dejó de hablar y guardó silencio.

—Y ¿qué más...? No te quedes callado a la mitad de la historia, boxito lindo, hermoso —exclamó Marion imitando el acento yucateco.

—Ya no hay más...

—¿Cómo que no hay más? Pues inventa, no me dejes así...

Pasada la broma, y antes de que Marion lo tomara por el cuello, Olegario continuó describiendo a Utz-Colel, una mujer virgen, apartada de los hombres, decente, adinerada, muy adinerada, indiferente ante el dolor de los muertos de hambre, para ella indignos de la menor consideración, un ser humano frío, helado, incapaz de ayudar a nadie, muy a pesar de tener una familia acomodada.

Al constatar de nueva cuenta la atención que Marion ponía en la leyenda, Olegario volvió a guardar silencio.

—Habla, canijo, ¿qué más? ¡Di!

—Un día, la sociedad malagradecida extrañó a Xtabay, porque no se le había visto en las calles durante las noches. Supusieron que había huido a un lugar en donde nadie la conociera para seguir entregándose a otros hombres, pero ¡oh, sorpresa!, de pronto la gente empezó a respirar un aire perfumado, delicadísimo, proveniente de su casa. Extrañados, derribaron la puerta y la encontraron muerta, tirada sobre un petate, rodeada de animales que lamían sus restos y ahuyentaban a las moscas. Utz-Colel enfureció al conocer la noticia porque alegaba que no era posible que «de una mujer impura emanaran aromas tan finos». Si el cuerpo de Xtabay, el de una prostituta, despedía fragancias maravillosas, cuando ella falleciera, imaginaba en su soledad, su cadáver incorrupto produciría olores exquisitos, nunca antes conocidos por el olfato humano. Ese sería su premio y el tiempo, siempre sabio, pondría a cada quien en su lugar. Solo que pasaron cosas muy raras, amor —exclamó Olegario en plan de intrigante.

—¿Cuáles, carajo? *For heaven's sake...* —exigió Marion devorando el resto de las semillas sin importarle las consecuencias.

—Cuando enterraron a Xtabay, más por lástima que por agradecimiento, su lápida al otro día apareció cubierta de flores blancas, muy blancas, y lo mejor fue que toda la comarca amaneció por muchos años con el mismo aire perfumado que embriagaba a quien lo oliera.

—Y cuando murió la tal Colel, ¿qué sucedió?

—Pues has de saber que, al fallecer, orgullosa de su honradez y de su pureza, sin arrepentirse de su egoísmo ni de su mezquindad, empezó a esparcirse un hedor espantoso por todo el pueblo, que producía vómito: el de la putrefacción de un cuerpo; y, en lugar de flores blancas, en su tumba creció un cactus espinoso conocido como tzacam, que apesta horrible.

—Me fascinan estas leyendas, Ole, tienen un gran colorido, ¿no? ¡Grandes moralejas!

—Pues la sabiduría popular concluye que la auténtica virtud nace en el corazón cuando haces felices a las personas, las ayudas y luchas por el bienestar de tus semejantes. Esas flores blancas sirven para fabricar el Xtabentún. Basta un trago para despertar el amor que tanto profesó la gran Xtabay.

Ahora Marion fue la que permaneció muda, para cuestionar después de un momento:

—¿Y de la tumba de mi tía Lilly, virtuosa embajadora de la felicidad, también saldrán hermosas flores de mil colores por haber hecho de los hombres tristes seres humanos dichosos y joviales, no crees? Todo México, la República entera va a oler a rosas frescas cuando Lilly ya no esté entre nosotros, ¿verdad, Ole? Piensa bien tu respuesta, boxito terrible —agregó mientras se acostaba, adormilada, sobre las piernas de Olegario para ir en sus sueños en busca de Xtabay.

¿Con qué clase de fantasías eróticas soñaría la inglesa después de haber devorado las semillas del Xtabentún? Ya se las describiría al despertar. Sí que tenía un gran material para contárselo a su querida tía. «Ya despertarás, amor mío...».

Semanas después fueron a Chichén Itzá, una vez recabada la autorización para visitar uno de los grandes tesoros escondidos en la selva, en el corazón de un rancho propiedad de la antigua familia Barbachano. Ahí, al nadar desnudos en un cenote sagrado, Marion le contó a su novio que en sus sueños delirantes producidos por las semillas del Xtabentún había gozado en una especie de jardín del Edén, acompañada por hombres mucho más apuestos que Olegario, que la habían hecho sentir mujer como nunca, oportunidad que aprovechó el yucatequito para hundirla en las aguas frías, en donde arrojaban atadas a las doncellas vírgenes como ofrenda a los dioses, o por haber provocado la ira de sus maridos o amantes...

Pasaron un fin de semana escribiendo y redactando diversas notas en Cuzamá, bañándose en sus tres cenotes sagrados, a donde llegaban en el *truc*, un trenecito muy primitivo, en realidad un carro sin techo, tirado por una mula que recorría la vía, igual de primitiva que el vehículo de transporte. Todo Yucatán era una novedad inimaginable.

Una mañana a principios de 1905, cuando don Olegario y su mujer acababan de regresar de Europa y existía una paz tensa previa al enfrentamiento entre el padre y el hijo a raíz del macabro descubrimiento de lo ocurrido en El Paraíso, entre otras haciendas, Ole tuvo una enorme sorpresa al encontrar sobre la cama nada más y nada menos que una carta enviada por Hugh Perkins. Su letra era inconfundible. El suceso inesperado lo fue aún más cuando Olegario descubrió el timbre postal con caracteres japoneses. Sin pensar en ese momento qué estaría haciendo el querido profesor en Japón, corrió escaleras abajo para buscar a su novia y abrir juntos el sobre. La encontró sentada sobre un columpio de madera, colgado de la rama de una enorme ceiba que proyectaba una refrescante sombra en el jardín. En ese momento de euforia, Olegario fue incapaz de distinguir el rostro absorto de Marion, extraviada en densas elucubraciones.

Acomodado a su lado, comenzó a leer, deteniendo el papel con la mano derecha, mientras colocaba la izquierda encima de la rodilla de su amante, sin escrutar su rostro:

Queridos Marion y Ole (perdón por el atrevimiento, pero la confianza entre nosotros me permite tener este acercamiento):

No me cuesta ningún trabajo imaginarme su sorpresa al recibir una carta mía enviada desde el Imperio del Sol Naciente. Antes que nada, deseo que su estancia en Yucatán continúe siendo muy fructífera. Las misivas de ustedes merecen un comentario mucho más amplio que no puedo abordar en estas breves líneas. Me apresuro a contarles que mi viaje a Asia responde al estallido de la guerra entre Rusia y Japón, cubierto por la prensa internacional. Quise vivir de cerca la experiencia política, por más que el periplo para llegar al escenario de los acontecimientos fue interminable. Salir de Liverpool y llegar al Mediterráneo para cruzar por el Canal de Suez y de ahí navegar por el golfo Pérsico y el océano Índico para llegar al Pacífico, y de ahí subir hasta Tokio, fue una experiencia fascinante, la repetiría muchas veces. Les cuento:

El emperador japonés Mutsuhito y el zar Nicolás II deseaban más ventajas comerciales, más puertos, más enclaves estratégicos, más territorios, en fin, la historia de siempre, solo que entre sus pretensiones imperiales se disputaban las penínsulas de Corea y Manchuria, que ambos pelean a morir, en toda la extensión de la palabra. Rusia, recordémoslo, padece hambre y malestar social, un hecho nada nuevo, como consecuencia de una economía estancada y abandonada. El Imperio del Sol Naciente, no lo olvidemos, ya había derrotado a China en 1895, y el obnubilado de Nicky, como llamaba cariñosamente el káiser alemán Guillermo II a su primo, perdió de vista semejante hecho de armas. Los rusos contaban con trescientos cincuenta mil hombres bien armados y una flota de guerra mejor que la de sus enemigos japoneses; en tanto que los nipones disponían de ochocientos cincuenta mil soldados y barcos de guerra más viejos, casi todos ingleses, pero que les permitían una movilización más ágil que la rusa.

Transcurrido menos de un año del estallido de las hostilidades, como ustedes sabrán por medio de los periódicos, los nipones ya destruyeron a cañonazos las flotas rusas de Port Arthur, del mar Negro y del Báltico. El honor ruso fue mancillado y la furia popular produjo revueltas y protestas callejeras por la infamia de haber sido derrotados por un país, a su juicio, insignificante. Este severo golpe contra la dignidad rusa gesta una pavorosa revolución que habrá de cambiar para siempre el rostro de este gigantesco país.

Marion no parecía sorprenderse de nada ni comentaba nada ni interrumpía, a su estilo, la lectura; en tanto Olegario, entusiasmado, devoraba la carta sin percatarse de la actitud indiferente de su colega.

El régimen zarista emprende un agresivo proceso de rearme, tanto para evitar otra vergüenza similar como para consolidarse en el poder y recuperar el respeto del pueblo. Por primera vez una nación oriental aplasta a una potencia occidental, hecho de armas que hubiera enloquecido a Pedro el Grande y a Catalina, la zarina de origen alemán.

¿Por qué les cuento esta historia y por qué vine hasta Japón? Aquí voy, jóvenes queridos, solo unas líneas más.

Alemania, Francia e Inglaterra podrán ver el creciente poderío militar del zar como una amenaza política y militar porque, a su juicio, las intenciones ocultas del tal Nicky consisten en apoderarse de Europa Occidental. ¿Qué van a hacer estos tres países? ¡Armarse!

Por esa razón, dichas potencias europeas invierten el tiempo necesario, así como millones de marcos, libras esterlinas y francos en la construcción inmediata de cruceros y acorazados, cañones, bombas y municiones para estar preparados ante el inminente ataque ruso. El escepticismo desempeña un papel definitivo en los acontecimientos. En todo caso, mejor armarse hasta los dientes. Recuerden mi lema: *exercitus facit imperatorem*.

¿Para qué se arman los países? Para la guerra. Por esa razón la inminente derrota rusa tal vez conduzca a terribles enfrentamientos militares en Europa. Espero estar equivocado. ¿La catastrófica derrota del zar tendrá consecuencias en el mundo entero? El tiempo lo dirá y la humanidad lo padecerá. Veo armas por todos lados y las armas son violencia, fuego, vandalismo, atraso, muerte, daño y destrucción. No, no quiero ver armas, pero las veo… Los japoneses están muy crecidos, los chinos tiemblan…

Espero encontrarlos muy pronto en The Sweet Lawyer, en nuestro adorado Oxford. Nunca se cansen de preguntar, menos de investigar y, mucho menos, de escribir. Las letras son luz. Manden muchos rayos a Inglaterra.

Lo mejor,
HUGH

—Tiene razón el profesor Perkins, Marion, ¡claro que la tiene! —exclamó Olegario con su conocido entusiasmo al entender un aspecto de la política que no había alcanzado a vislumbrar—. Si Rusia se rearma, Europa también se va a armar y las armas, es ciertísimo aunque parezca un trabalenguas, tarde o temprano se van a utilizar en una matazón —concluyó extendiéndole la carta a su mujer, por si quería abundar en alguna parte del contenido, como era su costumbre.

Por toda respuesta, ella tomó el papel con la derecha, lo depositó sin leerlo ni comentarlo a un lado del columpio y permaneció muda, con la cabeza levantada como si estuviera extasiada, contemplando el azul infinito de la bóveda celeste yucateca. No hizo ninguna aclaración, si bien empezó a bajar la mirada hasta encontrarse, en silencio, con la de Olegario. Su rostro impertérrito no expresaba la menor emoción, ni siquiera por haber recibido la misiva del profesor Perkins.

—Pero ¿qué tienes, mujer?

—Me hubiera encantado disfrutar la carta —respondió mordiéndose los labios, en tanto sopesaba cada palabra antes de pronunciarla—, y más me hubiera gustado poder disimular mis sentimientos sin que te dieras cuenta, Ole, *dear*, pero no puedo.

—Ya me hiciste un daño al anunciarme algo malo, pues acaba de una buena vez y habla, pero ¡ya! Nunca te había visto así —arguyó inquieto y disgustado.

—¿Por qué tenía que ser yo, demonios, la que más te quiere en esta vida, quien venga a hacerte daño? —se reclamaba Marion sin saber por dónde comenzar.

—¿Qué sucede? ¿Te dijo algo desagradable mi madre o el estúpido de Tritschler o mi padre? —preguntaba Olegario con creciente inquietud, preparándose para el golpe inminente.

Marion negaba con la cabeza y refutaba callada las hipótesis, mientras Olegario se desesperaba sin acertar en el origen del conflicto. De pronto la inglesa disparó a bocajarro:

—Hoy en la mañana me levanté un poco más temprano de lo normal porque el calor no me dejaba dormir y recorrí la casa de tus padres para conocer las habitaciones, los cuartos, las estancias, salas y demás lugares que no había visitado. Cuál no sería mi sorpresa cuando, tal vez por un descuido del mayordomo, encontré abierta la puerta de la cocina que conduce a la cava.

—¿Y? Di, rápido, habla…

—Prendí la luz y empecé a bajar por la escalera en un ambiente de mucha humedad, tocaba las paredes cubiertas por una especie de musgo, cuando, de pronto, escuché una voz suplicante que pedía repetidamente: «Agua, agua, por favor, por lo que más quieran, denme agua». Me quedé helada. Por un momento pensé en huir antes de que me descubrieran en un lugar en donde, por supuesto, yo no debía estar, pero no pude resistir la tentación de buscar a ese hombre que se quejaba como si fueran los últimos momentos de su vida. Empujé unos anaqueles llenos de botellas de vino para encontrarme con una reja, atrás de la cual estaba esa persona arrodillada, acompañada de un par de presos más que distinguí en la penumbra.

—¿Presos? ¿Cómo que presos? Pero ¿qué dices? ¿Cómo que presos en el sótano de la casa de mis padres? ¿Estás enloqueciendo? Hay asuntos que no se prestan a bromas, Marion —dijo un Olegario descompuesto, sin dirigirse a ella como mi amor, ni Dolly, ni nada parecido.

—Claro que no es hora de bromear, ni mucho menos —exclamó Marion, conmocionada por el macabro descubrimiento—. Como no había tiempo que perder, subí rápidamente a la cocina a buscar una jarra, llenarla con agua y regresar para entregársela a esos desgraciados, pasándola a través de los barrotes, pero no pude porque el espacio era muy estrecho y tuve que volver por vasos. Hubieras visto cómo bebían, tú y yo no sabemos lo que es la sed, no tenemos ni idea...

Sin escuchar más, tomó a Marion del brazo para dirigirse a la cocina.

—Tengo que ver a esos hombres con mis propios ojos y liberarlos ahora mismo.

—¿Y tu padre? Él tendrá sus razones, ¿no?

—Mi padre se puede ir al carajo...

Ambos corrieron hacia la casa, dejando el columpio meciéndose en el vacío. En ese momento la puerta de la cava ya estaba cerrada. Las cocineras no tenían la llave. Olegario preguntó por el mayordomo, quien llegó apresurado al escuchar los gritos desaforados del primogénito de la familia.

—¿Qué pasa, joven Olegario?

—¿Qué pasa? Abre la puerta de la cava o la tiro a patadas. ¡Dame las putas llaves! ¿Cómo es posible que tengan una cárcel en esta casa? —reclamó colérico al encargado de la residencia Montemayor desde muchos años atrás.

El mayordomo enmudeció. Volteó a ver la cara de las sirvientas para tratar de dar con la probable soplona. Todas prefirieron continuar con sus quehaceres y hacerse las desentendidas.

—¡Las llaves, dije! —insistió furioso Olegario, mientras buscaba un gran cuchillo en uno de los cajones para encarnárselo en la papada al maldito celador.

—Por favor, joven Olegario, piense lo que está haciendo.

—Olegario, ¡madres! Dame las putas llaves o te vas a morir, cabrón —amenazó, mientras esculcaba con la otra mano los bolsillos del mayordomo.

Al sentir escurrir por su cuello una larga gota de sangre, se sacó de la espalda un llavero indicándole cómo abrir las cerraduras.

Poco tiempo después, Marion y Olegario aparecieron acompañados de dos hombres a los que habían ayudado a subir las escaleras, así de débiles se encontraban, además de otro que se desplazaba con menores esfuerzos. Los tres apestaban a orines y a mierda, a falta, desde luego, de baños. Ninguno podía abrir bien los ojos porque les resultaba imposible saber si era de día o de noche en la oscuridad del encierro. A saber cuánto tiempo llevaban sin tener contacto con la luz... Sus trajes raídos de manta eran una auténtica inmundicia. Olegario jamás creyó llegar a vivir semejante canallada. Les ofrecieron más agua, comida, una tina y ropa limpia.

—Pero ahorita —ordenó rabioso al mayordomo.

Olegario levantó los brazos, los agitó como quien hace doblar las campanas ante la presencia del enemigo en las puertas de la ciudad:

—Están ustedes libres, carajo, tomen este dinero —lo extrajo de sus bolsillos— y váyanse de aquí, desaparezcan, no los quiero volver a ver en esta casa. ¡Fuera! Yo les daré el documento que necesiten para salir de aquí y de Yucatán —exclamó fuera de sí, sin percatarse de la llegada de sus padres a ese gran teatro del mundo.

—¿Qué pasa aquí? —cuestionó don Olegario Montemayor, magnate henequenero y gobernador constitucional del estado de Yucatán, con el propósito de imponer el orden. Todos palidecieron ante la presencia del patrón.

Olegario giró sobre sus talones para encontrarse con el rostro enrojecido de su padre, quien ya se había hecho una inmediata composición de lugar.

—¿Qué pasa? —contestó a gritos Olegario sin importarle que su madre también presenciara la escena—. Que eres un criminal, hijo de puta. ¿Qué pasa? Que tienes una cárcel en esta casa. ¿Qué pasa? Que eres un traficante de miserias humanas. ¿Qué pasa? Que eres un salvaje explotador de seres humanos. Pasa que serás muy abogado, muy gobernador, pero no sabes lo que es una ley, ni el compromiso que exige tu confesión ante los mierdas curas que te rodean. Eres un asco de persona, eso es lo que eres. Me avergüenza que seas mi padre.

—Cuidado con tus palabras, chamaquito impertinente y majadero. Lo primero que tienes que hacer es besarme las manos y respetarme. Además, háblame de usted...

—Y lo primero que tienes que hacer tú es besarme los cojones... Y escúchame muy bien —aclaró al blandir el dedo índice como si fuera una espada flamígera—: si pudiera devolverte el semen con el que me procreaste, te juro que te lo restregaría en el hocico.

Los ojos de don Olegario parecían desorbitarse. Nunca había sido insultado de manera tan soez y menos, mucho menos, por su propio hijo. Por su mente pasó la idea de que su primogénito no había nacido del vientre materno. ¿Sería la encarnación de Lucifer?

—Olegario, hijo... —intervino la madre con la voz entrecortada.

—Nada de Olegario y nada de hijo. ¿Sabías o no que en esta casa había una celda para encerrar a las personas por las razones que fueran, me vale madres? ¿Lo sabías? ¡Contesta! ¿Se lo dijiste a tus putos confesores? ¿Qué te contestaron? ¡Habla, no te quedes ahí callada como una mojigata hipócrita!

–Te prohíbo que le hables así a tu madre, ella te dio la vida, malvado malagradecido –devolvió el ataque don Olegario.

–¿Acaso yo le pedí que me la diera? ¿Eh...? ¿Me hizo nacer para conocer esta mierda? ¿Para eso me trajo al mundo? –respondió Olegario mientras veía cómo su padre cerraba las manos y formaba unos puños amenazadores–. ¿Ahora me vas a pegar, miserable? –agregó con una actitud desafiante–. Inténtalo, cabrón, y seré yo quien te encierre en tu propia cárcel para que te pudras ahí el resto de tu vida.

Don Olegario se abalanzó sobre su hijo y alcanzó a golpearlo en la cara. Cuando iba a repetir el trancazo, el muchacho contuvo su brazo con la mano izquierda y con la derecha sujetó firmemente a su padre del cuello, haciéndolo retroceder hasta estrellarlo contra una pared. El anciano insistía inútilmente en zafarse. Cuando el mayordomo trató de defender a su amo, rodó por el piso después de recibir un tremendo golpe en la cara. Las cocineras, cubriéndose el rostro con los delantales blancos, atestiguaban, lívidas y boquiabiertas, lo ocurrido. Los presos y Marion parecían estar clavados en el piso. Solo doña María intervino para intentar ayudar a su marido, llevándose a ambos aparte, lejos de la cocina.

–No te preocupes, mamá –respondió Olegario dándole la espalda a la autora de sus días, mientras aquella lo golpeaba, sin fuerza alguna, en la espalda–: Ni creas que me voy a manchar las manos con la sangre de un miserable esclavista. ¿Acaso has estado en la Hacienda El Paraíso, propiedad del monstruo de tu marido? ¿Sabías que la mayoría de los campesinos que entran jamás vuelven a salir? ¿Sabías que trabajan jornadas agotadoras y les pagan con fichas? ¿Sabías que nunca terminan de pagar sus deudas y si se escapan los atrapa la policía y los regresa con castigos de horror al colocarles grilletes o los azotan con alambres? ¿Lo sabías, lo sabías, lo sabías? ¿Sabías lo que comen y cómo los castigan si no cortan las cuotas de henequén impuestas por los mayocoles, sus capataces hijos de puta? ¿Sabías cómo abusan de las mujeres estos asquerosos patrones y que obligan a trabajar a los niños, que mueren prematuramente por la carga de esfuerzos inhumanos, y que los sacerdotes, tus curas, bendicen estas calamidades?

–Dios, Nuestro Señor que todo lo sabe, te va a castigar, Olegario; mi vida, alguien te envenenó contra tus padres –exclamó doña María al tiempo que volteaba a ver a Marion, acusándola con la mirada, y soltando un llanto compungido–. Un hijo de mis entrañas no puede hablar así, eres otra persona, no lo puedo creer, no eras así. Perdónalo, Señor, perdónalo...

–No necesito el perdón de nadie y menos de tu dios, mamá –cargó Olegario, incansable, ahora contra ella–. ¿Dónde estaba tu santo señor ese cuando les quitaron sus tierras a balazos salvajes, los mataron de hambre o a tiros y los sepultaron en la miseria? ¿Dónde estaba cuando compraban y vendían seres humanos? ¿Dónde estaba cuando azotaban a latigazos a los indígenas que no cumplían con las cuotas de agave? ¿Dónde estaba cuando los *papás* malvados violaban a las muchachas mayas antes de la boda, de acuerdo con el derecho de pernada? —atacó colérico viendo a la cara a su padre, quien agachó la cabeza al escuchar semejante acusación—. ¿Dónde está ahora mismo que permite la esclavitud entre los yucatecos en el siglo XX? Tu dios es una mierda, ¿lo oyes?, una mierda, como lo es el arzobispo Tritschler, tu endiablado confesor, que convence a los aborígenes para que prefieran solicitar su liberación y su bienestar a Dios, previo pago de las limosnas de quienes no tienen ni para comer, en lugar de pedírselo a los hacendados. ¿Ese es tu dios? ¿Ese es su representante en la Tierra, el mismo que está asociado con el eterno tirano que ya cumplió más de dos décadas en el poder abusando también de quienes nada tienen?

—Eres un descastado, un miserable, un malagradecido —todavía atacó don Olegario a su hijo, mientras su esposa se santiguaba y lloraba sin impresionar a nadie, ni siquiera a las sirvientas.

—Hubieras sido un gran sabio si en lugar de procrearme te hubieras masturbado, así te hubieras ahorrado este momento —contestó el estudiante de Oxford el insulto, pero sin soltar a su padre, quien ya deseaba retirarse de la cocina con toda su frustración a cuestas—. Antes de irte vas a firmar, delante de mí, la liberación de estos hombres para que vivan en libertad a donde vayan. Concédeles por escrito su libertad.

—No firmaré nada, por mí que se vayan a la mierda, están en la cárcel y deberían podrirse ahí porque se robaron unas gallinas del establo.

—No me importa lo que hayan hecho o dejado de hacer, los vas a liberar, estés o no de acuerdo. ¿Qué juez ordenó su detención, carajo? ¿No que estudiaste leyes, abogadito?

En ese instante Olegario apretó el cuello de su padre con mucha más fuerza:

—Los tengo arraigados y encarcelados de acuerdo con la Constitución —afirmó don Olegario con un hilo de voz...

—¿La Constitución? ¿Cuál Constitución? —preguntó candorosamente Olegario.

—La que me sale de los huevos...

En ese momento, el gobernador sintió próxima la asfixia, pues su hijo le apretó mucho más el gañote empapado de sudor, mientras le decía:

—Tu Constitución ha tenido postradas a muchas generaciones de indígenas desde la llegada de los españoles.

—No digas pendejadas, porque ocho siglos antes de la llegada de los españoles ya había desaparecido la cultura yucateca y estos indígenas inútiles desde entonces ya no servían para nada —adujo el hacendado, apartando las manos de Olegario de su cuello—. Tus estudios en Oxford han servido para un carajo, tiré mi dinero a la basura al invertir en un fanático ignorante. ¿Vas a ir a la International Harvester a explicarles las tesis de Aristóteles en lugar de venderles sisal?

—No cambies el tema: eres un explotador de personas. El dinero te ha podrido. Mis ancestros desearían que te calcinaras en el Infierno: ¿un Montemayor apoyando a Porfirio Díaz? ¿A un golpista? ¿A un traidor de la República? ¿No te da vergüenza?

—Ahora sucede que eres una misionera de María Inmaculada —afirmó el viejo sin dejarse intimidar.

—Mi bisabuelo luchó por la Constitución de 1812; mi abuelo peleó al lado Gómez Farías; y tú mismo, no lo niegues ahora, te opusiste a Maximiliano cuando eras joven y ahora el dinero ha acabado con lo mejor de ti. ¡Ay, si mi madre pudiera hablar sin tenerte miedo!

—No metas a tu madre en esto, ella es inocente de todo —replicó don Olegario, tratando de ajustarse la chaqueta.

—Sí claro, sí, cómo no. Ella no sabía que en esta casa había una cárcel, pobre, ¿no? —Volteó a verla en el momento en que rodeaba con sus manos un escapulario regalado por el arzobispo Tritschler, para asegurar su salvación en el más allá—. Ella no sabía que tú eres un esclavista, como tampoco lo deben saber mis hermanos y sus esposas, tus cómplices, a quienes les conviene hacerse los pendejos y no preguntar cómo haces el dinero para seguir contando con buenos presupuestos en viajes, en casas y en coches de lujo... Sí, sí, claro que sí, como ella no sabía nada hay que disculparla, porque te tiene miedo, porque inmovilizas y manipulas a la gente con el pánico, como lo hace Porfirio Díaz, tu socio, tu gran héroe... Eres la personificación del diablo: mira nada más cómo tienes a tu propia mujer, convertida en un pobre bulto, sepultada en supersticiones —continuó escupiendo el joven Montemayor sus históricos venenos.

—No tengo por qué soportar tus impertinencias, allá tú y tu conciencia, grandísimo cabrón —Devolvió don Olegario los golpes.

—Cabrón, ¿yo?, pero ¿cómo te atreves? —alegó su hijo, jalando de las solapas a su padre, en dirección a su asiento de la sala—. Ahora me vas a escuchar y todos van a saber, incluida mi madre o tu esposa, como quieras, quién es el cabrón aquí —Olegario aventó al señor gobernador, muy debilitado, al sillón, en donde conversaba casi siempre con Avelino, su querido yerno.

—Has construido carreteras, has ampliado los ferrocarriles, has mejorado los puertos y ahora, como gobernador, has hecho obras públicas y en cada una has cobrado comisiones y lucrado con tu puesto, además de enriquecer aún más a los De Regil, a los Ancona, a los Peón, a los

Cervera y a los Vales, entre otros millonetas, sí. ¿Y qué les has dejado a los jodidos después de robarles lo suyo? ¿Verdad que empieza a quedar claro quién es el cabrón? Mira a tu gente: sin zapatos, sin educación, sin escuelas, sin hospitales, sin salud, sin futuro y sin libertad. ¿Qué le has devuelto a este estado o a este país que tanto te ha enriquecido? Eres un cabrón que explotas a los hombres, o los vendes...

—Cabrón es quien se la pasa de lujo en Europa gastándose el dinero de un padre al que llama esclavista. En ese caso eres cómplice de la esclavitud, cabroncete cínico —disparó don Olegario, acostumbrado a la línea dura con la que se había abierto paso en la vida—. El gran señorito, hijo de papi, bueno para nada, se mete a estudiar teorías pendejas que ni entiende en sus libritos en Oxford, cuando podrías ayudar aquí a los jodidos, como tú les dices, señor de los sermones —don Olegario se remangaba—. Eres un pinche inútil que no ha aportado nada al mejoramiento de esta gente, salvo abrir tu hociquito. ¿Y sabes? —remató sin empequeñecerse—, no vengas a darte baños de pureza porque un par de rateros me robaron unas tristes gallinas y los mandé un rato a la oscuridad para que aprendan a no disponer de lo ajeno, fray Olegario...

Marion y doña María escuchaban la terrible discusión en silencio. Esperaban que no volviera a estallar la violencia. Ambas mujeres permanecían al margen, en tanto los presos se encontraban a la espera de su liberación. ¿A dónde ir sin un documento que certificara el pago de sus supuestas deudas o los liberara de acusaciones falaces? Los rurales de Díaz, vestidos con siniestros trajes de charro, darían cuenta de ellos al primer paso.

—Tienes razón, no quiero nada de ti, ni tu asqueroso dinero, te lo puedes meter por el culo. Mira nada más —escupió Olegario furioso—: el famoso abogado, el genial ingeniero, el mecenas yucateco, el respetado patriota, ejemplo de los empresarios y políticos, no es sino un esclavista, un explotador de personas. Después de haber descubierto tus haciendas y las de tus socios, después de encontrar una cárcel en tu propia casa, no quiero nada de ti... Oxford se va a la mierda; tú, a la mierda; tu dinero, a la mierda; y tu apellido podrido, también a la mierda, todo a la mierda. Me avergüenza apellidarme Montemayor... Fui a Oxford para hacerme de conocimientos para ayudar a mi gente; los mayas fueron grandes y volverán a ser grandes cuando nos deshagamos de gentuza como ustedes...

—No te cansas de decir pendejadas, ¿verdad? —espetó el gobernador, con absoluto desprecio—. Cuando recibas tu herencia te tragarás tus palabras —respondió don Olegario creciéndose en el pleito—. Si los indios son analfabetos es porque quieren serlo, y por eso se les debe tratar como animalitos. Entiéndelo: no hay nada que hacer, ya llegarás a la misma conclusión. La esclavitud es natural, siempre ha existido en todas las sociedades. Los esclavos no pueden hacer nada por sí mismos. Liberarlos es impráctico, solo acarrearán otros males, velo, por favor, se dedicarían a robar, a violar, a matar y a producir caos. No seas iluso, analiza la realidad. Solo se les puede ayudar animándolos a soñar con una vida mejor en el más allá, pero en esta les corresponde trabajar para ganarse el Paraíso. Los abolicionistas como tú están locos, se hacen fuera de la bacinica, lo tengo comprobado. Los esclavos no tienen inteligencia ni capacidad para construir una mejor sociedad, solo poseen una fuerza física de la que nosotros carecemos y por ello nos complementamos. Nacieron para obedecer y no se les debe sacar de aquí, por favor, no seas pendejo —agregó satisfecho del resumen de sus convicciones—. Te ha contaminado tu güerita. La traes para impresionarnos con tu modernidad europea, pero tu relación con ella solo me confirma que, cuando se para el pito, se paraliza la inteligencia. Resígnate, esos pinches indios ni quieren superarse ni les interesa lograrlo.

—No te metas con Marion porque volveremos a las manos y vas a perder, como vas a perder en esta discusión —exclamó Olegario, de nuevo listo para los golpes. Ahora él cerraba amenazadoramente las manos. Sus puños parecían piedras.

—Eso sí, te metes con tu madre, ¿verdad, cobarde?, y me atacas físicamente porque eres más joven y fuerte que yo y mi vejez te hace sentir valiente, ¿verdad? ¿Es lo que te enseñaron en Oxford con mi dinero?

—Si realmente hubiera querido golpearte no te habría quedado un solo hueso sano, de modo que no empieces a chantajearme como cuando era niño y hacías de mí lo que querías. Tu obligación como empresario y como gobernador es alfabetizar a los indígenas, beneficiarlos, pero te convenía mucho más lucrar, aliado con el tirano y con el clero hipócrita, que invertir en su rescate. ¿Sabías, madre, sabías que tu marido se enriquece con la compraventa de personas y que todos tus lujos y tus viajes y tus joyas y tu dinero y tu bienestar vienen de la explotación de seres humanos? —Encaró entonces a doña María—. ¿Con este bicho vas a dormir hoy? ¿Y si supieras que él y todos los de su ralea les han venido quitando sus tierras a los mayas y a los yaquis para luego convertirlos en esclavos? ¿Lo sabías y te callabas? —Enderezó Olegario el ataque a su madre mientras ella humillaba la cabeza.

—Ay, por favor, Olegario, tú sabes muy bien —entró el señor gobernador al rescate de su mujer antes de que esta pudiera contestar— que jamás gané un miserable quinto con esa gente, todo lo que hice fue recuperar los gastos del traslado desde Sonora, salvo que creas que mis ingresos por ese concepto hubieran sido suficientes para pagar siquiera un café y una galleta para tu novia en la Universidad de Oxford... Piensa lo que dices, estudiantito de pacotilla...

—Si te vuelves a meter con ella te tiro los dientes. Estás acabando con mi paciencia —amenazó al tirar una patada contra el sillón donde se encontraba sentado su padre; la advertencia como la de quien hace un disparo al aire antes de apuntar a la cabeza—. Ha pasado mucho tiempo desde que quería romper contigo y con lo que significas. Por tu bien, confiesa: ¿cobrabas o no por cada ser humano con el pretexto que quieras?

Doña María lloraba desconsolada y pedía piedad:

—Compadézcanse de esta pobre mujer. Dios mío, ayúdame, se pelean las personas que más quiero en mi existencia, ven por mí, auxíliame —clamaba al Cielo desesperada.

—¿Para qué continuar con esta conversación? Ya te dije lo que pienso y lo que hago —agregó en voz baja don Olegario sin reaccionar ante las súplicas de su mujer—. Solo te repito que es más productivo pasar la vida regando un triste palo seco con la esperanza de que florezca después de mil años a que los indios hagan algo útil por ellos. Están castrados, ¿me entiendes? ¿Me oyes? Castrados, resignados, incapaces de aprender nada ni de ayudar en nada ni de hacer nada valioso, es decir, no sirven para nada, solo para cortar agave. Por esa razón es más fácil que le enseñes el alfabeto a un asno que a un pendejo de esos por los que tú darías la vida. El asno aprendería antes —concluyó olvidando que lo escuchaban los presos.

De pronto entró en la sala uno de los prisioneros que oían la conversación, al lado de Marion, doña María y las cocineras. Dio un paso al frente en el salón y así, con el traje de manta manchado y maloliente, encaró a su patrón:

—No, *papá*, no estamos castrados. —Su indumentaria sucia de un siglo contrastaba con el lujo de la estancia—. Con todo respeto, a mi apá abuelo le quitaron sus tierras quesque pa' pacificarnos. Nos quedamos sin tierras y sin animales y mi apá tuvo que emplearse en las haciendas. ¿Qué íbamos a hacer antes de morir de hambre? A mí nunca me dejaron estudiar, solo me enseñaron a cortar las hojas del mentado agave y a cargarlas hasta el tren pa' luego rasparlas. Eso es todo lo que sé hacer. Nunca he visto un libro, verdá de Dios, ni sé lo que es un maestro ni nunca vi una escuela en mi santa vida, ni sé leer ni escribir ni sé hacer nada más que hijos, hartos chamacos, los que me mande Dios pa' estar más jodido junto con ellos. La verdá, joven Olegario, no discutamos con *papá*, mejor regrésennos nuestras tierras y váyanse, verdá de Dios, a la chingada…

Olegario pensó que en cualquier momento podría perder el control de la situación si los presos decidían atacar a sus padres, apuñalarlos o jalonearlos al jardín en donde estaba el columpio y colgarlos de la ceiba.

«Mejor, mucho mejor llevarlos a la cocina de regreso y que esperen ahí hasta entregarles el certificado liberador de adeudos», pensó Olegario. Aun cuando a los indígenas se les veía fatigados, aniquilados después del largo cautiverio, el resentimiento podía desbordarse sin que él pudiera defender a sus padres. Cuidado. ¿Cómo controlar un repentino ataque asesino?

Cuando volvió de la cocina se encontró a su madre sentada en el piso, sobre el tapete persa, tomando agobiada las manos de su marido, quien permanecía sentado en el sillón en espera de la ráfaga final. Esperaba ajustar cuentas. La discusión no podía acabar ahí. Olegario ya no quiso insistir en las tiendas de raya ni en los matrimonios obligatorios para garantizar la existencia de mano de obra. Lo acusó del analfabetismo de los trabajadores, auspiciado por el clero católico, de las remuneraciones pagadas con licor para embrutecer aún más a la gente y aumentar sus deudas, de modo que nunca pudieran abandonar la hacienda. ¿Para qué responsabilizarlo de las vergonzosas prestaciones de los esclavos cuando se deprimían los precios del mercado internacional del henequén, en lugar de absorber las diferencias para cuidar a su personal? ¿Personal? ¿Cuál personal en un ambiente esclavista? Seamos serios. Todo era una mierda, pero ¿para qué insistir en el tema?

Olegario, de pie frente a sus padres, tomando a Marion de la mano, exigió antes de despedirse, en un tono de voz muy bajo:

—Firma la liberación de estos tres hombres, que no quede en mi conciencia que no los ayudé.

Don Olegario firmó las hojas contra su voluntad, con el ánimo de dar por terminado el pleito. Le resultaba del todo inútil la discusión y temió por un acceso de violencia de su hijo. Mejor dejar la situación, por lo pronto, de ese tamaño.

—Esta es la última vez que me verán en su vida —se despidió Olegario—. Nunca jamás volveremos a encontrarnos. A partir de hoy los desconoceré como mis padres. Los dos me avergüenzan. Por supuesto que renuncio a mi herencia y, desde luego, no quiero de ustedes ni un quinto más, ni siquiera para pagar un café. No volverán a saber de mí. Conmigo se equivocaron. Escogiste bien a Avelino. Él es el monstruo, tu fiel heredero, el hombre que asimilará y aprenderá tus conceptos cavernícolas; está hecho a tu imagen y semejanza, para que me entiendas. Escogiste a la persona adecuada para continuar con la explotación de los nuestros. Nos hemos de encontrar la próxima vez en el Infierno.

Dicho lo anterior, ambos recogieron sus escasos bienes y salieron abrazados de la residencia hasta llegar a la Plaza de la Mejorada en busca de la conquista de la vida.

Marion y Olegario caminaron el resto de la tarde en busca de una humilde posada para pasar la noche. La primera adversidad a enfrentar y resolver consistía en la eficiente administración de su dinero. Llevaban consigo una buena cantidad de libras esterlinas ahorradas para viajar por México cómodamente y poder subsistir durante un tiempo y comprar los boletos del barco de regreso, entre otros gastos, pero habría que adelantarse a las previsibles penurias y evitar un descarrilamiento de su proyecto académico y social.

Una vez alojados y dejado a salvo su equipaje, se dirigieron a Los Amores de Kukulkán, la cantina propiedad de Bartolomé Silvestre, con la idea de solicitar su autorización para recibir correos de Inglaterra y de la Ciudad de México, por lo pronto. El Bárbaro de la canción accedió, siempre y cuando tomaran en ese momento, junto con él, un par de rones negros. Todo parecía indicar que ese día sería especial en la vida del joven Montemayor, porque mientras le explicaba a Bartolomé sus planes en Yucatán este lo interrumpió abruptamente, le puso una mano en el hombro y le pidió que repitiera lo que acababa de decir:

—Estudio en Inglaterra, pero quiero regresar a mi país para ayudar a mi gente, los mayas...

—Otra vez —insistió Bartolomé acercando su oído a la boca del estudiante—. Habla más fuerte, usa el estómago.

—Estudio en Inglaterra, pero quiero regresar a mi país para ayudar a mi gente, los mayas...

—A ver, la última, hermanito, chiquitico...

—Estudio en Inglaterra, pero quiero regresar a mi país para ayudar a mi gente, los mayas —cumplió sorprendido Olegario la instrucción—. ¿De qué se trata? No entiendo qué sucede, Bartolomé —preguntó inquieto, consultando la mirada extraña de Marion.

—¿Nadie te ha dicho, chico, que tienes una señora voz de tenor como la tuve yo en mi juventud? Tienes que trabajarla, hombre, y yo te enseñaré cómo, lo verás, serás el nuevo Caruso, el gran Caruso yucateco, el Caruso que yo no pude ser. Viajaremos por el mundo cantando ópera y serás grande y reconocido y millonario tú también, querido boxito...

Olegario soltó la carcajada, trató de pagar la cuenta, lo cual impidió Bartolomé, y alegó cualquier pretexto para salir sonriente con Marion en dirección a una oficina de correos. Ya se verían más tarde o al otro día. Él pensaría en su voz, recapacitaría, evaluaría el feliz descubrimiento, que no tuviera duda el buen cubano, a quien ya querían igual que a la señora Jane Wells, la dueña queridísima de The Sweet Lawyer, su madre adoptiva. Enviaron un telegrama a la Ciudad de México, en los siguientes términos:

Señora Lilia Fortuny:

Querida tía: Razones imposibles explicar esta vía comunícote cambio domicilio: Cantina Los Amores de Kukulkán. Calle de los López de Llergo 4. Preguntar Bartolomé Silvestre, Bárbaro Canción. No mandar correspondencia Plaza Mejorada. Informaré detalles carta próxima.

Love,
MARION

Entrada la noche y descartada la posibilidad humorística de tomar clases de solfeo con Bartolomé, discutieron, paseando por las calles solitarias, cuáles serían las mejores opciones para subsistir. Ambos publicarían sus trabajos en periódicos norteamericanos o europeos. Marion daría clases de inglés, en tanto él impartiría cursos de historia o trabajaría en un bar o en lo que fuera para ganarse la vida. Incursionarían a fondo en la realidad de la dictadura porfirista para revelar otros ángulos del llamado Príncipe de la Paz. Irían a Morelos a visitar los ingenios azucareros, a los centros productores de café, a los sembradíos de caucho, a las regiones chicleras con el ánimo de conversar con los campesinos. Viajarían a Tomochic, a lo alto y agreste de la Sierra Tarahumara, en donde en 1891 un poco más de cien habitantes se habían levantado en armas contra el tirano, hasta perecer masacrados por la superioridad del Ejército federal. Con Díaz no se jugaba. Por supuesto que ingresarían al corazón de Oaxaca a conocer, a título personal, sin respetar referencias ni comentarios de terceros, lo que sucedía en Valle Nacional, una zona tabacalera que también apestaba a esclavitud, como otras regiones madereras en Chiapas. Los viajes a realizar no serían caros ni mucho menos. Investigarían los derechos sindicales de los trabajadores industriales y de los obreros; confirmarían los alcances de la represión padecida por la prensa, las persecuciones y secuestros de periodistas, la destrucción de las imprentas clandestinas, así como el papel del clero católico, el gran aliado en la inmovilización del país. Descartaron la posibilidad de pedir siquiera un centavo a ninguno de los Montemayor, el rompimiento era total e irreversible, pero no excluyeron la alternativa de recibir alguna ayuda económica de la tía Lilly y sus recursos provenientes de los padres de la Iglesia, de altos funcionarios del gobierno y de algunos destacados empresarios.

Olegario no era el mismo. Las facciones de su rostro lucían relajadas; su voz, a pesar de las exageraciones de Bartolomé, tenía un timbre distinto, tal vez más sonoro. No arrastraba los pies al caminar ni se desplazaba encorvado, con los hombros caídos, como hombre derrotado. Su mirada había recuperado el brillo después del golpazo recibido durante su visita a El Paraíso. Dormía con placidez, siempre y cuando no chocara con las piernas de Marion y se viera en la necesidad de despertarla para saciar la repentina sed nocturna. Su energía era otra; se demostraba al plantear, al proponer, al sugerir. Su imaginación se encontraba alerta, vigilante; de la flagelación cotidiana, de las lamentaciones y reclamaciones personales, ahora ingresaba en una fase creativa, explosiva, inventiva; en cada objetivo hallaba un recurso para alcanzarlo. Se había quitado un terrible peso de encima y adquiría una vitalidad, un vigor y una pasión superiores a los que Marion había conocido en Oxford. Al salir de la posada, la mañana siguiente, Olegario echó mano del parlamento de un personaje de una novela revolucionaria escrita por un tal Martinillo, cuando, dentro de la trama de la obra, logró superar la situación más adversa de su existencia:

—¿Cómo te sientes? —preguntó uno de los militares cercanos de mi general Zaragoza después de la batalla de Puebla.
—Haz de cuenta, mi querido Cartucho, que me hubiera quitado unos calzones cagados y me hubiera dado un baño caliente con siete manos de jabón...

Los dos rieron por el comentario, pero Marion aprovechó la ocasión para señalar:
—Fuiste brutal con tu padre, Olegario, *dear*...
—Yo lo fui tan solo una vez, pero él, mi amor, lo fue conmigo durante toda mi vida. Me debe muchas, ni creas que saldó la cuenta —agregó sin confesar sus planes inmediatos—. ¡Qué hermosa es la sensación de libertad cuando no le debes nada a nadie y no existe persona alguna que pueda detenerte! Mientras no rompas con las ataduras, no serás nadie. Pobre de aquel que se detiene por un interés ajeno que le impide acometer con entusiasmo y contundencia aquello que justifica su existencia. ¿Vas a vivir una sola vez? Entonces no tienes tiempo más que para actuar, para ser, para construir tu futuro pasando encima de quien tengas que pasar. ¿Que tienes que atropellar? ¡Atropella! ¿Que vas a decepcionar? ¡Decepciona! ¿Que vas a sufrir? ¡Sufre! ¿Que lastimarás? ¡Lastima! ¿Que puedes fracasar? ¡Fracasa, ya aprenderás! ¿Que volverás a nacer? ¡Nace, entonces! Nadie nace sin dañar a un tercero y más tarde el amor todo lo cura. ¿Que te puedes arrepentir? Todavía no he visto a ningún cobarde que sea feliz, solo los valientes lo son.
Ambos siguieron conversando, tomados de la mano, hasta perderse en las calles de Mérida...

Esa misma noche Olegario tomó un lápiz, el primero que tuvo a la mano, se hizo de un papel y escribió a la luz de un quinqué en tanto Marion dormitaba y lo llamaba con palabras amorosas antes de sucumbir ante el sueño, víctima de la fatiga:

En Yucatán cada hacendado resulta ser peor que el otro: es una comunidad deshumanizada presidida por salvajes y protegida por otros salvajes armados con el poder público o el celestial. Las fieras ignoran el sentimiento de la traición o de la avaricia y, si bien se atacan y matan entre sí, es claro que lo hacen para sobrevivir en las selvas, en los bosques y en las praderas. Ninguna bestia daña a la otra con el propósito deliberado de producir dolor o lastimar, ni se da cita en un lugar preconcebido para matarse y despedazarse cruelmente entre sí de acuerdo con un plan diseñado en el interior de un manicomio llamado alto mando militar. ¿Acaso entre las fieras se dan los desfalcos, las malversaciones, las estafas, los asesinatos, los celos, las envidias y la codicia, los engaños, los robos, las extorsiones y, finalmente, el pánico a la denuncia, a la exhibición pública del latrocinio, de la deshonra y del crimen? ¿Acaso una fiera le pertenece a la otra por poseer sus secretos y someterla al chantaje? ¿Una fiera explota a la otra, la golpea o la encierra para castigarla o la mata de la sed y del hambre para hacerla escarmentar?

La riqueza corrompe al hombre y convierte en mierda todo lo que toca. El oro despersonaliza a quien lo posee, como un poderoso veneno que corrompe el alma. El dinero es el excremento del demonio y sus dueños lo devoran entre carcajadas sin percatarse de que, mientras más engullen y tragan, menos creen en sí mismos, en sus valores y en los de quienes los rodean. Nadie se les acerca, pensarán en su decrepitud, movidos por un interés afectuoso y genuino; sus familiares, socios y amigos los visitarán impulsados por algún propósito económico que tarde o temprano confesarán al solicitar un préstamo o algún favor medible en billetes. El ser humano escondido detrás de cada empresario desaparecerá con el paso del tiempo en tanto la voracidad sea el único móvil de su existencia hasta hacer de aquel una máquina tragamonedas carente del menor sentimiento.

Las fieras causan daño con sus patas, con el hocico, con los cuernos del toro, las garras de los tigres, la agilidad del chango, el peso demoledor de los elefantes, el veneno de las arañas y los colmillos del leopardo; sí, en efecto, solo que el ser humano cuenta con su lengua bífida, un arma devastadora con la que puede ensangrentar familias, destruir prestigios, matar y despedazar a personas al hacer trizas su sentido del honor y de la dignidad. Su lengua equivale a mil colmillos, al poder de todas las patas de los animales de la creación y a la más mortal de todas las ponzoñas reunidas en un pomo minúsculo.

Algún día ya no escucharé nada y seré absolutamente feliz en críptico silencio y me tendrá sin cuidado la desgracia, la ruina o el corrupto bienestar de mis semejantes, por esa razón amo la condición de los muertos, plena y más feliz que la de los vivos, y aquellos que nunca llegaron a ser mil veces más dichosos. ¿No es una maravilla poder apartarme de cualquier sentimiento de dolor?

Desprecio a los empresarios, quienes desde sus lujosos escritorios explotan a la humanidad y lavan su conciencia con monstruosas limosnas; desprecio a los miserables muertos de hambre, quienes se someten a sus despiadados designios, como animales dirigidos dócilmente al matadero; desprecio a los curas y pastores de su sagrado rebaño, a esos malvados cínicos, enviados por Satanás, que cometen crímenes imperdonables en el nombre de Dios y todavía se absuelven entre ellos mismos antes del Juicio Final. Los sacerdotes contaminan y envenenan lo poco de bueno que hay entre nosotros con sus hipócritas malignidades. ¿Dónde están los protectores caritativos dolidos por la injusticia terrenal padecida por todos aquellos a los que supuestamente deben ayudar?

La gente mala, la minoría, es visible y perversa, del dominio público; son evidentes, obvias, reconocibles, pero las personas buenas son pasivas, invisibles y tolerantes, hasta que las muchedumbres dejan de serlo; mientras tanto los perversos abusan de los indolentes, de los apáticos y tibios, de la manada manipulable y resignada a su suerte. ¿Quién es más culpable: el malo o quien tolera la existencia del malo?

¿Te imaginas esa estupidez? Los débiles, la fuente de todos los males de la Tierra. Donde hay un cabrón, hay un pendejo. Donde hay un débil, hay un fuerte. ¿Entonces matar al débil, el origen de las tentaciones, la fuente de la avaricia? ¿No matar, entonces, al fuerte que lo explota y manipula? No, entonces mejor matarlos a ambos porque siempre habrá débiles y fuertes y, por lo tanto, nunca habrá paz, porque los débiles nunca dejarán de serlo por la superioridad de los fuertes. ¿Conclusión? Meterle al mundo una gran bomba por el culo... ¿Cómo entender un mundo sin amos y sirvientes? Si Dios creó al hombre a su imagen y semejanza, entonces el tal Dios es un perverso, adorado por un mundo enloquecido. Si he mandado al hombre a la mierda, ese mismo lugar y ningún otro le corresponde también a Dios al haber creado al ser humano, una víbora imponente, espléndida, señorial e impresionante. El hombre es el mayor gusano de la naturaleza.

Por otra parte, llegó la respuesta de la tía Lilly:

Marion, amor: nueva dirección Mérida Los Amores de Kukulkán suena divertida. Prohibido hacer competencia a tu tía querida. Son chingaderas. Mercado mío. Espero carta tuya. Humor necesario. Chicas numerosas tiénenme aturdida. Negocio espléndido. Traigo pretendiente viejo millonario enamorado. Harto dinero, mucha soledad, buena oportunidad. Preséntolo próximo encuentro. Fecha todavía imprevisible. Cuenta siempre tía Lilly.

Los días pasaban en Mérida a gran velocidad. 1905 había transcurrido en menos del tiempo necesario para chasquear los dedos. En la pequeña casa rentada de un piso en donde vivían Marion y Olegario en el centro de la ciudad, el reducido espacio les sobraba. Ocupaban siempre la mitad de la cama, ahorraban agua al bañarse juntos, escribían o estudiaban sobre una pequeña mesa adquirida en un mercado cercano en el que encontraban lo mejor de la cocina yucateca. Marion ya pedía por su nombre y con sus debidos condimentos los platillos más famosos y los acompañaba con una cerveza Montejo, aparecida apenas cinco años atrás en el comercio alcohólico. No era la Guinness, su favorita, pero el entusiasmo y el hambre eran las mejores salsas de la vida.

Ambos habían decidido no volver, por lo pronto, a Oxford. Incursionarían a fondo en la realidad de la dictadura porfirista. ¿Qué sucedería después? El tiempo lo diría. A saber…

Una noche, sentada a la mesa del pequeño cuarto de la posada, a la luz parpadeante de un quinqué, Marion le escribió una carta a su madre, explicándole la situación con varios rodeos. Temía una respuesta incendiaria si confesaba la verdad. Al concluir la redacción, tomó otra hoja de papel para dirigirse al profesor Perkins, agradecerle su misiva, felicitarlo por su viaje al Japón, desde donde había arrojado una cubetada de luz en torno al futuro de Europa a raíz de la derrota rusa a manos de los nipones. ¡Qué visión! ¡Propia de un estadista! Olegario incluyó en el sobre una carta en donde explicaba, a grandes rasgos, sus puntos de vista en torno a la perniciosa influencia del clero en Yucatán. Perkins se lo había solicitado como un tema de preocupación personal.

Mérida, Yucatán, a 26 de diciembre de 1905

El pueblo maya, querido Hugh, es incomparable con otras civilizaciones mesoamericanas. Tiene otra visión de la realidad y de la existencia, según consta en las crónicas redactadas por los propios españoles, quienes dejaron constancia del inmenso esfuerzo desarrollado para poder dominarlos con arreglo a la cruz y a la espada, a saber cuál de ambas más mortífera y cruel. ¡Menudo maridaje!

De la conquista espiritual del Mayab contamos con escasa información accesible porque el obispo fray Diego de Landa destruyó o mandó quemar valiosos códices y miles de objetos que hubieran permitido investigar a fondo la cultura maya, un crimen histórico que nos privó de importantes explicaciones de nuestro pasado. Este salvaje castigó a los aborígenes para evitar, según él, que cayeran en «perpetua idolatría» y burlaran a la «justicia eclesiástica», como cuando se produjo una rebelión en Cochual y Chetumal y dispuso que les cortaran manos, brazos y piernas a los indígenas de ambos sexos, en particular los pechos de las mujeres, a quienes, además, arrojó a las lagunas con calabazas atadas a los pies. Esas cicatrices permanecen hasta el día de hoy y explican la resignación del pueblo maya, una consecuencia clara de la brutalidad española.

¿Qué nación puede evolucionar si la justicia eclesiástica goza de igual o mayor poder que la civil y las autoridades clericales pueden sancionar a los reos privándolos de sus bienes, de su libertad y hasta de la vida? ¿Y el «no matarás»? ¿Qué esperar de una sociedad juzgada por un tribunal integrado por supuestos representantes de Dios que dicen contar con poderes para garantizar un espacio en el Paraíso o en el Infierno? ¿Cómo creerles a esos curas, empedernidos viciosos, pecadores pecaminosos que no temen la ira del Señor e ignoran sus votos de pobreza y de castidad porque siempre podrán comprar el perdón o venderlo?

Jamás educaron a las masas, como era su obligación, y, lo que es peor, nos convirtieron en unos hipócritas por medio de la confesión y el perdón, que explica a los mexicanos de nuestros días.

Los franciscanos se sumaron a la castración de los mayas cuando incendiaron sus casas, les prohibieron salir de noche para evitar la organización de conjuras, talaron sus árboles y los hicieron huir a los bosques o los torturaron herrándolos en la frente, sin temor alguno al Juicio Final...

La conquista militar y la espiritual de América, las fuerzas armadas del rey y de Dios no perseguían civilizar o evangelizar, ¡qué va!, sino ultrajar, robar lo nuestro y saquear nuestras minas de oro y plata. A falta de ellas, «el rey les concedió la autorización para retener como esclavos a los rebeldes, pese a que estaba prohibido por las leyes de España y por la doctrina de Cristo». A partir de entonces, los evangelizadores impusieron cargas económicas en los siguientes términos a los mayas: los de catorce años se vieron obligados a contribuir con doce reales y medio; cada mujer desde los doce a los cincuenta y cinco años entregaría nueve reales al año; y cada niño pagaría un huevo los jueves de la semana, todo recaudado por los curas, unos miserables que lucraban con el hambre del pueblo.

Al declararse Yucatán independiente en 1823, el clero se opuso a la inmigración de protestantes, musulmanes o judíos, o de religiosos distintos a los católicos para garantizarse el monopolio espiritual, o sea, el monopolio económico y el político, porque los curas no estaban dispuestos a compartir las limosnas ni los donativos.

Por supuesto que el clero católico se opuso con las armas en la mano a la separación Iglesia-Estado, hasta que no tuvieron otra alternativa que someterse cuando Juárez ganó la Guerra de Reforma.

Hemos sufrido una auténtica tiranía teocrática que ha envilecido a la nación y nos ha sepultado en una lacerante miseria intelectual. Estos parásitos que nos explotan construyen conventos y multiplican las escuelas católicas, antros en donde contaminan las mentes de nuestros hijos con dogmas estúpidos, oraciones demenciales elevadas a santos inexistentes para inculcar miedos y culpas destinadas a controlarnos hasta convertirnos en animales domésticos. Los habremos de expulsar de Yucatán a balazos a la primera oportunidad.

Hoy en día, el monseñor Martín Tritschler anima a los indígenas a la procreación de niños para garantizar a futuro la mano de obra en las haciendas. Su pandilla de ensotanados guarda las limosnas en los conventos custodiados por guardias armados, antes de prestarlo a cambio de intereses piadosos o de invertirlo en proyectos de gran rentabilidad. La venta de indulgencias es un excelente negocio libre de impuestos... La gente, querido Hugh, prefiere la compra del perdón a la excomunión. ¡Cuánta razón tenía Lutero!

¿Cómo sacudirnos esta asquerosa sanguijuela enredada alrededor de nuestro cuello que succiona la sangre más pura y valiosa del pueblo yucateco?

Hope to see you in Oxford very soon,

OLE

Marion y Olegario habían visitado Yucatán y Quintana Roo con sus escasos recursos. «¿A ti quién te ha dicho que solo con dinero puedes ser feliz?» era su lema. Habían descubierto Celestún, a casi cien kilómetros de distancia de Mérida, muy a pesar de las diversas dificultades para llegar a la costa poniente del estado. Al recorrer los manglares, a lo largo de una ría, se encontraron con grandes parvadas de flamencos que pintaban el cielo de rosa al atardecer, cuando el día agonizaba en la puesta del sol y las aves en vuelo vespertino se confundían con el color anaranjado de la bóveda celeste. Durmieron en una cabaña de pescadores para ahorrar hasta el último centavo. No dejaban de gastar a pesar de no haber cobrado sus columnas, ricas en información pero imposibles de publicar en México, salvo en la prensa clandestina que operaba a título gratuito y con inmensos riesgos de llegar a identificar y localizar a los autores o el domicilio de la imprenta. Su destino sería, en el mejor de los casos, la fortaleza de San Juan de Ulúa, en donde fallecerían víctimas de las más pavorosas enfermedades, en un plazo muy breve. Por supuesto que también podían desaparecer de repente, sin dejar noticia de su paradero y sin que nunca nadie volviera a saber de ellos.

Caminaron tomados de la mano en las apacibles playas flanqueadas por cocoteros. Comieron los más diversos mariscos, sobre todo ceviche de caracol, y bebieron todas las cervezas que les fue posible. Consiguieron una pequeña barca para acercarse con sigilo a esas aves del paraíso, a los flamencos, como si quisieran hablar con ellos. Disfrutaron el ojo de agua, se encantaron con el bosque petrificado y llegaron hasta Punta Pelícano después de asustarse cuando cruzaron un estero saturado de cocodrilos. ¡Cuántas anécdotas tendría Marion para contar a su regreso a Inglaterra! ¿Cuántos ingleses habían cruzado por un estero plagado de cocodrilos hambrientos a bordo de una frágil lancha a punto de naufragar? Tenía material de sobra.

Un día al anochecer, cuando regresaron a Mérida como a las siete de la noche, Marion, siempre incansable, sugirió ir a su cantina favorita, Los Amores de Kukulkán. ¿Por qué no tomar un poco de ron para alegrar el alma?

—Si nos vamos a quedar sin dinero, prefiero llegar eufórica a la miseria después de un buen trago de ron negro —adujo la inglesa.

Ninguno de los dos protagonistas de este relato jamás pudo imaginar la experiencia estremecedora que vivirían al abrir las puertas batientes de Los Amores de Kukulkán. Hubieran podido apostar millones de pesos y jamás hubieran adivinado quiénes se encontraban sentados en una mesa, al fondo, disfrutando uno y otro mojito como dos enamorados. La risa era inconfundible, imposible olvidarla. Se trataba nada más y nada menos que de la tía Lilly, solo ella podía reír así.

Marion corrió a abrazarla, a besarla, a no soltarla, como si esa santa mujer hubiera caído del cielo en ese preciso momento. Olegario se quedó paralizado y sorprendido. ¿Qué ocurría? ¿Por qué tanto entusiasmo? Se acercó movido por la curiosidad. Pocas veces había visto a su novia tan feliz e intensa.

—Es mi tía Lilly, Ole, ¿lo puedes creer? —Marion, desbordada, daba pequeños saltos de alegría, le levantó los brazos a su tía sin saber qué más hacer, la veía y la revisaba, la estrechaba haciéndole diversos mimos. Es Lilly, Ole, Lilly, ven a saludarla...

—¡Qué hermosa mujer eres, Marion, que bella estás! —adujo Lilly despeinándola efusivamente, cubriéndole a su sobrina la frente con su propio pelo y volviendo a revolvérselo de alegría, mientras los ojos se le anegaban. A sus sesenta y pico de años su emotividad crecía en tanto más hojas arrancaba del calendario. La había visto en Londres la última vez. Sin embargo, en México no había sido posible lograr el encuentro.

—¿Cómo estás? ¿Qué sabes de *mum*? —preguntó Marion.

—*Mum is quite alright, painting all day as you know* —contestó la tía en inglés, a saber por qué—. Yo estoy como reina, ¿no me ves?

Marion giró para tomar de la mano a Olegario y presentarlo:

—Este es Olegario, tía, de quien te he escrito tantas veces.

Después de revisarlo de arriba abajo, a diferencia de Catherine, Lilly tomó por la cabeza al yucateco, se la sacudió como si fuera un muñeco, lo besó en varias ocasiones en cada mejilla y le acarició el rostro.

—Está mucho más guapo este cabroncete de lo que me dijiste, y además tiene una mirada noble...

—Gracias, señora, me da mucho gusto conocerla personalmente —contestó Olegario sonriente, con la mirada cargada de emoción.

—Nada de señora, Ole, *dear*, como te dice Marion: a partir de hoy me dices tía Lilly, salvo que no quieras ser mi sobrino...

—Tía, tiísima —repuso de inmediato Olegario al ver que Lilly lo tomaba de las manos y miraba a Marion.

En ese momento Lilly les presentó a su acompañante, un banquero mexicano, tal vez diez años mayor que ella. Se sentaron a la mesa. El Boxito trajo no un par de vasos para beber el ron, sino la botella completa, que correría por su cuenta. La diversión estaba garantizada.

—Les presento a mi novio, Ulises Urquiza, queridos sobrinos —abrió fuego la tía Lilly, como si fuera común y corriente tener un pretendiente de setenta y dos años.

En tanto Olegario y Marion cruzaban miradas inquisitivas, el galán, de sonrisa cálida y amable, se levantó para besar a Marion y también a Olegario en la mejilla. Este se quedó sorprendido ante semejante prueba de afecto imposible de confundir, sobre todo si era el acompañante de la querida tía Lilly.

—Si ya somos familia, entonces vamos a querernos desde un principio. A mí me pueden llamar tío Uli, si les parece, o Ulises, y si no Ulliggi, como me llama un querido amigo mío, o como ustedes quieran —exclamó el acompañante cuando volvió a su lugar para tomar de la mano a su mujer. Aparentaban ser una pareja de enamorados de más de una vida.

—Tía, me da mucho gusto verte tan feliz —exclamó Marion, gozosa.

—Nunca lo he sido tanto, hija mía: este vejestorio quiere pasar el resto de sus días con este otro vejestorio y de repente entendí que la mejor manera de resolver la existencia es en pareja. Deseamos acabar de envejecer uno al lado de la otra. Ustedes se ven también como un par de tórtolos.

—¿Cuánto tiempo llevan juntos, tía?

—Nos conocemos desde hace casi tres años. Uli fue siempre un cliente consentido, todas las chicas lo querían y lo respetaban —explicó como si se dedicara al comercio de manteles de lino en el Palacio de Hierro—. Conversábamos en casa fuera de horas de oficina —confesó una Lilly traviesa—, y con el paso del tiempo empezamos a relacionarnos, a tomar chocolatito caliente después de la chamba, con cuidado de no quemarnos la lengua porque entonces ya no habría ningún tipo de fiesta. La verdad nos juntamos tal vez porque a mi querido Uli ya no le funcionó su cosito y solo deseaba compañía, ¿cierto, amor?

—Lilly, Lilly, Lillyyyy, somos familia, sí, pero no es momento de intimidades, tal vez nunca lo sea, al menos no de esa naturaleza —repuso Urquiza sin mostrar el menor malestar ni dejar de sonreír, en tanto ahora abrazaba a su novia. Venía de regreso de la vida y se había convertido en un ser poroso, flexible y tolerante. No lo alteraban las pequeñeces cotidianas, su sentido del humor no se lo permitía. No había tiempo para corajes, para rencores ni para rabietas; sus finos filtros solo dejaban pasar los sentimientos gratificantes, imposible hacerse mala sangre a estas alturas de la existencia.

—No cambias, tía, no cambias; cada día estás más *pior*, como dicen por aquí —comentó Marion sonrojada, festejando ruidosamente la ocurrencia. Olegario tardó en reaccionar, sin comprender de inmediato el significado del cosito del ahora tío Uli. Ya empezaba a querer a Lilly. Imposible no hacerlo.

—El día que cambie ya no me verás por aquí en este mundo, muñequita —agregó la tía mientras tomaba un buen trago de ron—. He sido muy feliz porque siempre hice lo que se me dio la gana, sin importarme las críticas ajenas, aun cuando fueran bien intencionadas. A quienes me aconsejaban cómo vivir mi vida de acuerdo con sus muy peculiares patrones, con todo cariño, los mandé a lavarse las nalgas con jabones franceses perfumados, así no sentirían tan feo.

—Me lo sé de memoria —agregó Marion—. «No vayas a México», te decía mi madre. «¿Qué vas a hacer ahí, Lilly?». Y te viniste a México. «No te cases con un mexicano», insistía mamá, y te casaste con un mexicano. «No te metas en negocios complicados». Y te metiste en el más difícil...

—Mira, hija, si no me hubiera dedicado a hacer felices a los hombres no habría conocido a Ulises, y él es el gran premio de mi vida, la corona de reina necesaria para terminar mis días con poderosas razones para vivir, aun cuando llevamos como pareja casi ya veinte días. ¿Lo puedes creer, *darling*? ¡Veinte días!

—¿Veinte días? —inquirió Marion sorprendida—. ¿Solo veinte días? ¿Y vinieron de luna de miel aquí, a Yucatán?

—Ulises se me declaró hace tres semanas y me regaló, como prueba de su amor, esta mugrosa piedrita —adujo al mostrar su impactante anillo de compromiso—. Y me invitó a que viniéramos a visitarlos.

—¡Claro, tiene razón! —adujo Olegario—. ¡Qué bueno que vinieron!

—Vinimos solo un día, mañana mismo nos vamos. Es una breve escala.

—¿Se van mañana, tía? —inquirió Marion, angustiada.

—Sí, pero la noche es joven y podemos hablar hasta que se nos canse la lengua, Marion, *darlingcita*. Mañana tenemos que embarcarnos a Miami, Ulises tiene negocios allá.

Fue entonces cuando Lilly contó que Ulises era un banquero jubilado, dueño de muchas acciones y títulos comerciales, que no estaba casado, que era tres veces viudo, que no tenía hijos, al menos que ella supiera, pero sí mucho dinero, que estaba más solo que la una, y que buscaba a alguien con quien gastárselo; porque, como él bien decía, los sudarios no tenían bolsas y, por lo tanto, no se llevaría nada el día que iniciara el viaje eterno sin regreso. Lilly era la aliada más eficiente para disfrutar esos enormes capitales sin dejar un solo quinto, ya fuera en barcos de pasajeros, joyas, viajes, casas de recreo o departamentos en diferentes partes del mundo con servidumbre bien capacitada, sin olvidar que echarían mano de una cuantiosa reserva para fundar una casa hogar para mujeres que hubieran caído en desgracia, sucumbido en la tristeza y en el abandono después de haber producido tanta, pero tanta felicidad a los hombres. La vida era muy cruel. El proyecto iba perfecto, nadie mejor que ella para ejecutarlo… ¿No se había sacado la lotería? Todo eso le ocurría, agregó, por haber sido una buena hija de Dios y haber logrado durante muchos años que los seres humanos se amaran los unos a los otros, en lugar de matarse en las guerras. El reconocimiento, sin duda, era bien merecido, porque siempre había acatado los Diez Mandamientos. Lilly había amado a Dios sobre todas las cosas. Nunca había pronunciado el nombre de Dios en vano. Había santificado las fiestas, sobre todo las nocturnas; había medio honrado a su padre y a su madre; eso sí, algún pecado tenía que tener. No había robado con excepción de cuando cobraba al doble o al triple los servicios, dependiendo del cliente, ni había dado falsos testimonios. No había matado ni había consentido pensamientos ni deseos impuros, a menos que el amor fuera algo impuro. Claro que no había codiciado los bienes ajenos, Ulises se los había ofrecido, por ende, no había cometido pecado alguno. ¿No era la cristiana perfecta? Quien estuviera libre de culpa que arrojara la primera piedra…

Se arrebataban la palabra. Recordaron al padre de Marion y al exmarido de Lilly; rieron como dos niñas traviesas; se burlaron del temperamento amargado de Catherine, de su pasión por la pintura y su necesidad de dar con un hombre para dejar de lado los pinceles y vivir; añoraron Londres y Madrid; hablaron imitando el acento español después de varios rones y salieron todavía caminando, pero eso sí, abrazadas, a cenar, claro está, sopa de lima y cochinita pibil.

—¿Estás contenta, *really*, con el yucatequito, nena? Dime la verdad, ahora nadie nos oye —exclamó Lilly al tomar a su sobrina del brazo y garantizarse que no la escuchaban.

—Es un encanto, *mother-aunty*, me trata como reina.

—¿Y en la cama también es un encanto? *Do you really like the way he fucks?*

Las carcajadas entre las dos se podían oír en Cuba. La sangre era la sangre.

—Claro, *he can fly me to the moon and back, but do not tell mum, you know...*

—A mi edad lo sé todo, casi todo, me bastó ver cómo te miraba para darme cuenta de dónde andaban, *sweety...* No dejes que voltee a ningún lado, hazme caso, tú atrápalo entre tus piernas, *always twist his balls firmly,* y no lo sueltes, aprieta lo que tengas que apretar, ¿me entiendes? Que no ponga la vista en ningún lado. Ya aprendí hace mucho tiempo la manera de operar de los hombres, cariñito, todos son unos pitos locos y piensan con su cosito; es el cerebro que Dios les dio...

—Tía Lilly, *I know...*

—No, no sabes nada de nada, *honey, dear,* tú aprende de mí —adujo en términos doctorales—. Me acuerdo con gran alegría cuando me contaste, en una de tus cartas, cómo se habían conocido. Pero así fue, ¿lo juras?

—¡Claro, me encantó tan pronto lo vi! Al salir de una clase me siguió hasta un parque, se acercó y entonces lo sorprendí al decirle que nos habíamos conocido en otra vida en una marcha de Martín Lutero en la catedral de Wittenberg, en Alemania, en 1520, que yo en aquel entonces era hombre y él mujer y que habíamos hecho el amor en una taberna después de tomar varias cervezas. Y no se acordaba de nada, ¿lo crees?

—¿Y cayó el pendejo?

—Por supuesto que cayó... cayó de bruces, Lilly, así —hizo una mímica muy graciosa.

—Sí, te digo, son unos pendejos, segurito que solo quería acostarse contigo y dejó de pensar en todo.

—Ya cuando éramos amantes le dije que yo había sido Josefina, la emperatriz de Francia, esposa de Napoleón I, pero me mandó al carajo y nos dedicamos a follar como locos, muertos de la risa. No me creyó nada...

—Eres alumna de mi mejor escuela, *sweetie,* bravo... Pero ¿supiste si su padre era o no esclavista? Habla, habla, cuenta...

—De lo peor, tía, de lo peor —contestó Marion de inmediato—. Fuimos a una finca en donde todo era coser y cantar, la misma a la que llevan a todos los visitantes para engañarlos, como también pretendían hacerlo con nosotros. Pero encontramos a Oasis, un antiguo mocito de Olegario, era su bolero y compañero de juegos desde niños; pues él nos llevó a una hacienda llamada El Paraíso, en la que descubrimos la realidad de la inmensa mayoría de los productores del henequén, unos terribles explotadores de hombres, como si la civilización nunca hubiera llegado a Yucatán.

—¿Olegario no sabía?

—*No, absolutely not*, a él lo mandaron a estudiar a los Estados Unidos para ocultarle todo. Ya te podrás imaginar la sorpresa cuando conocimos el calabozo en donde encerraban a los esclavos cuando no entregaban al capataz la cuota obligatoria de hojas de henequén. Los mayas odian la oscuridad, y ¿dónde crees que los encerraban?

—¿En un calabozo? —inquirió sin poder creerlo.

—Sí, calabozo sin ventanas ni un triste foco y a comer pan duro rodeados de bichos venenosos, y eso después de una serie de latigazos que yo misma pude comprobar, para mi horror.

—*Holy smoke, darling...*

—*Holy smoke*, sí, tía, mil veces *holy smoke*. Vimos cómo cortan a machetazos las hojas a pleno sol, a cuarenta y tantos grados de calor, rodeados de mosquitos, después de desayunar unos trozos de tortilla y agua, una canallada, para qué te cuento. Son esclavos. La inmensa mayoría entra a la hacienda y nunca la abandona, porque no puede pagar las deudas en que incurren. Los hacendados son unos canallas que me gustaría castigar a latigazos, pero tengo mucho más que platicarte, querida Lilly —exclamó Marion girando la cabeza para comprobar que Ulises y Olegario las seguían a corta distancia y platicaban animadamente.

—¿Qué dijo tu Ole de todo esto, *honey*? —preguntó Lilly, sorprendiéndose de nueva cuenta, sin hacer comentario alguno, de la iluminación urbana y de la limpieza de las calles en Mérida.

—No te imaginas el pavoroso enfrentamiento que Olegario tuvo con su padre cuando yo misma descubrí que, en su propia casa, había un calabozo para castigar a los sirvientes incumplidos. Todo esto, sumado a lo que ya habíamos descubierto en El Paraíso, despertó su furia, ya no pudo controlarla y casi lo estrangula de no haber estado presentes su madre, los sirvientes, unos presos y yo, en el momento de las reclamaciones. Le dijo que era un traficante de la miseria y que hubiera querido regresarle los espermatozoides con los que lo había creado, que no quería nada de él, pero no estaba dispuesto a entregarle su vida.

—Pues sí que tiene sus huevitos en su lugar tu Olegarcito, amor...

—Le sobran los pantalones, tía, créeme que le sobran —atajó Marion sin repetir las vulgaridades de su pariente—, y esa es una de las razones que me pierden y me acercan a él como nunca antes me había acercado a un hombre. Solo que a raíz del pleito con su padre Ole renunció, claro está, al patrimonio familiar, porque era indigno recibir ni un solo quinto más proveniente de la explotación de personas y, por lo mismo, tratamos de vivir de nuestros artículos publicados en los Estados Unidos o en Europa. En México es imposible, ya veremos cómo nos las arreglaremos, pero no abandonaremos por nada nuestra causa. Tal vez trabajemos en la cantina para ayudarnos a salir adelante en lo que encontramos otras opciones, pero no vamos a claudicar.

Ulises Urquiza y Olegario caminaban pasos atrás de Lilly y de Marion, quien llevaba ahora tomada del brazo a su querida tía; cuchicheaban como lavanderas de río, según aducía la última. Tenían en realidad poco tiempo, escasas horas para poder hablar y había que aprovecharlas.

—Pueden vivir, hija mía, de sus colaboraciones en los periódicos, claro que sí, pero también debes tomar en cuenta la ayuda que good old aunt Lilly pueda darte. Mientras yo te viva, el banco Urquiza será tuyo y podrás girar con libertad para disfrutar el dinero que él y yo logramos ahorrar durante muchísimos años —le dijo la tía al oído para garantizarse otra vez que nadie la escuchara.

—¿Cómo que el dinero que él y tú lograron ahorrar, si llevan veinte días como pareja? —preguntó Marion intrigada.

—Suena mejor decir que lo hicimos juntos, ¿no? —se cuestionó Lilly en tono irónico—. Es más romántico decir que yo fui leal durante toda la vida y ahora disfrutamos el fruto de nuestro esfuerzo. De cualquier forma, tú ya no te preocupes por la lana, aquí atrás de mí viene un borrego cargado que nunca ha sido trasquilado.

—Eres todo un fenómeno, querida tía Lilly, cada mil años nace alguien como tú: yo creo que ni el mejor de los novelistas podría inventarte, les faltaría imaginación.

Lilly soltó entonces la carcajada y continuó hablando en voz baja:

—Cuando conocí a Ulises me confesó su patética soledad. Ha perdido la confianza en la humanidad. La enorme cantidad de dinero que pudo acumular le hace pensar que quien se le acerca es por su riqueza y no por su persona. No cree en nadie. Cuando un amigo lo visita, siempre está a la espera del momento en que le va a pedir algo, un favor o un préstamo, lo que sea. Según él ya no existen las personas desinteresadas, todas murieron antes de que él naciera. Ha llegado a creer que él mismo vale por lo que tiene y no por lo que es. A sus ojos, su fortuna lo ha devaluado, y vino a encontrar en mí consuelo y reconciliación y no se equivoca, primor, porque a mí su patrimonio me vale un carajo. Yo, a mi edad, solo busco la pureza del alma, la paz espiritual y la tranquilidad necesaria para cuando tenga que entregarle las cuentas al Señor y Él se sienta orgulloso de mí...

Una sonora risotada de Marion rompió el silencio en la inmensa bóveda celeste emeritense.

—Pero si tú no crees en Dios, tía, ¿qué te ha pasado en todo este tiempo? ¿Te dedicas a la meditación y a la reconciliación entre los mortales? Y eso que su patrimonio te vale un carajo, por fa, *mother-auntie*, por fa... *Do not play with me!* ¿Ya cerraste el negocio?

La tía Lilly se sentía descubierta a cada paso con su sobrina, que la conocía antes de abrir siquiera la boca:

—¡Qué va!, el negocio va viento en popa, no lo abandonaré nunca, mi experiencia con tantos hombres y mujeres durante tanto tiempo eso sí que es material para una novela erótica y social como nunca se ha escrito —contestó escondiendo una sonrisa pícara al cruzar una pequeña plaza muy bien arreglada y perfumada, llena de flores conocidas como huele de noche—. Claro que no creo en Dios, pero es mejor recurrir a un lenguaje piadoso, el de una monja cartuja, arrepentida de sus pecados, como le gusta a mi querido Uli, sin que él sepa que lo de cartuja me viene muy bien porque se presta a un juego de palabras...

—Nunca acabaré de comprenderte ni de creer ni de saber con quién hablo, tía. Deberías contar tu historia y que se publique treinta años después de tu muerte, cuando hayan fallecido los protagonistas.

—Lo tomaré en cuenta, hija mía, pero tú también considera que tienes a tu disposición el banco Urquiza.

—Muero de la vergüenza, Lilly, realmente muero de la vergüenza, no venía preparada para esto...

—Vergüenza ser puta o ladrona y que te descubran, amor... Tú éntrale a lo que te digo. Después de la cena te daré un buen adelanto, tu domingo, para que veas que hablo en serio.

—Dios te lo pague —adujo Marion a punto de soltar la carcajada.

—Ya me di cuenta, querida Marion, mi amor, que eres de rápido aprendizaje. Eso de Dios me lo pague te salió bordado, tenías que ser mi sobrina, ese es el lenguaje...

En tanto seguían conversando, llegaron al restaurante deseado, pero Marion pidió dar una vueltecita más a la manzana para acabar de disfrutar a su tía en la intimidad... Para la sorpresa de ambas, Ulises y Olegario estuvieron de acuerdo con rodear otra vez la manzana y disfrutar la noche perfumada, por lo visto ellos dos también intercambiaban puntos de vista álgidos, así que continuaron la marcha.

—Te quería decir, Lilly —en ese momento Marion tomó a su tía con más firmeza del brazo—, que cuando Olegario rompió con su padre nos quedamos al garete, porque no podíamos volver a Oxford, ni encontramos cómo mantenernos en Yucatán ni sabíamos decidir qué seguía en la vida...

—Pues no se preocupen, ya tienen dinero para estudiar en Oxford, en la Sorbona o en la Conchinchina, donde se les dé su chingada gana y con presupuesto ilimitado.

Marion reía:

—Ese no es todo el problema, tía, muchas gracias. La realidad es que deseamos quedarnos en México y luchar por nuestra causa. Al igual que a ti, este país me ha ganado y lo he hecho mío, porque nos hemos reunido en últimas fechas con personajes mexicanos llenos de una exquisita sensibilidad, patriotas a toda prueba, deseosos de llevar a cabo un plan social de rescate de la gente jodida y explotada. Esa es, Lilly, nuestra verdadera razón de vivir, el auténtico proyecto social que justifica nuestra existencia.

—¿Usan zapatos tus amiguitos?

—Tía, por favor, esto es serio... En este país no existe el apego a la verdad. Se quejan de las mentiras de los políticos, de las infidelidades de los hombres y de los engaños de los comerciantes, pero al final de cuentas viven una feliz farsa para huir de la realidad después de varios cruzaditos de tequila o de tronar cuetes el día de la virgen. No hacen nada para salir de sus frustraciones; es más, les encanta que les mientan y todavía se tiran a los pies de los poderosos que les robaron su patrimonio y los sepultaron en la marginación. ¿Lo entiendes? Es muy fácil abusar de esa gente que nunca se queja y cuando lo hace es ante Dios o de rodillas en la confesión frente a los curas, que los hunden aún más en la resignación.

—Entonces, ¿no hay salidas? —preguntó Lilly en un tono de gran sobriedad, la misma que había adquirido de pronto su sobrina.

—Pronto saldrá un líder yucateco, lo verás. Recuperaremos —adujo entusiasmada, como si fuera mexicana— las reliquias mayas robadas por gringos financiados por museos norteamericanos. Lucharemos por la libertad de expresión como en Inglaterra, aunque sea en plena dictadura. Aprenderé maya para comunicarme con los indígenas. Ole y yo impediremos que sigan trayendo yaquis de Sonora, encadenados, porque se niegan a entregarles sus tierras a los latifundistas apoyados por Díaz y su gabinete. Los seres humanos, tía, no son ganado —exclamó Marion mientras Lilly se guardaba sus comentarios y contenía la risa—. Renegamos del tráfico de coreanos, chinos y canarios y somos enemigos del alcoholismo, del clero, de la explotación de personas y del analfabetismo en Yucatán, ¿qué quieres que te diga...? —Iba a condenar la prostitución en el estado, pero pudo detenerse todavía a tiempo.

—Bueno ¿y a ti qué carajos te importa todo eso? ¿De cuándo a acá sales como redentora de almas o de la humanidad? ¿Qué mosca te picó, si es que las moscas pican? ¿No prefieres vivir aquí como una reina, casada con un hacendado digno, que no sea esclavista, o en la Ciudad de México o en Londres, y eso que no he tocado el tema con tu madre, en lugar de jugarte la vida con estos caciques borrachos que truenan cuetes, como dices, salvo que un día te agarren a ti también a latigazos?

—No, Lilly, esto es lo mío...

—¿Y quién dijo que es lo tuyo? ¿Por qué correr riesgos? ¿Quién te lo va a agradecer?

—No lo hago para que me lo agradezcan, es mi vocación, como la de mi madre es ser pintora o la de un escritor es contar, decir, o la de un capitán de barco, navegar, o la de un médico, curar o salvar la vida de sus pacientes, tía. ¿Quieres más ejemplos? —preguntó sin permitir que Lilly contestara—: Ahí está un cantante de ópera siempre emocionado al pisar los escenarios y de buscar diferentes tonalidades para su voz. ¿Por qué son pintores, capitanes, médicos, cantantes o ingenieros o lo que tú quieras? Porque su profesión los hace felices y yo nací para denunciar, para escandalizar a través de la prensa o de los libros, por medio de novelas sociales redactadas para exhibir los extremos a los que pueden llegar quienes se dedican al acaparamiento de dinero, atropellando todo lo atropellable. A saber, tía, igual no sirvo para eso, estoy en la búsqueda, pero por lo pronto, prefiero el periodismo de denuncia.

—Okey, Marion, pero en este país te juegas la vida si te metes con los poderosos...

—Sí, tía, pero no podemos dejar de hacer lo que sentimos. Un cobarde jamás podrá ser feliz, Lilly, eso me lo aprendí de Ole...

—Hablas como si fueras una santa y cumplieras con un apostolado, hija...

—Vamos a enfrentarnos al gobierno y a los empresarios que roban las tierras de los campesinos. Vamos a defenderlos de esos ultrajes. ¿Por qué? ¿Por qué existen los líderes, tía? ¿Qué mosca les picó, como tú dices? Ni ellos lo saben...

—Si enfrentarte al gobierno y a los dueños del dinero es una pendejada en cualquier parte del mundo, mijita, aquí en México, un país sin leyes, de berrinches y caprichos mafiosos, es triple la pendejada. Marion, piensa lo que dices y haces —añadió la tía Lilly poniéndose seria.

—Si así reaccionáramos todos no habría cambios en el mundo, tía...

—¿Será porque Dios les encargó esa misión? ¿Entonces son profetas tú y tu Olegarcito?

—¡Ja, ja, ja! —sonrió Marion—. ¿Y Dios también encargó a Porfirio Díaz y a los hacendados esclavizar a los mayas y acabar con los yaquis? ¿Quién entiende a Dios? ¿Ya sabes lo que ocurre en el Congo Belga con el caucho? ¿Dios también mandó matar a millones de negros? Pues entonces Dios es un cabroncete, como tú dices...

En ese momento pasaron de nueva cuenta por el restaurante. Marion se detuvo en la puerta y esperó a Ulises y a Olegario:

—La sopa de lima y la cochinita pibil nos esperan...

Al entrar y pedir agua de chía, Marion parecía una chiquilla graciosa incapaz de tener reflexiones profundas. La tía Lilly la observaba con justificada curiosidad.

El gobierno de Olegario Montemayor llegaría a su final en 1906. Su gestión había sido muy exitosa, tanto por las obras materiales que ejecutó para transformar la ciudad de Mérida y comunicar al estado, fundar escuelas y facultades universitarias, como por la modernización legislativa llevada a cabo al haber expedido un nuevo Código Civil, otro Penal y haber reformado la Constitución de Yucatán. El impuesto al henequén y la administración escrupulosa y eficiente de los recursos públicos hicieron posible el sorprendente cambio. ¿Los claroscuros de los hombres? Los hechos son tercos, por lo que todo parecía indicar que el camino de la reelección estaba pavimentado sin enfrentar mayores obstáculos de la oposición. Las cajas de champaña ya se enfriaban en la residencia de la Plaza de la Mejorada. Se había hecho mucho, pero, según él, faltaba también mucho por hacer. ¿Qué era un cuatrienio en el poder para cambiar el rostro de Yucatán?

La batalla electoral por la candidatura fue intensa, severa y agresiva hasta que Porfirio Díaz, puesto de pie, convertida su egregia figura galardonada en una enorme nube blanca, como una fumarola exhalada por un volcán en erupción, desde lo alto del cerro del Chapulín, en el Castillo de Chapultepec, apuntó al pecho de Olegario Montemayor para volver a ungirlo como jefe del Ejecutivo local de 1906 a 1910. Don Olegario Montemayor fue reelecto antes de las elecciones. Todos a callar. Era la voz del amo. Los cargos contra Montemayor, las quejas populares por no haberse resistido a la nueva mutilación de Yucatán, que redujo al estado a una quinta parte de su tamaño original para crear el territorio de Quintana Roo, fueron enterrados y olvidados, como acontece en las naciones resignadas y desmemoriadas.

Atrás, muy atrás, habían quedado las dieciséis pavorosas hambrunas padecidas durante los últimos trescientos años, sin olvidar la Guerra de Castas, un conflicto armado entre ricos, aliados con la dictadura, contra los pobres, quienes al final fueron cruelmente masacrados en 1901, a lo largo de un devastador baño de sangre de medio siglo de duración.

Para dejar constancia de su influencia y del respaldo incondicional que le obsequiaban el tirano y sus Científicos, Olegario Montemayor invitó a Porfirio Díaz a su segunda toma de posesión en febrero de 1906.

El viaje cumpliría con dos objetivos: demostrar que Yucatán era uno de los estados más prósperos de la República mexicana; y demostrar el apoyo del centro a uno de sus gobernadores consentidos. ¿Cuál esclavitud? Era una charlatanería, otra habladuría de mala fe de los envidiosos de siempre. El presidente de la República podría comprobar con sus propios ojos, acompañado de su hermosa esposa, doña Carmelita, la realidad de lo acontecido en los campos henequeneros, la pujanza de las haciendas y de la agricultura yucatecas, el innegable bienestar de los peones, su escolaridad, sus niveles de ingresos, la paz y la prosperidad, la belleza y limpieza de la ciudad de Mérida, las vías de comunicación, el puerto de Progreso, la elegancia europea, sobre todo la francesa, el sueño dorado de Díaz, en fin, un ejemplo a difundir en el resto del país.

Cuando Porfirio Díaz, convencido del resurgimiento económico de Yucatán, un hecho innegable ante propios y extraños, informó personalmente a Olegario Montemayor, en Palacio Nacional, la decisión de aceptar su invitación para visitar Yucatán, este volvió a Mérida convencido de la necesidad de organizar una recepción histórica, la gran fiesta presidencial, algo nunca visto y ni siquiera imaginado. El 1 de enero de 1906 anunció oficialmente la feliz noticia en la prensa del estado. El general presidente sería el primer jefe de Estado mexicano que visitaría la península a lo largo de su historia. Tiempo atrás, solo la emperatriz Carlota, sin ser la cabeza del Segundo Imperio, había posado las regias plantas de sus pies en la península de la tierra caliza. La gira debía ser «una marcha triunfal y tener caracteres de apoteosis», según instruyó, exigió o sugirió Montemayor a legisladores, alcaldes, colaboradores, periodistas, amigos y al pueblo en general.

—Hay personas que no se percatan de la presencia de una oportunidad y yo la veo clarita, clarita —repetía la misma expresión para garantizarse el éxito—. A los fracasados se les distingue por dejar todo al final…

El 5 de febrero de 1906, cuando el cañonero Bravo ancló frente a Puerto Progreso, Olegario Montemayor se encontraba a bordo de una lancha decorada con flores, banderolas mexicanas y escudos tricolores para recibir al presidente a pie del barco y conducirlo a tierra firme. Los representantes del Tribunal Superior de Justicia, del Poder Legislativo local, además de otros altos funcionarios del gobierno y particulares fueron sacudidos cuando el presidente rindió los honores a la bandera, al tiempo que se empezaron a escuchar las notas vibrantes del Himno Nacional, interpretado por la banda de la Marina de Guerra y entonado por un coro mixto de un bachillerato local. Los asistentes, inundados por un contagioso fervor patrio, estremecidos con el sonido ensordecedor de las salvas disparadas por artilleros del ejército porfirista, se llevaron la mano al corazón y contemplaron el infinito con delirios de grandeza.

Don Olegario revisó con lujo de detalle la tapicería, el alfombrado y la pintura, el estado, en general, tanto del tren que los conduciría a Mérida como de los carruajes en donde serían transportados los ilustres personajes para evitar comentarios desafortunados. Una vez a bordo, el presidente Díaz se deslumbró al constatar los interminables sembradíos de henequén que creaban un horizonte verde muy promisorio: el origen de la riqueza yucateca. A partir de ese momento, cada quien tenía que cumplir con encargos específicos ordenados por el gobernador Montemayor. La recepción en la capital del estado fue esplendorosa. Mientras numerosos pequeñitos, vestidos para la ocasión con uniformes escolares arrojaban flores traídas de Veracruz para alegrar y perfumar los escenarios y agitaban rítmicamente banderas mexicanas y no las yucatecas, que Montemayor había solicitado dejar guardadas en los armarios domésticos al paso de la pareja presidencial; varias bandas musicales nativas interpretaban canciones regionales, acompañadas por conjuntos aislados de marimbas. La fiesta estaba en su máxima expresión, la alegría desbordada del pueblo resultaba indiscutible. «¡Vivan don Porfirio y doña Carmelita!», se escuchaba por todos lados.

Una comisión formada por las esposas e hijas de los integrantes de su gabinete, escogidas por él mismo de acuerdo con su aspecto físico, de preferencia europeo, se dedicó a cuidar, servir y ayudar en todo momento a Carmelita Romero Rubio, esposa del ciudadano presidente de la República. Don Olegario había sido informado de la exquisita indumentaria que utilizaría la señora Díaz al descender del cañonero, y sugirió a las damas de compañía llevar la vestimenta adecuada para no desentonar con ella. Las mujeres deberían exhibir sus joyas más ostentosas, lucir sus mejores galas, sus más elegantes atuendos diseñados a toda prisa por sastres de los Estados Unidos, de Europa y de la Ciudad de México, para estar a la altura de las circunstancias. No importaba el nivel del gasto, el pueblo debía experimentar una inolvidable sensación de orgullo ante la histórica visita del jefe del Estado mexicano. No era momento de regatear, sino de tirar la casa por la ventana para dar la mejor impresión a la pareja presidencial. Los presupuestos serían ilimitados.

El gobernador reelecto había creado otra comisión, dedicada a copiar arcos triunfales aparentes, imitaciones del carrusel colocado en los jardines de las Tullerías, a un lado del Museo del Louvre, en la ciudad de París, la favorita de Díaz. Los ubicaría estratégicamente en los lugares por donde se desplazaría la comitiva presidencial. Invitó a los gobernadores cercanos, amigos, a ciertos extranjeros y diplomáticos, con los gastos pagados, para darle realce a los eventos y dignificar los actos solemnes. Ordenó cambiar el nombre de la avenida de La Calzada por el de La Paz, y el de la Alameda Melchor Ocampo por el de Parque Porfirio Díaz. Mandó asfaltar un número indeterminado de calles, colocó faroles en los arcos del Palacio de Gobierno, pintó las bancas en el salón de sesiones y reemplazó las piezas rotas de mármol blanco del piso del lujoso vestíbulo. Convocó a los emeritenses para que en un plazo perentorio resanaran las fachadas de sus casas y de sus edificios. Compró banderas mexicanas de diferentes tamaños para llenar el recorrido oficial con los vivos colores patrios. Suscribió decretos para autorizar el cierre de comercios y de escuelas para integrar vallas y recibir jubilosamente al presidente.

Oasis, oculto entre la multitud, soñaba con tener un arma y disparar a la cabeza del dictador, el aval de la esclavitud yucateca. Con gran gusto, a falta de una carabina, saltaría encima del tirano y le aplastaría el gañote con sus manos secas y agrietadas, pero, por el momento, no debería correr grandes riesgos ni exponerse. Al tiempo, todo al tiempo...

El jefe de la nación se mostraba sonriente y encantado, más aún cuando conoció el Paseo de Montejo, ya ampliado por Montemayor. Confesó su admiración por la majestuosidad de las residencias, la demostración palpable del poder económico de Yucatán. Agradeció un arco triunfal en particular, el que ostentaba una leyenda redactada con flores para recordar «Al Héroe de la Paz y de la Evolución de México». En el marco de esa visita meteórica, inauguró, entre otras obras, el Hospital Doctor Agustín O'Horán, la ampliación de la Penitenciaria Juárez, y recorrió a paso lento la avenida Porfirio Díaz, antes conocida como la calle 59, sin poder creer la limpieza de la Blanca Mérida, la imagen misma de la perfección urbana.

Mérida nunca había vivido una experiencia similar. El banquete de recepción costó cincuenta mil dólares, una fortuna. Díaz disfrutó muy halagado de la lectura del menú servido en su honor y en el de su señora esposa, redactado en español y decorado con motivos prehispánicos. En la parte superior, al centro, se encontraba un grabado de un águila devorando una serpiente.

Bisque de acamaya a la Marseillaise con trufas blancas
Tamales oaxaqueños al estilo Provence
Mole oaxaqueño a la Borgoña, con arroz enfrijolado y budín de nopales
Lasaña de la Toscana hecha con cochinita pibil

Nicuatole de tuna olorosa
Garbanzos en miel de piloncillo

Café chiapaneco con licor de Cointreau triple sec

Château Margaux
Champaña Dom Pérignon

Al calce decía: «El menú fue confeccionado por tres chefs parisinos recién galardonados por Émile Loubet, el señor presidente de la República Francesa».

Mientras degustaba semejante homenaje gastronómico confeccionado con algunas recetas e ingredientes de Oaxaca, Díaz no dejaba de intercambiar miradas con Carmelita, quien, tiempo atrás, le había enseñado buenos modales, refinamientos elementales obligatorios al tomar asiento en una mesa con manteles largos, como no empujar la comida con los dedos, para eso existían los cubiertos franceses de plata Christofle, ni eructar en público, ni quitarse los zapatos debajo de la mesa. ¡Claro que se podían distinguir los polvos blancos colocados encima de su piel para esconder su origen indígena zapoteco!

—Maquíllate el dorso de tus manos, es impropio de un jefe de Estado, por favor —repetía Carmelita al oído del presidente de la República—. Me sublevan tus manos prietas, amorcito…

Al baile, llevado a cabo a las diez de la noche en La Lonja Meridiana, asistió lo más selecto de la sociedad yucateca. Doña Carmelita, que aquel año cumplía cuarenta y dos años, contrastaba con los setenta y seis de su marido, «lucía un traje blanco de punto y trama de oro, collar de perlas, esmeraldas y brillantes y una diadema en la que destacaba una gran perla de magnífico oriente. La señora Bolio de Peón vestía un traje crema de punto de lentejuela y collar de brillantes. La señora Méndez de Regil, traje de punto crema bordado de seda y riquísimo collar de brillantes. En general todos los trajes de las damas eran notables por su riqueza. Dominaban los estilos Princesa y Directorio». Durante la cena servida en la residencia del señor gobernador, en la Plaza de la Mejorada, la primera dama estrenaría «un riquísimo vestido de tul blanco con lentejuelas de plata, rosas bordadas en realce y nudos de raso azul estilo Luis XV, sobre fondo crema. Llevaba en la garganta un espléndido collar de perlas con calabacillo y un brillante en el centro» y dejaría boquiabiertas a las esposas de los asistentes. Ni siquiera doña María había visto jamás un vestido tan hermoso y distinguido, propio de una reina. Si la hubieran visto los esclavos o las indígenas de la Hacienda El Paraíso…

—Mi marido solo pone atención en las hierbas malolientes que vende, pero descuida a su esposa. Mira estos pinches trapos que traigo, comparados con los de la presidenta —le comentó doña María a la señora Patrón, esposa de otro bandido que traficaba con hombres o con lo que fuera con tal de enriquecerse.

—Sí, reina mía, pero tú no tienes cuarenta años ni luces el pecho exuberante de Carmelita ni eres la esposa del presidente, quien, por cierto, no creo que la visite en la cama ni siquiera de cuando en cuando... ¿A ti desde cuándo no te visita el góber, linda hermosa?

—Chinga a tu madre, cariño... Sí, eso es, chíngala, pero ahoritita, no cuando tú quieras. Así dicen los capitalinos...

—Señora mía, ¿me permite servirle el mole? —solicitó el mesero con la debida solemnidad a la esposa del gobernador, interrumpiendo la conversación.

—¿Mole en la noche, hijo mío? Voy a cazar leones a la hora de dormir —respondió doña María mientras leía el menú como si se tratara de una equivocación—: «Mole oaxaqueño a la Borgoña, con arroz enfrijolado y budín de nopales». ¿Es una broma? —encaró al sirviente, como si él fuera el responsable—. ¿Qué demonios es, Dios me perdone, a la Borgoña? ¿Qué es eso? ¿Qué es el arroz enfrijolado y el budín de nopales? Voy a vomitar...

—¿Tu marido no te consultó el menú, linda?

—Te dije que te fueras a chingar a tu madre. ¿Eres necia o sorda? No veo que te vayas... ¡Sirva! —ordenó tajante mientras abría su bolsa para empolvarse la nariz.

Si Oasis, obligado a servir como mesero, vestido de pantalón y guayabera blanca, botonadura y mancuernas de plata, desconocía el valor de los vinos, de las viandas y de la orquesta, así como el costo de la vajilla de Limoges, de las porcelanas Vieux Paris y de la cristalería de Bohemia, y ya ni hablar del precio de cada servilleta de lino y seda con las iniciales entrelazadas de los nombres de la pareja presidencial, entre otros servicios, mucho más ignoraba el precio de los vestidos, diseñados en su mayoría por modistos franceses, así como el de los collares de perlas, esmeraldas y brillantes, el de las deslumbrantes diademas rematadas con un calabacillo. No sabía lo que era un calabacillo, ¿cómo saberlo?, pero sí imaginaba a cuántos de los suyos se les podría rescatar de la miseria con un par de piedras preciosas como las que mostraban esas putas viejas de mierda que escasamente, como era su caso, sabrían leer y escribir. En varias ocasiones, sin querer, derramó una parte del cucharón de plata labrada con el que servía el bisque de acamaya sobre los ropajes ostentosos de esas mujeres, que hubieran querido matarlo por el descuido. «Una venganza es una venganza, en la proporción que se desee», pensaba en silencio. ¿Y si les arrancara un collar y se echara a correr? Lo arrojarían atado de pies y manos en el primer cenote. Ni hablar...

Al día siguiente, temprano, al amanecer, el presidente visitaría la hacienda henequenera Chunchucmil, propiedad de Rafael Peón, curiosamente un auténtico ejemplo de la realidad del campo yucateco, uno de sus grandes orgullos, dignos de mostrarse en el mundo entero. En esta ocasión, al tratarse de una visita del jefe del Estado, disimularon todavía más las circunstancias. Montemayor y Peón organizaron una interminable valla de un par de kilómetros, integrada por campesinos agradecidos con Díaz, a quien le arrojaban flores y vivas a su paso. Para comenzar la visita prepararon una vaquería, la fiesta más popular en las fincas de la región, en donde los peones herraban a las reses en medio de un jolgorio, la famosa hierra que presentaron en la mañana. Para concluir el festejo, obsequiaron una gran comida, seguida de un baile en el que participaban los obreros, los supuestos socios de los finqueros en la proporción que se deseara.

¡Lástima que don Porfirio no había asistido a una de las fiestas de nueve días de duración en honor de la patrona de la hacienda, la Virgen María! En aquel famoso jolgorio el hacendado, *papá*, regalaba un toro para la corrida y encabezaba la procesión de la virgen desde la capilla de la hacienda. Varios grupos de mayas se sustituían los unos a los otros para cargar un pedestal que sostenían en sus hombros devotos. Todo un honor. En aquellos días el arzobispo Tritschler, también presente y vestido con una sotana negra de seda, imponía la obligación de comprar esculturas, pinturas o ilustraciones de la virgen para apartar las tentaciones o las manos invisibles y perversas de Satanás en los hogares. Era recomendable comprar un altar en la catedral para garantizarse la buena voluntad de la milagrosa deidad.

Don Joaquín Peón se puso de pie, pidió silencio moviendo ambas manos y se preparó para desmentir los dichos, publicaciones o rumores relativos a la existencia de la esclavitud en Yucatán, lenguas viperinas saturadas de veneno. Tomó su copa de champaña y habló de «las relaciones de recíproca conveniencia y utilidad que hay entre el propietario y el jornalero. No podríamos impedir, aunque lo quisiéramos, que penetrasen en el ambiente de nuestras fincas la libertad y el progreso de los tiempos».

Las jóvenes bailarinas mayas, al interpretar las jaranas, se llevaban con su belleza y sus vestidos típicos lo mejor de la fiesta, sobre todo cuando uno de los danzantes se detuvo de golpe para gritar: «¡Bomba!» y a continuación recitó un breve verso dirigido al presidente Díaz, quien celebró jocoso la ocurrencia. Una maravilla de solidaridad y frutos compartidos en familia. La comitiva presidencial aplaudió de pie, entusiasta, La Angaripola, el jarabe yucateco, que lució en forma muy especial por los huipiles bordados en vivos colores de seda. «Qué experiencia tan gratificante conocer la verdad de las haciendas yucatecas». Don Porfirio pensaba que con esa festividad, recogida puntualmente por la prensa, se lavaba la cara ante los países que lo criticaban injustamente por la presunta esclavitud prevaleciente en su gobierno. «Calumnias y más calumnias, que vengan todos los habladores a Chunchucmil y aquí encontrarán un ambiente de libertad, de respeto y amor fraternal entre finqueros y obreros. ¿A quién se le iba a ocurrir organizar una huelga con semejantes prestaciones y nivel de vida?».

Peón y Montemayor le mostraron al presidente la finca, diseñada al estilo Belle Époque. Vio en operación la maquinaria desfibradora tapándose los oídos; entró al hospital, visitó la capilla sin persignarse para evitar suspicacias en torno a sus convicciones liberales; le mostraron cientos de chozas de techo de palma inexistentes en el campo mexicano, salvo en Yucatán. Al ingresar en una de ellas no pudo ocultar su sorpresa al encontrarse con muebles comprados en El Palacio de Hierro o en la casa Mosler, Bowen and Cook, una máquina de coser para que el ama de casa, dueña de una sonrisa muy atractiva y generosa, vestida con un huipil bordado con flores de múltiples colores, ganara unos pesos adicionales, además del sueldo de su marido. Era obvio que habían improvisado las pequeñas casuchas y más obvio aún que no resistirían la próxima temporada de lluvias, de la misma manera en que caerían al piso decolorados y destruidos los famosos arcos triunfales, como la burda imitación de un carrusel parisino.

«Ni Juárez ni Lerdo de Tejada hubieran logrado alcanzar este nivel de prosperidad en sus gobiernos», se dijo el tirano sonriente. «Nadie mejor que yo para ayudar y comprender a nuestra gente», concluyó en sus reflexiones. «Ninguno de estos campesinos tiene el aspecto miserable de un esclavo ni parecen mayas ni yaquis». Al dictador le convenía creer lo que le decían sus ojos, tenía todas las respuestas y disculpas de cara a la eternidad, aun cuando pudiera existir otra realidad. «¿Para qué buscarla? ¿A quién se le ocurre?», se repetía cuando una larga fila de indios formados en el patio llegaron hasta él arrodillados y, uno por uno, empezaron a besar la mano del gran *papá*, según los habían instruido. Díaz se sintió avergonzado por un momento y luego asqueado al percibir tantos labios, unos húmedos, otros secos o sudados. A los patrones se les besaba la mano, según la costumbre, ya ni se diga cuando se trataba del ciudadano jefe de la nación. En algún momento pensó en secarse el dorso de la mano contra el pantalón, como si la saliva de esos miserables pudiera infectarlo; apenas podía disimular la sensación de repugnancia. Bastó una mirada al gobernador para suspender el suplicio y continuar la visita, solo que antes todavía tuvo que soportar un discurso pronunciado en maya por un anciano, quien tal vez le agradecía algo de lo que disfrutaba gracias a su gestión presidencial. El calor agobiante y los constantes halagos y atenciones lo empezaban a desesperar.

No le mostraron los cuartuchos donde dormían hacinados los supuestos obreros, y menos le permitieron conocer la cárcel ni los cuartos de tortura ni le enseñaron los látigos, ni le presentaron a los verdugos, ni le explicaron detalles de la fajina ni de la tumba ni de las cuotas de producción encomendadas a cada trabajador, ni las consecuencias de incumplirlas, ni mucho menos exhibieron los libros secretos, las *nohoch*-cuentas, en donde se llevaba la contabilidad de las deudas de los peones, ni se encontró por ningún lado a los enganchadores, ni la policía de los hacendados trajo a un prófugo arrastrado por un caballo y sujeto por las muñecas, ni tampoco lució ninguna de las recién casadas que habían sido sometidas días antes al derecho de pernada. La tienda de raya parecía un comercio bien surtido, limpio y decoroso de la Ciudad de México. Los empleados compraban sus productos con dinero en efectivo, como cualquier otro ciudadano, sin pagar con fichas que únicamente tenían valor dentro de las fincas. Pasó brevemente por la casa del mayordomo, la del maestro, acto seguido llegó a la del cura, quien lo recibió con una espléndida sonrisa beatífica, y de ahí pasó a las norias, a los pozos, al dispensario médico, y después de revisar las bodegas y conocer cómo se empacaba la fibra para la exportación, hizo acto de presencia en la escuela, bien equipada, con excelentes pupitres y buena ventilación. Sobra decir que los estudiantes estaban uniformados, con los zapatos brillantes, el pelo bien peinado y se les notaba haber comido el desayuno escolar en tiempo y hora. «¿No era justificado el orgullo yucateco? ¡Cuántos otros agricultores del resto del país y del mundo deberían venir a aprender de los campos henequeneros! Aquí mil doscientas haciendas productivas repartidas en un millón de hectáreas generan más riqueza que Terrazas, en Chihuahua, con todo y sus dos millones seiscientas mil hectáreas. Esos chamacos traviesos de Chihuahua...», pensaba Porfirio Díaz.

El 9 de febrero el dictador llevó a cabo su último acto oficial al develar una placa de mármol en el Palacio de Gobierno, con el siguiente texto: «En memoria de la visita que hizo a esta ciudad el general presidente don Porfirio Díaz, siendo gobernador de Yucatán el licenciado don Olegario Montemayor. Febrero de 1906». A continuación se dirigió a la estación de trenes en el Paseo de Montejo para salir en dirección de Puerto Progreso, después de hacer una última guardia protocolaria y solemne ante la bandera tricolor. Antes de abordar el cañonero Bravo, fue homenajeado por el embajador alemán a bordo del SMS Fürst Bismarck, un crucero acorazado de la Marina Imperial alemana comandado por el capitán Curt von Prittwitz und Gaffron.

Don Olegario y su gabinete exhalaron un largo e interminable suspiro cuando el navío mexicano fue haciéndose más pequeño, hasta perderse en el horizonte.

—Misión cumplida —aseveró feliz el jefe del Ejecutivo yucateco...

Las sorpresas a modo de agradecimiento no tardarían en presentarse. Don Olegario Montemayor sería invitado, un breve tiempo después, a ocupar un cargo en el gabinete del dictador, el de secretario de Fomento, desde donde generaría bienestar popular y lo repartiría por todo el país. Viviría, claro está, en la Ciudad de México, desde donde adquiriría mucho más poder político que como gobernador de Yucatán, y las posibilidades de acrecentar su fortuna, de catapultarla hasta el infinito, serían inimaginables. Llegaría a un manantial de dinero, su verdadero medio ambiente, rodeado de funcionarios y amigos con idénticos intereses a los suyos. Todo quedaría en familia...

Pasaron dos años de la visita presidencial y de la visita de la tía Lilly a Yucatán. Los tórtolos, como les decía ella, avanzaban en sus trabajos e investigaciones, que le enviaban con rigurosa puntualidad a la Ciudad de México para someterlos a su consideración, como si se tratara de una sinodal especializada en el tema y estuviera dedicada a supervisar sus trabajos de tesis para constar que los recursos de las becas se emplearan correctamente. Claro está que Lilly acumulaba los documentos sin leerlos en su oficina, decorada con terciopelo rojo a modo de tapiz en las paredes, candelabros dorados, cuadros con desnudos femeninos decimonónicos, tapetes tejidos por manos zapotecas y lámparas decoradas con pergaminos pintados a mano con temas bíblicos, faltaba más... Por supuesto que nunca dejó de felicitar a los muchachos por sus conocimientos ni por la profundidad de sus escritos. Se los hacían llegar para hacerla parte de la aventura, a modo de un halago, una muestra de cariño y de presencia. Uno de los textos, escrito por Olegario, sin embargo, llamó poderosamente la atención de Lilly. A saber por qué lo leyó, si no acostumbraba hacerlo aun cuando se tratara de párrafos redactados por Marion. Al concluir la lectura de una columna enviada al *San Francisco Chronicle*, Lilly alcanzó a decir: «¡Ah, este chamaquito es cabrón de a deveras!».

Porfirio Díaz o la Detonación de una Revolución
Por Olegario Montemayor Figueroa

Porfirio Díaz se hizo del poder por la vía de las armas, por lo tanto, se trata de un golpista, de un secuestrador de la Presidencia, de un mortífero aniquilador de la República liberal, el siniestro constructor de una terrible dictadura que, hoy en día, cumple treinta y dos años. Imposible olvidar cuando, en 1871, Díaz fracasó al intentar el derrocamiento de Benito Juárez, el Benemérito de la Patria, a la voz farsante de: «Que ningún ciudadano se imponga y perpetúe en el ejercicio del poder y esta será la última revolución». Harto de las reelecciones, según él, este malvado cínico oaxaqueño derrocó en 1876 al Gobierno Constitucional de Sebastián Lerdo de Tejada, para reelegirse y perpetuarse ilegalmente en el poder, como corresponde a un deleznable traidor a la patria. Porfirio Díaz siempre ha sido un cacique camuflado, un caudillo disfrazado de héroe republicano, un enmascarado enemigo de la Restauración de la República, un adversario de la democracia, de la Constitución, de la división de poderes, de la libertad de expresión, de la educación y de la legalidad como motores de la evolución de las naciones, de las sociedades y de los hombres.

¿Debemos entender por evolución porfiriana la esclavización de una buena parte de los indígenas de México, o la entrega de los recursos naturales a los consorcios foráneos, la aparición de enormes latifundios, la postración del país ante las grandes potencias? O, mejor dicho, ¿debemos comprender como milagro económico la entrega de la soberanía económica de México a los Estados Unidos y a otros países europeos, o el desplome del salario promedio en el país? ¿O el progreso porfiriano consiste, en realidad, en restituir en forma encubierta sus fueros y prebendas al clero apóstata, al traicionar los principios de la Guerra de Reforma? ¿El susodicho progreso porfiriano debe explicarse en el hecho de haber lanzado al país a la barbarie, obligándolo a vivir sin Constitución, como lo ha hecho el tirano? ¿Por milagro económico se debe aceptar el hecho de sepultar en la miseria al noventa por ciento de la población, estimular el hambre, hundir en el analfabetismo a nuestra gente y provocar la brutalidad laboral en los trabajadores de industrias, comercios y del campo? Las haciendas mexicanas alcanzaron sus máximas dimensiones durante la dictadura: hoy en día más del noventa y cinco por ciento de las aldeas comunales perdieron sus tierras. ¿No es una canallada?

Porfirio Díaz es el dictador que ordenó aquello de «Mátalos en caliente»; el mismo que declaró con rampante cinismo: «Perro con hueso en la boca ni muerde ni ladra». Díaz utilizó la cárcel de San Juan de Ulúa, entre otras, para suprimir a los opositores, amantes de la libertad; Díaz persiguió, persigue y encarcela, destierra o asesina a los periodistas críticos de la dictadura. Díaz no es el héroe, sino el traidor de la Reforma porque ha revivido por la vía de los hechos el grito de «Religión y fueros», ha inutilizado la Constitución de 1857 y ha enterrado el liberalismo mexicano del siglo XIX.

¿Un héroe de la Reforma ordena fallar a la Suprema Corte Federal a favor de los extranjeros contra los mexicanos? ¿Un héroe asienta en su diario que «la esclavitud es una forma de progreso económico» y piensa que es más barato comprar un esclavo en 45 dólares que curarlo de cualquier enfermedad que lo inutilice, por lo que es mejor dejarlo morir? ¿Un héroe obliga en secreto a los presos internados en las cárceles del país a que falsifiquen las boletas con nombres apócrifos para llenar las urnas con votos falsos, o acepta un régimen de contentas, «que consistía en una cuota pagada a la mitra por aquellos que hubieran adquirido propiedades del clero con base en las leyes de desamortización juaristas»? ¿Indemniza disimuladamente a los malhechores ensotanados? ¿Un héroe de la Reforma hace de los confesionarios fuentes de información, de denuncia anónima para controlar a la sociedad mexicana y secuestrar por medio de desapariciones a quienes traman planes contra la dictadura?

¿Un héroe de la Reforma hubiera permitido la esclavitud en los campos henequeneros, en los bosques chicleros, cafetaleros, azucareros, madereros o tabacaleros de los que ya daremos cuenta y razón, muy a pesar de que lo prohíbe la propia Constitución mexicana?

¿Un héroe de la Reforma le hubiera solicitado al gobernador de Arizona, un estado extranjero, el auxilio militar de los *rangers* para reprimir a balazos una huelga estallada en una compañía minera mexicana, radicada en Sonora, en territorio nacional? Los *rangers* dispararon contra los huelguistas, empleados de la Cananea Consolidated Copper Company, mataron a decenas, hirieron a otros tantos de gravedad y el resto huyó despavorido en busca de un refugio, solo por haber pedido un aumento salarial de cinco pesos, jornada de trabajo de ocho horas y trato igual a trabajadores mexicanos y estadounidenses.

La huelga de la fábrica textil Río Blanco del año pasado también fue suprimida a balazos por un batallón del Ejército y por los odiados rurales contra los obreros que solicitaban una reducción de la jornada de trabajo de catorce horas diarias, ¿era mucho pedir? Los cadáveres ensangrentados de quinientos huelguistas, casi la totalidad de los líderes de la resistencia, se encontraron tirados en la plancha de la planta.

Solo un ciego no puede percibir el estallido de la violencia, cubierta por una túnica negra, montando un caballo invisible, disfrazada de muerte con una afilada guadaña para cortar cuellos en su camino hacia la revolución.

Díaz llegó por medio de un derramamiento de sangre y se irá por medio de otro derramamiento de sangre. El objetivo de este breve texto consiste en continuar la construcción de las bases para divulgar por el mundo lo que acontece en México y advertir el futuro que nos espera, junto al de los inversionistas que creen en el dictador. Pobre de mi México: veo sangre, mucha sangre, solo sangre...

Las leyes implacables de la economía se impusieron en términos inapelables en la suerte de los plantadores. A medida que acrecentaban sus dominios, requerían de más mano de obra para sembrar y cosechar, solo que los mayas, ya diezmados y con sus familias destruidas, no reunían la fuerza de trabajo indispensable para alcanzar los volúmenes de fibra de henequén exigidos por el mercado internacional. ¿Qué hacer a falta de hombres en el campo yucateco? Don Porfirio, siempre creativo, animado por el vicepresidente Ramón Corral y por don Olegario Montemayor, su recién nombrado secretario de Fomento, Colonización e Industria, llamado por el tirano a ocupar el elevado cargo después de su viaje anual a Europa, en mayo de 1907, siempre encontraría fórmulas para resolver los entuertos propios de la dictadura. Por supuesto que don Olegario había dejado encargado del despacho del gobierno de Yucatán a Enrique Muñoz Arístegui, su incondicional, con la resistencia local obligatoria. La autocracia en su máxima expresión, sentada en lo alto del Castillo de Chapultepec, con vista al paseo de la Reforma, no solo autorizó y estimuló el brutal arresto de yaquis del estado de Sonora, la tierra que Corral había gobernado años atrás, sino que, aliado con los hacendados, importaron coreanos, chinos, puertorriqueños y algunos europeos, hasta integrar y perfeccionar una sociedad esclavista en la península de Yucatán.

Menuda mancuerna la integrada por Corral y Montemayor para masacrar a los indígenas. ¿Mancuerna? ¡Trío!, en todo caso, si no olvidamos al dictador: desde 1880 Corral había venido arrebatando la tierra a los yaquis. Ante la feroz resistencia armada de los indios, Corral, en sus años de gobernador de Sonora, exigió un contingente de tropas federales para acabar también con los mayos. Corral capturó a miles de yaquis pacíficos, «los embarcó como ganado en furgones de ferrocarril y los envió a dos mil millas de distancia, vendiéndolos en peonaje o implícita esclavitud a los henequeneros de Yucatán», para lo cual cobró setenta y cinco pesos por cabeza a los hacendados. ¿Cuál era la objeción al enriquecerse con el tráfico de personas hasta llegar a niveles insospechados?

Con el objetivo de surtir los jugosos pedidos de los Estados Unidos que implicaban la venta de millones de toneladas de henequén, Porfirio Díaz, parte de su gabinete y los hacendados, apoyados por el ejército porfirista, aprehendieron, desarraigaron por la fuerza de las armas a los indios yaquis y mayos de Sonora y de Sinaloa y los lanzaron, atados, a Yucatán. La historia se repetía paso a paso, de la misma manera en que un péndulo recorre siempre la misma distancia, de un lado al otro dentro de una patética rutina. En Sonora, los aborígenes, dueños de sus tierras desde que la historia era historia, habían sido perseguidos, acosados, encarcelados y asesinados por los desarrolladores y colonizadores para «incorporarlos al progreso...». Resultaba imposible domarlos, domesticarlos, amansarlos o doblegarlos, desde que mostraban, al igual que los mayas, una resistencia feroz a ser privados de lo suyo con el pretexto que fuere. El tirano y sus Científicos, aliados con empresarios y sus guardias blancas, diseñaron y ejecutaron en Palacio Nacional un ambicioso proyecto para llevar a cabo un nuevo etnocidio. «Los indios agitadores, perturbadores del orden público, los revoltosos y sediciosos reacios a perder los fértiles valles humedecidos por los ríos Yaqui y Mayo» fueron barridos por las tropas del tirano para entregar sus tierras a quienes sí sabrían cómo aprovecharlas y extraerles sus frutos en «beneficio de la comunidad». Muchos de los yaquis sobrevivientes al último combate, el de Mazocoba, optaron por el suicidio con sus fusiles o se tiraron desesperados a los abismos, porque anticipaban su suerte de caer en manos de sus enemigos, los porfiristas.

El trío mataba varios pájaros de un tiro: en lugar de extinguirlos a balazos y evitar la condena de la historia, era mucho más conveniente desterrar a los belicosos yaquis a Yucatán y entregar sus fértiles tierras, «improductivas» desde antes de la conquista española, a agricultores técnicamente capacitados para generar riqueza. Así mandaron a Yucatán a los yaquis, «a los rebeldes, enemigos de la prosperidad», para que ayudaran a explotar, con la debida eficiencia, los campos yucatecos manchados de sangre. Los conducirían a la fuerza a los surcos henequeneros, los obligarían a producir el oro verde en los ardientes campos de la península, como si fueran trabajos forzados, sin goce de sueldo, salvo las inútiles fichas pagadas por los hacendados, a modo de castigo por su rebeldía. No faltaba más...

El viaje a Yucatán comenzaba en el puerto de Guaymas, en el Pacífico mexicano, hasta llegar, después de más de un mes de navegación a bordo de barcazas inmundas, caminatas agotadoras y viajes interminables, hacinados como ganado al matadero, en trenes o en embarcaciones sin los más elementales servicios sanitarios, ni comida ni agua, a Xculucyá, a Puerto Progreso, en Yucatán. Algunas mujeres yaquis se arrojaron al mar con sus hijos, seguidas de sus maridos, para ahogarse antes de llegar a un destino que anticipaban también mortal, de interminable agonía. Sobra decir de las enfermedades y muertes que se produjeron entre los desterrados y sus familias durante el infernal trayecto, ya fuera por la sed, el hambre o la fiebre. Como muchos de ellos padecían viruela, entre otras enfermedades, al llegar a tierra firme se les sometía a una cuarentena sin la supervisión médica adecuada. El desastre fue mayúsculo. Cuando se lograba el alta médica, los infelices yaquis eran transportados en el ferrocarril de la familia Montemayor hasta ser depositados en las haciendas de quienes los habían adquirido a precio de remate. ¿Matar a los indígenas por inútiles e ineptos? ¿Sí? Y entonces ¿quién sembraría el agave y cortaría sus hojas afiladas? No, mejor insistir en la repatriación de mayas deportados a Cuba, entre otras personas de diversas nacionalidades.

Otra consideración era la cuestión del endeudamiento de los plantadores y el método favorito para eludir o posponer el colapso financiero: consistía en arrojar el peso de sus crisis sobre las espaldas de sus trabajadores, reduciendo los adelantos en efectivo, así como los salarios, la atención médica tradicional y otros servicios, al mismo tiempo que se intensificaban las obligaciones laborales.

Los hacendados que no adquirieran la mano de obra yaqui, es decir, que no compraran seres humanos, según el ciudadano secretario de Fomento, simplemente perderían costosos espacios en el mercado al dejar de ser competitivos. Allá ellos...

El año de 1908 sorprendió a Olegario sentado en una de las mesas de Los Amores de Kukulkán. Del lado izquierdo, junto a un vaso pequeño lleno, por supuesto, de ron negro, se encontraban unas hojas volteadas, ya corregidas, en tanto garrapateaba otras ideas escritas a máquina en un texto colocado a su lado derecho, cuando de repente alguien lo tomó por el cuello y empezó a sacudirlo, mientras le decía:

—Ole, *dear, it is so nice to see you again in your country.*

Si Marion reconoció de inmediato la voz de la tía Lilly, Olegario saltó de alegría al ver en Mérida, en su mismísima tierra, al querido profesor Perkins, quien había advertido de su llegada por carta sin precisar el día y mucho menos la hora. ¡Cuánto agradecimiento se puede sentir por un querido maestro que nos ha abierto los ojos en la vida! Como la emoción se desbordaba, se abrazaron con efusividad, se golpearon la espalda y se estrecharon las manos sin soltárselas, una y otra vez. Había transcurrido mucho tiempo desde su viaje de Inglaterra a México y, por lo visto, todos habían vivido intensas experiencias desde entonces. Marion y Olegario siempre recordaban, con justificada pasión, las historias contadas por Perkins en las aulas de Oxford, sin dejar de discutir los temas cuando ampliaban sus conocimientos durante sus lecturas en la biblioteca de la universidad o las remataban con buen *Scotch* en The Sweet Lawyer. El profesor había sido el gran iniciador, más tarde la brújula, el guía, la constelación de la Osa Mayor, cuando se extraviaban en las noches de insomnio anteriores a los exámenes y más tarde en la práctica. ¿No constituía todo un privilegio encontrar en la existencia a un hombre químicamente puro, en quien se podía confiar a ciegas?

Mientras Olegario abrazaba a Perkins se encontró, a espaldas de su maestro, con un joven de escasos veinte años, quien esperaba, por lo visto, el momento de ser presentado.

—Mira, Ole, este es mi amigo Harold Drumlanrig —explicó Perkins—. Él me acompañó a Asia y ahora a América del Sur y al Caribe. Es otro fanático de las ciencias sociales. Los tres haremos una gran amistad, estoy seguro —agregó, en tanto Olegario, sorprendido por el aspecto del camarada inglés, los invitó a tomar asiento y a beber algo para saciar la sed.

—¿Su estudio sigue tan desordenado como cuando lo conocí, profesor? ¿Los libros continúan escondiendo el escritorio, los sillones y las paredes? Era imposible encontrar un lugar para sentarse. Cuénteme por favor, ¿cómo está su perro, *The Most Famous Frederic Rochester Williams The First?* —preguntó Olegario atropelladamente, ávido de noticias, mostrándose feliz por la visita.

—Eduardo VII, el rey, y *Rochester Williams*, perfectos, aunque Eduardo ha estado mal de salud, pero en Inglaterra todo marcha sobre ruedas neumáticas fabricadas con la vida de millones de negros africanos y brasileños, ¿qué le vamos a hacer, Ole, *dear*? Pero ¿y Marion? ¿dónde está Marion? —preguntó con el entrecejo fruncido, como si le preocupara su ausencia.

—Ella debe de llegar en estos días. Se encuentra terminando un trabajo en Valle Nacional, para publicar otro de los horrores de la dictadura porfirista, pero debe de volver pronto. ¿Alguna razón en particular? Lo sentí inquieto, profesor…

—No, nada de eso, solo que deseaba verla, eso es todo…

Sin estar convencido de la respuesta, Olegario revisó de reojo al amigo de Perkins. Le encontró un curioso parecido, a primera vista, con Alfred Bruce Douglas, el famoso Bosie, el amante de Oscar Wilde, el escritor, maestro en Oxford, a quien había visto retratado muchas veces en los periódicos británicos a raíz del juicio iniciado contra el poeta, acusado de sodomía. El parecido entre ambos era realmente asombroso: abundante pelo rubio y lacio, alineado con cierta displicencia; peinado con la raya en medio, nariz afilada, mentón poderoso y saliente, labios ligeramente carnosos, un breve fleco cubriéndole la frente y una mirada caída, inmersa en una profunda melancolía.

—Nos impresionó mucho su carta en la que predice el estallido de una guerra mundial, espero que se equivoque, profesor —comentó Olegario extrañando la presencia de Marion.

—Yo también quisiera estar equivocado, pero lo dudo, los golpes vienen, las armas son para usarlas —advirtió bebiendo un trago de ron; en realidad era la primera vez que Olegario veía a Perkins tomando alcohol—. Ahora bien, de lo que estoy seguro, y ya quiero volver a Oxford para sentarme a redactar, es de la pavorosa esclavitud existente en América Latina que Harold y yo acabamos de comprobar...

Olegario tenía mucho que contar, pero por cortesía simplemente preguntó:

—¿En dónde estuvieron, profesor? —cuestionó observando el cruce de miradas entre Harold y Perkins.

Se iban despejando las dudas: eran amantes. El intercambio visual entre ambos implicaba una confesión implícita, más aún cuando se percató del juego caricaturesco de sus pies debajo de la mesa. Les resultaba casi imposible contener la risa pícara, pero lo lograban para cuidar las apariencias, al menos, por el momento. Ya habría tiempo para las confesiones. Olegario recordaba los argumentos de Perkins en su departamento en Oxford cuando sostenía que el amor era una frivolidad. Ahora lo entendía todo, por esa razón nunca encontró a una mujer en su casa.

Perkins fue el primero en abrir fuego y expresar que la única norma vigente en el Caribe y en América de Sur era la ley del machete y de las balas. En lugar del mazo del juez, existía el látigo. Los jueces designados para impartir justicia eran los directores de las empresas norteamericanas, como el caso de la United Fruit, el famoso Pulpo, cuyo consejo de administración tenía más jerarquía que las Supremas Cortes de Justicia de los países en donde sembraba bananas. El Pulpo, más poderoso que muchos estados nacionales, contaba con un presupuesto veinte o treinta veces mayor que el de cada nación en la que tenía arraigadas sus inversiones. El plátano, según Minor Keith, presidente de la bananera, conocido como el Papa Verde o el Rey Sin Corona, un devorador de países, «era el cuarto alimento más importante del mundo, después del arroz, del trigo y de la leche», y había que aprovechar la demanda.

Keith prefería tratar con dictadores, instalarlos en el poder, en lugar de discutir con Parlamentos y Congresos. Cuando se trataba de aumentos de salarios, visitaba a las máximas autoridades eclesiásticas para que convencieran a sus trabajadores de la importancia de pedírselos a Dios y no a los encargados de la dirección de sus empresas, claro está, a cambio de nutridas limosnas para la supuesta reparación de las iglesias, el pretexto de siempre, propio de esos comerciantes despiadados.

—Cuéntale, querido Hugh, cuando Keith trató de comprar toda Guatemala para convertirla en la hacienda de bananas más grande del mundo —interrumpió Harold con voz acaramelada, sirviéndose otro vasito de ron Sir Walter Raleigh, el preferido por los bucaneros de siglos atrás. Harold había descubierto la bebida durante el viaje por el Caribe y, por lo visto, la disfrutaba a placer.

—Sí, claro, Ha —respondió un Perkins desconocido, exultante de felicidad—: Keith solicitó una audiencia con el presidente de Guatemala para comunicarle que la United Fruit, su empresa, ya era dueña del cuarenta y ocho por ciento del territorio guatemalteco y que había decidido comprar el cincuenta y dos por ciento restante. El jefe de la nación se negó a suscribir la operación alegando que antes los matarían a los dos. «Entienda, por favor, míster Keith…».

—¿Quería comprar todo el país, Hugh? —preguntó Olegario—. ¿Entendí bien?

—Sí, claro, eso nos lo repitieron varias veces durante nuestra visita. Guatemala es el país más débil y corrupto de la región. Los niños trabajan hasta doce horas diarias, en el entendido de que nunca conocerán un pupitre. ¿Te imaginas, Ole, qué futuro les espera a esas naciones? Nosotros vimos a los pequeñitos trabajando con instrumentos muy afilados y cargando pencas que por lo menos igualaban su peso y, a cambio de semejante esfuerzo que les arruina la vida, ganan la mitad del salario mínimo, porque a juicio de Keith los menores, al no tener descendencia, no enfrentan los compromisos económicos de sus padres. Supimos cómo los capataces abusaban sexualmente de las niñas o descargaban furiosos sus látigos de cuero o cáñamo sobre las espaldas de las esclavas embarazadas, acusadas por cualquier ridiculez. Eso sí, primero las acostaban boca abajo con la panza metida en un hoyo, «para no estropear la pieza nueva en gestación», y las golpeaban brutalmente, en tanto los sacerdotes, ajenos a cualquier exceso o atropello, extendían la absolución a los patrones, siempre que se les pagara el diezmo de cada cosecha. Nunca había visto un infierno parecido…

—Pero eso no fue todo —expuso Harold, consultando en todo momento la mirada de Hugh, en busca de seguridad—; los dos nos sorprendimos mucho cuando observamos miles de peces muertos. Quizás era por el uso de pesticidas y fertilizantes tóxicos que iban a dar al agua de los ríos durante la temporada de lluvias —agregó con un genuino y doloroso sentimiento de ternura.

—Tiene razón Ha —adujo Hugh—, en realidad los tentáculos del Pulpo los encontramos por todas partes, porque arrasan con la selva para sembrar bananas, sin importarles que agoten los suelos, y luego construyen ferrocarriles para transportar el producto a sus propios puertos de carga en Centroamérica, pagándoles a los dictadores lo que les viene en gana a modo de impuestos, sin que estos puedan evitar que embarquen miles de toneladas de plátanos en su Great White Fleet, la flota también de su propiedad, con la cual colocan la fruta en diversas partes de los Estados Unidos. ¡Qué mundo! Los tiranos están acobardados porque si tocan una sola de las bananas de Minor Keith, o lo hacen enojar, a la semana siguiente serían bombardeados por los barcos de guerra yanquis y los marines invadirían Guatemala o lo que fuera, para imponer a un nuevo presidente. Cuando los pueblos oprimidos organizan una protesta callejera, el presidente de la United Fruit Company aconseja al tirano en turno que fusile a los líderes del movimiento; así, él aprendió que, cuando los apaches atacaban los fuertes norteamericanos, la consigna de los soldados defensores consistía en dispararle a quien exhibía un penacho grande y blanco, para que al ver al gran jefe caer herido o muerto, los demás navajos, comanches, sioux o lo que fueran, huyeran despavoridos. Solo así se abstendrían de orquestar un nuevo ataque.

—Es un abuso, Hugh —exclamó Olegario irritado.

—¿Cómo crees entonces que se nutre la Tesorería de los Estados Unidos si no es con el impuesto que le cobra a la United Fruit y a otras compañías? ¿Crees que enviar a los marines es gratis? Washington es un gran cajero, ¿qué te crees tú? Se trata de un negocio disfrazado entre pistoleros. ¿De dónde supones que sacan esos gigantescos capitales para construir los rascacielos yanquis, si no es con lo que les roban a países indefensos y pobres como Honduras, Guatemala, Nicaragua y Costa Rica? Pocos en los Estados Unidos saben lo que significa poner una banana centroamericana en sus fruteros.

Olegario no dejaba de pensar en el henequén, víctima también de la explotación indirecta de la International Harvester. No solo existen el Rey de la Banana y el Rey del Henequén, ¡qué va!, sino también el Rey de los Ferrocarriles, el Rey del Cobre, el Rey de la Goma de Mascar, el Rey de la Madera, el Rey del Azúcar, el Rey del Café, el Rey del Caucho, el Rey del Tabaco, el Rey de la Mierda, sin faltar, el Rey de los Jodidos. Perkins le preguntó si algo le pasaba, porque se había ausentado de la conversación.

—No, nada, profesor, solo pensaba en lo que ocurre con el henequén, aquí en Yucatán...

—Creí que pensabas en Marion.

—Siempre pienso en ella —repuso adusto—, pero no en este momento, no, me incendia lo que ustedes me cuentan.

—Pues bien, para que acabes de incendiarte y sepas a cabalidad de lo que hablamos, solo piensa que en Honduras una mula cuesta más que un diputado o es más barato comprar un nuevo esclavo que enterrarlo. Ya te imaginarás el furor que voy a causar en Europa cuando publique un libro con estos datos, a más tardar en 1910, y se difunda que Keith administra las aduanas y cuenta con sus propias policías y, llegado el caso, podía matar a sus esclavos sin consecuencia criminal alguna. Solo vale su ley personal...

Las manos de Harold, blancas, sin vellos, dedos alargados como los de un pianista, decorados ambos meñiques con anillos aderezados con aparentes escudos familiares de armas, el blasón que cada inglés hubiera querido tener, volvieron a abrazar la botella de ron Sir Walter Raleigh, ya tocada de muerte. Bartolomé Silvestre, el Bárbaro de la canción, se frotaba las manos a la distancia. Perkins le clavó la mirada para exigirle precaución; sin embargo, también aceptó que le rellenara de nueva cuenta su vaso de cristal grueso.

–Cuba y Brasil, Olegario –contó Harold empezando a arrastrar las palabras–, dependían el siglo pasado del comercio de esclavos. Supe de los negreros cubanos, unas figuras de horror que se desplazaban rodeados de perros feroces por los campos haciendo tronar el látigo, exhibiendo sus pistolas al cinto, además de cuchillos colocados a los lados de sus pantalones negros para quienes desearan verlos –aclaró dirigiéndose a Olegario con el inconfundible *cockney accent*–. Los hacendados azucareros de las Antillas llamaban ganado de dos patas a los negros, burros de carga, a quienes castigaban durante la zafra si no cortaban la cantidad de caña establecida para su edad y sexo. Dios, infinitamente sabio –continuó a pesar de saber que cometía una indiscreción–, les dio fuerza física, pero muy escasa inteligencia, apenas superior a la de los animales, para resistir las tareas del campo que el hombre blanco, mucho más inteligente, es incapaz de llevar a cabo. Dios creó estos ricos territorios pero entendió que para explotarlos resultaba imperativa la mano de obra africana y para ello facilitó el tráfico de personas. Por esa razón Haití es una perrera tropical, y no más...

–Bueno, en realidad así pensaban muchos de los patrones con quienes hablamos en Cuba y otros lugares, pero Harold no piensa de esa manera, te lo aclaro, Ole, ¿vale?, para que no te confundas...

–Te suplico, Hugh, que no me corrijas y menos en público, ya sabes que me irrita que coartes mi libertad. Todo el mundo sabe de tus conocimientos, pero no me exhibas, *for heaven's sake, I beg you* –reclamó Harold todavía con la obligada cortesía.

Por lo visto Hugh estaba acostumbrado a este tipo de desplantes, por lo que no le concedió ninguna importancia y continuó narrando el momento en que asistieron a una venta secreta de esclavos en Cuba. Había de todo, desde jóvenes menores de edad hasta hombres mayores, casi ancianos, de escasa utilidad, pero de muy bajo precio. El negrero, subido sobre una tarima, explicaba las cualidades y defectos de cada una de las personas a subastarse al mejor postor. Los mostraban de frente, de espaldas, señalando su musculatura, su altura, su edad; explicaban algo de su pasado, su docilidad, su fortaleza y su debilidad; les abrían la boca para enseñar la dentadura como si se tratara de caballos y se les obligaba a andar de un lado al otro del tablado improvisado para probar la inexistencia de defectos físicos. Llovían ofertas entre los noventa y cien dólares, sobraban los chiflidos de los compradores cuando el valor de salida era excesivo o el personaje, de entrada, no reunía las características deseadas. Parecía un teatro armado por los traficantes de la miseria humana.

—Es cierto, sí —interrumpió Harold—, pero recordemos, Hugh, cuando los amos nos decían que a los negros era más fácil comprarlos que criarlos y que mutilaban en público los cadáveres de los esclavos para que resucitaran amputados de los genitales, mancos o decapitados, y de este modo hacerlos desistir de sus deseos de quitarse la vida. ¿Cuál de los esclavos se iba a suicidar si estaba advertido de que resucitaría en terribles condiciones?

—Me indigna —repuso enojado Olegario— la forma en que abusan de la ignorancia de esa pobre gente, y mucho más se van a aprovechar de ellos si, como en la mayoría de las haciendas de Yucatán, no hay escuelas ni maestros ni libros, pero en su lugar sí existen los calabozos, los capataces y los látigos para hacerlos entrar en razón. Aquí en México no los mutilan para evitar que se quiten la vida por si llegaran a resucitar castrados, pero sí los amenazan y los asustan, para controlarlos, con terribles castigos en el Infierno y en el Purgatorio por haber provocado la furia del Señor en vida.

»¡Qué fácil resulta intimidar a un iletrado para dominarlo con supersticiones estúpidas! ¿Qué tal estos misioneros hijos de puta? —agregó Olegario, frustrado, elevando los brazos como si invocara a Dios al recordar frases memorizadas aprendidas en sus investigaciones cuando sermoneaban a los peones con estas palabras enemigas de la más elemental razón—: "¡Pobrecitos! No os asustéis por que sean muchas las penalidades que tengáis que sufrir como esclavos. Esclavo puede ser vuestro cuerpo: pero libre tenéis el alma para volar un día a la feliz mansión de los escogidos"».

—Sí, el clero es una mierda en toda América Latina —tomó entonces la batuta el profesor Perkins, preocupado por la creciente incapacidad de Harold de hilar talentosamente sus argumentos—. Los sacerdotes católicos son responsables de su tragedia. No les llegó el protestantismo luterano ni el calvinista, basta ver cómo se encuentran los países conquistados por la horrorosa Corona española y su catastrófica Inquisición. Es una pena, sí, pero no padecieron solo ese desastre, sino que también fueron víctimas de las riquezas de su suelo y de su subsuelo, cuando las grandes potencias empresariales descubrieron las posibilidades económicas de la cosecha del azúcar, del tabaco, del henequén, del agave y del café que enloquecían a los europeos. ¿Cómo sembrar cañas de azúcar en Normandía, en Renania o en Sajonia, para ya ni hablar de la Toscana, Holanda o Andalucía? ¿Cómo cultivar café en Baviera sin el sol tropical del Caribe? ¿Cómo? ¿Dios es un cabrón que nos da a medias para que sus hijos nos peleemos a balazos? Algo así como un padre millonario que no deja redactado un testamento para que se maten los herederos entre sí.

Harold y Olegario permanecían mudos. El maestro hablaba.

—Bien, Dios les da a unos tierras, minas o los yacimientos de petróleo que no saben explotar y entonces, para beneficio de la humanidad, crea a los empresarios y a los Estados poderosos para que entre todos trabajen esos recursos. Unos dan el dinero y otros la mano de obra. ¿Resultado de las decisiones divinas? Los ricos se hacen brutalmente más ricos y los pobres, brutalmente más pobres. Maldito Dios de mierda, ¿no? ¿Cuál justicia?

—Gracias, querido Hugh, gracias —adujo Olegario golpeando la mesa y poniéndose repentinamente de pie—. Hay veces en que creo haberme quedado solo en esta batalla y en este entendimiento social y humano, pero me reconcilias con la existencia y refuerzas mis convicciones...

—A mí también me reconcilias con mi existencia y confirmas mis creencias —tronó de pronto Harold al estallar en un baño de lágrimas—. Lo que pasa es que a veces este hombre que ves es muy malo conmigo y me desprecia.

Perkins enrojeció, a saber si de furia, de pena o ambas juntas, para tomar de la mano a Harold y tratar de consolarlo:

—*No, my dear, ce n'est pas grave* —exclamó en francés para tranquilizarlo. ¿Hugh hablaba también francés? Nunca lo había escuchado. ¿Harold había nacido en Francia? En un momento Olegario pensó que Harold se sacudiría la mano del profesor, la arrojaría al vacío, pero su amorosa actitud le produjo una calma inesperada. ¡Cuán gratificante puede ser encontrar a una persona que pronuncia las palabras mágicas en el momento adecuado, para recuperar la paz con tan solo un chasquido de dedos! Marion tenía esa habilidad, de la misma manera que podía arrullarlo como a un lactante y dormirlo, también lograba sacar lo peor de él y apaciguarlo en instantes, antes de que la mecha llegara al depósito de pólvora de un cohetón pueblerino.

Con el ánimo de distraer la atención, Perkins agregó que la demanda de productos agrícolas americanos había propiciado el surgimiento de latifundios, el despojo de sus tierras a las comunidades indígenas, incapaces de defenderse ni en los tribunales ni por medio de las armas, en la mayor parte de los casos. Cualquier resistencia resultaba inútil. A quien se defendía, en el mejor de los casos, lo incorporaban al Ejército como un rebelde enemigo de las causas sociales; en el peor, lo abatían a tiros. ¿Qué tenían que ver los precios internacionales del café o de la banana con los salarios de hambre de los indígenas? Cuando aquellos subían o se disparaban al infinito, entonces no había incremento de salarios y si, por el contrario, se deprimían, se acentuaban las miserias y carencias de los campesinos. ¿Cómo ganar? ¿Cómo lograr los ahorcamientos de los capitanes de empresa? Habría que colgarlos... La prioridad era el café, ¿sí?, pero ¿cómo hacer para sembrar arroz, frijol, maíz, trigo o desarrollar la ganadería? ¿Qué hacer para comer si América Latina abastecía las cuatro quintas partes del café que se consumía en el mundo? ¿Los empresarios iban a criar gallinas? ¿A quién le iba a interesar producir huevos para no sacar ni el dinero necesario para llenar una pipa con tabaco cubano?

Perkins acarició la cabeza de Harold. La confesión era expresa. Si bien el profesor experimentaba una debilidad manifiesta por ese muchacho, este, a su vez, lo admiraba como a un padre, como a un apóstol, a un semidiós dueño de su conciencia, de sus fortalezas y debilidades, de su existencia misma, de su destino. La dependencia hacia Hugh era total, por lo que le dolía, lo mataba, la menor discrepancia o ruido que perturbara su relación. Lo destrozaba cualquier cosa por insignificante que fuera, un enfrentamiento imprevisible que arruinara su santa paz, el paraguas que había construido cariñosamente su tutor, su mentor, su guía, su orientador para protegerlo de las agresiones externas, como fuera que se manifestaran. La pérdida de la serenidad podía desquiciarlo.

Olegario contó, a la primera oportunidad, lo que habían descubierto en Yucatán en relación con la esclavitud en las haciendas henequeneras. Claro que el profesor había sido informado por carta de sus andanzas, además de haber leído los documentos enviados para su publicación en revistas inglesas y norteamericanas. Marion y él habían visitado juntos haciendas cafetaleras en Chiapas, las chicleras en Campeche, las tabacaleras en Veracruz y muy pronto volverían a Valle Nacional, para rematar en una de las fincas productoras de madera de Chiapas, pero todavía no habían decidido la fecha del viaje.

—Cuando regrese Marion estableceremos el itinerario.

Por cierto, ni el mismo Perkins la reconocería, porque se había cortado el pelo como hombre y se lo había teñido para disfrazarse y poder entrar a las fincas como probable inversionista o cliente de productos agrícolas, sin despertar mayores sospechas.

Mientras Olegario explicaba las tareas ejecutadas a la fecha y exponía los planes de ambos de cara al futuro, advirtió de nueva cuenta la mirada sombría y el rostro contrito de Perkins cuando se refería a Marion. ¿Pasaría algo? Ni siquiera había comentado algo, ni una palabra, respecto a la pérdida de la cabellera trigueña de Marion.

Con el ánimo de evitar otra discrepancia incómoda y dado lo avanzado de la noche, Perkins felicitó sin mayor entusiasmo a Olegario y dio por terminada la reunión, después de explicar cómo habían salido en la mañana de ese mismo día de Miami, su última escala antes de llegar a Puerto Progreso y de ahí, en tren hasta Mérida. Ambos estaban cansados. Había llegado el momento de retirarse para descansar en la pequeña posada, en donde se habían registrado y dejado su equipaje. El intento de pagar fue sofocado de inmediato por Bartolomé, quien también les ofreció su cantina a los visitantes extranjeros como centro de operaciones.

—En esta casa no hay más patrón que Olegario Montemayor —presumió el generoso cubano.

En tanto se dirigían a la salida, Harold se excusó un momento para ir al baño, ocasión que aprovechó el profesor para tomar precipitadamente a Olegario del brazo y salir lo más rápido posible a la banqueta, para decirle al oído que el último artículo publicado por Marion en el *Oxford Review*, en relación con la esclavitud localizada en la zona chiclera de Campeche, había sido también adquirido por otra compañía editorial norteamericana. Lo más importante del caso es que había llegado a las manos de Perkins, *editor in chief* de la revista, una carta enviada desde los Estados Unidos por una persona desconocida, quejándose de las afirmaciones de Marion porque, además de ser injustas, eran del todo falsas. Lo más grave consistía en el hecho, según el remitente, de que varios consumidores de la goma de mascar habían dejado de comprar el producto hasta que demostraran que no intervenían esclavos en la manufactura del chicle. Si Marion insistía en el tema y continuaba dañando los intereses corporativos, podrían llegar a perjudicarla, a dañarla, por lo que era necesario que se abstuviera de divulgar sus puntos de vista o al menos tratara de suavizarlos.

Olegario se sobresaltó. Tenía muy poco tiempo para responder antes del regreso de Harold.

—Es cierto lo que dijo Marion, yo fui con ella, los indios tuxpeños y también mayas campechanos no saben leer ni escribir, sobreviven explotados a lo largo de interminables jornadas laborales en condiciones infrahumanas y, por supuesto, como siempre acontece, los indígenas ni se imaginan las enormes ganancias de las compañías gringas obtenidas con cargo a ellos. No se imagina usted los accidentes de trabajo: se caen al piso porque se rompe una reata o los pica una víbora nauyaca, una coralillo o de cascabel, de lo que ya jamás se reponen, e incluso mueren.

—Pero... —iba a interrumpir Perkins, Olegario no se lo permitió.

–Vi mujeres cocinando en la maleza, las vi exponiendo su triste existencia por unos miserables centavos con tal de alimentar con lo que tuvieran a su alcance a un piquete de peones chicleros, unos muertos de hambre que todavía trepaban para picar los árboles de chicozapote y sangrarlo para extraer la resina, la materia prima del *chewing gum*, la gran golosina que tanto gozan los gringos. No se vale, claro que son esclavos en el siglo XX –agregó cargado de malestar–. ¡Nadie sabe el esfuerzo y el crimen que hay detrás de cada chicle!

–Lo sé, claro que lo sé, es cierto –repuso el profesor, urgido de concluir el tema antes del regreso de Ha–, pero a mí me preocupa la amenaza contra Marion y las probables respuestas violentas de American Chicle Company o la de Wrigley Jr., o de Desmond, Mexican Explotation, o de Herman Weber, o de la Leaf Gum o la Chiclera Mexicana. No existen enemigos pequeños y pudieran darles un susto, nada grave, creo yo, perro que ladra no muerde, ya me lo aprendí, pero cuidado, muchacho, si yo hubiera visto el problema verdaderamente grave, les habría mandado un telegrama –concluyó apresuradamente en el momento en que Harold se acercaba–. Solo les pido precaución, porque todas estas compañías tienen agentes en México y están coludidos con los rurales de Díaz y con altos funcionarios de la dictadura... Nos veremos mañana –cortó despidiéndose con un apretón de manos, mientras Olegario parpadeaba con su ojo descontrolado y lo guiñaba compulsivamente.

–¿Estabas hablando mal de mí y por eso te callaste, Hugh? –tronó de repente Harold–. Eres un mal hombre, un mal amigo, ¿por qué tienes que envenenar a Olegario con nuestras intimidades?

–¡Claro que tú no eras el tema, seguíamos hablando de Robert Keith, Ha! ¿Verdad, Ole? –exclamó Perkins en busca de apoyo, sin ocultar su nerviosismo.

–Mientes, Hugh, mientes, siempre me has mentido –adujo Harold a punto de volver a llorar. Se dio la media vuelta y se retiró sin despedirse de ninguno de los dos.

Perkins lo persiguió de inmediato para abrazarlo en su marcha desaforada. Harold se lo sacudió con un movimiento violento, hasta que cedió, según se pudo observar a la distancia, mientras se extraviaban en las calles de Mérida perfumadas con flores huele de noche.

–*You don't love me anymore* –fueron las últimas palabras pronunciadas por Harold Drumlanrig según se alejaban de Los Amores de Kukulkán y empezaba un periodo de reconciliación que habría de terminar en uno de esos arrebatos que justifican la existencia.

Olegario tenía cinco o seis lápices colocados en orden sobre su mesa de trabajo. Los afilaba de tiempo en tiempo, de modo que nunca les faltara punta cuando atrapaba una idea al vuelo y necesitaba consignarla de inmediato en el papel para no perderla, como cuando una moneda cae al mar. Marion lo descubrió escribiendo en su cuadernillo de viejos rencores y agravios cuando regresó intempestivamente de su viaje de casi dos meses por Chiapas y Oaxaca. Tenía al lado una bolsita de ciricote y comía, como siempre, esa semilla que al partirla asemeja una almendra. Ella arrojó al piso su mochila con apuntes, lápices, plumines y ropa y se lanzó a sus brazos, tal y como lo hizo en alguna ocasión al anochecer en Oxford, frente a The Sweet Lawyer, cuando recordó haber sido la emperatriz de Francia. La inglesita vestía como todo un tzotzil: calzón de manta corto, una camisa blanca, nada de blusa, camisa he dicho, un jorongo de lana negro, huaraches, sus imprescindibles shanaakehwel, de origen maya, y un sombrero adornado con listones rojos, amarillos y azules, los colores del sol y el cielo. ¿Ropa interior? Ni hablar, no la conocía. Nunca la usó, ni en el siglo XVI, en sus años de fanático luterano, ni en el XVIII, cuando fue emperatriz de Francia. La pequeña casa donde vivían, de dos pisos, rentada gracias a la generosidad de la tía Lilly y del gran Ulliggi, ya en aquel momento, sí, el gran Ulliggi por el afecto y agradecimiento que ambos le habían cobrado, tenía un pequeño jardín interior. La habitación se encontraba en la parte de arriba. Abajo, en una reducida estancia, solo había dos sillones para leer, dos mesas de trabajo de madera rústica y un tapete rasurado, adquirido en un remate de una tienda de antigüedades de Mérida en quiebra. De la pared colgaba una coa utilizada para el chapeo y también como arma, por si algún intruso metía la nariz donde no debía... En lugar de tener un hijo en semejantes circunstancias, habían decidido adoptar un perro, en realidad una perrita, a la que llamaron *Lola*, un animalito que, como decía Olegario, externaba sus emociones con más alegría que los más felices de los mortales. ¡Quién no quisiera ser un perro para saltar de gusto, ladrar y recorrer toda la casa a gran velocidad para recibir a Marion de regreso de Chiapas, de los aserraderos de Chiapas, de las monterías chiapanecas!

Olegario no tuvo tiempo de levantarse de la silla ni devolver los abrazos ni las caricias de su mujer. Solo alcanzó a decir:

–*Ma'alob k'iin*. –«Buenos días, sol», en lengua maya.

¡Cómo la había extrañado! ¡Cuántas noches de insomnio, de luna inmóvil yucateca había padecido por los comentarios de Perkins! ¡Claro que los hijos de puta de los chicleros gringos eran capaces de todo, de venderle su alma al diablo si fuera necesario! Malditos tragadólares. Marion estaba de regreso en casa, a salvo. Olegario trataba de levantarse, pero ella se lo impedía besándolo en las mejillas, en la frente, metía las manos por debajo de su camisa y acariciaba su pecho, lo estrujaba y bajaba gozosa hasta tocar la entrepierna, impidiéndole cualquier movimiento o respuesta a su amado. ¿Cómo corresponder en semejantes condiciones, absolutamente inmóvil?

Cuando se puso de pie, ella lo desnudó con la misma, o tal vez con mucha más pasión y desbordado apetito que la tarde aquella en la catedral de Wittenberg, durante la marcha protestante de Martín Lutero en 1520, en que por primera vez hicieron el amor. ¿Quién podía presumir la existencia de una amante de cuatro siglos? ¿Quién? Su indumentaria tzotzil muy pronto cayó al piso, porque Olegario se enervaba con la presencia, la piel, la mirada, los olores, el cabello recortado, teñido o no, la voz, las manos, el aliento, las risas, el contacto de su cuerpo, la saliva, la materia más exquisita y deseada del ser amado. Olegario desprendió a Marion de los pantalones o de la falda, chiapanecos o no. ¿Acaso un enamorado puede experimentar un delirio superior al de desprender a su amada del último refugio de su pudor? Bueno, pues ese día, a mediados de 1908, Olegario no la desvistió, qué va, le arrancó la ropa, ya comprarían otra, y de rodillas hundió la cabeza en su sexo, en el refugio reservado a los dioses mayas, en la bragadura de Marion, quien echaba la cabeza para atrás, respiraba, inhalaba y exhalaba mientras su rey, el gran *Xiib*, se alimentaba de los nutrientes de la tierra:

—Bebe, Hunab Ku, bebe de la mujer, tu mujer, el origen de la vida. Bebe, mi Itzamná, mi Ixchel, mi Ixtab, mi Chaac, mi Yum Kaax, mi Xaman Ek, mi Ek Chuah, mi Ah Puch…

Olegario se extraviaba. Había olvidado lo que escribía. Desconocía en qué parte había dejado el tema ni qué continuaba ni cuál era el asunto ni nada de nada. Solo deseaba engullirla, devorarla, hacerla suya una y mil veces. Marion resumía a todas las mujeres de la historia, las nacidas y las por nacer. Nunca ninguna la superaría. Solo tenía ojos, sexo, cerebro, corazón, fuerza, ímpetu e ilusión para Marion, solo para Marion, y Marion estaba de regreso.

Cuando Olegario la derribó, la asió por las nalgas, la montó y la hizo suya frente a *Lola*, que admiraba atónita la escena, Marion exhaló con la respiración entrecortada:

—*Where have you been, holy God*, mi Kukulkán, mi Quetzalcóatl? Ven a mí, muérdeme, atácame, *sweetie*, muévete, lánzame, enloquéceme, despiértame, recuérdame que soy mujer, tu mujer, regrésame a la vida. *Jesus, oh, dear Jesus!* —exclamó Marion mientras agarraba a Olegario de las nalgas y lo jalaba contra ella, lo apretaba y succionaba como si quisiera tragárselo completo.

A las seis de la tarde, las campanas de la catedral de Mérida llamaron a la reconciliación, al perdón, al amor y a la misa, la comunión con Dios. Ambos estallaron simultáneamente como si respondieran a esa convocatoria. Juntos, unidos, tomados de la mano, con las lenguas entrelazadas y agónicas y los cuerpos hechos uno.

–Yo no quiero ninguna comunión con Dios si ya lo tengo sobre mí en este tapete. Mira: lo veo, lo toco, lo exprimo, es mío, ¿no lo ves? Mi Adonis hace el milagro de volverme loca, perdida, extraviada siempre y cuando no se empequeñezca por la magia de la naturaleza después del combate –comentó Marion con su pícara sonrisa de siempre.

–Marioooonnn –entendió Olegario la insinuación–. Hasta el gran Zeus pierde sus facultades y reduce sus poderes después del estallido del amor.

–Ese que dices no es Zeus ni es nada, Kukulkancito, la verdad, ya no me sirves para nada, un verdadero Dios no se encoge ni se disminuye ni pierde jamás su fuerza y poderío –adujo apretando las piernas para impedir la fuga de su menguada divinidad.

Olegario cayó a su lado, rendido, jadeando como si hubiera llegado corriendo de Tulum al corazón de Mérida. Sudaba copiosamente, apenas podía hablar. Su cara aparecía poblada de pequeñas perlas. Era la agonía del guerrero.

El cansancio los venció. El silencio arrojó un velo ingrávido sobre los cuerpos. Olegario o Marion, alguno de los dos dejó de hablar o de escuchar y sucumbieron al cansancio y a la ilusión desahogada. La fatiga los sometía con sutileza. Por un largo rato durmieron a plena luz del día. La emoción los había agotado. Cuando Olegario despertó y la contempló desnuda, dormida, de espaldas a él, sin acabar de creer que, gracias a quien fuera, ella ya estaba de vuelta, empezó a acariciarla con las yemas de los dedos y, momentos después, con las uñas. Marion volvía perezosamente a la vida. Empezó a retorcerse como si fuera una gata de angora al amanecer. Se estiró, sonrió, respiró, suspiró y, sin voltear, trató de acariciar una de las piernas de su novio. Se dejaba hacer en su exquisita indolencia, solo que el fauno gozoso, el sátiro pervertido e insaciable, la hizo girar, la vio a la cara, le tocó el delicado mentón, recorrió su frente húmeda con el dedo índice, le hizo cerrar los párpados, se los besó, le mordió los labios, se los recorrió con la lengua, disfrutó cuando inhaló su aliento reposado, hasta que volvió a montarla, la sujetó firmemente por la cadera y empezó a cabalgar, a volar, a flotar como si estuvieran desplazándose sobre un tapete mágico, tal vez viendo a lo lejos la cantina, su cantina Los Amores de Kukulkán y más tarde el estado de Yucatán, la península, el continente americano y el globo terráqueo hasta revolotear por la inmensidad del Universo en la intensa batalla por la conquista del placer.

Reían, se enjugaban el sudor, se veían, disfrutaban el encuentro y las travesuras, intercambiaban besos, se abrazaban, se soltaban y se volvían a abrazar. Ni el más rico de los hombres podría comprar con sus inmensos recursos un momento así.

—¿Empiezas tú o yo? —preguntó Marion.

—Empezamos, ¿a qué, linda hermosa? —repuso el galán sin dejar de admirar la belleza que tenía a su lado.

—A hablar, yucatequito pendejo, salvo que no tengas nada que contar desde que me fui...

—Ah, sí, alguna novedad te tengo, sí, pero comienza tú. *Ladies first...*

Cuando Marion iba a empezar a relatar su experiencia, Olegario le pidió colocarse de espaldas a él, alargó su brazo izquierdo para que su novia lo utilizara como almohada y al mismo tiempo, al doblarlo pudiera acariciar su seno derecho. Al abrazarla posó la otra mano sobre el otro pecho de su amante para no dejarlo en el olvido. Así, bien sujeta su mujer, apretadita, podría empezar a contar sin peligro de que se cayera del tapete... Cualquier pretexto se valía con tal de estar juntos, lo más cerca posible.

—Oye, yucatequito —dijo Marion imaginando el rostro de Olegario—, ¿ya estás cómodo, señorito? ¿Entonces podrías poner lo que queda de tu cosito ese, como le dice mi tía Lilly, entre mis nalgas, para estar lo más cerca posible de ti?

Una vez cumplido al pie de la letra el deseo de la doncella, ella empezó a contar cómo, desde su llegada a Chiapas, había entendido la manera en que los indígenas aceptaban resignadamente la inevitabilidad de su destino. Sabían que era imposible escapar a él y que tarde o temprano la fatalidad se impondría, hicieran lo que hicieran, con brujería y sin ella.

—Ole, *dear*, para ellos nada tiene remedio, lo que se escribió, a saber por quién, cómo o cuándo, se ejecutará como si fuera una voluntad divina. Su futuro, según ellos, es inescapable.

—Eso me confirma su eterna resignación ante todo. ¿Para qué luchar si ya nada tiene sentido ni remedio? —respondió Olegario.

—Así es y nada se puede hacer, es inútil. Dios así lo quiso, para bien o para mal. Si el niño se recuperó de la enfermedad, así lo quiso Dios, y si murió, así lo quiso Dios también. De esta manera estamos frente a un conformismo suicida que se traduce en una incapacidad productiva y en el abandono de todo. Desde su punto de vista, aun cuando no lo confiesen ni lo entiendan, no tiene objeto luchar, ¿para qué? Si sus dioses no los defendieron durante la conquista y fueron vencidos por los invasores y de su nueva religión solo les queda resignarse y someterse ante lo inevitable. Precisamente esa actitud, esa apatía es lo que facilita su control, su explotación: cualquier protesta es inútil y, por lo tanto, que pase lo que tenga que pasar. Lo pudimos demostrar con los mayas, al final de la Guerra de Castas, donde volvieron a comprobar la inoperancia de sus fuerzas y su capacidad de respuesta. Es muy fácil dominar a esa gente, Ole, y más aún cuando intervienen personas de mala fe, traficantes de miseria, dispuestas a abusar de sus creencias, supersticiones y debilidades.

–Es el caso de la América española.

–No, Ole, no solo la América española, es el problema de todas las personas ignorantes y fanáticas religiosas. Es una mezcla perversa para explotar la mano de obra y lucrar con ella. Pero te digo más: después de haber convivido buen tiempo con ellos y vivido en sus jacales a pesar de las víboras que se meten por todos lados, pude concluir que viven en una rutina suicida. Los indios, para comprobar su idiosincrasia y docilidad, no cambian de curandero más que cuando este ha matado, eso sí, sin querer, a varios de ellos. Entonces, al perderle la fe al brujo, ¿cómo debe ser una persona que cree en la brujería en el siglo XX?: ensayan con otro hasta la siguiente cadena de muertes, y así sucesivamente, sí, pero no piensan en un médico, sino en otro curandero, tal vez peor que el anterior.

–¿Cómo cambiar ese espantoso fatalismo que existe en todo México? –preguntó Olegario con la mirada extraviada en busca de soluciones–. Ya no hay tiempo, se acabó, solo queda un granito en el reloj de arena…

–Tan pronto te acercas –continuó Marion su reseña–, se encierran en un misterioso mutismo del que no los puedes sacar. Cuesta mucho trabajo comunicarte con ellos, porque son escépticos por naturaleza, desconfían de todos y de todo, aun cuando son nobles y corteses, como lo hemos comprobado siempre aquí, en Yucatán. ¿Cómo ayudarlos cuando no hablan, no se atreven a expresarse y, cuando lo hacen, ven al piso apenados y giran el sombrero entre las manos encallecidas, como si hubieran sido privados del uso de la palabra? Va a ser muy laborioso lograr avances con ellos, más laborioso aun si sus hijos no van a la escuela pero sí a la iglesia, donde los acaban de arruinar. ¿Cómo luchar por ellos si no saben leer ni escribir y si además el dogma católico los aparta de la razón?

–¡Claro! –interrumpió Olegario–. Al clero le interesa crear generaciones de supersticiosos y de analfabetos para explotarlos y manipularlos junto con los hacendados y el propio gobierno. Esos tres feroces enemigos, clero, gobierno y hacendados, no quieren personas preparadas ni ilustradas, para seguir haciendo con ellos lo que les venga en gana. Jamás podrías hacer lo mismo con unos gobernados amantes de los libros y de la lectura. México no prosperará si a los chiquillos no se les educa o si se les deforma en escuelas religiosas, en donde se les confunde su inteligencia con estupideces y se compromete para siempre su futuro −agregó Olegario al tiempo que iba por un par de batas. Imposible discutir desnudos sobre esos temas serios...

−No va a ser fácil...

−Fácil no hay nada, lo fácil se agotó hace mucho tiempo, amor. Todo lo valioso es complejo, cuesta arriba, tarea de titanes, se trata de objetivos difíciles de alcanzar, imposibles, diría yo, como convertir a México en un país de lectores antes del estallido de la violencia. ¿Sabes que la veo venir, Marion, la distingo como cuando aparecen manchas negras en el horizonte caribeño, junto con poderosos vientos, los embajadores del desastre, que anuncian la presencia de un señor huracán? Yo sé distinguir como nadie si se trata del *chak iik'*, el viento de las ráfagas huracanadas, o el *nojol iik'*, el que sopla del sur.

−O hablas tú o hablo yo, querido poeta, Kukulkancito... ¿Quién de los dos se fue de viaje y se jugó el pellejo, *darling*?

−Bien, bien, cuenta, cuenta, perdón, ángel mío −comentó Olegario sonriente, mientras cubría a la inglesita con su bata de baño, corta y provocativa. Todo en ella era provocar, una finísima incitación.

−Al principio me costó trabajo la comida, más aún cuando tenía que cucharear los frijoles con la tortilla, pero me acostumbré a comer con las manos sin lavármelas −comentó con total naturalidad, como si hubiera regresado del gran teatro en Oxford después de asistir a una tragedia shakespeariana−. Vivir en una montería al lado de leñadores dedicados a talar árboles de caoba y compartir con ellos sus alimentos, si a eso se le puede llamar alimentos, constituye un apostolado: no cambiarías un minuto de tu vida por cien años de la suya y, sin embargo, no se quejan después de asestar hachazos a troncos convertidos en piedras. A ti y a mí se nos romperían los dedos, las manos y las muñecas al dar el primer golpe, solo que ellos todavía tienen que soportar los calores tropicales, los vapores sofocantes, la llegada repentina de jaguares, pumas y otros animales feroces o de reptiles mortales, de moscos y bichos ponzoñosos que están presentes en la faena diaria y sin perder de vista el consabido cuento: o cortas ciertas toneladas de madera o te cuelgan.

−¿Los ahorcan?

−No, porque perderían mano de obra y les resulta inconveniente desde el punto de vista económico, pero el castigo de no cumplir con la cuota consiste en colgarlos de pies y manos cubiertos por una brea especial o miel para que los insectos nocturnos, las chinches o las sabandijas, lo que tú quieras, los devoren a piquetes. No te imaginas los gritos de horror, los alaridos de los pobres peones, obviamente esclavizados, que escuchábamos en las noches. En ese momento yo no sabría si preferiría los azotes con látigo, como los que presenciamos en El Paraíso, o la inflamación a causa de los piquetazos y la asfixia, sin poder respirar, ni rascarte ni defenderte. Se sacudían enloquecidos, víctimas de un dolor y de una comezón infernales, como si les hubiera dado un ataque; pero cualquier resistencia resultaba inútil. Las muñecas y los tobillos amanecían ensangrentados, en tanto tenían restos de una sustancia negra viscosa en la boca, a saber qué era, al igual que en ese momento era difícil descubrir si vivían o habían muerto. ¿Qué puede esperarse de un país en donde la tierra se vende junto con la gente, los árboles y los apeos agrícolas? Cosas, en fin, todos eran cosas, objetos...

»Las monterías del Sureste mexicano y Guatemala, las de Tenosique y Palenque, ubicadas a lo largo del río Usumacinta para facilitar el transporte de los troncos hasta Frontera, Tabasco, son cárceles, territorios cerrados, en donde se aplican solo las reglas y normas dictadas por sus propietarios. La Constitución y las leyes que de ella emanan son letra muerta, palabrería pura. En esos bosques ricos en maderas preciosas, como la caoba, es posible encontrar incontables cruces improvisadas, hechas con palos y atadas con mecates: panteones, sin duda alguna, fosas comunes de esclavos enterrados sin respetar la mínima legalidad ni mucho menos los ritos religiosos. Ahí no entran ni el sol ni el clero ni la policía ni el Ejército ni autoridad alguna, salvo que se tramite un salvoconducto suscrito por los patrones, por lo general extendido en exclusiva a clientes europeos o norteamericanos: es la auténtica ley de la selva. Se roban los tesoros de México sin control alguno del gobierno y sin dejar beneficios al país. Además de salvajes, son rateros».

—Deberíamos arrancarles las tripas a esos hijos de puta, no tienen perdón. El Infierno de Dante resultaría un juego de niños con lo que me cuentas. Me encantaría desollar vivos a esos miserables —agregó Olegario mientras servía un par de pequeños vasos de ron negro y se sentaba en el piso frente a su mujer.

—Pude presenciar en plena selva una subasta de esclavos, indios muertos de hambre, como si se tratara de una venta de reses, empezaban las posturas de los compradores y se remataban personas, seres humanos, algo increíble, al mejor postor.

El yucateco guardaba silencio al recordar las palabras de Perkins, su experiencia en América Latina.

—Carajo —alcanzó a decir.

—No, Ole, todavía no has escuchado nada. Lo más denigrante que me tocó vivir fue cuando presentaron a dos pequeñitos de escasos siete años para ir a trabajar en los bosques y su padre pidió su contratación por razones más que obvias. Sus súplicas fueron oídas, aceptaron la procedencia de su queja, pero sobre la base despiadada de que los menores no podrían tener derecho a alimentos, sin perder de vista que la ración del padre, su escaso rancho, ni siquiera alcanzaría para su propia subsistencia, es decir, si no trabajaban tampoco comerían, y si le prestaban dinero para la porción de la comida de los chamacos, entonces su deuda acumulable sería impagable...

Olegario adujo que se podía golpear en la cara a un indio y no pasaba nada, patearlo o colgarlo, era lo mismo. Si se le asesinaba por la razón que fuera, el hecho se olvidaría ese mismo día sin ninguna consecuencia para el criminal. A base de golpes y castigos, los indígenas tampoco valían nada en la selva chiapaneca, repartida entre una docena de latifundistas, como tampoco se les respetaba en la yucateca ni en la oaxaqueña ni en la poblana ni en la campechana ni en la tabasqueña. Después de siglos de meterles la cabeza en la mierda, finalmente habían logrado castrarlos.

—No tanto, querido Ole. En 1904, justo cuando llegamos de Oxford, los peones caoberos de la montería Las Tinieblas organizaron una revuelta que casi resultó exitosa después de un baño de sangre. Fue conocida como la Rebelión de los Colgados. Una vez agotada la paciencia de los campesinos madereros chamulas, hartos de tantos abusos, colgaron de brazos y piernas o del cuello a esos capataces y patrones, unos cabrones. ¡Qué placer!, ¿no? ¡Por supuesto que la revuelta fue sofocada a balazos por Rafael Pimentel, el gobernador de Chiapas, una vez obtenida la autorización telegráfica de Porfirio Díaz para volver a matar «en caliente» y evitar que el ejemplo cundiera en el estado! La clásica política del tirano que tantas veces hemos platicado.

—Tenemos entonces tres problemas, Marion —adujo Olegario con el rostro contrito—: Uno, reconstruir emocionalmente a las grandes masas indígenas, devolverles la confianza perdida, en fin, educarlos, toda una tarea faraónica. Dos, destruir a quienes los sojuzgan, quienes los explotan y los aplastan, para volver a concederles el espacio ciudadano que se merecen. Y tres, tenemos que hacerlo rápido, antes del estallido de la violencia. Además de la Rebelión de los Colgados, muy pronto veremos la rebelión henequenera, la chiclera, la tabacalera, la platanera, la cafetalera y la maderera, porque todas tienen dos denominadores comunes: la esclavitud y la avaricia.

—El problema es que no solo se da en Yucatán y en Chiapas, Ole, *dear*, sino en casi la totalidad del Sureste mexicano, invadido casi siempre por agricultores extranjeros, verdaderos demonios que desean utilidades a cualquier precio. Tú lo sabes mejor que yo... Los productores de café del Soconusco son, por lo general, alemanes. Gobiernan los Luttmann, Kahle, Widmaier, Pohlenz. Las comunidades de Mezcalapa, propiedad de la Paley, Scriven and Company, y otras tantas en Oaxaca, siembran y exportan caucho a placer para la fabricación de neumáticos, vitales en la industria automotriz. En Quintana Roo, la familia Adams y un tal míster Turton, paisano inglés, son dueños de un ejército de resineros esclavizados dedicados al chicle que devoran los gringos. Una parte del mercado del tabaco en Santa Rosa y el Valle Nacional lo domina un alsaciano conocido como monsieur Schenetz, asociado con Levy, un judío. Los campesinos, verdaderos siervos del plátano, sirven a Massineson de Pittsburgh, en el Papaloapan, o los de Mutual Planters en Tehuantepec, casi todos yanquis. Todo ese sistema agrícola presa de la esclavitud...

—Hablamos de una segunda colonización, Marion. Por lo visto no fue suficiente la conquista, cuando nos privaron de todo, y ahora Díaz viene a rendir al país a los nuevos extranjeros, amos del mundo, y a la oligarquía criolla, igual o peor que la española del Virreinato.

—Solo por terminar, amor, y para que tú también me cuentes, pero rapidito, ¿eh?, te digo que el otro horror de la dictadura porfirista se encuentra en Valle Nacional, en Oaxaca, en su propia tierra. El dictador convirtió esa parte de México en un reducto esclavista, en la cárcel más grande de México, a donde llegan presos políticos, estudiantes rebeldes, escritores, periodistas, personas inocentes, bueno, hasta sacerdotes que no creían en las apariciones hasta que los desaparecieron a petición de Carmelita, la esposa de Díaz, según me contaron los opositores a la tiranía, además de miles de personas vendidas, compradas o engañadas, dedicadas a producir tabaco, puros para consumo internacional, en auténticos campos de trabajo forzado.

—Me recuerdas —exclamó Olegario conmovido— el canto tercero de la Divina comedia, cuando el maestro dice a la entrada del Infierno, en el dintel de la puerta: «¡Oh, vosotros, los que entráis, abandonad toda esperanza!».

—Cierto, Ole, la muerte de la esperanza empieza desde que te suben a la fuerza, a punta de bayoneta, al tren rumbo a Valle Nacional. Nunca volverán a ver a los suyos porque las expectativas de vida en ese panteón de trabajo no supera los siete meses de estancia antes de caer muertos, por lo que las tareas de reposición de material humano tienen que ser muy eficientes para integrar las fuerzas de trabajo. El saqueo de personas en el país no puede ser más salvaje ni más inhumano.

—¿Acabaste, reina mía, dueña de mis ilusiones? —preguntó Olegario, fatigado por el fatídico recuento.

—Sí, mi vida, el resto y en detalle podrás leerlo en el artículo que envié a la Universidad de Harvard, acuérdate que me pagó muy bien mis otros trabajos.

—¿Ya lo mandaste? —preguntó Olegario, alarmado y puesto repentinamente de pie.

—Sí, ¿por qué? Te siento preocupado, amor.

—¡Claro que estoy preocupado! Debes saber que en tu ausencia me visitó el profesor Perkins.

—¿Perkins? —preguntó Marion muy ilusionada.

—Sí, Perkins, nuestro maestro, ahora te cuento, él me hizo saber su preocupación —agregó sin mayores explicaciones— porque uno de tus artículos había causado un efecto inesperado entre los consumidores de chicles en los Estados Unidos, la clientela se negaba a comprar un producto hecho con mano de obra esclavizada. Las ventas se desplomaron. Los accionistas, hartos como se encontraban, enviaron una carta anónima a la editorial y te amenazaron para que no volvieras a abordar el tema.

—A mí no me atemoriza nadie, Ole. Mejor cuéntame de Hugh, hubiera muerto con tal de volver a verlo. ¿Cómo está?

—No, no es que te atemoricen, Marion. Muchas veces nos equivocamos porque nadie nos alertó de un peligro, pero ahora ya estamos advertidos, ya lo sabemos y no tendríamos perdón si ignoramos la información; debemos tener cuidado, extremar las precauciones, porque el dinero es cabrón, y no me perdonaría que te pasara algo por dedicarnos a difundir las andanzas siniestras de los inversionistas mundiales y la realidad de la dictadura.

—No pasa nada...

—Sí, sí pasa, claro que pasa...

—¿Entonces todo lo que hoy sabemos con mil esfuerzos, nos lo callamos y nos convertirnos en cómplices de estos hijos de puta? ¿Cuál es el sentido? ¿No vinimos a Yucatán a conocer la verdad y ahora que la descubrimos nos la metemos por el trasero? ¿Eso es? —preguntó Marion, furiosa.

—Nunca supusimos que nuestras investigaciones pondrían en riesgo nuestras vidas. Es un precio muy alto.

—Mira quién habla... ¿No te reuniste con Felipe Carrillo Puerto, un incendiario, enemigo del sistema? ¿Crees que es hermano del Príncipe Feliz, eh? ¿No me dijiste que te unirías a él porque luchaba por lo mismo que tú cuando lo conociste en un café en Motul? ¿No mencionaste que llegaría muy lejos y que lo seguirías a donde fuera y como fuera? ¿Qué quieres que haga yo mientras tú te alías con Carrillo y echas a andar tus planes políticos a su lado?

—Sí, pero yo soy hombre y debo correr riesgos, los que sea, con tal de materializar mis sueños.

—¡Ah! ¿Entonces una mujer debe aprender tejido de punto y lavar las cazuelas y amamantar a los niños? No me decepciones, por lo que más quieras, Olegario. Ese argumento machista te descalifica. Tú no eras macho mexicano, al menos hasta que volviste a Yucatán.

–No, por favor, no lo veas así. Si a ti te llegara a pasar algo por mi culpa, no me lo perdonaría hasta el último de mis días.

–En primer lugar –repuso Marion poniéndose de pie y exhibiendo unas piernas espectaculares, las que justificadamente enloquecían a Olegario; cuántas prendas mágicas poseían las mujeres–, no me va a pasar nada y, además, nada de lo que suceda o me pueda suceder será por tu culpa. Nadie me trajo a Yucatán a la fuerza, yo quise venir sin que me convencieras y, por lo tanto, me responsabilizo de mis decisiones. Soy mayor de edad y sé lo que hago. Jamás podrías ser tú el culpable de mi suerte, no eres un papá protector ni nada que se le parezca. Hace mucho tiempo que soy libre y no le rindo cuentas a nadie. ¿Okey, *darling?* –remató en inglés, para suavizar la conversación.

–No sabes cuánto te quiero, Dolly.

–Y yo también te adoro, Ole, pero ninguno de los dos puede abandonar a estos cientos de miles de esclavos que escasamente subsisten peor que animales. La vida es búsqueda, la vida es riesgo, amor, riesgos que debemos correr para llegar a ser. ¿Te puedes imaginar cómo te sentirías si mañana regresáramos a Oxford a estudiar a Locke, a Montesquieu o a quien tú quieras, y nos olvidáramos de esta gente? La verdad es que no tenemos remedio. Si nos quedamos, mal, y si nos vamos a Inglaterra con el dinero de mi tía Lilly, también mal. De los males, el menor: defendamos entonces a los esclavos mexicanos y confiemos en nuestra buena estrella. Si estalla una revolución colgarán a los hacendados, a los políticos corruptos, vendidos, se impondrá el orden y nos perderemos en el anonimato. Tal vez tu Carrillo Puerto llegue muy lejos y formarás parte de su equipo o hasta lo encabezarás para cumplir con su cometido. Ese es nuestro destino y no otro.

Al quedarse Olegario sin argumentos, enmudeció, le clavó la mirada, meditó su respuesta, se le anegaron los ojos, dio unos pasos al frente y la abrazó. Con su mano derecha apretó con firmeza su cabeza y al sentir su mejilla, un estremecimiento intenso le recorrió repentinamente el cuerpo. ¿Cómo había sido posible que hubiera encontrado a la horma de su zapato? ¿Cómo? Lo supo desde un principio, cuando entró al salón de clases en Oxford y la vio indiferente, apartada en apariencia de este mundo. Marion, Marion, Marion, amor… Permanecieron inmóviles por unos instantes. Ya tendrían tiempo para seguir conversando. La moneda estaba en el aire.

En las disputas por el dinero o por el poder no se respetaba a las personas, a las sociedades, a los países ni a las instituciones, lo sabían, claro que lo sabían, como tampoco podían ignorar que ellos se encontraban exactamente en el ojo de un rabioso huracán. Imposible escapar. Brindaron una y otra vez, viéndose a la cara sin decir nada y al mismo tiempo diciéndoselo todo.

Fue en ese momento cuando Olegario tomó de la mano a Marion, se sentó en un viejo sillón y ella se acomodó sobre sus piernas, mientras él le acariciaba la frente, peinaba su cabello recortado con los dedos, le pellizcaba la nariz con ternura y le contaba que el profesor Perkins efectivamente había llegado a Mérida hacía un par de meses, acompañado de un tal Harold Drumlanrig.

—¿Y quién es Harold Drumlanrig?

—No lo vas a creer, *sweetie...*

—¿Quién? Di...

—Su *boyfriend, dear...*

—*Whaaaaat?* —levantó Marion precipitadamente la cabeza—. ¿Su novio? ¿Qué dices? —cuestionó a Olegario viéndolo fijamente a la cara para comprobar si era una broma—. ¿Hugh es homosexual?

—Como lo oyes, Dolly, es homosexual, Hugh es homo...

—*Holy smoke.* Ya me extrañaba que nunca se le hubiera conocido mujer alguna en la universidad. Era muy sospechoso, pero ahora que lo dices, sus modales siempre fueron muy delicados, así como su exquisita amabilidad al tratar a sus alumnos.

—Está perdido de amor por Harold, Ha, según le dice de cariño. Hubieras visto cómo se veían y jugaban *footsie* debajo de la mesa. Parecían dos chiquillos. Discutían de todo y Hugh siempre fue a consolarlo, porque si de casualidad no le concedía su lugar, Ha armaba un drama mayor que una tragedia de Eurípides.

—Lo más importante en la vida es el amor —exclamó Marion—, y me parece maravilloso que los dos se quieran y que sean muy felices por muchos años. A nadie le hace daño la ternura ni el cariño, hasta los perros agradecen las caricias, y por supuesto que no los estoy comparando —adujo Marion sin dejar de sonreír.

Después de comparar a Harold con Bosie, el amante de Oscar Wilde, y de expresarse con el máximo cuidado para preservar el secreto, por las consecuencias sociales y académicas que podía ocasionar su revelación, Olegario describió el anterior viaje de Hugh por Japón y el realizado en esos días por las Antillas, el Caribe y América del Sur. Perkins pensaba publicar un libro ese mismo año o, como máximo, el año siguiente, que estaba a la vuelta de la esquina. Les había dejado copias de sus investigaciones. El querido profesor había tomado apuntes de Mérida y disfrutado la comida, la gente y la música, como cuando escuchó la trova y le tradujeron la letra de las canciones. ¡Claro que lo había llevado con Oasis a visitar un par de haciendas como potentado comprador de henequén! Días después, antes de volver a Inglaterra, Olegario le había hecho una descripción pormenorizada de sus descubrimientos en Yucatán, así como del pavoroso pleito con su padre, un rompimiento inevitable e irreparable. Perkins se felicitó por la cantidad de datos acumulados por ambos para denunciar la esclavitud en México. Esperaba que nunca hubiera consecuencias negativas para dos verdaderos sociólogos como ellos.

Había tanto que contar... Mientras Olegario acariciaba la frente y el cabello de Marion y la besaba en los labios de vez en cuando, le hizo saber que encima de su buró, a un lado de la cama, encontraría varias cartas de la tía Lilly y solo una de su madre. Recordó la conversación sostenida con Ulises a la salida de Los Amores de Kukulkán después de cenar, cuando se habían conocido. Durante el paseo nocturno, Olegario supo que el banquero amante de Lilly había heredado un imperio financiero de su padre y, a su muerte, él tuvo que ocuparse de los negocios de la familia, sin poder desprenderse de ellos por un concepto mal entendido de lealtad. Había cometido el peor de los errores de los que podía acusarse a una persona: no había sido feliz en su existencia, y si bien había tenido hijos, por más que los negara Lilly, siempre le había dedicado más tiempo a los negocios que a ellos, por lo que en la actualidad eran unos vividores, uno de ellos dipsómano, que esperaba ansioso y descarado su fallecimiento para entrar a saco en la herencia. Cuando él muriera, los suyos dilapidarían su fortuna, la malgastarían en alcohol, juego y putas. Despilfarrarían su patrimonio, botarían su dinero y, no solo eso, también destruirían a quienes los rodearan, en especial a sus familias. Finalmente se quedarían sin nada, se gastaría todo lo que pudiera en compañía de Lilly, nadie mejor que ella para lograrlo, a carcajadas. ¡Cuánto desperdicio y en el fondo, cuánta cobardía! ¿Y si donaba sus haberes a la beneficencia pública o a Lilly? Ya sabría qué hacer...

—No sabes cómo me felicitó Ulises durante nuestra caminata nocturna, ni siquiera te lo había comentado, por haber tenido los pantalones de renunciar al patrimonio de la familia y dedicarme únicamente a lo que me hacía feliz. Dijo admirarme por el temple que él no tuvo al encargarse de las empresas en lugar de venderlas, desprenderse de sus compañías «como quien se quita unos calzones sucios» y vivir, hacer todo aquello que él soñaba y le llamaba la atención, lo que en realidad le haría feliz y lo colmaría de placer y satisfacción. ¡Qué cara le salió la cobardía! Desprecia a sus hijos por inútiles y por no haber tenido tampoco los arrestos para trazar una meta independiente y acometerla con coraje y determinación. Nacieron para cumplir una sentencia biológica como millones de personas: los animales nacen, crecen, se reproducen y mueren... Sí, pero los seres humanos nacen, crecen, se reproducen, piensan, se realizan, disfrutan, aprenden, entienden, se superan, fracasan y se recuperan, sueñan y mueren...

—Fue entonces una triple tragedia, amor —acotó Marion, poniéndose de pie sin cerrarse la bata como si se tratara del producto de un descuido. Bien conocía ella el silencioso lenguaje del amor—. Una, la propia vida del tío Ulises desperdiciada, más aún cuando a su edad ya nada tiene remedio. Dos, confirmar la inutilidad de los suyos y asumir su responsabilidad al no haber podido formarlos. Y tres, saber que su esfuerzo no sirvió finalmente para nada. A saber quién va a disfrutar esa enorme fortuna. Nadie sabe para quién trabaja... Es un horror darte cuenta de que tu vida fue ociosa, carente de sentido, infructuosa y ya no puedes hacer nada para solucionarlo —remató—. Al menos mi tía Lilly lo hace reír, lo acompaña y lo comprende, es un consuelo.

Olegario tenía la cartuchera llena de balas. Le contó sus conversaciones con Felipe Carrillo Puerto. Este lo había impresionado al extremo de identificarlo como uno de los grandes constructores no solo de Yucatán, sino del México moderno. Felipe, nacido en Motul, eje de la economía yucateca, había padecido los horrores de la Guerra de Castas. Hablaba maya a la perfección para comunicarse con el verdadero pueblo. Su amor por los indios se remontaba a su infancia, cuando regaló una vaca, propiedad de su padre, a un indígena. No podía tolerar la miseria ajena, de la misma manera en que Olegario le había regalado sus zapatos, su ropa y sus juguetes a los hijos de los sirvientes, en especial a Oasis, el querido Oasis, su gran confidente que lo acompañaba como su más fiel escudero.

«No me mates, papacito», le había suplicado Felipe a su padre cuando lo golpeaba por haber enajenado el animal, «porque voy a inmortalizar tu nombre». Eso le había contado Carrillo Puerto a Olegario, cuando ya intuía su destino político. La descripción de ese momento no pudo haber sido más conmovedora.

En Motul tuvo contacto por primera vez con la explotación de los mayas. Felipe había estado en la cárcel en cuatro ocasiones por defender los intereses de los indígenas. Tenía, como Oasis, la espalda marcada con largas cicatrices como consecuencia de los azotes por alebrestar a los indios. Había sido carretillero, chalán, vaquero, leñador, cartero, carpintero, operador de vías de ferrocarril, comerciante y periodista, pero su camino era la política; ese era su destino, no tenía otra alternativa. Felipe nunca se dedicaría a ser maestro de escuela ni vería reducidos a las aulas sus deseos de ayudar. ¿Ser periodista para ir a morir en San Juan de Ulúa?

Los hacendados no abrirían el puño por las buenas para repartir su riqueza entre los esclavos, ni entregarían sus tierras ociosas por su gusto, ni la Iglesia se resignaría a perder las millonarias limosnas de los señores feudales y del pueblo, ni la International Harvester ni la Ward

Line ni Wall Street renunciarían a sus ganancias solo porque un maya soñador e idealista lo solicitaba pacíficamente. Ninguno de esos rufianes, según Felipe, permitiría que le esculcaran los bolsillos para compartir las ganancias con quienes las habían hecho posibles agachados en los surcos... ¿Las balas? Sí, el lenguaje de las balas, aunque algo sonoro y extremista, ese sí que lo entenderían...

De la misma manera en que Felipe lanzaba ideas y respuestas a diestra y siniestra, Olegario, cuatro años más joven, se sintió contagiado por ese magnético yucateco que, por lo visto, había nacido para ser su hermano, un hermano con el que lo premiaba la vida. Se trataba de un hombre decidido y definido, con convicciones muy arraigadas. Sus enemigos, idénticos a los de Olegario, eran muchos, muy poderosos y dispuestos a lo que fuera con tal de no ver menguado su patrimonio. La tarea no sería sencilla en modo alguno. Los políticos, secuestradores del gobierno, de los derechos y libertades, también recurrirían a la fuerza llegado el caso, pero jamás abandonarían sus puestos públicos ni la dorada oportunidad de enriquecerse solo porque lo proponía un iluso, un utopista extraviado. Las posiciones eran muy claras, los jugadores ya estaban sentados a la mesa, las cartas distribuidas sobre el paño verde; el juego con las barajas marcadas había comenzado buen tiempo atrás. Pronto se conocería la identidad de los perdedores: los indios, los de Felipe y Olegario; o los hacendados y sus cómplices, los oligarcas y los curas, sus socios encubiertos desde que la historia era historia.

Marion solo se había ausentado un par de meses, pero Olegario ya había reunido las piezas del rompecabezas y podía presentarle a su mujer una secuencia de hechos promisorios e indispensables para poder diseñar una perspectiva optimista del futuro. Maravilloso año de 1908. Ricardo Flores Magón le había contestado desde la cárcel en los Estados Unidos, para comentarle su arresto a petición de Porfirio Díaz y de unos capitalistas norteamericanos que necesitaban proteger los miles de millones de dólares invertidos en México. Temían una revuelta orientada al derrocamiento del tirano, con el consecuente riesgo para sus cuantiosos patrimonios. Se sabía de veinticinco grupos armados, organizados por Ricardo para hacer estallar un movimiento revolucionario, y por esa razón lo habían encarcelado. En este caso aplicarían, sin duda, las leyes de neutralidad. ¿Un extranjero pernicioso causaba efervescencia política en los Estados Unidos? ¡Arréstenlo! Pero había más, mucho más: el propio Flores Magón le había hecho saber a Olegario de la existencia de un periodista llamado John Kenneth Turner, que había visitado México el año pasado. En concreto, había estado en Yucatán, Chiapas y Oaxaca disfrazado de inversionista yanqui para conocer la realidad esclavista en México y publicarla en los Estados Unidos: eran precisamente los deseos y objetivos de Marion y Olegario. Algún día, una calle del México libre debería llamarse Kenneth Turner para honrar a este valiente autor, revelador de la gran tragedia mexicana. Por otro lado, en marzo de 1908, Porfirio Díaz le había concedido una entrevista a James Creelman, para la revista *Pearson's Magazine*, con el objetivo de confesarle su deseo de no participar en las próximas elecciones, a celebrarse en 1910, porque finalmente México ya estaba listo para la democracia. Sí, sus métodos «habían sido duros e inflexibles, pero ejecutados con cierta crueldad» para «salvar la sangre de los buenos».

—Hijo de la gran puta —comentó Olegario—. Desde la restauración de la República, después del fusilamiento de Maximiliano, México ya estaba listo para la democracia. ¡Canalla!, Juárez lo había demostrado hasta la saciedad. Además, ¿quiénes son los buenos y por qué? Si realmente Díaz no se presenta a las elecciones, será inútil promover un levantamiento armado. A saber si cumplirá su promesa o preferirá morir con el poder, el bastón de mando sujeto, en *rigor mortis*, entre las manos. Sí, lo que sea, pero por lo pronto, ahí está una esperanza en el camino.

Solo que había más jugadores: el hijo de una familia de terratenientes ricos, educado en los Estados Unidos y Europa, un tal Francisco Ignacio Madero, otro creyente en la democracia, decidido a restaurar el régimen constitucional, también deseaba acabar con la dictadura porfirista y había escrito en el mismo año, el mágico 1908, un libro intitulado *La sucesión presidencial en 1910*. Madero llamaba a elecciones limpias, a la participación masiva en el proceso político, a cancelar la reelección de presidentes de la República. ¿No era maravilloso? El libro apareció en ese preciso 1908 y causó un auténtico terremoto en la elevada clase política. Sí, sí, pero los astros se alineaban para producir una colisión en 1910...

Mientras la inglesita visitaba el Sureste mexicano en busca de nuevos elementos de denuncia y más capítulos para sus futuros libros, en 1909, Francisco I. Madero había visitado las plantaciones henequeneras de Yucatán y había dejado en claro, con justificada desazón: «Si hay una revolución social en México, tal revolución se iniciará en Yucatán».

¿No parecía una gran coincidencia que un artículo titulado «México bárbaro» de John Kenneth Turner, hubiera aparecido en el número de octubre de 1909 de la revista *The American Magazine*? Ese mismo mes, Díaz se reuniría en la frontera norte con William Howard Taft, presidente de los Estados Unidos, quien también tenía mucho que opinar, en particular porque en 1910 el anciano dictador cumpliría ochenta años y ya había dado suficientes muestras de caducidad física y de ser un político poco confiable. Todo indicaba el final del tirano y, sin embargo, Olegario empeñaría la vida para lograr su derrocamiento: deseaba evitar, a como diera lugar, un indeseable final. Llegaría a cualquier extremo con tal de liberar, por lo menos, a los esclavos yucatecos. Vería la forma de construir escuelas, se sumaría a la campaña para expropiar predios henequeneros y repartirlos entre los indígenas, ayudaría a sentar las bases para reducir el poder del clero católico, expulsando masivamente a sacerdotes, y se aliaría con quienes se propusieran democratizar el gobierno yucateco.

La vida continuaba en tanto Marion, cuadernos y lápices en mano, visitaba una y otra hacienda en el Sureste mexicano. Tomaba notas, hacía apuntes, los corregía y se las arreglaba para encontrar escritorios públicos para pasarlos a máquina en las arcadas o en los zócalos o plazas de armas y enviarlos como artículos a publicaciones de América del Norte y de Europa. Algún día haría una novela relativa a los mecanógrafos dedicados a escribir cartas de diversa naturaleza, sobre todo las románticas, las de amor, dictadas por los interesados, analfabetos por lo general, destinadas a sus amantes o familiares. En cada misiva existía una historia valiosa, digna de ser contada. Un cuento, una perlita. Varias anécdotas, más perlitas hasta confeccionar un collar, un libro de sentimientos y emociones humanas de profunda autenticidad. Los escribientes eran, en el fondo, especialistas en cuestiones del alma.

Marion ya tenía su propia visión de la dictadura porfirista, que dejó consignada en un breve apunte:

Un país lleno de gente ignorante, una abrumadora mayoría analfabeta, víctima de supersticiones, sepultada en una hosca indolencia crónica, pero eso sí, en un territorio lleno de oro, plata, petróleo, henequén, maderas preciosas, caucho, etcétera. Es decir, extraordinarios recursos naturales de los que no tenía ni idea una dictadura fétida y corrupta, capaz de venderle su alma al diablo con todo e indios, como lo hizo en Sonora con los yaquis y en Yucatán con los mayas.

¿Quién no vendría a invertir en México, si los dueños del dinero pagan los impuestos que se les da la gana; roban sin consecuencia alguna el patrimonio de los mexicanos: explotan al país sin control en la más absoluta anarquía e impunidad y, además, con una mano de obra al menos seis veces más barata que en los Estados Unidos, mano de obra esclavizada? ¿Qué tal el resumen? ¿Más?

¿Quién no invertiría en México, el vecino de oro, *The Golden Neighbour*, en donde existe un Díaz dispuesto a complacerlo en todo, si además de hecho no existen sindicatos y los que hay los controla el tirano sin sujeción a ley alguna? Cuando el personal protesta por las condiciones de trabajo o por la ausencia de derechos laborales, simplemente lo silencian a balazos o lo lanzan a las selvas de Quintana Roo a una muerte segura, o lo meten a la fuerza en el Ejército... Por si fuera poco, el vecino de oro sufre de apatía política, se resigna a cualquier consideración o solicitud y se somete sorprendentemente. En México no es necesario invertir en tierras porque los caciques pueblerinos garantizan el control del pueblo con los rurales, las guardias blancas o el Ejército, en el entendido de que el sistema de impartición de justicia es la voz de Díaz y hay que estar bien con él.

Marion y Olegario habían pasado por alto las recomendaciones del profesor Perkins. Perro que ladraba no mordía, ¿verdad? Los productores gringos de chicles la habían amenazado si insistía en denunciar falsedades de lo que ocurría en las zonas huleras de Campeche y Tabasco en materia de esclavitud. ¿Falsedades, estupideces y calumnias? ¡Claro que falsedades, estupideces y calumnias, como si Marion fuera tan influyente y poderosa como para manipular el precio del mercado y deprimir la venta de goma de mascar en países puritanos como los Estados Unidos! ¿La verdad? Ambos habían pasado la página, había que ver hacia adelante. ¿Por dónde? ¿Qué seguía?

En una reunión de gabinete celebrada a puerta cerrada en Palacio Nacional, Porfirio Díaz se encontraba sentado en un gran sillón tapizado con terciopelo verde musgo. En el ángulo superior izquierdo se distinguía, grabada en hilos dorados, un águila devorando a una serpiente. El tirano ocupaba la cabecera, flanqueado por las banderas tricolores encerradas en una vitrina, como si se tratara del padre de la patria.

En el elegante salón de sesiones, ubicados jerárquicamente alrededor de la mesa de juntas, los colaboradores del dictador, vestidos casi de etiqueta, escuchaban las palabras de Jean Yves Limantour, el secretario de Hacienda, en el último punto del orden del día: asuntos generales. «Injerencia de la señorita Marion Scott en la desestabilización de la inversión extranjera en México».

—¿Quién es esa mujer? —preguntó Porfirio Díaz atusándose el bigote con un pequeño peine que lamía con la lengua para humedecerlo.

—Se trata de una mujer inglesa —comentó Limantour luciendo impolutos su cabellera y su bigote blanco— que ingresó en México legalmente por el puerto de Veracruz. Por lo visto es una socióloga dedicada a investigar las haciendas henequeneras, cafetaleras, chicleras, bananeras, huleras, madereras y azucareras, entre otras organizaciones agrícolas.

—¿Y en qué nos afectan sus conclusiones en relación con la siembra y venta de plátanos o lo que sea? —adujo el dictador con la intención de informarse más del tema.

–No, señor presidente –agregó Limantour frotándose las manos–, no se trata de una investigadora agrícola que llegó a nuestro país para comprar o vender técnicas de cultivo, no, no: ella vino a México, contratada, por lo visto, por revistas y periódicos extranjeros, con el objetivo de divulgar la supuesta existencia, obviamente falsa, de la esclavitud. Y ello sí, sí nos debe preocupar, porque publica sus puntos de vista espurios en influyentes medios de difusión norteamericanos o europeos, como *Slavery, Esclavage, Don't Buy, Verboten Zu Kaufen, Watch Where You Shop, Acabemos con los esclavistas*, entre otros tantos. Sus columnas ya aparecieron en *The New York Times* y en el *Chicago Tribune*. Aquí tengo varios ejemplares para su consulta y opinión –agregó cuando un ayudante uniformado en traje de gala colocó los textos frente al mandatario.

Díaz giró la cabeza y escupió sobre un recipiente dorado colocado en el piso a su lado. Se limpió la boca con su manga derecha. Si Carmelita lo hubiera visto... Entornó la mirada, midió riesgos, evaluó el tamaño de los obstáculos, la trascendencia de sus decisiones para cuidar su imagen pública.

–Así es, señor presidente, yo también tengo en asuntos varios el mismo tema que aborda Yves –adujo Ramón Corral en su carácter de secretario de Gobernación–. Sugiero expulsarla de México o deportarla a su país tan pronto la encontremos. Es una extranjera indeseable. Señor presidente –agregó Corral agitando las manos, exaltado ante la incapacidad de resistir cargos y ataques injustificados, sobre todo si los éxitos del gobierno estaban a la vista de todos, solo que la mala fe y la ignorancia implicaban una combinación funesta–, nuestra economía ha crecido en treinta años a tasas nunca antes vistas como consecuencia de la expansión de las exportaciones y los voluminosos capitales de la inversión extranjera. Usted ha proyectado a México en el exterior como nunca nadie lo había hecho y, gracias a ello, hoy estamos incorporados con la debida dignidad y coraje a los mercados mundiales. Ha estimulado usted exitosamente las actividades artísticas y científicas de nuestro país y ha fundado nuevas escuelas, teatros, museos y academias.

Después de un breve aplauso, Corral continuó:

–El sorprendente surgimiento económico de México se ha traducido en la modernización de Monterrey, Guadalajara, Puebla, Veracruz y San Luis Potosí, entre otras tantas ciudades. Ahí, en esas capitales y en muchas más, ya existe el alumbrado público y empiezan a circular automóviles por sus calles y avenidas. El campo, la minería y el petróleo también se han modernizado, y su riqueza se transporta hoy en día gracias a la gigantesca red ferrocarrilera construida junto con los grandes puertos del país, para ya ni hablar del esfuerzo faraónico dedicado a la instalación de líneas telefónicas y telegráficas, es decir, unir y comunicar este complicado y gigantesco país.

Cuando Corral advirtió que había atrapado la atención del gabinete y Díaz no lo interrumpía, sino que sonreía sardónicamente, continuó entusiasmado:

—Usted ha saneado la Hacienda Pública y ha facilitado la creación de instituciones bancarias para ayudar al arribo de las inversiones europeas, entre otros notables triunfos más, como haber pacificado y reconciliado a este país, y por todo ello, me parece un irresponsable atropello que, después de haber conquistado las más caras metas propuestas por su administración, todavía vengan extranjeros indeseables a manchar su nombre, su prestigio y su bien ganada reputación de líder mundial. Por algo lo han condecorado al día de hoy más de diecisiete potencias...

—Ramón tiene razón, señor presidente —insistió Limantour después de dar un sorbo a su café chiapaneco—: no hay enemigo pequeño, por lo tanto debemos castigar a los difamadores nacionales o extranjeros para convencerlos de no insistir en la divulgación de mentiras sancionadas por la ley —adujo con su conocida sobriedad—. Varias empresas extranjeras, desconozco cuántas, piensan reducir sus inversiones en México por temor a una parálisis de sus ventas e, inclusive, por miedo a la quiebra, en razón de las infames denuncias difundidas injustamente por esa inglesa. Empieza a hacernos daño, detengámosla a tiempo.

El señor secretario de Fomento guardó un escrupuloso silencio; ya habían transcurrido cuatro años desde la ruptura con su hijo. Olegario Montemayor no sabía nada de él, salvo por comentarios vertidos de tarde en tarde por terceros. Desde luego que nunca olvidaría el nombre de Marion Scott: esa malvada mujer había confundido, envenenado y arruinado a su primogénito, apartándolo de la familia para siempre. En fin, ella había destruido su vida hasta convertirlo en un robavacas... Al cerrar los ojos la recordaba sentada en la mesa, a un lado de su esposa, en su residencia de Mérida. La conoció precisamente en una cena servida en honor de su primer vástago cuando regresó de Oxford, feliz de la vida. Imposible olvidar a esa mujer poderosa, talentosa y audaz. El multimillonario henequenero y destacado político porfirista prefirió hacer unos apuntes y se abstuvo de emitir opinión. No dejaba de preocuparle la aparición del nombre de su hijo en una reunión de semejante naturaleza y con acusaciones de enorme gravedad. Allá ellos...

Porfirio Díaz colocó ambos codos sobre la mesa de caoba, al lado de una carpeta negra con el escudo nacional grabado en tonos dorados. Entrelazó los dedos de las manos a modo de puente y apoyó su cabeza en ellos.

–Búsquenla y encuéntrenla –exclamó Díaz inconmovible, de modo que todos lo escucharan–. No puedo permitir que alguien destruya mi obra o atente contra ella. Lo mejor sería largarla de México y, si reincidiera, solo si volviera a pisar el territorio nacional, en ese caso deberán proceder en los términos más convenientes para la nación. Cuidemos a México y veamos por los empleos de nuestros compatriotas –concluyó mientras se escarbaba los dientes con un palillo, una conducta reprobable en un jefe de Estado, según se lo había manifestado Carmelita...

«A cada iglesita le llega su fiestecita», pensó don Olegario mientras reunía sus papeles del acuerdo. «¿Este par de imbéciles creía que podía jugar con fuego sin quemarse?». Además, concluyó extraviado en sus reflexiones, su primogénito se le había salido del corazón para siempre. No le deseaba nada malo, claro que no, pero tampoco movería sus influencias para ayudarlo, menos en dicha coyuntura tan comprometedora. Cada quien debería pagar al contado el precio de su conducta.

Avelino Montero contaba ya con siete años al frente del imperio de los Montemayor. El español nunca antes había ganado tanto dinero. La fibra de sisal llegó a producir ganancias inimaginables por cada libra vendida. ¡Una locura! El mercado de los cordeles se había incrementado hasta alcanzar niveles insospechados. Los mecates de henequén para atar pacas de trigo resultaban imprescindibles en el campo norteamericano. El gigantesco mercado estaba asegurado, las utilidades desorbitadas, también. La fibra de sisal era requerida para múltiples usos en el extranjero, sobre todo para la fabricación de cuerdas gruesas para atracar barcos en los puertos del mundo. La fama de Yucatán crecía por instantes en el planeta. Ni en Cuba ni en Filipinas ni en Brasil igualaban la calidad y el precio del henequén yucateco.

Avelino había decidido materializar su sueño dorado cuando contrató a un sastre inglés para confeccionar un traje hecho con billetes, pesos yucatecos, papel emitido por su propio banco, bueno, el de la familia, de gran aceptación en el exterior. ¡Claro que desde 1907 José Trinidad Montemayor Solís, hermano de don Olegario, había sido nombrado presidente del grupo Montemayor, en realidad un patético espantapájaros colocado en el cargo para cubrir las apariencias de una sólida empresa familiar, porque el amo, y todos lo sabían, era Avelino Montero!

En esos años todo fue coser y cantar. Disfrutar la bonanza, gozar las cataratas de dinero, gastarlo a placer. ¡Cuánto éxito, el de un español venido de Santander, empobrecido en la última década del siglo XIX y ahora rico, brutalmente rico, absolutamente rico! ¿Qué dirían en su pueblo, del otro lado del Atlántico, de su ostentosa y envidiable riqueza?

En Cantabria, en sus viajes recurrentes a la madre patria, se le concedía recepción de héroe, más aún porque arreglaba iglesias, construía escuelas y donaba recursos importantes a obras filantrópicas. Ni él mismo se lo creía; en las mañanas, frente al espejo, se pellizcaba el antebrazo izquierdo para saber si estaba viviendo un sueño o se trataba de una feliz realidad. Avelino Montero celebraba que Olegario hubiera preferido estudiar en Oxford esas estúpidas corrientes sociológicas y filosóficas, las ridículas humanidades, en tanto a él le dejaran la administración del patrimonio familiar. Cada día confirmaba que su cuñado, el hermano mayor, mejor dicho, sus cuñados, eran unos pendejos, como se decía por aquí, en la península de Yucatán y en todo México. Solo un pendejo no sabía lo que era un pendejo… Él, como yerno privilegiado, tenía un presupuesto ilimitado para garantizarse el proceso de embrutecimiento del primogénito. Lo animaría, cuantas veces lo viera o lo encontrara en Mérida, para que continuara haciendo apuntes en un aula en Inglaterra, leyendo a tratadistas insustanciales. Le facilitaría el camino para su perdición en su lucha inútil y estéril por ayudar a los mayas desnalgados, sombrerudos, esos huarachudos haraganes, buenos para nada en términos absolutos. Mientras más se perdiera Olegario en sus libros, analizara teorías, recorriera los montes, pueblos o surcos para encontrar más animalitos dignos de salvación, otra forma de apostolado, y más se confrontara con su padre, mejor, mucho mejor… Las claves eran muy sencillas, distraerlo con libros y pleitos, lo demás caería por su propio peso. Él se encargaría de proveer los dos ingredientes para garantizar el descarrilamiento y la ruina de su probable opositor, un cagatintas de mierda. Necesitaba muchos Olegarios en su camino… ¿Y su mujer o su novia o su amante o lo que fuera, la inglesita protestona? ¡Ah!, era otra pendeja tragaletras. Una loca de atar…

A Avelino Montero le llovían los billetes como agua cantarina caída alegremente del cielo. Se empapaba a diario con ese exquisito, perfumado y refrescante maná con que lo premiaba en abundancia la diosa fortuna. Todo era miel sobre hojuelas. La alianza progresista integrada por la International Harvester, Montemayor-Montero y Tritschler, ya elevado a la dignidad arzobispal, la Santísima Trinidad en pleno siglo XX, según monseñor, marchaba a la perfección en términos de una sólida alianza suscrita a champañazos en la sacristía de la catedral de Mérida. Lo que no podía uno lo lograba el otro, la unión ideal de fuerzas…, o los tres en conjunto, como un demoledor puño de acero. La verdad sea dicha, a monseñor Tritschler, su excelencia, le agradaba mucho más la idea de ser reconocidos, solo entre ellos, en esa feliz intimidad, como Los Tres Mosqueteros. ¿No era gracioso? En realidad eran invencibles porque tenían el control de la economía y la bendición del

Cielo por toda la eternidad para hacer lo que les viniera en gana. Dios estaba con ellos...

Montero había logrado que Urcelay y Escalante, sus principales adversarios agrícolas, se fueran a la bancarrota en 1905. Este sonoro éxito empresarial contribuyó a la consolidación de sus negocios por medio del control de los ferrocarriles, de la compañía naviera y las exportaciones de sisal. Un éxito rotundo. Más dinero, dinero, mucho más dinero...

Avelino festejó la ruina de sus feroces competidores. Dominaba el mercado de punta a punta. Con el ánimo de lavarse la cara ante la sociedad, y de acuerdo con el gobernador Enrique Muñoz Arístegui y con el señor secretario de Fomento, Olegario Montemayor, empezaron a construir escuelas en los suburbios de Mérida y en varios pueblos de Yucatán, con arreglo a las peticiones de la Liga de Acción Social. Algo tenían que devolver, ¿no? La alianza Montemayor-Montero adquiriría el respeto del pueblo y de la gente, sí, así acontecía, en efecto, pero se ignoraba que el propio Avelino pagaba a los maestros dinero por fuera para que no se presentaran a dar clases. A los indios los quería con el machete en la mano para cortar hojas de henequén; en ningún caso deseaba verlos con un libro debajo del brazo. A más indígenas letrados, cultos y lectores, algo imposible de lograr, menos utilidades... La península se hallaba convertida en una gran prisión.

Avelino Montero supo sortear la terrible crisis financiera de los Estados Unidos, cuando la Bolsa de Nueva York se desplomó un cincuenta y un por ciento en 1907, hubo una temible recesión y el Banco Nacional de América del Norte se derrumbó. Los banqueros se tiraban por las ventanas de sus edificios en la Quinta Avenida. Montero no estaba solo: lo aconsejaban desde la International Harvester con sólidos contactos en Washington y en Wall Street, apoyados por J. P. Morgan, el genio orquestador del rescate.

En su pésimo inglés, Montero siempre repetía el dicho de los yanquis: «La clave del éxito se llama *connections, connections and connections*...».

Los financieros norteamericanos fueron sustituidos por los comerciantes extranjeros de la fibra, que se negaban a cobrar intereses en dólares y a cambio exigían el pago de sus préstamos en henequén. Nada tontos, mientras más deprimieran el precio de la fibra en Yucatán y se dispararan las tasas de interés, más ganarían al vender el producto en los Estados Unidos. Una triple estrategia devastadora: uno, cobrarían en especie. Dos, se elevarían las tasas de interés por los créditos concedidos a los hacendados. Y tres, deprimirían los precios de la fibra. ¿No era maravilloso? De la misma manera que los hacendados controlaban a los esclavos por medio de la contratación de deuda, los traficantes extranjeros de la miseria, a su vez, dominaban a los productores de la fibra por medio de la deuda. Una taza de su propio chocolate.

Porfirio Díaz nunca aportaría recursos para salvar a los henequeneros yucatecos, pero sí, en cambio, les abastecería de abundante mano de obra yaqui, china o coreana, importada de acuerdo con el vicepresidente Corral y con don Olegario Montemayor, conocido como el último Científico. Como una obra maestra de relojería suiza, la alianza política marcaba los tiempos y los planes a la perfección.

Don Olegario Montemayor jamás olvidó a su patria chica y utilizó toda su influencia desde el centro para enriquecerse todavía más, sin saber por qué ni para qué. Bueno, en realidad se trataba de acaparar todo el dinero posible, sin que ni él mismo supiera ni entendiera las razones de su voracidad. ¿Qué le faltaría a él y a las muchas generaciones por venir para vivir a su máximo esplendor por el resto de sus días? Nunca pudo contestar semejante pregunta. Se trataba de tener más, mucho más, acaparar todo lo posible, hacerse de pesos y dólares al precio que fuera. Mientras más tuviera, más deseaba poseer, como si estuviera enfermo de una sed incurable. Se hizo entonces de enormes extensiones forestales en Quintana Roo, y como se encontraban varios pueblos dentro de sus nuevas extensiones selváticas, concedió unos piadosos seis meses a sus pobladores para desocupar el predio de su propiedad antes de que la maquinaria los arrasara. «¡Fuera, fuera de aquí! ¡He dicho que fuera!».

Avelino Montero era el gran beneficiario del esfuerzo y del probado talento de su suegro. Su esposa, ni siquiera un objeto decorativo por padecer un defecto físico de nacimiento, no contaba ni opinaba. Don Olegario lo había obligado a casarse con ella, a pesar de haber estado enamorado y ser pretendiente de otra de las hermanas Montemayor Figueroa. En los hogares y empresas de los más influyentes yucatecos se empezó a saber de la existencia de un monumental yate de su propiedad, adquirido en Nueva Orleans, conocido como la Quinta Pecadora. El español organizaba colosales orgías a bordo con colegas henequeneros, banqueros yanquis, sin faltar jamás Horace L. Daniels, jefe de la división de fibras de la International Harvester, con quien se entrevistaba periódicamente en La Habana; sin olvidar a los poderosos adquirentes de la fibra, el oro verde yucateco, políticos, periodistas discretos, amigos de la causa, que comían en su mano, como los huatches, capitalinos de la Ciudad de México, invitados de cuando en cuando, a quienes obsequiaba con las mejores viandas y vinos a bordo, junto con insuperables mujeres importadas de los Estados Unidos. Jamás invitó a las jóvenes mayas de la zona roja, ubicada cerca del panteón.

Las fiestas, crecientes en fama, continuaban en playas privadas como en la de Chelem, al norte de la península, o en los cenotes, en donde nadaban desnudos a la vista de los dioses mayas, sin que estos intentaran castigarlos por el impúdico desacato. Tritschler prefería que Avelino le mandara las chicas a su residencia, en Mérida, o a Yaxactun, en la costa, a un lado de Puerto Progreso, un lugar discreto en el que gozaba de la debida intimidad a la vista de Dios, que nunca reprendía a sus hijos favoritos. ¡Cómo disfrutaba Montero las crónicas de las mujeres de la vida galante cuando le comentaban las apariciones de monseñor Tritschler disfrazado, ante ellas, de corsario, de emperador romano o de faraón egipcio, con unas nutridas barbas y bigotes negros de utilería, equipo facilitado por un cantante de ópera napolitano que pasaba largas temporadas en Yucatán! Las obligaba a correr en su casa de la calle 58, en la Plaza de la Mejorada, como si estuvieran aterrorizadas, dando de gritos perseguidas por un monje loco decidido, por lo menos, a degollarlas. Huían por los jardines, se escondían tras los arbustos o los árboles a sabiendas de que, de ser alcanzadas, les levantaría las faldas y las poseería en donde las atrapara. Esas damas jamás imaginaron quién era el feliz caballero que se fatigaba al desplazarse, que las perseguía, las derribaba sobre el pasto y las poseía febrilmente sin pagarles jamás ni un solo centavo ni obsequiarles nada; las cuentas y el pago respectivos eran de la exclusiva incumbencia de Avelino Montero... ¡Qué diferencia de solemnidad cuando cantaba la misa los domingos en la catedral de Mérida, vestido con el palio, la mitra, el báculo, la sotana, el alba, la casulla y la cruz pectoral! ¡Cómo disfrutaba cuando los fieles humillaban la cabeza y le besaban el anillo pastoral sin que los labios de esos asquerosos pecadores hicieran contacto con su dedo anular izquierdo!

Por supuesto que tomaban cerveza en la mañana, antes del mediodía y el whisky o el ron batey cubano, llegado de Chetumal de contrabando, antes de la comida, a la voz *xix* para beber el trago hasta el final. Las reuniones u orgías las ambientaba un anciano cantante y compositor yucateco, Chan Cil, Cirilo Baqueiro Prevé, el gran trovador, padre de la canción yucateca, en los últimos años de su vida. Por lo general los distinguidos invitados comían faisanes, venados y armadillos criados en los propios corrales de Avelino. ¡Cuántos no se hubieran dejado cortar una mano por asistir a esos memorables agasajos, a los que llegaban grupos concretos exclusivos y aislados! Al señor arzobispo y altos prelados del clero católico jamás los mezclaría con sus socios de la International Harvester, ni siquiera con los mexicanos.

Los henequeneros no eran latifundistas, como Terrazas o Creel, pero ganaban, en proporción, mucho más dinero que aquellos y sus interminables territorios, en buena parte desaprovechados. Si bien existían mil doscientas haciendas productoras de sisal, solo veinte familias controlaban más del noventa por ciento de la fibra cultivada en Yucatán. Dentro de este reducido número de agricultores exitosos, Avelino Montero controlaba a los productores de henequén a través de sus vínculos con la International Harvester, el monstruo comprador monopólico, su socio inconfesable, además de dominarlos por medio de los ferrocarriles y de la compañía naviera de la familia Montemayor, en donde él gozaba de un envidiable porcentaje, sin olvidar a los poderosos banqueros mexicanos, quienes acataban al pie de la letra las instrucciones del presidente de la República inspiradas en los consejos de su secretario de Fomento. Cuando Montero deprimía los precios del mercado, según el acuerdo histórico entre su suegro y McCormick, la cabeza de la Harvester, los primeros en resentir la contracción económica eran los esclavos yucatecos y los trabajadores empleados en las fincas, al ver reducida su miserable paga semanal, el monto de la dote para los casaderos, los estímulos a quienes cortaran más hojas, para disminuir, en lo posible, los daños comerciales en sus empresas.

En una ocasión, cuando Montero y Horace L. Daniels navegaban a bordo de la Quinta Pecadora en dirección de La Habana, acompañados de un nutrido grupo de mulatas cubanas, Avelino obtuvo, entre mojito y mojito, mientras disfrutaban las salpicaduras del agua tibia y salada del mar Caribe, un crédito de seiscientos mil dólares de la Internacional Harvester con el propósito de prestárselos, con garantía hipotecaria, a diferentes productores y comerciantes de la fibra, quienes así obtendrían recursos frescos a tasas generosas para comprar más tierras y dedicarlas al cultivo del oro verde, precisamente cuando el mercado enfrentaba una clara escasez de capitales. ¡Una genialidad! Tiempo después, cuando los precios del henequén fueron deprimidos de acuerdo con lo pactado y los hacendados, claro está, enfrentaron la insolvencia financiera al no captar los ingresos esperados por la venta de la fibra, Avelino Montero demandó el pago inmediato de los adeudos y, ante la esperada incapacidad económica de sus competidores, procedió a apropiarse de sus fincas, a rematárselas judicialmente, para adueñarse de más segmentos del mercado. Pasaron muchos años antes de que Montero pudiera olvidar las carcajadas compartidas con el gran Horace mientras chocaban, una y otra vez, sus copas de Baccarat repletas de champaña para arrojarlas vacías al mar, sin que las chicas invitadas entendieran los justificados motivos de la contagiosa hilaridad. Había sido una trampa virtuosa, ¿no? ¡Claro que ambos eran meros aprendices de Olegario Montemayor y de McCormick!

A través de comunicaciones secretas, Avelino les informaba, al querido Horace en los Estados Unidos y a su suegro en la Ciudad de México, de las colas formadas por sus competidores, deseosos de vender la fibra a cualquier precio con tal de evitar la quiebra. Innumerables barcos esperaban su turno frente a Puerto Progreso para cargar henequén y transportarlo a las bodegas de la International. Sin embargo, la incertidumbre comercial de los competidores, la inestabilidad financiera y las constantes amenazas de ruina de sus empresas se convirtieron, con el paso del tiempo, en hartazgo, en cansancio por la evidente manipulación de Montero y de su suegro, quienes se enriquecían a costillas de sus colegas, sin importar, claro está, la suerte de sus trabajadores ni de sus familias, para ya ni hablar de la situación de los esclavos yucatecos.

IV
El gran caudillo del Sureste

Corría el año de 1910 a una velocidad inusitada. Habría elecciones, por llamarlas de alguna manera, después de treinta y cuatro años de dictadura. Para Olegario todo parecía indicar que los días eran de doce horas, las semanas de tres días y los meses se veían reducidos a la mitad. Los tiempos lo atropellaban. Entre todos los eventos políticos, uno en particular lo había desquiciado. Se encontraba de golpe entre la espada y la pared. Lo enfureció la muerte de la esperanza al no poder resolver las diferencias políticas por medio de la razón, el diálogo, la inteligencia, el respeto, la congruencia y la sensatez. No existía otro recurso más que el de la violencia ante la intransigencia, los dobleces, las mentiras, la rapacidad y la insaciable avidez por el dinero y por el poder. Adiós a las mesas de negociaciones, a las palabras y a la comprensión de los intereses recíprocos de las partes interesadas. A partir de la nueva traición de Porfirio Díaz, en lugar de mesas de negociación habría campos de batalla; y en lugar de palabras y comprensión, se utilizaría el lenguaje de las balas, de las horcas improvisadas y de los paredones para ejecutar a hacendados y políticos ignorantes de la voz y los deseos de los pueblos y de los esclavos. ¿Hablar? ¿Para qué? Había llegado la hora de matar. Los parlamentos eran inútiles. Si el tirano había ignorado su compromiso de no presentarse a las elecciones presidenciales de junio de 1910, porque «Finalmente, México ya estaba listo para la democracia», entonces la opción consistía en el recurso de las armas. Ante la sordera oficial, el estruendo de los cañones. ¡Claro que el malvado dictador se presentaría otra vez a los comicios federales y claro, también, que volvería a ser reelecto por séptima ocasión y claro que moriría de viejo en el Castillo de Chapultepec, porque precisamente en 1910 cumpliría ochenta años! Ni Olegario ni otros muchos cientos de miles de mexicanos lo permitirían.

Si su padre intentaba repetir como alto funcionario en el gabinete de don Porfirio, allá él: cada quien debería enfrentar sus responsabilidades y el peso de sus decisiones...

Los astros se alineaban cada día con más precisión. Marion dedicaba su tiempo a la protesta periodística, a la denuncia pública de los hechos en la prensa clandestina mexicana y en el extranjero, en cuanto frente se pudiera; en tanto Olegario acometía con furia la vertiente política, invertía su vida en la acción, en la estructuración de un proceso de renovación social y de instrumentación jurídica destinada a rescatar de la marginación y de la explotación a los desposeídos. ¿Soñadores? ¿Qué joven no es un soñador obligado a cambiar el estado de las cosas que heredó? Una combatía con la pluma la pavorosa realidad; y, el otro, con palabras, en un principio, y cuando estas carecieran de la debida fortaleza y trascendencia, entonces, llegado el caso, recurriría a las armas, a las sogas y a las ramas de las ceibas, a los paredones, en donde se hacía entender a los necios, a los egoístas, a los sordos ajenos a las quejas y a los ciegos incapaces de ver que la riqueza era de todos.

Olegario había comprado una pequeña libreta donde registraba desordenadamente sus resentimientos y reflexiones en torno a los vicios, depravaciones y errores de sus semejantes. Con humor negro lo identificaba como su «cuaderno de rencores»:

La voracidad es una enfermedad, una sed insaciable. Se extingue cuando la pálida blanca cierra los ojos paralizados de los muertos con la palma de su mano helada, mientras ellos miran el infinito sin volver a parpadear nunca. La codicia nubla la mente, anula los sentimientos, destruye los principios, extravía a las personas, las confunde a tal grado que ni ellas mismas se reconocen al contemplarse en el espejo. La avaricia no solo contamina y destruye las virtudes, sino que quien la padece pierde lo más valioso con tal de querer ganarlo todo. ¡Pobre de aquel que, mientras más tiene, más quiere, y dominado por la tacañería utiliza la razón, ese gran privilegio, solo para acaparar bienes! ¡Ay de aquel que pasa la vida tratando de satisfacer el apetito de atesorar, cuando el dinero jamás le ayudará a paliar el hambre, sino a estimularla! ¡Cuánta confusión al perder de vista que la riqueza solo la disfrutan los vivos a favor de quienes se acumuló el oro!

¿Quién es el mejor hombre, la mejor mujer? ¿El empresario que explota y engaña al fisco y a sus trabajadores? ¿El político que estafa, se enriquece, miente y promete lo que de antemano sabe que nunca podrá cumplir? ¿La mujer que dentro de un comercio carnal disimulado endulza con caricias y palabras melifluas la vida de un hombre cuando solo se propone garantizar y asegurar su futuro? ¿El hijo que cuestiona al padre respecto a su estado de salud con la esperanza de una respuesta necrológica para acceder finalmente a la herencia? ¿Verdad que la verdad no existe? ¿Quién se comporta en términos de un objetivo desinteresado? Por esa razón concluyo que el ser humano es el gusano más grande, la creación que devora todo a su paso. O como bien dijera el poeta: «¿Es posible encontrar un ser puro ahí donde no hay ningún ser puro?».

Quien sostenga que el hombre es la criatura preferida de Dios, que revise la historia de la humanidad, plagada de guerras, de pestes, asesinatos, sangre e intrigas, envidias y opresiones, y podrá comprobar el error de sus aseveraciones: se trata de un aparato perfecto para desarrollar un sentido de superioridad fundado en la envidia, en la ambición y en la codicia.

Nadie persigue el bien común, salvo que se mueva por un interés oculto e inconfesable...

¿Por qué debería preocuparme por el bienestar de terceros? ¿Por qué habría de importarme? ¿Qué es el bien ajeno? ¿Tal vez ayudar a la superación de los indígenas cuando ni ellos mismos lo desean?

Lo que para unos es el bien para otros es el mal. Las ganancias son estupendas para los empresarios, pero pésimas para los peones desde el momento en que no las comparten. De modo que yo, ¿por qué tengo que establecer diferencias entre el bien y el mal?

¿Qué es el bien? ¿Qué es el mal para unos o para otros? Si hacer el bien me gratifica, entonces lo hago con un propósito egoísta, un móvil personal, y entonces ya mi sentimiento no fue genuino, y si no lo fue, porque es imposible pretender el bien común *per se*, entonces está podrido.

Ni la religión católica, ni la protestante, ni la judía ni la musulmana han reducido el deseo de practicar el mal ni han disminuido el miedo a cometerlo. Lo honorable ha perdido su contenido y se ha convertido en un vocablo hueco e irrelevante. ¿A quién le interesa hoy día la probidad, el decoro y la escrupulosidad? El ejemplo perverso y desaseado se transmite eficazmente de generación en generación. Cada uno de nosotros es el ejemplo ideal de lo que no debemos hacer ni ser...

Si la insatisfacción económica y social era creciente, el malestar político no era, en ninguna forma, menor. Madero había convocado a elecciones limpias con el lema «Sufragio efectivo, no reelección». Sí, pero ¡oh, sorpresa!, Díaz, el eterno traidor, incumpliría su palabra, se reelegiría por medio de sus conocidas trampas. ¿Entonces? Madero sería detenido como candidato antirreeleccionista, lograría huir para publicar en los Estados Unidos el famoso Plan de San Luis Potosí, desde donde convocaría a una insurrección armada el 20 de noviembre de ese mismo 1910. La mecha estaba encendida y corría feliz, apresurada y luminosa, arrojando chispas a diestra y siniestra, en dirección a un gigantesco barril de pólvora.

Oasis, el amigo inseparable, de unos veintiocho años, veía en la violencia la gran oportunidad de la venganza, el momento esperado no solo para recuperar los bienes perdidos, sino también la dignidad y la vida arrebatada a los mayas siglos atrás. Él y Olegario deseaban vincularse al grupo maderista en aquel dramático y convulsionado final de año. Ambos entendían que solo el estallido de una revolución podría hacer volar por los aires, convertir en astillas, el viejo régimen. Cuando Díaz traicionó a la nación y se reeligió quedaron canceladas todas las posibilidades civilizadas de un diálogo para ejecutar una alternancia civilizada. Solo quedaba un recurso, el de las manos, el de las carabinas, el de las sogas, pero ambos aceptaron la prioridad de imponer primero el orden en casa, porque Muñoz Arístegui, la marioneta de don Olegario, el gobernador de Yucatán, se había reelecto el año anterior y su mandato al servicio del monopolio henequenero terminaría en 1914, otro hecho inadmisible que debería ser combatido con los dedos índices colocados en los gatillos de las carabinas. Cero pláticas de avenencia. No hay aclaraciones posibles. ¡Largo! ¡A la calle, por lo pronto! ¡A la cárcel, después! Y al patíbulo en el mejor de los casos.

En 1910, con gritos de «¡Fraude electoral!, ¡sufragio efectivo, no reelección!» y «¡Fuera Muñoz Arístegui, un empleado de los Montemayor!, ¿cuál gobernador del estado?», el pueblo yucateco se manifestó iracundo en diferentes ciudades y pueblos con el discreto apoyo de la competencia de diversos productores del oro verde. «¡Saquémoslo a empujones del Palacio de Gobierno!». ¿No era suficiente argumento para largarlo cuando la paca de henequén valía en 1910 la mitad de lo que valía en 1902? ¿Quién había revendido la fibra a precios inimaginables, llenándose los bolsillos de pesos y dólares? ¿Quién lucraba con el gravamen al henequén, impuesto que, según se les había asegurado, era para el beneficio de la infraestructura yucateca? ¿Quién se lo robaba? No eran difíciles las respuestas... Adiós, Muñoz, adiós, para siempre, adiós...

La mañana del 4 de junio de 1910 estalló, en la ciudad de Valladolid, otra revolución yucateca... Más de cuatro mil indígenas de la región asaltaron la casa del jefe político y lo asesinaron a machetazos. Comandados, entre otros alborotadores, por un tal Olegario Montemayor, al que llamaban el Loco, homónimo del secretario y empresario; saquearon casas comerciales con sanguinaria crueldad, cortaron las líneas telefónicas, la telegráfica nacional y levantaron varios tramos de la vía de los Ferrocarriles Unidos de Yucatán. El movimiento armado concluyó cuando Díaz mandó del puerto de Veracruz al cañonero Morelos, con seiscientos hombres del Décimo Batallón federal al mando del coronel

Gonzalo Luque, para pacificar a los mayas, es decir, masacrar a los rebeldes de Valladolid.

El saldo fue de ochenta y cuatro muertos de ambos bandos, la mayor parte facinerosos, obviamente, además de heridos y prisioneros, a quienes se les sometería al debido proceso legal al estilo de don Porfirio...

Pariente o no del secretario, Olegario Montemayor, ante su hermético silencio, sin ningún documento que acreditara su identidad, fue condenado a la pena máxima, mientras Marion se encontraba en el Sureste mexicano, tal vez en una montería chiapaneca o en Oaxaca, en Valle Nacional, a saber. ¿Jamás se volverían a ver? ¿En Valladolid acabaría la historia iniciada en Oxford, diez años atrás? Solo que Oasis Bacab, el gran amigo de la infancia, en realidad su sombra, pues lo seguía a donde fuera, desempeñó un papel definitivo en su fuga, la noche del 24 de junio. Olegario, encarcelado y condenado a muerte, le indicó a su hermano de mil vidas que fuera a Mérida y sacara una caja de madera colocada debajo de la perrera en donde dormía *Lola*, y trajera todo el dinero posible. Los recursos, su salvación, el vehículo para sobornar a los celadores, pertenecían a una tía de su esposa, pero ella comprendería. Más tarde le explicaría.

—Esto se arreglará a billetazos, Oasis: todavía no conozco a un porfirista honrado. Vuela por la lana y estaremos del otro lado...

Días después, cumplida la encomienda encargada a Oasis, con la barba crecida para disimular su aspecto, Olegario y su fiel escudero regresaron a Mérida. Él llevaba la cabeza cubierta por un sombrero de cuatro pedradas. Con el miedo a ser descubierto y atrapado por sus probables perseguidores, saltaron por la barda trasera de la casa. Encontró tiradas en el piso, arrojadas por debajo de la puerta, varias cartas de Marion, provenientes de San Cristóbal de Las Casas, Chiapas, con una peculiaridad: estaban abiertas. Los sobres ni siquiera habían sido bien pegados para cubrir las apariencias más elementales. Alguien había violado su correspondencia, de la misma forma en que había encontrado a un tipo muy sospechoso recargado en un poste, afuera de su casa, según se lo había hecho notar Oasis. ¿Qué era todo esto? ¿De qué se trataba? ¿Ya lo seguían a él? ¿Tan pronto? ¡No podía ser, pero la duda subsistía! Estaba claro: buscaban a Marion, era evidente, y en las misivas estaba escrito el nombre de la posada y la calle, la dirección a donde Olegario debería escribirle. No había tiempo que perder. Corrieron a una oficina de teléfonos. Resultó inútil. En la posada donde se alojaba Marion no existirían servicios de lujo. Llegaron, minutos después, a la oficina de telégrafos. Mandarían los mensajes necesarios para que fuera posible que huyera. La estaban buscando. Desesperados, se dirigieron a la estación de trenes con la esperanza de llegar a tiempo...

En los últimos tres meses, Marion había visitado Tzontehuitz, Bolones, Huitepec, El Cagual, Agua de Pajarito, Mitzintón, así como diferentes regiones y fincas de Chiapas, y en particular del Soconusco, que ya conocía como la palma de su mano. Se había reunido en el rancho cafetalero con Friedrich Schnapp y su esposa, la pareja de alemanes que habían conocido durante el viaje transatlántico cuando se dirigían del Reino Unido a Cuba y finalmente a Yucatán, años atrás. Ajenos a los objetivos de la investigadora y ya periodista, habían bajado la guardia, caído en la trampa y le habían revelado, en detalle, los pormenores de los sistemas de contratación comunes y corrientes entre los productores de café: para ella, otra vez esclavitud pura y llana, narrada en voz de los propios protagonistas del abuso, con la condición de no divulgar sus secretos a nadie, menos a la prensa y mucho menos, claro estaba, a los periódicos alemanes. Los quemarían vivos en la Puerta de Brandemburgo. ¿Detalles? ¿Para qué repetirlos? Nada nuevo en la historia de la explotación humana, pero había confirmado sus teorías en torno a los traficantes de miseria.

¿Con quién había tenido la inglesita indomable un feroz enfrentamiento en las puertas de la catedral de San Cristóbal? Pues nada más y nada menos que con Francisco Orozco y Jiménez, la encarnación del mismísimo demonio, el obispo de Chiapas, un lactante al lado de Tritschler, por los abusos cometidos contra los feligreses, en particular de los indígenas y de la gente pobre, paupérrima.

—¿Cómo se atreve usted a cobrarles a los muertos de hambre las obvenciones parroquiales si no pueden comprar ni una tortilla con unos granos de sal? ¿No le parece una canallada? —encaró la gran Dolly a la máxima autoridad eclesiástica de San Cristóbal. Si Olegario la viera actuar...

—¿Como cuáles obvenciones, hija mía? Pero cuida tu léxico, y no despiertes la ira del Señor —adujo el sacerdote, invitándola a la moderación. Ambos se encontraban de pie, en el atrio de la catedral, mientras monseñor balbuceaba: *Dies irae, dies illa, Solvet saeclum in favilla, Teste David cum Sibylla...*

—En primer lugar, yo no soy su hija, señor Orozco; y, en segundo, usted fijó tarifas a la entrada de este templo, como si el consuelo espiritual fuera un negocio de venta de leche o quesos.

Orozco, de estatura mediana, rostro afilado, mirada penetrante y de actuar exquisito, iba a contestar cuando Marion insistió en el tema después de haberlo estudiado muy a su estilo:

—Usted cobra un peso y veinticinco centavos por un bautismo simple, y cinco por los bautismos solemnes, con pila adornada, o no hay bautismo, a pesar de que los niños, según usted, se podrían ir al Infierno, ¿no?

—Así es, señorita, son las leyes de Dios.

—¿Qué? ¿Dios se comunica con usted, como lo hacía con Moisés, y le ordena que cobre cinco pesos por los repiques de las campanas de la catedral y un peso por los de las iglesias parroquiales? ¿Dios lo instruyó para que sangrara a la comunidad más pobre de Chiapas y le cobrara dos pesos por tocar el órgano en las ceremonias? ¿Dios?

—Así es, señorita, son las leyes de Dios —repitió mecánicamente monseñor Orozco sin inmutarse. Los músculos de su cara no se alteraban cuando mentía.

Marion se enojaba por instantes. El cinismo del cura la irritaba. Entonces, de acuerdo con las formas de Olegario, ella vació la cartuchera:

—Exige usted seis pesos por matrimonios de madrugada en hora lícita, además de los derechos parroquiales, y cincuenta pesos por inhumaciones de restos en la iglesia catedral, ¿o qué, que salen el cadáver y se lo coman porque no tienen lugar para enterrarlo en el camposanto? —agregó, mientras leía sus apuntes y disparaba a la cara del representante de Dios en la Tierra.

—Así es, señorita, son las leyes de Dios.

—¿Las leyes de Dios, señor obispo? Dicen que por una misa rezada debe cobrar un peso, y si es rezada con responso, un peso y veinticinco centavos. ¿Eso dicen? ¿Cómo, a qué horas? —preguntó sarcástica—. ¿Tres pesos si es una misa cantada y cinco si se trata de una misa cantada con revestidos y sobre todo si es de seis a ocho de la mañana? —continuaba leyendo sus notas para agregar—: Los derechos por las misas, funerales, bautizos o matrimonios en las capillas de las fincas o en las filiales de la parroquia se calculan a veinticinco pesos, siempre que el lugar de la ceremonia no exceda a tres leguas, porque en ese caso se cobrará el avío, ¿no?

El cura empezaba a hartarse. Los extranjeros protestantes tenían la capacidad de arruinarle el ánimo, de amargarle el día. Decidido a no escuchar más sandeces y a dar por concluida la conversación, giró para entrar en la catedral, caminar por el pasillo central, llegar al altar y refugiarse en la sacristía.

—Claro, huye usted de la verdad como los vampiros de la luz —gritó Marion, en tanto iniciaba la persecución del ensotanado—. Nadie debe cobrar por impartir consuelo espiritual, nadie, señor cura, nadie. ¡No continúe lucrando con los desamparados! —exclamó, furiosa, sin que el obispo se detuviera ni volteara. La ignoraba. El vicario apresuraba el paso, tapándose los oídos como si se fuera a contagiar con la maldad. Cuando advirtió ciertos movimientos femeninos del clérigo, decidió detenerse y disparar por la espalda una parrafada destinada a los oídos de los escasos feligreses que meditaban o elevaban sus plegarias en el interior de uno de los máximos templos chiapanecos.

—No existe el Juicio Final, bien lo sabe usted, deténgase y confronte a una mujer...

Orozco y Jiménez subió de dos zancadas al altar como si se hubiera metido Lucifer en la catedral y la hubiera profanado. Tomó el hisopo, lo humedeció, enloquecido, en una pila de agua bendita y roció la cara de la inglesita, mientras decía:

—Blasfemia, blasfemia, estás excomulgada, irás al Infierno por ser una mala hija de Dios. Lastimas con tu verbo diabólico mi majestad divina —alzaba la voz mientras movía compulsivamente la mano, como si quisiera azotar con una cruz de plomo la cabeza de Marion.

Mientras esto sucedía, la inglesita sonreía sardónicamente, parecía asistir a un acto de brujería. ¿Quién iba a creer que mojándola con un instrumento ridículo iba a ir a dar a un lugar inexistente? Una Marion asqueada le escupió al obispo:

—¿Usted cree que yo soy una india tzotzil, una indígena ignorante, para que insulte mi inteligencia de esa manera? ¡Métase sus excomuniones, blasfemias y el Infierno por el culo, señor obispo!

A Orozco se le contrajo el rostro, una vena a punto de estallar surcó su frente, enrojeció de la furia ante semejantes insultos, vertidos, además, en público. Se le desorbitaron los ojos, enmudeció, se recogió la sotana negra como lo haría una mujer mayor con sus faldas y huyó con pasos cómicos en dirección a la sacristía. Un sonoro portazo dio por concluida la escena.

—Escúcheme bien, rata huidiza —gritó Marion, impotente desde afuera—: en nada se parece usted a fray Bartolomé de las Casas, ese obispo sí era digno de esta catedral, un auténtico defensor de los indígenas. Usted seguro irá a dar a su Infierno, de donde nunca debió haber salido.

Marion vio las miradas atónitas de los fieles. Al comprobar su inmovilidad y su sorpresa, antes de encaminarse a la salida, les dirigió unas palabras. Nadie había salido en defensa del prelado:

—Aprendan a protestar, a quejarse, a denunciar a los sinvergüenzas como este monstruo que tienen por obispo. Mientras más se resignen, más abusarán de ustedes y harán con la gente lo que les venga en gana. Este obispo es un ser perverso: no olviden que donde hay un cabrón, también hay un pendejo.

Dicho lo anterior, cuando se disponía a abandonar la catedral, una mujer humilde sentada en una banca la paralizó con un comentario inesperado:

—Asté lo que no sabe, seño, es que el obispo abusa de los niños de San Cristóbal y de las rancherías. No vea cómo nos los deja de jodidos, ya ni siquiera quieren vivir ni salir de sus jacales...

Marion se salió de la piel y preguntó sin poder creer lo que acababa de escuchar:

—¿Qué me acaba de decir? —cuestionó pronunciando con su acento inglés, sin poder disimularlo cuando enfurecía.

—Sí, seño, medio San Cristóbal sabe de las cochinadas del obispo, pregunte asté a los niños chamulas y sabrá cómo los convence diciéndoles que es la voluntá quesque del Siñor qui todo lo sabe...

Marion Scott Fortuny, convertida en un torbellino, se dirigió a la sacristía. Trató de abrir la puerta, la empujó, la golpeó con ambas manos, la pateó una y mil veces, amenazó con voces enloquecidas, insultó al alto prelado con los calificativos más terribles llegados a su mente, disparados, uno tras otro, con su lengua llena de pólvora.

—Miserable asqueroso, todo lo que me faltaba saber es que además de explotador de indígenas y de gente humilde, es violador de niños chamulas. Es usted un ser repulsivo, un aborrecible puerco. Aquí lo esperaré afuera. Ya saldrá de su madriguera, execrable representante de Dios... Lo esperaré sentada, y si no es hoy, tarde o temprano le echaré al pueblo encima, todo San Cristóbal va a armar una gran pira y lo quemaremos vivo. Yo misma encenderé la hoguera, como ustedes hacían con los infieles...

Los feligreses, preocupados al poder ser identificados como los delatores, ya habían abandonado temerosos la santa casa de Dios. Marion, harta de aguardar sentada en el piso, prefirió dirigirse a la posada Fray Matías de Córdova, a dos calles de la catedral, donde se hospedaba en una pequeña habitación mientras avanzaba en sus investigaciones. Ya ajustaría cuentas con Orozco... Tenía urgencia de llegar para escribirle a Olegario. Imposible saber que, acompañado de Oasis, ya venía en su búsqueda en cuanto medio de transporte encontraba en su camino. La prisa, por su parte, estaba también justificada.

Entró a la posada, llave en mano, como un torbellino. Llegó a su habitación ubicada en la planta baja, con vista a un patio interior. Cerró la puerta con una patada. Tiró sobre la cama su morral. Se sentó frente a un pequeño escritorio, apartó un artículo redactado en inglés para un periódico británico, tomó su lápiz, de acuerdo con la costumbre de Olegario le sacó punta, extrajo un par de hojas del cajón, se arregló un mechón de pelo trigueño y entonces percibió una sombra negra, siniestra, como si se le hubiera aparecido el mismo Satanás.

—¡Qué bueno que llegastes, güerita preciosa, ya se te extrañaba, creiba que nunca ibas a llegar! —dijo una voz de ultratumba. Se trataba, por su indumentaria, de un cuatrero, de un albañil, de un hombre humilde, alto y robusto, que apestaba a alcohol. Usaba huaraches muy desgastados. No se había afeitado, y tal vez llevaba muchos días borracho, tirado en las calles de San Cristóbal. Se encontraba sentado a un lado de la puerta, imposible verlo al entrar a la habitación.

–¿Quién es usted?, ¿qué quiere aquí? –preguntó Marion, aterrorizada–. Tome mi morral y lárguese...

–No vengo a robarte ni quiero tu limosna, preciosa...

Marion pensó que deseaba violarla. Por la corpulencia del sujeto, hubiera sido relativamente fácil.

–Ni intente otra cosa, porque no sabe con quién se mete...

–La verdá, muñequita, me encantaría abrirte las piernas y dejarme ir con todo, pero hoy no vine a eso... Lástima...

–¡Auxilio, auxilio! –gritó la inglesa, desesperada al verse indefensa y secuestrada.

El alarido de la mujer detonó la alarma del intruso, quien decidió ejecutar sin tardanza su encargo, antes de la llegada inoportuna de cualquiera. Pagaría muy caro el fracaso de su misión y, además, no percibiría la otra mitad de los honorarios pactados si no mataba a la periodista. El asesino sacó un cuchillo escondido en la espalda y se abalanzó sin más sobre ella. Nadie podía evitarlo ni llegar a tiempo para rescatarla. No había tiempo que perder. Marion había esquivado ágilmente el ataque y, de un pequeño salto, había logrado colocarse a un lado de la cama.

–¡Socorro, me matan! –gritó Marion, pidiendo ayuda mientras giraba la cabeza en dirección a la puerta, distracción que aprovechó el criminal para asestarle una terrible puñalada en el estómago. Asustado o arrepentido, le dejó hundido el acero en el vientre. Al sentirse herida de muerte, el grito de ella no pudo ser más desconsolador. Se escuchó por todo el Soconusco. El salvaje que la privaba de la vida era incapaz de saber lo que implicaba la muerte de esa mujer ni la lucha que libraba a favor de la humanidad aplastada y sojuzgada. Jamás sospecharía siquiera que Marion peleaba por su bienestar y el de sus hijos.

–Oleeeee, Ole, *dear* –exclamó Marion tomando el mango del cuchillo–. Olegario, amor de mi vida, mira lo que me hacen, no te volveré a ver, amooooor, Ole, *please*... –agregó resignándose a su suerte, sin que el asesino supusiera, una vez cumplida su encomienda, que ella se iba a extraer el cuchillo en el último suspiro de su existencia y se iba a lanzar agónica para asestarle una mortal estocada en el cuello, el único lugar al que pudo acceder en su angustiosa venganza.

El verdugo de Marion, aterrorizado, se llevó las manos a la herida mientras escupía sangre por la boca. Los ojos parecían salirse de su cara. La inglesa, antes de derrumbarse, todavía intentó acuchillarlo en el estómago, pero este trató de defenderse y, al tomar instintivamente el puñal por la hoja, se rebanó los dedos.

Los ojos de Marion, Dolly, se vaciaron de luz al tiempo que se mantenía de rodillas y, acto seguido, caía al piso. Sus últimas palabras fueron:

–Ole, Ole, *dear*, Ole, *my love, keep fighting...*

El criminal dio unos pasos con la idea de alcanzar la puerta y pedir ayuda a dos de sus colegas, asesinos de la misma calaña, que esperaban resultados afuera de la posada, pero se desplomó, azotando la cabeza contra el piso de mosaico.

En la tarde de ese mismo día, Olegario y Oasis llegaron corriendo a la posada Fray Matías de Córdova, después de un largo viaje, sin imaginar la escena que les esperaba. El encargado de la fonda no tenía la llave, se la había llevado al mediodía la huésped, él mismo se la había entregado en mano, sin confesar, claro estaba, que horas antes había recibido un suculento soborno. Olegario y Oasis se dirigieron rápidamente a la habitación al fondo, en la planta baja, con vista a las arcadas. Olegario tenía un terrible presentimiento. Llamaron a la puerta:

–Marion...

No hubo respuesta.

–Marion, Dolly, abre, ¿estás despierta? –alzó Olegario la voz, temiéndose lo peor.

Nada. El silencio se había apoderado de la escena.

Olegario jaló y luego empujó la cerradura. Ignoró las súplicas del encargado al responsabilizarlo por los daños. Pensó en escupirle. A continuación pateó la puerta. Fracasó. Decidió entonces echarse para atrás, tomar un breve impulso y destrozarla con el hombro, solo para ver dos cadáveres, el de Marion y el de un desconocido, en un charco de sangre.

–¡Marion! –gritó Olegario enloquecido. La volteó. Estaba boca abajo. Le gritó, la sacudió sin dejar de repetir su nombre–: Marion, mi amor, Marion, no me hagas esto, no, por favor, no me dejes solo, Marion, responde, vida de mi vida, no te vayas, ¿qué te pasó? Marion, Marion, Marion. ¡Noooo, Marion! –lloraba como un crío–. Este era mi lugar, no el tuyo, Marion, Marion, Marion –repetía frenético sin poder soltarla mientras su camisa y su cara se cubrían con la sangre de su amada. Ella no contestaba. El color pálido de su piel, sus brazos desmayados, su cabeza colgando de sus hombros, su tibieza, delataban que la vida la había abandonado apenas unas horas atrás. Los escasos clientes de la posada no escucharon sus gritos ni sus ruegos, estarían visitando San Cristóbal o tal vez elevando sus plegarias en la catedral. Era inútil toda súplica. Se había ido para siempre.

Oasis y el encargado observaban impávidos la tormentosa escena. De pronto Olegario, poseído por una fuerza extraña, se puso violentamente de pie con los ojos desorbitados, el rostro manchado y la boca llena de una baba espesa. Era un hombre desconocido. Se dirigió al cadáver del asesino y empezó a patearle la cara y la cabeza, como si pretendiera vengar a su amada. Le golpeó el pecho, el estómago una y otra vez:

—Toma, toma, toma, miserable hijo de la gran puta, ni con un millón de mierdas como tú vuelve a nacer una mujer así —gritaba y lloraba sin dejar de patear el cuerpo inmóvil del criminal—. Por lo menos no se fue sola, asqueroso animal...

Oasis no intentó detenerlo, entendió la importancia del desahogo. Ya luego trataría de consolarlo.

Después de estrellarle en múltiples ocasiones la cabeza contra el azulejo y de asestarle todos los puntapiés que pudo, hasta perder la fuerza de las piernas, cayó al suelo sin dejar de llorar ni repetir:

—Marion, amor, mi vida, Marion, Dolly, ay, ay, ay...

Se sentó al lado de ella, le tomó la cabeza, se la colocó sobre sus piernas como cuando se acomodaban en el viejo sillón de la casa de Mérida, y empezó a acariciarle las mejillas y a arreglarle el pelo sin darse cuenta de que empapaba con su saliva y sus lágrimas el rostro de su mujer...

—Marion, mi sol, adiós, Marion —repetía en voz baja, mientras un par de marimbas cercanas a la plaza interpretaban música alegre. La vida continuaba.

Ese mismo día se presentó la policía en la posada Fray Matías de Córdova para averiguar los hechos, deslindar responsabilidades y encontrar a los autores intelectuales del crimen.

—¿Policía? —espetó Olegario al día siguiente de la tragedia en aquel fúnebre inicio de julio de 1910—. La policía es la institución más podrida, decrépita y despreciable de este país —escupió furioso en la cara de los investigadores. Reventaba por las costuras—. Ahora están disfrazados de autoridad, pero en la noche son ladrones. ¡Miserables, me los conozco!

—Venimos a ayudar, joven, y no es para que nos insulte.

—Ustedes..., ustedes vienen a robar —repuso descontrolado—. A ver qué sacan, qué nos quitan, vienen a lucrar con el dolor de terceros, vienen a esquilmarnos. Punta de rateros.

—Cuide sus palabras, señor, está usted hablando con la autoridad.

—¿Autoridad? Váyanse los tres a chingar a su madre —sentenció un Olegario apático y dispuesto a todo, al fin y al cabo ya no tenía nada que perder–. ¿Cómo se atreve a hablar de autoridad en este país de mierda? ¿Ustedes son la autoridad? ¡Ja!

–¡Deténgase! –le exigieron los uniformados a gritos cuando les dio la espalda y se empezó a alejar del lugar. Sin embargo, no giró la cabeza ni se detuvo, ni siquiera volteó a verlos. Abominaba cualquier imagen de la autoridad, desde la paterna hasta la política. Y que no se atrevieran a tocarlo... Se siguió de frente, junto con Oasis, sin escuchar sus reclamaciones. Su eterno amigo incondicional, silencioso, mostraba su solidaridad acompañándolo. En la soledad comentaba sus puntos de vista y analizaba las experiencias vividas.

–Autoridad, dijeron estos, Oasis. ¡Me cago en ellos y en cualquier autoridad! Hoy vienen disfrazados de policías, Oasis, supuestos guardianes del orden, y tan pronto dejan el uniforme en los cuarteles se visten de lo que son, unos ladrones. En cada funcionario público del nivel que quieras se esconde un bandido, nunca le creas una sola palabra a quien trabaja en el gobierno, alguna intención aviesa esconderá invariablemente.

Unos días después, hechos ciertos trámites funerarios y algunos legales, contra su voluntad, se dirigieron al panteón civil para dejar enterrada a Marion en San Cristóbal de Las Casas, más tarde decidiría qué hacer con los restos de su amada... Por el momento colocaría un ramo de flores en la tumba de su inolvidable mujer. ¿Quiénes habrían sido los asesinos? ¿Los chicleros, los madereros, los cafetaleros? ¿Quiénes? ¿Cómo saberlo? ¿El propio Díaz?

¿Cómo informar de lo ocurrido a Catherine, la madre de Marion? ¿Acaso no les había insinuado que México era un país de caníbales, de absolutos salvajes? «¿Qué tienes que ir a hacer ahí, *my dear daughter*?». ¿No había contemplado a Olegario como a un bicho extraño, incomparable con un destacado aristócrata de la realeza inglesa, un príncipe rubio retratado con la guerrera oscura galardonado con múltiples condecoraciones, el pecho cruzado con una banda multicolor, al cinto una espada forjada en acero refulgente y un óleo enorme del rey Eduardo VII, a todo color, colocado sobre una chimenea, al fondo de la biblioteca de su castillo? Su hija no había sido educada para pasar su vida al lado de un indio apestoso, un yucateco, o como se pronunciara esa palabra, a *damn word*... ¿Cómo explicarle a Cathy que la habían asesinado a puñaladas? La pintora saltaría encima de él para sacarle los ojos repitiendo: lo sabía, lo sabía, lo sabía... Lilly, Lilly le ayudaría, solo que, ¿cómo informarle viéndola a la cara? Pensó en su hermana Maricarmen, ella siempre lo había comprendido, pero resultaba inútil a la distancia y en esas terribles circunstancias.

¿De dónde sacar fuerza para sostener el lápiz o el manguillo, sí, y escribirle a Perkins para comunicarle la infausta nueva? Él les había advertido del peligro que corría Marion sin causar una fundada alarma, más allá de ciertos indicios, pero ambos lo habían ignorado. ¿Y Lilly, la tía Lilly? ¡Carajo, la tía Lilly! La visitaría en la Ciudad de México y lloraría en su hombro al narrarle lo sucedido. Para Lilly, Marion era la hija que nunca tuvo, la adoraba sin arrumacos y sin expresarle sus sentimientos con palabras cariñosas, un amor familiar conocido y sabido, muy a la inglesa; no existía la necesidad de recordarlo. Al saber de la muerte de su sobrina, en buena parte también moriría la tía universal.

Olegario no encontró en esos momentos una cura mejor, una medicina más adecuada a su alcance, que el peyote. Lo masticaba y llegaba a apartarse dos o hasta tres días de la realidad, momento ideal para mascar más o, tal vez, pasados los efectos, beber ron, mucho ron para reconciliarse con la vida y recuperar un transitorio bienestar. En sus viajes, en sus alucinaciones se encontraba con Marion y juntos nadaban desnudos en los cenotes o corrían tomados de la mano por las playas y se revolcaban en la arena emitiendo interminables suspiros de placer. Ole, *dear*, nene, *I love you so much*... Su experiencia espiritual lo apartaba de la vida material, de la política, y lo ayudaba a ver sus objetivos a la distancia, para contemplarlos disminuidos y lejos de su mundo fantasioso...

En aquellos días arrastró un lápiz sin punta, ¿para qué afilarlo como cuando deseaba consignar propuestas de vanguardia, grandes ideas progresistas orientadas a cambiar la mentalidad de los esclavistas y de los esclavizados? ¿Qué más daba ya? De cualquier manera, dejó consignadas estas breves notas en su cuaderno de rencores:

Si el arte y el amor me reconciliaban con la existencia, cuando perdí a Marion asesinada a puñaladas por defender a los jodidos entendí que mi vida era inútil, por más que me llevó mucho tiempo convencerme de esa insuperable realidad. El arte sin ella es una mera vacuidad. La música, el color y las formas me recuerdan su existencia, y si ya no está conmigo, el arte me duele y me arranca costras a punto de cicatrizar. ¡Adiós también al arte!

Mis heridas me duelen, me han dolido desde una edad muy temprana. Ya nada ni nadie podrán ayudarme a sanar. Estoy roto por dentro y resultará imposible curarme de mis penas. No tengo tiempo para olvidar ni existe un médico mágico que me devuelva la esperanza ni la salud. El único y último intento para recuperar la paz tal vez sea la muerte, solo así podré olvidar, pero, mientras tanto, no abandonaré nuestra lucha para honrar su memoria.

Eso sí, sueño con meterle al mundo una gran bomba por el culo, con provocar terribles y devastadores diluvios para acabar con el hombre y su significado; deseo la aparición de pestes cada vez más furiosas, aniquiladoras y demoledoras; ansío la constitución de juicios finales, sí, pero aquí en la Tierra, antes del perdón celestial al alcance de cualquier vulgar po-seedor de dinero; anhelo la construcción de miles de paredones y otros tantos pelotones de fusilamiento para hacer justicia; propongo el esta-llido de guerras, guerras por doquier para acabar con la menor simiente humana. ¡Claro que sí: aceptemos que ya todos estamos muertos o con-denados a estarlo! ¿Quién puede alegar que no es un bribón? ¿Quién?

Me han contaminado, me han engañado, de pequeño me mostra-ron un mundo inexistente cuya realidad vengo a descubrir en esta pobre hora...

Pasados varios meses, Olegario, ya de regreso en Mérida, extraviado como un fantasma, lo que quedaba de él, decidió sacar fuerzas de su devastación y salir en busca de Felipe Carrillo Puerto. Él era buen ami-go de Emiliano Zapata, a quien intentaría visitar en Morelos, durante su viaje rumbo a la Ciudad de México. Necesitaba conocer de cerca sus planes revolucionarios. Bien sabía que los días de don Porfirio en el poder estaban contados. Tenía poco tiempo y sobrados motivos políticos para asesinar al tirano antes de su derrocamiento. El malvado dictador mere-cía morir a cuchilladas, y nadie mejor que él para ejecutarlo a la menor oportunidad. Era por el bien de la patria.

Olegario no tuvo ningún problema en saber que debería buscar a Emiliano Zapata en Anenecuilco. Hubiera preferido ir de una vez en lugar de darle la cara a la tía Lilly, pero, a pesar de estar acobardado y atormentado por la culpa, debía visitarla en primer término, en su re-sidencia de la colonia Santa María la Ribera, en la Ciudad de México, para asestarle, también a ella, una puñalada mortal. Se armó de valor y, a media mañana, al ir a tocar el timbre de la residencia sintió un tem-blor en la mano derecha. No podía ni siquiera llamar a la puerta. Lo hizo, no tenía remedio. Le abrió un mayordomo perfectamente vestido a la usanza inglesa. No sonrió, no podía hacerlo, al contemplar las pa-redes cubiertas con telas de terciopelo rojo ni hizo comentario alguno, no cabía, cuando vio cuadros con mujeres desnudas de diferentes épo-cas y enormes candiles de mil diamantes de vidrio. ¿Estaría entrando a un circo o a una casa de locos? Por lo visto estaba prohibida la luz del día. Nunca se había encontrado con un óleo tan grande de *El rapto de las sabinas* pintado por un autor francés, ni con tantas esculturas eróti-cas, entre las que destacaba una en particular, la de un fauno violando a una cabra. No era momento para diversión ni había espacio para co-mentarios jocosos. ¿Cómo?

Al subir la escalera guiado por el sirviente y llegar al tercer piso, lo esperaba de pie la tía Lilly, envuelta en una bata morada de seda con las solapas doradas. Ella desistió de su propósito de abrazarlo, con tan solo contemplar su rostro demudado.

—¿Qué pasa, Ole, *dear*, por qué esa cara? —preguntó a sabiendas de que su instinto no la engañaba.

Cuando iba a pronunciar Marion, Mar..., Lilly no pudo articular la palabra por completo, porque Olegario saltó para abrazarla, movido por un repentino impulso. Lloraba desconsolado. Lilly se quedó petrificada, muda, con los ojos desorbitados y los dedos de las manos abiertos, como si estuviera congelada dentro de un gigantesco cubo de hielo.

El mayordomo se retiró y se apartó de la escena tan pronto le fue posible.

—¿Marion? ¿Marion? Marion, *my love?* —dijo Lilly con la mirada clavada en el techo. La boca parecía desprenderse de su rostro.

—Sí, Lilly, sí, sí, sí... —repuso Olegario envuelto en lágrimas, sin atreverse a ver a la cara de aquella mujer, que amenazaba con caerse hecha pedazos—. Fue mi culpa, toda mi culpa, solo mi culpa...

—*Is she dead?* —cuestionó en inglés, su idioma adoptivo, el de su pasado, el de su historia, con el que hacía cuentas y regañaba.

—Sí, Lilly, sí, sí, sí...

Sin poder detenerla, la mujer cayó de rodillas al piso y, acto seguido, se desplomó de lado, golpeándose la cabeza.

Olegario la contempló aterrorizado. Respiraba. Se mantenía sin parpadear y sin hablar, como si le hubieran dado un tiro de gracia.

—Lilly, por favor, Lilly, ¿qué le pasa? ¡Responda, por favor! —alegó Olegario a punto de pedir auxilio. Se dirigió a ella de usted porque no era la ocasión de quedar bien con nadie ni ganarse la confianza y el afecto de la querida tía.

Como pudo, la levantó, abrió la puerta con una tenue patada y entró a la habitación decorada como solo podría haberlo hecho la matrona de un burdel de lujo. Ulises no estaba. La depositó delicadamente sobre un sillón y le llevó un vaso de agua que estaba encima del buró. Se encontraba demacrada, con una palidez de muerte. Olegario se arrodilló a su lado. Esperaba ansioso que recuperara el color y se reanimara después del tremendo golpazo. No dejaba de escrutar su rostro en señal de una mueca esperanzadora. Pasó un rato en cuclillas, en espera de alguna respuesta. Lilly levantó la cabeza sin abrir los ojos. Parecía un fantasma. Colocó sus codos sobre sus rodillas y la cara entre las manos abiertas, cubriéndose las mejillas.

—*What happened? An accident?* —articuló al fin unas palabras.

Olegario le contó a grandes rasgos lo acontecido, en tanto la querida tía Lilly solo negaba con la cabeza. ¿Cómo informar a Cathy, su hermana? Ella siempre se había opuesto a la relación con Olegario y al viaje a México... Nunca hubiera querido representar un papel de semejante naturaleza, más aún cuando ella era enemiga de dar malas noticias, eso que lo hicieran otros...

—Nunca nadie la hizo reír como yo. Nunca nadie conoció sus secretos como yo. Nunca nadie la hizo tan feliz como yo. Nunca nadie la comprendió como yo y nunca nadie la impulsó a hacer lo que le viniera en gana, como yo. Hice lo que fuera para que encontrara la alegría de vivir y lo logré. Fue feliz gracias a mí y a ti, Ole —exclamó frunciendo el entrecejo, sin soltar una sola lágrima y con la mirada clavada en una ventana.

—Sí, la hicimos feliz, Lilly...

—Por supuesto que sí y, por supuesto también, te digo que tú no eres ni fuiste culpable de nada. Ella sabía los riesgos que corría. No era una mujer que renunciara al peligro y que pudiera sentarse a tomar el té en Londres, junto con un grupo de señoras aburridas, dedicadas a tejer chalecos de lana para sus maridos. Mi sobrina era una soñadora dispuesta a dar su vida a cambio de sus ideales. Lo analizamos muchas veces, por más que a ti te lo hubiera negado para tranquilizarte. Ambas sabíamos de qué se trataba este juego maldito de la realización personal y ambas sabíamos las reglas.

Olegario continuaba arrodillado a su lado, con la cabeza gacha. Respiraba pesadamente.

—En una carta que guardo aquí en un cajón, la última que recibí, me pidió que si un día le pasaba algo, no dejara yo de seguir enviándote el dinero que les habíamos ofrecido a ambos.

—No quiero saber nada de dinero, Lilly, por favor...

—No te lo digo por eso, sino para que sepas hasta qué punto ella estaba segura de su destino.

Pasaron juntos el resto del día. A media tarde comieron un par de canapés y recordaron a Marion en diferentes épocas: su sonrisa, su inteligencia, sus convicciones, sus deseos de disfrutar su libertad, las luchas por su independencia y su vocación por saber, por descubrir, por ser, por divulgar las injusticias al precio que fuera y en tanto los medios aceptaran sus escritos.

—En la vida existen solo dos grandes aventuras, repetía una y otra vez tu querida Dolly: estudiar y amar, lo demás sobra y contigo, Ole, *dear*, encontró lo necesario para existir a placer.

—Cierto, tía Lilly —repuso Olegario, recuperándose aún del impacto por el desmayo—. Muchas veces me contradecía solo para probar su capacidad dialéctica. Me refutaba con una gran pasión cuando en el fondo no creía en la validez de sus argumentos. Esa era Marion, a continuación moría de la risa al haberme tomado el pelo cuantas veces le dio la gana...

—Y tú te dejabas, ¿no?

—Sí, ella tampoco se daba cuenta cuando yo me dejaba engañar con sus deliciosas historias...

—¿Qué vas a hacer sin ella, hijo? —preguntó Lilly en un tono maternal y cálido.

—Voy a matar, me voy a dedicar a matar y a luchar por la libertad y por la democracia de este país engañado y aplastado por los políticos y los militares. El asesinato de Marion me convenció de la irrelevancia de las palabras y del poder de las armas. Voy a matar, a matar y a matar hasta que me maten a mí también, así estaré al lado de Marion, aun cuando sé que después de la muerte ya no hay nada, pero al menos pensarlo me sirve de consuelo, tía.

Lilly saltó:

—¿A matar, *my son*? ¿Te has vuelto loco? Ellos son mucho más poderosos y te aplastarán como a una mosca. No tienes manera de vencerlos...

—Ya lo veremos. Imagínate que a cualquier tirano que aspire a construir una dictadura como la porfirista lo hagamos desistir de sus planes al vaciarle la cartuchera en la cabeza, a ver quién se anima después a seguir sus pasos... Si descartas los principios democráticos, te encontrarás con balas en el cráneo.

—Cuídate, Ole, *dear, my boy*, estamos rodeados de cabrones... En este país, acuérdate, si levantas una piedra, sale un hijo de la chingada...

Olegario no la iba a convencer jamás. No era con ella, sino con Zapata, los revolucionarios, con quienes debería abordar el tema y acometer sus planes a la velocidad del rayo. Había llegado la hora de retirarse. Le besó las manos a la tía Lilly, la abrazó, la estrechó con fuerza. Tal vez jamás la volvería a ver. Se despidió de ella asegurándole el envío de la mayor cantidad de cartas posible, con remitentes desconocidos y textos redactados en clave, porque no ignoraba la existencia de espías porfiristas colocados hasta debajo de las piedras.

La tía Lilly, otra agnóstica de corazón, le hizo la señal de la cruz en la frente, mejillas, mentón y boca. Acto seguido colocó su dedo pulgar derecho frente a él y le pidió que lo besara, así la suerte le acompañaría a donde fuera.

En la noche Olegario se dirigió a un hotel en el centro de la ciudad para salir de viaje temprano al amanecer. La revolución estallaría en noviembre. Ahora a Olegario solo le faltaba armarse con una carabina, cruzarse el pecho con unas cananas, colgarse un par de pistolas al cinto, conseguir un sombrero de charro y un caballo para luchar con las armas por la conquista de sus ideales. ¿Quién lo acompañaría en la aventura de la venganza? Por supuesto que Oasis... Días después llegaría a Morelos y se encontraría con Zapata. Empezaba la hora de la revancha, en la proporción que se deseara.

Los sucesos se repitieron uno tras otro, como los disparos de una ametralladora. Se encontró con Emiliano, un hombre alto, delgado, de bigote muy poblado que ocultaba su boca; tez oscura, ojos negros, dominantes, profundos, de vértigo. Mirada noble, determinada, incrédula, necia y apasionada; un mestizo de poderosas creencias, harto de engaños y de trampas. Él resumía a generaciones de mexicanos cansados de promesas incumplidas y saciado de palabras huecas con las que resultaba imposible cambiar la pavorosa realidad padecida por sus ancestros y que, por ningún motivo, sufrirían sus descendientes. Su hablar pausado, su voz áspera, severa, no permitían abrigar dudas en torno a su proyecto agrario: apostaría su vida sin aceptar pretexto alguno. Si las comunidades habían sido privadas de sus bienes por el uso de la fuerza, pues con el uso de la misma fuerza, o tal vez mayor, se les reintegraría su patrimonio a los indefensos despojados de sus propiedades, heredadas de tlahuica a tlahuica, de morelense a morelense, desde la aparición de la primera golondrina.

Emiliano lo observó con recelo, el aspecto físico de Olegario le produjo cierta desconfianza, pero le bastó la presentación de Carrillo Puerto enviada por escrito y escuchar los detalles de la salvaje esclavitud yucateca para compararla con la explotación campesina en los ingenios azucareros de Morelos: suficientes razones para aceptarlo en su organización rebelde y sumarlo a la lucha por el derrocamiento de Porfirio Díaz.

Se sentaron en unos equipales colocados encima de un piso de tierra a cielo abierto. A los lados se encontraban unas casuchas y tendajones de donde salían y entraban campesinos armados vestidos con trajes de manta, huaraches, cananas cruzadas en el pecho y carabinas, sin faltar los enormes sombreros, como si se tratara del uniforme de los zapatistas. Bebieron agua de jamaica antes del almuerzo. Un par de mujeres improvisaron una pequeña mesa sobre la que colocaron un molcajete con guacamole muy picante y abundantes totopos. Las gallinas se desplazaban fuera de los corrales sin sufrir los ataques de los perros.

—El hambre arrecia —exclamó Emiliano con sus ojos negros como el carbón que despedían un brillo intenso, el de la fuerza del líder—. ¿Te quedas a comer con nosotros y hablamos?

Una de las jóvenes que hacían las veces de meseras dejó unas tortillas recién hechas y un tazón lleno de frijoles rancheros aderezados con cebolla y chile. Zapata no le retiró la mirada ni un instante. La sujetó por la muñeca, le impidió retirarse y le clavó los ojos con una picardía elocuente.

—¿Nos tomamos el postre juntos, mi Márgara preciosa?

—¡Ay, mi general!, ¿cómo va a creer usté?, tengo novio...

—No importa, chamaquita, no soy celoso —repuso con una sonrisa traviesa expuesta con esos bigotes negros y chorreados que imitaban muchos de los suyos...

La hermosa jovencita, de escasos dieciocho años, vestida con unas enormes enaguas que arrastraba al caminar y una blusa blanca que exhibía sus hombros desnudos y permitía ver el nacimiento de unos pechos nobles y plenos, fue por la cecina de Yecapixtla y la salsa mexicana, no sin antes devolverle una sonrisa coqueta al líder morelense. La invitación había sido aceptada: el membrillo lo disfrutarían juntos, mejor dicho, lo devorarían al mismo tiempo, con un café de olla endulzado con dulce de membrillo...

Olegario y Zapata consideraron inaceptable que el dictador hubiera sido declarado presidente por séptima ocasión: era el colmo, una burla, un insulto contra la deteriorada confianza de la nación. La paciencia se había acabado, era la hora de derrocarlo, según comentaron en esa cálida tarde.

En tanto agonizaba el día, hablaron del Plan de San Luis con gran entusiasmo, sobre todo discutieron la restitución de tierras a sus legítimos poseedores. Tocaron el tema de la Guerra de Castas y del despojo territorial padecido por los mayas de todos los tiempos, hasta llegar a la pérdida de la libertad en las haciendas henequeneras, en donde la ley se estrellaba frente a sus ostentosas puertas, que solo se abrían de par en par para ceder el paso a la más descarnada brutalidad.

Emiliano Zapata se puso de pie, pateó el piso para sacudirse el polvo de las botas. Se ajustó los pantalones negros de charro muy ajustados. Se ciñó la chaquetilla del mismo color, se calzó el sombrero y le extendió la mano a Olegario. Se verían al otro día; en ese momento disfrutaría la sobremesa en otro lado, arguyó guiñándole el ojo a su nuevo amigo.

Perkins, debidamente informado del deceso de Marion, había mandado un sobre negro y papel del mismo color, con textos redactados en tinta blanca, para ofrecer sus condolencias. En la carta se advertían manchones esporádicos, la letra aparecía por momentos ilegible, la evidencia de un profundo dolor: había llorado durante la redacción de la misiva. Llamaba a Olegario hermano eterno, alumno, compañero, aliado, combatiente, luchador forjado en el mejor de los aceros, guerrero constrtuido en las aulas y en la biblioteca de Oxford. Le extendía una invitación amplia, formal, abierta: ayudante, por lo pronto, en la biblioteca de la universidad, amigo, gemelo, compatriota ideológico:

Ven, camarada, a mi lado tendrás techo, un plato, una cama, libros, información, cariño y ausencia de problemas. Mi cargo es tu cargo, ya después te ubicaremos en otro lugar. Con tu talento, más tarde llegarás a ser mi adjunto. Te ampararé y cuidaré como lo hubiera hecho Marion: eres un ejemplo en mi existencia. Es un orgullo haber sido tu maestro.

HUGH

En marzo de 1911, Olegario y Oasis participaron en las batallas de Chinameca, Jojutla y Jonacatepec.

Los rebeldes fueron informados de los pasos de Pascual Orozco y Pancho Villa en Chihuahua. Supieron de la decisión de Madero de no atacar Ciudad Juárez; sin embargo, ignorando las instrucciones superiores, Villa se había lanzado a la conquista de la plaza y la había hecho suya para precipitar la caída del tirano. ¡Qué deuda tan enorme había contraído México con Pancho Villa! Díaz, arrinconado, había iniciado negociaciones con los sublevados, a pesar de tener a su sanguinario ejército casi intacto. ¿Qué era Ciudad Juárez en el contexto nacional? ¿Habían caído Guadalajara o Monterrey o medio país en manos de los revolucionarios? ¡No! Entonces, ¿por qué el dictador, invariablemente arrogante y endiosado, cedía y negociaba con los rebeldes?

El presidente Taft había enviado veinte mil hombres a la frontera para garantizarse el orden… La Casa Blanca y Wall Street ya no querían a Díaz en el Castillo de Chapultepec. A los ochenta años, después de la reciente entrevista entre ambos mandatarios en Ciudad Juárez, había dejado de ser un presidente confiable; además era obvia su proclividad hacia los inversionistas europeos, sobre todo los ingleses, en lugar de consentir a los norteamericanos. La rebelión cundió por múltiples y justificadas razones y, el 25 de mayo de 1911, Díaz presentó finalmente su renuncia al elevado cargo. Madero entró a la Ciudad de México el 7 de junio… Había concluido aquello de «La sangre derramada era mala sangre, la que se salvó era la buena» y lo de «Mátalos en caliente» y lo de «Perro con hueso en la boca ni muerde ni ladra». Adiós al enterrador del liberalismo mexicano del sigo XIX…

Cuando Olegario leyó el texto de la renuncia, anotó en su cuaderno de rencores:

Porfirio Díaz escribió: «Vengo ante la Suprema Representación de la Nación a dimitir sin reserva el encargo de presidente constitucional de la República, con que me honró el pueblo nacional».

¿Cuándo lo honró el pueblo con el encargo de presidente, si él se lo arrebató a Lerdo de Tejada mediante un golpe de Estado? El pueblo jamás lo honró, él siempre se robó el poder, lo usurpó contra la voluntad popular, que ignoró durante la dictadura esclavista al servicio del extranjero, lo peor de lo que se tenga memoria en la dolorida historia de México. ¿Presidente constitucional? ¿Sí? En primer lugar, jamás fue presidente, sino dictador porque no llegó al poder con arreglo a las urnas, sino a las armas y, en segundo lugar, no se puede llamar constitucional porque jamás respetó nuestra Carta Magna, promulgada en 1857, en supuesto beneficio de la República. ¡Que se pudra el asqueroso tirano en el Infierno!

Olegario Montemayor decidió regresar a Yucatán tan pronto confirmó la llegada de Francisco I. Madero a Palacio Nacional. ¡Qué descanso! Ya no necesitaba, por lo pronto, la carabina, las cananas, el par de pistolas colgadas al cinto, el sombrero de charro ni el caballo para luchar por sus ideales. Se reuniría de inmediato con Carrillo Puerto en Motul. «Misión cumplida», se dijo, en la pequeña escala de su participación militar. Emiliano y él se despidieron con un abrazo, deseándose suerte. La identificación había sido profunda y genuina. Ya no existía la desconfianza inicial en el Caudillo del Sur. Las dudas habían desaparecido. No tenían nada que ver la cuna ni las sábanas de seda, sino las convicciones, la gente, el ser humano. Juraron verse en el futuro, salvo que Madero no cumpliera sus promesas de campaña e ignorara lo dispuesto en el Plan de San Luis. El lugar de Olegario estaba con los mayas.

–Adiós, Emiliano, hermano mío: recuérdame con el dedo colocado en el gatillo para defender lo tuyo, lo nuestro. A la menor señal estaré de nueva cuenta a tu lado.

–Abraza a Felipe Carrillo Puerto, un hombre que no se merece México. Dile que nuestro proyecto de Tierra y Libertad lo llevaremos a sus últimas consecuencias. Les quitaremos a los productores de caña las tierras robadas a los nuestros y compartiremos las ganancias obtenidas gracias a nuestras tierras y a nuestra mano de obra. Ellos ponen el capital, nosotros, una parte de la tierra y el trabajo: partiremos los beneficios entre tres o nos mataremos entre todos, nada para nadie...

Díaz ya se encontraba navegando rumbo al París de sus sueños para disfrutar el dinero mal habido, su fortuna lograda a través de vergonzosos peculados cometidos tanto por él y su hijo Porfirito, como por su gabinete de Científicos, expertos en el hurto, y Ramón Corral, el vicepresidente, su socio ejecutor en el comercio de carne humana. Bastaba con ver el patrimonio de Limantour, entre otros cleptómanos. ¿Cómo se atrevieron a sostener que la salvación del país estribaba en el establecimiento de una dictadura honrada? ¿Cómo aceptar una dictadura honrada en el contexto de un Estado de derecho?

Antes de abordar el Ypiranga con destino a Europa, Díaz, en su patético resentimiento, le dijo a Victoriano Huerta, el militar que lo había escoltado hasta el puerto de Veracruz: «Pobre de México, tan lejos de Dios y tan cerca de los Estados Unidos... Ya se convencerán, por la dura experiencia, de que no hay otra forma de gobernar este país más que como yo lo hice». Como no era suficiente el veneno destilado a raíz de su derrocamiento, todavía agregó: «Madero ha soltado a un tigre, a ver si puede domarlo».

Olegario apuntó en su cuaderno:

Solo espero y deseo que el Ypiranga se hunda a medio Atlántico y que no haya sobrevivientes. Haría todo lo posible por dinamitarlo en el trayecto. Respecto al tigre, claro que Madero soltó un tigre que va a devorar a los sanguinarios militares porfiristas, a los jueces, gobernadores y legisladores que enajenaron sus facultades al tirano, un tigre que acabará a dentelladas con la alta jerarquía católica que maniató a la nación, la estupidizó y la convenció de las ventajas de la resignación a cambio del Paraíso. Nada más perverso... Un bravo tras otro, ¡viva el tigre! Tendremos su fuerza y audacia.

Las elecciones favorecieron, desde luego, a Madero y a Pino Suárez. Empezaba una nueva y bien merecida etapa democrática para México. Era la hora de soñar, del final de la miseria y el principio de la anhelada libertad, del justificado optimismo, en particular porque Madero había constatado los horrores de la esclavitud en las haciendas henequeneras de Yucatán. Madero elevaría a los mayas a la altura misma de la más elemental dignidad humana. Ahí estaba presente el estadista, dispuesto a atacar ese desastre social con coraje y sin tardanza, más aun cuando el vicepresidente Pino Suárez, yucateco de corazón, había sido recientemente gobernador de Yucatán, a la salida de Muñoz Arístegui, un vil empleado, quien, por otro lado, había optado por huir junto con Díaz, su patrón, solo que a Cuba en lugar de Francia, para tratar de administrar su emporio desde la isla mayor de las Antillas, a través de Avelino Montero. Allá fue a dar también don Olegario Montemayor. Bien sabía el ahora exsecretario de Fomento porfirista las que debía. No era remoto que sus competidores o los miles de mayas resentidos buscaran una rama de una buena ceiba para colgarlo de los pies, con la cara llena de miel para que lo devoraran a picotazos los insectos nocturnos, o matarlo a latigazos en su finca El Paraíso. ¿Por qué exiliarse, huir lo más rápido posible del país, si quien nada debe nada teme?

Tan pronto Francisco I. Madero se sentó en la silla presidencial le ordenó a Manuel Sánchez Rivera, el nuevo gobernador de Yucatán, la liberación inmediata de los presos políticos localizados en los campos chicleros. Les entregarían pasajes y dinero para facilitar el regreso a sus hogares y a sus profesiones en absoluta libertad. «Se acabaron, en el nombre sea de la Revolución mexicana, los trabajos forzados e inhumanos. A vaciar las cárceles, señor general, conviértalas en escuelas y en hospitales».

Si los hacendados saqueaban a los campesinos mayas, la International Harvester, a su vez, saqueaba a los productores del sisal, la fibra mágica generadora de fortunas, y acaparaba la riqueza. Ladrón que roba a ladrón tiene cien años de perdón... Los beneficios reportados en Wall Street por la Harvester, derivados no solo de sus máquinas cosechadoras, sino de los cordeles hechos con sisal, resultaban incomparables con las ridículas ganancias captadas por los hacendados a costa de los lomos de los peones. Olegario descubrió la realidad: en 1902, la fecha del acuerdo secreto entre su padre y la Harvester, el precio de la fibra se encontraba cerca de veintidós centavos por kilo y en 1911 se cotizaba a una tercera parte, o sea a 6.6 centavos. Los productores habían perdido fortunas y en esos años estaban cerca de la ruina, junto con los pequeños hacendados.

En poco más de medio siglo, las exportaciones de la fibra se habían centuplicado hasta alcanzar la suma de cien millones de kilos. ¡Una fortuna, sí, pero concentrada en muy escasas manos, como las de Montemayor, Montero y un grupo reducido de productores privilegiados! Jamás, según ellos, volverían a ganar tanto dinero. Las ganancias se dividían entre ese reducido grupo de hacendados, agentes y el *trust*. A los peones les correspondían vales, para estar siempre empeñados con sus patrones, deudas crecientes concentradas en la *nohoch*-cuenta para explotar a placer e impunemente, el agio más innoble y más usurero trasmitido de padres a hijos. La International hacía lo propio desde sus cuarteles generales en los Estados Unidos, también a través de deudas para dominar a los henequeneros, hasta que Madero y Pino Suárez fundaron en 1912 la Comisión Reguladora del Mercado del Henequén, un organismo oficial para intervenir y regular el comercio de la preciada fibra, los precios y las condiciones de compraventa, en beneficio de todos los participantes en el proceso de producción.

Olegario aplaudía la decisión mientras su padre, expatriado voluntariamente en Cuba, y Avelino, en Mérida, se tronaban los dedos al anticipar una reducción drástica de sus ganancias. ¿Qué hacer sin ganancias? ¿Cómo entender la vida sin utilidades lícitas o ilícitas, morales o inmorales al precio que fuera? La justicia finalmente llegaba al campo yucateco, después de cientos de años de pobreza y explotación.

Habían transcurrido meses interminables tras el asesinato de Marion. Olegario, sentado en su escritorio, sostenía en sus manos una fotografía de ella tomada durante uno de sus viajes a Celestún. Imposible olvidar cuando asustaron a los flamencos rosados y los corretearon obligándolos a levantar el vuelo después de disfrutar las aguas cálidas del golfo de México. Inmerso en sus recuerdos, de golpe escuchó unos tímidos golpes en la puerta de su casa en el corazón de Mérida. La expresión de nostalgia desapareció de inmediato de su rostro. Un mal presagio lo estremeció. Era media mañana, los sonidos se hacían cada vez más insistentes. *Lola* ladraba sin dejar de dar la voz de alarma. Después de fruncir el ceño y dejar la fotografía a un lado, se dirigió inquieto a la entrada mientras escuchaba una voz apenas audible:

—Olegario, *it's me, Catherine, Marion's mother.*

En un instante despertaron los poros de su piel, se le secó la boca, las piernas amenazaban con no sostenerlo. Imposible dar un paso más. Las razones eran evidentes: la tía Lilly había informado a su hermana del asesinato de Marion. El yucateco se encontraba paralizado, inmóvil, con la mirada crispada. Se mordía compulsivamente el labio. De sobra sabía que Catherine nunca lo había querido y se había opuesto con todo el poder materno a su alcance al viaje de su hija a México y, sin embargo, había fracasado en sus intentos. Su hija era muy terca, que si lo sabía ella...

—*Open the door, I know you are in there...*

Sin escapatoria posible ni deseable, Olegario corrió el cerrojo, momento que aprovechó Catherine para lanzarse encima de él como una fiera rabiosa balbuceando palabras inentendibles, como si deseara morderle el cuello. Ambos cayeron al piso, mientras la madre furiosa le arañaba la cara, trataba de sacarle los ojos o de estrangularlo, matarlo, desfigurarlo o lo que fuera. Olegario se defendía, en un principio, tratando instintivamente de sujetarle las manos, en tanto ella gritaba, envuelta en llanto:

—*Murderer, you are a murderer, you killed my daughter...*

Catherine gritaba mientras sacaba un cuchillo que llevaba sujeto en la espalda con el cinturón de su falda. Se encontraba sentada encima del pecho de su víctima.

Cuando Olegario vio el arma hizo un intento por detenerla, pero prefirió no resistirse y dejar que la mujer hiciera lo que le viniera en gana. ¿Golpearla? ¿Sacudírsela? De un modo o del otro, él se sentía culpable de los acontecimientos. Sin pensarlo, y dejando en libertad sus emociones, dejó caer sus brazos a los lados y empezó a llorar desconsolado:

—*Just go ahead, do it, I deserve the biggest misery in my life.*

Catherine se paralizó. Con el puñal en lo alto, firmemente sujeto por el mango, empezó a temblar, sin atreverse a hundir el acero en las carnes del joven yucateco. Dudaba. Había cruzado el Atlántico en un viaje de verdadero horror, dispuesta a matarlo, y ahora flaqueaba en el momento crítico. Un par de meses atrás, tan pronto había terminado de leer la terrible carta de Lilly y de recibir la peor noticia de su vida, sintió una puñalada en el corazón que había destruido sus más caras ilusiones, la verdadera razón de su existencia. A partir de ese momento había padecido interminables insomnios, pavorosas pesadillas, náuseas y una apatía total. Había arrumbado sus óleos, guardado sus libros de historia del arte, pateado su caja con pinceles y aventado contra las paredes de su estudio los tubos con pastas y colores. Todo había acabado. Solo pensaba en la venganza, y para ello tomaba fuerza bebiendo alcohol con los ojos desorbitados. ¿Qué sentido tenía seguir adelante? El telón había caído de golpe en el momento menos esperado. Su intuición de madre siempre estuvo presente. Ella lo presentía, siempre sintió que algo terrible ocurriría si su hija iba a un país de caníbales, como se lo hizo saber en tantas ocasiones antes de su partida.

De pronto Catherine, sin dejar de ver a la cara a Olegario, arrojó el cuchillo y se desplomó a un lado. Continuaba llorando e insultándolo, sin dejar de patear el piso y maldiciendo su suerte.

—*Why me, why? You, bloody Lord…*

¿Cómo consolarla? Olegario intentó tomarle una mano mientras veía al techo y se enjugaba las lágrimas con la otra.

—*Don't you dare touch me, you filthy bastard* —exclamó la madre desamparada, evitando cualquier contacto con el joven, como si fuera un leproso.

Olegario recordó las últimas líneas de la carta enviada por la tía Lilly, en donde le comunicaba que su hermana ya estaba informada del deceso de Marion. «Fue terrible el dolor de Cathy, Ole, siento que ya no tiene nada que hacer en este mundo. Espero que tú siempre tengas motivos para seguir adelante y que jamás desmayes en tus anhelos. Sabía que la mataría con la noticia, pero no tenía otra alternativa».

Olegario se puso de pie. Trató de explicarle lo ocurrido, las advertencias de los productores de chicle, de madera, de tabaco, de café, de henequén, las denuncias publicadas por Marion en periódicos y revistas extranjeras, las advertencias del propio profesor Perkins, los avisos de los riesgos que corría, pero todo había sido inútil. Marion invariablemente había negado importancia a las amenazas, ni él mismo había logrado convencerla del peligro, cualquier esfuerzo para invitarla a desistir había resultado inútil.

Catherine escuchó los argumentos cubriéndose la cara con sus manos. Dejó de llorar, de insultar y de dolerse por su suerte. Abrió los ojos, vio al techo, se incorporó lentamente sin pronunciar una sola palabra ni hacer reclamación alguna. Al ponerse de pie y dirigirse a la puerta, sin voltear a ver a Olegario, simplemente le dijo:

–*See you in hell, you dirty arsehole...*

Jamás la volvería a ver. No cabía ningún otro argumento ni había espacio para ninguna otra explicación.

Los beneficios de la revolución empezaban a surgir como cuando una persona emerge de la bruma del amanecer y resulta imposible identificar sus rasgos. Se avanzaba con optimismo, aunque sin olvidar jamás el poder, el talento, el egoísmo y la maldad de los enemigos a vencer. Más de treinta años de dictadura no se podían superar con un ¡zap!, el tiempo que se lleva producir un simple guiño de ojos. No, la realidad era muy distinta; sin embargo, se avanzaba, lentamente, pero se avanzaba gracias a Madero y a Pino Suárez.

Felipe Carrillo Puerto llevaba preso más de un año, acusado de haber matado de un balazo, en legítima defensa, a Néstor Arjonilla, quien lo increpó en público por sus columnas periodísticas publicadas en Yucatán. En realidad, el tal Arjonilla era un matón contratado por el gobierno del estado para asesinar a Carrillo en razón de sus posiciones políticas. Después de insultarlo e intercambiar improperios, desenfundó la pistola y disparó para matar a Felipe, el *halach uinic*, el hombre verdadero, el Abraham Lincoln del Mayab, como lo llamaba Olegario. Carrillo Puerto, armado al estar consciente de la peligrosidad y número de sus enemigos, no hizo sino esquivar las balas y defenderse del ataque. Ahí estaba el público como testigo. El agresor cayó muerto y Felipe fue encarcelado.

Olegario le llevaba noticias frescas. Resultó imposible comunicárselas en persona, en el interior de la celda, porque se le consideraba un reo peligroso. ¿Una carta? Sí, ahí estaba la solución. Se la haría llegar de inmediato, aun cuando la leyeran los celadores. Le envió una y otra y otra más, explicándole lo sucedido con Emiliano Zapata y felicitándose por el derrocamiento del tirano y el acceso al poder de Madero. La más reciente estaba redactada en los siguientes términos:

Querido *halach uinic*:

Como complemento de mi carta del día de ayer en la que te describí mi estancia en Morelos al lado de Emiliano, quiero externarte mi fundada preocupación por la orientación que está tomando el gobierno de Madero. El presidente se ha declarado enemigo de los monopolios y de los *trusts*. Tú y yo no podemos estar más de acuerdo con este justificado proyecto económico y social, pero los intereses norteamericanos en México no son menores y no existe enemigo pequeño, menos aún los malvados yanquis, a quienes conozco como la palma de mi mano.

Los negocios huleros de la Rockefeller-Aldrich en el estado de Durango y los Guggenheim son competidores de los Madero, y los gringos saben que el presidente preferirá cuidar los intereses de su familia. Lord Cowdray, jefe de la casa Pearson, dueño de latifundios petroleros otorgados por Díaz, no quiere saber de Madero ni de revoluciones, y a través de sus representantes en Washington incitan a Taft para dar término a la nueva administración. Pero hay más. A Wall Street no le gustó la creación de la Comisión Reguladora del Henequén y también presiona en Washington para acabar con Madero, junto con los petroleros, furiosos por la imposición de un impuesto al barril producido que mermará sus ganancias. Todos contra el presidente mexicano. Recuerda que Woodrow Wilson toma posesión el próximo 4 de marzo y no quieren que llegue a la Casa Blanca y Madero todavía se encuentre en el Castillo de Chapultepec, así que tienen poco tiempo para derrocarlo.

Imagínate, Felipe, querido, la embajada americana es la garante de los *trusts* y de los monopolios gringos, y Madero, no lo olvides, declaró el día de su toma de posesión: «Ya no gobernará en México la embajada de los Estados Unidos». Para rematar, se negó a completar el sueldo del embajador Henry Lane Wilson, como lo hacía el tirano, porque a aquel no le bastaba con lo que recibía de su propio gobierno. El presidente se echó un conjunto nutrido de alacranes al sombrero, y peor aun cuando nombró secretario de Gobernación a Jesús Flores Magón, hermano, claro está, de Ricardo, preso en los Estados Unidos acusado de anarquista. ¿Cómo va a interpretarse semejante mensaje en el Capitolio?

Para incendiar todavía más a los norteamericanos, Madero expulsó del país al gerente y al subgerente de la Tampico News Co. por comerciar armas y cartuchos propiedad de la embajada norteamericana, adquiridos por Lane Wilson para la supuesta defensa de la colonia yanqui en México... Wilson se enfureció, juró vengarse y pidió la intervención militar en México, porque, a su juicio, Madero está loco, y tan no lo está, que ha pedido a Washington varias veces la sustitución de Lane Wilson, después de declararlo persona *non grata*, sí, pero Taft no removerá a su embajador a estas alturas, cuando tiene que entregarle el poder a Woodrow Wilson en menos de dos meses. Como ves, es una carrera contra el tiempo para acabar con él...

Me preocupa la suerte de Madero, Felipe: lo podrían matar o derrocar. Ve lo que pasa en América Latina con los odiosos marines. No me sorprendería un golpe de Estado en México.

Espero verte pronto. Recibe un abrazo con todo mi afecto y consideración.

Felipe Carrillo Puerto contestó al poco tiempo. El propio Oasis recogió la carta en la cárcel para ponerla en manos de Olegario.

Mérida, a 25 de enero de 1913

Querido y fino amigo Olegario:

A modo de respuesta a tu última misiva, solo te comento (me dan la mitad de una hoja para escribir y un lápiz sin punta) que Madero nunca debería haberle perdonado la vida a Porfirio Díaz, lo tenía que haber fusilado, sin más, en lugar de facilitarle la salida a Europa. Hubiera dictado una lección inolvidable para los nostálgicos de la dictadura. ¿Te imaginas si Juárez hubiera perdonado a Maximiliano? Nos habrían invadido otras cien veces al menos, pero el Benemérito dejó muy en claro la suerte que debían esperar quienes se atrevieran a invadirnos.

Madero se volvió a equivocar al permitir que Francisco León de la Barra operara como presidente provisional, mientras se convocaba a elecciones. De la Barra bien pudo haberle impedido el acceso al poder a este líder, por lo menos, candoroso e ingenuo, tal vez un gran empresario carente de malicia política. ¡Una transición como la que él encabeza no puede romper abruptamente con todo y, por lo mismo, tenía que haber seguido sobornando a los periodistas y caricaturistas por un tiempo más, en lugar de reclamarles que habían mordido la mano a quien les quitó el bozal! Se echó encima a toda la prensa y hoy su desprestigio político, justificado o no, es inmenso. Su imagen pública la hicieron astillas. ¿Qué esperaba de esos dogos amaestrados por el dictador durante tantos años si les quitaba el subsidio económico? No ha entendido el significado de la transición; no, no lo ha entendido, Olegario.

¿A quién se le ocurre proponer a Bernardo Reyes al frente de la Secretaría de Guerra, cuando todos sabemos que es un porfirista consumado? ¿Por qué no empezó, desde el primer día, a desmantelar el aparato político y militar del tirano? Tenía que haber comenzado por sustituir a los militares leales a Díaz, cambiar a jueces y ministros y convocar a otras elecciones legislativas. El cambio era a fondo, con sus respectivos riesgos.

Yo, en su lugar, jamás hubiera perdonado a Félix Díaz, un miserable que, ya en libertad, conspiró en su contra. ¿Podría esperarse algo distinto de un malvado traidor? Jamás agarres a una víbora por la cola, aplástale la cabeza contra el piso hasta que no se mueva más. Es increíble que los mismos gobernadores le estén advirtiendo de un inminente levantamiento armado y él trate de tranquilizarlos y los invite a no tener cuidado porque no harán nada, y si lo intentaran irían al fracaso porque no cuentan con el pueblo... Como dice Lane Wilson: sí, Madero tal vez esté loco.

Estoy de acuerdo contigo. Veo venir un terrorífico golpe de Estado. Si se vale una fantasía, te diría que veo a Madero sentado al revés sobre un caballo con los ojos tapados por una venda, agarrado por la cola y solo falta un fuetazo. ¿Quién se lo dará y cuándo?

Vivo con horror, encarcelado injustamente durante este patético momento que habrá de torcer otra vez el destino de México. Espero equivocarme.

Te abrazo con la esperanza de que pronto disfrutemos juntos una sopa de lima y unos panuchos que tanto te gustan.

FELIPE

P. D. Gracias por lo de *halach uinic*, me encantó.

¡Claro que Madero y Pino Suárez fueron no solo derrocados, sino brutalmente asesinados, y claro también que Victoriano Huerta, «el Chacal, mitad hombre y mitad bestia», un dipsómano, se apoderó de la Presidencia con las manos llenas de sangre; y claro que Venustiano Carranza se levantó en armas para acabar con el nuevo usurpador al frente del movimiento constitucionalista! Claro, claro, claro... Nadie en ese momento conocía las líneas redactadas por Howard Taft, el jefe de la Casa Blanca, en su diario: «Estoy llegando a un punto en que pienso que deberíamos colocar un poco de dinamita con el objeto de despertar a ese soñador que parece incapaz de resolver la crisis en el país del cual es presidente».

Después del magnicidio, estalló la segunda parte de la revolución, la verdadera masacre entre mexicanos. Se mataban los unos a los otros, tal y como había acontecido en la Guerra de Reforma, financiada por el clero católico tan solo cincuenta y cinco años atrás. Otra matanza entre hermanos. ¡Cuánta sangre derramada y una nueva destrucción del país ante la imposibilidad de ponernos de acuerdo y respetarnos! «¿Cuándo podríamos poner un tabique encima del otro y construir la nación con la que soñamos?», se preguntaba Olegario mientras se dirigía a la cárcel para recibir a Carrillo Puerto, liberado en razón del interés de Arcadio Escobedo, el gobernador huertista, deseoso de incluir a Felipe entre los seguidores del nuevo tirano. Ante la imposibilidad de transigir con la dictadura, Carrillo Puerto fue desterrado a Cuba. El último lugar al que Olegario hubiera deseado viajar, para no encontrarse con sus padres y parte de su familia en aquella isla.

—No te preocupes. Nos quedaremos solo un tiempo y luego regresaremos clandestinamente por los Estados Unidos, hasta instalarnos con Emiliano en Morelos —concluyó Felipe ante el reducido grupo de camaradas que lo seguirían al exilio para organizarse y diseñar planes de cara al futuro.

Después de una breve estancia en los Estados Unidos, cuando a mediados de 1914 la derrota del asqueroso Chacal era irreversible, de regreso a México a bordo del *Capitán Tormenta*, Olegario tuvo finalmente un encuentro con el amor. Marion había muerto hacía cuatro años. La vida continuaba. La inglesita misma lo hubiera animado a buscar una pareja con quien compartir el resto de sus días. Nada de tristezas, no hay tiempo para eso, Ole, *dear*, arriba, vamos, *go, go, go*... Conoció a María Elena, una mujer de veinticinco años, cuando ella contemplaba el atardecer con los brazos recargados en la barandilla de cubierta en el último piso del barco. Era cubana, había nacido en México y, al tener familia en ambos países, los visitaba de forma recurrente. Cuando una pequeña orquesta, humilde por cierto, empezó a interpretar música tropical, esa hermosa mulata de piel canela —no tardaría en llamarla Canelita tan solo unos momentos más tarde, por picante e intensa— comenzó a mover los pies, la cintura y la cabeza, en tanto tamborileaba con los dedos de ambas manos sobre el barandal, como si conociera las canciones de memoria y dominara los sonidos de un bongó. Había nacido con los ritmos calientes del Caribe y al escucharlos se apoderaban de ella como la mejor de las intérpretes, la dueña del sol, de la selva y de la espuma de los mares. Al verla surgió otro Olegario, esta vez el poeta. ¿Por qué no?

En esa coyuntura la abordó el yucateco refiriéndose al tibio atardecer y a las tonadas contagiosas que con tan solo escucharlas invitaban al movimiento, a la acción y a la alegría. Era alta, de ojos rasgados, de fina estampa, pelo negro, largo, de padre español y madre mexicana, radicados en la Ciudad de México. Vestía una falda suelta, unas sandalias apenas visibles, como si los pies estuvieran desnudos, y una blusa que dejaba al descubierto sus hombros bien torneados y tostados por el sol.

¿Sus pasos rítmicos y sus giros con la cabeza y la cadencia marcada por sus caderas eran en realidad un llamado de la hembra al macho, como acontecía en el reino animal? Resultaba imposible hablar con ella sin soltar una carcajada con cada uno de sus comentarios. ¡Cuánta gracia, cuánta inspiración, cuánta simpatía y cuánto sentido del humor! Estar a su lado equivalía a reír y festejar cada instante del día y también a reducir la adversidad a su mínima expresión. Tan solo unos instantes más tarde, Olegario ya golpeaba tenuemente la barandilla como un experto tamborilero y seguía los pasos de ella como un alumno primerizo. ¿Bailar? Nunca había tenido tiempo para eso. Le estorbaban ambas piernas para lograrlo. No habían transcurrido más de un par de horas, y si la euforia natural de la mujer ya era sorprendente y contagiosa, los mojitos, los *mint julep* confeccionados por Pepe, el *barman* del *Capitán Tormenta*, con mucho piquete, se ocuparon del resto. Momentos después ya bailaban en la pista a la luz de la luna y Olegario no solo aprendía gozoso nuevos pasos, sino que olvidaba, a ratos, las tragedias de su vida. Ni pensar en Marion para no opacar el anochecer mágico cuando empezaron los besos en la pista y continuaron en el camarote de ella hasta consumar el amor entre gritos y exclamaciones nunca antes escuchados por el yucateco.

—Más, más, nene, más, papacito bonito, muévete, sacúdeme, insúltame, dime majaderías, las que te sepas, cabroncete, tómame más, aplástame, macho, mi macho, no me sueltes, aguanta, papi, aguanta...

«La vida me debía un momento así», pensó un Olegario risueño y empapado de sudor, cuando se apeó a un lado de esa fiera surgida de la selva cubana. «¡Qué pechos, qué nalgas, qué piel, qué lengua intrépida y ágil, qué labios mordelones, qué gusto y entrega al amor sin espacios prohibidos!». La contemplaba de perfil y acariciaba su cabellera negra, mientras recuperaba la respiración y se secaban las humedades de sus cuerpos.

Olegario se llenaba de esperanza creciente con una mujer llamada a llenar los inmensos vacíos heredados de Marion. Intercambiaban puntos de vista y se reconocían en muchos aspectos de la vida hasta que abordaron un tema que desquició de pronto el encanto, desapareció la magia y acabó con el hechizo, como si alguien hubiera apagado la luz y ya no se encontrara nada por ningún lado. Lo que siguió fue tropiezo tras tropiezo...

María Elena, la diosa de ébano, tallada con una de las maderas preciosas de la selva tropical, resultaba ser hija de uno de los médicos de Victoriano Huerta, por quien profesaba una profunda admiración y agradecimiento al considerarlo un gran constructor de México. Servía al tirano al lado del doctor Aureliano Urrutia.

—No tenemos remedio, nene querido, los mexicanos somos hijos de la mala vida y necesitamos una mano dura para salir adelante. En cada mexicano hay un hijo de la chingada, guapo, y solo un hijo de la chingada mayor puede ponernos en orden —alegó la exquisita mulata, como si la identificación sexual, poderosa por cierto, tuviera una sólida correspondencia con la temática política.

—No lo creo, nena —adujo Olegario echando mano de su mejor paciencia, sin imaginar el desenlace—. Los mexicanos no necesitamos una mano dura, ya la tuvimos durante más de treinta años con Díaz, un execrable dictador, y acabamos envueltos en una espantosa revolución, una nueva guerra entre hermanos, cruel y devastadora. Ahora es imprescindible el respeto a la ley; con lograr ese objetivo sobra y basta.

—¡Qué ley ni qué ley, chico! Los mexicanos estamos jodidos, o mejor dicho, están jodidos —exclamó con sangre cubana— precisamente por tratar de respetar la ley como si fueran gringos. En México se necesitan capataces con látigo en mano para hacer comprender a la gente. En México solo entiende la gente por la mala, no hay otro camino, por eso toda mi familia, y yo incluida, lucharemos hasta el final por Victoriano, a quien llamamos tío, cariñosamente. Acéptalo, nene mío, los mexicanos son una raza maldita.

Escuchado semejante argumento, Olegario tomó su ropa, pasó al baño en silencio y salió vestido de la habitación, no sin antes comentar:

—Estamos en bandos opuestos, nena bonita. Te deseo lo mejor del mundo.

—Nada de nena bonita. Yo ya no te digo nene bonito porque se ve a leguas que eres un cobarde incapaz de discutir y huyes al primer enfrentamiento.

—Canelita, no hay nada que discutir...

Cuando ella atacaba con un «No me llames Canelita», Olegario cerró la puerta con delicadeza, con la esperanza de no volver a verla en la travesía. Sí, el encanto había desaparecido en la noche estrellada cuando la luz de la luna rielaba hasta perderse en la enormidad del horizonte marino.

—Cobarde, eres un cobarde, mexicano puto, eres igual a todos los de tu tierra —fue lo último que escuchó Olegario al huir por un pasillo en dirección a su camarote. Ahí estaría a salvo de la fiera cubana...

Cuando regresó a Puerto Progreso, su primera decisión consistió en no volver a acordarse de esa mujer maravillosa, tallada en duras maderas tropicales y de sonrisa contagiosa. «Marion, amor, ¿dónde estás?». Mejor, mucho mejor, volver al eje de su vida y escribir en su cuaderno de rencores los siguientes párrafos, redactados mientras Carranza, Obregón, Villa y Zapata aplastaban en definitiva, para la buena fortuna de México, al ejército de Victoriano Huerta y sus gerifaltes, igualmente asesinos de la peor ralea. ¡Qué contraste tan estremecedor encontraba al recordar el pavoroso estruendo de los cañones, el disparo de las carabinas, los gritos de horror de los heridos y la contemplación de miles de cadáveres destrozados y ensangrentados regados en el campo del honor durante las trágicas mañanas, y en la noche, como si nada hubiera sucedido, escuchar, en la lejanía, el sonido lastimero de una guitarra y las notas nostálgicas de una armónica extraviadas entre la tropa!

¿Cómo fue posible que cambiara un aula de la Universidad de Oxford por un cuartel en Cuautla, Morelos? ¿Por qué sustituyó la pluma por la carabina, los libros por los textos clandestinos, las palabras por las balas, los argumentos civilizados por el uso de la fuerza? ¿Por qué este mundo está regido por una sola palabra destructiva, el origen de nuestros males, la razón de la violencia, la causa de la ira y del malestar? ¡La ambición! ¡Por la ambición se roba, se mata, se erigen dictadores, se declaran guerras, se enfrentan ejércitos, se construyen cárceles, se crean tribunales, se improvisan paredones, se nombran jueces, se arrebatan bienes los unos a los otros, se explota a las personas, se instituye la esclavitud, se desean los bienes ajenos, se asesina con tal de obtenerlos, se enloquece al perderlos o no alcanzarlos! La ambición y la envidia destruyen lo mejor del ser humano hasta convertirlo en un sujeto diabólico, desconocido y envenenado.

Olegario pensaba que Carranza y Obregón ganarían esa guerra fratricida, pero ninguno de los dos combatía por la defensa de México, como sí lo hacía Madero: ellos peleaban movidos por la ambición del poder, por colocarse la banda tricolor en el pecho, por narcisismo, por obsesiones enfermas, pero en ningún caso por el bien de la patria. Son porfiristas camuflados… El tiempo le daría o no la razón.

Olegario se sentía como un triste payaso de carpa vestido de campesino con sus cananas cruzadas en el pecho, su sombrero de ala gigante, sus pistolas al cinto, sus huaraches cubiertos de lodo y su carabina entre las manos. Si lo viera Marion… «¿Me ves, amor? ¿Creíste alguna vez que llegaría a estos extremos? En el fondo espero un tiro en la cabeza o la explosión de una bomba caída a mis pies, con la esperanza de volver a verte…», pensó.

Victoriano Huerta navegaba en julio de 1914 rumbo al exilio en la isla de Jamaica, su primera escala antes de llegar a Europa a bordo del *SMS Dresden*. Radicaría definitivamente en Barcelona. Trataba de olvidar, acompañado de Aureliano Blanquet, quien había arrestado a Madero en Palacio Nacional con la debida cortesía de un golpista: «Es usted mi prisionero, señor presidente...». Las sonoras carcajadas provocadas por el Hennessy Extra Old se escuchaban a bordo, al recordar la cara del pinche enano cuando lo sacaron a empujones del despacho presidencial en Palacio Nacional y días después fueron informados de que el pelón había caído muerto de un tiro en la nuca, mientras que Pino Suárez había sido rematado al caer en una zanja en su intento de fuga. «Par de pendejos», decían... Las risas desaparecieron al revivir detalles de la derrota sufrida a manos de Pancho Villa en la batalla de Zacatecas.

Entre borrachera y borrachera, ambos invertían buena parte de su tiempo en contar los millones de pesos sustraídos del erario mexicano, mientras que en territorio nacional comenzaba la tercera parte de la revolución al enfrentarse Carranza y Obregón contra Pancho Villa, al frente de la División del Norte. Al inicio de 1915, don Venustiano necesitaba los dólares heneequeneros a como diera lugar para ganar la batalla constitucionalista contra villistas y zapatistas. Las ricas recaudaciones yucatecas del oro verde representaban la gran oportunidad para derrotar al Centauro del Norte y proceder a la pacificación del país.

Olegario copió el último párrafo del texto de la renuncia del general Victoriano Huerta:

Para concluir, digo que dejo la Presidencia de la República llevándome la mayor de las riquezas humanas, pues declaro que he depositado en el Banco que se llama Conciencia Universal la honra de un puritano, al que yo, como caballero, le exhorto a que me quite esa mi propiedad.

Dios los bendiga a ustedes y a mí también.
México, julio 15 de 1914

Olegario simplemente anotó cinco únicas palabras a título de resumen, dedicadas al asesino de Madero, el presidente mártir: «¡Hijo de la gran puta!».

Las ricas recaudaciones yucatecas de oro verde provenientes, en buena parte, de los enormes pedidos de henequén destinado a la producción de costales en los Estados Unidos para exportar granos a Francia e Inglaterra, enfrentadas en un terrible conflicto armado con Alemania, se habían convertido en la gallina de los huevos de oro de los presidentes Díaz, Madero y Huerta, y ahora también de Carranza. Los enormes pedidos significaban crecientes sumas de impuestos depositados en la

Tesorería Federal mexicana, especialmente útiles para derrotar al Centauro del Norte y proceder con la pacificación del país.

Cuando Pancho Villa fue derrotado por el Ejército Constitucionalista en la batalla de Celaya, Carranza accedió a la Presidencia de la República, en tanto Felipe Carrillo Puerto y Olegario ya habían regresado meses atrás a Yucatán, porque, si bien deseaban el cambio en Morelos, continuarían luchando a brazo partido en su querida patria chica. La defenderían con cualquier herramienta, arma, pluma o palabra, con tal de erradicar los abusos, imponer la ley y el respeto ignorados desde que soplaron el primer *chak iik'* y sus ráfagas huracanadas en la península. Al llegar a Mérida, Olegario volvió a guardar en el armario su carabina, sombrero, pistolas y huaraches... Esperaba no volver a necesitarlos jamás.

Con la misma paz que invadía a México después de casi cinco interminables años de pavorosa violencia detonada a partir del llamado maderista, Olegario Montemayor fue a la Plaza de la Mejorada a comprar un helado y a devorarlo en la misma banca en la que le contó a Marion la historia de Xtabay. Recordar era volver a vivir, sí, pero no contaba con volver a encontrarse con Verónica, una mujer singularmente hermosa, una sílfide, como él la llamó cuando por primera vez la desvistió en su casa y descubrió lentamente sus encantos. Una auténtica beldad. En aquella ocasión, al desnudarla, se apartó de ella para contemplarla a una breve distancia con el ánimo de disfrutarla a su máxima expresión. Su fogosa juventud era insultante. Ella misma estaba enamorada de su cuerpo y lo exhibía con la cadencia de una ninfa provocadora. Bien sabía cuánto enloquecía al fauno con tan solo interpretar su mirada lasciva. Cuando Vero se desprendió hasta de los aretes, los arrojó sobre un sillón y extendió sus brazos para recibir a Olegario en un abrazo eterno, este entendió la insinuación como lo hubiera comprendido cualquier hombre, pero cuál no sería su sorpresa cuando ella lo detuvo, apercibiéndole de las condiciones para llevar a cabo el divino rito del amor:

—¿Ya me viste bien? —inquirió sonriente.

—Sí —contestó Olegario salivando. Una mujer así se la debía la vida después de la pérdida de Marion.

—Pues bien, cuido mi cuerpo como un tesoro muy preciado y deseo que me dure mil años así, como lo ves, cariño...

—No entiendo, ¿me explicas? —repuso el galán confundido con la imposición de otras condiciones femeninas de difícil digestión. Arrugaba la frente y negaba con la cabeza. «¿Y ahora qué?, carajo», se dijo en silencio. «¿Cómo comprender a las mujeres?».

—Sí, mira —agregó pasándose las yemas de los dedos de la mano derecha por su mejilla y sus labios. Acto seguido se acarició los senos y, para concluir, giró sobre sus talones para mostrar unas nalgas antojadizas y mordibles–. ¿Ves todo esto, Olegario?

–¡Claro que lo veo y lo admiro, con esta imagen quisiera morir! –repuso a punto del ataque...

–Pues solo puedes verlo, no lo puedes tocar ni mallugar, ni besar siquiera, porque mis pezones rosas se oscurecerían y mis carnes ahora rígidas, como las puedes ver, se volverían flácidas y horribles. De manosear, nada, chulito, de eso, nada...

–¿Qué? ¿Y entonces? ¿Cómo? –preguntó el yucateco a punto de soltar la carcajada–. ¿Lo haremos a señas? No soy cirquero ni tengo trapecio, tú disculparás...

Ella entonces le enseñó un par de estrategias para cumplir con los objetivos más primitivos y elementales dentro de un desencanto total que acabó en una profunda desilusión. Nunca había conocido a una mujer tan hermosa y gélida al mismo tiempo. Un horror. Por supuesto que jamás se volvieron a ver, salvo ese momento en la plaza, cuando Olegario decidió rehuir el encuentro y comer su helado mientras caminaba en dirección a su casa, sin voltear en ningún momento en dirección a la plaza, ni siquiera si llegara a escuchar su nombre. Escribir e investigar era lo suyo. Respecto a las mujeres y sus desengaños, ya tendría tiempo de pensar.

Al llegar a su estudio fue a su librero en busca de un libro de David Ricardo para recordar sus tesis en torno a la renta de la tierra. ¿Cuál no sería su sorpresa al encontrar entre sus páginas un breve texto manuscrito por Marion en el papel que utilizaban para dejarse recados pegados en un pequeño pizarrón ubicado en la cocina? Estaba dirigido en un principio, por lo visto, a su madre, pero el nombre aparecía tachado. Carecía de fecha. Después, por alguna razón desconocida, había decidido enviarle sus razonamientos a la tía Lilly, pero finalmente no se lo había hecho llegar a ninguna de las dos:

Sé que estoy tocando poderosos intereses económicos vinculados a la dictadura porfirista. Sé también que corro riesgos por más que, como puedo, le niego esta realidad a Olegario, pero no debo engañarme a mí misma. Sé que me han advertido del peligro de revelar en la prensa extranjera la verdad de lo que acontece en los campos mexicanos del Sureste. Sé que estas canalladas se dan en muchas partes del mundo, incluidas naciones democráticas que dicen respetar los derechos universales del hombre. Sé, lo sé, sí, lo sé, pero ¿acaso debo convertirme en una estudiosa de las calamidades humanas y cruzarme de brazos en la biblioteca de la Universidad de Oxford, mientras atropellan y explotan hasta la muerte a niños, jóvenes, mujeres y a personas que padecen los horrores de la esclavitud en el siglo XX? ¿Soy una teórica del desastre, una soñadora, una ilusa, una amante de las utopías? ¿Para qué los conocimientos, si en la práctica jamás se aplican? ¿Para qué tanto estudio?

No voy a resignarme ni a permitir, en mi pequeña escala e insignificantes poderes, que sigan abusando de la gente ignorante y resignada a su suerte, una actitud que beneficia al gobierno, a los empresarios y al clero de los demonios. Voy a luchar con todos los elementos a mi alcance, en el entendido de que a la larga puede más una pluma que una bala.

Quiero dejar constancia, ~~mother~~, querida tía Lilly, tú sí me comprenderás porque siempre lo has hecho, que a nadie se le puede culpar de mi muerte, tal vez próxima, por cierto. Le he ocultado a Olegario muchas amenazas que me han hecho a lo largo de mis visitas a las haciendas y a las monterías, para ya ni hablar de Valle Nacional. De conocer la verdad, Ole *dear* se hubiera opuesto a mi destino y hubiéramos terminado una bella relación que me ha cambiado la vida. No tengo cómo agradecer sus consejos ni su amorosa presencia, pero debo continuar mi camino a su lado, con la esperanza de salvar el pellejo y lograr esquivar a tiempo a quienes intentan detenerme. Lo han intentado ya varias veces, sin suerte, y así han de seguir, sin suerte, porque no cualquiera puede con Marion Scott.

Si algo llegara a sucederme a pesar de todas mis precauciones, nunca culpes a Ole, él no sabe los peligros que corro. Ya he esquivado un par de veces a mis perseguidores, unos matones, según me han informado. Espero que nunca den conmigo, pero, si se diera el caso, perdona a Olegario y dale muchos besos en la frente como yo lo hice siempre, cada noche, antes de dormir.

Te quiere,

tu sobrina Marion

Aquella mañana, tibia, por cierto, del 15 de enero de 1915, en plena campaña militar contra Pancho Villa, Venustiano Carranza citó al general Salvador Alvarado en el faro de Veracruz, en el corazón mismo del heroico puerto. El jefe del Ejército Constitucionalista tenía diversas incertidumbres, cada una de ellas más severa que la otra, pero una de las que más consumía su atención era la inestabilidad política y económica en Yucatán. Resultaba imprescindible imponer el orden en medio de la pavorosa revolución y, acto seguido, continuar metiendo la mano en el gigantesco bolsón saturado de dólares captados por las crecientes exportaciones de cordeles y fibras de henequén a raíz del estallido de la guerra europea. Necesitaba divisas, más divisas, muchas divisas para importar armas y municiones destinadas a acabar de aplastar al Centauro del Norte, quien para él, el Barbas de chivo, no era ni centauro ni del norte, porque no pasaba de ser un vulgar cuatrero.

En aquella lúgubre ocasión, Carranza se encontraba devastado, desubicado y extraviado, y no por la marcha del movimiento armado a cargo de Obregón, el final de la revolución era a todas luces previsible y a favor de la causa constitucionalista, sino por el brutal asesinato de su querido hermano Jesús y de su sobrino Abelardo, ambos secuestrados y ejecutados al no haber pagado el rescate exigido.

Carranza no cedió al chantaje, no transigió con criminales. «El Estado mexicano», declaró, «no será, por ningún concepto, rehén de una pandilla de bribones». La respuesta de los delincuentes a su planteamiento equivalió a recibir una puñalada en la yugular: Chucho y su hijo fueron privados de la vida por sus captores. La culpa lo devoraba. Carranza se precipitó en un vacío sin fondo. Lloraba como un crío en el regazo de su esposa, Ernestina, sin poder reconciliarse con la vida. Pagaba un precio muy elevado, elevadísimo, por la conquista del poder. En su hermética soledad soñaba —el capitán de un barco pasa mucho tiempo a solas en el puente de mando— con «tener a los victimarios en sus manos, una soga para colgarlos, un mosquete para fusilarlos, unas piedras para lapidarlos o gasolina para quemarlos vivos. Nada, imposible vengarse ni traerlos atados a un palo como animales salvajes para encerrarlos en una prisión».

Salvador Alvarado, al ver a un Carranza destruido, despojado de su sombrero de fieltro gris confeccionado con alas anchas, al estilo de su tierra, en camiseta blanca sin su saco de gabardina con botones dorados, vestido con los pantalones arrugados de su pijama, desprovisto de su indumentaria de campaña, descalzo, sin sus botas de charol, despeinado y desaseado, se apresuró a darle el pésame con justificado malestar. El dolor del Primer Jefe no podía ser más intenso. Imposible consolarlo.

—Cobardes, son unos cobardes, Alvarado, y tal vez nunca los tenga en mis manos para sacarles los ojos con mis pulgares. Cabrones, son unos cabrones, este país ha perdido hasta la mínima noción de la piedad.

¿Cómo era posible encontrarse con el jefe de la revolución en semejantes circunstancias? Mientras reflexionaba sobre la mejor manera de iniciar una conversación, le sorprendió ver en aquella oficina portuaria efigies de Juárez, Hidalgo, Jefferson, Washington y Napoleón, así como obras clásicas de Plutarco y Cromwell, entre otras. Se trataba de un hombre estudioso, amante de la lectura, a diferencia de Obregón y de Plutarco Elías Calles, quienes difícilmente habían leído un libro en su vida.

—General Alvarado, lo quiero en Yucatán a la brevedad —agregó cortante, deseoso de concluir la entrevista—. Obligar a los petroleros, sobre todo a los ingleses, a pagar más impuestos por el petróleo mexicano, que casi se lo roban para alimentar a su gigantesca armada ocupada en derrotar a Alemania, me parece una tarea imposible de lograr, al menos en el corto plazo, peor aún porque cuentan con el apoyo del presidente Wilson, quien no entiende razones mexicanas. Necesitamos —concluyó sobrio y definitivo, como si se tratara de un ídolo azteca de piedra que no reflejaba emoción alguna— otra fuente de financiamiento, como la que disfrutan los productores de henequén en Yucatán, unos adineradísimos señores feudales en pleno siglo XX.

—Conozco el asunto, señor presidente, lo he estudiado y seguido de cerca...

—No soy presidente, Alvarado, soy el jefe de un ejército que alguna vez habrá de imponer la legalidad en México —el general resintió la respuesta con un rictus de malestar—. El asqueroso Chacal envió como gobernadores de Yucatán a hampones o a inútiles y ladrones, o todo junto, como Arcadio Escobedo, Felipe G. Solís, Eugenio Rascón y a Prisciliano Cortés, todo un desastre, como era de esperarse de los incondicionales de un bandido...

—Y nosotros enviamos a Eleuterio Ávila, a Toribio de los Santos y a Ortiz Argumedo... —arguyó Alvarado, adelantándose a Carranza.

—Cierto —repuso el Primer Jefe, sorprendido por el nivel de información de su subordinado, pero se abstuvo de felicitarlo, porque reconocerle el mérito a un mexicano equivalía a desquiciarlo—. Sé por mis contactos en los Estados Unidos que la International Harvester genera utilidades excepcionalmente elevadas por la fabricación de cordeles y de costales para exportar granos, todo hecho con nuestro henequén. Sé que los hacendados venden en ocho centavos el kilo y la Harvester lo revende en 17.6 centavos, lo que genera unos beneficios de los que nosotros no vemos nada.

—Se trata de ir a Yucatán en mi carácter de militar recaudador para inyectar fondos a nuestro Ejército Constitucionalista.

—Cierto, general —acotó Carranza sin reflejar la menor emoción en el rostro—. Solo que nuestro Eleuterio Ávila, ese buen hombre, supuestamente honorable a diferencia de los huertistas, si bien impuso un préstamo forzoso de ocho millones de pesos a cargo de los productores de henequén, pesos que convertimos en dólares y en oro para comprar armas y municiones en Nueva York, nos sirvió de poco, porque, cuando requerimos más fondos, don Eleuterio se acobardó ante el poder de los finqueros, ya no impuso préstamos, se mareó y trató de acabar de un plumazo con la esclavitud. Si íbamos por fondos, general Alvarado, ¿a quién se le ocurre tratar de liberar a los esclavos yucatecos de sus deudas y devolverles su libertad, solo para echarse encima a los finqueros? ¿Resultado?

—Yo conozco el resultado —interrumpió Alvarado.

—Déjeme terminar, general —adujo Carranza sin conceder la menor oportunidad de agregar ni una palabra—. Un tal Avelino Montero y varios hacendados medievales le regalaron al tal Eleuterio una enorme hacienda henequenera y le llenaron los bolsillos con dólares para que olvidara sus planes suicidas. ¿Cómo que acabar con la esclavitud, si representaba la producción a bajísimos costos para mantenerse en el mercado internacional? ¿Adiós a la esclavitud? ¿Sí? Pues en ese momento los finqueros dejarían de ser competitivos —aclaró Carranza sin que se le moviera ni un músculo del rostro— y se quedarían sin dólares, que es lo que buscamos, Alvarado. Menuda estupidez de Ávila, se lo dije cuando vino a verme, aquí a Veracruz, y más estupidez haberse vendido a los cordeleros yucatecos, unas amenazas.

—Tengo mapas de su comportamiento...

—No he terminado, Alvarado...

Una gaviota juguetona detuvo su vuelo y se posó en el barandal del faro. Con la mirada puesta en el golfo de México, descansaba unos instantes. ¿Buscaría a su pareja? ¡Cuánta felicidad y abandono de las aves marinas, apartadas de los conflictos políticos y económicos de los seres humanos! ¡Qué envidia pasar el tiempo volando y comiendo pescado, sin mayores preocupaciones!

—Si Ávila resultó un político inútil, soñador y corrupto, finalmente todo un corruptazo, Toribio de los Santos, el sucesor, mi nuevo enviado, atacó a la prensa local, estimuló la corrupción y reprimió a los yucatecos que protestaron. El coronel Ortiz Argumedo lo echó a patadas a Campeche y se autonombró gobernador por el poder de sus pistolas, y no solo eso, y como usted ya lo sabe todo, general —agregó Carranza en plan cáustico—, ese malviviente declaró la soberanía yucateca apoyado otra vez por Avelino Montero y su pandilla de hacendados intocables, quienes organizaron una misión diplomática para viajar a Washington con quinientos mil dólares aportados por ellos, más dinero extraído de la Comisión del Henequén para comprar armas y lograr que los Estados Unidos reconocieran a Yucatán como un protectorado, una vez separado de la República Mexicana. El mismo Argumedo, sépalo usted, invitó a Victoriano Huerta, oyó usted bien, a volver a México para atacar por la frontera norte, en tanto que él lo haría por el sur con el objetivo de reventarme por medio de una operación pinza, para que el Chacal regresara al poder.

Alvarado tenía información, pero no tanta, eso sí que no.

—¿O sea, señor Carranza —finalmente intervino Alvarado—, que Ortiz Argumedo asesta un golpe de Estado, se impone como gobernador, recibe sobornos de los hacendados, se roba dinero de la Comisión Reguladora del Henequén y pretende el apoyo de la Casa Blanca para crear un protectorado yucateco en plena guerra europea, cuando los Estados Unidos lo último que desean es desestabilizar el abasto de la cordelería yucateca? Grandes mexicanos, este Argumedo y el tal Montero, ¿no?

—Avelino Montero es español, Alvarado, y desprecia todo lo mexicano. Todavía cree que nuestro país es tierra de indios imbéciles que él podrá conquistar sin dificultades...

Después de un silencio, muy breve:

—¿Quién será más traidor, Avelino o Argumedo? —preguntó Alvarado—. Mire usted que mandar a sus representantes a la Casa Blanca a pedir la secesión de Yucatán de la República con tal de cuidar su negocio ya son niveles de perversión y de ambición de otras dimensiones. Un día he de encontrarme con ellos...

—Todos los huertistas son unos chacales —aseveró Carranza.

—Sí —atajó Alvarado—, y los que no se consideraban chacales son peores que los mismos chacales...

—Pero hay más, muchos más —agregó Carranza como si fuera un responso, el último del funeral—: por otro lado, al general Arturo Garcilazo, mi honorable jefe militar en Quintana Roo, le ordené ir a someter a Argumedo, ¿y qué hizo ese deleznable sujeto en lugar de ir a aplastar y a arrestar al nuevo usurpador yucateco? No pierda el tiempo, Alvarado, Garcilazo —se adelantó el jefe militar— me desobedeció y se puso del lado de Argumedo. ¿A dónde vamos con un país de traidores, o de traidores y corruptos, o todo junto?

—Con uno de los suyos que sea diferente y confiable se impide la generalización, señor, y ese es mi caso...

Carranza ostentaba una constitución vigorosa, más visible aún con la camiseta que vestía en aquella ocasión; algo obeso, mostraba una sólida musculatura consolidada a lo largo de su vida en el campo. Tal vez llevaba varios días sin dormir, según se reflejaba en su voz, en su ánimo y en su aspecto desaseado. En ese momento se ajustó los espejuelos, se introdujo los dedos de la mano izquierda por debajo de la barba y se la alisó, como el cazador que apunta con el dedo en el gatillo en espera del mejor momento de disparar.

—Pues ese día llegó, Alvarado. Tengo listos unos cruceros para transportar siete mil soldados constitucionalistas para imponer el orden en Yucatán. Si lo elegí a usted es porque tiene fama de incorruptible y de ser muy eficaz... Espero que ni Montero ni los suyos puedan jamás sobornarlo, ni vaya usted ahora a Washington a tratar de mutilar este país a cambio de dinero...

—Usted sabe que jamás sería capaz de semejante canallada, pero gracias por su confianza, jefe, yo sabré poner en orden a la Casta Divina, se lo aseguro...

–¿Casta Divina?

–Sí, señor, así les digo yo a esos miserables. Sé dónde les duele. Confíe en mí. Soy un militar forjado con fundamentos de ética y amor a mi patria. Y sí, señor mío, sí, soy insobornable, mi trabajo me ha costado ganarme esa fama...

–¿Por dónde comenzaría usted a atacar a Ortiz Argumedo, mi general? –preguntó candorosamente Carranza, a sabiendas de que Alvarado era el gran estratega militar de la revolución.

–A las víboras, ciudadano Primer Jefe, nunca se les agarra por la cola, es menester sujetarlas por la cabeza, y en este caso, debo bloquear Puerto Progreso para impedir la llegada de armas y municiones a los rebeldes y cancelar el acceso a los dólares henequeneros. Déjemelo, señor Carranza, soy experto en el manejo de reptiles...

Semanas después, el jefe del Ejército Constitucionalista encontró sobre su escritorio en el faro de Veracruz una nota secreta enviada por su alto mando en los Estados Unidos. Regresaba a pie del café La Parroquia después de haber desayunado una gran rebanada de papaya sin limón, su lechero, unos huevos aporreados y una concha de vainilla, su preferida. Su ánimo se estabilizaba con el transcurso del tiempo.

CIUDADANO SEÑOR DON VENUSTIANO CARRANZA
JEFE DEL EJÉRCITO CONSTITUCIONALISTA
PUERTO DE VERACRUZ
PRESENTE

El henequén se ha convertido, hoy en día, en una herramienta fundamental para el éxito de la guerra europea. De acuerdo con la Oficina de Inteligencia Naval de los Estados Unidos, todo obstáculo que amenace el abasto de fibra para cordeles resulta inadmisible de cara a los intereses estratégicos de los Estados Unidos, como también lo son los yacimientos petroleros de Tampico para abastecer de combustible a la flota aliada. En virtud de que las Filipinas y otras fuentes de producción henequeneras están cortadas, los norteamericanos se ven obligados a comprar tanta fibra como los yucatecos están obligados a vender. Los depósitos de crudo del Medio Oriente deben ser tomados con las debidas reservas. La Marina de Guerra del Reino Unido depende en buena parte del abasto del petróleo mexicano.

La guerra mundial, de llegar a estallar, podría crear un ambiente de altos precios de los productos agrícolas debido al aumento en la demanda de las naciones europeas. Los agricultores disfrutarían de un periodo de prosperidad en la medida en que la producción agrícola de los EEUU se expanda rápidamente para llenar el vacío dejado por los beligerantes europeos, incapaces de producir suficientes alimentos.

El henequén es considerado material de guerra y, por lo tanto, una vez más, Yucatán se ve beneficiado de los altos precios de las fibras originados por conflictos bélicos. La International Harvester controla más del noventa por ciento del único producto de exportación de Yucatán hasta este momento en que la Revolución mexicana sacudió a la región.

En Washington se dice que «no hay duda de que Carranza está obteniendo gran parte de sus recursos de guerra a través de la Reguladora... Yucatán es así, una mina de oro para los Constitucionalistas».

Los intereses cordeleros norteamericanos habían advertido desde largo tiempo atrás la vasta reserva financiera que representa para nosotros la Comisión Reguladora de Yucatán. Peabody and Company, competencia de la Harvester, le confirmó al secretario de Comercio de los Estados Unidos que «el llamado Primer Jefe no puede prescindir de la riqueza henequenera de Yucatán ni de la petrolera, recaudada en el puerto de Veracruz, recursos indispensables para la compra de municiones y armamento, de ahí que se le haya ordenado al general Salvador Alvarado el bloqueo de Puerto Progreso para derrotar a Ortiz Argumedo con tal de privarlo de una importante fuente de financiamiento y de abasto de material de guerra», una maniobra que ha despertado la furia y la angustia de los agricultores norteamericanos exportadores de alimentos a Europa, pues implica un atentado contra el comercio internacional, en un momento en que se obtienen crecientes utilidades gracias al henequén.

La Harvester y sus aliados temen el avance del ejército de Alvarado en la región mucho más que el bloqueo y están inquietos. Abundan los rumores en el sentido de que Alvarado o los henequeneros incendiarían las plantaciones.

Al principio los intereses cordeleros entendieron el bloqueo de Puerto Progreso ejecutado por los Constitucionalistas en marzo pasado, como un objetivo para aplastar la revuelta separatista de Ortiz Argumedo. En Nueva York comprendían que la secesión de Yucatán de la República Mexicana no tenía pies ni cabeza. Sin embargo, «las fábricas cordeleras norteamericanas afrontan ya la escasez de la fibra al tratar de satisfacer la demanda ampliada de tiempos de guerra». Por lo tanto, los productores de cordeles y costales de los Estados Unidos, «una constelación de firmas fabricantes», pidieron al gobierno de Wilson que lo obligara a usted a abrir Puerto Progreso y a permitir que sus barcos transportaran el henequén ya contratado. Wilson ordenó a William Jennings Bryan, secretario de Estado, que le previniera de que, si no reabría el puerto, no solo se cancelarían los nuevos embarques de armas para los constitucionalistas, sino que los Estados Unidos se verían obligados a reabrir Puerto Progreso con una fuerza naval a fin de salvar a los mexicanos de sí mismos...

La instrucción a Bryan continuaba en estos términos: «Platique a fondo con Carranza sobre Yucatán y explíquele cuán indispensable es el sisal..., ya que podría decirse que el abasto alimentario del mundo depende en gran medida de esa fibra, y que como amigos de México tenemos razones para evitarle las graves dificultades que surgirían si interfiriera con el comercio».

No faltaba más. ¡Claro que Wilson mandaría unas mil cañoneras, señor Primer Jefe! No deberíamos dudarlo. Ya lo hicieron una vez y repetirían una nueva invasión armada.

Quienes redactamos esta breve nota sugerimos, con el debido respeto, volver a abrir de inmediato Puerto Progreso al comercio, antes de que los acorazados yanquis lo tomen a bombazos, como ocurrió en Veracruz el año pasado. Ya existen planes en la Marina de los Estados Unidos al respecto. Las trincheras europeas dependen de los granos producidos en los Estados Unidos, gran negocio, y estos últimos dependen de nuestro henequén. En este caso no existen mayores espacios de negociación. Se impone la apertura del principal puerto yucateco.

Alvarado atacó a Argumedo y a sus huestes con toda la fuerza del Ejército Constitucionalista a su alcance, en el entendido de que el grueso de las fuerzas armadas se encontraba en el Bajío para terminar el último episodio contra Pancho Villa. Tan pronto se vio cercado el militar encargado de separar a Yucatán de México para convertirlo en un nuevo protectorado yanqui, Argumedo decidió huir del país, no sin antes hurtar, como cualquier soldado huertista, los fondos de la Comisión Reguladora, dos millones de dólares propiedad del Tesoro del Estado de Yucatán y todo el capital del Banco Peninsular Mexicano, otro millón de dólares oro. Detrás de cada traidor se esconde un hombre podrido; se confirmaba la vieja tesis.

Cuando el general Salvador Alvarado llegó a Palacio de Gobierno al frente de siete mil soldados se desvanecieron las dudas y los temores pues, contra lo supuesto, la tropa respetó con disciplina a los ciudadanos y sus bienes. A la voz de que a quien se saliera de la raya lo colgarían de cualquier ceiba del Paseo de Montejo, se impuso un orden riguroso.

El Primer Jefe, a sabiendas de que Yucatán sería tomado en breve por Alvarado, accedió a la petición de Bryan y levantó el bloqueo.

Resulta imprescindible mencionar que cuando el ejército carrancista se acercaba a Mérida, monseñor Tritschler y gran parte de los hacendados huyeron a Cuba empavorecidos o se encerraron a piedra y lodo en los sótanos de sus haciendas, como si fuera a llegar Atila decidido a devorarlos. Muchos de ellos hubieran cruzado a nado el Caribe atestado de tiburones con tal de llegar a La Habana. Su pánico era tan grande como el tamaño de las culpas que explicaban su precipitada fuga. Como anotó Olegario en su cuaderno de rencores:

> Bien dice la sabiduría popular que cuando un barco va a naufragar las ratas son las primeras en saltar al agua. Así tendrán la conciencia los plantadores esclavizadores y los supuestos salvadores de almas. Cualquier investigador dispuesto a conocer los verdaderos culpables del atraso yucateco debe comenzar por hacer una lista de los fugitivos. Cada uno, carente de la ética más elemental, habrá tenido sobrados motivos para huir de la justicia. La verdadera revolución no llegó a Yucatán con Huerta porque los hacendados se resistieron con sobornos, traiciones y chantajes a aceptar a los gobernadores enviados por el Chacal. Había llegado la hora de ajustar cuentas con estos tragadólares y tragamierda...
>
> Para la sorpresa de propios y extraños, la Reguladora estructurada por Alvarado empezó a comprar el sisal a los hacendados a precios crecientes, pocas veces vistos por los finqueros pequeños. Ni lo podían soñar... El monopolio público se lo vendía a los gringos a valores todavía mayores, sin la costosa e inconfesable intermediación de Montero y de un Montemayor parapetado en Cuba. Cuanto más avanzaba la guerra europea, más se disparaban las utilidades de la Reguladora. El bienestar alcanzaba a todos.
>
> Finalmente, gracias a Alvarado, tenemos a los gringos sujetos de las partes nobles, por llamarles de alguna manera, y más agarraditos los tenemos, porque para atracar sus barcos, submarinos y cruceros en los puertos, necesitan mecates gruesos, fabricados curiosamente con el henequén yucateco. Sin nuestras fibras mágicas, gringos y europeos estarían más muertos que los muertos...

Un domingo, a finales de 1915, Olegario se encontró de pronto a su hermana María del Carmen, con la que más había convivido, acompañada por Luis Carranza, su marido. ¡Qué sorpresa! Habían transcurrido diez años desde el terrible pleito con su padre y no se habían escrito ni vuelto a ver. Don Olegario había impuesto una clara condición: quien tuviera contacto y relación con su primogénito no volvería a pisar la casa paterna. Era la hora de escoger, ¿estaba claro? ¡Cuidado con la herencia del viejo! El presidente Madero había decidido, en su momento, dedicarse en cuerpo y alma a la política y decidió no continuar tampoco en los negocios de su padre. Cada quien su camino...

Olegario sopeaba una trenzada, su bizcocho favorito, remojándolo en una taza de chocolate, sentado en una esquina al fondo de la cafetería La Sin Rival, cuando descubrió a la pareja al entrar en busca de un lugar. En ese momento no pensó si iba a ser despreciado o no; movido por un impulso, se acercó a ella y la saludó extendiéndole la mano por elemental precaución. Al reconocerlo, Carmen lo abrazó, se le anegaron rápidamente los ojos, lo estrechó, lo besó, se apartó, lo volvió a besar tomándolo de los hombros, lo despeinó a su estilo, como cuando eran niños:

—¿Dónde te has metido todos estos años, malvado escuincle? —preguntó, feliz por el encuentro.

—Haciendo de las mías, mija —respondió Olegario enjugándose las lágrimas con el dorso de una mano, mientras que con la otra los invitaba a acompañarlos a su mesa. El éxito de la conversación estaba garantizado; había tanto que contar... Imposible suponer que a la primera pregunta ella iba a convertir a su interlocutor en una marioneta deshuesada, sin la estructura interna de madera.

—Cuenta, Ole, ¿cómo está Marion, tu supuesta colega?, porque a mí no me engañas, es tu novia la inglesita, ¿no?

Olegario palideció, enmudeció, se vació su mirada, parecía precipitarse en un abismo.

Silencio, se hizo un pavoroso silencio.

—¿Le pasó algo? —cuestionó Maricarmen, arrepentida de la pregunta—. Disculpa si fui imprudente, no estoy informada de tu vida, perdona...

—Otro día te cuento —contestó Olegario en términos lacónicos—. Lo único que debes saber, por el momento, es que ya no está ni estará jamás... Pero cuéntame mejor de mamá. He extrañado mucho su compañía y su sentido del humor —agregó dando un giro brusco a la charla. Esperaba no haber perdido el color del rostro. Los latidos del corazón anunciaban el ingreso a un camino prohibido.

María del Carmen no quiso insistir en el tema. Lo vio de reojo. Comprobó que algo grave debía de haber ocurrido. Ya habría tiempo para abordar el tema, pero ante semejante respuesta prefirió olvidar a Marion, como quien se aleja del piso crujiente de un lago congelado en busca de hielo más sólido. Le confirmó entonces que sus padres llevaban cuatro años viviendo en La Habana contra su voluntad, que su madre añoraba la comida yucateca, su casa, sus amigas, la trova, los sarcasmos de la gente; en fin, echaba de menos lo suyo y, sobre todo, se dolía a cada momento de la pérdida de su hijo Olegario, quien no estaba muerto, pero ya no estaba... Se reclamaba no haber podido oponerse nunca a su marido en defensa de sus hijos; se llamaba cobarde, se torturaba con cargos muy severos respecto a su debilidad como madre; no se perdonaba haber vivido víctima del miedo hacia su marido ni encontraba consuelo alguno por haberse dejado intimidar y opacar durante tantos años de matrimonio. ¿Por qué se había dejado aplastar? No podía defenderse de la violencia ni de la intolerancia del jefe de la familia. Se lamentaba, se cacheteaba, sí, lo que fuera, pero al final volvía a ceder, se enconchaba, se disminuía y se doblegaba ante una autoridad superior incontestable.

Sus padres vivían en El Vedado, en la calle 13, el barrio más elegante de la Habana. La residencia, soberbia por cierto, había que imaginársela, era conocida como La Tacita de Plata, por sus escandalosos lujos que asombraban a propios y extraños. La vista al Caribe era inigualable. Don Olegario hacía enormes esfuerzos para resistir el peso del exilio, por más que estaba informado a la perfección de los acontecimientos en México por medio de muchas personas y amigos, pero en particular quien lo mantenía al día era monseñor Tritschler, otro refugiado de la revolución. Ahí, en Cuba, vivían sus hermanas y cuñados, la familia casi completa. María del Carmen solo estaba de visita en Mérida. Su padre se había dejado crecer una barba de candado blanca como su eterno bigote. Su ojo izquierdo, lastimado desde niño, se había cerrado para siempre. Tomaba clases de italiano, jugaba ajedrez y billar para no perder la agilidad mental y estar permanentemente ocupado. La inmovilidad lo mataba. Recibía visitantes de México muy a menudo. No se dolía por la expropiación de sus propiedades ni por el saqueo de su casa en la Plaza de la Mejorada. Escuchaba esos relatos como si le fueran ajenos. ¿Extraño, no?

—¿Y de salud está bien?

—Si quieres que viva mil años, escríbele, cuéntale de ti, no sabes cómo sufrió al saber que te iban a fusilar hace como cinco años, cuando te levantaste en armas contra el gobernador Muñoz Arístegui. Nos contó papá que en una reunión del gabinete de don Porfirio apareció misteriosamente tu nombre y él, como secretario de Fomento, alegó que se trataría de un homónimo suyo. En Yucatán el apellido Montemayor es muy común… Todos descansamos cuando supimos que te habías fugado.

—Solo te pregunté si mamá estaba bien, Mari… —interrumpió Olegario la narración—; esa era mi pregunta.

En ese momento, cuando la conversación empezaba a calentarse, Luis Carranza, el cuñado, prefirió retirarse con cualquier pretexto para no estar presente en un conflicto previsible, desarrollado sobre una superficie jabonosa. Olegario se había hecho fama de ser un hombre incendiario e irascible. No deseaba ser testigo de nada, y menos quería que ese encuentro accidental llegara a oídos de don Olegario, el padre. La represalia podría traducirse en la clausura de la llave de jugosos dividendos pagados puntualmente, mes tras mes. «La lana es la lana, linda hermosa…».

—Muñoz Arístegui era un pillo, una marioneta al servicio de los henequeneros, y favorecía la opresión de los peones y campesinos, teníamos que largarlo a patadas del Palacio de Gobierno —adujo Olegario, en tanto su corazón recuperaba sus latidos rutinarios. No tenía interés en discutir temas políticos con su querida hermana, un ama de casa dedicada de tiempo completo al hogar, a sus hijos y a Dios—. ¿Te puedo dar una carta para mamá y me garantizas que llegará a su destino? Ya sabes que papá domina las técnicas porfiristas de espionaje.

María del Carmen dio por no oído el comentario y se comprometió a hacerle llegar a su madre las líneas escritas por su hermano. ¿De qué hablar? Ni de Marion ni de política. Su desazón la desesperaba. Se felicitaban por el encuentro y la posibilidad de poder hablar y comunicarse sin temor a una venganza paterna. ¿Por qué esconderse? De cualquier manera, don Olegario no estaba en el país. La oportunidad había caído del cielo. La sangre era la sangre. Pasaron lista a todos y cada uno de los integrantes de la familia. Salieron a colación los nombres de nuevos sobrinos, así como novedades respecto a la suerte de los demás hermanos y de sus matrimonios. Su madre había vuelto en un par de ocasiones a Mérida, cuando lograba escapar de la tutela de don Olegario. Muy pronto volvería y, sin duda, se reunirían en secreto para recordar viejos tiempos.

—Pero ¿por qué te volviste un revolucionario? —preguntó Mari, cuidándose de revelar los términos utilizados por su padre cuando, por casualidad, recordaba a su hijo mayor, llamándolo robavacas. «¿Cuál filósofo?, es un robavacas y no más...».

—No es nada nuevo, en realidad no tenía otro destino. Mamá me marcó para siempre, tal vez sin darse cuenta ni proponérselo, cuando nos enseñó, desde pequeñitos, a respetar y a querer a la gente humilde, a los jodidos, a quienes nada tienen, ni esperanza siquiera. Siempre quise ver por ellos. Mis amigos, acuérdate de Oasis, no eran los hijos de los hacendados, esos niños millonarios, sino los de nuestros sirvientes, los de nuestros peones. Me identifiqué mucho más con mis humildes compañeros de juegos que con nuestros condiscípulos o parientes. No soporto ver cómo maltratan a los mayas, no puedo con ello. Hubieras visto cuando fui a la Hacienda El Paraíso y comprobé que la esclavitud, en pleno siglo XX, existía en las fincas yucatecas. No, no se trataba de experiencias ajenas, de investigaciones de la Universidad de Oxford, no, claro que no, qué va, Mari, yo lo vi y lo comprobé con mis propios ojos, y bueno, mejor ya ni hablemos de cuando encontré una cárcel en el sótano de nuestra propia casa. Si hubiera aceptado esa canallada, habría muerto como ser humano.

María del Carmen prefirió volver a desviar la conversación, ella no era una mujer preparada para resistir las confrontaciones, y menos, mucho menos en ese momento feliz, de reencuentro con su hermano. Decidió recorrer caminos seguros, libres de acechanzas o enfrentamientos, recordar hechos pasados, tal vez desconocidos por Olegario, más adecuados a sus posturas críticas. Comenzó por decir que en ninguna parte de la República había sido mejor recibida la noticia del asesinato de Madero que en Yucatán. Ella y su marido habían asistido a diferentes festejos en casa de Avelino para celebrar el arribo de Victoriano Huerta al poder.

–Brindaban y brindaban, Ole, por la llegada del nuevo Porfirio. Pocas veces había yo visto tantos borrachos entre los socios de papá...

–Es una canallada, Mari. Madero era la gran oportunidad democrática de México y lo mataron como a un animal salvaje. Los tiranos benefician a sectores muy poderosos del país para afianzarse en el cargo usurpado. ¡Claro que, a estos miserables, los queridos socios de papá, les convenía otro gobierno militar autoritario para continuar con la explotación de la gente, evitar el pago de impuestos y seguirse llenando las bolsas con dinero cochino! Todo para ellos y si no ahí estaban las armas y los agentes secretos para desaparecer a los opositores. Quien decidía no ser cómplice del hurto se moría o se exiliaba...

Bien sabía Olegario que Victoriano Huerta se había robado dos millones de pesos de la Comisión Reguladora del Henequén creada por Pino Suárez, una fortuna generada por los impuestos pagados por los henequeneros, antes de huir a España. Según Olegario, en cada dictador había un ratero que entendía el tesoro público como botín, y quien se opusiera al latrocinio lo esfumaban. Por esa razón en México no había gobiernos, sino pandillas. La diferencia entre los ladrones callejeros y los políticos mexicanos era que los últimos no usaban antifaz para delinquir, es decir, no conocían la mínima vergüenza. ¡Lo que se podía haber hecho con dos millones de pesos para ayudar a los jodidos! Los gobernadores huertistas, durante los quince meses de la dictadura, habían llegado a robar a Yucatán los dólares obtenidos por las exportaciones de la fibra. Era un secreto a voces que la revolución se había financiado con los dólares petroleros, los del oro negro, y con los henequeneros, los del oro verde, monedas fuertes, una tentación criminal incontrolable. ¿Qué proveedor de armas extranjero iba a vendérselas, si iban a pagar con pesos mexicanos impresos en un vagón del ferrocarril con cualquiera de los más de veinte tipos de papel moneda emitidos durante el movimiento armado por las diferentes facciones beligerantes?

Cuando surgió en la conversación el nombre de Eleuterio Ávila, otro gobernador carrancista, de repente entró Angélica, un amor de tiempo atrás, acompañada tal vez por su marido. Olegario la siguió con la mirada hasta ver que se sentaba en una mesa del fondo. Se habían visto, por supuesto que ambos se habían reconocido. Gracias a Marion había descubierto la agilidad visual de las mujeres, que podían hacer una fulgurante composición del lugar, medir peligros, identificar a las personas con la velocidad de un rayo. Ella fingía, sabía que fingía y hacía esfuerzos para no voltear y evitar el encuentro, hasta que finalmente se vieron en forma esquiva. Mari hablaba y hablaba a sabiendas de que su hermano no la escuchaba. Estaba ausente. Olegario recordó la escena cuando Angélica y él habían tenido un intenso intercambio de besos y caricias de toda naturaleza en la noche, en un parque en Mérida. Las frases ardientes, las súplicas, los arrumacos, los besos húmedos y devoradores los habían dejado en la antesala del desenlace esperado y deseado por ambos, pero en esa ocasión resultaba imposible cumplir con el mandamiento: «Os amaréis los unos a los otros». Era tarde y Angélica tenía que volver a casa. Mañana sería otro día, sí, otro día y otra novedad porque al atardecer, con la debida discreción, antes de entrar a la casa de Olegario, ella le arrojó una cubeta de agua helada con el siguiente argumento, que destruyó las ardientes fantasías nocturnas del joven:

–Perdóname, pero no haremos el amor...

–¿Cómo? ¿Qué dices, si ayer nos besamos, nos abrazamos, nos tuvimos, nos juramos, nos tocamos y nos prometimos? ¿Por qué el cambio tan repentino? ¿Qué pasó?

–Es que no eres mi tipo...

–¿Qué? ¿Y eso no lo sabías ayer, antes de acariciarnos como locos? ¿Lo descubriste hoy?

–Sí, disculpa. Seamos solo amigos...

–Haré mi mejor esfuerzo, pero necesito tiempo...

–¿Tiempo? ¿Para qué? –cuestionó ella.

–Para sacarte de mi cabeza y dejar de idealizarte como a la mujer de toda una vida –repuso Olegario con frialdad–. A partir de hoy, cuando te recuerde, solo aparecerá en mi mente la figura de un chino muy chaparro, de aliento pestilente y chancros en el rostro, hasta hacer astillas tu imagen femenina, matarla, destruirla por completo y entonces podremos ser amigos... Ya no serás nada para mí, pero para eso dame un poco de tiempo...

Angélica se dio la vuelta, giró sobre sus talones y se retiró sin despedirse. A partir de ese día reconocería a esa mujer con el nombre de Wang Shi Yao...

Olegario esgrimió cualquier pretexto para justificar su distracción ante su hermana, pero no dejó de tener presentes las actitudes incomprensibles de las mujeres. ¿Sería posible prescindir de ellas? ¿Cómo olvidar a Lorena, cuando decidió no volver a verlo porque lo suponía un mujeriego infatigable sin tener un solo elemento para probar su afirmación? Ella deseaba una relación seria y sólida que él estaba dispuesto a construir, pero todo falló. ¿Y Almudena? Con ella adivinó el rompimiento porque, si bien era hermosa y graciosa, sus niveles de ignorancia lo exasperaban. Casi llegaba al extremo de escribir su nombre con faltas de ortografía. Recuerdos iban, recuerdos venían...

Sin embargo, ¡cómo disfrutaba Olegario la conversación con Mari! Sus palabras eran gotas refrescantes, caricias de reconciliación, momentos oportunos para bajar la guardia y gozar. ¡Cuánto tiempo había transcurrido sin siquiera poder sonreír!

—¿Y tú cómo sabes con tanto detalle lo ocurrido en Yucatán? —preguntó Mari intrigada mientras les traían un café cargado. Empezó a beberlo a chupitos, viendo el rostro de su hermano.

Le contó que había conocido a Felipe Carrillo Puerto, que habían trabajado juntos en la *Revista de Yucatán*, denunciado la corrupción del tal Ávila, quien había incautado los talleres, destruido la imprenta y las instalaciones, al extremo de tener que huir a Nueva Orleans escondidos en la sentina de un barco inglés de carga.

¡Claro que a su regreso había sabido de Toribio de los Santos y del coronel Abel Ortiz Argumedo, hasta de la llegada de Salvador Alvarado! Estaba al tanto de todo.

Olegario sentía que su hermana había desperdiciado sus facultades entre mamilas y pañales, pero era el papel tradicional de cualquier mujer yucateca sujeta al yugo de su marido y de la familia, una servidumbre esclavizada de mayor categoría. ¡Qué manera tan espantosa e inútil de desaprovechar la existencia!

—El dinero es el excremento del diablo: quien lo toca enloquece —adujo el hermano con la intención de aportar un argumento inteligente a la conversación. Ella lo disfrutaría, no estaba acostumbrada, sus puntos de vista ni eran escuchados por su padre ni aquilatados por el tal Carranza, su marido.

—Sí, será mucho excremento como tú dices, pero el hecho es que ustedes, los hombres, sienten que no sirven para nada si no hacen una gran fortuna. Se matan por tener dinero, como si con unos billetes pudieran comprar su pasaporte al Paraíso, y tal vez se lo están comprando, pero al Infierno. Nosotras nos arreglamos para impresionar no al marido, qué va, sino a otras mujeres en las reuniones, y ustedes hacen mucho dinero para impresionar a otros hombres, no a sus esposas. Todo es falso en este mundo...

Mari se felicitaba porque Olegario no estaba guiñando su ojo derecho como cuando se ponía nervioso...

—A propósito, hermanita linda —preguntó Olegario—: ¿cómo ves que el general Salvador Alvarado, este sí es de a de veras, llegó para vengar el apoyo de los hacendados a Victoriano Huerta, a buscar a los culpables de los sobornos a Eleuterio Ávila y a pasar a cuchillo a quienes habían solicitado la independencia de Yucatán para convertirnos en un protectorado yanqui? ¿Qué tal?

—Los hacendados, sobre todo los socios de papá, tienen pánico, Ole, te lo juro, lo ves en sus caras, huyeron casi con lo que traían puesto. Parecía como si los carrancistas los fueran a contagiar de lepra o que Dios mandaría un diluvio sobre Yucatán. Claro que viajaban en sus carruajes llenos de dinero...

—¿No te da miedo a ti, Mari?

—Yo no debo nada y nadie tendría razón de ajustar cuentas conmigo: no soy empresaria, solo ama de casa, madre de mis hijos, ya dejé a salvo mis muebles y bienes, y además, no vivo aquí. Me iré en cualquier momento a Cuba.

—¿Y monseñor Tritschler? —preguntó Olegario con disimulada candidez—. ¿Te acuerdas cuando comparaba una indulgencia con el rendimiento de una hectárea de henequén? Ese sí que las debe todas, fue el verdugo espiritual de nuestra gente. Ya me imagino la prisa con la que sus esclavos guardaron su equipaje en su coche de oro. Él sabe las que debe...

—Huyeron pero rapidito, Ole, el miedo no anda en burro —agregó Mari, animada de congraciarse con su hermano, aun cuando no compartiera en su totalidad los puntos de vista—. Se fueron moviendo la colita de a madres, como si fueran a llegar las diez plagas de Egipto juntas en ese mismo instante y el agua se fuera convertir en sangre, el polvo, en piojos y la peste matara a los caballos, a las cabras y a los cerdos y nos quedáramos sin cochinita pibil —sazonó su querida hermana pasajes de la Biblia con su clásico humor.

Después de soltar una carcajada, la flema yucateca de Mari podía matarlo de la risa, Olegario le hizo saber en voz baja, en secreto, que Felipe Carrillo Puerto y él luchaban al lado de Alvarado para acabar con los privilegios del pasado, extirparían de raíz la esclavitud, concluirían con la explotación de los indios, aplicarían la Constitución de 1857 y abrirían la Casa del Obrero Mundial, mientras Carranza la cerraba en la Ciudad de México. Fundarían escuelas de agricultura, de artes y oficios, de Bellas Artes, modificarían los sistemas educativos, iniciarían el reparto de tierras, sentarían las bases del Partido Socialista del Sureste, cerrarían cantinas y clausurarían muchos templos católicos. En fin, darían un giro de ciento ochenta grados.

Felipe, su querido amigo, se felicitaba por haber encontrado en Olegario a un gran aliado para materializar sus sueños tantos años acariciados. «Justicia, justicia, justicia», se decía en su interior, mientras hablaba de la revolución yucateca, del vigoroso golpe de timón que él mismo hubiera deseado ejecutar. Alvarado era el líder del futuro, él veía por la gente y reconciliaría al país, por eso había empezado a cerrar las tiendas de raya y cancelado las deudas de los indígenas mayas. ¡Se acabó! ¡Bravo, bravísimo! Si sostenían a Alvarado en el cargo como gobernador militar de Yucatán, tal vez, con el tiempo, podría llegar a ser presidente de la República. Olegario, Alvarado y Carrillo Puerto hablaban el mismo idioma y entendían al clero como otro gran enemigo a vencer, por ello habían acusado a la Iglesia católica de intervenir en la vida económica de Yucatán y del país, encubriéndose en sociedades anónimas. Los malditos ensotanados habían distorsionado la historia, prostituido la ciencia, fanatizado al pueblo al envenenarlo con dogmas estúpidos para controlar a los feligreses y obligarlos a asistir a los templos en busca de salvación para que llenaran los cepillos de las parroquias. Las cuantiosas limosnas existían para hacer negocios, lucrar con la esperanza en el más allá, comprar armas, financiar ejércitos, pero no para ayudar a la gente. ¡Fuera los curas de Yucatán, los eficaces defensores de la ignorancia! ¡A clausurar las puertas de las parroquias! También se podía rezar en casa, ¿no?

Mari arrugaba la frente, proyectaba un rictus en el rostro; su expresión de dolor, frustración y decepción no podía ser más evidente mientras negaba con la cabeza sin despegar la mirada del suelo de La Sin Rival.

—Supe que Alvarado ya abrió las puertas de las haciendas y dejó en libertad a los peones, pero la mayoría prefirió seguir esclavizada en lugar de abandonarlas en busca de la libertad —afirmó, candorosa—. ¿Cómo te lo explicas? ¿Nacieron para ser esclavos, tú?

—No, no, qué va —respondió Olegario de inmediato—. No es que hayan nacido para ser esclavos y pasar su vida enclaustrados, nada de eso, les sucede lo mismo que a los prisioneros liberados de las cárceles después de cumplir su sentencia: por lo general, no saben cómo iniciar una nueva vida, obtener un empleo y ganarse su sustento con un trabajo honorable. El cambio no se puede improvisar, llevan siglos sepultados en el infierno, la adaptación les será muy difícil. Se requiere mucha paciencia y esfuerzo para aceptar una nueva y feliz realidad. Poco a poco se incorporarán a la civilización, lo verás.

—Pues que sigan trabajando en las haciendas —agregó Mari mientras llamaba a un mesero y pedía un cocotazo, su pan favorito, hecho con trigo y yema de huevo.

—Esa es la idea, Mari, pero sin abusos y con la libertad de salir y entrar cuando se les dé la gana. Si a un cachorro, por ejemplo de león, lo alimentas en cautiverio y luego lo liberas, no podrá cazar, tal vez nunca lo logre ni pueda adaptarse a un nuevo medio ambiente, es algo muy biológico y entendible.

Olegario, sin detenerse y con un contagioso optimismo, le contó que Alvarado había llegado a luchar contra la corrupción social y política, a combatir la prostitución en todos los lupanares, a cerrar sus puertas, a arrancar de raíz el alcoholismo entre los indígenas, a expulsar al mayor número de curas, a largarlos de Yucatán, a obligar a los estudiantes a elegir democráticamente a sus dirigentes, un gran ejercicio político. ¿No era una maravilla?

—¡Jesús de Veracruz! —exclamó Mari persignándose—. Si sacan a los curas de Yucatán, ¿quién nos dará consuelo espiritual? ¿Quién bautizará a los recién nacidos o dará la extremaunción a los moribundos, para que nadie se vaya al Infierno? ¿Quién casará a la gente por la ley de Dios?

—No hay Cielo, ni Paraíso, ni Purgatorio ni Infierno, son cuentos inventados por el clero para hacerse de dinero y lucrar con el miedo de la gente. Pero no te preocupes, la idea no es expulsarlos a todos, solo a una buena parte de los curas, principalmente a los españoles, el resto es más que suficiente para impartir consuelo espiritual, como tú dices.

—Alabado sea el Señor —exclamó Mari persignándose—. Tu tal Alvarado no solo está largando curas de Yucatán, sino también ordenó el saqueo de nuestros templos, ha convertido parroquias en escuelas públicas —expuso Mari sin ocultar su desencanto—. A ver, Ole, ¿por qué los carrancistas tenían que entrar a caballo a nuestras iglesias?, ¿por qué ofender a los creyentes y hacer sus necesidades en los altares, robar los bienes del Señor y secuestrar a cuanta monja se encontraran en su camino? ¿No te parece un sacrilegio? O mejor dicho, son chingaderas, ¿no? ¿Para qué?, ¿porque tienen la fuerza?

Olegario sonrió sin pronunciar palabra. Con Mari resultaba imposible, por lo visto, abordar el tema de la familia y de la religión. ¿Qué ganaría con orillarla al escepticismo religioso, tal vez la asidera que la mantenía viva? ¿Por qué confundirla o hacerle daño a estas alturas de la vida? Olegario concluiría la conversación con notas optimistas, sin desconcertarla ni acorralarla.

—Con Alvarado, lo verás, los productores, eso sí, todos en este caso, liberados del yugo de Avelino y de la Harvester, ganarán más dinero que nunca, y lo mismo acontecerá, por supuesto, con los peones. Bienestar para todos, mija —concluyó mientras crecía el bullicio en el restaurante y el olor a café estimulaba los sentidos.

María del Carmen escuchó encantada las nuevas noticias en voz de su hermano. La guerra europea, en efecto, ya había comenzado a generar ganancias inimaginables entre los productores del sisal. La agricultura norteamericana, en fabuloso crecimiento, exportaba miles de toneladas de granos en costales de henequén a las trincheras europeas. Yucatán explotaría como nunca con tanta riqueza…

—Pues sí —atajó Mari escéptica—, ¿y si tu Alvaradito te manda una carta de las Bahamas porque ya se fugó con las utilidades? Tú disculparás: todos son igualitos de cabrones...

—No, no es así. Alvarado rinde cuentas, no es ratero. La Reguladora compra y vende la fibra con total transparencia. Las utilidades se reparten entre los hacendados, peones, el estado de Yucatán y la Federación, que recibe millones de dólares para sostener el movimiento constitucionalista. ¿Cuándo habías sabido de algo parecido? Pero a ver, dime, Mari, dime: ¿qué haría Carranza sin los yucatecos? ¡Claro que «Yucatán es la reserva económica de la revolución»!, y lo es, por supuesto que lo es —exclamó al dar el último sorbo de café—. Nosotros financiamos, en parte, la Revolución mexicana, y solo por eso los mexicanos deben olvidar y perdonar los movimientos separatistas de antaño. Solo tenemos una patria...

Maricarmen se levantó, tomó de las manos a su hermano, lo besó en la frente y, sin soltarlo, le dijo:

—¿Otro día me contarás por qué te peleaste con Marion?

El rostro de Olegario se volvió a ensombrecer. La mueca de dolor fue otra vez patética. Algo muy serio habría sucedido.

—¿Verdad que sabes que siempre te quise, te quiero y te querré, grandísimo pendejo? —preguntó Mari para salir del atolladero con una actitud socarrona, inconfundible en ella, a pesar de haber recibido una rígida educación religiosa.

—No soy pendejo —repuso Olegario sonriendo esquivamente.

—Sí, sí lo eres, y no me contradigas porque me encabrono. ¿Quieres ver a una mujer encabronada?

—¡No, por lo que más quieras, no! —repuso sin dejar de reír.

—Conoces dónde vivo, sabes de sobra mi dirección, y si no aquí mismo te dejo la de Cuba. Escríbele a mamá, yo le haré llegar tu carta. ¡Júralo!

—Lo juro...

—Júralo otra vez...

—Lo juro, Mari, lo juro, lo juro, lo juro...

Dicho lo anterior, María del Carmen se fue sin voltear a ver a Olegario. ¿Lo vería de nuevo? De repente se detuvo, volteó y encaró a su hermano:

—¡Júrame también que te volveré a ver, júralo, grandísimo cabrón! —insistió llorando.

—Te lo juro, Mari querida, te lo juro...

—No sé por qué digo estas tonterías, Ole, cariño, cuídate por lo que más quieras...

En el país cada grupo revolucionario imprimía su propio papel moneda, inaceptable en el exterior, salvo el caso de los pesos yucatecos, el papel moneda emitido por la Comisión Reguladora con la denominación de peso oro, que se cotizaba en los Estados Unidos o en Europa con gran solvencia financiera. Era el gran momento de Yucatán: o la International Harvester se sometía furiosa a los valores impuestos por la Reguladora o se quedaría sin los costales de henequén y, por lo tanto, sin la posibilidad de abastecer con alimentos a la Europa en guerra. ¡Imposible! La Casa Blanca hablaba al oído de la Harvester, convencía al monstruo y lo obligaba a aceptar las condiciones de Alvarado, porque no les convenía un nuevo pleito armado con México, un vital proveedor de petróleo de la Marina inglesa. El henequén resultaba imprescindible para el esfuerzo bélico. La Oficina de Inteligencia Naval de los Estados Unidos lo dejaba en claro: «Todo obstáculo que amenace el abasto de fibra para cordeles es ahora tan vital para los Estados Unidos como los descubrimientos petroleros de Tampico que afectaron el combustible de la flota aliada. ¡Cuidado con México! Una desestabilización militar al sur de su frontera podría ser aprovechada por los alemanes y desquiciar la estrategia bélica. Dejen en paz, por lo pronto, a los mexicanos...».

Mientras Salvador Alvarado y Felipe Carrillo Puerto trabajaban codo con codo y mano con mano para materializar su proyecto izquierdista, Olegario pasaba mucho tiempo en Washington, dedicado a cabildear con legisladores y periodistas para demostrar que todos saldrían beneficiados con el monopolio del gobierno. ¿Para qué otra invasión armada? La fuerza era innecesaria. Su inglés era inmejorable y sus argumentos, incontrovertibles: ganarían los productores, la Harvester, los gobiernos, incluida la Tesorería norteamericana por los impuestos pagados por el monstruo y, por supuesto, los campesinos, los peones, después de siglos de explotaciones y vejaciones. Era un monopolio, sí, pero benéfico: ahí estaban las cifras y los repartos de utilidades con enormes ventajas, entre ellas la extinción de la esclavitud, una vergüenza impropia de cualquier ser humano. No se trataba de una izquierda de extracción marxista, sino de una que promovía el bienestar general. La Comisión Reguladora a cargo de Alvarado financió mejoras al sistema ferroviario para transportar el oro verde, fundó bibliotecas, propició la construcción de casi seiscientas escuelas rurales, acabó con la esclavitud, estableció las condiciones de trabajo, los límites de edad, pensiones, contratos fijos y seguros contra accidentes. Finalmente se establecían el orden y el respeto a las personas, después de siglos de desprecio y sinrazón.

Que no se asustaran si los precios se disparaban durante la guerra. En su estrategia no existirían los perdedores. Si la libra de sisal valía 5.25 centavos de oro en 1915, ahora, en 1917, su valor se había casi cuadruplicado y nadie, absolutamente nadie, podía quejarse, los exesclavos, menos. ¡Claro que Alvarado subiría aún más los precios, sobre la base de que nunca faltaría henequén para exportar los granos, abastecer con alimentos las trincheras de los aliados, y nadie se quedaría con los bolsillos vacíos, hasta el fisco gringo ganaría! ¿Cómo contradecirlo? Olegario iba bien pertrechado. Era un ganar-ganar para cada uno de los jugadores, salvo que los ochenta y seis millones de pesos oro al año, el valor de las exportaciones de sisal, no fueran un ingreso respetable y atractivo para los entusiasmados participantes... ¡Por supuesto que la labor de la Reguladora fue aprobada por absoluta mayoría en el Congreso yanqui! La Harvester y otros fabricantes de cordeles estaban, efectivamente, comiendo de la mano de Alvarado y a precios altos, muy altos, imprevisibles. ¡Ese era un político mexicano de vanguardia! Avelino Montero iba quedando en evidencia, para ya ni hablar de Olegario Montemayor, su patrón, instalado en Cuba.

¿Todos contentos? ¡No! A Carranza se le había abierto el apetito financiero henequenero. Desde 1916 Yucatán había exportado sesenta millones de dólares, de los cuales Alvarado había entregado doce millones de pesos, seis millones de dólares, por concepto de impuestos y contribuciones, unos beneficios inimaginables. La Comisión Reguladora del Mercado del Henequén, organización que monopolizaba la comercialización, distribuyó entre los finqueros, sorprendidos y agradecidos, las utilidades más altas de la historia. La mayoría maldecía a Montero y por supuesto a Montemayor, el suegro oculto indeseable. Los erarios estatal y federal también se beneficiaron. La recaudación derivada de este producto rebasó los trece millones en oro y casi treinta y dos millones en billetes infalsificables para el gobierno del estado y diecisiete millones de pesos para el gobierno federal. El henequén yucateco llegó a satisfacer el ochenta y cinco por ciento de la demanda mundial. El éxito era tan notable que Alvarado decidió fundar una fábrica de cordeles y mecates de henequén en Buenos Aires, pero el lucrativo mercado de la cordelería no lo iba a permitir y sospechosamente se encontró la manera de embargar la flota propiedad de la Reguladora para cancelar y archivar el proyecto. El dinero era el dinero.

La Harvester comía de su mano y, sin embargo, la ambición, como siempre ocurre, se desbordaba. Carranza necesitaba dinero, más dinero, mucho más dinero para financiar el proyecto constitucionalista y, si Alvarado no se lo entregaba, lo destituiría. Impuso más gravámenes a la Reguladora. Se rompían los equilibrios. El Barbas de chivo era insaciable, cambiaba y alteraba lo que funcionaba. ¡Fuera con Alvarado, eso sí, cuidando las formas!

Alvarado, el destacado militar, deseaba ser gobernador de Yucatán, ampliar su obra, coronarla, concluirla con éxitos materiales generalizados. ¡Imposible! Había nacido en Sinaloa, la Constitución yucateca lo prohibía, y se veía obligado a retirarse y dejar su proyecto inconcluso. Por respeto a la legalidad apoyó a Carlos Castro Morales, un socialista, para encabezar el Poder Ejecutivo del estado, en el periodo 1918-1922 y promovió a Felipe Carrillo Puerto como presidente del Partido Socialista Obrero de Yucatán. Castro Morales continuaría su magnífica obra. Alvarado renunciaría y se retiraría a cumplir obligaciones militares, sociales y políticas en el Sureste mexicano, en donde se catapultaría su prestigio político y militar, al extremo de llegar a considerarse un candidato presidenciable en las elecciones de 1920, cuando Carranza entregara el poder. «¡Qué pérdida tan tremenda para Yucatán!», coincidieron Felipe y Olegario, tremenda, de verdad. Pero Salvador Alvarado resurgiría. Un hombre de sus dimensiones, honradez y talento, no se podía desperdiciar, por supuesto que volvería, tarde o temprano, a la arena política. La nación lo requería a gritos en el altar de la patria, cualquiera que fuera el significado de semejante cursilería, sí, porque finalmente, gracias a él, se había desatado la revolución en Yucatán. ¿Quién había soñado siquiera con semejante éxito compartido por todos? Alvarado había resuelto complejos problemas sociales, económicos, políticos, religiosos y educativos y, a modo de reconocimiento, el distinguido funcionario, hombre probo y eficiente, se vio obligado a dimitir en acatamiento a la Carta Magna yucateca, sí, pero la mano negra del presidente siempre estuvo presente para deshacerse de él y poder entrar a saco en los recursos de la Reguladora.

Olegario suspiraba acostado en su cama, de espaldas a Susy, una vieja conocida de la Universidad de Oxford. La había invitado a Yucatán porque en el fondo siempre se habían llamado la atención, según se podía demostrar en el intercambio epistolar que habían mantenido un par de años después del asesinato de Marion. Nunca nadie podría igualar a la inglesita adorada y menos, mucho menos, superarla. Olegario contemplaba las fotografías de Marion, Dolly, después de nadar en el cenote de Chichén Itzá, mientras Susy, firmemente adherida a él, le acariciaba la cabellera con gran dulzura y palabras amorosas. Todo marchó bien los primeros días, hasta que Olegario empezó a resentir la falta de aire, no podía respirar. Si al principio agradecía el reducido espacio de su habitación para disfrutar a Susy y hasta les sobraba la mitad del lecho, con el paso del tiempo se asfixiaba, moría, agonizaba a falta de oxígeno. Todo se desbordó cuando ya no aguantó que su antigua compañera volviera a poner la alarma del despertador a las seis de la mañana, después de haber pasado buena parte de la noche en agotadores combates amorosos. El supuesto guerrero incansable no podía ni abrir los ojos al amanecer, cuando escuchaba la campana del reloj de Susy que convocaba de nuevo a la batalla. Los dedos frágiles de la doncella, que antes lo incitaban al delirio, ahora parecían ser patas de arañas venenosas que caminaban por su piel. Había llegado otra vez la hora de cumplir. Estuvo a punto de girar para manifestarle su fatiga y su hartazgo, cuando escuchó el sonido inconfundible de un silbato, el del cartero, según él, el más simpático servidor público en el planeta Tierra. Los ladridos de *Lola* anunciaron la visita. Bajó de dos zancadas la pequeña escalera, cubriéndose con lo que encontró en el breve trayecto, hasta que halló un sobre deslizado por debajo de la puerta. Se trataba de una carta enviada por el profesor Perkins. La recogió y empezó a leerla con justificada curiosidad. Se hubiera dejado cortar una mano a cambio de lograr que Susy, momentos antes un amor apasionado, ya no estuviera en la habitación cuando él regresara de la planta baja. Todo aquello conectado con Oxford estaba felizmente relacionado con Marion. El recuerdo lo estremecía. Se acomodó abajo, en un sillón, sin explicación alguna. Escuchó algunas palabras aisladas, preguntas irrelevantes que nunca contestó. Simplemente la ignoraría.

En realidad ya no soportaba a Susy ni toleraba su risa. Estaba harto de ella. Olegario analizaba las reflexiones del profesor Perkins, haciendo caso omiso de las quejas y maldiciones de Susy, que fueron rematadas con un sonoro portazo:

—Nunca serás feliz mientras no olvides a tu dichosa Marion, saques sus fotos y escondas su ropa. No estás listo para una mujer como yo… Eres un patán.

Olegario no hizo nada por detenerla. Se estiró como un gato. Se llenó de paz y sonrió, convencido de que seguiría su camino en soledad. Su único interés consistía en leer las líneas de su querido maestro.

Oxford, Inglaterra, a 3 de enero de 1918

My dear Ole!

Para la buena fortuna de Europa, Alemania va perdiendo gracias a la incorporación de las tropas del Tío Sam al lado de nosotros. Los rusos se están llevando la peor parte desde que abdicó el zar Nicolás II. Era imposible defenderse de los ataques alemanes y sofocar una revolución doméstica que llegó a extremos inenarrables en noviembre. ¿Te acuerdas que en 1905 te pronostiqué el estallido de la guerra europea por la compra y construcción masiva de armamento? Pues en este caso, reconóceme el debido crédito. No me cuesta ningún trabajo suponer que al final de la guerra desaparecerán por completo el Imperio ruso, el austrohúngaro, por supuesto el alemán, y ya no se diga el otomano. El cambio de la geografía política será sorprendente.

En Inglaterra esperamos que el repugnante káiser se suicide después de haber ocasionado millones de muertes y destrucción en Europa, pero esa execrable salchicha podrida, carente del más elemental sentido del honor, buscará asilo en otro país para vivir cómodamente el resto de sus días. Poco vivirá quien no lo vea…

Ole, querido, en otro orden de ideas, uno de los motivos de enviarte estas líneas es para externarte mi preocupación respecto al naciente comunismo mexicano. Cuando me escribiste con orgullo los lemas de Felipe Carrillo, tu querido colega, no dejé de alarmarme: «Toda lucha de clases es una lucha política, el fin de esa lucha que se transforma inevitablemente en guerra civil es la conquista del poder político».

No, no se trata de conquistar el poder por medio de la guerra y de la violencia, porque detonarán más violencia. El camino de Alvarado, tu jefe, es el adecuado: la construcción masiva de escuelas y universidades, la creación de empleos con sueldos dignos. ¿Que este proyecto llevará más tiempo? Sí, así es, pero el uso de la fuerza bruta llevará al desastre porque las dictaduras, tarde o temprano, reventarán por las costuras para crear un círculo vicioso: un sátrapa seguirá a otro sátrapa con otras promesas falsas solo para dominar a los demás. No caigas en el engaño. La construcción de un país inicia en las aulas y jamás en los cuarteles.

¿Felipe y tú creen que en Wall Street se van a quedar con los brazos cruzados si a los inversionistas americanos les expropian sus bienes? El dueño de los hombres es el dinero, Ole, querido, lo discutimos hasta el cansancio en las aulas, en mi casa y en The Sweet Lawyer, ¿te acuerdas? El día en que Felipe o tú toquen una empresa yanqui de inmediato tendrán la visita de los marines, acostumbrados a matar por un dólar. ¿No aprendiste que no debes meterte con el dinero? ¿Qué te enseñó la horrorosa muerte de nuestra querida Marion? ¿Nada? ¿No aprendiste nada? Si recurren a la violencia, insisto, la violencia acabará con ustedes y con sus sueños.

Cuando me dices que ochocientas familias se han apoderado de la economía mexicana, solo te contesto que sí, que es una tragedia nacional. ¿Cómo negarte la razón? La tienes, pero yo no te recomendaría seguir el camino brutal del despojo, porque las víctimas no están desunidas ni mancas ni desarmadas ni son pobres y sabrán defenderse con eficiencia, llegando al extremo que sea. Construye escuelas para maestros y no academias militares. Funda universidades como Oxford. Por lo que me cuentas, el propio Salvador Alvarado estaría conmigo en el proceso de generación de riqueza y bienestar a través del conocimiento. Esa es la ruta de la estabilización, no te apartes del camino.

Creo que tu amigo Felipe se ha fanatizado y no escucha razones. Cuidado con las personas así. Su propuesta es válida, la justicia, aunque las herramientas para lograrla no son las adecuadas. Esto mismo lo conversé con Harold Drumlanrig, ¿te acuerdas de Ha?, y él también coincide conmigo: no queremos que sigas la suerte de Marion. El enemigo es mucho más poderoso que ustedes y mucho más despiadado. Tú sí conoces la piedad y por ello perderás. Te lo dice tu amigo Hugh, que tanto te quiere. Ven con nosotros, Ha y yo te haremos compañía aquí, en Oxford. Te garantizo tu empleo en la biblioteca, para comenzar, después yo me ocuparé de los ascensos. Tendrás acceso a muchos más conocimientos y escribirás tratados que con el tiempo cambiarán el rostro de México. Esa es la acción que debes seguir como gran intelectual. No estás hecho para las armas, no eres un pistolero. Tu fuerza está en tu pluma y en tus razones.

En México padecieron una espantosa revolución. Hoy en día el país está pacificado y cuentan con una nueva Constitución. Empieza la democracia. La labor está terminada. Ha y yo, tus amigos, y *The Most Famous Frederic Rochester Williams The First* te esperamos en Oxford con los brazos abiertos. Hazle cosquillas a la gran *Lola* en la panza. ¿Cuándo llegas, Ole, *dear*?

Always yours,

Hu

Concluida la revolución, los beneficios económicos y sociales empezaban a extenderse en el país. Se extirpaba día a día la barbarie porfirista instalada por los latifundistas henequeneros, chicleros, madereros, cafetaleros y tabacaleros protegidos por el tirano, afortunadamente ya depuesto. La esclavitud se extinguía, al igual que las deudas de los peones y las odiosas tiendas de raya. Algunos capataces aparecían ahorcados de las ramas de los árboles. Varios mayocoles amanecían muertos, colgados de los pies, sin ojos, llenos de una sustancia golosa, muy atractiva para los insectos y animales nocturnos. La justicia popular prosperaba. Nada de hablar, de negociar o de tribunales: ¡a las manos!

El gobierno socialista de Carlos Castro Morales, sucesor de Alvarado, avanzaba lentamente sin llegar a extremo alguno. Los máximos jerarcas de los plantadores, los integrantes de la Casta Divina, odiaban a Alvarado, no solo por haberlos etiquetado de esa forma tan precisa, sino por haber acabado con el sistema de peonaje, con la esclavitud, dicho sea sin eufemismos, además de haber concluido con sus históricos privilegios. Muy pocas de las ostentosas residencias del Paseo de Montejo fueron violadas por una turba de indígenas mayas decididos a saldar viejas y cuantiosas cuentas. Lo execraban, sí, a pesar de que Alvarado los había liberado del insoportable yugo comercial y financiero de Montero y Montemayor, de las asfixiantes hipotecas que ahogaban sus fincas, y no solo se había abstenido de confiscar sus depósitos en bancos nacionales y extranjeros, sino que, gracias a su intervención, habían ganado cantidades impensables de dinero durante su breve gobierno militar y, sin embargo, muy a pesar de todo lo anterior, los plantadores mordían la mano de quien los había rescatado y enriquecido.

La mañana en la que el señor general Salvador Alvarado montó su caballo, un vigoroso alazán, a su nueva misión política y militar en Chiapas, expresó ante quienes lo rodeaban, en un lenguaje críptico, saturado de ironías y de nostalgia, un mensaje que en realidad era para los hacendados y malos gobernantes:

Sigan adelante y entreguen la Reguladora y la economía estatal a los más crueles enemigos de ustedes mismos; disuelvan la Compañía de Fomento del Sureste; entreguen sus ferrocarriles a sus acreedores extranjeros y vendan sus barcos en el extranjero al mejor postor; destruyan los tanques de almacenamiento de petróleo y vendan las partes como chatarra... Cierren las escuelas y las bibliotecas, si son tan nocivas como ustedes dicen; y luego asegúrense de reabrir las cantinas, las plazas de toros, los burdeles y las casas de juego... Hagan todo eso y en un año reto al pueblo de Yucatán y a toda la nación para que considere los resultados y los compare con la situación actual.

Felipe y Olegario permanecieron inmóviles hasta que perdieron de vista a Alvarado y su tropa a la salida de Mérida y se extraviaron para siempre en una nube de polvo, en las inmensas planicies yucatecas. Adiós, Salvador querido, muy querido Salvador, lo que fuera, pero no había tiempo qué perder. Felipe Carrillo Puerto estaba dispuesto a ser el próximo gobernador y empeñaría todo cuanto fuera posible para lograrlo. Sin embargo, la Gran Guerra había concluido y los angustiosos pedidos de los aliados de la fibra, el oro verde, habían caído severamente. Las pacas se amontonaban en Puerto Progreso y los barcos mercantes ya no hacían fila para cargar y transportar el henequén con el objetivo de convertirlo en sacos y cordeles. Sí, pero ya no estaba don Salvador para arreglar el entuerto. La profecía del destacado militar empezó a materializarse día con día, para el horror de las nuevas víctimas. Los hacendados volvían a sus puestos de trabajo con el propósito de restaurar el viejo orden a como diera lugar, no faltaba más. El Barbas de chivo había tolerado el socialismo de Alvarado porque le depositaba un millón de pesos al mes, pero si no llegaba esa fortuna a sus arcas, adiós al socialismo, más aun, adiós a Alvarado, sobre todo cuando los diplomáticos de Washington solicitaban en Palacio Nacional la cancelación de la Reguladora al «no poder ver con beneplácito un monopolio cerrado en la comercialización de un producto primario importante», por lo que promovían la apertura del mercado del henequén. ¡Dinero sí, socialismo no!

Carrillo Puerto dedicaba su tiempo a la creación de una red centralizada de ligas de resistencia rurales y urbanas, unía a la clase trabajadora, reclutaba nuevos organizadores políticos para penetrar en los dominios rurales aislados y movilizar a los trabajadores agrícolas, reunía a los campesinos en asociaciones protectoras, editaba y distribuía periódicos y folletos de propaganda general. Su nombre se empezó a escuchar en los Estados Unidos y en Europa, en donde lo llamaban bolchevique, por su intención de implantar el comunismo en México. «La libertad solo se ha hecho para los muertos», decía en sus arengas públicas. «Las conciencias no se abrirán con libertades, sino a martillazos». Prometía instalar la dictadura del proletariado: «En Yucatán se traían a los burgueses debajo del brazo».

Cuando Carlos Castro Morales se ausentaba de su cargo, Felipe, diputado en el Congreso local, lo sustituía como gobernador interino para promulgar a toda prisa, en tan corto plazo, el Código de Trabajo del Estado de Yucatán. ¿Verdad que no había tiempo que perder?

¡Cuánta alegría le produjo a Olegario volver a pisar el Palacio de Gobierno acompañado de Oasis, quien creía estar soñando al entrar al corazón del poder yucateco! Olegario lo había visitado muchas veces en sus años de juventud, gracias a la creciente influencia de su padre.

En una ocasión, a mediados de abril de 1919, cuando Olegario y Oasis comían nieve de limón en la Plaza Grande de Mérida y festejaban los avances de la campaña electoral de Felipe, que materializaría el sueño dorado de Oasis y de miles de indígenas de llegar a tener una tierra y una granja, Olegario se estremeció de golpe, palideció y se engarrotó al escuchar los gritos repetidos, interminables de un voceador que vendía hojas impresas a modo de periódico: «Emiliano Zapata, el Caudillo del Sur, fue asesinado a balazos. Cómprelo y entérese: Zapata ha sido asesinado, entérese, asesinado a balazos...».

Olegario adquirió el panfleto, se olvidó del cambio y leyó devorando las palabras, se atragantaba con ellas:

Emiliano Zapata, el hombre bestia, fue finalmente cazado a balazos en la Hacienda de Chinameca. El Gobierno Constitucional de Venustiano Carranza se felicita por los hechos y por la imposición del orden legal en el estado de Morelos. El periódico *El Demócrata*, el 11 abril de 1919, decía a la letra: «Emiliano Zapata, el Atila del Sur, semejante por sus crímenes al rey de los Hunos que saqueó Roma; Zapata, el errante merodeador que desde 1910 conmoviera a la República en las montañas de Morelos y llenara de luto tantos hogares; Zapata, el destructor de Morelos, el volador de trenes, el sanguinario que bebía en copas de oro, por su idiosincrática cobardía personal, a quien tantas veces ha matado la crónica periodística, pagó ya su tributo a la Naturaleza a manos del coronel Jesús Guajardo en un combate cerca de la Hacienda de Chinameca. Su cadáver está a la pública expectación desde ayer por la tarde en el Palacio Municipal de Cuautla».

—Maldito Carranza, asesinar a un hombre dedicado a hacer el bien, a luchar por su gente, a devolverle lo que era suyo. Yo lo conocí —dijo con la mirada crispada—. Estuve con él, lo sabes. Me convencí de la autenticidad de sus ideas y de su movimiento. Me consta que se jugó el todo por el todo a cambio de rescatar a los suyos de la miseria provocada por los hacendados azucareros. Cabrones, mil veces cabrones —gritó arrugando el panfleto y emprendiendo una larga carrera en busca de Felipe Carrillo Puerto. Mientras corría, no dejaba de recordar las palabras de la última carta de Perkins: «¿No aprendiste que no debes meterte con el dinero? ¿Qué te enseñó la horrorosa muerte de nuestra querida Marion? ¿Nada? ¿No aprendiste nada? El enemigo es mucho más poderoso que ustedes y mucho más despiadado. Tú sí conoces la piedad y por ello perderás». ¿A quién le tocaba el turno de morir a balazos después del asesinato de Emiliano? Corrió como reguero de pólvora la noticia del asesinato del propio Venustiano Carranza, el Primer Jefe del Ejército Constitucionalista. Obregón y Calles habían orquestado el Plan de Agua Prieta para largar del poder al Barbas de chivo y habían acabado por asesinarlo en Tlaxcalantongo a la voz de: «de la cárcel salen, del hoyo no», pero ¿acaso estarían perdiendo de vista también aquello de que «quien a hierro mata a hierro muere»?

La mecha estaba encendida y recorría su camino, como cuando Carrillo Puerto, de manera inexplicable, en un balcón de Palacio, exigió la reglamentación de los artículos 27° y 123° constitucionales. Era demasiado, un exceso, según Olegario, una temeridad, una irresponsabilidad, sí, pero el gran líder yucateco ignoraría sus llamados a la prudencia y pasaría por alto cualquier recomendación al respecto. Que si lo sabía él... Carrillo Puerto se dirigió a las masas en los siguientes términos: «En vez de manifestaciones para que se reglamenten los precios, debéis protestar con la acción, abriendo y saqueando los almacenes; en vez de pedir a la Cámara de Diputados que reglamente los artículos 27° y 123° de la Constitución, debéis dinamitar su recinto y dinamitar el del Senado, porque el Congreso es inútil, de la misma manera en que debéis dinamitar el Palacio del Arzobispado y demoler el Palacio Nacional».

¿Cómo podía concluir semejante invitación? La convocatoria al incendio era evidente. «Somos un tren en marcha y nada ni nadie nos detendrá», afirmaba Felipe Carrillo Puerto.

—La dictadura del proletariado es la gran solución, hermano Olegario —insistió al hablarle al oído a su compañero de armas y de ideología, de modo que nadie pudiera escucharlos. Se abría el pecho—. La cabeza de Obregón rodará, junto con las cabezas de los otros burgueses, en el momento en que el proletariado establezca su dictadura. Lo verás. Si ahora me apoya en apariencia es porque es un hipócrita. En Yucatán haremos propaganda enteramente rusa. Los panfletos tendrán encabezados rojos para excitar a los trabajadores a prepararse para la república comunista. Socializaremos el capital, acabaremos con el gobierno burgués para sustituirlo por el gobierno del proletariado. La sociedad recuperará las riquezas para que sirvan a todos. Haremos que los capitalistas sean los esclavos de los obreros. Prepararemos a los trabajadores del mundo para establecer el imperio de la equidad por medio de la dictadura del proletariado. Las industrias deben pertenecer al pueblo trabajador. La tierra debe cultivarse en colectividad, los obreros deben administrar las fábricas y talleres en provecho general, según los lineamientos del gobierno de los sóviets. Todos debemos ser bolcheviques, obreros revolucionarios.

Olegario llegó a dudar entre los razonamientos de Perkins y de los de Felipe. ¿Y si todo salía al revés por el uso de la fuerza? Menudo experimento. Se trataba de alcanzar y de materializar el bien común con la mano en el corazón, acabar con la esclavitud y crear un proyecto de riqueza compartida, de superación personal y social, pero ¿sería un sueño, un ideal inalcanzable? ¿Se trataría en el fondo de echar a andar un automóvil con dos ruedas redondas y dos cuadradas? ¿La vida no le daría tiempo para acometer sus más caros anhelos? ¡Auxilio!

A mediados de 1919 regresó el arzobispo Tritschler de su exilio voluntario en la isla de Cuba. Habían transcurrido cinco años desde su fuga del país. Habían pasado los días, afortunados, por cierto, según reflexionaba Olegario, cuando Salvador Alvarado había clausurado colegios católicos para erradicar el fanatismo religioso y enseñar a pensar, a razonar a los yucatecos extraviados en los dogmas indigeribles impuestos por el clero. Alvarado, un liberal de la más pura cepa, había expropiado el

Palacio Episcopal, el seminario de San Pedro, expulsado a un buen número de sacerdotes sediciosos, además de haber permitido y auspiciado el saqueo de la catedral de Yucatán y de diversos templos y, para rematar, había impuesto un préstamo forzoso de ocho millones de pesos para financiar su proyecto de gobierno y pagar los sueldos de la tropa. ¿Por qué esta actitud revanchista contra el clero? Porque se había aliado con los hacendados para expoliar a los mayas muertos de hambre. «Bien merecido se lo tenían por lucrar con las miserias de los desposeídos», sentenció siempre Olegario. ¡Cuántas veces había soñado en convertirse en Salvador Alvarado para poder impartir justicia en Yucatán!

Los hechos se sucedían con inusitada rapidez. En las elecciones de diputados federales efectuadas durante el gobierno provisional de Adolfo de la Huerta, Felipe fue electo candidato del Partido Socialista del Sureste. El camino a la gubernatura en 1921 estaba pavimentado, más aun cuando el propio Álvaro Obregón visitó Yucatán y en apariencia decidió confiar en él. «Sus discursos», alegó Obregón, «eran para hacerse de seguidores, pero Felipe estaría de mi lado hasta la muerte...».

Sin embargo, una vez electo presidente de la República, Álvaro Obregón levantó la ceja al leer un telegrama proveniente de Yucatán, en los siguientes términos: «Agosto de 1921: Siguen las tomas armadas de propiedades en Yucatán a cargo de los socialistas de Carrillo Puerto». Bien conocía los inconvenientes o hasta la imposibilidad de detenerlo en sus ambiciones de llegar a ser el próximo gobernador de Yucatán. ¡Claro que el 6 de noviembre de 1921 Felipe Carrillo Puerto, del Partido Socialista del Sureste, ganó las elecciones y al tomar posesión en enero de 1922 se dirigió en maya al público desde el balcón del Palacio de Gobierno, proclamando el primer gobierno socialista de América! Olegario y Oasis lo escuchaban ubicados al lado izquierdo, según consta en las fotografías del magno evento. Si Obregón levantó la ceja al empezar a leer el telegrama, frunció el ceño completo cuando leyó el discurso de Carrillo Puerto colocado por su jefe de ayudantes, uniformado de gala, encima del escritorio de caoba de su despacho en el Castillo de Chapultepec:

El trabajo existió antes que el capital y, en aras de la justicia, quienes lo producen todo tienen el derecho de poseerlo todo, no solo una minoría. [...] La tierra es de ustedes, que han nacido aquí, crecido aquí, gastado su vida encorvados en el campo, cortando pencas para el amo [...]. Pero ustedes han de recuperarla de acuerdo con las nuevas leyes que reconocen ese derecho legítimo [...]. Ustedes serán los responsables de no conocer la Constitución de la República y la del estado, no haciendo que la cumplan los hombres a quienes ustedes llevan a los puestos públicos [...]. De

ustedes depende que nunca más vuelvan a ser gobernantes hombres til-
dados de ladrones, de asesinos, de engañadores.

Olegario registraba la gestión del nuevo gobernador de cuarenta y ocho
años. Felipe despachaba en unas oficinas austeras, verdaderamente
humildes, sin decoración alguna, propiedad de la Liga Central de Resistencia del Partido Socialista, en donde atendía asuntos de índole oficial,
puesto que el Palacio de Gobierno había sido convertido en una enorme biblioteca pública, así como también en un centro de información
arqueológica. No atendía a la gente en donde tantos de los jefes del Ejecutivo, explotadores de Yucatán, financiados por los hacendados multimillonarios y latifundistas, habían gobernado, o mejor dicho, se habían
enriquecido gracias a sus alianzas inmorales con los potentados del henequén.

El gobernador viajaba a los pueblos, visitaba rancherías y centros
ejidales, con el ánimo de resolver los problemas de los suyos. Rehuía
las reuniones de gabinete, las cuestiones burocráticas, necesitaba estar
cerca de la gente, escucharla, auxiliarla. Los «jueves agrarios» de cada
semana los dedicaba a repartir tierras y haciendas henequeneras y ran-
chos... Durante 1922, primer año de su gobierno, repartió 208 962 hectáreas entre 10 727 campesinos. El año siguiente planeaba expropiar
más del doble, sin olvidar jamás el lema de Emiliano Zapata: «Tierra y
Libertad».

Los norteamericanos, sin embargo, estaban satisfechos con la administración de la industria henequenera por parte de los socialistas entre
1921 y 1923, y elogiaban las políticas de precios de la Comisión Exportadora de Carrillo. Aceptaban que «La Exportadora había sido mucho
más satisfactoria que cualquier método de comercialización del henequén durante los últimos quince años por lo menos» y rechazaban de
inmediato «toda sugerencia de una campaña contra el gobierno legalmente constituido».

Carrillo creó la Universidad Nacional del Sureste, cambió los planes
de estudio, buscó petróleo en la península, limitó la presencia del clero
en el estado a seis sacerdotes católicos, prohibió con leyes la explotación de indígenas y las agresiones a las mujeres; castigó a quienes usa-
ran o vendieran sustancias tóxicas, promulgó la Ley Antialcohólica, la
del Divorcio; propuso audazmente la revocación del mandato a los funcionarios deshonestos, modernizó 417 escuelas, repartió miles de libros
escolares y útiles necesarios para la educación de los niños; entregó semillas e implementos agrícolas y útiles de labranza, inició campañas
de alfabetización a través de las Ligas de Resistencia, contrató casi mil
maestros, eso sí, en realidad agitadores de tiempo completo, agentes de

propaganda, activistas camuflados. Le daría al estado la vuelta como a un calcetín.

Era difícil entender de dónde sacaba tanto tiempo, energía y coraje para empezar a rescatar y difundir los tesoros arqueológicos mayas, la civilización que asombraba y dolía. La admiración de Olegario por él crecía en instantes. Ahí estaba el líder del presente y del futuro, el constructor del nuevo Yucatán.

En febrero de 1923, Olegario, de acuerdo con su reiterada costumbre, entró al edificio de la Liga de Resistencia en Mérida: un pequeño inmueble de dos pisos, hecho de madera. Siempre supo, a modo de una inexplicable intuición, y lo comprobó cuando conoció a Marion, que al abrir una puerta cambiaría radicalmente su vida. En esta ocasión, al ingresar al pequeño vestíbulo, se encontró con una mujer de pelo oscuro, ligeramente caído sobre sus hombros, rostro tallado por un orfebre florentino, piel blanca, vestida con una falda larga blanca y blusa del mismo color. Hablaba de espaldas a él, en inglés, con un hombre muy obeso de estatura media, quien, con pañuelo en mano, se limpiaba una y otra vez el sudor del rostro. Discutían, por lo visto, temas de una agenda de trabajo. Olegario permaneció inmóvil, como si lo hubiera partido un rayo. ¿Era Marion, Marion con la peluca que utilizaba para disfrazarse en las monterías de Chiapas con su sombrero de chamula que arrojó al piso para lanzarse a sus brazos? ¡Imposible! ¿Marion? Esa extranjera tenía el mismo perfil, idéntica estatura y el porte exquisito de su amada. Lo que fuera, pero no podía ser Marion. ¿Marion? ¿Estaría soñando? Olegario parecía estar clavado en el piso. Un sudor helado le recorría el cuerpo, en tanto se le secaba la boca y se le humedecían las manos. Pocas veces había guiñado tanto su ojo derecho, imposible de controlar cuando estaba tenso, y de alguna u otra forma recordaba a la inglesita adorada.

Marion había sido asesinada brutalmente hacía trece años, hay dolores que persiguen a los deudos por toda una vida, y Olegario nunca había logrado olvidarla ni superar la irreparable pérdida. La veía caminar en las calles de Mérida, sentada en un café, leyendo textos en las bancas del parque, o tenía el presentimiento de dar con ella cualquier noche al entrar en Los Amores de Kukulkán, pero su Dolly se había ido trágicamente para siempre; imposible pensar siquiera en una confusión. Tenía retratos de ella por toda la casa, además de los que llevaba en la cartera para verla cuando, por momentos, se hallaba a solas. Esas fotos le habían sido particularmente reconfortantes durante los combates armados para derrocar a los dictadores o a los intransigentes, ¿qué más daba? Por supuesto que había tenido experiencias amorosas con otras mujeres, pero no había podido construir una relación seria con ninguna de ellas, porque resultaba inescapable la obligada comparación y la consecuente decepción.

Había vivido momentos muy felices con Gabriela, instantes de una gran felicidad, pero aunque se trataba de una mujer muy hermosa y jovial para toda una vida, perdía el control de sus emociones y era capaz de agredir sin límites ni conciencia, al extremo de no poder recordar los insultos disparados en la noche anterior. Su explosividad destruyó la relación para siempre. ¿Sofía? Sofía era una diosa, una sílfide poseedora de un cuerpo incomparable, una auténtica belleza, lujuriosa, diestra en la cama, fogosa, ardiente y apasionada, deseosa de llevar la iniciativa en el amor, pero al bajar del lecho no había nada de que hablar. Se hartaba por instantes de las «filosofadas» y de los interminables monólogos políticos y económicos del yucateco. ¿Cómo continuar con ella si resultaba imposible sostener una conversación? ¿Solo sexo? ¡Un horror! Tuvo otra experiencia al salir casi a escondidas con la hija de un hacendado, Mónica, Moni, que decía ser distinta del resto de las riquísimas herederas de Yucatán. La disfrutó con intensidad cuando salían de Mérida, a donde escapaban a encerrarse en humildes posadas fuera del alcance de la sociedad, invariablemente hipócrita y religiosa. Al final todo había resultado falso, porque de una forma u otra, siempre empezaba a relucir el dinero. Deseaba invitarlo a viajes, comprarle relojes caros, obsequiarlo con ropa europea, invitarle bebidas caras, inaccesibles para el resto de las personas. Estaba pervertida por la riqueza, al fin y al cabo, su gran objetivo en la vida; disfrutar el patrimonio familiar, entendido como un privilegio. Moni tampoco era para él. No todo en la vida eran los billetes… Otra experiencia fue la de Marta, con quien jamás pudo gozar el elixir de su feminidad después le confesó su lesbianismo con gran frustración. Sí, le encantaba Olegario, un hombre atractivo, inteligente y dueño de un gran sentido del humor, según ella los pendejos no sabían reír, pero prefería a las de su género, una conclusión a la que llegó al cumplir los treinta años. Amparo no se entregaría hasta después de recibir la bendición nupcial de manos de monseñor Tritschler y de nadie más, como la mayoría de las mujeres de Mérida. ¿Qué iba a decir la gente si lo hacían antes, ante la mirada de Dios? ¡Ni hablar! Silvia lo abandonó por miedo a ser descubierta por su marido, hombre de pistola al cinto y escasa paciencia. Margarita nunca sintió nada, era bella pero helada, un bulto insensible. Consuelo tenía varios amantes y Olegario la abandonó por miedo a una enfermedad contagiosa.

¿Experiencias amorosas? Muchísimas, pero nunca ninguna se acercó ni a las suelas de los zapatos de Marion, la gran razón de su existencia.

Con un ligero temblor en las piernas se acercó a la extranjera secándose las manos humedecidas en la tela de los pantalones. No, claro que no era Marion; se trataba de una periodista norteamericana muy parecida a ella, columnista de *The New York Times*, quien había sido enviada a Mérida para escribir sobre el gobierno de Felipe Carrillo Puerto, de quien tanto se hablaba en Nueva York y en los medios políticos y financieros de aquella ciudad. De cualquier forma, la sacudida había sido muy intensa. Se había arrancado las costras de golpe.

Olegario estuvo presente cuando Felipe, vestido con un fresco traje de lino blanco y su metro ochenta de altura, de pronto se encontró con Alma Reed, el nombre de la conocida periodista gringa. De la misma manera en que Olegario no pudo retirar la mirada de Marion cuando la descubrió en un salón de clases en Oxford, Felipe experimentó igual fascinación por aquella mujer caída del cielo en el corazón del Mayab. La atracción fue mutua, instantánea y poderosa. Que si Olegario sabía de eso... No se soltaban de la mano mientras se la estrechaban con breves sacudidas y se contemplaban sin pronunciar palabra. El gobernador, de personalidad y físico magnéticos para las mujeres, piel blanca, ojos verdes intensos, pelo castaño oscuro, dueño de una humildad natural y de una simpatía irresistible, atrapaba y seducía con su exquisita personalidad y con su sonrisa fácil y atractiva. Se trataba de un hombre seguro de sí mismo, bien vestido y perfumado, confiado en sus habilidades, un conquistador de multitudes y de personas que lo rodeaban a título individual. Imposible no quedar prendado de un personaje así, por lo que no cabía duda de que Alma caería en sus brazos desde un principio.

«Recordar es vivir», pensó Olegario, añorando el primer día de clases en Oxford. Hay experiencias amorosas que se disfrutan una vez en la existencia. Se trataba de percatarse de la oportunidad, de identificarla y disfrutarla, porque tal vez jamás se repetiría... Olegario lo supo desde un principio: a una mujer como Marion no la encontraría otra vez ni viviendo mil vidas. Su temeraria profecía se cumplía en una profunda desazón. Felipe estaba a punto de conocer el verdadero amor. Separado tiempo atrás de Isabel Palma, su esposa, con quien había procreado seis hijos, ahora la vida lo premiaba, junto con su elevado cargo político tan anhelado, con una hermosa compañera para el resto de su existencia. ¿Sería? Olegario había escrito «Puedes tenerlo todo en la vida, pero nada más...». Pronto llegaría a corregir su cuaderno de notas filosóficas. Dicha afirmación, redactada en una sola línea, había sido derogada por la realidad. Carrillo Puerto ya lo tenía todo en la vida: poder, amor, reconocimiento público, simpatía, buen físico, inteligencia, audacia, el respeto de la comunidad y la materialización de sus sueños en un preciso instante.

Si bien a Felipe no le faltaba ninguna pieza del rompecabezas, a Álvaro Obregón le urgía ser reconocido diplomáticamente por los Estados Unidos, o permanecería cerrada la llave a los préstamos y cancelada la venta de armas a su gobierno, un obstáculo enorme de cara a sus planes, pues deseaba imponer por la fuerza la candidatura presidencial de Plutarco Elías Calles, su paisano, un personaje enemigo de la alta jerarquía militar mexicana, en el fondo un indeseable. La revolución había servido para centralizar otra vez el poder y no para construir una auténtica democracia. Obregón y Calles estaban decididos a pasar por las armas a sus queridos compañeros, hermanados en el campo de honor, si se oponían a sus planes políticos. La violencia estallaría tan pronto se confirmara la identidad del candidato a la Presidencia de la República.

En realidad, a los norteamericanos les tenía sin cuidado si Obregón había llegado o no al poder por medio de un golpe de Estado —¿de cuándo acá eran tan moralistas y puristas cuando negociaban con múltiples gorilas en el mundo?—; su único interés, invariablemente económico, consistía en dejar sin efecto el artículo 27° constitucional. ¿Cómo que el suelo y el subsuelo eran propiedad de la nación? En dicho caso, ¿los petroleros norteamericanos solo serían dueños de las torres para extraer el oro negro? ¿Los industriales de la minería solo serían propietarios de los rieles para transportar los metales del centro de la tierra y de sus laboratorios, y los inversionistas del sector ferrocarrilero solo serían titulares, así como los hacendados únicamente podrían reclamar como suyas las plantas del agave o de las cañas de azúcar sin considerar sus respectivos predios? ¿Era una broma?

Mientras tanto, otra trágica noticia sacudiría a México y al mundo: Pancho Villa, el gran líder que había jugado un papel definitivo en el derrocamiento de Porfirio Díaz, en la instalación de Madero en Palacio Nacional y en el derrumbe de Victoriano Huerta, el famoso Centauro del Norte, había sido asesinado en Parral, Chihuahua, el 20 de julio, en el momento preciso en que Obregón y los diplomáticos norteamericanos discutían los términos de la enajenación de la patria a intereses foráneos. *El Siglo de Torreón*, el primero en dar la noticia, la anunció así a ocho columnas: «La Trágica Muerte de Villa. En un barrio de la ciudad de Parral fue asaltado y acribillado a balazos».

Cuando Villa declaró: «Fito, Adolfo de la Huerta, no se verá mal en la Presidencia de la República… Soy un soldado de verdad. Yo puedo movilizar cuarenta mil soldados en cuarenta minutos…», firmó su sentencia de muerte. ¡Claro que Calles sería el presidente de la República a cualquier precio! ¡Ni hablar! «Quien hace la revolución a medias cava su propia tumba», se decía, y Obregón la hacía completa, ya se veía con la debida claridad...

Cuando Olegario conoció la noticia, la estrepitosa caída de otro de los grandes, recordó a un Madero asesinado en 1913 junto con otros ilustres mexicanos. Emiliano Zapata y Felipe Ángeles, asesinados en 1919. Carranza, asesinado en 1920. Pancho Villa en 1923. «¿Cuándo acabará este maldito baño de sangre?». Asesinado, asesinado, asesinado... Dos presidentes mexicanos asesinados en siete años y una pavorosa revolución que había enlutado al país y retrasado muchos años las manecillas del reloj de la historia. «¿Tendría razón Porfirio Díaz cuando declaró aquello de "Madero ha soltado a un tigre, a ver si puede domarlo"? Ante la palpable dificultad de ponernos de acuerdo por medio de las palabras, nos veíamos obligados a tratar de entendernos echando mano de las balas. Se trataba de argumentos contundentes para convencer...».

Albert Fall, un poderoso senador estadounidense, puso en papel las condiciones a las que Obregón, Calles y México deberían someterse: «Para que los Estados Unidos reconozcan al gobierno actual de México, debe firmarse un tratado en el que su país se comprometa a no dar nunca una ley, y menos de carácter constitucional, que moleste a los ciudadanos norteamericanos o a sus intereses en México [...]. Los Estados Unidos no se perjudicarán. Somos los amos del mundo. Todas las naciones son nuestras deudoras».

¿Cuál fue la decisión final? A través de los Tratados de Bucareli, Álvaro Obregón decidió traicionar a la patria, a la nación, a la Constitución, a sus colegas defensores de la democracia en los campos de batalla, a sus convicciones políticas, a la lucha armada y a quien fuera con tal de imponer a Calles, pasando por alto la voluntad popular, sin detenerse ante ninguna consideración de cualquier orden. ¿El petróleo? ¡Al diablo con los cientos de miles de muertos como consecuencia del movimiento armado! Por supuesto que suscribió dichos tratados y lanzó la candidatura de Calles a sabiendas de que provocaría un nuevo baño de sangre. ¿Qué más daba? Lo importante era el poder. Las cartas se encontraban repartidas, cara arriba, sobre un paño verde. Cualquiera podía verlas.

¿La revolución llegaba a su final? ¡No!, además de la revuelta militar, existía otro hombre que asustaba a la inversión extranjera con expropiaciones y nacionalizaciones de extracción comunista. Los yanquis habían padecido confiscaciones en Rusia a partir de la Revolución de Octubre. La sola palabra les producía una urticaria generalizada; la comezón era insoportable. Tanto a Obregón como a Calles, ambos sonorenses, les preocupaba Felipe Carrillo Puerto. Había sido imposible controlarle la lengua y la pluma para firmar decretos suicidas. El movimiento socialista se expandía como una gigantesca marea, con la fuerza necesaria para arrollar todo a su paso y apoderarse del Sureste mexicano y parte de Centroamérica. No había enemigo pequeño. Les alarmaba la capacidad del yucateco para alebrestar y conquistar a las masas, y por lo mismo ya empezaba a constituir una amenaza de cara a sus respectivos futuros políticos. No aceptaban la presencia de la menor sombra al respecto. Además, mientras más haciendas henequeneras incautara Felipe y «se las repartiera a los pinches indios inútiles», menos impuestos percibiría el erario federal por la caída de las exportaciones de sisal y más se extendería la contaminación socialista por el resto del país. Por si fuera poco, la diarquía Obregón-Calles no podía quitarse de la cabeza que los yucatecos, doce años atrás, sin apoyo popular, habían intentado convertir a su estado en un protectorado norteamericano. No entendían, ¿verdad? Felipe era un dolor de muelas, y más en ese momento, cuando se negociaba la reanudación de relaciones con los Estados Unidos.

Una mañana, mientras Olegario tecleaba entusiasmado un resumen de sus ideas ya discutidas con Felipe, aun cuando no coincidían en varios aspectos muy sensibles, escuchó que llamaban a la puerta de su casa. Las puertas, las malditas puertas. Al abrirlas había cambiado su vida, como cuando conoció a Marion en el salón de clases en la Universidad de Oxford, como cuando le presentaron a Felipe Carrillo Puerto, como cuando entró Catherine, Cathy, armada con un cuchillo para matarlo o al menos sacarle los ojos. Ahora volvían a llamar la puerta. ¿Quién podría ser? ¿Una amiga resentida, un viejo amor, un enviado de Carrillo, algún familiar? Se acercó trastabillando y al hacer girar la perilla se encontró con Ulises, un Ulises demacrado, parecía haber envejecido un siglo. Se le notaba fatigado, extenuado como si hubiera subido a pie una escalera interminable y estuviera a punto de desplomarse en el último escalón. Lo abrazó, lo llevó a la sala, le sirvió agua y esperó a que pronunciara unas palabras.

Ulises, el banquero, la feliz pareja de la tía Lilly, no podía hablar. Al poner su mano arrugada y helada sobre la rodilla de Olegario explotó repentinamente en llanto. Agachó la cabeza, sin dejar de negar con ella la triste realidad:

—La tía Lilly, tu tía Lilly, la única mujer que quise en mi vida, ya no está con nosotros. Se fue para siempre. Hace dos semanas la encontré muerta en su cama. Si hoy la despertaras te preguntaría en qué momento se había quedado dormida. Nunca se dio cuenta de que fallecía mientras dormía. Se apagó como un ángel, la reina del amor, de la comprensión y de la generosidad.

—¿Cómo? ¿Estaba enferma? —preguntó Olegario, incrédulo, en tanto le acercaba su pañuelo.

—Nada, cero, estaba más sana que una pera, viva, entera, entusiasta como siempre. Todavía la noche anterior bebimos champaña para brindar por nuestro amor y horas más tarde se despidió, sin saberlo, de este mundo. La pobre asistente que la acompañó en sus últimos años nunca supuso lo que iba a encontrar al abrir la puerta de su habitación cuando ella no respondía para recibir su desayuno.

Olegario guardó silencio. Cualquier palabra parecía inútil. Los comentarios sobraban ante semejante tragedia. Cuando puso su mano en el hombro de Ulises, él lloró aún más, como un crío. Había soñado con terminar sus días junto a Lilly, pero en el entendido de que él sería el primero en emprender el viaje sin retorno. Ahora se encontraba solo. Ya no tomaría el chocolate con ella en las tardes escuchando las historias festivas, por lo general, de las chicas de la vida alegre. Las conocía a todas por su nombre y lo llamaban papá. ¿Qué sentido tenía volver a esa casa santa? Lilly siempre propuso heredarles a ellas su hogar, en donde se habían ganado el pan, rescatadas de la calle y de un ambiente peligroso e indigno, sin la menor posibilidad de cuidar su salud y su integridad física ante una clientela desconocida y, tal vez, hasta criminal. ¿Volver a la Ciudad de México? ¿Para qué? ¿Volver a la residencia del amor, como la llamaba Lilly de tiempo atrás? ¿Para qué? ¿El dinero igualmente, para qué si no tenía cómo gastarlo ni con quién hacerlo? La riqueza se disfrutaba más, mucho más al compartirla. ¿Y con quién gozarla si ya no estaba Lilly y él era un anciano caduco, solitario, pero eso sí, inmensamente rico?

—Pinche dinero, querido Ole, pasas la vida trabajando como loco para tenerlo y al final resulta que no puedes comprar lo que más deseas… ¿No es una paradoja, hijo mío? Ahora lo tengo, pero ni con todos los lingotes del mundo me regresan a Lilly ni me podré encontrar a una mujer como ella nunca jamás, nunca de los nuncas… Entonces, ¡pinche dinero!, ¿no, Ole? ¡Pinche dinero! No sirve para adquirir lo que más quieres cuando más lo necesitas…

—Sé de qué hablas, Ulises, querido, yo mismo perdí a Marion y me perdí yo mismo. Al principio viví como un fantasma y ahora, después de más de diez años, la extraño y no puedo dejar de compararla con cuanta mujer me encuentro. Créeme que siento tu vacío, lo entiendo y te acompaño en tu dolor.

Al enjugarse las lágrimas, Ulises sacó una carpeta de su portafolio con el testamento de Lilly y de él mismo. Al entregarle ambos documentos le hizo saber que Lilly lo había nombrado heredero de la mitad de su fortuna, con independencia de la residencia. Una parte de sus ahorros siempre había estado destinada a Marion y la otra a Cathy, su hermana. A falta de su adorada sobrina él, Olegario, era heredero de esos bienes y Ulises su albacea, encargado de entregarlos en términos de su última voluntad.

—Lilly nunca vio a una pareja de enamorados como ustedes, Ole, y su herencia es el último tributo a la memoria de Marion, a quien tú siempre adoraste.

Olegario enmudeció ante tal generosidad. Luego adujo con los ojos empapados:

—Yo no soy quién para recibir ese dinero, Ulises querido, quédatelo tú, por lo que más quieras, no lo merezco.

—A mí me sobra el dinero, ¿para qué lo quiero? No me interesa. El otro testamento contiene mi voluntad. Mi patrimonio lo dividí en tres partes iguales: una para ti, otra para mis hijos, unos malagradecidos que no se merecen nada, y el restante lo destinaré a la creación de un fideicomiso para ayudar a las mujeres ancianas que dedicaron su vida a alegrar la de los hombres, unas auténticas santas a las que adoraba mi querida Lilly. Nadie ve por ellas en la senectud, están desamparadas y a mí me corresponde cuidarlas.

Olegario no pudo ocultar su sorpresa. ¡Qué personaje! A continuación, al salir de su azoro, comentó:

—Ulises, por favor, no más: si no puedo con lo de Lilly, menos aceptaría lo tuyo, apenas me conoces...

—Hay personas que te encuentras una vez en la vida y ya sabes todo de ellas. No necesito ninguna prueba para confirmar tu hombría de bien y tu amor por este país. Tu lucha por la justicia es ejemplar y contagiosa, pero absolutamente inútil, hijo; de eso hablaremos otro día. Basta con ver nuestra patética realidad para comprobar nuestra incapacidad de dialogar y llegar a acuerdos civilizados, en lugar de matarnos entre todos porque nadie sabe negociar ni ceder. Pero hoy no vine a hablar de política, sino a entregarte estos documentos, a darte malas noticias y a retirarme porque necesito estar solo para acabar de darme cuenta de lo que sucedió. He vuelto a la Iglesia en busca de consuelo. Solo los curas me dan esperanza de volver a encontrarme con ella, y con esa esperanza quiero morir...

Dicho lo anterior se puso pesadamente de pie, a pesar de las súplicas de Olegario para permanecer más tiempo. Todo fue inútil. Caminando como podía llegó a la puerta, giró sobre sus talones, besó a Olegario en las mejillas y en la frente y se retiró encorvado y arrastrando los zapatos hacia un carruaje que lo llevaría a la estación de trenes para regresar a Puerto Progreso y de ahí embarcarse con dirección a Veracruz.

Adolfo de la Huerta, expresidente y secretario de Hacienda de Obregón, llamó traidores al maldito Manco y al perverso Turco, otro apóstata, por violar la Constitución cuya promulgación había costado tanta sangre, destrucción, luto, incendio y atraso. ¿Cómo se atrevían ambos líderes revolucionarios a entregar el petróleo y otros carísimos bienes, propiedad de la nación, a los yanquis insaciables? ¿Algún día se sabría cómo habían traicionado y vendido la patria en los Tratados de Bucareli para mantenerse en el poder? ¡Miserables! Después de la pavorosa revolución, ¿México no había conquistado su derecho a la legalidad? ¿Cuándo se respetaría la ley en este país? Cuando el Manco finalmente suscribió el tratado cometió una de las peores felonías de la historia de México. ¡Claro que el presidente Coolidge estaba del lado de Obregón! Le recompensaba sus esfuerzos por permitir a los petroleros de su país el descarado robo de los grandes tesoros mexicanos. Sus chicos de Wall Street estaban felices y había que premiar al gran Manco. ¿Cómo? Le concedió préstamos y lo abasteció de armamento para matar a los compañeros con los que se pretendía construir un país de leyes...

Por aquellos días, Obregón invitó a Felipe y a Alma a una cena de etiqueta en Palacio Nacional. Olegario los esperó ansioso en un hotel capitalino. El levantamiento armado contra la imposición de Calles era un secreto a voces en los cuarteles. Durante el larguísimo viaje de Mérida a la Ciudad de México, Felipe y Olegario tuvieron tiempo de sobra para analizar el sospechoso retiro de las tropas federales estacionadas en Yucatán, «Estas no serían leales a la causa obregonista-callista», se decían a título de justificación. Dejaban aislado e indefenso a Felipe. ¿Qué se estaría tramando? Felipe le pidió al Manco armas para los miles de integrantes de las Ligas de Resistencia, no soldados. Tres años atrás, Plutarco le había facilitado dos mil escopetas para defenderse de los enemigos del Plan de Agua Prieta. Ahora las volvía a necesitar de cara a los previsibles ataques de las tropas de De la Huerta. El movimiento estallaría en cualquier momento. Felipe era obregonista por conveniencia, lo había demostrado a cuanto foro asistía. Que no hubiera dudas, no, pero Obregón conocía las intenciones veladas de Felipe, el presidente todo lo sabía, de lanzarse en su momento y con el apoyo popular por la conquista de la Presidencia de la República. ¿Se habría vuelto loco el yucatequito?

Esa misma tarde de la reunión se entrevistaron con Diego Rivera, quien le advirtió a Felipe con terrorífica claridad:

—No regreses sin armas a Yucatán o perecerás crucificado.

Obregón no los ayudaría ni con un triste cartucho ni con una resortera... La verdad surgía entre las tinieblas como una sombra siniestra. Por el contrario, confirmó el nombramiento del coronel Hermenegildo Rodríguez como militar adscrito al Consejo de Guerra de Yucatán, muy a pesar de sus pésimos antecedentes, consignados en su hoja de servicios. Se trataba de una amenaza inocultable. ¿Se defenderían con machetes y piedras contra las tropas encabezadas por Adolfo de la Huerta? Nada: ni armas ni dinero ni apoyo ni comprensión de ninguna naturaleza. La suerte estaba echada. De regreso a Mérida, Felipe guardó las apariencias con Alma hasta donde le fue posible, pero cuando se conocieron los detalles de la conversación con el presidente Obregón, quedó muy clara la realidad: los días de Felipe estaban contados a pesar de encontrarse del lado del Manco y del Turco, un par de matones que habían mandado asesinar al presidente Carranza y a Pancho Villa, entre otros. A Felipe tampoco lo querían al frente del gobierno de Yucatán, era obvio. Aprovecharían la revuelta delahuertista para destruir a balazos el movimiento socialista del Sureste. ¿Esa desaparición política habrá sido una de las condiciones para suscribir en secreto los Tratados de Bucareli?

Felipe y Olegario desconocían que el mismo día de la cena con el presidente de la República, este había invitado al general Francisco Serrano, secretario de Guerra, a un almuerzo en el Castillo de Chapultepec. Al concluir el suculento desayuno, machaca con huevo y salsa molcajeteada, frijoles maneados y tortillas de harina, un recuerdo gastronómico de su infancia sonorense, una vez recogidos los platos y vasos, cuando habían desaparecido los meseros, el jefe del Estado mexicano dejó muy en claro la justificación de la reunión, clavando una mirada helada y enigmática en los ojos de su subordinado:

—Panchito, tú estás llamado a ocupar algún día mi lugar aquí en el castillo y, como tal, debes conocer todas las claves y secretos de mis estrategias políticas...

—Sí... —repuso cuidadoso Serrano, sin agradecer la mención relativa a su promisorio futuro. De sobra conocía los extremos en que se movía el jefe de la nación, por lo que no podía perder atención ni dejar de interpretar los dobles o triples sentidos de sus palabras.

—Quiero que te encargues de tranquilizar a Felipe Carrillo Puerto. Me entiendes, ¿no? A ese hombre debemos controlarle la lengua y los movimientos antes de que se nos venga encima una gigantesca marea que nos arrollará y sepultará si no sabemos detener oportunamente el alud socialista que se está precipitando en el Sureste por su culpa. Si se entromete en mis planes y me los obstaculiza al provocar y despertar a tanto pinche indio yucateco, bien pronto no quedará nada de mí ni de Plutarco y, por ende, nada de ti... No puedo permitir, ni tú tampoco, que se convierta en un poderoso adversario nuestro en las elecciones presidenciales de 1928; como tampoco puedo tolerar que con sus estúpidas políticas confiscatorias me meta ruido con los gringos en un momento completamente inoportuno; ni puedo privar a la hacienda nacional de los recursos que los henequeneros aportan al fisco; ni menos que la contaminación socialista se extienda por todo el Sureste y el resto del país. ¡Se acabó! No quiero oír más rumores de una secesión yucateca de México, como se solicitó reiteradamente el siglo pasado. Al carajo con esas tentaciones independentistas... Hay un momento en el que acaba la culpa de Carrillo y comienza la mía, y yo sé asumir la que me corresponde.

—A tus órdenes, Álvaro. ¿Qué sugieres? —contestó Serrano, sorprendido por la falta de claridad. «¿Tranquilizarlo?», pensó el militar recién ascendido.

—¿Cómo que a mis órdenes? *Adio*, si yo lo que quiero saber es lo chingón que eres en el cargo, yo ya no te tengo que enseñar el abc, ¿o sí, Panchito?

—Solo quería saber si me dabas alguna directriz, algún dato más, tal vez un plazo o algo por el estilo.

—La única directriz que te puedo dar es que no falles, hermanito... A estas alturas no se valen las pendejadas, Panchito, porque no solo las pagarías con tu carrera o con tu vida, las pagaríamos el país en su conjunto y yo por delante, cabrón. No te equivoques, porque nos llevas a todos entre las patas del caballo.

Serrano guardaba un escrupuloso silencio. Aprendía del maestro las artes del asesinato, es decir, la habilidad de aventar la piedra y esconder la mano.

—¿Tú crees, Álvaro, que Carrillo Puerto es tan pendejo como para rebelarse contra Plutarco?

—¡Claro que no! Tienes razón, él siempre estará de nuestro lado, pero lo que tenemos que hacer es aprovechar el levantamiento armado que se producirá cuando se conozca mi decisión de entregar el poder a Plutarco. —Se detuvo entonces Obregón para escrutar el rostro de Serrano y detectar algún rechazo o incomodidad. Al no percibir ninguna consternación en él, continuó—: Ahí se presentará la coyuntura ideal para deshacernos de él, procediendo de tal manera que aparezcan los militares rebeldes como los asesinos de Felipe. Ninguno de nosotros puede cargar con esa culpa, porque nos llenaríamos de mierda. ¿Clarines? A nosotros que nos esculquen, tenemos que saber sacar las castañas con la mano del gato... ¿Verdad que yo no puedo aparecer en la película? Te lo chingas sobre la base de que la culpa sea de los rebeldes, ¿eh?

Fito de la Huerta, presionado por colegas, colaboradores y amigos, un conciliador bien intencionado y honorable, un patriota y querido amigo del Ejército, el gran pacificador, renunció a su alto cargo en el gabinete el 26 de septiembre de 1923. ¿Cómo tolerar semejante felonía contra la patria al derogar el artículo 27° por conveniencias políticas? ¡A las armas contra Calles!, otro palero como el Manuel González de Porfirio o el Ignacio Bonillas de Carranza. Él, Adolfo de la Huerta, no lo consentiría. ¡Fuera Obregón y fuera Calles! Se escuchaban en lontananza los tambores de la guerra.

Después de meditar largo tiempo su suerte, De la Huerta decidió detonar una sublevación armada de dimensiones nacionales para, entre otros objetivos, hacer respetar la Constitución y las leyes. Resolvió desconocer al «Poder Ejecutivo de la Unión, a los gobernadores de los estados y representantes del Congreso de la Unión que hayan secundado y secunden la labor imposicionista y conculcadora del presidente de la República [...]. Dado en la Heroica Veracruz, a los siete días del mes de diciembre de 1923. Adolfo de la Huerta».

Una vez estallada de nueva cuenta la violencia, el 11 de diciembre de 1923, tan solo cuatro días después del manifiesto de Veracruz, Felipe se dio un tiro en el pie cuando, al prever su negro destino, negro, más negro que el hocico de un lobo, promulgó la Ley de Incautación y Expropiación de Haciendas Abandonadas. Dichas plantaciones, de acuerdo con la Ley del Despojo, así conocida por sus propietarios, pasarían a formar parte del patrimonio de los trabajadores.

El cuartelazo yucateco era inminente. Felipe no estaba con De la Huerta, de hecho había rechazado varias invitaciones de este para sumarse a su causa. La negativa había sido absoluta. La causa estaba perdida, se trataba de una medida desesperada. Los latifundistas de la Casta Divina y el propio arzobispo Tritschler entendieron la incautación, claro está, como un llamado a las armas. La ley jamás entraría en vigor. ¿Acaso iban a consentir que un asqueroso indio maya los privara de sus bienes, así porque sí? La bomba estalló en el altar de la catedral de Mérida, en las salas de consejo de los productores de fibra, en el Departamento de Estado en Washington, en el Castillo de Chapultepec, en el corazón del *trust* de la International Harvester. ¿Ahora unos indígenas incultos y huarachudos, incapaces de ejecutar una simple operación aritmética o de escribir su nombre sin cometer faltas de ortografía, iban a ser propietarios de hectáreas y más hectáreas de henequén, el famoso oro verde, además de furgones y locomotoras de ferrocarril, así como de maquinaria y equipo, sin olvidar las acciones de las instituciones bancarias, entre otros enormes intereses, en razón de la decisión de Felipe? ¿Lo darían todo por perdido? Antes muertos o muerto Felipe: la alternativa no era difícil de entender...

Si en la vida no existen los enemigos pequeños, los de Felipe eran de dimensiones colosales. Los presidentes municipales, los jefes políticos, algunos miembros destacados del Ejército, banqueros, titulares de *trusts*, caciques, jueces y periodistas vinculados económicamente al poder de los finqueros, integraban una poderosa oposición mortal. Los accionistas transnacionales de la International Harvester, de la Ward Line, la fletera del henequén, los insaciables hombres de negocios de Wall Street vinculados al asesinato de Madero y al derrocamiento de Díaz, los altos funcionarios de la Casa Blanca, jamás permitirían que un mugroso indio maya extraído del inframundo atentara contra su sagrado patrimonio de dimensiones universales. El clero católico yucateco, un perverso adversario invisible, también estaba dispuesto a invertir sus millonarias limosnas en la desaparición física del demonio llamado Felipe Carrillo Puerto. El escenario era de horror. Carrillo Puerto contaba con escasas posibilidades para salir airoso de la encrucijada.

El coronel Juan Ricárdez Broca había sido designado por Adolfo de la Huerta para encabezar la rebelión en la península, en su carácter de gobernador militar de Yucatán. Metía al zorro en el establo para cuidar a las gallinas. Se trataba de un soldado despreciable, corrupto, podrido, muy influyente en la península. Felipe sobornó a Ricárdez a cambio de asegurarse su lealtad, a sabiendas de que la subastaría al mejor postor, y los mejores postores eran los hacendados henequeneros.

Horas antes, Felipe había amenazado al arzobispo Tritschler y a los latifundistas, concediéndoles ocho horas para abandonar Yucatán, o de otra forma él no respondería por sus vidas. En realidad había decidido matarlos. Estaba harto de la presencia indeseable de los traidores en su propio estado. O se largaban de Yucatán, como había acontecido en buena parte durante el gobierno de Salvador Alvarado, o los mataría... ¡Lástima: era demasiado tarde! Ya no se trataba de colgarlos de las ceibas, no había tiempo, se trataba de salvar el propio pellejo.

Felipe publicó en el periódico un texto dirigido al arzobispo Tritschler y a la curia. No habían estado «a la altura de su gran misión de imitar al Amado Maestro y Señor Jesucristo, uno de los primeros socialistas del mundo, que imbuía en los trabajadores el amor y el deber». Monseñor, un despiadado hombre de empresa, un usurero disfrazado con una sotana, era inversionista en múltiples negocios administrados por hombres de paja del arzobispado. ¡Claro que Tritschler se oponía a la Ley Seca, porque la cervecería yucateca era de su propiedad y no podía aceptar el desplome de sus ventas! ¡Claro que se había ocultado la participación de su ilustrísima, el santo no beatificado, en el Banco Yucateco!: Tritschler era otro fariseo al que Jesús también habría expulsado del templo. Las limosnas recaudadas no se destinaban a obras de caridad, sino a la compra de acciones y de instrumentos financieros. ¡Claro que si Felipe expropiaba tierras e inmuebles propiedad del venerable arzobispo de Mérida, o de las Siervas de María o de las Josefinas, las Vicentinas, las Teresianas o de los maristas o jesuitas, siempre camuflados, los ensotanados se verían severamente perjudicados! ¡Claro que cuando Carrillo Puerto derogó el gravamen al henequén impuesto a favor del clero, liquidable en términos de la conciencia del causante, prohibió el pago obligatorio de las limosnas a cargo de los indígenas, limitó a seis el número de sacerdotes con el derecho a oficiar la misa en el estado e instauró la educación racionalista laica en todos los niveles de enseñanza, la respuesta furiosa del clero no se haría esperar! Echarían mano de las armas, como aconteció en la Guerra de Reforma, con tal de continuar explotando el descarado comercio, ciertamente muy lucrativo, de bautizos, primeras comuniones, confirmaciones, matrimonios, bendiciones a domicilio de casas y empresas, y de la extremaunción, entre otras tantísimas obvenciones más que ya había denunciado Marion antes de ser brutalmente asesinada. Tritschler cambiaría su sotana de seda negra por el uniforme castrense, y la cruz pectoral, por una carabina para defender los intereses de Dios, su Señor, o destinaría una parte de sus recursos para asesinar a quien atentara contra el patrimonio divino, una tarea más sencilla y menos expuesta popularmente...

Los hechos vaticinados por Felipe y Olegario se sucedieron con matemática puntualidad. Una semana después del levantamiento delahuertista en Veracruz, el tal Ricárdez, bien abastecido de armas, soldados y de pesos pagados por los esclavistas, encabezados por Avelino Montero y por el arzobispo Tritschler, toda una pandilla de asesinos, se lanzó como una fiera hambrienta al cuello de un Carrillo Puerto desarmado e indefenso. Las escasas fuerzas militares estacionadas en Yucatán, supuestamente obregonistas, se aliaron de inmediato con Ricárdez después de desconocer y asesinar al coronel Carlos Robinson, el único jefe militar leal a Carrillo.

Juan Ricárdez Broca fue designado gobernador provisional. La primera decisión de Ricárdez consistió en ordenar al capitán José Corte que, acompañado de cien soldados, saliera de inmediato rumbo al oriente para capturar a Carrillo Puerto. ¿Qué opción, sino la fuga, le quedaba a Felipe, si le habían retirado casi todas las tropas federales de Yucatán, habían asesinado a su único hombre leal y habían tomado Mérida? Irían por él, como fueron por Madero, Zapata, Felipe Ángeles, Carranza y Villa. La bestia lo seguía, ávida de sangre.

Mientras la ignominiosa persecución del Abraham Lincoln del Mayab se llevaba a cabo, Ricárdez Broca, apoyado siempre por Obregón, derogó las leyes confiscatorias del gobierno socialista; proscribió el Partido Socialista; exigió a los hacendados un cuantioso soborno a cambio de desaparecer a la Reguladora y volver a imponer el mercado libre del henequén; la Exportadora regresaría a manos de los hacendados. Para tranquilizar a los plantadores y garantizar la tranquilidad pública, empezó a colgar de los árboles a los indios. En su gobierno no habría desórdenes... ¡Adiós al rescate indígena iniciado por Carrillo Puerto!

¡Qué lejos estaba monseñor Tritschler de imaginar siquiera que Felipe Carrillo Puerto había tramado una conjura para asesinarlo al considerarlo la encarnación misma de Satanás, y qué lejos se encontraba Felipe de suponer que el propio señor arzobispo había tramado, por su parte, su propio plan para matar al Abraham Lincoln del Mayab!

Olegario redactó unas breves notas en su cuaderno de rencores respecto a la evolución de los acontecimientos:

La vida de Felipe estaba amenazada. Imposible ignorar el odio que envenenaba la sangre del clero y de los hacendados, ya ni hablar de Obregón y de Calles, enemigos de dimensiones gigantescas. Ambos aceptábamos esa terrible realidad. Yo estaba dispuesto a morir con él y defender nuestra causa hasta sus últimas consecuencias. Era un acuerdo entre hombres. Si daban con nosotros nos masacrarían a balazos. Las armas adquiridas en los Estados Unidos no habían llegado porque uno tras otro de los incondicionales traicionaban el movimiento, vendían la causa. No se puede entender el mundo ni la política sin la amenaza de las traiciones. El acero entraría sin encontrar resistencia en nuestras carnes.

¿Qué hacer? ¿Convocar a los ochenta mil miembros de las Ligas de Resistencia a una muerte segura al defenderse con palos, cocos y escupitajos? ¿Otro baño de sangre a cargo de los indígenas? Carrillo Puerto no lo permitiría; mejor continuar la marcha al mar y embarcarnos para cruzar el canal de Yucatán y llegar a Cuba.

Felipe y yo ya no tuvimos tiempo de fusilar a los enemigos históricos de Yucatán. ¡Con cuánto placer hubiéramos disfrutado la contemplación de los cadáveres de los hacendados y de la alta jerarquía católica flotando en el vacío, colgados de la rama de una ceiba! Preferimos dirigirnos al oriente de la península acompañados de tres hermanos de Felipe y de su gente más leal y cercana. Al llegar a un lugar llamado El Cuyo abordamos desesperados una lancha, *La Manuelita*, pero tenía el motor descompuesto. Nos traicionaban, todos nos traicionaban, era un hecho. Asediados, escuchando ya casi los pasos de nuestros perseguidores, nos subimos, como pudimos, a un bote, ironías de la vida, que llevaba en la proa dibujado el nombre de *El Salvamento*. Remamos como pudimos hasta donde la lluvia de balas disparadas por las tropas de Ricárdez Broca no podía alcanzarnos. Descansamos, nos sentimos a salvo, nos tranquilizamos mientras los proyectiles de los traidores se enfriaban al caer a la distancia en el agua, entre chasquidos infernales; sin embargo, empezamos a gritar desaforados al percatarnos cómo nuestra barcaza se hundía sin remedio. Nos hundíamos lentamente, entre alaridos de horror. La esperanza, aun cuando remota, era lo último en perderse, antes que la vida. Nadamos como pudimos, jalándonos entre nosotros, hasta llegar a la playa de Holbox, donde fuimos detenidos, entre golpes e insultos, por el capitán José Corte, el 21 de diciembre de 1923, curiosamente el mismo día de la entrada en vigor del embargo de armas decretado por Coolidge para enterrar las pretensiones militares de De la Huerta.

Tiempo después, cuando el capitán Desiderio Briceño, el primer militar que atrapó a Carrillo Puerto para ponerlo a disposición de Ricárdez Broca, lo jaloneó del cabello, tal y como corresponde a un cobarde, Carrillo Puerto lo derribó de un golpe. Los presos también tienen dignidad.

—Es usted un traidor hijo de la gran puta, Ricárdez —explotó Felipe en un ataque de furia—. Creí haber comprado su lealtad con los sobornos y ayudas que le entregué...

Por toda respuesta, Felipe recibió un cachazo en la boca. Cuando Olegario trató de defenderlo, Ricárdez le escupió en la cara. Nunca había recibido un asqueroso gargajo en el rostro. Al abalanzarse para arrancarle la lengua con sus manos, los esbirros lo detuvieron con un trancazo en la cabeza. Los condujeron después, a punta de bayoneta, a Tizimín y de ahí a la Penitenciaría Juárez, en Mérida. A Felipe lo encerraron en la celda número 43 de la galera 2, en tanto a Olegario, aún sin reconocerlo, lo arrojaron como a un bulto en la 3, creyendo que formaba parte del gobierno yucateco derrocado. Ahí pasaron la Navidad y el Año Nuevo, entre la tortura, la impotencia y la rabia.

En esos difíciles momentos, entró en la escena el coronel Hermenegildo Rodríguez, enviado en secreto por Obregón para sustituir a Broca en el procedimiento de ejecución y hacerse cargo del desenlace. Ricárdez no pasaba de ser un simple empleado de la Casta Divina contratado para asesinar a Felipe y retroceder las manecillas del reloj yucateco a la esclavitud y a la época de las cavernas. Cuando Hermenegildo le mostró a Ricárdez sus cartas credenciales expedidas en Palacio Nacional, este se cuadró como militar, y al someterse sin chistar a la autoridad criminal superior, como buen conocedor de los alcances de Obregón, puso a los detenidos en manos del verdugo, con la condición de que, en algún momento, se le permitiera salir al extranjero. Ya podría estar tranquilo, al menos económicamente, el resto de su existencia: los hacendados y el clero le habían llenado los bolsillos con dinero negro. Si algo les quedó claro a los acusados es que Hermenegildo había llegado a matarlos de acuerdo con las instrucciones del presidente de la República.

En Mérida, días después, Hermenegildo Rodríguez inventó un Consejo de Guerra, una burla, un pretexto inadmisible, porque ninguno era militar. La rabia y el abuso fueron mayores que el miedo a la muerte. Si ya les habían disparado desde la costa, ahora solo seguía colocarlos frente al paredón. Lo demás era un mero trámite para cubrir estúpidamente las apariencias. La gente humilde, al saber del cautiverio de Felipe, ofreció cien mil pesos por su liberación, pero los hacendados y Tritschler, aliados en secreto con Obregón, habían aportado un millón de pesos para sellar la suerte de la revolución socialista en Yucatán. Una canallada. El plan funcionaba a la perfección. Al final De la Huerta sería el gran culpable de la desaparición física de Felipe, de cara a la historia. Hermenegildo, un verdugo encubierto, un asesino a sueldo, había llegado de parte del miserable Manco a garantizar el exterminio de Felipe y de los suyos.

Presintiendo su destino, Olegario solo pensaba en Marion; recordaba su rostro sonriente y la imaginaba a su lado, abrazándola y jugando con ella, a sabiendas de que jamás la volvería a encontrar en la Tierra, ni en el Cielo ni en el Paraíso. La nada era la nada, de sobra lo sabía, solo se trataba de un hermoso consuelo, un alivio, un lugar hermoso para refugiarse antes de sentir su piel perforada por los disparos de los asesinos del progreso.

El 2 de enero, Ricárdez instaló el Consejo de Guerra a petición de Hermenegildo, de acuerdo con las órdenes vertidas por el general Francisco Serrano, secretario de Guerra de Obregón. Estaba clara la jugada, ¿no? Quien se opusiera a la sentencia también sería fusilado. Era la ley de la selva. Felipe alegó durante el juicio la incompetencia del tribunal para juzgar a civiles, como era su caso.

—Ustedes, al violar la ley, sí deberían ser sometidos a un Consejo de Guerra, nosotros no somos militares, y además no se ajustan al artículo 13° de la Constitución —desafió Felipe a esa pandilla de asesinos, sin dejarse intimidar ni doblegar.

—Chinga a tu madre, gobernadorcito de mierda que te dedicas a robar lo ajeno —repuso Hermenegildo Rodríguez con voz de trueno, la de un juez supremo inatacable, dueño de la verdad—. Te dedicas a robar con decretitos porque no soportas el bienestar ajeno. La envidia te carcome el espinazo y, además, no me vengas con leyecitas, aquí no hay más ley que yo.

—Usted no se imagina el daño que ocasionará a la gente jodida cuando nos fusile. Antes del juicio ya estamos sentenciados, ¿o cree que no lo sabemos?

—¡Ay, sí!, el daño que le haremos a los jodidos —adujo sarcásticamente, al expresarse como si Felipe fuera un marica—. Mejor cállate, pendejo, ya sabemos que tú vives de quitarle la tortilla de la boca precisamente a los jodidos —repuso Hermenegildo, a punto de recurrir a las manos porque alguien osaba contestarle.

—Tengo fuero como gobernador del estado, tienen que desaforarme primero —alegó Carrillo Puerto, aislado de sus compañeros de campaña. Estaba solo ante la muerte, a un paso del patíbulo, que si lo sabía él…

—Aquí no hay más gobernador que mi general Ricárdez, ¿verdad, Ricárdez? —giró Hermenegildo para encontrarse con la mirada torva del otro asesino—. Además, por mí ya estás mucho más que desaforado, cabrón.

—Va usted a matar a un reformador social —adujo Carrillo Puerto.

—Yo no voy a matar a nadie, pendejete —respondió el militar, encrespado—; un tribunal te va a juzgar y te ejecutará de acuerdo con la ley, de modo que a callar.

—¿Ley, cuál ley? Usted no nos va a fusilar de acuerdo con ninguna ley, nos va a asesinar y pasará a la historia como un Guajardo, un Herrero o un Melitón Lozoya, los asesinos de Zapata, de Carranza y de Villa. Ya podrá usted estar muy orgulloso al matar también a Felipe Carrillo Puerto, el padre de la revolución yucateca. Nunca nadie olvidará su nombre: Hermenegildo Rodríguez, otro criminal de la peor ralea.

El militar ignoró las acusaciones entre carcajadas. Felipe, sabiéndose perdido, negó la existencia de cómplices: él era el único responsable del fabuloso cambio generacional en Yucatán. Rechazó la presencia de un confesor y de un notario. No necesitaba a un cura de todos los demonios para morir en paz y, además, carecía de bienes.

—Bien sé que usted viene de parte de Obregón a segar mi vida para culpar a De la Huerta, él sí incapaz de cometer semejante villanía. ¿Qué se siente ser un matón a sueldo, eh? ¿Verdad que en ese espejo no se quiere ver reflejado?

Hermenegildo echó mano de su pistola. No la desenfundó. Si hubiera sido por él, ahí mismo hubiera ultimado a Felipe, pero estaba obligado a cuidar las formas más elementales, según las órdenes provenientes de Palacio Nacional.

Nunca le fue leída la condena a Felipe, pero fue sentenciado a morir fusilado junto con sus acompañantes, a pesar de haber negado airadamente todos y cada uno de los cargos. Olegario estaba, por supuesto, en el grupo de prisioneros, ¿prisioneros?, ¡secuestrados! Esperaba que no lo separaran de sus queridos amigos. Los habían atrapado juntos y juntos, al menos eso esperaba, los pasarían por las armas dentro del desorden procesal, en total impunidad.

La noche anterior Felipe le confesó a Olegario su dolor por Alma, la imposibilidad de contemplarla vestida de novia. Jamás la vería embarazada ni disfrutaría su maternidad ni se contagiaría de su llanto cuando le cantaran «Peregrina». Se iría sin volver a respirar su aliento perfumado, tocar su piel ni gozar sus humedades. Solo recordaría su risa, su alegría de vivir, su mirada encantada, como cuando le mostraba su admiración por su trabajo social a favor de los marginados.

Olegario escuchaba cuando Felipe tarareaba la canción a lo largo de la noche:

> Peregrina, de ojos claros y divinos
> y mejillas encendidas de arrebol,
> mujercita de los labios purpurinos
> y radiante cabellera como el sol.

> Cuando dejes mis palmares y mi sierra,
> peregrina del semblante encantador,
> no te olvides, no te olvides de mi tierra...
> no te olvides, no te olvides de mi amor.

Olegario no podía dejar de pensar en Marion en semejante coyuntura. Recordaba el día en que la había conocido en Oxford, sentada en su pupitre, o en la banca cercana al estanque de patos, en donde le había contado su encuentro en Wittenberg en 1520. ¡Qué mujer!

¡Qué daño resentiría México al verse privado de hombres de la talla de un Felipe Carrillo Puerto! ¿Por qué los mexicanos resolvían sus diferencias a balazos y asesinando precisamente a quienes podían rescatarlos? El nuevo magnicidio de ese terrible 3 de enero de 1924, el crimen cometido contra el Abraham Lincoln del Mayab y de sus leales colaboradores, torcería una y otra vez el destino de México, tal y como había acontecido con el asesinato del presidente Madero.

Dentro del caos del supuesto juicio y como parte de la informalidad del proceso criminal, Hermenegildo Rodríguez vio a Olegario con extrañeza. Sintió un vacío en el estómago. Él deseaba formarse al lado de uno de los hermanos de Felipe y encarar al pelotón sin pestañear siquiera; dirigir, si fuera posible, su propia ejecución a modo de la última voluntad que se les concedía a los condenados a muerte, pero Rodríguez se adelantó, lo enfrentó y le preguntó:

—¿Quién es usted? Nunca lo juzgamos. ¿Cómo se llama?

—Olegario Montemayor Figueroa —contestó, sin inmutarse por su nombre.

—¡Ah! Ya me habían prevenido: llévense a este pendejete, hijo de papito —ordenó a un piquete de soldados—. Me recomendaron que lo cuidara de usted mismo, que estaba loco, de modo que sáquenlo de aquí y dese de santos que no me lo escabeché, señorito de las sábanas de seda que come la cochinita pibil en vajillas europeas y cubiertos de plata. ¡Saquen a este cabrón! —ordenó golpeándose las botas con un fuetazo.

—Quiero morir con Felipe...

—Ay, sí, quiero morir con Felipe, otro mariconcito —interceptó en plan burlón—. ¿Están sordos, carajo? Llévense de aquí al chamaquito malcriado, ya su mamá le dará sus nalgadas...

Olegario solo pudo ver la cara de Felipe mientras lo arrastraban en dirección a la salida en tanto maldecía al Ejército, a los traidores, a Obregón, a Calles, a los hacendados, a Tritschler y al mundo entero. Solo logró golpear a un par de soldados, que respondieron con una tranquiza de verdadero horror.

Felipe alcanzó a decir:

—Te quiero, hermano, estos hijos de puta no saben lo que hacen —gritó mientras lo volvían a golpear con cachas, botas y puños. Los once condenados a muerte, entre ellos tres hermanos de Felipe, todos maniatados, solo agacharon la cabeza.

Lo arrojaron a la calle, en las puertas de la cárcel. No pudo regresar por más que pateó la puerta, la sacudió desesperado y gritó hasta desgañitarse. Lloró su suerte tirado sobre la calle lodosa manchada con su sangre. Se dio cuenta de la pérdida de varios dientes. No le importaba el dolor, solo sentía coraje e impotencia sin poder vengarse ni defenderse.

Se quedó dormido en plena calle. En la madrugada, antes de la salida del sol, vio salir a los asesinos. Al pasar frente a él lo patearon en el estómago, en la espalda, en la cabeza y en los testículos hasta no poder levantar las piernas. Se solazaban al tener a su alcance a un supuesto representante de los millonarios que los habían explotado por generaciones. Tal vez experimentaban un enorme placer al pensar que, al asestarle esas terribles patadas, en realidad se las estaban dando a su padre o a Avelino, sus verdaderos verdugos... Olegario ya no se defendía ni se quejaba.

Como pudo, a veces arrastrándose y otras cojeando, intentó seguir al 18º Batallón de Línea, de guarnición en Yucatán, veinte soldados integrantes del pelotón de fusilamiento, y a los reos, formados entre ellos. El grupo se trasladó en dos camiones. Todo resultó inútil. El menor movimiento resultaba inútil. Quería que lo mataran.

Una vez colocados los condenados a muerte de espaldas al paredón, Benjamín le preguntó a su hermano mayor:

—¿Qué le diremos a mamá?

No obtuvo respuesta, ni siquiera una mirada consoladora de regreso.

A continuación, en el cementerio se escuchó un grito terrorífico proferido por el mayor encargado de dirigir la ejecución.

—Preparen..., apunten...

Antes de la fatal detonación, Felipe alcanzó a gritar desaforado:

—¡Cuiden a mis indios!

—¡Fueeeeeeegoooooooo!

A continuación se percibió el sonido de la terrible descarga y acto seguido, los tiros de gracia, unos dirigidos a la cabeza y otros al corazón, para no dejar lugar a dudas.

Felipe ya no estaba, ni Marion ni nadie. Nada tenía sentido en la vida de Olegario. ¿Quién era él para enfrentarse a esos gigantescos poderes? ¿Quién? ¡Cuánta razón tenía el profesor Perkins! Olegario lloraría desconsolado como un crío.

—Mira nada más cómo te dejaron, Olegario, te hubieran podido matar —escuchó una voz de ultratumba.

¿Estaría muerto?, ¿seguiría vivo?, se preguntó como si saliera de un sueño profundo, incapaz de distinguir entre una pesadilla y la realidad. Al abrir escasamente los ojos advirtió la presencia de Oasis. En la cárcel le habían dado razones del paradero de los acusados. Él había acompañado al grupo hasta donde los detuvieron después del hundimiento de la barca. Había sabido perderse y extraviarse por su aspecto indígena. Olegario intentaba ponerse de pie, se había orinado durante el tiempo que pasó inconsciente. Oasis lo jalaba de un brazo, en tanto pasaba frente a ellos una piara. Se recuperaba sin saber si deseaba seguir vivo. Caminó como pudo, ayudado por su viejo amigo. Oasis lo sostenía tomándolo de la cintura. Al llegar a una plaza cercana, empapó su camisa en una fuente y le limpió la cara. Era un desastre, la tenía deshecha, lo habían desfigurado a patadas. La boca le sabía a sangre. El dolor de cabeza era insoportable. A saber qué parte de su cuerpo lo torturaba más. Empezó a llorar balbuceando «Felipe, Felipe, carajo, Felipe, mira nada más cómo acabó todo esto...». La mano de Oasis en su hombro intentaba consolarlo. Permanecieron sentados sobre una banca, sin hacer comentario alguno. Olegario se daba cuenta de su situación, percibía el peligro, coincidían Oasis y él. No tardarían en ir a rematarlo; después de todo, se conocían sus nexos con Carrillo Puerto. Era un candidato ideal para ser ejecutado como parte de la purga socialista. Hermenegildo se llamaría inocente. Él lo había liberado del pelotón de fusilamiento. Nadie podría reclamarle nada. Lo podrían haber zurcido a puñaladas. No había tiempo que perder. Podía escuchar los pasos de los asesinos. Se pusieron en marcha en dirección a su casa. Las calles estaban vacías cuando llegaron en la noche. Entraron por la parte de atrás para no ser vistos. Olegario se dio un baño con enormes dificultades y sufrimientos. Llenó sus baúles de viaje con algunos libros, fotos y otros recuerdos, además de algo de ropa. Se puso la peluca de Marion con el ánimo de disfrazarse y se calzó un sombrero, el más grande a su alcance. Oasis consiguió una carreta para ir con la máxima discreción a la estación de trenes. Ahí esperarían el amanecer. Saldría en el primer tren rumbo a Puerto Progreso.

Abrazó a Oasis, lo estrechó en sus brazos sin saber si se volverían a ver. Solo alcanzó a decirle, mientras sentía cómo se le anegaban los ojos:

—¿Te acuerdas cuando éramos niños y jugábamos a la raya, al chuca mache y empinábamos el papayo?

—Claro, Ole, claro, ¿cómo olvidarlo? —adujo inclinando la cabeza y escondiéndose bajo el sombrero de paja.

—Te escribiré, hermano Oasis, lo haré tan pronto llegue a Inglaterra. Volveré a las aulas, a los libros, a la universidad, a lo mío, a estudiar teorías que no sirven para nada; a vivir con otra mujer a la que no voy a querer; a estar en otro país al que no voy a amar; a vegetar en otra nación en la que no quiero estar, con personas diferentes a mí y con las que no tengo nada que compartir; a comer alimentos que no disfruto; a encontrarme con otro paisaje, otra música, otras costumbres y tradiciones, otro idioma, otro todo. En fin, ya sabré qué será de mí, si es que no me tiro al mar a mitad del Atlántico —agregó con una sonrisa forzada a falta de alguna ocurrencia. A continuación abordó el tren. Lo último que recordó de Oasis fue el momento en que este se descubrió la cabeza y aplastó el sombrero con sus brazos cruzados sobre el pecho. «¿Cuándo se les haría justicia a los mayas?», se preguntó al perderlo de vista.

Al instante aparecieron los enormes sembradíos de henequén que se extendían a lo largo del horizonte. Olegario contemplaba, tal vez por última vez, el oro verde, el origen de la tragedia en su máximo esplendor. ¿Cómo luchar civilizadamente para compartir una riqueza generada por la mano de obra de los mayas? Los poderosos jamás abrirían el puño para beneficiar a quienes habían ayudado a construir su patrimonio, es más, no solo no lo abrirían, sino golpearían con él hasta destruir a quienes intentaran participar de los beneficios. Todo era inútil, mucho más que inútil en México, en donde la ley de los dueños del dinero era la voz imperante y respetada por el poder público.

¿Cuál no sería la sorpresa de Olegario cuando vio un letrero en las oficinas del puerto que anunciaba la llegada, esa misma tarde, del *RMS Campania*, el barco que los había traído desde Southampton a Veracruz muchos años atrás? ¿Cómo no buscar a Marion en la proa, en la popa, en el comedor, en la cabina, en las terrazas donde servían el té, en todos lados? La travesía de tres semanas le resultó interminable. En Oxford ya se encontraría con el profesor Perkins. No bajó en Cuba. ¿Para qué? La inmensidad del océano le producía una tremenda nostalgia. No, no era un gigantesco espacio abierto, se trataba de una cárcel, imposible escapar de ella. Sus recuerdos y pensamientos se lo impedían. Tampoco salió de su cabina al llegar a Madeira, y si tuvo que descender alguna vez, obligado por las circunstancias, fue al llegar a Inglaterra, sin ninguna emoción en particular. ¿Cómo llenar sus vacíos? Su vida carecía de sentido en esos momentos. ¿Acaso iniciaría una cruzada como la de Carrillo Puerto? ¿Con quién, cómo, cuándo? Todo parecía inútil. Lo primero que decidiría sería no decidir nada, sino presentarse sin previo aviso en Oxford y sorprender a Hugh Perkins con su llegada. La hinchazón del rostro había desaparecido, no así las cicatrices en las mejillas. Era patética la ausencia de dentadura.

Durante la interminable travesía garrapateó un par de ideas en su cuaderno de rencores, ¿cuál cuaderno?, en realidad, lo había olvidado en Mérida, se había extraviado para siempre. Su necesidad compulsiva y obsesiva lo llevó, sin embargo, a tomar uno de sus lápices para redactar con desgana el producto de su terrible desazón. Si hubiera podido gritar en cubierta lo hubiera hecho sin duda, pero por alguna razón extraña decidió escribir, escribir como siempre como un gran coro de sus voces internas, casi inaudibles:

No deseo volver a tener contacto con ningún ser viviente a estas alturas, ni siquiera con *Lola*, mi querida perrita.

Ya no me compadeceré de quien llore por la razón que sea ni intentaré ayudar al necesitado, ni me importarán las carencias ajenas ni la brutalidad propia de los seres humanos ni los despreciables desperdicios de sus respectivas existencias. Si el hombre es el lobo del hombre, entonces mientras haya hombres habrá lobos o gusanos, es lo mismo, sedientos de devorar la carroña. Nada tiene remedio.

Quisiera romper el cráneo del cura con el báculo, cortar la cabeza del hacendado con el machete de los mayocoles, colgar a los mayas inútiles de las ramas de las ceibas. Soñaría con incendiar los templos católicos, las lujosas salas de consejo de los odiosos finqueros y prender fuego a los Palacios de Gobierno, a los Congresos, a los tribunales en donde se subasta la justicia, a las escuelas y universidades en donde se incuba la mediocridad.

En lo sucesivo no me apiadaré de nadie ni me importarán los mendigos, ni la explotación humana, ni la ignorancia, ni las enfermedades, ni las muertes tempranas ni el derecho de pernada, y me tendrá sin cuidado que para que uno prospere deba ser sobre la base del daño de otro. ¿La felicidad es posible entonces si es a cargo de un tercero? No, no quiero ser feliz si para que lo sea tienen que existir mil desgraciados. No quiero ser feliz ni desgraciado. La nada, hermosa palabra, ¿no?

En México nadie debe protestar contra el desorden ni el caos ni oponerse a la censura porque le esperará el paredón o el artero asesinato a manos de criminales desalmados a sueldo: he ahí el origen de la resignación nacional. ¿Murieron acaso los valientes y ya nadie desea convertirse en suicida? ¿Cómo protestar en un país en el que asesinan a quien denuncia? ¿Cómo evolucionar en esas condiciones, si a quien promueve su verdad lo abaten a balazos? Desprecio a los políticos que matan, roban y esclavizan en aras de la democracia y de la convivencia civilizada y estafan a sus electores con lágrimas en sus ojos.

Desprecio a los indios mayas inútiles por incapaces, por resignados, por ineficaces, por torpes. Su existencia es absolutamente inútil, tan inútil o más que la mía. No hay nada que hacer. Están postrados en la ignorancia, viven sin ningún interés, aceptan su suerte sin luchar ni defenderse, ni siquiera pensar. Los animales nacen, crecen, se reproducen y mueren. Esa es la misma suerte de los mayas: nacen, crecen, se reproducen y mueren en la más absoluta inutilidad. Ellos son los únicos dueños y culpables de su suerte y de su destino.

En el fondo los indios mayas son incapaces de aprender, ya no son ni la sombra de lo que fueron. Hoy en día, no pasan de ser unos bultos humanos, inútiles, incapaces de evolucionar. Sus habilidades se reducen a cortar las hojas del agave. Nadie podrá hacer nada por ellos en la misma medida en que no quieran hacer nada por sí mismos.

Culpar de todos los males que padecen los indios mayas a Porfirio Díaz o a los hacendados o al clero o a los gobiernos es tanto como aceptar la existencia de las culpas absolutas. No creo, ni he creído, ni creeré en las culpas absolutas, de modo que ¿dónde termina la culpa de los dictadores, de los hacendados o del clero maldito y en qué momento comienza la de estos inútiles resignados, buenos para nada, hombres y mujeres castrados, amputados intelectualmente?

No volveré a luchar por la causa de nadie ni por los sueños de terceros ni abrazaré los ideales de cualquier otro soñador. Antes me consideraba investido de ciertas gracias para ayudar a materializar fantasías ajenas, hasta que acepté la realidad: cada quien debe luchar con lo que tenga a su alcance para darle sentido y valor a su existencia, y si no luchan y se resignan, allá ellos. Nunca tuve que convertirme, junto con Marion, ¡ay, amor!, en líder ni guía ni maestro de nadie, como si yo fuera titular de la verdad. ¿Cuál verdad? ¿Qué es la verdad? ¿Quién es el dueño de la verdad? Lo único verdaderamente cierto, válido e irrefutable, es la muerte, que trae a la paz de la mano. ¿Que mueren los buenos y subsisten los malos? ¿Yo soy bueno? ¡No! ¿Qué es lo bueno y qué es lo malo? ¿Quién tiene la respuesta? ¿El sabio? El sabio es un imbécil como lo soy yo, solo que yo, además, soy un inútil.

No pude conquistar nada, no pude materializar mis deseos ni mis sueños, y nunca nadie podrá lograrlo porque México no tiene remedio: los mexicanos tienen encajado un clavo en la nuca imposible de ser extraído. Nadie podrá rescatarlos porque cada mexicano es peor que el otro. Somos incapaces de tomarnos de la mano para ayudarnos a salir del estancamiento, de ese pantano pestilente y asqueroso en el que todos los días nos estamos pudriendo.

Cada mexicano sufrirá las consecuencias de serlo. No tenemos remedio. Estuvimos jodidos, estamos jodidos, estaremos jodidos, y moriremos jodidos. ¿Cómo luchar por la democracia en un país de analfabetos que se aterrorizan frente al poder absoluto como si los inquisidores continuaran vivos o se dejan engañar por un vendedor de ilusiones, llámese clero o gobierno, que los toma de la mano para conducirlos al desastre. La democracia, ¿no? ¡No! ¿Entonces que venga un tirano como Díaz o Huerta o un nuevo dictador y también asesino como Álvaro Obregón? ¡No! ¿Tampoco? ¿Entonces un déspota ilustrado? Bueno, bien, pero ¿dónde encontrarlo sin que el poder absoluto lo desquicie? ¡No, no existe ni existirá! Al menos yo nunca lo veré desde el fondo del pesimismo que me domina y me abate. ¿Qué papel me corresponde representar? Ninguno: aquí mismo rompo los guiones y los libretos y abandono este estúpido apostolado que me ha amargado la existencia y que me arrancó al amor de mi vida, mi gran razón de existir.

El querido profesor lo recibió con enorme entusiasmo, al igual que Harold, quien lo abrazó como si se conocieran de mil vidas atrás. Perkins lo acogió con una mezcla de alegría y pesar al revisar su rostro. El aspecto de Olegario era lamentable, solo su estado de ánimo era peor, mil veces peor. Ante el asombro de Perkins y Ha, el yucateco, en su magnífico inglés, narró con detalle lo ocurrido. El profesor estaba más informado, pues había recibido adelantos de los hechos por medio de las cartas enviadas desde Yucatán. Las exclamaciones de horror no se hicieron esperar. Al otro día, Olegario sería alojado en el séptimo piso del mismo edificio habitado por el querido maestro. Por el momento se había agotado la conversación. No había nada que agregar. Se imponían la soledad, de nueva cuenta la soledad y el tiempo, el gran médico que cura las heridas.

Semanas después, Olegario recibió una carta de México. Solo podía ser de Oasis. En pequeños párrafos plagados de faltas de ortografía le confesaba haberse casado con Otilia cuatro años atrás. Había procreado dos niños, uno, el varón, bautizado como su padre, como tenía que ser, y la pequeñita, Eufrosina, como su madre. ¿Por qué razón desconocida le había ocultado su vida íntima a Olegario? A saber: tal vez porque hubiera podido excluirlo del movimiento político al descubrir la existencia de compromisos familiares que involucraban a menores de los que era imposible hacerse responsable. Sí, bien podría ser válido el argumento, pero ahora a la distancia, ante un Olegario instalado en el exilio, finalmente se había atrevido a hacérselo saber por carta. En «otras notisias», según escribía con elegancia el adorado maya, «anecsaba» recortes de periódico que reportaban los hechos ocurridos en Yucatán. En el texto escrito con lápiz, su gran amigo también le comunicaba las tremendas purgas ejecutadas por Obregón contra los carrillistas más influyentes del Partido Socialista del Sureste. No quedaría ni rastro de la obra de Felipe ni de alguno de sus seguidores. Sus tesis se extirparían del estado como si se tratara de una terrible plaga que devora los cultivos y las esperanzas de los empresarios y nativos. Uno de los reportajes anunciaba lo siguiente: «Es fusilado Felipe Carrillo Puerto, el Apóstol de la Raza, en el Panteón Civil de Mérida, junto con sus tres hermanos: Wilfrido, Edesio y Benjamín. Tras el fusilamiento, el señor presidente de la República, ciudadano general don Álvaro Obregón, denunció a Adolfo de la Huerta como responsable del espantoso crimen».

Otra nota consignaba: «La muerte sorpresiva de Carrillo Puerto, ejecutado por Juan Ricárdez Broca, llena de luto a miles de familias pobres que llorarán su desaparición física como se llora la muerte de un padre protector. Tarde o temprano, Adolfo de la Huerta tendrá que responder ante la historia de este oprobioso asesinato, una monstruosidad que daña a las clases trabajadoras no solo de México, sino del mundo entero. La sangre generosa de Felipe y sus hermanos es la prueba fehaciente de la alevosía criminal de De la Huerta, un canalla que se decía pacificador de México».

El general Álvaro Obregón lamentó los sucesos en un telegrama, según lo consignó la prensa yucateca: «El asesino de Felipe Carrillo Puerto lleva el dolor a los hogares del proletariado y muchos millones de seres humanos, al recoger la noticia, sentirán rodar por sus mejillas lágrimas sinceras de dolor. Don Adolfo de la Huerta se dará cuenta de la magnitud de su crimen cuando recoja las protestas viriles del proletariado universal. La sangre generosa de Felipe Carrillo Puerto y compañeros es el testimonio de la apostasía de don Adolfo de la Huerta».

Por su parte, el arzobispo Tritschler, después de haber cooperado, oculto en el desorden, en el asesinato de Felipe, le dedicó en su homilía dominical unas sentidas palabras postreras, llenas de compasión y amor al prójimo, al Abraham Lincoln del Mayab, de acuerdo con lo mencionado por otro diario: «Bienaventurados aquellos que, arrepentidos de sus ofensas al Señor Todopoderoso, gozan ya de Su Gracia Infinita en el más allá... Una sola cosa pido a los ricos: amor, y a los pobres, resignación. Descanse en paz nuestro amado hijo Felipe Carrillo Puerto, que Dios, Nuestro Señor, lo acoja en Su Santa Gracia y vea por él en toda la eternidad».

Ha, un hombre de profundos sentimientos, deseoso de dar y ayudar, llevó a Olegario con un dentista. Un mes después, con el rostro reparado, pero sin recuperar el ánimo, el yucateco ocupó un cubículo en la biblioteca de la universidad. Volvió a estudiar con desgano a Adam Smith, a Karl Marx, a León Walras, a David Ricardo, a Quesnay, a Thomas Malthus, entre otros, sí, pero no encontraba su camino, no se recuperaba. Decidió no volver a pasar ni siquiera cerca de The Sweet Lawyer, bastante lo torturaban las aulas de la universidad ante la ausencia de Marion. No podía con los recuerdos de la mañana aquella en que se sentaron en una banca frente a un estanque lleno de patos y rodeado de árboles llenos de hojas otoñales de diversos colores, ni lograba olvidar la noche en que ella se creyó Josefina Bonaparte y acabaron haciendo el amor en su habitación de la universidad, una conducta inadmisible que les hubiera costado la expulsión a ambos. ¿Y el viaje en barco a Yucatán, su breve estancia en Cuba, o sus escapadas a los cenotes en donde nadaban desnudos, y su vida en Mérida y sus investigaciones que les permitían discutir hasta el amanecer? ¿Cómo perder de vista sus noches en el bar Los Amores de Kukulkán, propiedad de Bartolomé Silvestre, el Bárbaro de la canción, mejor conocido como el Boxito, y sus ratos eternos escuchando los delirios de la trova?

Su última esperanza consistía en poder comunicarse por carta con Salvador Alvarado, su gran amigo, pero no daba con él. Sabía que había apoyado a Adolfo de la Huerta en el movimiento orientado a rescatar la Constitución; sin embargo, el famoso general no contestaba sus misivas. La respuesta la obtuvo al abrir otro sobre enviado por Oasis, a mediados de julio de ese fatídico 1924. Contenía unas líneas aisladas y un recorte de un periódico clandestino:

El general Salvador Alvarado, otro padre de la revolución yucateca, que beneficiara a miles de indígenas al someter a los depravados hacendados productores de henequén amafiados con la International Harvester, el gran apoyo militar de Adolfo de la Huerta en el Sureste mexicano, fue traicionado, emboscado y asesinado por Diego Zubiaur, un escolta del destacado mílite, el hombre de sus confianzas, el 10 de junio de 1924 en el rancho El Hormiguero, entre Tabasco y Chiapas. Obregón y Calles se han convertido en monstruos devoradores de los mejores mexicanos.

En su chaqueta de campaña se encontró una carta dirigida a su esposa, a modo de despedida; bien sabía que sería sacrificado por sus captores:

«Compromisos de amistad y de política me hacen volver a luchar con aquellos que convencí de ir a la revolución y debo estar con ellos. Recuerda siempre que es preferible ser la viuda de un hombre valiente a la esposa de un cobarde».

Olegario reposó la cabeza sobre una pequeña mesa de trabajo de su departamento en Oxford. Estudiaba a Calvino, sus tesis protestantes y la generación de riqueza. Dejó caer el recorte al piso, junto con sus brazos desmayados. México era un país de salvajes. ¿Cuánto tiempo pasaría antes de empezar a construir una nación de leyes, sin caudillos, una democracia que privilegiara el Estado de derecho?

¿Qué sentido tenía luchar contra una horda de bárbaros? Al buscar algún auxilio femenino, resultó que ni sus alumnas ni otras conocidas le llamaban la atención. A falta de Marion, las mujeres, en general, no representaban el menor atractivo. Las lecturas y lecciones de los grandes economistas eran, en efecto, buenas teorías, pero inaplicables en México. ¿A dónde llegaría si volvía al país y trataba de explicar las tesis calvinistas en la Universidad de Yucatán? ¿Cuánto tiempo habría de pasar antes de lograr la germinación de las ideas de Calvino, ese genial filósofo, a quien Obregón ya no podría asesinar? Un tremendo vacío se apoderó de los restos emocionales de Olegario al saber del crimen perpetrado contra ese gigante llamado Salvador Alvarado. ¡Cuánto habrá lamentado el general la muerte de Felipe Carrillo Puerto! Cualquier lucha en México era inútil. «Con las armas sería derrotado, con la pluma desperdiciaría miserablemente su tiempo en un país de analfabetos», se repetía Olegario. ¿No le bastaba el recuerdo de Ricardo Flores Magón? ¿La revolución había servido para favorecer la aparición de neoporfiristas igual o más criminales que el tirano? A la mierda, que todo se fuera a la mierda, el único lugar digno para estar a placer...

El pesar aumentó al transcurrir las semanas. Imposible reconciliarse con nada. Para donde volteara encontraba el negro, todo era de ese color, salvo el recuerdo de Marion. «Marion, mi vida, amor, ¿dónde estás?, quisiera estar a tu lado viviendo tu sueño eterno. Eres la luz de mis ojos, mi única ilusión, una ilusión también muerta».

En aquellos días se había empeñado en volver a estudiar pasajes de la Revolución francesa. Recordaba las exquisitas mentiras con las que Marion lo había deslumbrado y conquistado, sobre todo cuando reveló una de sus otras vidas, cuando había llegado a ser Josefina, la primera esposa de Napoleón Bonaparte. Mexicanizó en sus sueños los años siguientes a la toma de La Bastilla en 1789 y redactó posteriormente sus fantasías:

La verdadera Revolución francesa cumplió sus objetivos políticos y sociales cuando apareció un invento mágico de un ilustrado francés, el doctor Joseph Ignace Guillotin, el genio creador de la guillotina, que cambiaría para siempre el rostro de Francia. ¿Resultado? Luis XVI y María Antonieta murieron decapitados en la Plaza de la Revolución, hoy conocida como la Plaza de la Concordia, entre el aplauso popular. Más tarde, en la época del terror, Danton, Robespierre, Antoine-Laurent Lavoisier, junto con otras quince mil personas más, serían guillotinadas.

¡Con qué gusto yo hubiera armado un patíbulo confeccionado a la francesa en el centro de la Ciudad de México, en el Zócalo capitalino, frente a la catedral de México, y hubiera decapitado a Porfirio Díaz, a Carmelita, a Victoriano Huerta, a Aureliano Blanquet y a media jerarquía católica que cantó una misa de gracias para celebrar el golpe de Estado de el Chacal cuando llegó al poder! ¿Cómo fue posible que los hubiéramos dejado huir a Europa con el dinero robado a la Tesorería mexicana? Hubiera exhibido gozoso sus cabezas sangrantes ante el populacho, como un magnífico trofeo de cacería. ¡Claro que guillotinaría, uno a uno, a los terribles Científicos y luego, pasado un tiempo, hubiera llamado a cuentas y decapitado, en eventos solemnes, a los asesinos de Pancho Madero y a muchos, muchísimos legisladores que aceptaron la renuncia del presidente Madero y Pino Suárez antes de conducirlos al cadalso! También guillotinaría a los asesinos de Emiliano Zapata, a los de Carranza, a los de Francisco Field Jurado, a los de Pancho Villa, a los de Salvador Alvarado, mi querido general, y, ni hablar, a los de mi inolvidable Felipe Carrillo Puerto. ¿Obregón y Calles y muchos de sus secuaces, auténticos criminales que mandaron matar a la honorable alta jerarquía militar mexicana, entre otros distinguidos políticos? ¡A la guillotina, todos a la guillotina, bendita sea la guillotina! ¡Arriba el doctor Guillotin! Obregón, el Manco, a la guillotina en primer lugar y, acto seguido, el Turco, que traigan a Calles, el cómplice, atado de pies y manos, también a la guillotina. Quien atentara contra el Estado de derecho, a la guillotina. ¡Qué gusto escuchar el zap, zap, zap, de la hoja pesada y afilada, cortando las cabezas de los enemigos de la democracia mexicana y secuestradores del ahorro nacional!

Si la Plaza de la República se llenaba de sangre puerca, la de los opositores de la evolución y del progreso, se lavaría con ácido y quedaría pulquérrima como ejemplo para las futuras generaciones. La purga habría funcionado. ¡Cuánto placer hubiera experimentado yo como verdugo, al decapitar a presidentes, expresidentes, arzobispos, mayocoles, gobernadores rateros, capataces, policías rurales, jueces vendidos, caciques y caudillos para detener el pernicioso proceso de putrefacción de México! ¡Qué necesaria es una purga a fondo del sistema político mexicano! ¡Cómo urge sanear al gobierno de sus líderes corruptos! La guillotina, pongamos una en el Zócalo, al lado de la bandera tricolor, a ver quién se atreve a violar la ley. Es la hora de la justicia y de vengar a Pancho Villa, a Zapata, a Madero, a Carranza, a Field Jurado, a Pino Suarez, a Belisario Domínguez y a miles de valiosos mexicanos asesinados impunemente.

¡Claro que es la hora de la justicia, siempre lo ha sido, pero en México no hay ni habrá guillotina, ni hoja pesada y afilada, ni pueblo que secuestre a los presidentes, a sus secretarios bandidos y asesinos, ni los ministros de la Corte, ni a los legisladores ni a los gobernadores porque la revolución, la guerra feroz entre mexicanos, la gran esperanza del cambio, no sirvió ni para conquistar la democracia, a pesar del millón de muertos y de la destrucción de la economía nacional, ni se logró el sometimiento indiscriminado a la ley! ¿Quién quiere ser verdugo en México? ¡Yo, yo jalo la cuerda, yo, yo acciono la guillotina, la gran solución histórica! Construyamos miles de guillotinas e instalémoslas en cada ciudad y municipio de México. La patria nos lo va a agradecer, al igual que las futuras generaciones. Pongamos el ejemplo antes de que este país se deshaga como papel mojado.

Una tarde lluviosa, fría, cubierta por una densa neblina, Olegario tomó una hoja de papel y le escribió a Oasis, su querido compañero con quien de niño jugaba a la coja raya, a pescar pájaros y al chuca mache:

Querido y generoso amigo que me reconcilia con la humanidad:

Me despido de ti para siempre. Me voy en busca de Marion, aunque nunca vuelva a saber nada de ella. Esa es la única falsa esperanza que me queda. ¿Que es una fantasía, como siempre lo comentamos? No tardaré en saberlo. Ya no tengo tiempo ni para mí ni para nadie. He perdido la confianza, el sueño y las expectativas. Ya no necesito explicarme más contigo. ¿Para qué, tú que todo sabes de mí? Sobran las palabras, bastan los recuerdos y nuestras conversaciones.

Oasis, hermano querido, la causa está perdida. México es un país vivo, pero ya no es viable. Nuestro esfuerzo fue inútil. Es imposible discutir los argumentos a balazos. ¿Qué le espera a un país cuando sus grandes líderes, los promotores del cambio, son brutalmente asesinados o son unos corruptos intocables? ¿Cuándo tendremos tribunales para dirimir diferencias en lugar de imponer a tiros la voluntad de los caudillos que no han hecho sino torcer el destino de México? Queremos un país de tribunos, no de matones. Un México libre, en donde cada ciudadano pueda expresar sus puntos de vista sin temor a represalias criminales y se respete la voluntad popular consignada en las urnas. Soñamos con una sociedad cultivada, el mejor antídoto contra los tiranos. Deseamos un clero que imparta consuelo y divulgue el Evangelio, y no unos sacerdotes de todas las jerarquías dedicados a acaparar bienes y riqueza, apartados del menor sentimiento de piedad. Estamos perdidos. Te deseo lo mejor del mundo. Mi lucha terminó aquí.

Anexo encontrarás mi testamento, en donde consta mi última voluntad. La tía Lilly, de quien te conté mil anécdotas, una mujer muy querida por Marion y por mí, me heredó la mitad de su patrimonio, construido a cargo de políticos, empresarios y sacerdotes libidinosos, la inmensa mayoría, por una razón o por la otra, explotadores de personas. Por otro lado, te heredo una tercera parte de la fortuna de Ulises, un viejo amigo que me distinguió con su herencia. Todo es para ti. He decidido que nadie mejor que tú, hombre del pueblo, bien nacido, un guerrero sin igual, sea beneficiario de esta fortuna, que desde siempre debería haber sido de ustedes. No me importa el origen, pero sí me es vital el destino: tú y los tuyos. Tú no debes volver a las zanjas, a cosechar henequén aun cuando sea en condiciones distintas a la esclavitud, erradicada o al menos disminuida gracias a Salvador Alvarado y a Felipe. A donde voy no solo encontraré la paz eterna, la gran magia de la nada, la gran palabra que me reconcilia en estos momentos. Conocerte siempre fue una luz en mi camino, una caricia cálida en la espalda, la palabra comprensiva y bondadosa que siempre quise escuchar. Cuando muera lo haré con una sonrisa en el rostro sin dejar de pronunciar una palabra mágica: O-a-sis...

Hasta siempre, querido Oasis, me llevo tu recuerdo en el alma. Marion y yo te amamos, te respetamos: fuiste la gran escuela, el gran ejemplo de honorabilidad y espíritu de combate. Te devuelvo tan solo una parte del México que te robaron. Afortunadamente, ya no podrás devolverme nada. Disfrútalo, educa y orienta a tus hijos de tal manera que nunca se repita la historia. Si nacieron jodidos, jamás morirán jodidos, Oasis, *dear*...

Nunca volveremos a vernos, no, pero me llevo lo mejor de ti, lo mejor de nuestra gente, que logró reunirse en tu persona. Tú resumes al pueblo generoso de México.

Te abraza, hoy y siempre,
OLEGARIO MONTEMAYOR

A continuación, Olegario redactó la última carta de su existencia, dirigida a su madre, la prometida a María del Carmen:

Madre mía:

No te preocupes si te cuesta trabajo leer estos breves párrafos escritos con grandes dificultades con la mano izquierda. Leí que cuando redactas con la zurda aflora el temperamento del niño, dotado de su dulzura y de su inocencia. No te escribe el adulto, sino el niño, tu hijo, que te quiere por encima de todas las debilidades humanas.

Solo quiero agradecerte el amor que me enseñaste a sentir por los desposeídos, por la gente pobre e ignorante que traté de ayudar en vano. Fracasé, mamá: México será siempre un país de excluidos, porque los grupos poderosos de políticos y empresarios jamás les permitirán sacar la cabeza ni respirar. El dinero es el dueño de los hombres, y quien carezca de él simplemente no existirá. Pobre de aquel que hace girar su vida en torno a unas monedas mal o bien habidas, me es igual. Fracasé en mis objetivos de ayudar a los marginados. No, no pude luchar contra los intereses creados.

Hice míos tus sentimientos en torno a las personas postradas. No me importaron jamás tus conocimientos, sino tu exquisita sensibilidad por quienes nada tienen. Por favor no te duelas por las faltas de ortografía que cometes al redactar, felicítate por haber sido un manantial de amor. ¿Qué es más importante? Es claro, ¿verdad? No te guardo rencor alguno por no habernos podido ayudar cuando nuestro padre imponía su voluntad a gritos o a fuetazos. Eres tan víctima como lo somos tus hijos, a quienes nos llenaste de amor y vigor. ¿Cómo culparte, ahora que entiendo mi derrota contra la intolerancia?

En relación con mi padre, no tengo nada que agregar. No le agradezco que me haya rescatado cuando me iban a fusilar junto con Felipe Carrillo Puerto; morir a su lado habría sido la feliz coronación de mi carrera. Hoy estoy condenado a vivir por su culpa y la de Avelino Montero, los grandes financieros del desastre.

Debes saber que te comprendo y te quiero hoy más que nunca. No me busques, no lo hagas, que nadie me busque, ya no estaré hoy, mañana ni nunca. Estaré al lado de mi inglesita, la mujer de mi vida.

Siempre recordaré cuando me cantabas canciones de cuna y me enseñabas las primeras palabras en maya. Gracias, mamá, me voy sin rencores. Espero verte en el más allá. Te adora, te respeta y te besa en la frente tu hijo, que nunca te olvidará y te agradecerá haber justificado su existencia.

Olegario

P. D. Por favor, dile a mi hermana Maricarmen que siempre la quise y que nunca dejó de ser mi consentida. Ella lo sabe en el fondo de su corazón.

Corría la mañana del 15 de agosto de 1924 cuando Olegario Montemayor regresó de la estación de correos después de haber enviado las dos cartas. Le dejó otra a su querido maestro, colocada encima de su mesa de trabajo, una explicación que jamás aceptaría. A continuación redactó unas líneas más a modo de un desahogo postrero:

Es hora de irme. No le debo nada a nadie. No tengo razón alguna para seguir aquí, en el mundo de los vivos, que no tienen nada que ver conmigo. Voy a estar en donde ya nadie me persigue, ni me tortura, ni me busca, ni me envidia, ni me desprecia, ni me agrede ni me es hostil o adverso. Ya nunca más volveré a avergonzar a nadie, ni habrá quien me pida cuentas de nada, ni tendré que explicarme a ninguna autoridad ni política ni familiar ni religiosa. Me voy al reino de la libertad absoluta, donde no existen hombres ni alacranes ni gusanos, ni seres vivos idénticos de la misma especie reptante. Un lugar en donde tampoco extrañaré la belleza, ni las caricias, ni los apetitos ni los alientos perfumados. La suprema majestuosidad de la nada. Si algo aprendí en el breve devenir de mi existencia es que donde está el hombre no puede estar Dios y, como Dios no existe, entonces el hombre subsiste, y como yo desprecio todo aquello llamado humanidad, una basura, mejor desaparezco. ¡Cuánto anhelo esa soñada tranquilidad!

Adiós a mis ceibas, siempre soñé con la libertad y ahora seré libre, adiós a los plantíos de henequén, adiós a las planicies yucatecas, adiós a la trova, adiós a la sopa de lima, adiós al agua de horchata, adiós al paisaje, adiós a las yucatecas, adiós a las mujeres, con las que creí poder recuperar las razones para vivir. Nunca las entendí, y a la que entendí la perdí para siempre en el contexto más absoluto y eterno de la palabra siempre.

Ya jamás sabré de sibaritas, ni de esclavos sometidos a latigazos, ni de presos encarcelados en la casa de mis propios padres, ni de curas vendedores de indulgencias y de espacios en el paraíso ni de políticos descarados que prometen a los imbéciles lo que de antemano saben que nunca podrán cumplir. ¡Cómo los aborrezco! ¡Qué hermosa palabra! ¡Aborrecer!

¡Y más gratificante si la conjugo: yo aborrezco, tú aborreces, él aborrece, aborrecemos, aborrecéis, aborrecen! Pobre de quien no sepa conjugar…

Me robaron la esperanza y el amor cuando me arrebataron a Marion, a Carrillo y a Salvador Alvarado, de la misma manera en que asesinaron a todos aquellos patriotas mexicanos dispuestos a construir un mejor país; lo he perdido todo. Hoy en día la política mexicana me produce una gran repugnancia. Quien se oponga al latrocinio o se coloque abiertamente contra cada nuevo tirano que llegue al poder recibirá tiros en la cabeza en lugar de argumentos. Yo mismo me siento perseguido por una jauría de criminales a sueldo contratados por los asquerosos ensotanados o por los militares o políticos del México posrevolucionario, los supuestos defensores de la libertad y de la democracia que no logramos conquistar ni con un millón de desaparecidos y después de haber destruido el país con la fuerza de las armas. ¿Qué conseguimos después del escandaloso baño de sangre cuando nos matamos los unos a los otros, hermanos contra hermanos? ¿Tenemos acaso un país libre y seguro, con mayores oportunidades para todos, en donde cada quien proponga sin poner en riesgo su vida?

La mezquindad asesina está ahí, a la vista de quien quiera verla. No tenemos remedio…

Ya no necesito nada de nadie. Estoy harto de la maldad, de la envidia, de la represión, de las traiciones, de las ambiciones materiales, de las ventajas contra los jodidos y de la desesperante resignación de los jodidos. Estoy harto de las rivalidades por el dinero y los pleitos sangrientos por el poder político o el económico. Estoy harto de constatar la inutilidad de los grandes tratadistas universales, cuyas teorías se derrumban a la hora de aplicarlas en la vida diaria. Finalmente, a mí qué me importa si sube o baja el precio de la fibra, si hay o no miseria, esclavitud o virtudes, ilustración o ignorancia, ¿acaso era una especie de sacerdote inexistente que busca el bien común?

Tan pronto terminó de redactar la última línea, a plena luz del día, abrió la ventana del séptimo piso, recordó a la mujer eterna, la que lo había estado esperando quinientos años sentada en el pupitre de la Universidad de Oxford, después de haberse conocido en la catedral de Wittenberg durante una marcha encabezada por Martín Lutero y, sin pensarlo, se arrojó al vacío en busca de ella… de sus brazos.

«Marion, Marion, luz de mis ojos».

Lomas de Chapultepec, 2 de marzo de 2018

Epílogo

Francisco Serrano, el brazo armado obregonista, quien coordinó el crimen de Carrillo Puerto, murió asesinado a balazos por instrucciones de Obregón y de Calles en 1927, en Huitzilac, Morelos.

El capitán Desiderio Briceño, el aprehensor de Felipe y de sus hermanos, «fue asesinado a palos por Nicolás Sánchez», el director de la penitenciaría Juárez en Frontera, Tabasco.

Juan Ricárdez Broca, el gobernador usurpador, quien desmanteló la política carrillista y mandó a colgar a los mayas rebeldes en las avenidas de Mérida, murió asesinado a mediados de 1924, en Puerto Cabello, Honduras, por José Prevé Curbina, asesino a sueldo de Luis N. Morones, quien, a su vez, era pistolero de Plutarco Elías Calles. Morones llegó a ser secretario de Estado en el gobierno de aquel.

Los únicos militares juzgados por el crimen de Felipe fueron los soldados rasos, los de más bajo rango que, en su mayoría estuvieron encarcelados, pero amnistiados durante el gobierno de Calles, el Turco.

La rebelión delahuertista cobró siete mil vidas de valiosos militares durante los años aciagos de la revolución. La diarquía Obregón-Calles nunca aceptó la presencia de opositores.

Álvaro Obregón, uno de los más salvajes asesinos de la historia política mexicana, murió acribillado a balazos el 17 de julio de 1928.

Durante el gobierno obregonista de José María Iturralde Traconis, fueron asesinados los directores de las ligas de resistencia de diversas poblaciones y los presidentes municipales constitucionales destituidos. Traconis murió sospechosamente cuando circulaba por una de las carreteras peninsulares.

A pesar de la invención de fibras sintéticas, como el *nylon*, en 1947, la International Harvester todavía consumía casi 60% de la producción yucateca anual de fibra y cordeles.

El 28 de abril de 1925 falleció en Cuba Olegario Molina Solís. Los restos mortales del acaudalado henequenero fueron trasladados a la capilla de la Hacienda Sodzil. Una inmensa multitud asistió al entierro de uno de los más destacados esclavistas yucatecos, defensor y colaborador de la dictadura porfirista.

Durante la Guerra Cristera, en abril de 1927, el arzobispo Martín Tritschler volvió a ser desterrado a La Habana. Regresó hasta 1929 para participar, como decano del episcopado, en las negociaciones de paz. Cuando murió en 1942 el cortejo fúnebre integrado por fieles, uno más ignorante que el otro, se alargó más de un kilómetro de longitud.

En 1928 murió Adela Puerto, la ilustre madre de los hermanos Carrillo Puerto todavía logró sobrevivir cuatro años a partir del asesinato de sus cuatro hijos.

Yucatán cubrió 100% de la demanda mundial de henequén, en 1900; 88%, en 1916; 75%, en 1922 y 53%, en 1929. Jamás se recuperarían esos lucrativos mercados y menos a través del experimento comunista ejecutado en 1937 por el presidente Cárdenas, quien expropió (sin indemnización alguna) plantaciones y trenes de un buen número de hacendados. El *gran ejido*, con una superficie total de 157 000 hectáreas, organizado a través de la Asociación de Henequeneros, constituyó un rotundo fracaso. La corrupción provocó un escandaloso desplome de la producción, durante la llamada Cruzada del Mayab.

En 1955 continuó la burocratización del campo, cuando el gobierno, a través del Banco Nacional de Crédito Ejidal Agrario, *se hizo cargo* del sistema ejidal, útil para votar, pero no para producir... Para apresurar la ruina total, en los años sesenta se fundó Cordemex, una gigantesca burocracia rapaz e inútil que le asestó el tiro de gracia a los restos de la industria henequenera por medio de la instalación de una rapiña de alta eficiencia y puntualidad, similar a la que operó los ferrocarriles, la energía eléctrica y Pemex.

Alma Reed nunca llegó al altar ni se recuperó de la pérdida de su Dragón Rojo. Murió en 1966.

La International Harvester fue adquirida en 1985 por la organización Case IH.

En 1992, se entregó la tierra en propiedad a los parecelarios. Cordemex fue liquidado y las cordelerías privatizadas. Los nuevos pequeños propietarios vendieron su tierra a especuladores urbanos y otros la conservan produciendo escasas toneladas de henequén con cierto apoyo estatal. La mayoría sobrevive de los servicios y del empleo en las maquiladoras extranjeras. Un gran número de estos propietarios emigró a los Estados Unidos en busca de mejores condiciones de vida, abandonando sus parcelas. Se declaró formalmente la muerte de la gallina de los huevos de oro.

Sin embargo, es justo y necesario reconocer que gracias a la revolución concluyó la esclavitud en Yucatán, nació una consciencia social en el sector obrero y se construyeron escuelas y centros de salud.

La esclavitud no ha sido erradicada de la faz de la tierra porque las empresas y los países insisten en localizar mano de obra barata en naciones privadas de Estados de derecho. En la actualidad, dicha institución perversa, aun cuando ilegal, tiene atenazadas y sometidas a trabajos forzados a más de veintinueve millones de personas en todo el mundo, una cifra mayor a cualquier otra existente a lo largo de la historia de la humanidad, así como a cuatrocientos millones de niños dedicados a fabricar productos de precios bajos en condiciones de esclavitud, una verdad de capital importancia que debe ser difundida globalmente para provocar la ruina de las corporaciones explotadoras.

En México, la Conapred reporta por lo menos 2.2 millones de personas, en su mayoría mujeres (95%), que actualmente trabajan en condiciones de esclavitud.

Según los mayas, «el paraíso es un lugar en donde crece una ceiba y bajo cuyas ramas los hombres descansan de sus fatigas y agonías en la tierra... También disponían de comidas y bebidas exquisitas que nunca se agotaban. La bóveda celeste la sostenían los hermanos Bacab con sus hombros y sus manos...».

Agradecimientos

No podría de ninguna manera cerrar las páginas de mi *México esclavizado* sin agradecer las ideas, las sugerencias, las profundas y sólidas investigaciones, así como los oportunos consejos de Ariel y Pepe Avilés, mis celosos e informados guías a lo largo de las rutas del Mayab. A Francisco Macías, un tenaz compañero de viaje dotado de una exquisita capacidad para reunir a personajes yucatecos que me abrieron los ojos en diferentes aspectos, entre ellos, el feliz encuentro con René Márquez, un gran hombre que me ayudó a contagiarme de admiración por la grandeza yucateca. Imposible dejar en el tintero a Ángeles Magdaleno, a Ana Paula Rivas ni a Leonardo Tenorio, quienes arrojaron interminables cubetadas de luz a lo largo del agobiante proceso de investigación. A ellos les debo un particular aplauso de pie. Ivonne Ortega y Jorge Ezma me abrieron las puertas de Yucatán y me ayudaron a entender una realidad distinta a la contenida en archivos y hemerotecas. Manzanita, Beatriz, mi querida sobrina, también me aportó colaboraciones y artículos luminosos con enfoques distintos para redondear mis trabajos. Piedad Peniche Rivero me solucionó una enorme cantidad de dudas por medio de sus ágiles conversaciones y de su poderosa obra, propia de una gran y acuciosa historiadora, como también lo es Laura Machuca, una gran conocedora de la historia de los mayas de todos los tiempos. Enrique Rivas, un lector puntual y preciso, titular de una sabiduría universal, me ayudó con la lectura de los manuscritos con una paciencia y generosidad de las que debo dejar constancia inescapable en este breve párrafo dedicado a quienes hicieron posible *México esclavizado*.

Bibliografía

Abreu Gómez, Ermilo. *Leyendas y consejas del antiguo Yucatán*. Ciudad de México: FCE, 1985.

Aguirre Beltrán, Gonzalo. *La población negra de México*. Ciudad de México: CEHAM-SRA, 1981.

Almada Bay, Ignacio. «De regidores porfiristas a presidentes de la República». *Historia Mexicana*. El Colegio de México. Vol. 60, núm. 2 (2010): 772-775.

Alvarado, Salvador. *Mi actuación revolucionaria en Yucatán*. Ciudad de México: Librería de la Vda. de Ch. Bouret, 1918.

Álvarez, Luis. *Vicente Lombardo Toledano y los sindicatos de México y Estados Unidos*. Ciudad de México: UNAM, 1995.

Anaya Merchant, Luis. «Las finanzas del henequén (1902-1938). Dos modelos de banca y dos oportunidades perdidas». *Revista de Historia y Arqueología desde el Caribe Colombiano*. Núm. 10, 20 (agosto 2013): 48-61.

Arciniegas, Germán. *Biografía del Caribe*. Buenos Aires: Sudamericana, 1953.

——. *El continente de los 7 colores*. Buenos Aires: Sudamericana, 1960.

Baqueiro, Alfonso. «Certificación preparatoria de constancias de la averiguación de los homicidas del Gobernador de Yucatán». S. c.: fondo FTB, 1924.

Barceló, Raquel Ofelia. «Los ferrocarriles en Yucatán y el henequén en el siglo XIX. El camino hacia el progreso». *Mirada Ferroviaria*. Núm. 15 (2011): 5-15.

Bartolomé, Miguel Alberto. *La dinámica social de los mayas*. Ciudad de México: Instituto Nacional Indigenista-CNCA, 1992.

Bartra, Roger. *El México Bárbaro. Plantaciones y monterías del sureste durante el porfiriato*. Ciudad de México: El Atajo, 1996.

Benavidez, Antonio. *Palacio Cantón, Mérida, Yucatán. Una visión del Museo Nacional de Antropología*. Ciudad de México: INAH, 1981.

Benjamin, Thomas. «El trabajo en las monterías de Chiapas y Tabasco: 1840-1946». *Historia Mexicana*. El Colegio de México. Vol. 30, núm. 4 (1981): 506-529.

Bernstein, Harry. «Marxismo en México, 1917-1925». *Historia Mexicana. El Colegio de México*. Vol. 7, núm. 4 (1958): 497-516.

Bertaux, Pierre. *África: desde la prehistoria hasta los años sesenta*. Madrid: Siglo XXI, 1991.

Berzunza Pinto, Ramón. «El constitucionalismo en Yucatán». *Historia Mexicana. El Colegio de México*. Vol. 12, núm. 2 (1962): 274-295.

——. «Las vísperas yucatecas de la Revolución». *Historia Mexicana. El Colegio de México*. Vol. 6, núm. 1 (1956): 75-88.

Betancourt, Antonio y Rodolfo Ruz, comps. *Yucatán: textos de su historia, Vol. 2*. Ciudad de México: Instituto de Investigaciones Dr. José María Luis Mora/Gobierno del Estado de Yucatán, 1988.

Blasier, Cole. «The United States and Madero». *Journal of Latin America Studies*. Vol. 4, núm. 2, (noviembre 1972): 207-231.

Bolio Ontiveros, Edmundo. *De la cuna al paredón: anecdotario de la vida, muerte y gloria de Felipe Carrillo Puerto*. Mérida: Compañía Periodística del Sureste, s.f.

——. *Yucatán en la dictadura y en la Revolución*. Ciudad de México: IN-HERM, 1967.

Bonilla, Manuel. *El régimen maderista*. Ciudad de México: Arana, 1962

Bracamonte, Pedro. «Los mecanismos de la explotación colonial». *Yucatán: identidad y cultura maya*. Universidad Autónoma de Yucatán. S.f. Web. 26 de febrero de 2018. <http://www.uady.mx/sitios/mayas/historia/hp_04.html>.

Bracamonte Sierra, Álvaro. «El desarrollo de la industria minera sonorense: el retorno a la producción de metales preciosos». *Región y Sociedad*. Vol. 3, núm. 13-14 (1997): 39-75.

Brunk, Samuel y Ben Fallaw, eds. *Heroes and Hero Cults in Latin America*. Austin: University of Texas Press, 2006.

Bustamante, Carlos María de. *Apuntes para la historia del gobierno del general D. Antonio López de Santa-Anna, desde principios de octubre de 1841 hasta 6 de diciembre de 1844, en que fue depuesto del mando por uniforme voluntad de la nación*. Ciudad de México: Imprenta de J. M. Lara, 1845.

Cámara, Alberto. «La obra revolucionaria de Carrillo Puerto». *Revista de la Universidad de Yucatán*. S. n. (1974): s. p.

Canto Alcocer, Jorge. «Yucatán, en el centenario de la Revolución. La Revolución en sus orígenes: Las primeras movilizaciones». *Por esto*. S.f. Web. 26 de febrero de 2018. <http://www.poresto.net/ver_nota.php?zona=yucatan&idSeccion=33&idTitulo=90638>.

Canto Sosa, José Luis. «Los obispos y el clero de Yucatán durante la guerra de castas». *Calkiní*. 7 de febrero de 2005. Web. 26 de febrero de 2018. <http://calkini.net/notas/febrero2005/clero1.htm>.

Canto Valdés, Luis Roberto. «La muerte voluntaria en Yucatán durante el porfiriato». *Secuencia*. Núm. 82 (enero-abril 2012): 73-100.

Carrillo Puerto, Felipe. «El nuevo Yucatán. Un mensaje a todos los americanos del martirizado líder de los mayas». *Survey*. Vol. 52 (mayo 1924): 138-142.

Carstensen, Fred y Diana Roazen. «International Harvester, Molina y Compañía, y el mercado del henequén: un comentario». *Latin American Research Review*. Vol. 18, núm. 3 (1983): 197-203.

———. «Mercados extranjeros, iniciativa interna y monocultivo: la experiencia yucateca, 1825-1903». *Hispanic American Historical Review*. Vol. 72, núm. 4 (1992): s. p.

Casanova, Julián. «La guerra que cambió el destino de Europa». *El País*. 1 de enero de 2014. Web. 26 de febrero de 2018. <http://elpais.com/elpais/2013/12/23/opinion/1387813667_675098.html>.

Castillo Torre, José. *A la luz del relámpago. Ensayo de biografía subjetiva de Felipe Carrillo Puerto*. Ciudad de México: Ediciones Botas, 1934.

Castro, Pedro. *Adolfo de la Huerta*. Ciudad de México: Instituto Nacional de Estudios Históricos de la Revolución Mexicana, 1992.

Civeira Taboada, Miguel. *Felipe Carrillo Puerto, mártir del proletariado nacional*. Ciudad de México: PRI, 1986.

———. *Tekax. Cuna e inspiración de Ricardo Palmerín*. Mérida: s.e., 1974.

Cline, Howard F. «El episodio del henequén en Yucatán». *Secuencia*. Núm. 8 (mayo-agosto 1987): 185-203.

Cue Cánovas, Agustín. *Historia social y económica de México 1521-1854*. Ciudad de México: Trillas, 1961.

Díaz de Cossío, Martín. *Henequén: riqueza yucateca*. Ciudad de México: El Mundo, 1938.

Domínguez Aké, Santiago. «Historia de la sociedad ejidal de Muxupip». *Yucatán Literario*. 2011. Web. 26 de febrero de 2018. <http://yucatanliterario-escritores.blogspot.com/2011/01/dominguez-ake-santiago-n.htm>.

Doran, James. «The Secret Hammer of Wall Street». *The Guardian*. 26 de Agosto de 2007. Web. 26 de febrero de 2018. <http://www.theguardian.com/business/2007/aug/26/useconomy.us>.

Durán Esquivel, José Susano. «Las estrellas y la vigencia de la bandera de Yucatán». *Diario Yucatán*. 14 de diciembre de 2000. Web. 15 de abril de 2012. <http://v6.yucatan.com.mx/especiales/banderadeyucatan/14090001.asp>.

Echeverría, Pedro. *La política en Yucatán en el siglo XX (1900-1964)*. Ciudad de México: Maldonado, 1985.

Elías Calles, Plutarco. *Correspondencia personal 1919-1945. Vol. II*. Ciudad de México: FCE y Fideicomiso Archivos Plutarco Elías Calles y Fernando Torreblanca, 1991.

Fabela, Isidro. *Historia diplomática de la Revolución mexicana*. Ciudad de México: FCE, 1958.

Fallaw, Ben. «Dry Law, Wet Politics: Drinking and Prohibition in Post-Revolutionary Yucatan, 1915-1935». *Latin American Research Review*. Vol. 37, núm. 2 (2002): 37-64.

Fernández, Miguel Ángel y Víctor Ruiz Naufal. *La mesa mexicana*. Ciudad de México: Grupo Financiero Bancomer, 1993.

Fernandez, Paul y Gilbert Gonzalez. *A Century of Chicano History: Empire, Nations, and Migration*. Nueva York: Routledge, 2003.

Ferro, Marc. *La Colonización. Una historia global*. Ciudad de México: Siglo XXI, 2009.

Freyre, Gilberto. *Casa-Grande y Senzala*. Madrid: Marcial Pons, 2010.

García Cantón, Albert. *Memorias de un exhacendado henequero*. Mérida: s.e., 1965.

García Mundo, Octavio. *El movimiento inquilinario de Veracruz, 1922*. Ciudad de México: SepSetentas, 1976.

García Quintanilla, Alejandra. *Los Tiempos en Yucatán. Los hombres, las mujeres y la naturaleza*. Ciudad de México: Siglo XIX, 1986.

Gilbert, Joseph. «Mexico's "Popular Revolution": Mobilization and Myth in Yucatan, 1910 1940». *Latin American Perspectives*. Vol. 6, núm. 3 (1979): 46-65.

——. «The Fragile Revolution: Cacique Politics and Revolutionary Process in Yucatan». *Latin American Research Review*. Vol. 15, núm. 1 (1980): 39-64.

Gilbert, Joseph y Allen Wells. «Corporate Control of a Monocrop Economy: International Harvester and Yucatán's Henequen Industry During the Porfiriato». *Latin American Research Review*. Vol. 17, núm. 1 (1982): 69-99.

——. «Un replanteamiento de la movilización revolucionaria mexicana: los tiempos de sublevación en Yucatán. 1909-1915». *Historia Mexicana. El Colegio de México*. Vol. 43, núm. 3 (1994): 505-546.

González, Gilbert. *Culture of Empire: American Writers, Mexico, and Mexican Immigrants, 1880-1930*. Austin: University of Texas Press, 2004.

González Navarro, Moisés. *Raza y Tierra. La Guerra de Castas y el henequén*. Ciudad de México: El Colegio de México, 1979.

González Valencia, Agenor. «Alba y ocaso de Porfirio Díaz». *Letras Uruguay*. S.f. Web. 26 de febrero de 2018. <http://letras-uruguay.espaciolatino.com/aaa/gonzalez_valencia_agenor/alba_y_ocaso_de_porfirio_diaz.htm>.

González y González, Luis. «El Chan Santa Cruz». *Lecturas históricas mexicanas Vol. 5*. Comp. Ernesto de la Torre Villar. Ciudad de México: UNAM, 1994.

Gregg, Andrews. «Robert Haberman, Socialist Ideology, and the Politics of National Reconstruction in Mexico, 1920-25». *Mexican Studies*. Vol. 6, núm. 2 (1990): 189-211.

Gruening, Ernest. *Mexico and Its Heritage*. Nueva York: The Century Co., 1928.

——. *Un viaje al estado de Yucatán. Felipe Carrillo Puerto, su obra socialista*. Guanajuato: Talleres Gráficos, 1924.

Gutiérrez Ruiz, Nicte Ha, Claudio Novelo y Raúl Rivero. «Gestión del patrimonio artístico en el municipio de Mérida, Yucatán, México: las haciendas henequeneras». *Arte y Sociedad*. S.f. Web. 26 de febrero de 2018. <http://asri.eumed.net/0/rzc.html>.

Gutiérrez Solana, Nelly. *Los mayas: historia, arte y cultura*. Ciudad de México: Panorama, 1991.

Guzmán Urióstegui, Jesús. «De bárbaros y salvajes. La Guerra de Castas de los mayas yucatecos según la prensa de la ciudad de México, 1877-1880». *Estudios de cultura maya*. Vol. 35 (enero 2010): 111-130.

Haley, Edward. *Revolution and Intervention: The Diplomacy of Taft and Wilson with Mexico, 1910-191*. Cambridge: The MIT Press, 1970.

Heller, Carl Bartholomaeus. *Viajes por México en los años 1845-1848*. Ciudad de México: Banco de México, 1987.

Hernández Hortigüela, Juan. «La esclavitud en las islas Filipinas». *Revista Filipina*. Tomo XII, núm. 4 (invierno 2008-2009): s. p. Web. 26 de febrero de 2018. <http://revista.carayanpress.com/esclavitud.html>.

Herrera Muñoz, Ignacio. «Crónica citadina». *Panorama de Quintana Roo.* 22 de noviembre de 2010. Web. 18 de agosto de 2016. <http://www.panoramaquintanaroo.com/cronicas.php?id_cr=219>.

Hijuelos, Fausto. «En razón de justicia». *Revista de la Universidad de Yucatán.* S. n. (22 de enero de 1967): s. p.

Humboldt, Alejandro von. *Ensayo político sobre la isla de Cuba.* París: Casa de Jules Renbouard, 1847.

Irigoyen, Renán. *Los mayas y el henequén.* Mérida: s.e., 1950.

Katz, Friedrich. *La servidumbre agraria en México en la época porfiriana.* Ciudad de México: Era, 1980.

Kenneth Turner, John. *México bárbaro.* Mérida: Ediciones del Gobierno de Yucatán, 1979.

La Botz, Dan. «Roberto Haberman and the Origins of Modern Mexico's Jewish Community». *American Jewish Archives.* Vol. 43, núm. 1 (1991): 7-22.

Lascuráin y Osio, Ángel. *La segunda intervención americana.* Ciudad de México: JUS, 1957.

Lemaître, Monique. *Elvia Carrillo Puerto. La monja roja del Mayab.* Ciudad de México: Castillo, 1998.

Lie Johansson, Rosa. *Alma Reed, el gran amor de Felipe Carrillo Puerto.* Ciudad de México: Porrúa, 2007.

López Portillo y Rojas, José. *Elevación y caída de Porfirio Díaz.* Ciudad de México: Librería Española, 1921.

Luna, Jesús. *La carrera pública de don Ramón Corral.* Ciudad de México: SepSetentas, 1975.

Macías Richard, Carlos. «El territorio de Quintana Roo. Tentativas de colonización y control militar en la selva maya (1888-1902)». *Historia Mexicana. El Colegio de México.* Vol. 49, núm. 1 (1999): 5-54.

Macías Zapata, Gabriel Aarón. *La península fracturada.* Ciudad de México: Porrúa, 2002.

Madero, Francisco I. *La sucesión presidencial en 1910.* Ciudad de México: DeBolsillo, 2010.

Maistre, Joseph de. *Veladas de San Petersburgo o Coloquios sobre el gobierno temporal de la Providencia.* Ciudad de México: Aldvs, 2007.

Martínez Assad, Carlos. «Del fin del porfiriato a la Revolución en el sursureste de México». *Historia Mexicana. El Colegio de México.* Vol. 43, núm. 3 (1994): 489-490.

Martínez Huchim, Patricia. *Diccionario maya.* Ciudad de México: Dante, 2014.

May, Antoinette. «Passionate Pilgrim: The Extraordinary Life of Alma Reed». Saint Paul: Paragon House, 1993.

Mediz Bolio, Antonio. *A la sombra de mi ceiba.* Ciudad de México: Dante, 1987.

Melgar, Ricardo. «Redes y representaciones cominterinistas: el buró latinoamericano (1919-1921)». *UNIVERSUM.* Núm. 16 (2002): s. p.

Mena Brito, Bernardino. *Restructuración histórica de Yucatán Vol. 2.* Ciudad de México: Editores Mexicanos Unidos, 1967.

Menéndez, Hernán. *Iglesia y Poder. Proyectos sociales, alianzas políticas y económicas en Yucatán (1857-1917).* Ciudad de México: Nuestra América / CNCA, 1995.

Menéndez Díaz, Conrado. «La labor periodística de Felipe Carrillo Puerto». *Revista de la Universidad de Yucatán*. S. n. (1959): s. p.

Menéndez Rodríguez, Mario. *Yucatán o el genocidio*. Ciudad de México: Fondo de Cultura Popular, 1964.

Molina Font, Gustavo. *La tragedia de Yucatán*. Ciudad de México: JUS, 1941.

Montalvo, Enrique y F. J. Paoli. *Carrillo Puerto líder popular*. Ciudad de México: Cuadernos Mexicanos y CONASUPO, 1981.

Mraz, John. «En calidad de esclavas: obreras mexicanas de los molinos de nixtamal, México, diciembre de 1919». *Historia Obrera*. Núm. 24 (marzo 1982): 2-24.

Negron, Mario. «El Humanismo de Felipe Carrillo Puerto». *Revista de la Universidad de Yucatán*. S. n. (1971): s. p.

Newson, Linda y Susie Minchin. *From Capture to Sale: The Portuguese Slave Trade to Spanish South America in the Early Seventeenth Century*. Leiden y Boston: Brill, 2007.

Nidia G., Victoria. «Colonización e importación de trabajadores, Yucatán 1865-1910». *Boletín de la escuela de Ciencias Antropológicas de la Universidad de Yucatán*. S. n. (mayo-junio 1984): s. p.

Orosa Díaz, Jaime. *Felipe Carrillo Puerto*. Mérida: Fondo Editorial de Yucatán, 1982.

Ortiz, Francisco. *Los esclavos negros*. La Habana: Instituto Cubano del Libro, 1975.

Ortiz P., Rina. «Los gobiernos de Alvarado y Carrillo Puerto». *Historia Obrera*. Núm. 8 (abril 1974): s. p.

Ortiz Yam, Inés. *De milperos a henequeneros en Yucatán: 1870-1937*. Ciudad de México: El Colegio de México, 2013.

Pacheco, Cruz. *Felipe Carrillo Puerto*. Mérida: s.e., 1953.

Padilla Ramos, Raquel. *Los irredentos parias: los yaquis, Madero y Pino Suárez en las elecciones de Yucatán en 1911*. Ciudad de México: Instituto Nacional de Antropología e Historia, 2011.

Paoli Bolio, Francisco. *Salvador Alvarado y la revolución en Yucatán*. Mérida: Ediciones del Ayuntamiento de Mérida, 1981.

——. *Yucatán y los orígenes del Nuevo estado mexicano*. Ciudad de México: Era, 1984.

Pasos Peniche, Manuel. *La intervención estatal en la industria del henequén*. Mérida: Moctezuma, 1951.

——. *Yucatán en el mercado de las fibras duras*. Mérida: Círculo de Estudios Políticos y Sociales de Yucatán, 1951.

Peniche Rivero, Piedad. «La comunidad doméstica de la hacienda henequenera de Yucatán, México, 1870-1915». *Mexican Studies*. Vol. 15, núm. 1 (invierno 1999): 1-33.

Peña y Peña, Álvaro. *Territorio de Quintana Roo*. Ciudad de México: SEP, 1970.

Pérez de la Riva, Juan. «La Toma de La Habana por los ingleses en 1762». *El Barracón y otros ensayos*. La Habana: Editorial de Ciencias Sociales, 1975.

Pérez de Sarmiento, Marissa. *Historia de una elección: la candidatura de Olegario Molina en 1901*. Mérida: Universidad Autónoma de Yucatán, s.f.

Pérez Soler, Bernardo. «La reducción colonial en Yucatán y la herencia precolombina entre los mayas macehualob». *Laboratoire d'Anthropologie Sociale*. S. n. (2010): s. p.

Plasencia de la Parra, Enrique. *Personajes y escenarios de la rebelión delahuertista*. Ciudad de México: Instituto de Investigaciones Históricas UNAM, 1998.

Ponce, Martha Patricia. *La montaña chiclera: vida cotidiana y trabajo (1900-1950)*. Ciudad de México: CIESAS, 1990.

Quezada, Sergio, ed. *Historia General de Yucatán*. Ciudad de México: Fideicomiso Historia de las Américas y El Colegio de México, 2001.

Quintal Martín, Fidelio. «Quince años trascendentales en la historia de Yucatán». *Revista de la Universidad de Yucatán*. Núm. 93 (mayo-agosto 1974): s. p.

Ravelo, Renato. *La guerra de liberación del pueblo maya*. Ciudad de México: Servir al Pueblo, 1978.

Reed, Alma. *Peregrina: Love and Death in Mexico*. Austin: Texas University Press, 2007.

Reed, Nelson. *La Guerra de Castas*. Ciudad de México: ERA, 1982.

Reina, Leticia. *Las rebeliones campesinas en México (1819-1906)*. Ciudad de México: Siglo XXI, 1984.

Reston, George. *Mundo Maya*. Madrid: Nowtilus, 2008.

Reyes, Bernardo. *El general Porfirio Díaz*. Ciudad de México: Ballesca y Cia., 1903.

Reyes Ramos, María Eugenia. *El reparto de tierras y la política agraria en Chiapas (1914-1988)*. Ciudad de México: UNAM, 1992.

Rocher Salas, Adriana. «Un baluarte diferente: Iglesia y control social en Yucatán durante el periodo colonial». *Península*. Vol. 3, núm. 1 (2008): 65-81.

Rodríguez Núñez, Orlando. *Picardía Yucateca*. Ciudad de México: Dante, 2009.

Rodríguez Piña, Javier. *Guerra de castas. La venta de indios mayas a Cuba, 1848-1861*. Ciudad de México: CCA, 1990.

Ross, S. R. *Francisco I. Madero: Apostle of Mexican Democracy*. New York: Columbia University Press, 1955.

Ross-Merrimer, Ruth. «The Tragic Love Story of Alma Reed and Felipe Carrillo». *The New York Times*. S. n. (1966): s. p.

Ruibal Corella, Juan Antonio. Los tiempos de Salvador Alvarado. Hermosillo: Publicaciones del Gobierno del Estado de Sonora, 1982.

Ruiz Velasco, Mauricio. «La opresión acuñada. Fichas henequeneras de la península de Yucatán». *Revista Digital Universitaria*. Vol. 13, núm. 12 (1 diciembre 2012): s. p. Web. 26 de febrero de 2018. <http://www.revista.unam.mx/vol.13/num12/art120/#up>.

Ruz Menéndez, Rodolfo. *Viajes a Yucatán de John L. Stephens*. Mérida: Dante, 1993.

Saco, José Antonio. *Historia de la esclavitud de la raza africana en el Nuevo Mundo*. Barcelona: Imprenta de Jaime Jesús, 1879.

Sánchez, Lorena. «La esclavitud no es historia«. *Quo*. 7 de noviembre de 2012. Web. 28 de febrero de 2018. <http://www.quo.es/ser-humano/la-esclavitud-no-es-historia>.

Sánchez Novelo, Faulo. *Yucatán durante la intervención francés (1863-1867)*. Mérida: Maldonado, 1983.

Sarmiento, Sergio, coord. *Tercer concurso de ensayo Caminos a la libertad, memorias*. Ciudad de México: Fomento Cultural Grupo Salinas, 2009.

Savarino Roggero, Franco. *Pueblos y nacionalismo, del régimen oligárquico a la sociedad de masas en Yucatán*. Ciudad de México: INEHRM, 1997.

Sierra, Carlos J. «El Partido Socialista del Sureste». *Historia Mexicana. El Colegio de México*. Vol. 9, núm. 4 (1960): 615.

Sierra, José Luis. *La revolución que quiso ser... Yucatán: del porfiriato al socialismo*. Mérida: Gobierno del Estado de Yucatán, 1987.

Sodi, Demetrio. *Así vivieron los mayas / This Is How the Mayans Lived*. Ciudad de México: Panorama, 1983.

Solís Robleda, Gabriela. *Bajo el signo de la compulsión: el trabajo forzoso indígena en el sistema colonial yucateco 1540-1730*. Ciudad de México: CIESAS, 2003.

Sosa Ferreyro, R.A. *El crimen del miedo. Cómo y por qué fue asesinado Felipe Carrillo Puerto*. Ciudad de México: Costa-Amic, 1969.

Soto, Miguel. *La conspiración monárquica en México, 1846-1848*. Ciudad de México: Offset, 1988.

Sten, María. *Las extraordinarias historias de los códices mexicanos*. Ciudad de México: Joaquín Mortiz, 1975.

Stephens, John L. *En busca de los mayas. (Viajes a Yucatán)*. Mérida: Dante, 1993.

Taracena, Alfonso. *La verdadera Revolución mexicana 1901-1911*. Ciudad de México: Porrúa, 1991.

Tello Solís, Eduardo. *La independencia de Yucatán de España y su incorporación a la Nueva Nación Mexicana (15 de septiembre de 1821)*. Mérida: Cuadernos de Historia, 1982.

Thompson, John E. S. *Historia y religión de los mayas*. Ciudad de México: Siglo XXI, 1997.

Topik C. Steven y Wells Allen. *The Second Conquest of Latin America. Coffee, Henequen, and Oil during the Export Boom 1850-1930*. Austin: University of Texas Press, 1998.

Toro, Alfonso. *Compendio de Historia de México. La revolución de independencia y México independiente*. Ciudad de México: Patria, 1978.

Torres, Rosa. «Datos biográficos de Felipe Carrillo Puerto». *Felipe Carrillo Puerto*. Ciudad de México: Departamento del Distrito Federal, 1985.

Torres Jiménez, Jorge. «Los espías de don Porfirio». *Algarabía*. 16 de abril de 2014. Web. 28 de febrero de 2018. <http://algarabia.com/ideas/los-espias-de-don-porfirio/>.

Traconis, Daniel. «Apuntes relativos a la guerra de castas en Yucatán, escritos por el coronel don Daniel Traconis». *Colección Porfirio Díaz (CPD)*. Legajo III, doc. 23 (junio de 1878): s. p.

Tsubasa Okoshi, Harada, Ana Luisa Izquierdo y Lorraine Williams-Beck. *Nuevas perspectivas sobre la geografía política de los mayas*. Ciudad de México: UNAM-Instituto de Investigaciones Filológicas, 2006.

Tucker, Abigail. «J.P. Morgan as Cutthroat capitalist». *Smithsonian*. Enero de 2011. Web. 28 de febrero de 2018. <http://www.smithsonianmag.com/history/j-p-morgan-as-cutthroat-capitalist-74972230/?no-ist>.

Ulloa, Berta. «La revolución intervenida: relaciones diplomáticas entre México y Estados Unidos (1910-1914)». *Historia Mexicana. El Colegio de México.* Vol. 21, núm. 3 (1971): 48-52.

Urías Horcasitas, Beatriz. *Indígena y criminal: interpretaciones del derecho y la antropología en México, 1871-1921.* Ciudad de México: Universidad Iberoamericana, 2000.

Vanderwood, Paul J. «Los rurales, producto de una necesidad social». *Historia Mexicana. El Colegio de México.* Vol. 22, núm. 1 (1972): 39-47.

Várguez Pasos, Luis. «Élites e identidades. Una visión de la sociedad meridana de la segunda mitad del siglo XIX». *Historia Mexicana. El Colegio de México.* Vol. 51, núm. 4 (2002): 829-865.

Vasapollo, Luciano. *Introducción a la historia y la lógica del Imperialismo.* Barcelona: El Viejo Topo, 2005.

Vautravers Tosca, Guadalupe. *Estudio comparativo de la frontera Tabasco, México-El Petén, Guatemala.* Villahermosa: Universidad Autónoma de Tabasco, 2005.

Velador Castañeda, Ascencio. *Manuel Romero Rubio: factor político primordial del porfiriato.* Tesis de Maestría en Historia. UNAM, Ciudad de México, 1990.

Vidal, Miguel. «Dos aspectos de la vida de Felipe Carrillo Puerto». *Revista de la Universidad de Yucatán.* S. n. (1962): s. p.

Villa Rojas, Alfonso. *Estudios etnológicos. Los mayas.* Ciudad de México: UNAM, 1985.

Villanueva Mukul, Eric. *La formación de las regiones en la agricultura: el caso de Yucatán.* Ciudad de México: Maldonado, 1990.

——. «Lengua maya, regionalismos y glosario». *Erik Villanueva Mukul.* S.f. Web. 22 de agosto de 2013. <http://www.ericvillanuevamukul.org/ericvillanueva/blog/index.php?id=bi9>.

Villoro, Luis. *Los grandes momentos del indigenismo en México.* Ciudad de México: Ediciones de la Casa Chata, 1979.

Vizcaíno, Rogelio y Paco Ignacio Taibo II. *El socialismo en un solo puerto. Acapulco (1919-1923). El movimiento escuderista.* Ciudad de México: Extemporáneos, 1983

Walsh, Thomas. «That Deadly Female Accuracy of Vision: Katherine Anne Porter and El Heraldo de México». *Journal of Modern Literature.* Vol. 16, núm. 4 (1990): 635-643.

Wells, Allen. «El bautismo político de las clases obreras yucatecas». *Eslabones.* Núm. 5 (1993): 24-48.

Índice